Fehlzeiten-Report 2003

Springer-Verlag Berlin Heidelberg GmbH

B. BADURA · H. SCHELLSCHMIDT · C. VETTER (Hrsg.)

Fehlzeiten-Report 2003
Wettbewerbsfaktor Work-Life-Balance

Zahlen, Daten, Analysen aus allen Branchen der Wirtschaft

Mit Beiträgen von
G. Bäcker · B. Badura · S. Becker · A. Büssing · S. Dold · W. Eichhorst
G. Erler · A. Fauth-Herkner · M. Garhammer · H. Hüneke · A. Hunziger
D. Janke · A. Kalveram · M. Kesting · B. Kracke · I. Küsgens
N. Lotzmann · E. Thode · R. Trimpop · C. Vetter · K. Zok

Springer

Prof. Dr. BERNHARD BADURA
Universität Bielefeld
Fakultät für Gesundheitswissenschaften
Universitätsstraße 25
33615 Bielefeld

Dr. HENNER SCHELLSCHMIDT
CHRISTIAN VETTER
Wissenschaftliches Institut der AOK (WIdO)
Kortrijker Str. 1
53177 Bonn

ISBN 978-3-540-40310-4   ISBN 978-3-662-07193-9 (eBook)
DOI 10.1007/978-3-662-07193-9

Bibliografische Information Der Deutschen Bibliothek
Die Deutsche Bibliothek verzeichnet diese Publikation in der Deutschen Nationalbibliografie; detaillierte bibliografische Daten sind im Internet über <http://dnb.ddb.de> abrufbar.

Dieses Werk ist urheberrechtlich geschützt. Die dadurch begründeten Rechte, insbesondere die der Übersetzung, des Nachdrucks, des Vortrags, der Entnahme von Abbildungen und Tabellen, der Funksendung, der Mikroverfilmung oder der Vervielfältigung auf anderen Wegen und der Speicherung in Datenverarbeitungsanlagen, bleiben, auch bei nur auszugsweiser Verwertung, vorbehalten. Eine Vervielfältigung dieses Werkes oder von Teilen dieses Werkes ist auch im Einzelfall nur in den Grenzen der gesetzlichen Bestimmungen des Urheberrechtsgesetzes der Bundesrepublik Deutschland vom 9. September 1965 in der jeweils geltenden Fassung zulässig. Sie ist grundsätzlich vergütungspflichtig. Zuwiderhandlungen unterliegen den Strafbestimmungen des Urheberrechtsgesetzes.

springer.de

© Springer-Verlag Berlin Heidelberg 2004
Ursprünglich erschienen bei Springer-Verlag Berlin Heidelberg New York 2004

Die Wiedergabe von Gebrauchsnamen, Handelsnamen, Warenbezeichnungen usw. in diesem Werk berechtigt auch ohne besondere Kennzeichnung nicht zu der Annahme, daß solche Namen im Sinne der Warenzeichen- und Markenschutz-Gesetzgebung als frei zu betrachten wären und daher von jedermann benutzt werden dürften.

Produkthaftung: Für Angaben über Dosierungsanweisungen und Applikationsformen kann vom Verlag keine Gewähr übernommen werden. Derartige Angaben müssen vom jeweiligen Anwender im Einzelfall anhand anderer Literaturstellen auf ihre Richtigkeit überprüft werden.

Einbandgestaltung: Erich Kirchner, Heidelberg
Satz: K+V Fotosatz GmbH, Beerfelden

Gedruckt auf säurefreiem Papier   14/3150/AG – 5 4 3 2 1 0

Vorwort

Der Fehlzeiten-Report beschäftigt sich in diesem Jahr in seinem Schwerpunktteil mit dem Thema „Wettbewerbsfaktor Work-Life-Balance". Was früher zumeist als familien- oder frauenorientierte Personalpolitik bezeichnet wurde, findet sich heute in einem umfassenderen Sinne unter dem neuen Leitbegriff „Work-Life-Balance" versammelt. Im Kern geht es dabei um personalpolitische Strategien zur besseren Vereinbarkeit von Beruf, Familie und Privatleben.

Die Entscheidung für diesen Schwerpunkt geht von der Erkenntnis aus, dass eine zukunftsorientierte betriebliche Personal- und Gesundheitspolitik sich dem wachsenden Bedürfnis der Menschen nach einem ausgeglichenen Verhältnis zwischen Beruf, Familie und Privatleben nicht länger verschließen kann. Konflikte zwischen der Arbeit und dem Privatbereich belasten die Mitarbeiter und die Unternehmen gleichermaßen. Sie beeinträchtigen die Arbeitszufriedenheit, Gesundheit und Produktivität der Beschäftigten und gefährden damit auch den Unternehmenserfolg. Angesichts wachsender Anforderungen an die Mitarbeiter in einer globalisierten Arbeitswelt und einem steigenden Anteil erwerbstätiger Frauen werden personalpolitische Maßnahmen zur Unterstützung einer besseren „Work-Life-Balance" immer wichtiger. Schon allein die demographische Entwicklung macht es erforderlich, dass die Voraussetzungen für eine solche Balance in den Betrieben geschaffen werden und zwar sowohl zur Sicherung der langfristigen Wettbewerbsfähigkeit als auch der Attraktivität in einem zukünftig engeren Arbeitsmarkt.

Der Fehlzeiten-Report 2003 setzt sich mit den grundsätzlichen Aspekten der „Work-Life-Balance" als Herausforderung für die betriebliche Gesundheitspolitik und den Staat auseinander. Er zeigt zudem auf, was die Betriebe tun können, damit ihre Mitarbeiter Beruf und Privatleben besser miteinander in Einklang bringen können. Die wichtigsten Maßnahmen und Strategien zur Verbesserung der „Work-Life-Balance" werden vorgestellt. Beispiele aus der Praxis verdeutlichen, wie die konkrete Umsetzung in den Unternehmen aussehen kann.

Der diesjährige Band ist der fünfte seiner Reihe und knüpft in seinem neuen Schwerpunkt an vorherige Ausgaben an, die sich u.a. speziell mit der demographischen Entwicklung (2002), der Arbeitswelt der Zukunft (2000) sowie dem Themenfeld psychische Belastungen am Arbeitsplatz (1999) intensiv beschäftigt haben.

Neben den Beiträgen zum Schwerpunktthema enthält der Fehlzeiten-Report auch dieses Jahr gesonderte Analysen sowie einen umfangreichen Teil mit den aktuellen Daten zur Krankenstandsentwicklung in Deutschland. Datenbasis sind die Krankmeldungen aller erwerbstätigen AOK-Mitglieder im Jahr 2002. Neben einem Überblick über die allgemeine Krankenstandsentwicklung finden sich in separaten Kapiteln umfassende Daten und Analysen zur Entwicklung in den einzelnen Wirtschaftszweigen. Differenziert wird dabei u.a. nach beruflicher Stellung, Tätigkeiten, Betriebsgröße und Bundesländern. Neu aufgenommen wurden in die diesjährige Ausgabe Auswertungen nach Alter und Geschlecht. Die Branchenkapitel wurden ergänzt um Zeitreihen zur Entwicklung der Krankheitsarten.

Der Trend zu niedrigen Krankenständen in der deutschen Wirtschaft hält an, die Krankmeldungen in den Betrieben haben im Jahr 2002 erneut abgenommen. Über die Ursachen sinkender Fehlzeiten wird viel spekuliert, gesicherte Erkenntnisse liegen aber bisher kaum vor. Immer wieder wird vermutet, dass neben strukturellen Faktoren auch ein verändertes Verhalten der Beschäftigten und der Arbeitgeber eine Rolle spielt. Das WIdO ist in einer Sonderanalyse auf der Basis einer repräsentativen Befragung im Rahmen des GKV-Monitors dieser Frage nachgegangen und hat insbesondere untersucht, wie sich die schwierige Lage auf dem Arbeitsmarkt auf die Stimmung in den Betrieben und die Fehlzeiten auswirkt.

Ein weiterer empirischer Beitrag beschäftigt sich mit einem Aspekt, der mit dem Schwerpunktthema der diesjährigen Ausgabe des Reports zu tun hat. Die Erkrankung eines Kindes stellt für berufstätige Eltern und insbesondere für Alleinerziehende häufig eine große Herausforderung dar. In Deutschland besteht, ähnlich wie auch in anderen europäischen Ländern, ein gesetzlicher Anspruch auf Freistellung zur Pflege und Betreuung von erkrankten Kindern. Über die praktische Bedeutung dieser Freistellungsregelung gibt es bisher wenig systematisches Wissen. Das WIdO hat daher untersucht, inwieweit und von welchen Beschäftigtengruppen die bestehende Regelung tatsächlich in Anspruch genommen wird.

Zum Schluss möchten wir uns bei allen bedanken, die an der Produktion dieses Bandes beteiligt waren. Wie immer gilt unser besonderer Dank den Autoren und Autorinnen, ohne deren Beiträge dieses

Vorwort VII

Buch in der vorliegenden Form nicht zustande gekommen wäre. Danken möchten wir auch den Kollegen und Kolleginnen im wissenschaftlichen Institut der AOK, die an der Erstellung des Fehlzeiten-Reports mitgewirkt haben. Namentlich erwähnt seien hier insbesondere Ingrid Küsgens sowie Sascha Dold, der uns als Praktikant mit großem Engagement unterstützt hat. Georg Kirchmann und Alexander Redmann danken wir für die Hilfe bei der Endredaktion. Last, but not least sei auch den Mitarbeitern und Mitarbeiterinnen des Springer-Verlags gedankt, die dem Manuskript den letzten Schliff gegeben haben.

Bielefeld und Bonn, im September 2003   B. BADURA
                                        H. SCHELLSCHMIDT
                                        C. VETTER

Inhaltsverzeichnis

A Schwerpunktthema: Wettbewerbsfaktor „Work-Life-Balance"

Ausgangslage, Rahmenbedingungen

1 „Work-Life-Balance" – Herausforderung für die betriebliche Gesundheitspolitik und den Staat
B. Badura · C. Vetter 1

2 Vereinbarkeit von Familie und Beruf – Deutschland im internationalen Vergleich
W. Eichhorst · E. Thode 19

3 Auswirkungen neuer Arbeitsformen auf Stress und Lebensqualität
M. Garhammer 45

4 „Work-Life-Balance" von Führungskräften – Ergebnisse einer internationalen Befragung von Top-Managern 2002/2003
A. Hunziger · M. Kesting 75

Maßnahmen und Strategien zur Verbesserung der „Work-Life-Balance"

5 Flexible Arbeitszeitmodelle zur Verbesserung der „Work-Life-Balance"
A. Fauth-Herkner 89

6	Telearbeit – Chance zur Balance zwischen Arbeit, Familie und Freizeit? A. Büssing	107
7	Betrieblich geförderte Kinderbetreuung D. Janke	121
8	Berufstätigkeit und Verpflichtungen in der familiären Pflege – Anforderungen an die Gestaltung der Arbeitswelt G. Bäcker	131
9	„Diversity" als Motor für flankierende personalpolitische Maßnahmen zur Verbesserung der Vereinbarkeit von Familie und Beruf G. Erler	147
10	Audit Beruf & Familie® – Familienbewusste Personalpolitik durch freiwillige Unternehmensinitiativen S. J. Becker	161

Models of Good Practice

11	Die Bundesversicherungsanstalt für Angestellte (BfA) als familienfreundlicher Arbeitgeber H. Hüneke	171
12	Gesundheitsmanagement und Maßnahmen zur Förderung der „Work-Life-Balance" bei der SAP AG N. Lotzmann	187
13	Stressreduktion bei familialer und beruflicher Doppelbelastung – Das Projekt StrAFF bei VW A. Kalveram · R. Trimpop · B. Kracke	195
14	Familienorientierte Unternehmenspolitik in Klein- und Mittelbetrieben – Beispiele aus der Praxis	213

B   Daten und Analysen

15   Einstellungen und Verhalten bei Krankheit im Arbeitsalltag
– Ergebnisse einer repräsentativen Umfrage
bei Arbeitnehmern
K. ZOK 241

16   Krankheitsbedingte Fehlzeiten in der deutschen Wirtschaft
im Jahr 2002
C. VETTER · I. KÜSGENS · S. DOLD 263

16.1   Branchenüberblick 263
16.2   Banken und Versicherungen 313
16.3   Baugewerbe 326
16.4   Dienstleistungen 340
16.5   Energiewirtschaft, Wasserversorgung, Bergbau 356
16.6   Erziehung und Unterricht 371
16.7   Handel 384
16.8   Land- und Forstwirtschaft, Fischerei und Fischzucht 398
16.9   Metallindustrie 413
16.10 Öffentliche Verwaltung und Sozialversicherung 427
16.11 Verarbeitendes Gewerbe (ohne Baugewerbe und Metall) .. 441
16.12 Verkehr und Transport 459

17   Die gesetzliche Freistellung erwerbstätiger Eltern –
Daten zur Inanspruchnahme von Kinderkrankenpflegegeld
in Deutschland 2002
I. KÜSGENS 479

Anhang

Übersicht der Krankheitsgruppen nach dem ICD-Schlüssel
(10. Revision, 1999) 487
Klassifikation der Wirtschaftszweige (WZ 93/NACE)
Übersicht über den Aufbau nach Abteilungen 496
Die Autorinnen und Autoren 499
Sachverzeichnis 511

A. Schwerpunktthema: Wettbewerbsfaktor „Work-Life-Balance"

Ausgangslage, Rahmenbedingungen

KAPITEL 1

„Work-Life-Balance" – Herausforderung für die betriebliche Gesundheitspolitik und den Staat

B. Badura · C. Vetter

Zusammenfassung. Aufgrund veränderter gesellschaftlicher und wirtschaftlicher Rahmenbedingungen ergeben sich für die Vereinbarkeit von Beruf, Familie und Privatleben neue Herausforderungen. Was in der Vergangenheit als „familienbewusste Personalpolitik" vor allem bei wertkonservativen Unternehmern und Politikern auf Interesse stieß oder als Frauenförderung auf der Agenda von fortschrittlichen Betrieben stand, findet nunmehr als „Work-Life-Balance" vor dem Hintergrund von Globalisierung, demografischer Entwicklung und der Finanzkrise des Sozialstaates breiteren Widerhall. Der Beitrag gibt einen Überblick über den Forschungsstand und mögliche Forschungsperspektiven zum Thema „Work-Life-Balance". Theoretische Grundlagen werden erörtert. Ausführungen zu Maßnahmen auf betrieblicher und staatlicher Ebene im Bereich „Work-Life-Balance" schließen den Beitrag ab.

Einleitung

Ein gestörtes Verhältnis von Arbeit und Privatleben beeinträchtigt das Wohlbefinden und damit die Leistungsfähigkeit in beiden Lebensbereichen. Was in der Vergangenheit als „familienbewusste Personalpolitik" vor allem bei wertkonservativen Unternehmern und Politikern auf Interesse stieß oder als Frauenförderung auf der Agenda von fortschrittlichen Betrieben stand, findet nunmehr als „Work-Life-Balance" vor dem Hintergrund von Globalisierung, demografischer Entwicklung und der Finanzkrise des Sozialstaates breiteren Widerhall [11]. Gesundheitswissenschaftler interessieren sich insbesondere für die gesundheitlichen Folgen einer offensichtlich als immer problematischer empfundenen Vereinbarkeit von Arbeit, Familie und Freizeit. Soziologen sehen darin einen grundlegenden Rollenkonflikt angelegt, von dem sie vermuten, dass er den säkularen Trend in Richtung Individualisierung unserer Gesellschaft, sprich: Auflösung der Familie, weiter beschleunigt. Ökonomen warnen vor allem vor den drohenden negativen Folgen für Leistungsfähigkeit und Leistungsbereitschaft der Beschäftigten und entsprechend negativen Konsequenzen für Qualität, Produktivität und Wettbewerbskraft unserer Wirtschaft.

Die mit den Begriffen „Globalisierung" und „demografischer Wandel" verbundenen tiefgreifenden Veränderungen von Wirtschaft und Gesellschaft erzwingen eine Neuordnung betriebspolitischer und gesundheitspolitischer Prioritäten: von der Investition in die Behandlung Erkrankter hin zur Investition in Gesundheit mit dem Ziel „gesünder älter werden". Dazu gehört auch eine stärkere Beachtung des Themas „Work-Life-Balance" und die Entwicklung betrieblicher und überbetrieblicher Strategien zu ihrem Erhalt oder zu ihrer Wiederherstellung. Wenn sich z. B. Karriere und Kinderwunsch bei Frauen als schwer vereinbar erweisen, weil keine ausreichende Zahl an Kinderkrippen und Kindergartenplätzen zur Verfügung stehen, und wenn die daraus resultierenden Belastungen Wohlbefinden und Leistungsfähigkeit der Betroffenen beeinträchtigen, dann wird daraus ein Problem, das weder die Unternehmen noch der Staat ignorieren können. Weil wir in einer Gesellschaft leben, deren demografische Entwicklung unerbittlich dazu führen wird, dass wir älter und weniger werden [4]. Diese Entwicklung, verbunden mit dem Interesse der Wirtschaft an ausreichend leistungsbereiten und leistungsfähigen Mitarbeiterinnen und Mitarbeitern und dem öffentlichen Interesse an der finanziellen Stabilisierung unserer sozialen Sicherungssysteme, erzwingt verstärkte Investitionen in gesundheitsförderliche Lebens- und Arbeitsbedingungen. Das Thema „Work-Life-Balance" gewinnt dabei zunehmend an Bedeutung.

Im Folgenden werden zunächst einige theoretische Grundlagen einer Work-Life-Balance-Orientierung erörtert. Es folgt ein Überblick über den Forschungsstand und über den praktischen Umgang mit „Work-Life-Balance" in den Unternehmen. Abschließend wird darauf eingegangen, was der Staat tun sollte, um die Vereinbarkeit von Familie und Beruf zu erleichtern.

Theoretische Grundlagen einer „Work-Life-Balance"-Orientierung

Das unterschätzte Befinden

In den Gesundheitswissenschaften wird heute unter Gesundheit mehr als nur die Abwesenheit körperlicher Schäden, Behinderungen oder Erkrankungen verstanden. Diesem verbreiteten eher negativen Verständnis wird ein positives gegenübergestellt: Gesundheit als Fähigkeit zur Problemlösung und Gefühlsregulierung, durch die ein positives psychisches und körperliches Befinden – insbesondere ein positives Selbstwertgefühl – und ein unterstützendes Netzwerk sozialer Beziehungen erhalten oder wiederhergestellt wird.

Psychisches Befinden und physische Gesundheit werden zumeist als „Privatsache", weil durch persönliches Verhalten bedingt, erachtet. Das in dieser Auffassung unterstellte Kausalmodell und die damit vorgenommene Zuweisung von Verantwortung ist mit Blick auf neuere Erkenntnisse aus den Sozial- und Gesundheitswissenschaften auf den Prüfstand zu stellen. Wie der aktuelle Forschungsstand belegt, werden Gesundheit und Befinden, entgegen der verbreiteten Auffassung, maßgeblich durch Lebens- und Arbeitsbedingungen geprägt, auf die einzelne Personen häufig keinen oder nur bedingt Einfluss haben. Selbstbestimmung über Gesundheit – so die Ottawa-Charta der WHO von 1986 – ist ein erstrebenswertes Gut. Die Verantwortung für das Befinden liegt aber eben nicht nur beim Einzelnen und nur unwesentlich im Gesundheitswesen, das sich nahezu ausschließlich mit Krankenversorgung befasst. Sie liegt primär in Lebensbereichen („settings") wie Familie, Kindergarten, Schule, Betrieb, durch die sich Menschen im Verlauf ihres Lebenszyklus bewegen und deren Merkmale sich positiv oder negativ auf ihre Gesundheit auswirken. Psychisches Wohlbefinden ist ebenso wie körperliche Gesundheit wesentliche Voraussetzung für die „Funktionsfähigkeit" der Menschen in ihren zahlreichen Rollen als Arbeitnehmer, Partner, Väter, Mütter oder Pflegende. Die Qualität der Arbeit, z.B. eines Lehrers, Arztes oder Facharbeiters, und die Qualität der Familie, z.B. der elterlichen Erziehungsarbeit, hängen entscheidend ab vom Befinden der Betroffenen.

Mit dem sektoralen Wandel in Richtung Wissens- und Dienstleistungsgesellschaft und mit zunehmender Globalisierung unterliegen die Einflüsse auf psychisches Befinden und körperliche Gesundheit der Erwerbsbevölkerung einem tiefgreifenden Wandel. Auf der einen Seite bleiben zwar im schrumpfenden industriellen Sektor unserer Wirtschaft die bisherigen Aufgaben des Arbeits- und Gesundheitsschutzes – Bekämpfung physischer Risiken, Unfälle und Berufskrankheiten – weiter bedeutsam. Auf der anderen Seite belegen zahlreiche wissenschaftliche Untersuchungen einhellig das verbreitet hohe und in wachsenden Teilen unserer Volkswirtschaft an Intensität deutlich zunehmende Niveau sozialer oder psychischer Belastungen: z.B. in Form hohen Zeitdrucks, hoher Komplexität der Arbeit, hoher Verantwortung, sowie einer zunehmenden Unvereinbarkeit zwischen beruflicher Karriere und familiären Verpflichtungen [7]. Dadurch hervorgerufene psychische und soziale Beeinträchtigungen sind nach Auffassung der Weltgesundheitsorganisation und des „International Labour Office" eine der häufigsten Ursachen mangelhafter Arbeitsleistungen und krankheitsbedingter Abwesenheit von der Arbeit. Beide Organisationen kommen zum Ergebnis, dass in dem zurückliegenden Jahrzehnt – bedingt durch Globalisierung, Automatisierung und fortschreitende Technisierung – arbeitsbedingte Belastungen und daraus resultierende Befindensstörungen deutlich zugenommen haben, mit entsprechend negativen Auswirkungen für Wettbewerbskraft und Produktivität der Wirtschaft und für die finanziellen Lasten unserer sozialen Sicherungssysteme [20].

Dem psychischen Befinden kommt im Alltag von Arbeit, Familie und Partnerschaft eine hohe Bedeutung zu, aus drei empirisch wohlfundierten Gründen (s. Abb. 1.1):
- Psychisches Befinden (Freude, Zuversicht, hohes Selbstvertrauen im günstigen, Angst, Wut, Hilflosigkeit im ungünstigen Falle) wird maßgeblich beeinflusst von den alltäglichen Erlebnissen und Anforderungen in Arbeit, Partnerschaft, Kindererziehung und Freizeit.
- Psychisches Befinden wirkt seinerseits zurück auf unser alltägliches Verhalten in allen Lebensbereichen: Arbeit, Partnerschaft, Kindererziehung und Freizeit.

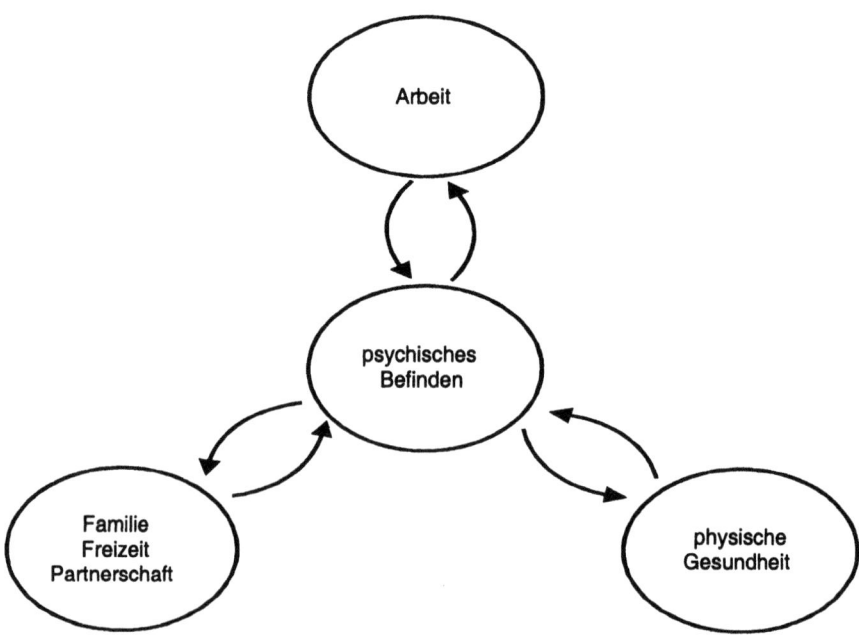

Abb. 1.1. Mögliche Zusammenhänge zwischen Befinden, Arbeit, Familie, Partnerschaft, Freizeit und Gesundheit

- Psychisches Befinden hat Einfluss u.a. auf unser Immun- und Herz-Kreislauf-System und damit auch auf unsere physische Gesundheit [1, 3, 5, 10].

Zum Einfluss sozialer Beziehungen auf Befinden und Gesundheit

Psychisches Wohlbefinden und physische Gesundheit sind beides: Voraussetzung und Ergebnis einer kontinuierlichen Auseinandersetzung zwischen Mensch und Umwelt. Soziale, psychische und somatische Vorgänge hängen eng miteinander zusammen und beeinflussen sich wechselseitig. Denken, Fühlen und biochemische Prozesse verlaufen – entgegen dem kartesianischen Dualismus – parallel und hoch vernetzt. Das verhaltensmedizinische Risikofaktorenmodell hat einerseits unser Wissen über mögliche Krankheitsursachen beträchtlich erweitert. Es hat dabei aber andererseits einem stark verkürzten Kausalmodell große Verbreitung verschafft. Nach Auffassung der Verhaltensmedizin lassen sich Risikoverhaltensweisen, z.B. schädigende Essgewohnheiten, Bewegungsmangel, Zigarettenkonsum und ähnliches mehr durch Beeinflussung von Kognition, Motivation und Emotionen und durch Erlernen risikoarmer oder salutogener Verhaltensweisen modifizieren. Diese These hat sich in den vergangenen Jahrzehnten in zahlreichen, z.T. sehr aufwendigen prospektiven Studien z.B. zur Kontrolle von Herz-Kreislauf-Risiken als unrealistisch erwiesen. Darauf aufbauende Präventionsprogramme zeigten, wenn überhaupt, meist nur kurzfristige Wirkungen. Personen handeln nicht kontextfrei, sondern stets in Situationen, die durch Einflüsse aus der sozialen Umwelt mitbestimmt sind. Verhaltensänderungen erfordern deshalb zum einen Befähigung („Empowerment") und zum anderen unterstützende Eingriffe in die soziale Umwelt [3, 16].

Soziale Beziehungen sind – darüber besteht heute unter Sozialepidemiologen große Einigkeit – von essentieller Bedeutung für Wohlbefinden und Gesundheit (z.B. [5] und [2]). Unterschiedliche Beziehungen in Familie und Arbeitswelt erfüllen dabei verschiedene Funktionen. „Starke" d.h. partnerschaftliche, verwandtschaftliche und enge freundschaftliche Beziehungen dienen primär, so wird vermutet, der Regulierung persönlicher Gefühle, m.a.W. der Herbeiführung positiver und der Vermeidung oder Bewältigung negativer Gefühle. „Schwache" Beziehungen in Nachbarschaft, Gemeinde, Arbeitswelt dienen primär, so wird vermutet, der praktischen Situationsbewältigung, z.B. der Erledigung konkreter Aufgaben, wirken unterstützend dort, wo individuelle Möglichkeiten und Fähigkeiten zur Problemlösung und Gefühlsregulierung nicht ausreichen. Für die ausgehende Industriegesellschaft mag die traditionelle Arbeitsteilung von Mann (Hauptfunktion: Problemlösung) und Frau (Hauptfunktion: Gefühlsregulierung) noch gelegentlich zutreffen. Mit weiter zunehmender Erwerbstätigkeit der Frauen in der Wissens- und Dienstleistungsgesellschaft wird sie immer mehr in Frage gestellt, kommt es offenbar zu ganz unterschiedlichen Gestaltungsformen der Arbeit-/Nichtarbeit-Schnittstelle partnerschaftlicher Arbeitsteilung und zu neuen Gesundheitsrisiken aber auch Gesundheitspotenzialen.

Mit dem Übergang von der Agrar- zur Industriegesellschaft einher ging eine Differenzierung der gesellschaftlichen Lebensbereiche. Die Einheit von Arbeit, Partnerschaft und Familie wurde abgelöst durch ausdifferenzierte soziale Netzwerke in einer komplexen Sozialstruktur. Berufstätige gehen morgens zur Arbeit und kommen abends nach Hause oder umgekehrt. Das Leben spielt sich mittlerweile in zahlreichen, meist nur lose oder gar nicht miteinander verbundenen Bereichen („settings") ab. Die für Wohlbefinden und Gesundheit während des gesamten Lebens hochbedeutsamen sozialen Beziehungen verändern sich. Aus kulturell homogenen, dichten und eher gleichförmigen werden kulturell heterogene, z.T. weitgespannte, personentypische soziale Netzwerke, deren Segmente oft kaum oder gar nicht miteinander zusammenhängen. Diese sind – wie das Thema „Work-Life-Balance" signalisiert – häufig nur noch schwer oder gar nicht mehr miteinander zu vereinbaren – mit persönlich und gesellschaftlich unerwünschten Konsequenzen (verfallenden Qualifikationen, zurückgehenden Geburtenraten) oder gesundheitlichen Beeinträchtigungen (sinkendes Wohlbefinden, Burnout).

Staat und Wirtschaft gingen seit Beginn der Industrialisierung offenbar davon aus, dass Partnerschaft und Familienleben sich an die Erfordernisse neuer Arbeits- und Organisationsformen mehr oder weniger problemlos anpassen. Heute stehen sie vor der Herausforderung eines demnächst stark rückläufigen Arbeitskräfteangebotes, das hierzulande teilweise durch auf den Arbeitsmarkt drängende Frauen ausgeglichen werden könnte, wenn dafür innerhalb und außerhalb der Betriebe entsprechende Voraussetzungen geschaffen werden, die es ermöglichen, Beruf und Familie miteinander zu vereinbaren.

„Work-Life-Balance" – Begriff, Forschungsstand und -perspektiven

Begriffliche Grundlagen und Modelle

Was genau heißt eigentlich „Work-Life-Balance"? Was bedeutet es, wenn Arbeit, Familie und Freizeit sich „in Balance" befinden? Wodurch wird dieser wirtschafts- und gesundheitspolitisch erstrebenswerte Zustand gestört? Welche Folgen ergeben sich für die Betroffenen, ihre Angehörigen, den Arbeitgeber? Welchen Beitrag können die Unternehmen und der Staat dazu leisten, die Balance zu erhalten bzw. wieder herzustellen? Die empirische Forschung zum Thema „Work-Life-Balance" stammt überwiegend aus den USA. In Deutschland wird mittlerweile zwar sehr viel zum Thema „Work-Life-Balance" geschrieben, wissenschaftlich fundierte Beiträge dazu sind aber noch eher spärlich [11].

Eine in der wissenschaftlichen Literatur verbreitete Definition zum Thema besagt, dass es sich bei einer gestörten Balance zwischen Arbeit und Privatleben um eine Form des Interrollenkonfliktes handelt, in dem der Erwartungsdruck aus dem einen Lebensbereich unvereinbar ist mit dem aus dem anderen. Mit anderen Worten die Ausübung der Arbeitsrollen wird erschwert oder verhindert durch Ausübung der Familienrolle oder umgekehrt [13]. Diese Definition macht deutlich, dass Ursachen für eine mögliche Unvereinbarkeit entweder in der Arbeit oder in der Familie vermutet werden. Nachteil dieser Definition, die ja implizit schon ein Kausalmodell enthält, ist ihre pathogenetische Perspektive: beachtet werden hier nur die Unvereinbarkeit beider Bereiche und ihre negativen Konsequenzen, nicht aber auch die zweite Möglichkeit ihrer guten Vereinbarkeit und deren positive Folgen.

In einem Übersichtsartikel [10] werden folgende unterschiedliche Modelle zur (Un-)Vereinbarkeit von Arbeit und Familie unterschieden:
1. Das Segmentierungsmodell: Arbeit und Familie sind völlig getrennte Lebensbereiche, d. h. Kausalitäten liegen weder in die eine noch in die andere Richtung vor.
2. Das Kongruenzmodell: In Arbeit und/oder Familie auftretende Beeinträchtigungen sind primär persönlichkeitsbedingt (z. B. durch chronische Depressivität des Partners).
3. Das Integrationsmodell: Arbeit und Familie bilden eine untrennbare Einheit, wie dies z. B. in Familienunternehmen häufig der Fall ist.
4. Das Anpassungsmodell: Veränderungen in einem Bereich führen zu entsprechenden Anpassungen im anderen ohne erkennbare negative Auswirkungen.
5. Das Kompensationsmodell: Negative Erfahrungen in einem Bereich fördern Rückzug in den anderen oder umgekehrt. Was in der Ar-

beit fehlt, z. B. Anerkennung, wird verstärkt in Familie und Freizeit gesucht.
6. Das Ressourcenerschöpfungsmodell: Knappe Güter (Zeit, Energie, Aufmerksamkeit) in einem Lebensbereich werden auf Kosten des anderen aufgebraucht.

Der Nachteil dieser Modelle besteht darin, dass sie sich einseitig auf einzelne Aspekte und Wirkmechanismen konzentrieren und diese verabsolutieren. Empirische Forschungsergebnisse zeigen jedoch, dass in der Praxis alle in den verschiedenen Modellen angesprochenen Aspekte eine Rolle spielen können und häufig gleichzeitig auftreten. Daher wird in neueren Forschungsansätzen versucht, integrative Modelle zu entwickeln, die ein umfassenderes Verständnis der Faktoren und Prozesse, die für die Vereinbarkeit von Beruf, Familie und Privatleben bedeutsam sind, ermöglichen (z. B. [9]). Zu wenig Berücksichtigung findet bisher die salutogenetische Perspektive, die Frage positiver, unterstützender Auswirkungen der Privatsphäre auf den Arbeitsbereich und umgekehrt.

Forschungsstand und -perspektiven

Die empirische Forschung zum Thema „Work-Life-Balance" hat sich bisher in erster Linie auf Fragen der Vereinbarkeit von Arbeit und Familie konzentriert. Nur wenige Untersuchungen haben sich mit den Beziehungen zwischen dem Arbeitsbereich und anderen Aspekten des Privatlebens beschäftigt.

Nach bisher vorliegenden Erkenntnissen wirken belastende Einflüsse sehr viel häufiger von der Arbeit in die Familie als umgekehrt. Arbeit hat mit anderen Worten sehr viel öfter negative Auswirkungen auf Familie und Partnerschaft, als dies umgekehrt der Fall ist. Dort, wo unterstützende, d. h. positive Auswirkungen vom einen auf den anderen Lebensbereich untersucht wurden, hat die Privatsphäre sehr viel häufiger positive Auswirkungen auf den Arbeitsbereich als der Arbeitsbereich auf die Privatsphäre.

Frone lokalisiert die Ursachen für Konflikte zwischen Arbeit und Nichtarbeit zum einen in den spezifischen Bedingungen von Arbeit und Familie und zum anderen in Persönlichkeitsmerkmalen der Betroffenen. Gemeint sind damit der Grad der Identifikation mit der Arbeitsrolle, arbeitsbedingte Stressoren oder Unterstützungspotenziale und die für Arbeit (oder Familie) aufgewendete Zeit. Überhöhte psychische Identifikation mit der Arbeit ist ein Prädiktor für arbeitsbedingte Familienprobleme. Ähnliches gilt für arbeitsbedingten Stress.

Auch er hat erwartungsgemäß negative Auswirkungen auf Partnerschaft und Familie. Stressresistente Personen und Personen mit einem starken Selbstwertgefühl sind für die Familie/Partnerschaft offenbar weniger belastend [1, 9, 15].

Auch der Forschungsstand zu den Konsequenzen gestörter Beziehungen zwischen Arbeit und Familie ist wenig überraschend: Belastende Arbeitsbedingungen begünstigen Stress in der Partnerschaft, Stress in der Partnerschaft hat Rückwirkungen auf die Arbeit. Letzteres scheint deutlich seltener der Fall zu sein. Fehlzeiten, Zuspätkommen zur Arbeit und schlechte Arbeitsleistungen stehen in direktem Zusammenhang mit Anforderungen aus der Familie. Hohe Fluktuationsraten oder die Absicht, den Job zu wechseln, sind dagegen eher die Folge arbeitsbedingter Belastungen für Partnerschaft/Familie. Chronische Unvereinbarkeiten zwischen Arbeit und Familie/Partnerschaft begünstigen negatives Befinden, wahrgenommene körperliche Beeinträchtigungen und Abhängigkeit von Zigaretten oder Alkohol [9]. Sie haben auch gravierende Auswirkungen auf die schulischen Leistungen der Kinder [14]. Familien mit geringem Einkommen haben aufgrund ungünstiger Arbeitsbedingungen (z. B. Mangel an flexiblen Arbeitszeitregelungen) größere Probleme als Familien mit höheren Einkommen, die Anforderungen von Beruf und Familie miteinander zu vereinbaren [14].

Strategien zur Verbesserung der „Work-Life-Balance"

Wie lassen sich Konflikte zwischen Arbeit, Familie und Privatleben mit ihren negativen Folgewirkungen für Unternehmen und Mitarbeiter vermeiden? Was können die Unternehmen tun, um die Vereinbarkeit von Beruf und Privatleben zu erleichtern? Das Spektrum möglicher betrieblicher Maßnahmen ist vielfältig. Ansetzen können die Maßnahmen in allen klassischen Feldern des Personalmanagements. Abb. 1.2 gibt einen Überblick über mögliche Handlungsfelder und Ansatzpunkte[1]. Entscheidend sind vor allem flexible Arbeitszeitregelungen, eine an den Bedürfnissen der Mitarbeiter orientierte Arbeitsorganisation, bedarfsgerechte Angebote der Kinderbetreuung sowie Maßnahmen zur Reintegration von Mitarbeiterinnen und Mitarbeitern nach dem Erziehungsurlaub. Bei der Auswahl und der Umsetzung geeigneter Maßnahmen können Instrumente wie das „Audit Beruf und Familie" hilfreich sein[2].

---
[1] Nähere Hinweise und Erläuterungen zu den einzelnen Maßnahmen und Handlungsfeldern finden sich im zweiten Teil dieses Bandes.
[2] Näheres dazu im Beitrag von Becker, S.J. in diesem Band.

Abb. 1.2. Ansatzpunkte für eine familienorientierte Personalpolitik, Quelle: Gemeinnützige Hertie-Stiftung (1999)

Forschungsergebnisse [u.a. 10, 12, 15] und Erfahrungsberichte aus Unternehmen [8][3] belegen mittlerweile, dass eine familien- und mitarbeiterorientierte Personalpolitik zahlreiche Vorteile für die Betriebe und die Mitarbeiter mit sich bringt, z.B.:

- Reduktion der Stressbelastung der Mitarbeiter
- Vermeidung von Fehlzeiten
- Geringere Mitarbeiterfluktuation
- Steigende Arbeitsqualität und -quantität
- Höhere Motivation und Einsatzbereitschaft der Mitarbeiter
- Höhere Mitarbeiterbindung
- Beschleunigte Rückkehr nach der Babypause, Qualifikationserhalt
- Pflege und Verbesserung des Unternehmensimages
- Steigerung der Wettbewerbsfähigkeit

Eine jüngst durchgeführte repräsentative Befragung der Hertie-Stiftung kommt jedoch zu dem Ergebnis, dass die Unternehmen offensichtlich noch zu wenig über Wege und Chancen einer familienfreundlichen Personalpolitik informiert sind. Die Bandbreite möglicher Maßnahmen zur besseren Vereinbarkeit von Beruf, Familie und Privatleben wird in der betrieblichen Praxis bisher bei weitem nicht ausgeschöpft [12]. Unternehmen, die sich im Themenfeld Beruf und Familie engagieren, konzentrieren sich meist in erster Linie auf die Bereiche Arbeitszeitflexibilisierung (85%) und Arbeitsorganisation

---

[3] S. dazu auch Kap. 14.

(93%). Für junge Familien und insbesondere Alleinerziehende besteht jedoch das größte Problem oft darin, eine geeignete Kinderbetreuung zu finden. Entsprechende Maßnahmen werden nur von 35 Prozent der Unternehmen angeboten.

Familienunterstützende Angebote werden anscheinend von den meisten Unternehmen nach wie vor als kostenintensiv eingeschätzt. Dies verhindert häufig ein verstärktes Engagement in diesem Bereich. Zu wenig bekannt ist, dass viele Maßnahmen auch ohne großen Kostenaufwand umgesetzt werden können. So gibt es beispielsweise im Bereich der Kinderbetreuung zur Einrichtung eines kostspieligen Betriebskindergartens kostengünstige Alternativen, wie z. B. den Erwerb von Belegplätzen in einer bestehenden Einrichtung oder die Vermittlung von Tagesmüttern. Zu wenig bekannt ist offensichtlich auch, dass sich Investitionen in familienfreundliche Maßnahmen rechnen, wie im Rahmen einer Kosten-Nutzen-Analyse, die von der Prognos AG auf der Basis von Controllingdaten aus zehn deutschen Unternehmen durchgeführt wurde, gezeigt werden konnte [17][4].

Entscheidend für die erfolgreiche Umsetzung von Maßnahmen zur Unterstützung der „Work-Life-Balance" ist die Einbettung in eine Unternehmenskultur, die durch Rücksicht auf die familiäre Situation und die privaten Bedürfnisse der Mitarbeiter gekennzeichnet ist. Dies setzt eine entsprechende Sensibilisierung und Schulung der Führungskräfte voraus. Daran mangelt es in der Praxis noch häufig. Nach Erkenntnissen der Hertie-Stiftung verknüpft rund ein Viertel der „familienbewussten" Betriebe seine Maßnahmen weder mit Fragen der Führungskompetenz noch mit Angeboten der Personalentwicklung. Dies mag ein Hinweis darauf sein, dass die Wirkungszusammenhänge möglicher Maßnahmen bislang nicht ausreichend verdeutlicht wurden. Neben spezifischen Work-Life-Balance-Maßnahmen ist nicht zuletzt die Qualität der Arbeit und des Arbeitsumfeldes entscheidend für eine geglückte Balance zwischen Arbeit und Privatleben.

Unterstützt werden müssen die Aktivitäten der Unternehmen durch eine Verbesserung der sozialpolitischen Rahmenbedingungen. Trotz hoher Ausgaben für die Familienpolitik liegt Deutschland bei der Erwerbsbeteiligung von Frauen im internationalen Vergleich weit zurück. Eine Studie der Bertelsmann-Stiftung [6][5] kommt zu dem Ergebnis, dass hierzulande noch erheblicher Nachholbedarf auf jenen

---

[4] Die Studie kommt zu dem Ergebnis, dass sich mit der Einführung familienfreundlicher Maßnahmen ein positiver „Return-on-investment" in der Größenordnung von 25 Prozent erzielen lässt. Für mittelgroße Unternehmen ergaben sich Einsparpotenziale in Höhe von mehreren 100 000 Euro.
[5] S. dazu den Beitrag von Eichhorst, W. & Thode, E. in diesem Band.

Politikfeldern besteht, die in besonderem Maße zur Vereinbarkeit von Familie und Beruf und zur Integration von Müttern in den Arbeitsmarkt beitragen. Zum einen gibt es Defizite im Bereich der Kinderbetreuung. Es fehlen vor allem Betreuungsmöglichkeiten für Kinder unter drei Jahren. Auch für die Betreuung von Kindern zwischen drei und sechs Jahren in den Kindergärten über Mittag und am Nachmittag sind die Angebote nicht ausreichend. Probleme bestehen auch hinsichtlich der Verlässlichkeit der Betreuung und der Versorgung während der Ferien von Kindergärten und Grundschulen[6].

Zum anderen bietet das deutsche System der Einkommensbesteuerung zu wenig Anreize für die Aufnahme einer Erwerbstätigkeit durch den zweiten Elternteil, insbesondere was eine Erwerbstätigkeit jenseits einer kürzeren Teilzeittätigkeit angeht. Gelernt werden kann hier von den skandinavischen Ländern, wo höhere Erwerbs- und Beschäftigungsquoten der Frauen und gleichzeitig höhere Geburtenraten als in Deutschland erreicht werden.

Literatur

[1] Allen DT, Herst DEL, Bruck CS, Sutton M (2000) Consequences Associated With Work-to-Family Conflict: A Review and Agenda for Future Research. Journal of Occupational Health Psychology 2:278–308

[2] Badura B, Kickbusch I (1991) (eds) Health promotion research: towards a new social epidemiology. WHO Regional Publications, European Series, No. 37, Copenhagen, WHO Regional Office for Europe

[3] Badura B, Hehlmann T (2003) Betriebliche Gesundheitspolitik. Der Weg zur gesunden Organisation. Springer, Heidelberg

[4] Badura B, Schellschmidt H, Vetter C (Hrsg) Fehlzeiten-Report 2002. Springer, Berlin

[5] Berkman LF, Kawachi I (2000) (eds) Social Epidemiology. Oxford University Press, Oxford

[6] Bertelsmann-Stiftung, Hrsg (2002) Eichhorst W, Thode E. Vereinbarkeit von Familie und Beruf, Benchmarking Deutschland Aktuell, Verlag Bertelsmann-Stiftung, Gütersloh

[7] Bertelsmann Stiftung/Hans Böckler Stiftung (2002) Expertenkommission Betriebliche Gesundheitspolitik – Zwischenbericht, Gütersloh/Düsseldorf 18. Nov. 2002

[8] Bundesministerium für Familie, Senioren, Frauen und Jugend (2001) Familienfreundliche Maßnahmen im Betrieb. Eine Handreichung für Unternehmensleitungen, Arbeitnehmervertretungen und Beschäftigte, Berlin

---

[6] Dieses Problem wurde inzwischen von der Bundesregierung erkannt. In den nächsten Jahren sind verstärkte Investitionen in den Ausbau der Kinderbetreuung geplant. Von 2003 bis 2007 sollen die Länder 4 Milliarden Euro für den Ausbau der Ganztagsbetreuung erhalten. Ab 2005 stellt der Bund den Kommunen bis zu 1,5 Milliarden Euro jährlich für den Ausbau der Kinderbetreuung für die unter Dreijährigen zur Verfügung.

[9] Frone MR, Yardley JK, Markel K (1997) Developing and testing an integrative model of the work-family interface. Journal of Vocational Behavior 50:145–167
[10] Frone MR (2002) Work-Family Balance. Chapter 7. In: Quick JC, Tetrick LE (Eds) Handbook of Occupational Health Psychology. Washington, DC. American Psychological Association
[11] Gemeinnützige Hertie-Stiftung (1999) Unternehmensziel: Familienbewusste Personalpolitik. Ergebnisse einer wissenschaftlichen Studie. Wirtschaftsverlag Baden, Köln
[12] Gemeinnützige Hertie-Stiftung (Hrsg) (2003) Strategien einer familienbewussten Unternehmenspolitik, Bonn
[13] Greenhouse JH, Beutell NJ (1985) "Sources of conflict between work and family roles." Academy of Management Review 10:76–88
[14] Heymann SJ (2000) The Widening Gap: Why America's Working Families Are in Jeopardy and What Can be Done About It. Basic Books, New York
[15] Kossek EE, Ozeki C (1999) Bridging the work-family policy and productivity gap: a literature review. Community, Work & Family 1:7–32
[16] Münch E, Walter U, Badura B (2002) Führungsaufgabe Management. Ein Modellprojekt im öffentlichen Sektor. Hans Böckler Stiftung (Hrsg). Edition Sigma, Berlin.
[17] Prognos AG (2003) Betriebswirtschaftliche Effekte familienfreundlicher Maßnahmen – Kosten-Nutzen-Analyse, Studie im Auftrag des Bundesministeriums für Familie, Senioren, Frauen und Jugend (erhältlich unter: http://www.bmfsfj.de)
[18] Siegrist J (1996) Soziale Krisen und Gesundheit: eine Theorie der Gesundheitsförderung am Beispiel von Herz-Kreislauf-Risiken im Erwerbsleben. Göttingen u. a O., Hogrefe Verlag
[19] US-Department for Health and Human Services (1996) Forward Thinking, Health Service Journal, 106 (5510):13
[20] WHO/ILO (2000) (Bearbeitung: Harnois, Gaston, Gabriel, Phyllis): Mental health and work: Impact, issues and good practices, Genf (erhältlich unter: http://www.ilo.org/public/english/employment/skills/targets/disability/download/mhealth.pdf)

KAPITEL 2

Vereinbarkeit von Familie und Beruf – Deutschland im internationalen Vergleich

W. EICHHORST · E. THODE

Zusammenfassung. Im internationalen Vergleich ist die Vereinbarkeit von Familie und Beruf in Deutschland ungenügend gewährleistet. Trotz eines hohen Ressourcenaufwandes für die Familienpolitik schneidet Deutschland sowohl bei der Geburtenrate als auch bei der Erwerbstätigkeit von Frauen, insbesondere von jungen Müttern, unbefriedigend ab. Dies hat damit zu tun, dass die staatlichen Rahmenbedingungen in Deutschland nach wie vor mehr als in anderen Staaten zu einem Zielkonflikt zwischen Familiengründung und Erwerbstätigkeit führen. Grundlegende Veränderungen sind deshalb erforderlich, so ein bedarfsgerechter Ausbau der öffentlichen Infrastruktur für die Kinderbetreuung und die Korrektur von Fehlanreizen im Steuer- und Transfersystem, welche bislang die Erwerbstätigkeit von Frauen in Paarhaushalten, gerade auch von jungen Müttern, hemmen. Hierzu zählt eine Reform des Ehegattensplittings ebenso wie eine Veränderung bei Erziehungsurlaub und Elternzeit.

Vereinbarkeit von Familie und Beruf als beschäftigungspolitische Herausforderung

Eine alternde Gesellschaft wie die deutsche wird mit massiven Problemen auf dem Arbeitsmarkt und in den Sozialsystemen konfrontiert werden, wenn nicht geeignete Reformen ergriffen werden. Neben einer arbeitsmarktorientierten Zuwanderung und einer Verlängerung der Lebensarbeitszeit kann vor allem eine Ausweitung der Erwerbstätigkeit von Frauen helfen, die Konsequenzen des demographischen Wandels abzumildern [13, 29]. Ein höheres Niveau der Erwerbstätigkeit von Frauen ist jenseits des Wunsches nach gleichberechtigter Teilhabe am Erwerbsleben vor diesem Hintergrund schon aus ökonomischen Gründen in zweifacher Hinsicht bedeutsam:

Einerseits kann damit das Arbeitskräftepotenzial der Frauen, nicht zuletzt das Humankapital jüngerer, gut qualifizierter Frauen für die

Volkswirtschaft mobilisiert werden. Eine gesteigerte und vor allem kontinuierlichere Erwerbstätigkeit ist zudem unter dem Blickwinkel des Erhalts von Qualifikationen wichtig, denn einmal erworbenes Humankapital verfällt, wenn es nicht am Arbeitsmarkt genutzt und weiterentwickelt wird. Sie ist aus Sicht der Unternehmen sinnvoll, wenn damit Investitionen in das Humankapital von Frauen besser genutzt werden können. Gleichzeitig können Frauen, die ihre Erwerbslaufbahn nur kurz unterbrechen, im weiteren Verlauf ihres Erwerbslebens höhere Arbeitseinkommen erzielen [8, 13, 20, 28, 34].

Andererseits bedeutet ein höheres Beschäftigungsniveau der Frauen einen Zuwachs an Einnahmen für die staatlichen Haushalte, vor allem in Gestalt der Einkommensteuer, und für die Sozialsysteme durch zusätzliche Sozialversicherungsbeiträge. Es wird auch zu Einsparungen an Transferleistungen für Nichterwerbstätige kommen, beispielsweise durch verminderte Sozialhilfezahlungen an allein Erziehende. Das kann die Abgabenbelastung des einzelnen Beschäftigten vermindern und einen Teil der Ressourcen für den Ausbau jener Infrastruktur schaffen, die für die Vereinbarkeit von Familie und Beruf notwendig ist und zu einer geringeren Abhängigkeit von Sozialtransfers beitragen kann. Positiv auf die Erwerbstätigkeit der Frauen wird der Aufbau einer umfassenden Infrastruktur für die Kinderbetreuung auch deshalb wirken, weil dort wiederum überwiegend Frauen beschäftigt werden. Zudem ist davon auszugehen, dass die Nachfrage nach haushaltsbezogenen Dienstleistungen zunehmen wird, wenn mehr Frauen arbeiten. Insofern entstehen hier sich selbst verstärkende positive Effekte.

Eine gesteigerte Beschäftigung von Frauen darf aber nicht auf Kosten der Familien- und Kinderfreundlichkeit einer Gesellschaft gehen, will sie nicht auf Nachwuchs verzichten. Insofern wird die Vereinbarkeit von Familie und Beruf zum Schlüssel für die Lösung dieser Problematik. Gelingt es in stärkerem Maße als bisher, die Anforderungen von Familie und Beruf zu vereinbaren, so wird dies auch die Kinderfreundlichkeit steigern und die Möglichkeit, neben einer Arbeitstätigkeit einen Kinderwunsch zu verwirklichen, verbessern. Dies wird zu einem Zuwachs der Beschäftigung von Frauen und mittelfristig zu wieder steigenden Geburtenraten führen, was wiederum die erwarteten demographischen Verwerfungen abmildern kann [18].

Die Vereinbarkeit von Familie und Beruf ist folglich die grundlegende Bedingung für eine bessere Integration von Frauen in den Arbeitsmarkt, sofern eine gesteigerte Nutzung des weiblichen Arbeitskräftepotenzials nicht auf Kosten der Kinderfreundlichkeit der Gesellschaft gehen soll. Sie hängt von einigen zentralen Voraussetzungen ab:

1. Eine Berufstätigkeit von Müttern mit Kindern setzt voraus, dass die Kinder während der Arbeitszeiten betreut werden. Mit zunehmendem Wegfall von familiären Betreuungsmöglichkeiten sind Eltern vermehrt auf außerfamiliäre Angebote angewiesen. Dies können öffentliche Kinderbetreuungseinrichtungen, betriebliche Angebote oder private Betreuungsdienste sein. Eine Erwerbstätigkeit von Müttern über Vormittage hinaus, das heißt jenseits von Teilzeitarbeit mit relativ geringer Stundenzahl, setzt zudem voraus, dass Betreuungseinrichtungen auch über Mittag und am Nachmittag verfügbar sind.
2. Die Erwerbsbeteiligung vor allem von Frauen hängt auch davon ab, wie sich die zusätzliche Erwerbstätigkeit eines zweiten Verdieners in einem Paarhaushalt auf das verfügbare Haushaltseinkommen auswirkt. Gelingt durch die Ausweitung der Erwerbstätigkeit eine deutliche Erhöhung des Nettoeinkommens, so sind starke Anreize für die Aufnahme einer Beschäftigung in Teilzeit oder Vollzeit gegeben. Führen das Steuer- und Abgabensystem sowie die Familienleistungen hingegen zu einer übermäßigen Belastung von Hinzuverdiensten, wird ein Elternteil eher ganz oder teilweise auf eine Erwerbsarbeit verzichten und die Kinder zu Hause betreuen [2, 13].
3. Ansprüche auf die Freistellung von Elternteilen nach der Geburt eines Kindes können die Vereinbarkeit von Familie und Beruf verbessern. Einen positiven Beitrag zur Integration von Müttern und Vätern in den Arbeitsmarkt leisten sie aber nur dann, wenn während der Freistellung der Kontakt zur Arbeitswelt nicht abreißt. Hier sind Modelle einer Teilzeittätigkeit oder einer Weiterbildung im Elternurlaub sowie Modelle, die eine ausgewogenere Verteilung des Elternurlaubs zwischen beiden Elternteilen vorsehen, vorteilhafter als vollständige langfristige Freistellungen eines Elternteils. Betriebe sind gefordert, Arbeitszeiten in ihrer Dauer und Lage nach den Bedürfnissen von Müttern und Vätern mit Kindern unter Berücksichtigung der Erfordernisse des Betriebs flexibel zu handhaben.
4. Teilzeitarbeit stellt in vielen Ländern eine Brücke in den Arbeitsmarkt vor allem für Mütter mit Kindern dar. Teilzeitarbeit wird aber dann problematisch, wenn sie nicht den Präferenzen der Arbeitskräfte entspricht, also zu wenig Vollzeitarbeitsplätze angeboten werden oder aufgrund mangelnder Kinderbetreuungsmöglichkeiten nicht angenommen werden können. Insofern ist es wichtig, dass Optionen zur Verlängerung der Teilzeitarbeit bestehen, attraktiv sind und tatsächlich wahrgenommen werden können.

Deutschland im internationalen Vergleich

Die Vereinbarkeit von Familie und Beruf lässt sich anhand einer Reihe von Indikatoren untersuchen, die sich auf die oben dargestellten Zusammenhänge beziehen. Zunächst werden Kennzahlen zur Beschäftigung von Frauen, insbesondere von Müttern mit Kindern, dargestellt, anschließend Indikatoren zu den Größen, die hierauf einwirken.

Erwerbstätigkeit und Arbeitszeiten von Frauen und Männern. Die Erwerbsquote der Frauen gibt an, wie viele Frauen im erwerbsfähigen Alter, d. h. zwischen 15 und 64 Jahren, dem Arbeitsmarkt zur Verfügung stehen. International vergleichende Daten zeigen für den Mittelwert der Jahre 1997 bis 2001 (Abb. 2.1), dass die Erwerbsquote der Frauen in Deutschland mit 62,8% leicht unter dem Durchschnitt der Vergleichsländer von 64,4% lag. Deutlich höhere Erwerbsquoten von jeweils über 75% wiesen Schweden, Norwegen und Dänemark auf. Der Rückstand der Frauen gegenüber der Erwerbsquote der Männer lag in Deutschland im genannten Zeitraum bei rund 17 Prozentpunkten, was im Mittelfeld des Länderspektrums liegt. Auffällig ist, dass in den skandinavischen Ländern die Differenz der Erwerbsquoten zwischen den Geschlechtern unter zehn Prozentpunkten lag.

Die Beschäftigungsquote zeigt, wie hoch der Anteil der Frauen im erwerbsfähigen Alter ist, die tatsächlich einer abhängigen oder selbststän-

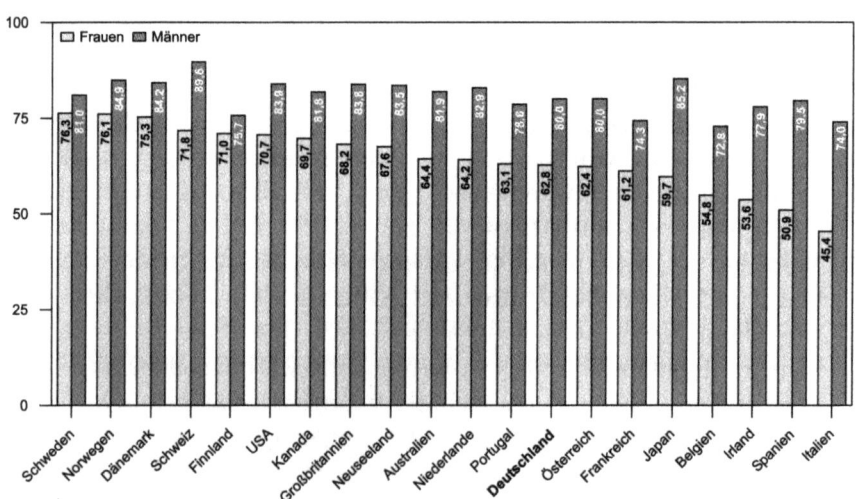

Abb 2.1. Erwerbsquote der Frauen und Männer in %, 1997–2001. Quelle: OECD Employment Outlook 2002.

Vereinbarkeit von Familie und Beruf

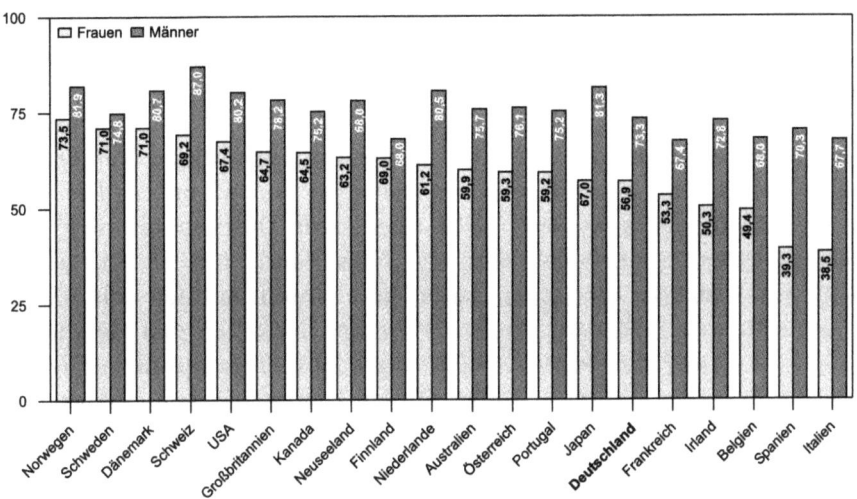

Abb 2.2. Beschäftigungsquote der Frauen und Männer in %, 1997–2001. Quelle: OECD Employment Outlook 2002.

digen Erwerbstätigkeit nachgehen (Abb. 2.2). Auch hier liegen die Frauen in Deutschland für den Durchschnitt der Jahre 1997 bis 2001 mit 56,9% leicht unter dem Mittelwert der Vergleichsländer von 59,6%. Spitzenreiter sind wiederum Norwegen, Schweden und Dänemark mit jeweils über 70%. Wie bei den Erwerbsquoten fällt die Differenz zwischen den Geschlechtern mit rund 16 Prozentpunkten durchschnittlich aus. Auch hier erreichen die skandinavischen Staaten, dass die Schere zwischen der Beschäftigungsquote von Frauen und der von Männern um weniger als zehn Prozentpunkte auseinander klafft.

Bei den Arbeitszeiten ergibt sich für Deutschland ein polarisiertes Bild. Auf der Grundlage der Daten der Europäischen Arbeitskräfteerhebung für das Jahr 2000 werden Deutschland relativ lange Arbeitszeiten für Vollzeitbeschäftigte bescheinigt. Männer arbeiten mit 41,8 und Frauen mit 39,8 Stunden pro Woche in Deutschland länger als in den meisten anderen Staaten. Demgegenüber fallen die Arbeitszeiten für Teilzeitbeschäftigte vergleichsweise kurz aus. Für Männer in diesem Segment beträgt die Wochenarbeitszeit 16,4 Stunden, während sie bei Frauen etwas höher bei 18,7 Stunden liegt. Die Regelungen zur geringfügigen Beschäftigung (neuerdings „Minijobs") dürften dazu beitragen, dass ein großer Anteil der Teilzeitbeschäftigten vergleichsweise geringe Wochenstundenzahlen aufweist. Auswertungen des DIW für das Jahr 2000 zeigen, dass knapp 30% der teilzeitbeschäftigten Frauen in Westdeutschland ihre Arbeitszeit gerne verlängern würden, und zwar auf 25,3 Stunden an Stelle der vereinbarten 15,3 Stunden pro Woche[1]. Von den in Vollzeit beschäftigten Frauen möchten in Westdeutschland 43% kürzer arbeiten. Ihre gewünschte Arbeitszeit beträgt 30,9 statt der vereinbarten 39,1 Stunden [18].

Erwerbstätige Frauen sind in Deutschland vergleichsweise häufig in Teilzeit beschäftigt. Im Jahr 2001 betrug die Teilzeitquote der Frauen 33,9% gegenüber einer Quote von 4,8% bei den Männern. Die Teilzeitquote der Frauen liegt leicht über dem Durchschnitt der Vergleichsländer. Spitzenreiter sind die Niederlande mit 58,1%, gefolgt von der Schweiz, Australien, Japan und Großbritannien mit jeweils über 40%. Die Differenz der Teilzeitquoten zwischen den Geschlechtern betrug in Deutschland im Jahr 2001 29,1 Prozentpunkte. Dies ist die vierthöchste Differenz innerhalb des Länderspektrums (Abb. 2.3). Entsprechend hoch war auch der Anteil der Frauen an allen Teilzeitbeschäftigten in Deutschland. Er betrug im Jahr 2000 84,5%, was hinter Österreich international den zweithöchsten Wert darstellte. Teilzeitarbeit ist also in Deutschland in überdurchschnittlichem Ausmaß eine Angelegenheit der Frauen.

Beschäftigungsquoten von Frauen mit bzw. ohne Kinder können auch unter Berücksichtigung der Haushaltsstruktur berechnet werden.

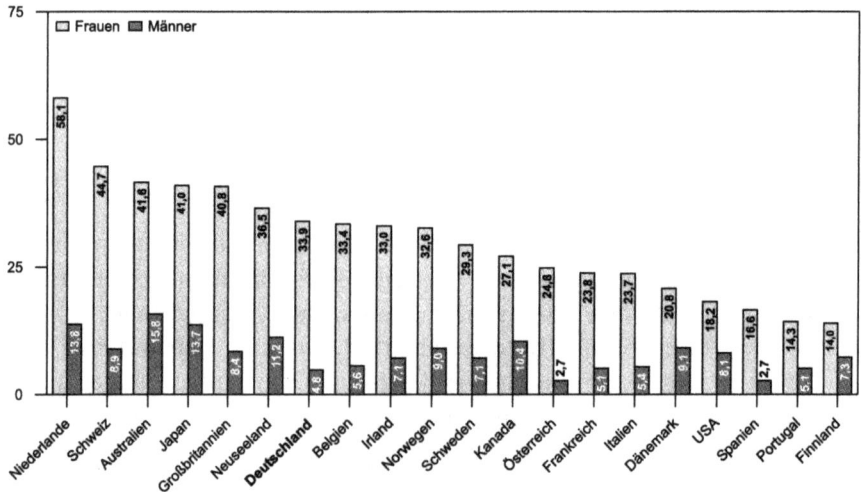

Abb 2.3. Teilzeitquote von Frauen und Männern in %, 2001. Quelle: OECD Employment Outlook 2002.

---

[1] Knapp 13% der teilzeitbeschäftigten Frauen in Westdeutschland möchten die Arbeitszeit vermindern, und zwar von 24,8 auf 16,2 Stunden. Die Verfügbarkeit von Kinderbetreuung verstärkt den Wunsch nicht erwerbstätiger Mütter, eine Arbeit aufzunehmen, und von erwerbstätigen Müttern, ihre Arbeitszeit auszudehnen.

Vereinbarkeit von Familie und Beruf

Dabei lässt sich zunächst ein genereller Anstieg der Frauenerwerbstätigkeit auch bei Müttern mit kleinen Kindern beobachten, wobei sich gleichzeitig die Zahl der Haushalte mit mehreren Kindern vermindert hat und die Zahl der allein erziehenden Mütter gestiegen ist. Die Erwerbstätigkeit von Müttern holt gegenüber der traditionell höheren von Vätern auf [29]. Allerdings zeigt Abb. 2.4, dass Deutschland sowohl bei der Beschäftigungsquote von Müttern in Paarhaushalten als auch von allein Erziehenden einen Rückstand gegenüber den meisten anderen Staaten aufweist. Während im Jahr 1999 67,3% der Frauen zwischen 20 und 60 Jahren ohne Kinder berufstätig waren, galt dies nur für 51,4% der Mütter in Paarhaushalten und 49,7% der allein Erziehenden. Damit stellt sich die Situation allein erziehender Mütter besonders problematisch dar. Wesentlich höher ist der Anteil der in Vollzeit beschäftigten allein Erziehenden in Portugal, Österreich und Italien mit zum Teil deutlich über 70% [14].

Eine Differenzierung nach dem Bildungsabschluss ergibt, dass die Beschäftigungsquote von Müttern mit Hochschulabschluss in allen Ländern über der von Müttern mit Berufsausbildung oder weiterführendem Schulabschluss und auch über der von Müttern ohne solche Abschlüsse liegt. [19]. Doch auch hier ist ein Rückstand Deutschlands bei der Erwerbstätigkeit von hoch qualifizierten Müttern, die in Paarhaushalten leben, zu konstatieren. Die Beschäftigungsquote von Akademikerinnen zählt mit etwas über 62% (1999)

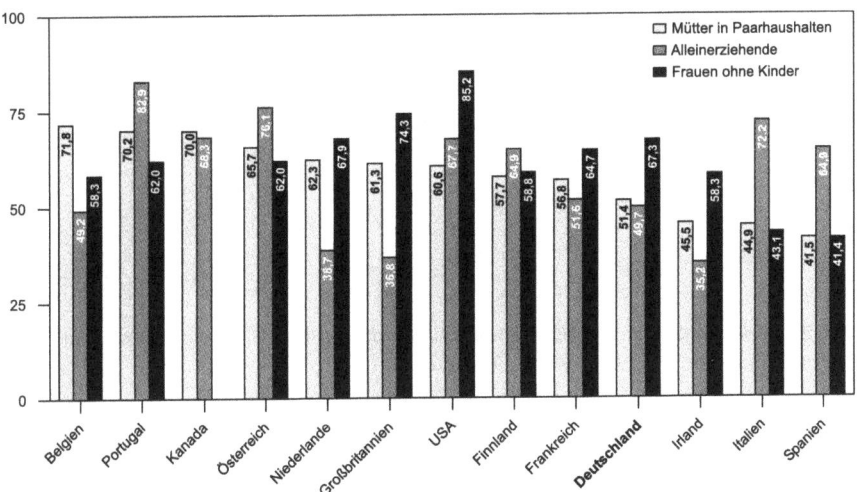

Abb 2.4. Beschäftigung von Müttern mit Kindern unter sechs Jahren nach Haushaltstyp, 1999. Quelle: OECD Employment Qutlook 2001.

zu den niedrigsten des Länderspektrums. Portugal, Belgien, Norwegen und Kanada erreichen über 80%. Ein ähnliches Bild ergibt sich auch bei der Beschäftigungsquote der anderen Qualifikationsgruppen.

Abb. 2.5 stellt tatsächlich ausgeübte und gewünschte Erwerbsmuster von Paarhaushalten mit Kindern unter sechs Jahren gegenüber. Generell war in der Vergangenheit über alle Länder hinweg ein Rückgang des Anteils von Haushalten mit nur einem Verdiener, d. h. in der Regel dem Vater, zu beobachten. Vermehrt nehmen Mütter eine Erwerbstätigkeit auf Teilzeit- oder Vollzeitbasis auf. Diese Zunahme ist in Deutschland allerdings geringer als in den meisten anderen europäischen Staaten und (in Westdeutschland) überwiegend auf die Ausweitung der Teilzeittätigkeit zurückzuführen [19]. In Deutschland war im Jahr 1998 das Modell des Einverdiener-Haushalts mit rund 52% noch immer am häufigsten vertreten. Auch gehört dieser Anteil an Haushalten, in denen die Frau nicht beschäftigt ist, zu den höchsten im internationalen Vergleich. Nur in 16% der Paarhaushalte mit kleinen Kindern übten 1998 beide Elternteile eine Vollzeittätigkeit aus, in 23% dieser Haushalte war die Frau teilzeitbeschäftigt[2].

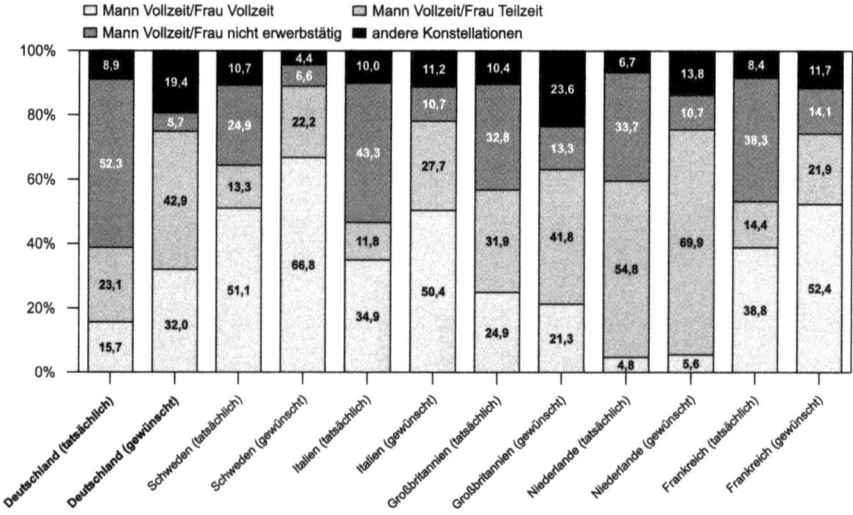

Abb 2.5. Gewünschte und ausgeübte Erwerbsmuster von Paarhaushalten mit Kindern unter sechs Jahren, 1998. Quelle: OECD Employment Qutlook 2001.

---

[2] Zahlen der Europäischen Arbeitskräfteerhebung für das Jahr 2000 geben 39,7% Einverdiener-Paarhaushalte mit Kindern an. In 32,9% arbeitet der Mann Vollzeit und die Frau Teilzeit, in 26,1% beide Vollzeit. In 0,7% der Paarhaushalte mit Kindern arbeitet die Frau Vollzeit und der Mann Teilzeit, und in 0,6% beide Teilzeit [19].

Vereinbarkeit von Familie und Beruf

Dem steht eine deutlich abweichende Verteilung der gewünschten Erwerbsmuster gegenüber. Nur knapp 6% aller Befragten gaben an, das Einverdiener-Modell auch tatsächlich anzustreben. Der weit überwiegende Teil der Paarhaushalte würde es vorziehen, wenn sowohl Mann als auch Frau einer Beschäftigung nachgingen. In einem knappen Drittel möchten beide Partner in Vollzeit tätig sein, während sich etwa 43% für eine Teilzeitarbeit der Frau aussprechen [13, 15]. Die Präferenzen der Eltern sind in allen Ländern auf eine Abkehr vom Einverdiener-Modell gerichtet, und zwar sowohl was eine Vollzeittätigkeit beider Partner als auch was die Aufnahme einer Teilzeittätigkeit des zweiten Elternteils bei Vollzeitarbeit des ersten angeht. In Schweden, Frankreich und Italien wird überwiegend die Vollzeittätigkeit beider gewünscht, wobei Schweden hier bereits 51% erreicht hat. In Großbritannien und vor allem in den Niederlanden wird eine Ausweitung der Teilzeitarbeit vorgezogen.

Kinderbetreuungsmöglichkeiten. Welche institutionellen Gründe liegen dem Erwerbsmuster von Haushalten mit Kindern zu Grunde? Abb. 2.6 zeigt die Versorgung mit Kinderbetreuungsmöglichkeiten für Kinder im Kleinkindalter (0–3 Jahre) und im Kindergartenalter, also zwischen drei und sechs Jahren, im internationalen Vergleich. In Deutschland nahmen im Berichtsjahr 2000 78% der Kinder zwischen drei und sechs Jahren private oder öffentliche Kinderbetreuung in An-

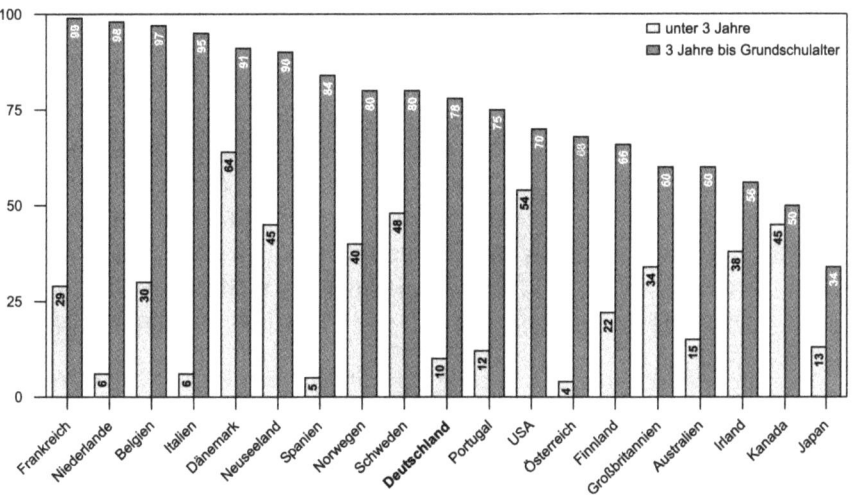

Abb 2.6. Besuch von Kinderbetreuungseinrichtungen im letzten verfügbaren Jahr. Quelle: OECD Employment Qutlook 2001; Berichtsjahr zwischen 1995 und 2000.

spruch, wobei öffentliche Einrichtungen, d.h. Kindergärten, hier weit überwiegen. Im Zusammenhang mit der Verwirklichung des Anspruchs auf einen Kindergartenplatz war diese Quote Ende der neunziger Jahre deutlich angestiegen. Inzwischen liegt der deutsche Wert im Mittelfeld des Länderspektrums. Übertroffen wird er in Frankreich, den Niederlanden, Belgien und Italien mit einer fast vollständigen Abdeckung. Ungenügend ist jedoch vor allem in westdeutschen Kindergärten das Angebot an Betreuung über Mittag und am Nachmittag sowie in den Kindergartenferien. Nur etwa jedes siebte Kindergartenkind wird in Westdeutschland ganztags betreut. Damit wird die von vielen Müttern gewünschte Erwerbstätigkeit, deren Umfang oft über die gegebenen Öffnungszeiten der Kindergärten hinausgeht, behindert. Hinzu kommen regionale und lokale Engpässe bei der Versorgung [2, 13, 15, 27, 30, 34, 36].

Ein gravierenderes Defizit besteht in Deutschland bei der Betreuung von Kleinkindern unter drei Jahren. Nur jedes zehnte Kleinkind besucht eine entsprechende Einrichtung. Dabei ist, bezogen auf das Jahr 2000, der Besuch öffentlicher Kinderkrippen mit 20,1% in den neuen Ländern deutlich häufiger als in Westdeutschland mit 5,2%[3]. Im Gegensatz zum Kindergartenbereich ist die öffentliche Versorgung mit Krippenplätzen in Deutschland in den letzten Jahren nicht verbessert worden. In diesem Bereich dominiert in Deutschland noch immer die Kinderbetreuung durch Mütter im Erziehungsurlaub [15, 18, 35, 37]. Bei der institutionellen Kinderbetreuung für Kleinkinder ist nach den vorliegenden Quellen Dänemark mit einer Abdeckung von 64% führend, gefolgt von den USA, Schweden, Kanada und Neuseeland mit jeweils über 40%.

Während sich generell beobachten lässt, dass die Kinderbetreuung außerhalb der Familie an Verbreitung gewinnt und auch qualitativ aufgewertet wird, bestehen also nach wie vor deutliche internationale Unterschiede, vor allem im Kleinkindalter [30]. Angebote für über drei Jahre alte Kinder werden in den meisten Staaten überwiegend öffentlich finanziert, aber zum Teil privat bereit gestellt. Bei den kleineren Kindern sind die Finanzierungsformen vielfältiger. Der privat organisierte und finanzierte Bereich ist vor allem in den Niederlan-

---

[3] Nationale Schätzungen der Versorgungsquoten für die nächsten Jahre zeigen für Westdeutschland steigende Werte, da die Zahl der Kinder zurückgehen wird; für 2006 wird bei konstantem Platzangebot von einer Versorgungsquote von über 4% ausgegangen. In Ostdeutschland ist wegen einer steigenden Anzahl an Kindern im betreffenden Alter mit einem Rückgang des Versorgungsgrades zu rechnen. Gleiche Trends zeigen sich auch bei Kindern im Kindergarten- und Grundschulalter, wobei sich in letzterem die Versorgungslage auch in Ostdeutschland verbessern wird [35].

den, Großbritannien, in Teilen von Kanada und den USA verbreitet, während in Skandinavien öffentliche Finanzierung vorherrscht. Beide Systeme können eine hohe Abdeckung erreichen, wobei privat finanzierte aber in der Tendenz zu höheren Kosten für die Eltern führen, was die Inanspruchnahme der Betreuungsleistungen und die Erwerbstätigkeit der Mütter hemmt. Deshalb werden beispielsweise in Kanada und Großbritannien die Ausgaben für die Kinderbetreuung durch eine steuerliche Absetzmöglichkeit bzw. eine Steuergutschrift gefördert, wie dies mittlerweile auch in Deutschland der Fall ist. In Frankreich wird neben der öffentlichen Betreuungsinfrastruktur die Beschäftigung von Personal für die Kinderbetreuung im privaten Haushalt steuerlich gefördert [2, 18, 26, 29].

Auch bei Kindern im Grundschulalter gibt es in Deutschland Defizite bei der Betreuung über Mittag und am Nachmittag, was die Beschäftigung von Müttern in Vollzeit oder längerer Teilzeit behindert [36]. Während in Ostdeutschland im Jahr 2000 immerhin 16,4% der Grundschulkinder neben der Schule einen Hort sowie 13,3% eine Ganztagsschule besuchten, wurden in den alten Bundesländern nur knapp 3,7% der Grundschüler in Ganztagsschulen und 4% in Horten betreut. Insgesamt ist die Versorgungslage in Deutschland für Kinder im Grundschulalter ähnlich schlecht wie in den Niederlanden, Großbritannien oder Österreich. In Dänemark werden dagegen vier Fünftel aller Kinder zwischen 6 und 10 Jahren auch am Nachmittag betreut. In Finnland und Schweden sind es immerhin noch knapp zwei Drittel [15, 27].

In einigen Ländern leisten betriebliche oder betrieblich bezuschusste Angebote an Kinderbetreuungseinrichtungen einen wesentlichen Beitrag zur Kompensation von Defiziten im öffentlichen Bereich. Dies gilt vor allem für die Niederlande, wo der Umfang von öffentlichen Angeboten vergleichsweise gering ist. Dort bezuschussen die Arbeitgeber private Anbieter, die dann Betreuungsplätze den Eltern günstiger anbieten können. Aber auch in Deutschland leisten die Arbeitgeber einen gewissen Ersatz für fehlende öffentliche Angebote [2, 14, 24], ohne dass dies jedoch die bestehenden Defizite ausgleichen könnte.

Mutterschutz und Elternurlaub. Während der Mutterschutz in unmittelbarem zeitlichem Zusammenhang mit der Geburt eines Kindes steht, soll das in den letzten Jahrzehnten in allen Ländern ausgebaute Recht auf Elternurlaub dazu dienen, einem oder beiden Elternteilen die Betreuung ihrer Kinder in den ersten Lebensjahren zu ermöglichen, ohne dass das Beschäftigungsverhältnis aufgelöst werden muss. Manche Länder gewähren zusätzlich einen Vaterschaftsurlaub

Tabelle 2.1. Mutterschutz, Elternurlaub und Kindergeld in Europa, 2001/2002

Land	Dauer des Mutterschutzes in Wochen vor + nach Geburt	Dauer des Elternurlaubs in Monaten	Transferleistung im Elternurlaub in € pro Monat	Kindergeld für erstes Kind in € pro Monat
Belgien	7+8	3 (oder 6 als Teilzeit)	536,65	68
Dänemark	4+24 (zusätzl. 2 für Väter)	10 Wochen (zusätzl. 2 für Väter)	Max. 395 pro Woche (1580 pro Monat), einkommensabhängig	131 (0–3 Jahre) 119 (3–7 Jahre) 94 (8–18 Jahre)
Deutschland	6+8	36	307 für max. 2 Jahre, 460 für 1 Jahr	154
Frankreich	6+10 (zusätzl. 3 Tage für Väter)	36	Keine bei erstem Kind	151 (0–3 Jahre, nach Bedürftigkeit)
Großbritannien	18 bis max. 40	13 Wochen, davon max. 4 pro Jahr	Keine	100
Irland	4+4 14 insg.	14 Wochen	Keine	44
Italien	8+12	10 (11, wenn Vater 3 nimmt)	30% des letzten Einkommens	Einkommensabhängig
Niederlande	4–6+10–12 16 insg.	13 Wochen, in Stunden berechnet	Keine	53 (0–5 Jahre) 64 (6–11 Jahre) 76 (12–17 Jahre)
Norwegen	12+39–49 (zusätzl. 4 für Väter)	42–52 Wochen (zusätzl. 4 für Väter)	80% des letzten Einkommens bei 52 Wo., sonst 100%	103
Österreich	8+8	24	436 für 30 Monate, wenn nur Mutter, sonst für 36 Monate	105 (0–9 Jahre) 124 (10–18 Jahre)
Portugal	16 insg.	6	Keine	Einkommensabhängig
Finnland	17,5 (zusätzl. 1 für Väter)	6 (zusätzl. 2 Wo. für Väter)	60–70% des letzten Einkommens	90
Schweden	12 (zusätzl. 2 für Väter)	18 (480 Tage), 2 exkl. für Väter	Für 390 Tage 80% anrechenbaren Einkommens, dann Pauschalsatz (6,30 € pro Tag)	99
Spanien	16 insg.	36	Keine	24

Quellen und Anmerkungen: [2, 32]. Stand meist 2002; ohne Sonderregelungen; Angaben für Niederlande für Kinder, die nach dem 1.1.95 geboren wurden. In Dänemark wird zum Elternurlaub noch ein Kinderbetreuungsurlaub von 13 bis 26 Wochen gewährt, der mit 60% des Arbeitslosengeldes vergütet wird, in Schweden zusätzlicher, unbezahlter Urlaub. In Deutschland wird tritt ein Kinderfreibetrag an die Stelle des Kindergeldes, wenn dies für den Familienhaushalt günstiger ist

aus Anlass der Geburt eines Kindes und reservieren Teile des Elternurlaubs für Väter (vgl. Tabelle 2.1). Beides soll zu einer stärkeren Beteiligung der Väter beitragen [29, 32]. Die Tendenz ist in den skandinavischen Staaten besonders deutlich, wo Väter bezahlten Vaterschaftsurlaub von bis zu zwei Wochen in Anspruch nehmen können und einen Teil des Elternurlaubs antreten müssen, wenn dieser nicht verfallen soll. Seit 2002 beträgt dieser für die Väter reservierte Elternurlaub in Schweden zwei Monate bei einer Gesamtdauer des Elternurlaubs von 480 Tagen, also 16 Monaten. Im öffentlichen und zum Teil auch im privaten Sektor in Dänemark wird der Vaterschaftsurlaub zu 100% bezahlt, in Schweden werden 80% des Arbeitsentgelts ersetzt. Während im Durchschnitt der EU nur 5% der Väter 1995 einen Elternurlaub antraten, nahmen in Norwegen 80%, in Schweden 36% und in Dänemark 10% der Väter zumindest einen Teil des für sie reservierten Abschnitts des Elternurlaubs wahr. Der spezielle Vaterschaftsurlaub in Zusammenhang mit der Geburt wird in Dänemark, Schweden und Norwegen von 58 bis 80% der Väter tatsächlich angetreten [2, 23, 29, 32].

In Deutschland waren jedoch im Jahr 2000 nur 5% der Erziehungsurlauber Väter, wobei der Grund für die geringe Beteiligung der Väter vor allem darin liegt, dass die Einkommenseinbußen für die Haushalte in Deutschland nach den geltenden Regeln recht groß ausfallen. Je höher das Erwerbseinkommen des Vaters liegt, um so geringer ist die Wahrscheinlichkeit, dass er den Erziehungsurlaub antritt [7]. Im internationalen Vergleich sieht man zwar, dass die Dauer der Freistellung für Mutterschutz und Elternurlaub in Deutschland überdurchschnittlich großzügig bemessen ist [2, 29, 32]. Dies gilt aber nicht für die Zahlung des Erziehungsgeldes, das 2003 entweder 307 € pro Monat für zwei Jahre oder monatlich 460 € für ein Jahr beträgt. Nach den ersten sechs Monaten werden diese Beträge nur innerhalb enger Einkommensgrenzen gewährt und gehen mit steigendem Einkommen zurück, was anreizfeindlich wirkt[4]. Die deutsche Regelung reicht zudem nicht aus, um dem Elternteil mit dem höheren Einkommen, also in der Regel dem Vater, eine Wahrnehmung der Elternzeit attraktiv zu machen [24]. In Verbindung mit dem recht hohen Kindergeld stellt sie einen Anreiz für Mütter dar, aus dem Erwerbsleben für eine Zeitlang auszusteigen. Erwerbsunterbrechungen führen aber wiederum zu

---

[4] In den ersten sechs Monaten darf das pauschalierte Nettojahreseinkommen von allein Erziehenden 38 350 € nicht überschreiten, das von Verheirateten 51 130 €. Nach sechs Monaten wird die volle Leistung nur noch bis zu Freigrenzen von 13 498 € bzw. 16 470 € gewährt, darüber hinaus wird das Erziehungsgeld einkommensabhängig gekürzt.

geringeren Einkommen in der Folgezeit, da das Humankapital teilweise entwertet wird [5, 22].

In zunehmendem Maße werden die Freistellungen in vielen Ländern flexibler gehandhabt, was die Möglichkeiten einer Teilzeit- oder Vollzeittätigkeit, aber auch das Angebot von Weiterbildung angeht. Dies gilt auch für Deutschland, wo im Rahmen der Elternzeit seit 2001 die Freistellung von beiden Elternteilen gleichzeitig in Anspruch genommen und eine Teilzeittätigkeit von jeweils bis zu 30 Stunden pro Woche ausgeübt werden kann [33]. Dies kann dem Verlust von Kontakten zur Arbeitswelt und dem Verfall von Humankapital entgegenwirken. Außerdem ist Deutschland mit den Niederlanden und Schweden eines der Länder, in denen der Elternurlaub in mehreren Blöcken genommen werden kann, also bis zum achten oder neunten Lebensjahr des Kindes. In Deutschland besteht aber ein Mangel an Kinderbetreuungsmaßnahmen gerade für Frauen, die während der Elternzeit arbeiten oder sich weiterbilden möchten [8, 16]. Hingegen sind die bestehenden Freistellungsregelungen bei Krankheit des Kindes in Deutschland mit zehn Tagen pro Kind (unter zwölf Jahren) und Jahr vergleichsweise umfangreich. Allerdings werden in Schweden bis zu 120 Tage pro Kind und Jahr und 60 Tage für die Pflege kranker Angehöriger gewährt, in Dänemark 13 bis 26 Wochen [32].

Steuern und Transfers. Das System der Einkommensbesteuerung sorgt für Anreize, die zur Aufnahme einer Erwerbsarbeit durch beide Ehepartner oder zur Wahl des Ein-Verdiener-Modells beitragen. Bei einer gemeinsamen Veranlagung zur Einkommensteuer werden die Einkommen beider Ehepartner zunächst addiert. Jeder Partner versteuert dann jeweils die Hälfte dieser Summe. Durch Einkommensteuerfreibeträge und einen progressiven Steuertarif sinkt durch die gemeinsame Veranlagung der durchschnittliche Steuersatz, die Steuerschuld vermindert sich. Das Ausmaß der Steuerersparnis ist um so größer, je weiter die Einkommen der Ehepartner auseinander liegen. Dem Vorteil des geringeren durchschnittlichen Steuersatzes steht aber der Nachteil der höheren marginalen Steuerbelastung entgegen. Sobald der Ehepartner mit dem niedrigeren Einkommen seinen Arbeitseinsatz ausdehnt bzw. überhaupt eine Tätigkeit aufnimmt, wird der Splittingvorteil abgebaut und der durchschnittliche Steuersatz nimmt überproportional zu. Die gemeinsame Veranlagung leistet also dem Ein-Verdiener-Modell bzw. einer nur geringfügigen Beschäftigung des Zweitverdieners Vorschub, während die getrennte Veranlagung zur Ausweitung des Arbeitsbereitschaft der Ehepartner beiträgt. Dieser Effekt kann noch durch andere familienpolitische Maßnahmen ver-

Vereinbarkeit von Familie und Beruf

stärkt werden, wie z. B. durch die beitragsfreie Mitversicherung des nicht erwerbstätigen Ehepartners in der gesetzlichen Kranken- und Pflegeversicherung in Deutschland, oder aber relativiert werden, etwa durch eine negative Einkommensteuer in bestimmten Verdienstbereichen. Eine getrennte Veranlagung beider Ehepartner bei der Einkommensteuer lässt demgegenüber die Arbeitsanreize des potenziellen Zweitverdieners unberührt, führt aber in der Regel zu einer höheren durchschnittlichen Steuerbelastung des Ehepaares. Dieses Modell fördert die gleichberechtigte Erwerbsbeteiligung beider Ehepartner [29].

Immer mehr Staaten gehen zu einer verpflichtenden getrennten Veranlagung über. Deutschland gehört inzwischen gemeinsam mit den USA, Frankreich, der Schweiz, Portugal und Irland zu den wenigen Ländern, die diesen Schritt noch nicht vollzogen haben, sondern noch immer eine gemeinsame Veranlagung vorsehen bzw. ermöglichen. Abb. 2.7 veranschaulicht modellhaft die resultierenden Zugewinne an Nettoeinkommen für die Haushalte, wenn zusätzlich zum Vollzeit tätigen Erstverdiener der vormals nicht erwerbstätige Partner eine Teilzeitarbeit im Umfang von 40% oder eine Vollzeitarbeit aufnimmt. Bei dieser Berechnung handelt es sich jeweils um eine Erwerbstätigkeit mit dem durchschnittlichen Verdienst eines Industriearbeiters. Familienbezogene und ergänzende Transfers sind mit ein-

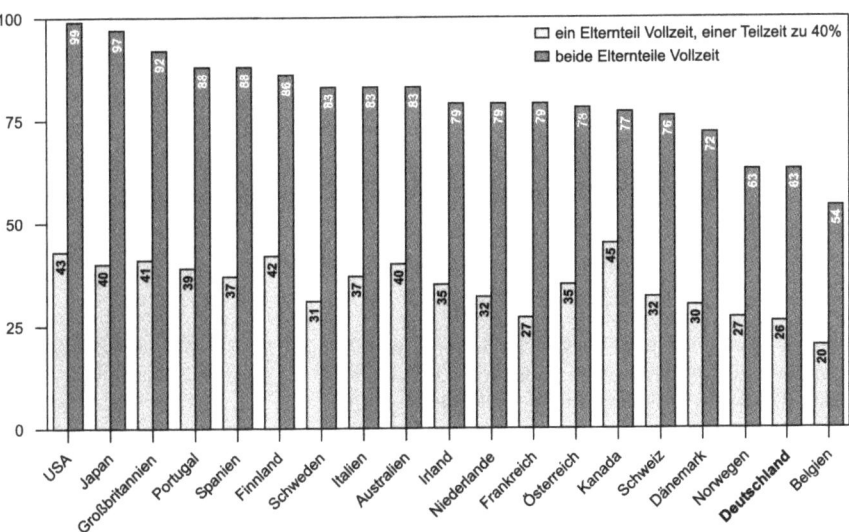

Abb 2.7. Zugewinn an Nettoeinkommen bei Aufnahme einer Teilzeit- oder Vollzeittätigkeit durch den zweiten Verdiener in %, 1997. Quelle: OECD Employment Outlook 2001; Berechnungen für Durchschnittsverdienste in der Industrie.

bezogen worden. Von einem Zuwachs des Bruttoeinkommens um 40% (Teilzeit) bzw. 100% (Vollzeit) bleiben netto nur 26% bzw. 63%, jeweils bezogen auf das Nettoeinkommen des ersten Verdieners. Deutschland liegt damit am hinteren Ende des Länderspektrums. Die Arbeitsanreize für den zweiten Verdiener werden durch das Steuer- und Abgabensystem stark eingeschränkt [12, 18].

Andererseits ist dank der Transferleistungen und Steuerentlastungen die materielle Situation der Familien in Deutschland im Vergleich zu allein Stehenden günstig. Während die durchschnittliche Steuer- und Abgabenbelastung von Haushalten ohne Kinder überdurchschnittlich hoch ausfällt, liegt sie vergleichsweise niedrig, sobald sich Kinder im Haushalt befinden (Abb. 2.8). Dies resultiert hauptsächlich aus der einkommensteuerlichen Behandlung von Familien und der Gewährung von Kindergeld nach dem Optionsmodell.[5] Wesentlich geringer ist der Unterschied beider Belastungsquoten in den skandinavi-

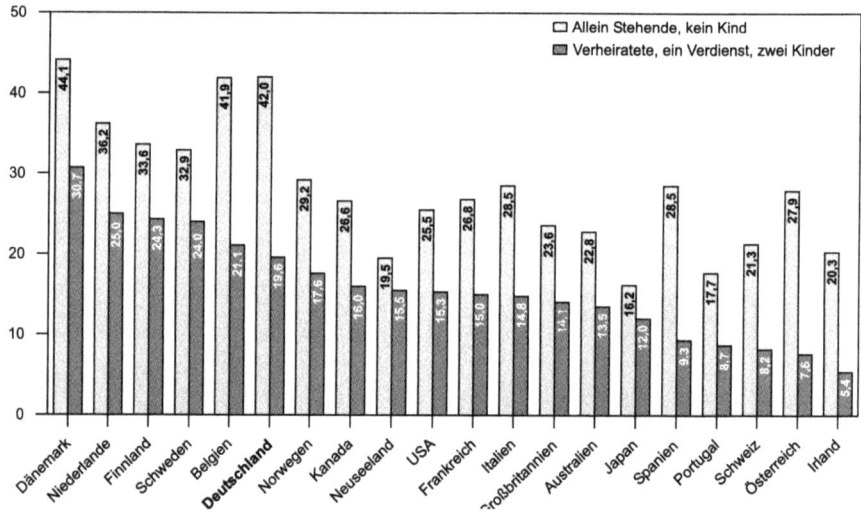

Abb 2.8. Steuer- und Abgabenbelastung von allein stehenden und verheirateten Durchschnittsverdienern mit zwei Kindern in % des Bruttolohns, 2000. Quelle: OECD Taxing Wages 2000–2001; Berechnungen für Durchschnittsverdienste in der Industrie.

---

[5] In Deutschland tritt seit 1996 eine Steuererstattung auf der Grundlage des Kinderfreibetrages von gegenwärtig 3648 € an die Stelle des Kindergeldes, wenn die Steuerermäßigung höher ausfällt als das Kindergeld, das derzeit 154 € pro Monat für die ersten drei und 179 € für jedes weitere Kind beträgt. Die Steuerentlastung durch Freibeträge wird bei einem zu versteuernden Einkommen von mehr als 53 000 € günstiger als das Kindergeld [3, 11].

schen und den angelsächsischen Staaten. Deutschland gewährt im europäischen Vergleich die größten Vergünstigungen für verheiratete Alleinverdiener [12]. Dazu trägt auch das vergleichsweise großzügige Kindergeld bei [18]. Auch die beitragsfreie Mitversicherung von nicht erwerbstätigen Ehegatten und Kindern in der gesetzlichen Kranken- und Pflegeversicherung dient zunächst der materiellen Absicherung von Familien, hemmt aber wiederum die Arbeitsanreize, da bei der Aufnahme einer Erwerbstätigkeit zusätzliche Sozialversicherungsbeiträge anfallen, ohne dass sich das Leistungsangebot der Kranken- und Pflegeversicherung verändert [9].

Stark verminderte Arbeitsanreize entstehen vor allem für allein Erziehende. Allein Stehende mit dem halben Durchschnittseinkommen können während der ersten beiden Jahre nach der Geburt eines Kindes aus Erziehungsgeld und Sozialhilfe ein verfügbares Einkommen erzielen, das höher ist als das Erwerbseinkommen vor der Geburt. Bei der Aufnahme einer Teilzeittätigkeit verbessert sich die materielle Lage der allein Erziehenden mit geringem Einkommen nur marginal, da das Arbeitseinkommen auf den Sozialhilfeanspruch angerechnet wird [8][6]. Für allein Erziehende mit Durchschnittseinkommen oder noch höheren Einkünften gilt dieser Befund nicht, ebenso wenig für Paarhaushalte. Da allein Erziehende einerseits über relativ geringe Arbeitsanreize verfügen und andererseits mangels Kinderbetreuungsmöglichkeiten kaum in der Lage sind, eine Erwerbsarbeit auszuüben, resultieren eine niedrige Beschäftigungs- und eine hohe Sozialhilfe- bzw. Armutsquote [6][7].

Öffentliche Ausgaben. Defizite bei der Kinderbetreuung auf der einen Seite und die relativ gute materielle Absicherung von Familien auf der anderen Seite spiegeln sich auch in der Struktur der familienbezogenen öffentlichen Ausgaben wider. Insgesamt belegt Deutschland mit Ausgaben in Höhe von 2,7% des BIP einen überdurchschnittlichen sechsten Rang der Vergleichsländer. Mehr Ressourcen brachten Österreich und die skandinavischen Staaten auf. Dänemark als Spitzenreiter erreichte einen Wert von 3,8% des BIP. Dabei liegt das Schwergewicht

---

[6] Während 1998 6,1% aller Familien Sozialhilfe (Hilfe zum Lebensunterhalt) bezogen, waren dies 15,2% aller allein Erziehenden mit einem Kind, 22,6% der allein Erziehenden mit zwei Kindern und 34,0% der allein Erziehenden mit drei Kindern. Paare mit drei und mehr Kindern sind zum Vergleich nur zu 5,4% sozialhilfeabhängig [1].
[7] Allein Erziehende, die keine Kinderbetreuungsmöglichkeiten nachweisen können, werden von den Arbeitsämtern als nicht für den Arbeitsmarkt verfügbar betrachtet und auf die Sozialhilfe verwiesen.

auf Geldleistungen – vor allem Kindergeld –, die etwa 70% des Gesamtbudgets betragen, während nur rund 30% auf Dienstleistungen entfallen. Dieser Anteil, d. h. vor allem der Aufwendungen für Kinderbetreuungseinrichtungen, gehört zu den niedrigeren im internationalen Vergleich. Die deutsche Familienpolitik ist damit als ausgeprägt transferlastig zu bezeichnen. In Dänemark beispielsweise werden 59% der Ausgaben für Dienstleistungen getätigt.

Wirkungsbeziehungen

Vereinbarkeit von Familie und Beruf und Erwerbsbeteiligung von Müttern. Die zentrale Erklärung für eine hohe Erwerbsbeteiligung der Frauen bzw. Mütter liegt, wie empirisch gezeigt werden kann, in der Vereinbarkeit von Familie und Beruf, insbesondere in der Verfügbarkeit von öffentlichen oder öffentlich bezuschussten Kinderbetreuungseinrichtungen. Der Gesamtindikator der OECD zur Vereinbarkeit von Familie und Beruf [8] korreliert mit der Beschäftigungsquote der 30 bis 34 Jahre alten Frauen [29]. Am stärksten erklärend wirken hierbei die Angebote an Betreuung für Kinder unter drei Jahren. Daneben kommt der Nutzung von flexiblen Arbeitszeiten und freiwilliger Teilzeitarbeit ein leichter positiver Effekt zu, ebenso der Dauer und dem Niveau der Transfers im Mutterschaftsurlaub. Ein positiver Zusammenhang zwischen institutioneller Kinderbetreuung und Erwerbstätigkeit wird international von zahlreichen Studien nachgewiesen, die Büchel und Spieß [10] zusammenfassen. Deutsche Studien zur regionalen Infrastruktur der Kindergartenplätze in Westdeutschland können ebenfalls zeigen, dass das Arbeitsangebot bzw. die Arbeitszeit und damit auch die erzielten Arbeitseinkommen von Müttern mit Kindern im Vorschulalter positiv mit der Verfügbarkeit von Kindergartenplätzen und dem Anteil an Ganztagsplätzen zusammenhängen [37].

Erwerbstätigkeit von Frauen und Geburtenhäufigkeit. In den letzten Jahren ist in nahezu allen Staaten die Erwerbsbeteiligung der Frauen gestiegen. Gleichzeitig war in vielen Ländern ein Rückgang der Ge-

---

[8] Die OECD hat 2001 einen Gesamtindikator der Vereinbarkeit von Familie und Beruf errechnet, der sich aus einigen der oben genannten Indikatoren zusammensetzt. Er umfasst die Kinderbetreuungsmöglichkeiten für Kinder unter drei Jahren, die Dauer und Ausstattung von Mutterschaftsurlaub, flexible Arbeitszeiten und Teilzeitarbeit sowie zusätzliche Freistellungen seitens des Unternehmens. Deutschland gehört in dieser Zuordnung zu den Ländern mit relativ hoher Familienfreundlichkeit. Während der Teilbereich der Freistellungen deutlich positiv in den Gesamtindikator eingeht, werden jedoch die Betreuungsmöglichkeiten für Kleinkinder negativ verzeichnet.

burtenraten zu beobachten [29]. Bei der Querschnittsbetrachtung zeigt sich jedoch kein Gegensatz zwischen hoher Geburtenrate und hoher Erwerbsquote der Frauen im gebärfähigen Alter, wie Abb. 2.9 verdeutlicht. Man erkennt dort, dass Deutschland ein Land mit einer mittleren Erwerbsquote der 25–34-jährigen Frauen ist und gleichzeitig eine der niedrigsten Geburtenraten aufweist. Die meisten Länder erreichen höhere Erwerbsquoten der jüngeren Frauen und höhere Geburtenraten als Deutschland [13, 18]. Apps und Rees [4] können darüber hinaus zeigen, dass Länder mit getrennter Veranlagung zur Einkommensteuer und ausgebauter Infrastruktur für die Kinderbetreuung an Stelle direkter Einkommensunterstützung höhere Erwerbsquoten und höhere Geburtenraten aufweisen. Die Gewährung von Transferzahlungen an Familien über Kindergeld bzw. Freibeträge und die Freistellung nach der Geburt eines Kindes wirken nicht positiv auf Erwerbsbeteiligung und Geburtenhäufigkeit ein [13]. Die Vereinbarkeit von Familie und Beruf durch geeignete institutionelle Rege-

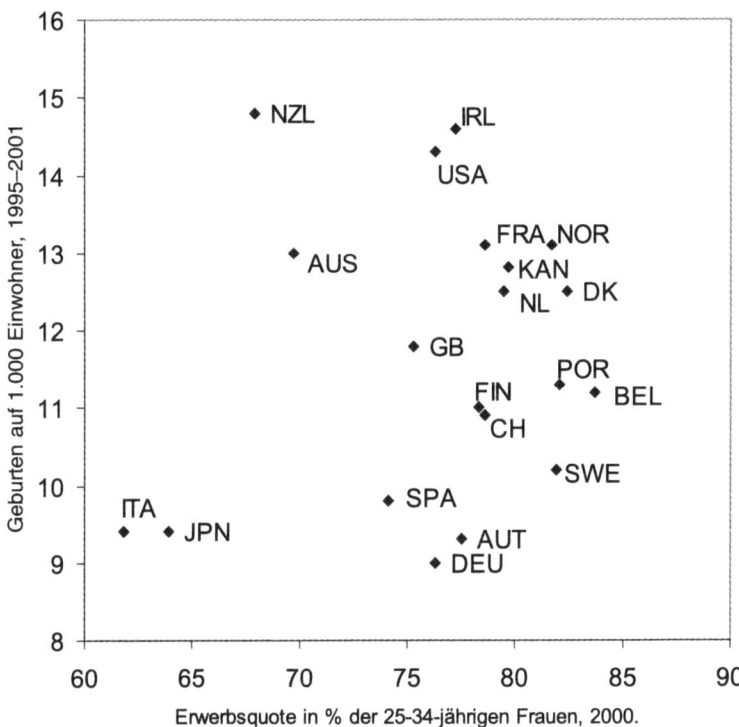

Abb 2.9. Geburtenrate und Erwerbsquote jüngerer Frauen. Quellen: OECD Labour Force Statistics 2001; Eurostat.

lungen kann folglich zu höherer Frauenbeschäftigung führen, ohne dass die Geburtenrate zurückgeht. In Deutschland kann unter diesen Umständen die Beschäftigung von Frauen gesteigert werden, ohne eine noch niedrigere Geburtenrate in Kauf nehmen zu müssen.

Reformansätze

Das Beispiel Dänemark. Die skandinavischen Staaten erreichen ein höheres Maß an Vereinbarkeit von Familie und Beruf als die kontinentaleuropäischen, was sich in höheren Frauenerwerbsquoten, einem Vorherrschen der Vollzeittätigkeit auch von Müttern mit kleinen Kindern und gleichzeitig recht hohen Geburtenraten zeigt.

Als bewährte Praxis für die Integration beider Elternteile in den Arbeitsmarkt soll hier das dänische System genauer dargestellt werden [30]. In Dänemark [2, 18, 30] wird nicht nur wie in Deutschland ein recht hohes Kindergeld gewährt. Auch das Erziehungsgeld ist mit maximal 395 € pro Woche großzügiger, aber zeitlich auf 10 Wochen befristet, was ein längerfristiges Ausscheiden der Mütter aus dem Erwerbsleben weniger attraktiv macht. Zwei zusätzliche Wochen des Elternurlaubs stehen ausschließlich dem Vater zu [32]. Dänemark ist darüber hinaus zur getrennten, partiell individualisierten Besteuerung der Ehepartner übergegangen, wobei Kinderbetreuungskosten nicht berücksichtigt werden, aber noch gewisse Steuererleichterungen für Alleinverdiener gewährt werden [12].

Vor allem aber wird in Dänemark dank entsprechender gesetzlicher Verpflichtungen eine wesentlich umfassendere Kinderbetreuung als in Deutschland erreicht. Eltern, die nach dem Erziehungsurlaub eine Arbeit aufnehmen möchten, haben einen verbindlichen Anspruch auf einen Betreuungsplatz für ihr Kind, der ihnen innerhalb von vier Wochen bereit gestellt werden muss. Die bessere Versorgung zeichnet Dänemark vor allem bei Kindern unter drei Jahren aus, wo rund zwei Drittel außerhalb der Familie betreut werden. Während 22% der Kinder im ersten Lebensjahr von registrierten Tagesmüttern betreut werden, kommen drei Prozent in Krippen. Kinder über einem Jahr befinden sich zu 45% bei Tagesmüttern, zu 14% in altersübergreifenden Einrichtungen und 12% in Krippen. Für Kinder über drei Jahre dominiert die Versorgung in Kindergärten mit etwa 58%, während 33% in altersübergreifenden Zentren betreut werden. Zu den öffentlichen Kinderkrippen kommen unabhängige Angebote, beispielsweise durch Tagesmütter, die aber, um öffentlich gefördert zu werden, den kommunalen Richtlinien folgen müssen. Sowohl im privaten als auch im öffentlichen Bereich ist das Angebot verlässlicher und umfangreicher als in Deutschland. Die Betreuungseinrichtungen werden innerhalb einer gesamtstaatlichen Rahmensetzung von den Kommunen beaufsichtigt und zum weit überwiegenden Teil auch angeboten und finanziert. Die nach dem Einkommen gestaffelten Gebühren der Eltern für Kinderkrippen und Kindergärten decken etwa 20 bis 30% der Kosten.

Für Kinder im Alter ab fünf Jahren gibt es an den Grundschulen spezielle, nicht verpflichtende Vorschulklassen, bei denen unter Leitung pädagogisch geschulten Personals die Vorbereitung auf das Lernen in der Schule im Vordergrund steht und so der Übergang zur Grundschule mit sieben Jahren erleichtert wird. Zum Teil werden auch Vorschulkinder und Schüler der ersten beiden Klassen zusammen unterrichtet. Die Vorschule wird in Verbindung mit ergänzender Betreuung von nahezu allen Kindern besucht. Gegenwärtig wird vor allem die Sprachförderung für Kinder ausländischer Herkunft ab vier Jahren ausgebaut. Schulkinder erhalten Ganztagsbetreuung entweder in der Schule selbst oder in speziellen Zentren. Die dänischen Kinderbetreuungseinrichtungen gelten als qualitativ gut, was sich im Ausbildungsniveau des Personals und im günstigen Betreuungsschlüssel ausdrückt. In Dänemark kommen auf einen Betreuer in einer Krippe drei Kinder, im Kindergarten sechs bis sieben[9], in altersübergreifenden Einrichtungen sechs Kinder. Kinderkrippen und Kindergärten werden von Pädagogen mit Hochschulabschluss geleitet. Assistenten haben eine Berufsausbildung. Tagesmütter werden mindestens drei Wochen geschult.

Finanzierungs- und Steuerungsmodelle für Deutschland. Deutschland liegt bei der institutionellen Kinderbetreuung vor allem gegenüber skandinavischen Ländern deutlich zurück. In Deutschland bestehen, wie im Kindergartenbereich exemplarisch gezeigt werden kann, miteinander verflochtene Finanzierungs- und Entscheidungsstrukturen zwischen Trägern der Einrichtungen, den Kommunen als Trägern der Jugendhilfe und den Bundesländern. Verwischte Verantwortlichkeiten haben die Konsequenzen, dass vor allem bei Krippen und Horten gespart wird, dass die Gruppengrößen in den Kindergärten bis zu den zulässigen Höchstgrenzen ausgeschöpft werden, dass es zu einer Verknappung des Angebots an Kinderbetreuung kommt und dass die Qualität der Betreuung im internationalen Vergleich unterdurchschnittlich ausfällt [34, 35, 36].

---

[9] In Deutschland sind die Gruppen mit bis zu 25 Kindern und ein bis zwei Erzieherinnen bzw. Fachkräften wesentlich größer. Einige Bundesländer geben keine Obergrenzen vor.

Es konnte sich bis heute kein regulärer Markt für Kinderbetreuungsdienste entwickeln. Zentrales Problem ist dabei, dass individuelle Nachfrage auf dem freien Markt nach wie vor an den hohen Kosten für private Betreuung außerhalb des informellen Sektors scheitert [18]. Vor diesem Hintergrund wurde am DIW das Modell zweckgebundener, nicht übertragbarer Betreuungsgutscheine entwickelt [25, 36]. Sie sollen an alle Eltern verteilt werden und sie in die Lage versetzen, bei lizenzierten Einrichtungen der Kinderbetreuung, welche bestimmte Qualitätsstandards einhalten [38], die je nach Bedarf notwendigen Dienstleistungen für ihre Kinder im Krippen-, Kindergarten- oder Hortalter nachzufragen. Jeder Gutschein würde dabei den Gegenwert der Kosten für einen Betreuungsplatz mit einem bestimmten Betreuungsvolumen verkörpern. Der Gutschein würde im Modell des DIW aus einkommensabhängigen Beiträgen aller erwachsenen Bürger und ggf. auch der Arbeitgeber finanziert, die von einer parafiskalisch organisierten „Kinderkasse" erhoben und verwaltet werden. Eltern sollten sich auch in Abhängigkeit von ihrem Einkommen an den Kosten der Gutscheine beteiligen. Die Kosten eines solchen Gutscheinmodells für die öffentlichen Kassen belaufen sich nach Schätzungen der Autoren je nach Annahmen und unter Berücksichtigung der Elternbeiträge auf 5,8 bis 30,5 Mrd. €. Der Maximalwert resultiert aus der Ausgabe und umfassenden Einlösung von Gutscheinen für Ganztagsbetreuung.

Das DIW hat unabhängig davon die zusätzlichen Kosten für eine bedarfsgerechte Versorgung mit Kinderbetreuungseinrichtungen in Deutschland für die Jahre 2002 bis 2006 geschätzt. Mehrbedarf entsteht nahezu ausschließlich in den alten Bundesländern. Gegenüber der Fortschreibung des Status quo mit jährlichen Netto-Aufwendungen von etwa 8 Mrd. €[10] wären je nach angestrebtem Versorgungsgrad im Jahr 2002 3,3 Mrd. € bis 11,0 Mrd. € zusätzlich erforderlich. Der Mehrbedarf würde bis 2006 auf 2,3 Mrd. € bis 9,7 Mrd. € zurückgehen [35]. Eine Mrd. € pro Jahr würde bereits genügen, um in allen Kinderbetreuungseinrichtungen und Grundschulen eine Betreuung über Mittag zu gewährleisten [40].

Über eine höhere Erwerbstätigkeit der Frauen und das Wachstum der Beschäftigung im Bereich der Kinderbetreuung werden jedoch auf mittlere Sicht zusätzliche Einnahmen der öffentlichen Haushalte

---

[10] Sell [34] schätzt nach Angaben des Deutschen Städte- und Gemeindebundes die Gesamtausgaben für institutionelle Kinderbetreuung auf 12,8 Mrd. €, davon 85% seitens der Länder und Kommunen. 1,89 bis 3,27 Mrd. € werden an Elternbeiträgen gezahlt. Die Bundesbank gibt für 1999 7,4 Mrd. € für Kindergärten an [11].

aus Steuern und Sozialbeiträgen entstehen, die aus dem Beschäftigungszuwachs und den höheren Arbeitseinkommen bei längerer und weniger unterbrochener Erwerbstätigkeit der Eltern resultieren. Beispielsweise werden erwerbstätige Mütter an Stelle der beitragsfreien Mitversicherung, die, wie erwähnt, jährlich etwa 11,5 Mrd. € kostet, eigene Beiträge zur Kranken- und Pflegeversicherung leisten. Hinzu kommen Einsparungen an anderer Stelle, insbesondere bei der Sozialhilfe für allein Erziehende.

Eine neuere Studie des DIW [39] hat die Einnahmeneffekte der staatlichen Seite bei einem Ausbau der Kinderbetreuung für Westdeutschland abzuschätzen versucht. Auf der Grundlage von Daten für das Jahr 2000 werden die höheren öffentlichen Einnahmen, welche aus zusätzlicher Beschäftigung resultieren würden, mit bis zu 6 Mrd. € bei der Einkommensteuer und rund 9 Mrd. € bei den Sozialbeiträgen beziffert. Diese Obergrenze würde erreicht, wenn alle arbeitslosen Mütter und alle Mütter in der Stillen Reserve eine Erwerbstätigkeit aufnehmen würden. Der Beschäftigungszuwachs in den Kindertageseinrichtungen würde zu Mehreinnahmen von 1,2 Mrd. € an Einkommensteuer und 4,4 Mrd. € an Sozialbeiträgen führen. Hinzu kämen Einsparungen bei der Sozialhilfe für allein erziehende Mütter in Höhe von etwa 1,5 Mrd. €. Eine Studie der Stadt Zürich [23] hatte bereits gezeigt, dass im Jahr 1999 auf jeden von der Stadt und den Eltern eingesetzten Franken für öffentliche und private Kindertagesstätten etwa drei bis vier Franken an direkten fiskalischen Erträgen der öffentlichen Hand aus höheren Steuereinnahmen und Sozialbeiträgen der Eltern und der in den Tagesstätten Beschäftigten sowie Einsparungen bei Sozialtransfers und schulischen Fördermaßnahmen kommen.

Mittel können auch aus einer Reform des Ehegattensplittings gewonnen werden, für das 2001 etwa 23 Mrd. € ausgegeben wurden. Das Ehegattensplitting begünstigt auch Alleinverdienerehen ohne Kinder und ist verfassungsrechtlich umstritten [3, 24]. Die Ersetzung des bislang praktizierten Ehegattensplittings durch ein so genanntes Ehegattenrealsplitting würde nach Berechnungen des DIW auf der Grundlage spezifischer Annahmen für das Jahr 2003 [31] zu zusätzlichen Einnahmen der öffentlichen Hand von 2,5 bis 6,1 Mrd. € führen[11]. Das Ehegattenrealsplitting würde eine getrennte Besteuerung der Ehepartner bedeuten bei gleichzeitiger Unterhaltspflicht des Partners mit dem höheren Einkommen gegenüber dem anderen, ähnlich dem derzeitigen Unterhaltsrecht nach einer Ehescheidung [3].

---

[11] Die Höhe hängt davon ab, ob wie bisher eine doppelte oder nur noch eine einfache Vorsorgepauschale für Alleinverdiener gewährt wird.

Um die Kosten einer umfassenden Kinderbetreuung im Rahmen zu halten, ist schließlich auch eine Konstruktion denkbar, bei der Eltern auf einen Teil des Kindergelds verzichten und statt dessen einen Gutschein erhalten, den sie bei einer Kinderbetreuungseinrichtung ihrer Wahl einlösen können. Alternativ können sich Eltern auch weiterhin den vollen Kindergeldbetrag auszahlen lassen, ohne den Gutschein zu erhalten. Auf diese Weise ist sichergestellt, dass im Vergleich zum Status quo niemand schlechter gestellt wird. Der Wert des Gutscheins sollte in seiner Höhe beschränkt sein und nicht die vollen Betreuungskosten decken. Der Selbstbehalt veranlasst die Eltern, die Nachfragemacht, mit der sie der Gutschein gegenüber Bereuungseinrichtungen ausstattet, kosten- und qualitätsbewusst einzusetzen. Gleichzeitig würde verhindert, dass Einrichtungen im Laufe der Zeit immer höhere Aufwendungen pro Platz gegenüber dem Staat geltend machen. Mitnahmeeffekte könnten somit begrenzt werden. Um auch Verteilungsaspekte angemessen zu berücksichtigen, sollte der Wert des Gutscheins in Stufen von der Höhe des steuerpflichtigen Einkommens abhängen. Gegenüber dem Vorschlag des DIW wäre die Schaffung einer „Kinderkasse" nicht notwendig. Schließlich ist der Wert des Gutscheins auch nach der Art der Kinderbetreuung zu unterscheiden. Eine derartige Gutscheinlösung wäre von ihrer Wirkung her einer zielgerichteten negativen Einkommensteuer für Eltern vergleichbar, bei denen beide Partner berufstätig sind.

Literatur

[1] o.V. (2001) Lebenslagen in Deutschland – Der erste Armuts- und Reichtumsbericht der Bundesregierung. Bundesministerium für Arbeit und Sozialordnung, Bonn
[2] Adema W (2001) An Overview of Benefits that Foster the Reconciliation of Work and Family Life in OECD Countries. mineo, OECD, Paris
[3] Althammer J (2002) Familienbesteuerung – Reformen ohne Ende? Vierteljahrshefte zur Wirtschaftsforschung (71) 1:67–82
[4] Apps P, Rees R (2001) Fertility, Female Labor Supply and Public Policy. IZA Discussion Paper 409. IZA, Bonn
[5] Beblo M, Wolf E (2002) Die Folgekosten von Erwerbsunterbrechungen. Vierteljahrshefte zur Wirtschaftsforschung (71) 1:83–94
[6] Becker I (2002) Frauenerwerbstätigkeit hält Einkommensarbeit von Familien in Grenzen. Vierteljahrshefte zur Wirtschaftsforschung (71) 1:126–146
[7] Beckmann P (2001) Neue Väter braucht das Land! IAB Werkstattbericht 6. IAB, Nürnberg
[8] Beckmann P, Kurtz B (2001) Erwerbstätigkeit von Frauen: Die Betreuung der Kinder ist der Schlüssel. IAB Kurzbericht 10. IAB, Nürnberg
[9] Berthold N, Fehn R (2002) Familienpolitik: Ordnungspolitische Leitplanken im dichten Nebel des Verteilungskampfes. Vierteljahrshefte zur Wirtschaftsforschung 71:26–42

[10] Büchel F, Spieß CK (2002) Form der Kinderbetreuung und Arbeitsmarktverhalten von Müttern in West- und Ostdeutschland. Kohlhammer, Stuttgart
[11] Deutsche Bundesbank (2002) Staatliche Leistungen für die Förderung von Familien. Deutsche Bundesbank Monatsbericht 54:15–32
[12] Dingeldey I (2002) Das deutsche System der Ehegattenbesteuerung im europäischen Vergleich. WSI Mitteilungen 55:154–159
[13] Engelbrech G (2002) Transferzahlungen an Familien – demografische Entwicklung und Chancengleichheit. WSI Mitteilungen 55:139–146
[14] Engelbrech G, Jungkunst M (2001a) Arbeitsmarktanalyse: Alleinerziehende Frauen haben besondere Beschäftigungsprobleme. IAB Kurzbericht 2. IAB, Nürnberg
[15] Engelbrech G, Jungkunst M (2001b) Erwerbsbeteiligung von Frauen: Wie bringt man Beruf und Kinder unter einen Hut? IAB Kurzbericht 7. IAB, Nürnberg
[16] Engelbrech G, Jungkunst M (2001c) Erziehungsurlaub: Hilfe zur Wiedereingliederung oder Karrierehemmnis? IAB Kurzbericht 11. IAB, Nürnberg
[17] Evans JM (2001) Firms' Contribution to the Reconciliation Between Work and Family Life. OECD Labour Market and Social Policy Occasional Paper 48. OECD, Paris
[18] Fenge R, Ochel W (2001) Die Vereinbarkeit von Familie und Beruf: der Schlüssel für eine kinderreiche Gesellschaft. ifo Schnelldienst 54:17–29
[19] Franco A, Winqvist K (2002) Frauen und Männer, die Arbeit und Familie vereinbaren. Statistik kurz gefasst 9/2002
[20] Fuchs J, Thon M (2001) Fachkräftemangel: Wie viel Potenzial steckt in den heimischen Personalreserven? IAB Kurzbericht 15. IAB, Nürnberg
[21] Holst E, Schupp J (2002) Arbeitszeitwünsche schwanken mit der Konjunktur. DIW Wochenbericht 69
[22] Hufnagel R (2002) Die Kosten von Kindern und die Kosten einer egalitären Partnerschaft. Vierteljahrshefte zur Wirtschaftsforschung (71) 1:114–125
[23] Jönsson I (2002) Vereinbarkeit von Berufs- und Familienleben in Schweden. WSI Mitteilungen 55:176–183
[24] Kirner E (2002) Verfassungsrechtliche Maßstäbe der Familienpolitik: Die Familie mehr, die traditionelle Ehe weniger fördern. Vierteljahrshefte zur Wirtschaftsforschung (71) 1:52–66
[25] Kreyenfeld M, Spieß CK, Wagner GG (2001) Finanzierungs- und Organisationsmodelle institutioneller Kinderbetreuung. Luchterhand, Neuwied
[26] Letablier M-T (2002) Kinderbetreuungspolitik in Frankreich und ihre Rechtfertigung. WSI Mitteilungen 55:169–175
[27] Ludwig I, Schlevogt V (2002) Bessere Zeiten für erwerbstätige Mütter? WSI Mitteilungen 55:133–138
[28] Müller Kucera K, Bauer T (2002) Kindertagesstätten zahlen sich aus. Edition Sozialpolitik 5a. Sozialdepartement der Stadt Zürich, Zürich
[29] OECD (2001a) OECD Employment Outlook June 2001. OECD, Paris
[30] OECD (2001b) Starting Strong: Early Childhood Education and Care. OECD, Paris
[31] Otto B, Spieß CK, Teichmann D (2001) Berechnung des grünen Kindergrundsicherungsmodells und einer Gegenfinanzierung durch ein Ehegattenrealsplitting. Kurzgutachten des DIW Berlin für die Bundestagsfraktion von Bündnis 90/Die Grünen. DIW, Berlin

[32] Plantenga J, Koopmans I (2002) Freistellungsregelungen für Sorgearbeit und ihre praktische Bedeutung im internationalen Vergleich. WSI Mitteilungen 55:161–168
[33] Schratzenstaller M (2002) Familienpolitik – wozu und für wen? Die aktuelle familienpolitische Reformdebatte. WSI Mitteilungen 55:127–132
[34] Sell S (2002) „Bedarfsorientierte" Modernisierung der Kinderbetreuungsinfrastruktur in Deutschland. WSI Mitteilungen 55:147–153
[35] Spieß CK (2001a) Abschätzung des Finanzierungsbedarfs für die Bereitstellung einer bedarfsgerechten Versorgung mit Plätzen in Kindertageseinrichtungen. DIW, Berlin
[36] Spieß CK (2001b) Stellungnahme für die Equality-Arbeitsgruppe „Vereinbarkeit von Beruf und Familie". DIW, Berlin
[37] Spieß CK, Büchel F (2001) Effekte der regionalen Kindergarteninfrastruktur auf das Arbeitsangebot von Müttern. Duncker & Humblot, Berlin
[38] Spieß CK, Tietze W (2002) Qualitätssicherung in Kindertageseinrichtungen. Zeitschrift für Erziehungswissenschaft 5:139–162
[39] Spieß CK u.a. (2002) Abschätzung der (Brutto-)Einnahmeneffekte öffentlicher Haushalte und der Sozialversicherungsträger bei einem Ausbau von Kindertageseinrichtungen. DIW, Berlin
[40] Wagner GG (2002) Kinderbetreuung und Vorschulerziehung sollten flexibel gestaltet werden – Erziehung muss für Eltern keine ökonomische Last sein. Vierteljahrshefte zur Wirtschaftsforschung 71:43–51

KAPITEL 3

Auswirkungen neuer Arbeitsformen auf Stress und Lebensqualität

M. Garhammer

Zusammenfassung. *Der Beitrag untersucht Auswirkungen flexibler Arbeitsformen und Erwerbsverläufe auf Zeitdruck, Stress, individuelle Lebensqualität und Qualität des Familienlebens. Zunächst wird ein Überblick über den Wandel der Arbeit in Deutschland gegeben. Zentral dafür waren bislang die Institutionen der Normalarbeitszeit und des Normalarbeitsverhältnisses. Diese werden durch das Leitbild der Selbstverantwortung des Individuums für seine Beschäftigung und die dabei auftretenden Risiken in Frage gestellt: Arbeitnehmer sollen sich daran gewöhnen, Stelle und Beruf mehrmals im Leben zu wechseln. Befristete Beschäftigung wird häufiger. Damit erodiert die Norm stetiger Erwerbs- und Lebensverläufe, neue Risiken entstehen. Mobilität und Flexibilität werden Kardinaltugenden. Zugleich verändern sich die räumlichen und zeitlichen Grenzen zwischen Berufs- und Privatleben. Die Auswirkungen dieses Wandels werden mit Daten über zunehmenden Zeitdruck gezeigt. Dabei geht es um die Frage, welche flexiblen Arbeitsformen und Beschäftigungsverhältnisse zu Zeitdruck und Stress und damit zur Gefährdung der Gesundheit beitragen. Der Beitrag argumentiert für die Notwendigkeit einer Zeitpolitik, um Gesundheit und Lebensqualität der Beschäftigten zu schützen.*

Arbeitszeiten und Erwerbsverläufe in Deutschland im Wandel

Datenbasis. Der Beitrag untersucht Auswirkungen flexibler Arbeitsformen und Erwerbsverläufe auf Zeitdruck, Stress, individuelle Lebensqualität und Qualität des Familienlebens. Im ersten Abschnitt wird ein Überblick über den Wandel von Arbeitsformen und Beschäftigungsverläufen in Deutschland auf dem Hintergrund eines Vergleichs mit anderen EU-Staaten und den USA gegeben. Dazu werden deutsche mit internationalen Daten aus folgenden repräsentativen Befragungen verglichen:

Deutschland

- **GfK-FOCUS 1999:** Befragung über Zeitdruck (N=1237 Deutsche, darunter 427 voll Beschäftigte)
- **EMNID 2002:** Befragung über Arbeitsstress (N=523 Arbeitnehmer)
- **Eigene Erhebung 1991/92:** Interview und Sieben-Tagebuch (N=1545 voll erwerbstätige Westdeutsche, Garhammer 1994)
- **GSOEP 2000:** Sozioökonomisches Panel (N=22232, deutsche Wohnbevölkerung, darunter: 9255 voll Erwerbstätige), Deutsches Institut für Wirtschaftsforschung, Das Sozioökonomische Panel Berlin
- **GSOEP 2001:** Sozioökonomisches Panel (N=22351, deutsche Wohnbevölkerung, darunter: 9698 voll Erwerbstätige), Deutsches Institut für Wirtschaftsforschung, Das Sozioökonomische Panel Berlin
- **MZ 2002:** Mikrozensus 2002 (N=830000)

Europäische Union

- **EU 15 1998:** „Preferred and actual working hours" (N=30607). Die European Foundation for the Improvement of Living and Working Conditions in Dublin führte diese Befragung über „Employment Options of the Future" in den 15 Mitgliedsländern und Norwegen durch.
- **EU 15 2000:** „Third European Survey on Working Conditions" (N=21703), European Foundation for the Improvement of Living and Working Conditions Dublin

Erosion des Normalarbeitsverhältnisses. In diesem Überblick über den Wandel der Arbeitszeitformen und Beschäftigungsverhältnisse in Deutschland von 1985 bis 2000 (bzw. 2001, soweit SOEP-Daten und 2002, soweit Mikrozensusdaten genannt werden) wird eine Systematik des Normalarbeitsverhältnisses und der Normalarbeitszeit zugrundegelegt, wie sie anderer Stelle entwickelt wurde [18, 34, 41]. Diese Institutionen regeln mehr oder weniger verbindlich, z.T. nur als Leitbild

- das Beschäftigungsverhältnis (unbefristet, nur ein Arbeitgeber)
- die Arbeitszeit (zwischen 35 und 40 Wochenstunden)
- die Lage der Arbeitszeit im Tagesverlauf (6–20 Uhr[1]) und im Wochenverlauf (Montag–Freitag)

---

[1] Seit der Ausweitung der Ladenöffnungszeiten bis 20 Uhr hat sich diese Norm verändert. In der Analyse der Daten von 2000 bzw. 2001 wird gleichwohl Abendarbeit von 19 bis 22 Uhr als „Abweichung" vom Standard definiert.

- den Arbeitsort (außerhalb der privaten Wohnung, Wohnort und Arbeitsort sind nah beieinander, d.h. Fernpendeln ist nicht nötig).

Die *unbefristete Beschäftigung* – im deutschen Modell angereichert durch Kündigungsschutz, Senioritätsregelungen und Beruflichkeit der Arbeit – eröffnet dem Beschäftigten eine Perspektive auf seine Erwerbsbiographie. Sie schafft damit die Basis für seine Lebens- und Familienplanung.

Die Überlassung der Arbeitsleistung wird auf einen *Zeitrahmen* eingegrenzt: nach *unten* ist das die Garantie eines für den Lebensunterhalt einer Familie als ausreichend definierten Vollzeiteinkommens (mindestens 35 Stunden), d.h. Teilzeitarbeit und Minijobs haben Ausnahmecharakter, nach *oben* der Schutz vor Überarbeit, die den Arbeitnehmer als Privatperson ebenfalls angreifen würde. Daraus ergibt sich auch die Eingrenzung auf „übliche Tageszeiten" zwischen 6 und 20 Uhr und auf Montag bis Freitag. Der Feierabend und das freie Wochenende sind neben dem Jahresurlaub und dem Ruhestand die zentralen *Zeitinstitutionen* der Moderne.

Die *Verortung* beruflicher Arbeit im Betrieb setzt eine Grenze für den Privatraum gegen die Ansprüche der Arbeitsorganisation.

Im deutschen Modell wird v.a. durch die Korporation der Gewerkschaften der Schutz des Normalarbeitsverhältnisses auf die Kerngruppe der männlichen deutschen Arbeitnehmer zugeschnitten. Die arbeitsrechtliche und tarifliche Regulierung hat bislang eine Politik des „hire and fire" gebremst. Das stark regulierte deutsche Arbeitsregime hat damit auch die Erwerbs- und Lebensverläufe von Männern und Frauen vorstrukturiert. Bei der Planung und Gründung einer Familie konnten sich die in das Erwerbsleben eintretenden Kohorten auf eine vorhersagbare Erwerbskarriere verlassen (mit einer relativen Sicherheit von Arbeitsplatz, Vollzeiteinkommen, Arbeitsplatz und Aufstiegsperspektiven).

Seit 1985, dem Leber-Kompromiss im Metall-Tarifabschluss[2] und seit einigen Jahren forciert und programmatisch wird eine Deregulierung dieses Arbeitsregimes praktiziert, um aus dem Vorbild des amerikanischen „Beschäftigungswunders" der Clinton-Ära zu lernen und „mehr Beschäftigung" zu schaffen. Die Reformen der Hartz-Kommission, das Job-Aktiv-Gesetz und die Agenda 2010 stellen dabei nur einen Durchgangspunkt dar.

---

[2] Dieser Abschluss sah erstmals und programmatisch ein „Tauschgeschäft" von kürzeren Wochenarbeitszeiten gegen die Bereitschaft der Gewerkschaften zur Flexibilisierung dieser verkürzten Arbeitszeiten vor.

Diese Deregulierung kann soziologisch als „Deinstitutionalisierung" verstanden werden: Allgemein verbindliche und damit Gleichheit und Verlässlichkeit der Arbeitsbedingungen schaffende Regelungen verlieren ihre universelle Gültigkeit. Die Entscheidung über Arbeitsbedingungen und -zeiten wird auf betriebliche und individuelle Aushandlungsprozesse verlagert und damit diesen „unteren Ebenen" überantwortet. Dort aber ist das Kräfteverhältnis zwischen den Arbeitsmarktparteien einseitig verteilt, und einzelne Arbeitnehmer wie Belegschaften einzelner Betriebe konkurrieren gegeneinander anstatt eine kollektive Besserstellung für alle durchzusetzen. Die jüngste Intervention der Betriebsräte der westdeutschen Automobilbetriebe gegen den Streik der ostdeutschen IG Metall für den Einstieg in die 35-Stunden-Woche, die u.a. zum Abbruch des Streiks führte, mag dafür als Beispiel dienen.

Nach den Daten in der Tabelle 3.1 galt das skizzierte Regelungssystem im Jahr 2000 (bzw. 2001 und 2002) nur noch etwa für einen von zwei, 15 Jahre davor noch für zwei von drei Erwerbstätigen (darin sind Selbstständige eingeschlossen). Allerdings hat sich in diesem Zeitraum die Bezugsgröße (von West- auf Gesamtdeutschland) geändert, Daten für den gleichen Raum waren nicht für alle Indikatoren verfügbar. Jedoch dürfte sich durch den relativ geringen Anteil der in den neuen Bundesländern Erwerbstätigen nichts Wesentliches an den Trendaussagen verändern (auf der Skala: – für stark abnehmend, -, 0, +, ++ für stark zunehmend).

Die Tabelle zeigt auch, dass die Erosion der Norm in Deutschland noch nicht so weit fortgeschritten ist wie in den USA, wo sie nur noch für jeden dritten Erwerbstätigen die Arbeitsbedingungen regelt. Die Vereinigten Staaten werden hier ausgewählt, weil sie in der öffentlichen Debatte über den „Reformstau" und die „Verkrustung der Arbeitsmärkte" als Referenzmodell dienen.

Die zwei Spalten rechts stellen schematisch und verkürzt die vermuteten Auswirkungen flexibler Arbeitsformen auf Zeitdruck, Stress und Qualität des Familienlebens dar.

Ein Blick auf die Trends von 1985 bis 2000 zeigt also eine Erosion der Regelung der *Dauer* und der *Lage der Arbeitszeit* sowie des *Beschäftigungsverhältnisses* (vgl. Unterabschnitt „Wandel des Erwerbsverlaufs", S. 52):

- Was die *Normalarbeitszeit zwischen 35 und 40 Stunden* betrifft, trifft dieser Standard noch für ein Drittel der Erwerbstätigen zu: Den 23% unter den voll Erwerbstätigen, die länger als 48 Stunden in der Woche beschäftigt sind, steht ein wachsender Anteil der Erwerbsbevölkerung mit einer Arbeitszeit gegenüber, die nicht für

Auswirkungen neuer Arbeitsformen auf Stress und Lebensqualität

Beschäftigte	1985 Westdeutschland Angaben in %	2000/02 Gesamtdeutschland Angaben in %	Trend[1]	2000 USA Angaben in %	Wirkungen auf Zeitdruck und Stress[2]	Wirkungen auf das Familienleben
Beschäftigte	100	100		100		
Normalarbeitsverhältnis	**67**	**49**	**−**	**37**	+/−[3]	+/−[4]
Abweichungen	**33**	**51***	**++**	**63**	+/− beta=0,10	+/−
Scheinselbständigkeit	1	3 Dietrich 1996	+	7	+	Wirkungen sind unklar
Befristete Beschäftigung	5	13 MZ 02 / 14 SOEP 01	+	21	+ beta=0,06 → Gesundheit	weniger Planbarkeit Sorgen über den Arbeitsplatz
Zeitarbeit	0,2	1,4 SOEP 01	++	3	+28% unzufrieden mit Arbeit	→ Familiengründung → Lebensqualität 2 von 3 Zeitarbeitern ohne Kinder
Mehrfacherwerbstätigkeit	2	7 SOEP 01	++	6	+Organisation des Jobportfolio	−
Anteil der voll Erwerbstätigen mit mehr als 48 Stunden/Woche an allen voll Erwerbstätigen	21	23 SOEP 01	+	29	+ beta 0,08 Zeitdruck	−
Teilzeitarbeit: 15 bis 35 Stunden	13	22 SOEP 01	++	19	−	+
Geringfügige Beschäftigung <15 Stunden	2	8 SOEP 01	++	−	−	weniger soziale Sicherheit
Berufliche Arbeit überwiegend zu Hause	8	7 SOEP 01	0	6		+ − keine klaren Grenzen von Beruf und Familie
Telearbeit zu Hause	gegen 0	5 3. Europ. Survey 2000	+	13	+ − knappe Fristen	Jobunsicherheit als Freiberufler

Tabelle 3.1 (Fortsetzung)

	1985 West-deutschland Angaben in %	2000/02 Gesamt-deutschland Angaben in %	Trend[1]	2000 USA Angaben in %	Wirkungen auf Zeitdruck und Stress[2]	Wirkungen auf das Familien-leben
Mobile Jobs (Fernpendler)	–	16 BMFuS 2001a 3 Wochenpendler SOEP 01	+	20	++	69% der Frauen: Hindernis für Familiengründung BMFuS 2001a
Abendarbeit: 19–22 Uhr	–	51 SOEP 00 mehrmals die Woche: 15	+	–	++ sig. in multivariater Analyse	–
Nachtarbeit: 22–6 Uhr	– mehrmals die Woche: 9	27 SOEP 00 mehrmals die Woche: 5	0	–	+	–
Samstagsarbeit	46 (1989)	61 SOEP 00 jede Woche: 13	+	31 oft (1993)	+	–
Sonntagsarbeit	23	35 SOEP 00 jede Woche: 5	+	31 oft (1996)	+	–

[1] ++ stark zunehmend, + zunehmend, 0 gleich bleibend, – abnehmend, – stark abnehmend; [2] beta: Maß für die Einflussstärke eines Faktors auf den Zeitdruck-Index bei gleichzeitigem Wirken verschiedener Faktoren. Wertebereich: zwischen 0 und 1. Die Werte sind in der Tabelle 3.6 ausgeführt; [3] +/– bedeutet, dass in der Forschung sowohl verstärkende wie auch dazu gegenläufige Wirkungen dieser Arbeitsform auf Zeitdruck und Stress belegt sind; [4] bedeutet, dass in der Forschung sowohl positive wie auch negative Wirkungen dieser Arbeitsform auf das Familienleben belegt sind.
Eigene Berechnung auf Basis von SOEP 2000, 2001, "Third European Survey 2000" (Frage Q12.5), Mikrozensus 2000, 2002, EUROSTAT, ISO 2000, BMAS 2000, BMFuS 2001a, Werte von 1985: Garhammer 1999a, S. 314ff.
USA: Monthly Labor Review 6/2000, Mehrfacherwerbstätigkeit Office of Employment, Bureau of Labor Statistics July 2000, Vol. 123, No. 7, sonst: Garhammer 1999a.
* Überschneidungen sind möglich, daher sind die 51% für alle flexiblen Arbeitsformen ein Näherungswert

den Lebensunterhalt und die langfristige soziale Absicherung ausreicht: Rund 11% sind arbeitslos, rund 8% aller Erwerbstätigen geringfügig beschäftigt und 22% insgesamt teilzeitbeschäftigt (darunter ca. 18% unfreiwillig, v.a. in den NBL). Die Reformen der Hartz-Kommission haben mit der Ich-AG die Zahl der Mini-Jobs noch vermehrt. Die Agenda 2010 sieht einen Annahmezwang auch für langfristig Arbeitslose vor. Diese Verteilung von Überarbeit und damit einhergehender *Zeitnot* einerseits und (zu) geringfügiger Beschäftigung und damit einhergehender *materieller Not* andererseits bedeutet eine tiefe soziale Spaltung.
- Daraus resultiert auch, dass die häufig angegebenen Durchschnittswerte für Arbeitszeiten (etwa Rückgang auf 37 Stunden im Schnitt) an der Realität der Arbeitswelt vorbeigehen. Wenn man dagegen *voll Erwerbstätige* als Grundgesamtheit auswählt, ist, wie Studien z. B. für die Niederlande zeigen (für 25-44-Jährige im Zeitraum 1975-1995, Peters 2000), die durchschnittlich im Beruf verbrachte Zeit in den letzten 25 Jahren gestiegen (für 25-44-jährige von 1975-1995 [38, 42]). In Deutschland lag im Jahr 2001 die von voll Erwerbstätigen im Schnitt geleistete Wochenarbeit nahezu unverändert gegenüber 1985 (44,6 Stunden) bei 44,4 Stunden (SOEP). Die für die EU 15 repräsentative Studie der European Foundation von 1998 ermittelte einen Durchschnitt von 44 Stunden: Neben den Griechen (mit einem hohen Selbständigenanteil) lagen Iren, Briten, Deutsche, Österreicher und Niederländer über dem Mittelwert (D: 44,8). Auf diesem Hintergrund müssen die jüngsten Forderungen z. B. des bayrischen Ministerpräsidenten und des IFO-Vorstands W. Sinn einer kostenneutralen Verlängerung der Wochenarbeitszeit um vier Stunden gesehen werden.

Anders, als es die Diagnose einer „Freizeitgesellschaft", die die „Arbeitsgesellschaft" verdrängt, besagt, ist also das Regime der Berufsarbeit heute nach wie vor von zentraler Bedeutung für Alltag und Lebensverlauf. Dass der Anteil derer, die länger als 48 Stunden arbeiten, steigt, ist ein deutlicher Hinweis darauf. Die hohe Zahl der Arbeitslosen ist dagegen kein Einwand: Der Druck dieser „industriellen Reservearmee" (Marx 1867) trägt vielmehr zur Neudefinition dessen, was an Arbeitsbedingungen und -zeiten zumutbar ist, bei und festigt damit das „Regime" der Lohnarbeit. Auch der Umstand, dass für Mütter inzwischen Berufsarbeit „normal" geworden ist, bedeutet, dass nicht weniger, sondern mehr Menschen ihr Leben nach deren Anforderungen einrichten (müssen).

- Was die *Lage der Arbeitszeiten* zu „unsocial hours" betrifft, ist der Anteil der von ISO erfassten Arbeitnehmer, die ständig oder häufig *„Schicht- und/oder Nachtarbeit"* leisten, von 1989 bis 1999 von 12% auf 18% gestiegen [7, S. 83]. Während Schichtarbeit in der Industrie (aufgrund von Strukturwandel und Krise) eher rückläufig ist, hat der Anteil derer zugenommen, die *abends länger* im Büro oder Betrieb bleiben bzw. zu Hause arbeiten: Es sind nach dem SOEP 2000 51%, die manchmal zwischen 19 und 22 Uhr, und 27%, die zumindest manchmal nach 22 Uhr auch später arbeiten. Auch der Anteil der (zumindest manchmal) am *Samstag und Sonntag* Arbeitenden lag im Jahr 2000 mit 61% bzw. 35% höher als 15 Jahre zuvor (SOEP 2001). Das Wachstum der Dienstleistungen hat dazu beigetragen, die Ausweitung der Ladenöffnung auf Samstag bis 20 Uhr und auf einzelne Sonntage wird den Trend verstärken. Nach der von uns durchgeführten Befragung 1991/92 wünscht jeder zweite Schicht- und Nachtarbeitnehmer deren Reduktion, da sie negative Wirkungen auf das Familienleben hat [18]. Auf der anderen Seite gibt es einen offenbar noch stärkeren finanziellen Anreiz bzw. Zwang durch die gezahlten Zuschläge.

Wandel des Erwerbsverlaufs. Um ihre Risiken auf dem Markt zu minimieren und zum Teil auf ihre Beschäftigten überzuwälzen, sind viele Unternehmen vom *unbefristeten Arbeitsvertrag* dazu übergegangen, Arbeit nur noch dann nachzufragen, wenn sie absehbar lohnend eingesetzt werden kann. Dies hat dazu geführt, dass befristete Verträge, Zeitarbeit und die Auslagerung abhängiger Arbeit auf Verträge mit Scheinselbständigen zunehmen.
- Damit variiert unabhängig vom Beschäftigungsverhältnis die tatsächliche Arbeitszeit über den Tages-, Wochen- und Jahresverlauf viel stärker als vor zwei Jahrzehnten: Zwei von drei Erwerbstätigen gaben im SOEP 2001 an, dass ihre Arbeitszeit in Abhängigkeit vom „Arbeitsanfall" unterschiedlich ausfällt. 15% gaben an, in Wechselschicht zu arbeiten, auf weitere 7% trifft der Wechsel der Arbeitszeit nach Tageszeit zu. Für immer mehr Industriearbeitnehmer gelten Jahreskonten (über 20%), die die Arbeitszeit ungleichmäßig über das Jahr je nach dem Bedarf des Marktes verteilen.
- Der Anteil der *Scheinselbständigen* wird auf 3% der Erwerbstätigen geschätzt ([11, S. 11] für 1995): Sie hängen faktisch von Arbeitsaufträgen einer Firma ab, sind aber für ihre Risiken (von Krankheit bis zum Auftragsmangel) selbst verantwortlich.
- In Deutschland bewegt sich der Anteil der *befristet* Beschäftigten zwischen 13% (MZ 2002 nach: [46, S. 56] und 14% (SOEP 2001

nach: [44]). Das bedeutet eine Verdreifachung seit 1985. In Europa ist jeder dritte neu geschaffene Job befristet [15, 16]. Damit gibt es für Berufsanfänger oft nur noch befristete Stellen, der Berufseintritt ist seltener als früher der Beginn einer stetigen Laufbahn. Das Durchschnittsalter der befristet Beschäftigten ist daher relativ niedrig (in Deutschland: 29 Jahre) im Vergleich zu unbefristet Beschäftigten (41 Jahre [44]).
- Noch drastischer ist das Wachstum bei *Zeitarbeit* (0,2% auf 1,4%), was durch das Projekt der Personalservice-Agenturen noch verstärkt wird [21].
- Die heutigen Berufseintrittskohorten müssen sich damit auf eine *diskontinuierliche Erwerbskarriere* einstellen: Bis zu ein Zehntel ihres gesamten Erwerbslebens wird der Status der *Arbeitslosigkeit* ausmachen. In der Altersgruppe 20–29, wenn die Menschen meist in den Arbeitsmarkt eintreten, sind die Arbeitslosenraten höher als in den folgenden Altersgruppen. Die jüngeren Kohorten sind neben den Frauen aller Jahrgänge die Teile der Erwerbsbevölkerung, die von der Erosion des Normalarbeitsverhältnisses am frühesten betroffen werden [28, S. 7]. Sie sind Pioniere einer Entwicklung, die immer mehr auch bisher geschützte Kernarbeitnehmer im primären Arbeitsmarktsegment trifft, die männlichen qualifizierten Arbeitnehmer. Noch gibt es diese Spaltung der Arbeitsbevölkerung in stabil und viel beschäftigte „Insider" und prekär bzw. informell beschäftigte „Outsider". Mit dem Projekt der Ich-AG werden derzeit die informellen bzw. „schwarzen" Einkommensquellen als „normale" Erwerbstätigkeit legitimiert und gefördert. Damit wird der Standard des Normalarbeitsverhältnisses in seiner Allgemeinverbindlichkeit weiter aufgelöst.
- Während der Anteil derer, die überwiegend *zu Hause* oder (wie Landwirte) in der Umgebung arbeiten, mit 7–8% stabil geblieben ist, hat die berufliche Arbeit am Computer zu Hause stark zugenommen. Der Anteil der Telearbeiter, die häufig auch noch einen Arbeitsplatz im Büro haben, betrug im Jahr 2000 ca. 5% (3. Europäischer Survey 2000). Ein Arbeitsplatz zu Hause führt dazu, dass sich die Grenzen zwischen beruflicher Arbeit, Freizeit und Familienleben verflüssigen. Man kann dies mit Pongratz und Voß 2003 als Anzeichen für einen Trend zum „*Arbeitskraft-Unternehmer*" sehen. Dieser muss auch als abhängig Beschäftigter seine Fähigkeiten kontinuierlich vermarkten und dafür die zeitlichen, räumlichen, sachlichen und personellen Ressourcen seines Privatlebens einsetzen.
- Evident wird dies am *Mehrfacherwerbstätigen* (7% nach dem SOEP 2001). Wenn Jobs unsicher und Minijobs werden, ist es ratsam, ne-

ben der Hauptbeschäftigung eine zweite in der Hinterhand zu haben. Die laufende Akquisition und Organisation eines Portfolios von Jobs wird für den „Job-Hopper" eine zusätzliche Quelle von Stress im Privatleben.
- Nach den letzten OECD-Daten von 1995[3] war die durchschnittliche *Beschäftigungsdauer* bei einem Arbeitgeber in den USA und Großbritannien unter allen OECD-Ländern am kürzesten. Beides sind Arbeitsregimes, in denen „Hire and Fire" üblich ist. Im Schnitt brachten es deutsche Beschäftigte mit 9,7 Jahren auf zwei Jahre mehr als Amerikaner und Briten. Seit den neunziger Jahren gibt es aber in all diesen drei Nationen einen Trend zur kürzeren Beschäftigung in einem Unternehmen [10]. In Deutschland fiel der Durchschnitt von 10,6 Jahre 1985 auf 9,7 Jahre 2001 (SOEP). Die im Jahr 2001 im SOEP befragten 964 Arbeitsplatzwechsler waren im Jahr vor der Befragung auf ihrer letzten Arbeitsstelle im Schnitt 4,6 Jahre lang beschäftigt, für 47% bedeutete der Wechsel auch einen Berufswechsel. Wie eine repräsentative Befragung durch Infratest und das Wirtschafts- und Sozialwissenschaftliche Institut des DGB von 2407 Arbeitnehmern aus dem Jahr 2001 zeigt, die zwischen 1999 und 2000 ihr Arbeitsverhältnis beendet hatten, ist der deutsche Arbeitsmarkt im Gegensatz zur öffentlichen Diskussion über die bremsende Wirkung des Kündigungsschutzes in starker Bewegung: Auf Befristungen gingen 20% der Beendigungen zurück (also mehr als ihr Anteil an der Gesamtbeschäftigung ausmacht), auf Entlassung 32%. Die Mehrheit dieser Kündigungen ist betriebsbedingt [3, S. 91]. Je schwieriger die Arbeitsmarktsituation ist, desto geringer ist der Anteil der freiwilligen Betriebswechsel, um bessere Beschäftigungsbedingungen zu erhalten. Die Befragung zeigt zudem, dass im Fall der Arbeitgeberkündigungen die Arbeitslosigkeit durchschnittlich wesentlich länger ausfiel als bei Eigenkündigungen und die Wiederaufnahme einer Beschäftigung häufiger zu schlechteren Arbeitsbedingungen und Einkommen führte (ebd.).

Zeitdruck, Stress, Gesundheit und Lebensqualität

Lebensqualität und Zeitwohlstand. Wenn derzeit in Politik und Öffentlichkeit über den Wandel der Arbeitswelt diskutiert wird, dann meist mit dem Tenor, dass die Reformen im Modell Deutschland noch nicht weit genug gehen und an der Zaghaftigkeit der Politik oder den „Besitzstandswahrern" wie den Gewerkschaften scheitern. Dabei soll

---

[3] Leider war keine neuere internationale Untersuchung verfügbar.

es um den Erhalt des „Wirtschaftsstandorts" bzw. die Schaffung von „mehr Beschäftigung" gehen. Ohne diese Debatte hier näher zu würdigen, wird in diesem Abschnitt normativ und analytisch eine andere Perspektive eingenommen, die auf *Lebensqualität, Zeitwohlstand und Gesundheit* der arbeitenden Menschen abzielt.

Arbeitszeitpolitik wird damit als Bestandteil einer umfassend angelegten *Zeitpolitik* [35] verstanden: Es geht darin um die Wiedergewinnung der eigenen Lebenszeit. Dabei wird es in der Praxis immer um die Balance von Wünschen und Verpflichtungen gehen. „Work-Life-Balance" kann als eine solche Verteilung und Organisation der Arbeitszeiten und des Erwerbsverlaufs definiert werden, die es jedem ermöglicht, den von ihm gewünschten Rhythmus seines Lebens zu finden [6].

Dieses Verständnis von *Zeitwohlstand* [22, 40] bedeutet zunächst, Individuen von dem chronischen Zeitdruck zu erleichtern, der an bestimmten Arbeitsplätzen und in bestimmten Erwerbs- und Lebensphasen zu beobachten ist. Denn dieser führt nicht nur dazu, dass subjektiv und kollektiv sinnvolle Verwendungen freier Zeit verhindert werden. Er führt, wenn Stress chronisch wird, wenn sich Schlafschulden häufen, wenn Krankheiten nicht auskuriert werden, wenn der Verschleiß nicht mehr rückgängig gemacht werden kann, zur Schädigung der Gesundheit [25], der elementaren Voraussetzung für jede subjektiv sinnvolle Zeitverwendung.

Die hier eingenommene Perspektive kann sich darauf stützen, dass der Wert Zeitwohlstand wichtiger wird: Immer mehr Europäer nehmen wahr, dass das Wachstum der Wirtschaft, dem sie mit ihrer Arbeit dienen und das ihnen Güterwohlstand bringen sollte, für sie mit *wachsender Zeitnot* verbunden ist. Sie definieren in zunehmendem Maße ihre *Lebensqualität* auch als Zuwachs an Zeitwohlstand. Ein Bewusstsein dafür entsteht auch in den Gewerkschaften [48].

Das geht auch daraus hervor, dass die Mehrheit der erwerbstätigen Europäer (nach der Umfrage der „European Foundation" von 1998 57%) ihre Arbeitszeit z.T. drastisch reduzieren möchte. Nach den Daten des SOEP 2001 steht ein ausgeglicheneres Verhältnis zwischen tatsächlichen und gewünschten Arbeitszeiten in direktem Zusammenhang mit einer höheren Zufriedenheit mit der Freizeit ($r = 0{,}20$), mit der Gesundheit (0,05) und der Arbeit (0,05), schließlich auch mit dem gesamten Leben (0,03; alle sig. $< 0{,}01$). Lebenszufriedenheit wird hier als einer von mehreren subjektiven Indikatoren für Lebensqualität ausgewählt [47], der im folgenden Abschnitt durch weitere subjektive und objektive Indikatoren ergänzt wird.

Für welche Zwecke ist es Erwerbstätigen wichtig, mehr Zeit für sich zu haben? Wie ein Vergleich der eigenen Studie von 1991/92 und der

Tabelle 3.2. Die vier am meisten verbreiteten Zeitwünsche. 1545 voll Beschäftigte 1991/92 (Garhammer 1994) und 436 voll Beschäftigte 1999 (GFK)

Möchte mehr Zeit haben für...	1991 (in %)	1999 (in %)
Schlaf	44,3	50,1
Hobbies	58,3	47,3
Freunde/Verwandte	45,9	44,8
Kinder/Familie	31,3	43,8

GFK-Studie von 1999 zeigt, verspüren heute mehr Erwerbstätige den Wunsch, mehr Zeit zum Schlafen (50%) bzw. für die Familie (44%) zu haben (Tabelle 3.2).

Indikatoren für Zeitdruck und Stress. Tabelle 3.3 gibt einen Überblick über die verwendeten Indikatoren, die hier Zeitnot und umgekehrt Zeitwohlstand messen. In diesem Konzept werden objektive Lebensbedingungen, die nach Möglichkeit durch Tagebuchaufzeichnungen quantifiziert werden, ebenso herangezogen wie Indikatoren des subjektiven Wohlbefindens. Dazu gehört, dass man sich über die Zukunft wenig Sorgen machen muss: Wie multivariate Analysen zeigen, variiert nämlich die Lebenszufriedenheit in starkem Maß mit den Sorgen über die Zukunft. Diese sind wiederum um so weniger nötig, je mehr man sich auf die Erfüllung seiner Erwartungen im Lebens- und Erwerbsverlauf verlassen kann, je stärker man also das Gefühl von Sicherheit und Planbarkeit seines Lebens hat. Je mehr die Institution des Normalarbeitsverhältnisses, aber auch andere Zeitinstitutionen wie der mit einer bestimmten Altersgrenze (von noch 65) abgesicher-

Tabelle 3.3. Indikatoren für Zeitdruck und Lebensqualität

Objektive Indikatoren Tagebuchdaten und Interviews		Subjektive Indikatoren Wahrnehmung von ...
• Bezahlte Arbeit ⇒ Anteil derer mit mehr als 48 Std. Arbeit • Unbezahlte Arbeit • Freizeit • Zeit für persönliche Bedürfnisse: ⇒ Schlaf ⇒ Ausruhen ⇒ Mahlzeiten	• Index für Zeitdruck, 10 Items, z. B.: ⇒ wünsche mehr Zeit für mich ⇒ kann nicht richtig einschlafen ⇒ habe so viel Zeitdruck, dass meine Gesundheit leidet • Anteil derer, die sich häufig unter Zeitdruck fühlen	• Lebenszufriedenheit • Glück • Zufriedenheit mit Freizeit • Differenz von tatsächlichen und gewünschten Arbeitszeiten • Sorgen über die Zukunft

te Ruhestand heute in Frage stehen, desto mehr Sorgen sind zu erwarten. Zeitwohlstand wird hier also durch ein Ensemble von Indikatoren erfasst, das individuelle Zeitressourcen ebenso wie die Verlässlichkeit von kollektiven Zeitinstitutionen einschließt.

Evidenz für wachsenden Zeitdruck. Fast jeder zweite voll beschäftigte Deutsche klagt Ende der neunziger Jahre über „häufige Zeitnot", zu Beginn der neunziger Jahre war es jeder Vierte (s. Tabelle 3.4). Jeder Sechste schreibt diesem Zeitdruck negative Auswirkungen auf seine Gesundheit zu und meint, dass er sich aufgrund von Zeitmangel von Krankheiten nicht richtig erholen kann. Die Verbreitung chronischen Zeitmangels hat in den letzten Jahrzehnten in der gesamten westlichen Welt zugenommen, wie die internationalen Studien, die auf der „Conference on time pressure, work-family interface, and parent-child relationships" an der University of Waterloo/Canada vorgestellt wurden, zeigen [51]. Offensichtlich gibt es einen Zusammenhang zwischen Modernisierung, Wirtschaftswachstum und Beschleunigung des sozialen Lebens.

Wie passt dieser Befund zur Annahme, dass Europäer und speziell Deutsche über immer mehr Freizeit verfügen? Welche Entwicklungen im Zeitbudget haben zum expandierenden Gefühl des Zeitdrucks beigetragen?

Tabelle 3.4. Zeitdruck bei voll erwerbstätigen Deutschen 1991 und 1999

	1991/92 eigene Umfrage N=1545 in %	1999 GfK N=431 in %
Häufig Zeitnot	25	46
Kann nicht richtig ausschlafen	45	49
Möchte mehr Zeit für mich selbst haben	26	48
Kann mich aufgrund von Zeitmangel nicht richtig von einer Krankheit erholen	–	18
So viel Zeitdruck, dass meine Gesundheit leidet	–	16
Durchschnittliche Arbeitszeit	43,5 Stunden SOEP 1991	44,4 Stunden SOEP 2001
Anteil der voll Erwerbstätigen mit mehr als 48 Stunden	18,0% SOEP 1991	22,8% SOEP 2001

1991/92: Garhammer 1994, 1999: GfK-FOCUS-Umfrage zur Zeit, SOEP 1991: N=6737, SOEP 2001: N=9315

Zunächst zeigen SOEP-Daten, dass zwischen 1985 und 2001 die von voll Erwerbstätigen geleistete durchschnittliche Arbeitszeit nahezu gleich blieb. Der Anteil derer mit extrem langer Wochenarbeitszeit ist sogar um zwei Prozent gestiegen. Ein etwas anderes Bild ergibt sich durch die Ausdehnung des Vergleichszeitraums auf 1965–1991: Auch wenn die auf einen Tag entfallende Freizeit von voll beschäftigten Deutschen nach Tagebuchdaten um etwa eine Stunde zugenommen hat, wurde dieser Zeitgewinn durch eine gegenläufige Entwicklung kompensiert: Berufstätige Deutsche haben offenbar an ihrer Zeit für persönlichen Bedürfnisse, für Schlaf (vierzig Minuten weniger) und für Mahlzeiten (zwanzig Minuten weniger) gespart [19]. Ähnliche Trends sind durch Zeitbudgetdaten für Frankreich (1986–99: 12 Minuten weniger Schlaf, nach INSEE PREMIERE 10/1999) und Japan (1995–2000 Männer in den 30ern: 15 Minuten weniger [33]) belegt. Offenbar bringt die moderne hochmobile Arbeits- und Konsumwelt den Zwang zur Verdichtung dieser persönlichen Zeiten mit sich (ausführlich: in [19]).

Welche Faktoren führen zu Zeitdruck? Die multivariate Analyse zeigt, wie Zeitdruck (gemessen am 10-Item-Index, s. Tabelle 3.4) in bestimmten Lebenslagen und an bestimmten Arbeitsplätzen zunimmt (Tabelle 3.5).

Die multivariate Auswertung der drei ausgewählten repräsentativen Erhebungen (eigene Erhebung 1991/92, GfK-FOCUS 1999, SOEP 2000), bei denen allerdings nicht alle interessierenden unabhängigen Variablen verfügbar waren, führt zu folgenden Faktoren, die den Zeitdruck verschärfen:

Tabelle 3.5. Welche Faktoren führen zu Zeitdruck?

	beta[a]
Nicht erwerbstätig – Teilzeit erwerbstätig – voll erwerbstätig	0,26
Jünger	0,23
Kind im Haushalt	0,15
Landwirt, Freiberufler, Selbständiger, Beamter, in dieser Reihenfolge	0,14
Berufstätige mit Hochschulabschluss im Vergleich zu niedrigstem Abschluss	0,08
Familienstatus	0,08

[a] Maß für die Einflussstärke eines Faktors auf den Zeitdruck-Index bei gleichzeitigem Wirken verschiedener Faktoren. Wertebereich: zwischen 0 und 1.
1194 Deutsche 1999, GfK-FOCUS-Studie über Zeitnot
40% der Varianz erklärt, sig. < 0,003

- *Vollzeitbeschäftigte* leiden mehr darunter als Teilzeitbeschäftigte.
- *Jüngere* nennen häufiger Zeitnot als Ältere: Die Quelle dafür dürfte auch in der Vielzahl der Aktivitäten in der außerhäuslichen Freizeit liegen, die typisch für Jüngere sind.
- Mit der *Kinderbetreuung* steigt der Zeitdruck. Auf den Lebensverlauf bezogen heißt das, dass besonders in der Lebensmitte, wenn die Anforderungen aus dem Familien- wie aus dem Erwerbsverlauf am höchsten sind, Zeitdruck und Stress besonders ausgeprägt sind. Auch dann, wenn die Kinder aus dem Haus sind, gehen die Belastungen nicht gleich zurück: Häufig muss die „*Sandwich-Generation*" sich dann um die Betreuung der pflegebedürftigen Eltern wie auch um die Kinder kümmern: 11% der berufstätigen Europäer haben nach der Umfrage der „European Foundation" von 1998 solche Verpflichtungen für ältere Angehörige; wenn sie älter als 50 sind fast 20% [17][4].
- Je größer die *Zahl der Kinder unter 16* ist, desto geringer fällt die Zufriedenheit mit der Freizeit aus, (was als subjektiver Ausdruck für Zeitmangel zu interpretieren ist). Unter allen Haushaltstypen haben Befragte mit Kindern unter 16 die geringste Zufriedenheit mit ihrer Freizeit (6,2 im Vergleich zu 6,6 im Durchschnitt, Alleinerziehende: 6,5 auf der Skala von 0 = ganz unzufrieden bis 10 = ganz zufrieden). Dies korrespondiert mit weniger werktäglicher Freizeit (im SOEP von den Befragten selbst geschätzt, was gegenüber den Tagebuchdaten weniger zuverlässig ist: durchschnittlich 1,4 Stunden, Alleinerziehende 1,6 im Vergleich zu 2,1 Stunden bei allein Lebenden).
- *Alleinerziehende* stehen im Vergleich zu anderen Lebensformen unter höherem Zeitdruck [24, S. 343]: Sie bringen es nach dem SOEP 2000 auf 3,9 Stunden für Kinderbetreuung an einem Werktag (Paare mit Kindern unter 16: 3,3, Paare mit älteren Kindern: 1,4). Dies steht in engem Zusammenhang mit ihrer geringeren Lebenszufriedenheit (6,9 im Vergleich zu 7,2 in der Gesamtheit der Erwerbstätigen auf der Skala von 0–10).

40% der Alleinerziehenden nehmen Überarbeitung und Zeitdruck wahr (500 Befragte in einer Studie von 1998 nach [9], S. 197). Ein wichtiger moderierender Faktor ist ihre Einkommenssituation: Wenn Alleinerziehende weniger finanzielle Probleme angeben, gibt es in der Wahrnehmung des Gesundheitszustands und des Zeitdrucks so gut wie keine Unterschiede zu vollständigen Familien. Es ist also nicht die Abweichung vom Modell der Normalfa-

---

[4] Vgl. dazu auch den Beitrag von Bäcker, G. in diesem Band.

milie, es sind die dafür typischen sozioökonomischen Lebensumstände, die diese Lebenslage so belastend machen [8, S. 385]. Im Vergleich von allein erziehenden Müttern (N = 39) und Müttern, die zusammen mit dem Vater lebten (N = 54), fanden Limmer et al., dass 8% der Alleinerziehenden ihre gesamte Lebenssituation als „sehr belastend" erlebten im Vergleich zu 2% der Vergleichsgruppe („positiv, angenehm" 44% vs. 61%, nach der Selektion homogener Samples in Bezug auf Alter, Alter der Kinder, Berufsstatus, [8, S. 364]; vgl. SOCCARE 2002, ein europäisch vergleichendes Projekt [43, S. 58]). Es gibt also Evidenz, dass allein erziehende Mütter in unteren beruflichen Positionen zu den besonders von Zeitnot belasteten Gruppen gehören.

- In Bezug auf den beruflichen Status sind es *Selbständige, Freiberufler* und Angestellte mit *höheren Bildungsabschlüssen*, die häufiger Zeitnot angeben. Damit ergibt sich ein Zielkonflikt, wenn die Politik zur Schaffung von mehr Beschäftigung die Förderung von Selbständigkeit als Instrument vorsieht: Genau diese Jobs bringen für die Beteiligten v.a. in der Gründungsphase chronische Zeitnot mit sich.
- Ein *höheres Einkommen* ist bis zu einem Schwellenwert von ca. 6000 bis 7000 DM (Nettoeinkommen des Haushalts) monatlich mit mehr Zeitdruck für deren Bezieher verbunden (Daten: von GFK-FOCUS 1999). Jenseits dieser Grenze können sich die Bezieher offenbar wieder so viele persönliche Dienstleistungen auf dem Markt kaufen, dass sie damit ihren Zeitaufwand für Haushalt, Kinderbetreuung und Besorgungen minimieren können. Das zeigt die Auswertung für das Subsample der 431 voll erwerbstätigen Deutschen 1999. Auch die SOEP-Daten von 2001 bestätigen, dass ein höheres Einkommen mit mehr Zufriedenheit mit der Freizeit verbunden ist (r = 0,3). Dieser Effekt überwiegt den entgegengesetzten Effekt auf Zeitdruck, der sich aus einem höheren beruflichen Status ergibt. Diese Ergebnisse führen zu der Hypothese, dass Zeit und Geld in bestimmten Fällen substituierbar sind: Wer über genügend Geld verfügt, besitzt die Macht, sich persönliche Dienste einzukaufen (von Wäschereien über Babysitter bis zum Essen gehen) und damit seine chronische Zeitnot abzumildern. Diesen Zusammenhang hat Saskia Sassen 1991 in ihren Studien über „Global Cities" wie New York bestätigt: Hier gibt es eine „Symbiose" zwischen den „upper service classes" (z.B. Brokern), die reich an Geld und arm an Zeit sind, mit den „lower service classes", für die das umgekehrte gilt, v.a. den Immigranten aus der Dritten Welt. Die auch in Deutschland wachsende Polarisierung der Einkommen führt zusam-

men mit der Förderung des Niedriglohnsektors im Dienstleistungsbereich auch hier in der Tendenz zu amerikanischen Verhältnissen: Die der Einkommensverteilung entgegengesetzte soziale Verteilung von Zeitarmut wird damit ein Stück weit umverteilt.

Kluft zwischen tatsächlichen und gewünschten Arbeitszeiten. Unsere multivariaten Analysen bestätigen, dass die Wahrnehmung, immer wieder zu wenig Zeit zu haben, kein subjektives Konstrukt ist, sondern auf objektiven Belastungen durch „gebundene Zeiten" beruht: Im Fall der Studie von 1991/92 bestätigen das Tagebuchdaten (siehe Tabelle 3.6), im Fall der GFK-FOCUS-Umfrage von 1999 und der SOEP-Daten von 2000 (siehe Tabelle 3.7) und 2001 Umfragedaten:
- Je länger die Arbeitszeit ausfällt, desto mehr Zeitdruck wird wahrgenommen und desto geringer ist die Zufriedenheit mit der Freizeit. Unter den Einfluss nehmenden Faktoren hat gleich nach der Zufriedenheit mit dem Haushaltseinkommen die Diskrepanz zwischen tatsächlichen und gewünschten Arbeitszeiten den größten Effekt auf die Zufriedenheit mit der Freizeit (multivariat: 0,04, bivariat: 0,2; SOEP 2000, s. Tabelle 3.6).

Analysen der Umfrage der „European Foundation" von 1998 ergeben, dass europäische Berufstätige im Schnitt eine Reduktion von 4,7 Wochenstunden wünschen. 51% würden gern weniger arbeiten, auch wenn das geringere Einkommen bedeutet; nur 12% – v. a. die in „unfreiwilliger Teilzeitarbeit" – wünschen längere Arbeitszeiten. Einige sind mit ihren überlangen Arbeitszeiten auch zufrieden, sehr viele würden aber gern sehr viel weniger beruflich arbeiten. Das stützen auch die Daten des SOEP 2001: Nur jeder zehnte Mann wünscht Arbeitszeiten über 48 Stunden, aber fast jeder Vierte ar-

Tabelle 3.6. Welche Faktoren führen zu weniger Zufriedenheit mit der Freizeit von berufstätigen Deutschen 2000?

	Partielles eta-Quadrat[a]
Weniger zufrieden mit Haushaltseinkommen	0,09
Diskrepanz von tatsächlichen und gewünschten Arbeitszeiten	0,04
Abendarbeit zwischen 19 und 22 Uhr	0,004
beruflicher Status: Oberschicht vs. Mittel- und Unterschicht	0,003
Kinder unter 16	0,002
Zahl der Kinder unter 16	0,001

[a] Auch dies ist ein Maß für die Einflussstärke des betreffenden Faktors auf die Zufriedenheit mit der Freizeit bei gleichzeitigem Wirken verschiedener Faktoren. Wertebereich: zwischen 0 und 1.
N = 14015 SOEP 2000. 15% der Varianz erklärt, sig. 0,000 (ANOVA)

beitet so lange. Alle deutschen voll Erwerbstätigen möchten im Schnitt 5,7 Stunden weniger arbeiten, Teilzeiterwerbstätige dagegen im Schnitt 2,7 Stunden länger.

- All diese Daten belegen die *Notwendigkeit und das Potenzial für eine allgemeine Verkürzung sowie eine Umverteilung der Arbeitszeit* in Richtung einer neu definierten Normalarbeitszeit, die zwischen 20 und 35 Wochenstunden liegt [2]: Denn die meisten Betroffenen möchten von den Extremen in der Verteilung, von der (häufig unfreiwilligen) geringfügigen Beschäftigung unter 20 und von der Überarbeit über 48 Stunden wegkommen. Vor allem Frauen wünschen unabhängig davon, ob sie Familienpflichten haben oder nicht, eine substanzielle Teilzeitarbeit zwischen 20 und 35 Stunden. Europaweit sind es 22% der Männer und 37% der Frauen, die voll beschäftigt sind, die lieber Teilzeit arbeiten möchten; v. a. sind es Frauen mit kleinen Kindern. Wenn Väter mit kleinen Kindern ihre Arbeitszeit im Vergleich zu kinderlosen Männern kaum reduzieren, zeigt das, dass die Verteilung der Arbeitszeit über Lebensphasen keine Rücksicht auf die Bedürfnisse der Familie nimmt. Von den Vätern kleiner Kinder arbeiten nur 5% Teilzeit (im Schnitt: 9%), aber 29% länger als 48 Stunden (26% alle Männer). Auf der anderen Seite zeigen die SOEP-Daten, dass um so weniger Zeit für Kinderbetreuung bleibt, je länger die Eltern beruflich eingespannt sind ($r=0,4$).
- Wie die für unsere Frage aussagekräftigeren eigenen Daten von 1991/92 (s. Tabelle 3.7) zeigen, ist es nicht allein die *Dauer* der Arbeitszeit, die wichtig ist, sondern noch mehr die *Lage*: Die Regressionsanalyse der Variable Zeitnot für voll Beschäftigte zeigt, dass

Tabelle 3.7. Welche Faktoren führen zu Zeitdruck? Voll berufstätige Deutsche 1991/92

	Beta[a]
Frau	0,14
Jünger	0,14
Kind im Haushalt	0,11
Zeitaufwand für Kinderbetreuung	0,10
Höheres persönliches Einkommen	0,10
Flexible Arbeitszeiten	0,10
Zeitaufwand für alle erwerbsgebundenen Zeiten	0,08
Weniger Zeit zum Ausruhen (nach Tagebuch)	0,08

[a] Maß für die Einflussstärke eines Faktors auf den Zeitdruck-Index bei gleichzeitigem Wirken verschiedener Faktoren. Wertebereich: zwischen 0 und 1
1545 Westdeutsche, 11% der Varianz erklärt, sig. < 0,003 (Daten nach Garhammer 1994)

Beschäftigte in *flexiblen Arbeitszeiten* häufiger darunter leiden als solche in Normalarbeitszeit. Dieser Effekt ist stärker als der der Dauer der Arbeitszeit (Koeffizient-beta 0,10 im Vergleich zu 0,08).
- Im einzelnen sind es folgende *flexible Arbeitszeitlagen*, die zu einer geringeren Zufriedenheit mit Freizeit in der bivariaten Analyse[5] führen: Arbeit an Samstagen, Sonntagen, an Abenden, in der Nacht (6,3 vs. 6,8 auf der Skala von 0–10, [44]). In der multivariaten Analyse geht der signifikante Einfluss der meisten Faktoren zurück, es bleibt nur Abendarbeit zwischen 19 und 22 Uhr übrig (eta=0,004). Diese Befunde über die Auswirkungen von langen und flexiblen Arbeitszeiten werden auch durch die ISO-Studie [7] gestützt: Jeder zweite Beschäftigte berichtet dort von häufiger Zeitnot, v. a. diejenigen mit flexiblen Arbeitszeiten (53%) und diejenigen mit 45 und mehr Wochenstunden (79%). Die letztgenannte Gruppe klagt überdurchschnittlich häufig über Nervosität (32%) und psychische Erschöpfung (25%) [7, S. 196]. Die Ergebnisse zeigen, wie wichtig stabile kollektive Rhythmen von Arbeitstag und Feierabend, von Werktagen und Wochenenden sowie klare Grenzen zwischen Arbeit und Freizeit für das subjektive Erleben von arbeitsfreien Stunden als Freizeit sind. Die arbeitszeitpolitische Folgerung heißt, dass die Verkürzung von Arbeitszeiten so lange nicht zu mehr Lebensqualität führt, wie diese zugleich (einseitig nach den Bedürfnissen der Unternehmen) flexibilisiert bzw. in den Abend hinein verschoben werden (vgl. Abschnitt „Die Notwendigkeit von Zeitpolitik").

Arbeitsstress und Gesundheitsprobleme – eine europäisch vergleichende Studie von 2000. Einen internationalen Vergleich der Betroffenheit durch Arbeitsstress machen die Daten des für die EU 15 repräsentativen „Third European Survey 2000" möglich: Danach sagen 46% der Befragten, dass sie mit „sehr hohem Tempo" arbeiten. Vor allem gilt dies für die „modernen" Volkswirtschaften Schweden, die Niederlande, Finnland, Deutschland und Österreich.

Das zweite hier ausgewählte Merkmal von Arbeitsstress: „enge Fristen bei der Fertigstellung des Auftrags" wird ebenfalls von jedem zweiten Europäer und wiederum besonders häufig in den o. g. Ländern genannt, zudem in GB, Irland und Frankreich. Südeuropäer und Belgier nennen diese Probleme nicht so häufig. Diese Stressoren sind mit einem weiten Spektrum an Belastungen und Gesundheitsbeschwerden verbunden: So klagen 29% über „arbeitsbedingten

---

[5] Die bivariate Analyse beschränkt sich auf den Zusammenhang zwischen zwei Variablen.

Stress", 22% über „ständige Müdigkeit" und 8% über „Schlafprobleme". Die Befragten führten die genannten Beschwerden auf ihre Arbeit zurück. Schweden und Finnland waren die Länder, in denen sowohl die Indikatoren für „objektiven Stress" wie für „subjektive Stresssymptome" am meisten verbreitet waren. Sie liegen in der Darstellung am linken oberen Ende, am entgegengesetzten Ende liegen die „stressarmen" Länder Spanien und Portugal (s. Abb. 3.1).

Der Befund über Schweden wird auch durch eine Umfrage der schwedischen Gewerkschaft 2001 gestützt, nach der 77% der Arbeitnehmer eine „beträchtliche Zunahme von Arbeitsstress" als die wichtigste Ursache für die zurückgehenden Geburtenziffern im Land verantwortlich machen (Süddeutsche Zeitung, o.D.). Der Rückgang der zusammengefassten Geburtenziffer je Frau von 2,1 auf 1,5 im Verlauf der 90er Jahre ist ein neues Phänomen im Land der großzügigen Elternurlaubsregelungen für Mütter und Väter, das als Modell für die Vereinbarkeit von Beruf und Familie gilt[6]. Dies zeigt, dass auch weit-

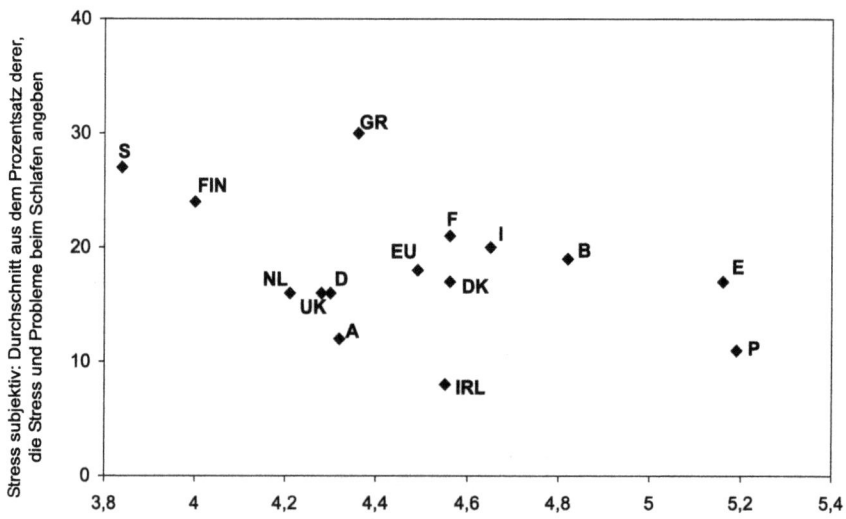

Abb. 3.1. Arbeitsstress und Gesundheitsprobleme. 21 703 Beschäftigte in der EU 15 im Jahr 2000, „Third European Survey on Working Conditions 2000", „European Foundation for the Improvement of Living and Working Conditions, Dublin"

---

[6] Vgl. dazu den Beitrag von Eichhorst, W. u. E. Thode, in diesem Band.

gehende Erleichterungen in einem frauen- und familienfreundlichen Geschlechterregime den Verzicht auf Kinder nicht verhindern können, wenn die Belastungen in der Arbeit zugleich zunehmen: Das ist ein starkes Argument für die Zuwendung der Familien-, Gesundheits- und Zeitpolitik zu den Leistungsanforderungen im Arbeitsleben.

Welche Eigenschaften von modernen Arbeitsplätzen sind es, die in Europa zur Zunahme von Stress (nach den bisher durchgeführten „Working Conditions Surveys" 1995 und 2000 der European Foundation for the Improvement of Living and Working Conditions 2000) geführt haben?

In der postfordistischen Ökonomie resultiert die Intensivierung der Arbeit nicht mehr aus der für traditionelle Industriearbeit typischen Taylorisierung. Viele Arbeitnehmer haben auch auf den unteren Qualifikationsstufen erweiterte Spielräume für ihre Aufgaben erhalten. Diese Selbständigkeit hat jedoch in vielen Fällen ihre Arbeitsbelastung nicht verringert, im Gegenteil: Im Survey von 2000 erklärten zwei Drittel die Anforderungen von Kunden als wichtigsten Grund für ihre Arbeitsgeschwindigkeit. Dazu hat das Wachstum des Dienstleistungssektors beigetragen. Ähnliches gilt auch für die Industrie: Auch hier müssen die Arbeitnehmer mehr Selbstverantwortung für die Erfüllung knapper kalkulierter Lieferfristen übernehmen und dafür je nach Bedarf des Marktes kurzfristig Mehrarbeit mobilisieren. Es ist also die in der umfassenden „systemischen Rationalisierung" des betrieblichen Durchlaufprozesses hergestellte Kombination von erweiterter Selbstverantwortung, knappen Lieferfristen und knapp kalkulierter Personaldecke, die zu den Problemen führt. Im Unterschied zur traditionellen Belastung durch physisch schwere und monotone Arbeit ist es heute zunehmend die Flexibilität in der Anpassung an wechselnde Aufgaben, die für die Gesundheit belastend ist (nach dem „Third European Survey" ebenso wie nach den Befunden des Ministeriums für Arbeit, Gesundheit und Soziales des Landes NRW [32]).

- Auf die Frage, welches Merkmal ihrer Arbeitssituation vorrangig zu „Arbeitsstress" führt, antworteten 31% der von EMNID 2002 befragten deutschen Arbeitnehmer mit „knappen Fristen" für die Erfüllung von Aufträgen, in der Altersgruppe 30–39 waren es 41%. 21% nannten den „Umfang der Arbeitsaufgaben" als wichtigsten Stressor (29% unter denen mit Hochschulabschluss), 6% „Druck durch den Chef" und 5% „Ärger mit Kollegen". 34% erklärten, dass sie keinen Stress bei der Arbeit hätten (N=521).
- Nach dem „Third European Survey" sind es vorwiegend Arbeitnehmer in *kleineren Unternehmen* (mit weniger als 10 Mitarbeitern), die häufiger über Stress (34% vs. 29%) und „ständige Müdigkeit"

(27% vs. 22%) berichten. Der mit dem Outsourcing einhergehende Trend zu kleineren Unternehmenseinheiten verschärft vermutlich den Konkurrenz- und Leistungsdruck. Ähnliches gilt für den Status der *Selbständigkeit*.
- Paare mit kleinen Kindern berichten unter allen befragten Lebensformen am häufigsten Stress- oder Schlafprobleme (20%). In einem multivariaten Design werden 7% der Varianz von objektivem wie subjektivem Stress sowie des erlebten Gesundheitszustands durch folgende drei Faktoren erklärt: Nationalität, Arbeits- und Wegezeit, geringeres Alter und Familienstatus.

Gesundheit und Lebenszufriedenheit und Sicherheit im Erwerbs- und Lebensverlauf. Chronischer Stress stellt sich, wie schon ausgeführt, in Verbindung mit Angst und Sorgen über die eigene Zukunft dann vermehrt ein, wenn der Erwerbsverlauf weniger als planbar und durch die eigene Anstrengung als gestaltbar und häufiger als unsicher erlebt wird. Das wirkt sich auf den erlebten Gesundheitszustand aus (s. Tabelle 3.8).

Das Risiko, arbeitslos zu werden und/oder den erreichten Status im Betrieb nach einem Stellenwechsel zu verlieren, kann für die Betroffenen Stress bedeuten und die Gesundheit beeinträchtigen. Wie die Daten zeigen, ist das Alter der wichtigste Faktor zur Erklärung eines schlechteren Gesundheitszustands. In der Bedeutung gleich danach ($r = 0,11$) kommen jedoch die Sorgen über die Sicherheit des Arbeitsplatzes: Je geringer diese sind, desto besser schätzen die Befragten ihren Gesundheitszustand ein. Auch der Status der befristeten Beschäftigung wirkt sich signifikant auf das gesundheitliche Wohlbefinden aus – und dies, obwohl befristet Beschäftigte meist jünger sind ($r = 0,006$). Ertel [12] zeigt an einer Fallstudie über freiberufliche Telearbeiter, dass jeder Zweite die Unsicherheit seines Jobs als Problem erlebt[7].

Die Zufriedenheit von Menschen mit ihrer Gesundheit wie mit ihrem Leben insgesamt beruht also nicht nur auf einer Einschätzung der Lebensbedingungen in der Gegenwart. Das Ausmaß von *Sorgen über die Zukunft* erklärt nach den Daten des SOEP 2001 mehr als die Hälfte der Varianz dieser Variablen: Die Wahrnehmung von Unsicherheiten wirkt auf die Wahrnehmung der Gegenwart zurück. Das Gefühl, in seiner Existenz und seinem Lebensstandard abgesichert zu sein, ist damit von großer Bedeutung für das Wohlbefinden. Eben diese Planungssicherheit, die auf Grundlage einer jahrzehntelangen

---

[7] Vgl. dazu den Beitrag von Zok, K. in diesem Band.

Auswirkungen neuer Arbeitsformen auf Stress und Lebensqualität

ist umso besser, je ...	Pearson r sig. <0,05 partielle Korrelationen
geringer das Alter	0,23
weniger Sorgen über die Sicherheit des Arbeitsplatzes	0,11
ist besser, wenn ...	**Pearson r sig. <0,05 partielle Korrelationen**
unbefristete im Vergleich zu befristeter Beschäftigung	0,06
selbständig erwerbstätig	0,06
männlich	0,03
in den letzten fünf Jahren nicht arbeitslos gewesen	0,03

Daten der European Foundation for the Improvement of Living and Working Conditions, Dublin, 1998

Gültigkeit der Institution des sicheren Erwerbsverlaufs entstehen konnte, erodiert mit der Verbreitung befristeter Beschäftigung und abnehmender Dauer der Beschäftigung im gleichen Unternehmen (vgl. Unterabschnitt „Wandel des Erwerbsverlaufs", S. 52).

In der Stichprobe des SOEP 2001 fällt die Lebenszufriedenheit bei denen, die sich große Sorgen über ihren Arbeitsplatz machen, mit einem Wert von 6,4 signifikant geringer aus als bei denen, die sich keine Sorgen machen (7,6 auf der Skala von 0-10). Ähnliches gilt für die Differenz von Zeitarbeitnehmern (6,6) zu normal Beschäftigten (7,2). In Verknüpfung mit einem geringen Einkommen führen Sorgen über die wirtschaftliche Zukunft in noch stärkerem Maße zu einer geringeren Zufriedenheit mit dem Leben.

Das multivariate Modell (s. Tabelle 3.9) fasst die bisher dargestellten Effekte einzelner Einflussgrößen auf die Lebenszufriedenheit (die mit der Zufriedenheit mit der Gesundheit mit 0,5 sig. korreliert) zusammen: Es zeigt die überragende Bedeutung
- der Sicherheit im Leben und im Erwerbsverlauf
- von Zeitwohlstand (gemessen an einem Mindestmaß an Freizeit, an der Zufriedenheit mit der Freizeit sowie daran, wie sehr die tatsächliche mit der gewünschten Arbeitszeit übereinstimmt)
- eines ausreichenden Haushaltseinkommens
- die kumulative Wirkung negativer Einflussfaktoren (Interaktionseffekte)

Das Modell zeigt, dass Lebensqualität von einer Kombination von Güter- und Zeitwohlstand abhängt und der eine Wohlstand durch den anderen nur begrenzt zu ersetzen ist.

Tabelle 3.9. Multivariates Modell zur Erklärung der Lebenszufriedenheit. 11 167 Erwerbstätige, befragt im SOEP 2001

Die Lebenszufriedenheit steigt mit folgenden Faktoren:	Partielles eta-Quadrat[a]
weniger Sorgen über die eigene wirtschaftliche Zukunft	0,015
aktive Freizeit: Häufigkeit von außerhäuslichen Freizeitaktivitäten	0,006
Interaktion: 32–50 Jahre + Sorgen + Alleinerziehende/große Familien	0,006
Interaktion: 32–50 Jahre + Sorgen + Alleinerziehende/große Familien + Zeitdruck	0,005
höheres Netto-Haushaltseinkommen	0,004
keine Zeitnot: mehr als eine Stunde tgl. Freizeit und zufrieden mit der Freizeit	0,003
Interaktion: Sorgen + Alleinerziehende/große Familien	0,002
je mehr die tatsächliche mit der gewünschten Arbeitszeit übereinstimmt	0,001
Altersgruppe: < 32 and > 50	0,001

[a] Auch dies ist ein Maß für die Einflussstärke des betreffenden Faktors auf die Lebenszufriedenheit bei gleichzeitigem Wirken verschiedener Faktoren. Wertebereich: zwischen 0 und 1
Korrigiertes r^2: 0,171 sig. mindestens 0,02, konstanter Term: 0,447

Die Notwendigkeit von Zeitpolitik

Damit ist ein Programm für einen Wandel der Arbeits- und Zeitkultur der Gesellschaft angegeben. Die dringend nötige Arbeitszeitverkürzung findet nur Zustimmung, wenn sie als Bestandteil eines neuen Wohlstandes an Zeit akzeptiert wird [40].

Über die Interpretation dessen, was Zeitwohlstand ist, gibt es unterschiedliche Vorstellungen bei verschiedenen Lebensstilen und Lebensformen. Daher sind *differenzierte Lösungen* nötig: Wer als alleinerziehende Mutter den täglichen Balanceakt zwischen Beruf und Familie bewältigen muss, wird weniger auf Blockfreizeiten angewiesen sein als auf täglich kürzere Arbeitszeit, die auf eigene und auf Kinderbedürfnisse abgestimmt ist [27]. Doch ist der Gegensatz zwischen kollektiver Arbeitszeitverkürzung und individueller Autonomie z.B. in der Disposition über Blockfreizeiten nicht sinnvoll [37]: Solche Wahlmöglichkeiten können nur genutzt werden, wenn zugleich der Zeitdruck in der täglichen Arbeit verringert wird. Dieser ist vorprogrammiert, wenn auf Grundlage einer knappen Personaldecke eine längerfristige Verringerung der Arbeitszeit auf Kosten der Arbeitsgruppe geht. Eine kollektive Verkürzung ist auch nötig, um die in Unterabschnitt „Erosion des Normalarbeitsverhältnisses" (S. 46) dargestellte Spaltung der Erwerbstätigen in Personen mit Überarbeit und Minijobs zu überwinden.

Angesichts der mit jedem Flexibilisierungsschritt gestiegenen Intensität der Arbeit ist es zudem für die Verringerung des Stress im Alltag unzureichend, wenn erst nach Jahren des Burn-out Blockfreizeiten eingeschaltet werden. Ein *präventiver Arbeits- und Gesundheitsschutz* ist nötig [49, S. 117]. So verweisen Überlegungen zur Neukonzeption des Erwerbsverlaufs auf die Notwendigkeit, die Arbeit zu entschleunigen.

Wie die in Abschnitt „Zeitdruck, Stress, Gesundheit und Lebensqualität" (S. 54) analysierten Daten deutlich machen, sind viele flexible Arbeitszeitsysteme mit mehr Zeitdruck für die Beschäftigten verbunden. In einigen Fällen ist deren Einfluss auf den subjektiv wahrgenommenen Stress sogar stärker als der Einfluss einer längeren Arbeitszeit: Der Effekt der stattgefundenen Arbeitszeitverkürzung auf die Lebensqualität der Beschäftigten wurde also z. T. durch die gleichzeitige Flexibilisierung und Erhöhung des Leistungsdrucks konterkariert. Jeder Fortschritt in der tariflichen Wochenarbeitszeitverkürzung zieht die Notwendigkeit weiterer Kämpfe um die Frage nach sich, „wem die Zeit gehört". Um dieses Thema geht es in der Konzeption einer eigenständigen Zeitpolitik.

Im öffentlichen und politischen Diskurs wird die Arbeitszeit vorrangig als Instrument für die Sicherung des Wirtschaftsstandorts im globalen Wettbewerb diskutiert. Gerade hat ein Streik der IG Metall zur langfristigen Angleichung der Wochenarbeitszeit im (stark eingeschränkten) Tarifbereich in Ostdeutschland an die 35 Stunden im Westen zu einer vernichtenden und existentiell bedrohlichen Niederlage der IG Metall geführt. Als Vorbild für „modernisierte" Gewerkschaftspolitik werden die Abschlüsse bei der Post empfohlen, in denen eine Arbeitszeitverlängerung bis 48 Stunden und der Verzicht auf Feiertage vorgesehen ist. Mehr und mehr Stimmen in Arbeitgeberverbänden, Politik (z. B. des Wirtschaftsministers) und in der Wissenschaft mahnen, dass sich die Deutschen ihre „kurze Wochenarbeitszeit" (im Schnitt 44 Stunden tatsächlich), Jahresarbeitszeit (mit zu viel Feiertagen) und Lebensarbeitszeit (mit 58–65 in die Rente) „nicht mehr leisten" können und unentgeltlich länger arbeiten sollen.

Dieser Beitrag hat einen anderen Standpunkt eingenommen: Eine umfassend angelegte *Zeitpolitik* im Interesse der *Lebensqualität und d. h. auch des Zeitwohlstands und der Gesundheit* der Erwerbstätigen muss sich davon lösen, mehr Lebenszeit unter die Erfordernisse des Erwerbslebens zu subsumieren. In Absetzung vom Mainstream sind alternative Zielvorstellungen für eine „Work-Life-Balance" zu entwickeln: Es geht um die Harmonisierung von Arbeit und Leben im Hinblick auf Lebensqualität und die damit enthaltenen Ziele [36, S. 64 ff]:

- Schutz der *Gesundheit* und *Verringerung von Zeitdruck und Stress* in der Arbeit,
- *wirkliche und gleichwertige Wahlmöglichkeiten in der Arbeitszeit* je nach den mit der Lebensphase und dem Lebensstil wechselnden Bedürfnissen, auf der Basis von Rückkehrgarantien zur (Vollzeit)tätigkeit,
- materielle und rechtliche Absicherung von *Sicherheit und Kontinuität* des Erwerbslebens angesichts neuer Risiken und neu eröffneter Wahlmöglichkeiten. Nur diese Sicherheit kann die für die Lebens- und Familienplanung nötigen Voraussetzungen schaffen.

Diese Ziele können untereinander bzw. für verschiedene Gruppen in Konflikt stehen. Das Erkennen von Zielkonflikten und ihre politische Bearbeitung ist konstitutiv für Zeitpolitik [35].

Für das hier vertretene Konzept von Zeitpolitik ist der verbreitete Ansatz der „*individuellen Arbeitszeitsouveränität*" nur bedingt tauglich. Mehr Autonomie des Arbeitnehmers in der Entscheidung über Dauer und Lage seiner Arbeitszeit mag ein notwendiges Kriterium für an Alltags- und Lebensverlaufserfordernisse angepasste Arbeitszeiten sein, hinreichend ist dies nicht. Denn die unterstellten Bedingungen der freien und langfristig orientierten „nutzenmaximierenden Wahl" liegen in den realen Entscheidungssituationen oft nicht vor. Die Arbeitszeitentscheidungen sind nicht frei von Widersprüchen. Arbeitnehmer stehen oft vor dem Dilemma: Sollen sie auf Einkommen oder auf Zeit verzichten, wenn sie zugleich beides bräuchten? Oft entscheiden sie sich kurzfristig für Einkommen und langfristig gegen Zeit für ihre Familie, für ihre Gesundheit.

Als eine Voraussetzung für Zeitpolitik müssen also Beschäftigte *Zeitkompetenz* lernen, d.h. die Selbstreflexion über ihre eigenen Zeitbedürfnisse, über die Notwendigkeiten, ihre Gesundheit zu erhalten, über die Bedürfnisse des Partners und der Kinder, und die Bereitschaft, diese Anliegen auch gegen Widerstände durchzusetzen. Die Perspektive auf das gesamte Leben, die Langsicht und Planung erfordert, wird von den Akteuren in ihren Wahlentscheidungen oft nicht eingenommen, im Gegenteil.

Unter den Rahmenbedingungen knappen Lohns gibt es einen Zwang zum kurzfristigen Nutzendenken und zur Vernachlässigung der Folgen dieser Entscheidungen für Gesundheit und Alterssicherung. Dieser ist ja historisch und logisch der Ausgangspunkt für die Einführung von Renten- und Krankenversicherung gewesen: Sie überlässt es dem einzelnen Arbeitnehmer gar nicht, ob und wie weit er sich aus seinem Lohn für die sicher eintretenden Risiken seines Lebens schützt. Wenn sich die

Akteure der laufenden Gesundheits- und Sozialreform auf die Selbstverantwortung des Bürgers berufen, der ohne Bevormundung durch den Staat frei über den „Ertrag seiner Arbeit" disponieren will, wird dieser Ausgangspunkt „vergessen". Es ist unter diesen Bedingungen absehbar, dass viele neue Wahlmöglichkeiten in der Disposition über Zeit und Einkommen auf Kosten langfristiger Sicherung von Gesundheit und Lebensqualität gehen. Das wird an der Einführung der Selbstbeteiligung für Arztbesuche augenfällig. Ähnliches gilt für die Idee, Arbeitszeitwahlen von kollektiven Beschränkungen zu befreien. Sinnvoll ist daher die Verknüpfung von kurzfristiger Flexibilität und nachhaltiger Sicherung von Gesundheit und Kontinuität der Biographie (im „Flexi-curity-Konzept" vgl. [23, 29, 30]).

In jedem Fall ist umfangreiche Forschungsarbeit nötig, um das Wissen über die „trade-offs" zwischen (Zeit)bedürfnissen und Arbeitsrealität zu vergrößern. Die derzeit in einem Forschungsprogramm von der „European Foundation for the Improvement of Living and Working Conditions" initiierten Projekte [36] sind dazu ein Beitrag. Es geht in der Zukunft um die Prüfung, welche Modelle zur Neuorganisation der Arbeitszeit über das Erwerbsleben zu einer besseren „Work-Life-Balance" beitragen. Forschungsfragen sind etwa:

- Worin bestehen die nationalen Politiklinien in der Europäischen Union? Während z.B. in Dänemark das Modell der „job rotation" prominent wurde, wird in Deutschland das Modell der Arbeitszeitkonten in Verbindung mit der Ausweitung beruflicher Weiterbildung diskutiert.
- Wo liegen Wünsche und Notwendigkeiten verschiedener Gruppen von Arbeitnehmern in der Aufteilung ihres Zeitbudgets für bezahlte und unbezahlte, z.B. ehrenamtliche Arbeit, Pflege und Erziehung und für die eigene lebenslange Weiterbildung?
- Inwiefern sind nationale oder betriebliche Modelle an diese Präferenzen angepasst?
- Wie kann man den Wunsch nach flexiblen Übergängen zwischen den Phasen der Erwerbstätigkeit, der Aus- und Weiterbildung, der freiwilligen und der Pflegearbeit, der Familienzeit und der Freizeit mit der Notwendigkeit einer kontinuierlichen Erwerbsbiographie verbinden?

Literatur

[1] Bielenski H, Bosch G, Wagner A (2001) Wie die Europäer arbeiten wollen. Erwerbs- und Arbeitszeitwünsche in 16 Ländern. Campus, Frankfurt am Main
[2] Bielenski H, Bosch G, Wagner A (2002) Working time preferences in sixteen European Countries, European Foundation for the Improvement of Living and Working Conditions, Luxembourg, Office for Official Publications of the European Communities
[3] Bielenski H, Hartmann J, Pfarr H, Seifert H (2003) Die Beendigung von Arbeitsverhältnissen: Wahrnehmung und Wirklichkeit. Arbeit und Recht, S 81–91
[4] Blossfeld HP, Huinink J (2002) Working Paper No. 28, Lebensverlaufsforschung als sozialwissenschaftliche Forschungsperspektive: Themen, Konzepte, Methoden und Probleme, uni-bamberg.de/soziologiei/~globalife/workingpaper/wp028.zip
[5] Bosch, G (2001) Konturen eines neuen Normalarbeitszeitverhältnisses. WSI-Mitteilungen, S 219–241
[6] Boulin JP, Hoffmann R (Hrsg) (1999) New Paths in Working Time Policy, European Trade Union Institute. Brüssel
[7] Bundesmann-Jansen J, Groß H, Munz E (2000) Arbeitszeit '99. Ergebnisse einer repräsentativen Beschäftigtenbefragung zu traditionellen und neuen Arbeitszeitformen in der Bundesrepublik Deutschland. Ministerium für Arbeit und Gesundheit des Landes Nordrhein-Westfalen, Düsseldorf
[8] Bundesministerium für Familie, Senioren, Jugend und Frauen (Hrsg) (2001 a) Berufsmobilität und Lebensform – Sind berufliche Mobilitätserfordernisse in Zeiten der Globalisierung noch mit Familie vereinbar? Berlin (Studie von Norbert F. Schneider et al.)
[9] Bundesministerium für Familie, Senioren, Jugend und Frauen (Hrsg.) (2001 b) Alleinerziehen Vielfalt und Dynamik einer Lebensform, Schriftenreihe Band 199, Kohlhammer, Stuttgart (Studie von Norbert F. Schneider et al.)
[10] Burchell B (1999) Job insecurity and work intensification: Flexibility and the changing boundaries of work, Univ. of Cambridge/UK
[11] Dietrich H (1996) Empirische Befunde zur „Scheinselbständigkeit", IAB-Werkstattbericht 7, Nürnberg. IAB
[12] Ertel M (2000) Telearbeit als flexible Arbeitsform Risiken und Chancen für die Gesundheit und Sicherheit der Erwerbstätigen. In: Badura, Litsch, Vetter (Hrsg) Fehlzeiten-Report 2000. Springer, Berlin, S 48–60
[13] European Foundation for the Improvement of Living and Working Conditions (Hrsg) (2000) Employment Options of the Future, Survey in the EU15 and Norway 1998, Dublin
[14] European Foundation for the Improvement of Living and Working Conditions (Hrsg) (2000) Third European Survey on Working Conditions, Dublin
[15] EUROSTAT (eds) (2000) Living Conditions in Europe. Statistical Pocketbook, Amt für öffentliche Veröffentlichungen der EG, Luxemburg
[16] EUROSTAT http//europa.eu.int/comm/eurostat
[17] Fagan C, Warren T (2001) Gender, Employment and Working Time Preferences in Europe, Gender Report for the European Foundation for the Improvement of Living and Working Conditions
[18] Garhammer M (1994) Balanceakt Zeit. Auswirkungen von flexiblen Arbeitszeiten auf Alltag, Freizeit und Familie. Sigma, Berlin

[19] Garhammer M (1999a) Wie Europäer ihre Zeit nutzen. Zeitstrukturen und Zeitkulturen im Zeichen der Globalisierung. Eine Studie über Deutschland, Großbritannien, Spanien und Schweden. Sigma, Berlin
[20] Garhammer M (1999b) Time Pressure in Modern Germany. In: Zuzanek J, Veal AJ (eds) Time-pressure, Stress, Leisure Participation and Wellbeing. Special Issue of Society and Leisure, vol. 21, Presses de l'Université du Québec, Québec, pp 324–354
[21] Garhammer M (2002a) Zeitarbeit ein Muster für die Arbeits- und Betriebsorganisation der Zukunft? Berliner Journal für Soziologie, S 109–126
[22] Garhammer M (2002b) Zeitwohlstand und Lebensqualität – ein interkultureller Vergleich. In: Rinderspacher, JP (Hrsg.) Zeitwohlstand. Ein Konzept für einen anderen Wohlstand der Nation. Edition Sigma, Berlin, S 165–205
[23] Garhammer M (2003) Neue Konzepte für lebensphasenspezifische Arbeitszeiten: Flexibilität eröffnen, Kontinuität sichern. In: Seifert, H (Hrsg) Flexible Arbeitszeiten, Frankfurt am Main u.a., Campus, i.E.
[24] Gershuny J, Sullivan O (2001) Cross-National Changes in Time-Use: Some Sociological (Hi)stories Re-examined: British Journal of Sociology 52:331–347
[25] Gunthorpe W (2002) A model for predicting chronic time pressure: towards a research agenda, paper presented to the conference on time pressure, work-family interface, and parent-child relationships, Univ. of Waterloo/Canada
[26] Heinz WR (2001) Der Lebenslauf. In: Joas H (Hrsg) Lehrbuch der Soziologie. Campus, Frankfurt am Main, S 145–168
[27] Hensche D (2001) Chancen für eine zukünftige gewerkschaftliche Arbeitszeitpolitik. WSI-Mitteilungen, S 602–605
[28] Institute for Social and Economic Research (Hrsg)(2002) Taking the long view. The ISER Report, Univ. of Essex/UK
[29] Keller B, Seifert H (2002) Flexicurity – Wie lassen sich Flexibilität und soziale Sicherheit vereinbaren? Mitteilungen aus der Arbeitsmarkt- und Berufsforschung 35:90–106
[30] Klammer U, Tillmann K (2001) Flexicurity: Soziale Sicherung und Flexibilisierung der Arbeits- und Lebensverhältnisse. Forschungsprojekt im Auftrag des MASQT des Landes Nordrhein-Westfalen, Düsseldorf
[31] Mayer KU, Müller W (1989) Lebensverläufe im Wohlfahrtsstaat. In: Weymann, A (Hrsg.) Handlungsspielräume: Untersuchungen zur Individualisierung und Institutionalisierung von Lebensläufen in der Moderne. Enke, Stuttgart, S 41–60
[32] Ministerium für Arbeit, Gesundheit und Soziales des Landes NRW (MAGS) (Hrsg) (2001) Arbeitswelt NRW 2000. Belastungsfaktoren Bewältigungsformen Arbeitszufriedenheit, Düsseldorf
[33] Mitsuya K, Nakano S (2001) (NHK Japan Broadcasting Corporation), Job-holders Working Longer Hours in the Economic Downturn: From the Survey on Japanese Time Use 2000, Public Opinion Research Division: No. 18/Autumn, Internet
[34] Mückenberger U (1985) Die Krise des Normalarbeitsverhältnisses. Zeitschrift für Sozialreform 7:424ff.
[35] Mückenberger U, Rinderspacher JP (2002) Gründungsaufruf zur „Deutschen Gesellschaft für Zeitpolitik", Berlin

[36] Naegele G et al (2002) Final Draft on the Conceptual Report „A New Organisation of Time throughout Working Life" for the European Foundation for the Improvement of Living and Working Conditions
[37] Netzwerk Frauenzeiten (Hrsg) (2002) Plädoyer für ein neues Arbeitszeitmanagement, www.frauenzeiten.de/Plaedoyer.htm
[38] Peters P (2000) The Vulnerable Hours of Leisure. Men and women's Paid Work, Unpaid Work and Free Time 1975–1999, Amsterdam
[39] Pongratz HJ, Voß GG (2003) Arbeitskraft-Unternehmer. Sigma, Berlin
[40] Rinderspacher JP (Hrsg) (2002) Zeitwohlstand: ein Konzept für einen anderen Wohlstand der Nation. Edition Sigma, Berlin
[41] Schmid G (2000) Arbeitsplätze der Zukunft: Von standardisierten zu variablen Arbeitsverhältnissen. In: Offe Kocka (Hrsg) a.a.O., S 269–292
[42] Schor JB (1998) Beyond Work and Spend: Vriejetijd Studies, pp 7–20
[43] SOCCARE Projekt, work package 2 (2002) Lone Parent Families, Work and Social Care (by Claude Martin and Antoine Vion) www.uta.fi/laitokset/sospol/soccare/reports.htm
[44] SOEP 2000, 2001 Datensatz herausgegeben vom Deutschen Institut für Wirtschaftsforschung, Berlin
[45] Statistisches Bundesamt (Hsrg)(in Zusammenarbeit mit WZB und ZUMA) (2002) Datenreport 2002, Bundeszentrale für politische Bildung: Schriftenreihe Band 376
[46] Statistisches Bundesamt (Hsrg) 2002, Mikrozensus 2002. Leben und Arbeiten in Deutschland. Wiesbaden: Statistisches Bundesamt
[47] Veenhoven R (2000) Freedom and Happiness: A Comparative Study in Fourty-four Nations in the Early 1990s. In: Diener E, Suh EM (eds) MIT Press, Cambridge), pp 257–288
[48] VER.DI Tarifpolitische Grundsatzabteilung (Hrsg) (2002) Projektskizze: Neue arbeitszeitpolitische Initiative für ver.di, Düsseldorf
[49] Zimmermann E (2002) Alternativen zur Entberuflichung des Alters Chancen und Risiken für Arbeitnehmer aus innovativen Arbeitszeitmodellen. In: Viebrok H, Zimmermann E (Hrsg) (2002) Länger erwerbstätig, aber wie? Westdeutscher Verlag, Opladen, S 116–173A
[50] Zuzanek J, Veal AJ (eds) (1999) Time-pressure, Stress, Leisure Participation and Well-being. Special Issue of Society and Leisure, vol. 21, Québec, Canada
[51] Zuzanek J (2002) Relationship between time use, time pressure, stress, emotional well-being, and health: A population health perspective, paper presented to the conference on "Time pressure, work-family interface, and parent-child relationships", Univ. of Waterloo/Canada

KAPITEL 4

„Work-Life-Balance" von Führungskräften – Ergebnisse einer internationalen Befragung von Top-Managern 2002/2003

A. Hunziger · M. Kesting

Zusammenfassung. „Work-Life-Balance" ist ein aktuelles Managementthema. Dies zeigt auch die hohe Beteiligung von Führungskräften der ersten und zweiten Ebene an einer empirischen Befragung der Kienbaum Management Consultants zum Thema „Zeitmanagement und „Work-Life-Balance" internationaler Top-Manager". Der nachfolgende Beitrag diskutiert auf Basis der Studienergebnisse, wie es um das Gleichgewicht zwischen Privat- und Berufsleben der Führungskräfte bestellt ist und welche Auswirkungen dies auf die vier Einflussbereiche Arbeit, Familie, Freizeit und Gesundheit hat.

Einleitung

Die Diskussion um das Thema „Work-Life-Balance" ist en vogue. Die Nachfrage nach Seminarangeboten sowie der Markt für Ratgeberliteratur nimmt in diesem Themenfeld fortlaufend zu. „Kienbaum Management Consultants" wollten wissen, wie es tatsächlich um das Gleichgewicht zwischen Privat- und Berufsleben bei Führungskräften sowie deren Selbst- und Gesundheitskompetenz bestellt ist.

Zwischen September und November 2002 befragte Kienbaum gemeinsam mit verschiedenen Kooperationspartnern Führungskräfte in zehn Ländern zu den Einflussbereichen Arbeit, Freizeit, Familie und Gesundheit. Angesprochen wurde die Unternehmensleitung der umsatzstärksten Unternehmen der jeweiligen Region sowie ausgewählter mittelständischer Unternehmen. Diese wurden gebeten, die Fragebögen an weitere Führungskräfte der ersten und zweiten Leitungsebene weiter zu geben. Die Auswahl der Unternehmen erfolgte über die Kienbaum-Büros in den einzelnen Ländern bzw. die jeweiligen Kooperationspartner, z.B. die Deutschen Auslandshandelskammern. Im Befragungszeitraum konnte der Fragebogen zudem von der Kienbaum-Homepage heruntergeladen werden. Zur Auswertung kamen 330 Fragebögen, die zu drei Vierteln von Managern der ersten und zweiten

Führungsebene ausgefüllt wurden. Die Studie gibt Auskunft über die Zeitallokation und die Balance zwischen Berufs- und Privatleben und vergleicht international die unterschiedlichen Verhaltensweisen und Einstellungen der Manager auf der einen Seite sowie die Umfeldbedingungen in den Unternehmungen auf der anderen Seite.

Über 70% der Manager arbeiten mehr als 50 Stunden pro Woche, davon jeder Fünfte sogar mehr als 60 Stunden. Immerhin kommt aber fast ein Drittel der Führungskräfte mit weniger als 50 Arbeitsstunden aus. Hierbei zeigen sich zum Teil deutliche länderspezifische Unterschiede (Abb. 4.1).

Mit einer Wochenarbeitszeit von durchschnittlich 57 Stunden liegen Führungskräfte in der Schweiz auf Rang eins. Sechs Stunden weniger und damit am kürzesten arbeiten ihre französischen Kollegen; die Deutschen liegen mit durchschnittlich 54 Stunden im Mittelfeld. Für die Hälfte der Führungskräfte hat sich die Arbeitsbelastung in den letzten Jahren nach eigenen Aussagen kontinuierlich gesteigert. Besonders betroffen sind davon Manager unter 35 Jahren. Dies dürfte unter anderem damit zusammen hängen, dass mehr als drei Viertel der Befragten ihre erste Führungsposition mit weniger als 35 Jahren erreicht hatten und davon auszugehen ist, dass die Arbeitsbelastung mit der Übernahme einer Führungsposition ansteigt. Darüber hinaus kann vor allem in den ersten Führungsjahren von erheblichen Doppelbelastungen ausgegangen werden, da viele Führungskräfte durch

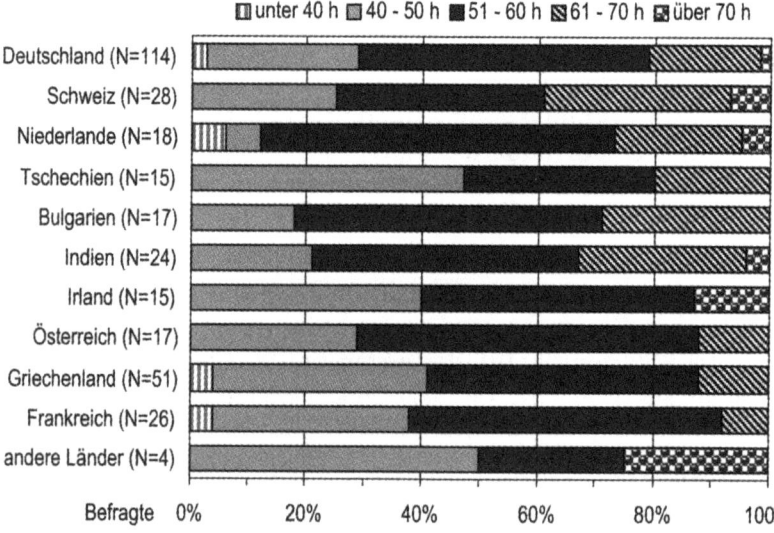

Abb. 4.1. „Wie viele Stunden arbeiten Sie durchschnittlich in der Woche?"

ihre Ausbildung wenig Vorbereitung für ihre interaktionsbezogene Führungstätigkeit erhalten und sich diese Kompetenzen erst aneignen müssen. Führungskräfte im fortgeschrittenen Alter können ihre Führungsaufgaben mit zunehmender Erfahrung häufig zeiteffizienter erfüllen und erfahren dadurch eine gewisse Entlastung.

Die Arbeit im Home-office hat sich für Führungskräfte auch im Zeitalter von E-Mail und Internet nicht wirklich durchgesetzt. Zwar nehmen mehr als 60 Prozent der Manager Arbeit mit nach Hause, doch die meisten verbringen unter fünf Stunden pro Woche am heimischen Schreibtisch. Dies kann unter anderem damit zusammen hängen, dass zur Erfüllung einer Führungsaufgabe häufig vorausgesetzt wird, dass die Führungskraft im Unternehmen anwesend und für ihre Mitarbeiter ansprechbar ist. Andererseits kann auch ein Zusammenhang zu der angestrebten internen Positionierung abgeleitet werden. Arbeit in der Firma ist in der Regel auch für andere transparenter und lässt nach Ansicht vieler Manager Rückschlüsse auf verschiedene wünschenswerte Persönlichkeitseigenschaften der Führungskraft wie Leistungsmotivation, Engagement, Initiative und Flexibilität zu. Ausprägungen dieses Verhaltens könnten in dem Maße verstärkt auftreten, in dem objektive Leistungsindikatoren hinsichtlich Arbeitsqualität und -quantität abnehmen [2].

Wochenendarbeit ist für viele Manager üblich, jedoch zeigen sich dabei erhebliche länderspezifische Unterschiede. Während beispielsweise in Deutschland, den Niederlanden und der Schweiz mehr als 80% der Führungskräfte auch an den Wochenenden arbeiten, davon jeder vierte Manager über zehn Stunden pro Monat, wird in Österreich nur von einem Viertel der Führungskräfte an Samstagen und Sonntagen gearbeitet. Insgesamt ist die überwiegende Mehrheit der Führungskräfte weniger als zehn Stunden pro Monat an den Wochenenden tätig. Da die Wochenendarbeitszeit die Arbeitszeiten im Home-office übersteigt, ist davon auszugehen, dass ein Teil der Manager auch am Wochenende zum Arbeiten ins Büro fährt. Als Begründung für Wochenendarbeit ist in Führungskräfteseminaren häufig zu hören, dass man am Wochenende endlich die Zeit habe, im Büro die Konzentration erfordernden Tätigkeiten zu erledigen. Auch hier ergeben sich wieder Hinweise für eine suboptimale Arbeitsorganisation innerhalb der Woche. Als Beispiel kann hier eine häufig zu beobachtende, falsch verstandene und dogmatisch betriebene „offene Tür"-Mentalität angeführt werden, die jegliches konzentrationsintensives Arbeiten von vorneherein verhindert.

Ein Viertel der Manager hält eine Reduzierung ihrer Arbeitszeit bereits heute für möglich, macht davon jedoch faktisch keinen Gebrauch. Die übrigen Führungskräfte halten eine Arbeitszeitverkürzung generell nicht für möglich. Auch andere Vergleichsstudien zeigen, dass Teilzeitmodelle für Führungskräfte weitgehend noch keine Akzeptanz finden. Nach wie vor scheint die Länge der Arbeitszeiten als Indikator für die Leistungsfähigkeit eines Mitarbeiters zu gelten. Zudem entsprechen Teilzeitmodelle häufig nicht dem Selbstbild von Führungskräften, die Teilzeit insgesamt noch mit der traditionellen weiblichen Rolle im Erwerbsalltag in Zusammenhang bringen [1] und damit Begrifflichkeiten wie *Neben*job, familiäre Verpflichtungen etc. assoziieren.

Zeitmanagement – Prioritäten und Zeitfresser

Der durchschnittliche Arbeitstag einer Führungskraft hat zehn Stunden. Besondere Zeitfresser sind dabei interne Meetings (1 3/4 h, vgl. Abb. 4.2). In den wenigsten Unternehmen kann eine Meetingkultur identifiziert werden, die an den Kriterien der Effizienz und Effektivität ausgerichtet ist. Hier ließen sich mittels methodischem Vorgehen noch erhebliche zeitliche Potenziale generieren [10]. Weitere Aufgaben mit hohem Zeitbedarf sind Führungsaufgaben (1 1/4 h), gefolgt von Telefonaten und E-Mails (je 1 h).

Während für zwei Drittel der Führungskräfte im Ausland zudem Kundenkontakt und Kundenbindung zentrale Managementaufgaben sind, wird dieses nur von der Hälfte der deutschen Manager als Kernaufgabe angesehen. Spitzenreiter sind die Deutschen dagegen bei kon-

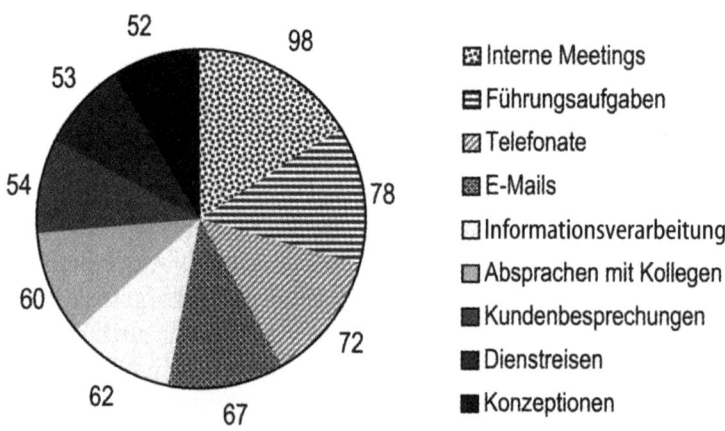

N=329

Abb. 4.2. „Wie viel Zeit wenden Sie täglich durchschnittlich auf für ... (in Minuten)?"

zeptionellen Arbeiten. Rund 63% geben diesem Thema eine hohe Priorität – bei den Managern im Ausland sind dies nur 39%. Der den deutschen Managern häufig entgegengebrachte Vorwurf der zu hohen Sachorientierung hat möglicherweise hier eine Bestätigung erfahren, und es scheint zumindest einiger Spielraum für die Neuausrichtung von Prioritäten und die Delegation von Aufgaben zu bestehen. Hierzu wäre es allerdings erforderlich, dass deutsche Führungskräfte sich stärker aus dem operativen Tagesgeschäft zurückziehen und ihre Mitarbeiter intensiver für bisher selbst erledigte Tätigkeiten qualifizieren. Dadurch könnten zusätzliche Zeitressourcen für andere wichtige Themen geschaffen werden.

Weniger als ein Drittel der Führungskräfte ist mit ihrem Zeitmanagement zufrieden. Die häufigste Ursache dafür, dass der eigene Zeitplan durcheinander gerät, sind kurzfristige interne Aufträge. Ein Zeitmanagement mit klarer Priorisierung aller Aufgaben sowie die Korrektur des eigenen Delegationsverhaltens sind mögliche Ansätze, um zusätzliche Zeitressourcen zu schaffen und die Effizienz und Arbeitsqualität zu steigern. Wenn nicht über den Tag verteilt Ad-hoc-Aufträge vergeben, sondern Aufgaben gebündelt ein- bis zweimal am Tag delegiert werden, können sich die Mitarbeiter die Zeit selbst einteilen, werden nicht ständig durch neue Aufträge aus der Konzentration gerissen und sind insgesamt engagierter, da die selbstbestimmte Aufteilung der Arbeitszeit ein wesentlicher Motivationsfaktor ist. Somit ist ein effizientes Zeitmanagement ein kulturelles Thema, das sowohl den unmittelbaren Einflussbereich der einzelnen Führungskraft als auch die Organisation als Ganzes betrifft. Hier sind Führungskräfte in der Verantwortung, mit gutem Beispiel voran zu gehen und somit auch ihre Mitarbeiter zu entlasten.

Urlaub und Rentenalter – Deutschland im Mittelfeld

Im Durchschnitt hatten Führungskräfte im vergangenen Jahr 22 Tage Urlaub. Spitzenreiter bei den Urlaubstagen sind die Franzosen (28 Tage), gefolgt von den Niederländern (25 Tage) sowie Deutschen und Schweizern (je 24 Tage). Griechen und Österreicher gehören mit je 19 Tagen zu den Schlusslichtern.

Mit steigender wöchentlicher Arbeitszeit nimmt dabei die Anzahl der in Anspruch genommenen Urlaubstage ab, d.h. je höher die zeitliche Belastung, desto weniger gehen die Manager in den Urlaub. Dies kann damit zusammen hängen, dass Führungskräfte, die überdurchschnittlich viel Zeit in das Unternehmen investieren, besonders häufig dem Mythos der Unersetzbarkeit anhängen. Ebenso ist es aber auch denkbar, dass diese Manager ihr Zeitmanagement nicht ausreichend im Griff haben, so dass es ihnen nicht gelingt, konsequent Urlaubszeiten einzuplanen und einzuhalten. Vielen Mitarbeitern erscheint es ohnehin suspekt, wenn ihre Führungskraft regelmäßig aus dem Urlaub anruft und sich nach dem Stand der Dinge erkundigt. Eine häufig zu beobachtende Schlussfolgerung auf Mitarbeiterseite ist mangelndes Vertrauen in ihre Fähigkeiten. Neben den Gründen der individuellen Erholung sollten es Führungskräfte allein schon unter dem Gesichtspunkt der Vertrauenskultur unbedingt vermeiden, aus dem Urlaub in das betriebliche Geschehen einzuwirken.

In den Ruhestand gehen wollen männliche Führungskräfte im In- und Ausland durchschnittlich mit 61 Jahren, Frauen gut anderthalb Jahre früher. Interessant ist, dass ein Viertel der Frauen bereits vor dem 55. Lebensjahr aus dem Berufsleben ausscheiden möchte – bei den Männern sind es nur 8%.

Familie – Konkurrenz oder Unterstützung angesichts knapper Zeitbudgets?

Über 90% der befragten Führungskräfte sind verheiratet oder leben in fester Partnerschaft, und die meisten können bei der Arbeit auf den Rückhalt ihres Partners – bzw. primär ihrer Partnerin – bauen. Angesichts der Tatsache, dass die starke Belastung der Manager häufig auch einen sehr hohen Tribut von dem jeweiligen Partner – bzw. überwiegend der Partnerin – fordert, erscheint ein derart hoher Rückhalt zunächst überraschend. Es ist jedoch zu vermuten, dass viele Manager gerade deshalb so erfolgreich geworden sind, weil sie auf das Fundament einer Partnerschaft und somit auf emotionalen und faktischen Halt zurückgreifen können. Häufig wird die Karriereentwicklung des einen Partners, in der Regel der Frau, zugunsten des anderen zurückgestellt und ein Großteil der persönlichen Energie in die Unterstützung der Arbeit des Partners investiert. Die Frau sorgt von zu Hause aus für die Psychohygiene des Mannes am Arbeitsplatz, indem sie ihm den Rücken (und Kopf) frei hält von den Anforderungen, die Haushalt, Kinder, soziale Kontakte etc. täglich stellen. Um ein für sich stabiles Selbstverständnis und Selbstwertgefühl zu entwickeln, bleibt vielen Frauen nur die Interpretation, dass ihr Partner es ohne ihre Hilfe gar nicht so weit geschafft hätte. Erfolg oder Versagen des Mannes am Arbeitsplatz bedeutet vor diesem Hintergrund aber auch Erfolg oder Versagen der Partnerin im Hintergrund. Erfolgreich zu bleiben bzw. ein Versagen zu verhindern, kann einen starken motivierenden und stabilisierenden Faktor darstellen, was das Antwortverhalten der Manager erklären könnte.

Über 80% der weiblichen Führungskräfte in Deutschland haben keine Kinder, während nur ein Drittel ihrer Kolleginnen in anderen Ländern kinderlos ist. Die Entweder-oder-Entscheidung zwischen Kind und Karriere stellt sich – wie auch andere Untersuchungen zeigen – deutschen Frauen nach wie vor in besonderem Maße. Familienfreundliche Angebote der Unternehmen, etwa bei den Arbeitszeiten, Vergütungsmodellen und der Kinderbetreuung, dürften sich in Zukunft zu einem wesentlichen Differenzierungsmerkmal in Bezug auf die Arbeitgeberattraktivität entwickeln – nicht nur für Frauen.

Freizeit – Zeit für Familie/Partner steht an erster Stelle

Die meisten Führungskräfte verbringen ihre Freizeit bereits überwiegend mit Partner und Familie, jedoch wünschen sich 65% der Manager noch mehr Zeit für gemeinsame Aktivitäten (Abb. 4.3). Auf Rang zwei der „Wunschliste" für mehr Zeit stehen sportliche Aktivitäten, für die rund die Hälfte der Führungskräfte bisher weniger als 2 Stunden pro Woche zur Verfügung hat. Wie wichtig Sport ist, zeigen jedoch Untersuchungen in den USA und Finnland: Bereits 3-mal pro Woche Sport stärken danach nicht nur die Fähigkeiten des Gehirns insgesamt, sondern fördern die Produktion neuer Gehirnzellen bis ins hohe Alter [3]. 80% der Manager verbringen pro Woche weniger als vier Stunden ihrer Freizeit für sich allein – jeder Vierte wünscht sich auch hierfür ein größeres Zeitkontingent.

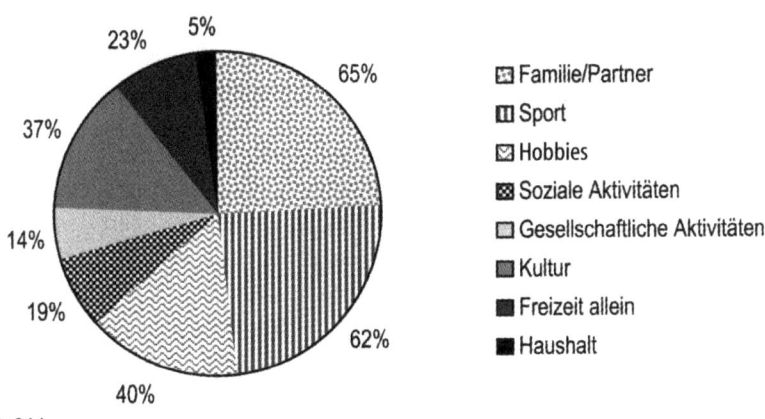

Abb. 4.3. „Für welche der Punkte würden Sie gerne mehr Zeit zur Verfügung haben (Mehrfachantworten möglich)?"

Achten Manager auf Ihre Gesundheit?

50% der Führungskräfte geben an, regelmäßig auf ihre Gesundheit zu achten; bei weiteren 30% ist dies zumindest zeitweise der Fall.

Betrachtet man jedoch typische Verhaltensweisen, lässt sich feststellen, dass der tägliche Arbeitsalltag der meisten Führungskräfte durch Bewegungsmangel, unzureichende Sauerstoffzufuhr sowie zu wenig Zeit für Pausen und Nahrungsaufnahme gekennzeichnet ist. Diese Faktoren haben jedoch einen erheblichen Einfluss auf die Gesundheit und Leistungsfähigkeit. Die Frage bleibt deshalb unbeantwortet, was die Führungskräfte konkret meinen, wenn sie angeben, immer oder zumindest zeitweise auf ihre Gesundheit zu achten.

Über die Hälfte der Führungskräfte legt am Tag weniger als tausend Meter zu Fuß oder per Fahrrad außerhalb des Büros zurück und verbringt weniger als 30 Minuten im Freien. Sieht man parallel dazu, dass die meisten Manager pro Woche weniger als zwei Stunden in sportliche Aktivitäten investieren, wird die Bedeutung des Faktors Bewegungsmangel erneut deutlich. Nach neuesten Untersuchungen entspricht der Risikofaktor Bewegungsmangel in seiner Bedeutung dem von Cholesterin, Rauchen und Bluthochdruck. Wer täglich oder zumindest an den meisten Wochentagen eine halbe Stunde auf moderatem körperlichen Niveau aktiv ist, reduziert sein Risiko, an einer Verengung der Herzkranzgefäße zu erkranken um 90% [6]. Abgesehen von diesen schon gravierenden körperlichen Beeinträchtigungen verringert ein dauerhafter Bewegungsmangel auch das psychische Befinden. Befunde aus der Stressforschung belegen, dass insbesondere regelmäßige Bewegung eine Reduktion von Stresshormonen herbeiführen kann, welche sich über den gesamten Arbeitstag im Körper ansammeln [8]. Dabei müssen es nicht immer ausufernde sportliche Aktivitäten sein, die viel Zeit kosten. Schon der kleine Spaziergang in der Mittagspause kann eine beträchtliche regulierende Wirkung erzielen.

Nur ein Drittel der Führungskräfte nimmt sich jeden Tag die Zeit für eine Pause während der Arbeitszeit – ein weiteres Drittel macht nie eine Pause. Psychologische Untersuchungen belegen jedoch eindeutig, dass die kognitive Leistungsfähigkeit nach 45 Minuten erheblicher Konzentration deutlich absinkt und durch eine kurze Pause regeneriert werden sollte [7]. Daher ist zu empfehlen, jede Stunde eine zehnminütige Pause in den Arbeitsablauf zu integrieren und dafür auf eine längere Arbeitsunterbrechung ein Mal am Tag zu verzichten.

Laut IAS haben die Personalchefs vieler deutscher Unternehmen erkannt, dass wachsender Druck sowie zunehmender Stress die körperliche und psychische Belastung speziell von Führungskräften erhöhen, und bieten dieser Zielgruppe vermehrt die Teilnahme an Gesundheits-Check-up's an. Für 2002 wurde ein Zuwachs um 10% im Vergleich zum Vorjahr konstatiert [5]. Dennoch werden regelmäßige Gesundheitsvorsorge-Untersuchungen in Deutschland deutlich weniger in Anspruch genommen als im Ausland. Fast die Hälfte der deutschen Manager unterzieht sich seltener als alle zwei Jahre oder sogar nie einem solchen Health-check. Im Ausland lassen dagegen 70% der Führungskräfte jährlich oder mindestens alle zwei Jahre eine Vorsorgeuntersuchung durchführen. Dies dürfte auch damit zusammen hängen, dass Gesundheitsuntersuchungen in vielen Ländern häufiger von Unternehmensseite gefordert und unterstützt werden als hierzulande.

Befindungsstörungen – über 50% der Manager betroffen

Insgesamt kann man Führungskräften im Vergleich zur deutschen Gesamtbevölkerung ein günstigeres gesundheitliches Risikoprofil bescheinigen. Hervorzuheben sind dabei eine deutlich geringere Anzahl an Rauchern, günstigere Cholesterinwerte und ein vernünftigeres Trinkverhalten. Zu hoch ist allerdings, wie bereits erwähnt, der Anteil von Führungskräften, die auf körperliche Aktivität und Sport verzichten [9]. Dennoch klagt mehr als die Hälfte der Führungskräfte regelmäßig über Befindlichkeitsstörungen wie beispielsweise Rücken- oder Gelenkschmerzen, Schlafstörungen, Herzstolpern o.ä.

Vor allem Manager unter 35 Jahren sind von dieser Art von Gesundheitsproblemen betroffen. Das kann damit zusammen hängen, dass diese Personengruppe in besonders hohem Maße mit einer kontinuierlich wachsenden Arbeitsbelastung konfrontiert ist, mit der sie erst umzugehen lernen muss. Auch die Position im Mittelmanagement an sich kann mitverantwortlich sein, da sich die Führungskräfte hier in einer Sandwichposition zwischen Mitarbeitern und Führungskräften befinden, in denen ihr Handlungsspielraum und die Selbstbestimmtheit der Arbeit deutlich eingeschränkt sind. Darüber hinaus leben noch viele Manager der älteren Generation mit einer höheren Verdrängungsbereitschaft körperlicher Symptomerscheinungen. Diese möglicherweise generationsbedingten Wertemuster brechen bei jüngeren Führungskräften zunehmend auf. Neben einem hohen Engagement für ihre Arbeitsaufgabe sind jüngeren Generationen zunehmend die eigenen Ressourcen wichtig. Mit einer gesteigerten Wichtigkeit der eigenen Ressourcen kann somit auch ein bereitwilligeres Eingestehen körperlicher Einschränkungen einhergehen.

Zentralen Einfluss auf das Auftreten von Befindlichkeitsstörungen haben vor allem die Arbeitszufriedenheit und das Arbeitsumfeld.

Während 60% der Führungskräfte, die mit ihrer aktuellen Arbeitssituation zufrieden sind, nicht unter gesundheitlichen Störungen leiden, trifft dies nur auf weniger als 30% ihrer unzufriedenen Kollegen zu. 70% dieser Personengruppe sind ein- oder mehrmals pro Woche mit Befindlichkeitsstörungen konfrontiert. Dies deckt sich ebenfalls mit Erkenntnissen aus der Stressforschung, die einen engen Zusammenhang zwischen der Unzufriedenheit am Arbeitsplatz und wahrgenommenem Stress nahe legen [8]. Daraus ergeben sich wichtige Gestaltungshinweise für Organisationen. Manager aus Unternehmen, in denen „die beruflichen Ziele eindeutigen Vorrang vor privaten Bedürfnissen haben, selbst wenn körperliche oder private Einbußen daraus resultieren", klagen wesentlich öfter über gesundheitliche Beschwerden als ihre Kollegen aus Unternehmen, in denen die Unternehmenskultur von einer anderen Einstellung zu Familie und Gesundheit geprägt ist. Auffällig ist, dass der Anteil der so skizzierten Unternehmen mit 22% in Deutschland und sogar 33% in den Niederlanden überdurchschnittlich hoch ist. Insgesamt überwiegen jedoch Unternehmen, die sich durch eine erkennbare Wertschätzung der körperlichen Belange und familiären Pflichten auszeichnen.

Drei Viertel der Führungskräfte stimmen demnach der folgenden Aussage zu: „Eine Führungskraft sollte, um dauerhaft leistungsfähig zu sein, auch die Möglichkeit haben, ein intaktes Privatleben zu führen und genügend Zeit für körperliche Regeneration in den beruflichen Alltag zu integrieren – auch wenn ab und zu kurzfristig eine berufliche Vorgabe darunter leidet."

Doch immerhin jeder fünfte Manager vertritt eher die Auffassung: „Wer eine herausragende Position mit hoher Verantwortung anstrebt, kann Spitzenleistungen nur erbringen, wenn er/sie klare Prioritäten für den Beruf setzt. Einbußen im körperlichen und privaten Bereich muss eine Führungskraft hinnehmen – das gehört dazu."

Unterstützung der „Work-Life-Balance" durch die Unternehmen

Zwei Drittel der Unternehmen bieten ihren Führungskräften bereits Unterstützung bei der Optimierung der „Work-Life-Balance" an (vgl. Abb. 4.4). Dabei überwiegen jedoch vor allem Services rund um das Auto sowie Gesundheitschecks, die jeweils von etwa 30% der Unternehmen angeboten werden.

Nur 4% der Unternehmen bieten ihren Mitarbeitern Betreuungsservices an – dies dürfte das Feld sein, auf dem sich angesichts der wachsenden Anzahl pflegebedürftiger Angehöriger sowie der offen-

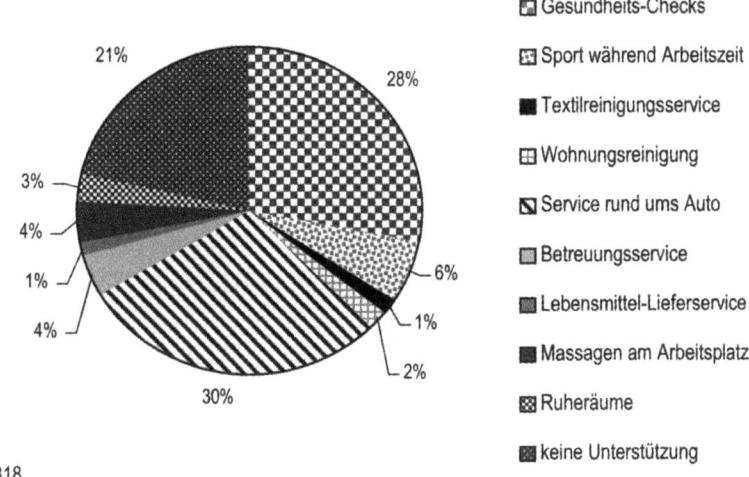

Abb. 4.4. „Durch welche Leistungen unterstützt Ihr Unternehmen Sie bei der Optimierung Ihrer „Work-Life-Balance"?" (Mehrfachnennung möglich)

kundigen Problematik, Kinder und Karriere zu vereinbaren, Arbeitgeber künftig besonders profilieren können.

Fazit – Bedeutung für das Personalmanagement der Zukunft

Zumeist signalisieren erst hohe Fluktuation, Krankheit oder teure Fehlentscheidungen des Managements einen aktuellen Handlungsbedarf im betrieblichen Gesundheitsmanagement. Gezielter Ressourceneinsatz bei der Unterstützung der „Work-Life-Balance" und präventive Maßnahmen im Gesundheitsmanagement haben wesentlichen Einfluss auf die Wirtschaftlichkeit und Wettbewerbsfähigkeit der Unternehmungen. Präventionsziel im Unternehmen ist somit nicht nur der Belastungsabbau, sondern, mehr noch, der Ressourcenaufbau [4]. Daraus ergibt sich ein wichtiges Handlungsfeld für Unternehmensleitung und Personalmanagement. Personalabteilungen müssen sich zukünftig auch im Kontext von „Work-Life-Balance" und Gesundheitsmanagement zu modernen Beratern der Führungskräfte und Mitarbeiter sowie zu Business-Partnern der Unternehmensleitung entwickeln. Der Fokus muss sich dabei von der Intervention stärker auf die Prävention verschieben. Das Ziel, Gesundheit und „Work-Life-Balance" zu fördern, sollte in der Personalstrategie verankert und mit eindeutigen Messgrößen – zum Beispiel krankheitsbedingter Fehlzeitenquote, Fluktuationsrate, Anteil der Teilzeitarbeit in Führungspositionen, Rückkehrquote nach der Elternzeit etc. – hinterlegt werden.

Ansätze bilden beispielsweise die Unterstützung einer partnerschaftlichen Führungs- und offenen Kommunikationskultur, z. B. durch die Entwicklung und konsequente Umsetzung von Führungsleitbildern, regelmäßige Mitarbeiterbefragungen, gesundheitsfördernde Seminare und Entwicklungsmaßnahmen für Mitarbeiter und Führungskräfte (z. B. zu den Themen Stress- und Emotionsmanagement, Zeit- und Selbstmanagement, Ernährungs- und Bewegungsmanagement), die Aufdeckung von Gesundheitsstörungen (z. B. aufgrund verstellter Karrieremöglichkeiten, Zielkonflikte, Führungsfehler etc.) mit Hilfe von Mitarbeiter-/Rückkehrgesprächen, Fehlzeitenanalysen etc., die Einführung von Arbeitszeit- und Vergütungsmodellen sowie Leistungsanreiz-Systemen, welche die Gesundheit und „Work-Life-Balance" der Mitarbeiter unterstützen. Maßgeblich ist dabei die enge Zusammenarbeit aller Akteure des betrieblichen Gesundheitsmanagements.

Eine besondere Rolle im betrieblichen Gesundheitsmanagement kommt zudem den Führungskräften zu, die als Vorgesetzte eine Vorbildfunktion einnehmen und für die „Work-Life-Balance" ihrer Mitarbeiter die Mitverantwortung tragen. Sie sind die treibenden Kräfte dafür, dass im Selbstverständnis der Unternehmen Berufs- und Privatleben nicht Gegenpole bilden, die um ein enges Zeitbudget konkurrieren, sondern sich ergänzen und gegenseitig befruchten. Manager müssen sich dieser Vorbildfunktion im Gesundheitsmanagement bewusst werden: Eine Führungskraft, die jedes Wochenende arbeitet, hat mit hoher Wahrscheinlichkeit auch überlastete und gestresste Mitarbeiter. Viele Führungskräfte betonen schon heute den hohen Stellenwert von Familie und Freizeit, ohne jedoch im Alltagsgeschäft in der Lage zu sein, diesem Lebensbereich tatsächlich gerecht zu werden. Die diesbezüglichen Vorsätze verpuffen regelmäßig angesichts der tatsächlichen oder empfundenen Anforderungen im Beruf. Häufig geben erst gesundheitliche oder familiäre Probleme den Ausschlag dafür, sich intensiv mit diesem Thema auseinander zu setzen. Viele Führungskräfte nehmen deshalb die Beratungsleistungen professioneller Coaches in Anspruch, um ihr Berufs- und Privatleben nachhaltig in Einklang miteinander zu bringen. Eine persönliche „Balancedscorecard" unterstützt darin, Prioritäten in den Bereichen Arbeit, Gesundheit, Freizeit und Partner/Familie zu analysieren, neu zu definieren und konkrete Maßnahmenpläne abzuleiten.

Literatur

[1] Hochschild AR (2002) „Work-Life-Balance". Keine Zeit – Wenn die Firma zum Zuhause wird und zu Hause nur Arbeit wartet. Leske und Budrich, Opladen

[2] Kadritzke U (2003) Arbeiten oder leben? Eine falsche Alternative. In: Kesting M, Meifert M (Hrsg) Gesundheitsmanagement im Unternehmen. Springer, Berlin

[3] Küstenmacher WT, Seiwert L (2003) Beratungsdienst „simplify your life". Orgenda Verlag für persönliche Weiterentwicklung – ein Unternehmensbereich der Verlag für die Deutsche Wirtschaft AG, Bonn

[4] IAS Institut für Arbeits- und Sozialhygiene Stiftung (2002) IAS Impulse Nr. 1/2002

[5] IAS Institut für Arbeits- und Sozialhygiene Stiftung (2003) Pressemitteilung

[6] Lümkemann D (2003) Bewegungsförderung und gesundheitsorientiertes Personalmanagement – Möglichkeiten und Nutzen betrieblicher Angebote. In: Kesting M, Meifert M (Hrsg) Gesundheitsmanagement im Unternehmen, Springer, Berlin

[7] Matlin, MW (2002) Cognition, 5th Edition, Wiley, New York

[8] Nitsch, JR (1981) Stress – Theorien, Untersuchungen, Maßnahmen. Verlag Hans Huber, Bern, Stuttgart, Wien

[9] Pfeiffer W, Scholl J, Renz E, Ciré L, Kentner M (1999) Querschnittsstudie zum kardiovaskulären Risikofaktorenprofil von Managern. IAS Institut für Arbeits- und Sozialhygiene Stiftung, Karlsruhe

[10] Scheibel G (2002) Effiziente Meetings leicht gemacht. Ueberreuter Wirtschaft, Frankfurt a. M.

Maßnahmen und Strategien zur Verbesserung der „Work-Life-Balance"

KAPITEL 5

Flexible Arbeitszeitmodelle zur Verbesserung der „Work-Life-Balance"

A. FAUTH-HERKNER

Zusammenfassung. Seit Anfang der 80er Jahre sind eine Vielzahl von Arbeitszeitmodellen entstanden, die nicht nur den Interessen der Arbeitgeber nach einer stärkeren Flexibilisierung und Effizienzsteigerung entsprechen, sondern auch zunehmend die Wünsche der Beschäftigten nach einer erweiterten Zeitautonomie berücksichtigen.

Viele Praxisbeispiele zeigen auf, welche Potentiale in innovativen Arbeitszeitmodellen stecken. Der Vielfalt der Variationen sind keine Grenzen gesetzt. Dazu gehören etwa Arbeitszeitformen wie Gleitzeit, flexible Jahres- und Lebensarbeitszeitregelungen, tägliche, wöchentliche, jährliche Arbeitszeitverkürzung, Formen des Job-sharings oder der zeitautonomen Arbeitsgruppen, flexible Teilzeitschichten, die Vier-Tage-Woche, Langzeiturlaube, Sabbaticals oder Altersteilzeitmodelle. Der folgende Beitrag gibt einen Überblick über das breite Spektrum innovativer Arbeitszeitmodelle mit Hinweisen auf Einsatzgebiet, Voraussetzungen sowie Chancen und kritische Aspekte.

Einleitung

Die Diskussion um die Arbeitszeit wird seit einigen Jahren durch eine neue Dimension erweitert. War bis vor kurzem vor allem die Frage der wöchentlichen Arbeitszeit der Gegenstand des Aushandlungsprozesses zwischen den Sozialpartnern, so tritt in den letzten Jahren vermehrt auch die Frage der Arbeitszeitstrukturen und die damit verbundene Flexibilisierung in den Vordergrund. Die lebenslange, vollzeitliche Berufsbiographie, die bisher zumindest für die Männer der Normalfall war, wird durch wirtschaftliche und familiäre Gegebenheiten sowie aufgrund persönlicher Bedürfnisse heute zunehmend in Frage gestellt. Der Wunsch nach *lebensphasengerechter Arbeitszeit*, d.h. nach Möglichkeiten der Änderung der Arbeitszeit im Verlauf der Erwerbsbiographie, z.B. unter Weiterbildungs- oder Familien-Aspekten, gewinnt immer mehr an Bedeutung. Was früher eindeutig Sache der Sozialpartner war, ist heute zu einem persönlichen Anliegen der Beschäftigten geworden. Immer stärker prägen sich individuelle Bedürfnisse aus, das eigene Leben so zu gestalten, dass neben dem Beruf noch andere Lebensbereiche und Tätigkeiten ihren Platz haben. So ist es für die Unternehmen sinnvoll, nach und nach interessengerechte Arbeitszeitkonzepte und -modelle zu entwickeln, die diesen Anforderungen entsprechen und sich in einer sogenannten „lebensphasenbewussten Personalpolitik" widerspiegeln, die die „Work-Life-Balance" berücksichtigt.

Abb. 5.1 gibt einen Überblick über innovative Arbeitszeitmodelle, die einen Beitrag zur besseren Vereinbarkeit von Beruf, Familie und Privatleben leisten können. Die Modelle sind nach ihrem möglichen Arbeitszeitvolumen (von Vollzeit über sämtliche Grade der Teilzeitarbeit) und nach dem Zeitraum, in dem die praktische Ausgestaltung erfolgt, aufgelistet. Außerdem werden eher starre und flexible Modelle unterschieden.

In der Praxis wird in der Regel ein Rahmen ausgearbeitet, in dem verschiedene Modelle kombiniert und umgesetzt werden können. Der Rahmen regelt beispielsweise die Betriebszeit des Unternehmens (d.h. frühest möglicher Arbeitsbeginn und spätest möglches Arbeitsende), die Ansprech- und Funktionszeiten der einzelnen Bereiche (i.d.R. erfolgt nur in diesem Zeitraum eine Zeitzählung), mögliche Obergrenzen für Plus- und Minusstunden, Entnahmemöglichkeiten, ggf. Stun-

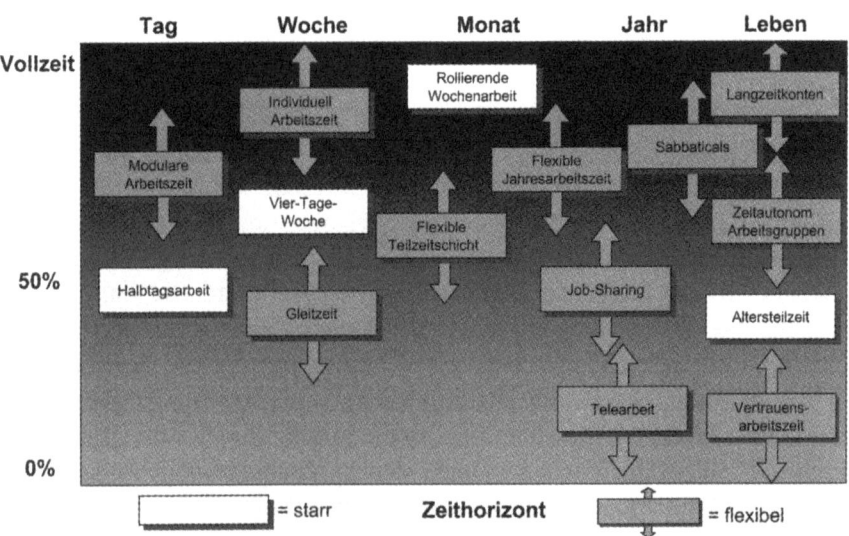

Abb. 5.1. Innovative Arbeitszeitmodelle

denkappungen und Ausgleichszeiträume für Zeitkonten. Das Grundmodell, mit dem viele Betriebe starten, ist die Gleitzeit. Im folgenden werden die wichtigsten Arbeitszeit-Modelle mit ihren Vor- und Nachteilen vorgestellt.

Gleitzeitarbeit

Bei der Gleitzeitarbeit bestimmen die Mitarbeiter/innen ihre tägliche Arbeitszeit nach persönlichen Bedürfnissen und betrieblichen Belangen innerhalb von Gleitzeitspannen selbst. Eine Anwesenheitspflicht besteht nur während der Kernzeit, die in neueren Modellen ebenfalls entfallen kann. In Form einer variablen Arbeitszeit kann die Mitarbeiterdichte über unterschiedliche Kernzeiten der einzelnen Mitarbeiterinnen und Mitarbeiter gesteuert werden.

Voraussetzungen

- Vertrauen in Mitarbeiter/innen hinsichtlich eines verantwortungsvollen Umgangs mit der individuellen Arbeitszeit.
- Bereitschaft der Führungskraft zu teilweisem Kontrollverzicht, da Anwesenheitszeiten nicht mehr deckungsgleich sind.

Chancen

- Anpassung der Arbeitszeit an den Arbeitsanfall wird erleichtert, hierdurch Vermeidung von Überstunden.
- Verlängerung der Betriebszeit/der Ansprechzeiten durch versetzte Arbeitszeiten.
- Bessere Abstimmung mit außerberuflicher Sphäre, bessere Vereinbarkeit von Familie und Beruf, weniger Hetze am Morgen.
- Anpassung an die individuelle Leistungsfähigkeit und -willigkeit, höhere Produktivität und Motivation.
- Bindung und Gewinnung von qualifizierten Mitarbeiter/innen.
- Geringere Kurzfehlzeiten für Arzt-, Behördenbesuche u.ä.

Kritische Aspekte

- Grenzziehung zwischen flexibler Normalarbeitszeit und Mehrarbeit.
- Gefahr des Zeitdenkens und des „Hamsterns" zum Ansparen von freien Tagen.
- Erhöhte Anforderungen an Organisation, Kommunikation und Führung.
- Zusätzliche Kosten für die Zeiterfassung.

Teilzeitarbeit

Unter Teilzeitarbeit ist jedes Arbeitsverhältnis zu verstehen, dessen zeitlicher Umfang unterhalb der betrieblichen Regelarbeitszeit vereinbart wird. Es handelt sich dabei um eine individualvertragliche Arbeitszeitverkürzung ohne Lohnausgleich. Je nach Wunsch des Mitarbeiters und nach dem betrieblichen Bedarf können Lage und Verteilung der Arbeitszeit beliebig gestaltet werden. Zur Förderung von Teilzeitarbeit trat ab 01. 01. 2001 das Gesetz über Teilzeitarbeit und befristete Arbeitsverträge in Kraft. Die betriebliche Arbeitszeitgestaltung soll hierdurch flexibler werden. Gleichzeitig verspricht man sich von der Ausweitung der Teilzeitarbeit die Möglichkeit, mehr Menschen in Beschäftigung zu bringen und eine bessere Vereinbarkeit von Beruf und Familie. Ein Rechtsanspruch auf Teilzeitarbeit besteht nach mindestens halbjähriger Beschäftigungsdauer in Betrieben ab 15 Mitarbeitern. Der Teilzeitwunsch ist drei Monate im voraus anzukündigen.

Voraussetzungen

- Arbeitsaufgabe lässt Teilzeit zu (zeitliche Entkoppelung oder Vertretung möglich).

Chancen

- Größtmögliche Flexibilität für Betrieb und Beschäftigte: Die Schwankungsbreite der geleisteten Arbeitszeit ist größer als bei Vollzeitkräften. Beispielsweise kann für Arbeitsspitzen Vollzeit und für Arbeitstäler Freizeit vereinbart werden. Oder es werden gezielt Mitarbeiter als Ultimokräfte eingestellt.
- Mitarbeiter mit Familienpflichten können Arbeitszeiten vereinbaren, die auf ihre Betreuungssituation zugeschnitten sind.
- Steigerung der Mitarbeiter-Motivation.
- Reduktion von Fehlzeiten und Fluktuation.
- Bindung und Gewinnung von qualifizierten Mitarbeiterinnen und Mitarbeitern bei Angebot flexibler Modelle für den oder die Mitarbeiter/in.

Kritische Aspekte

- Übergabe des Arbeitsplatzes.
- Erhöhte Informations- und Kommunikationsanforderungen.

- Transparenz der Anwesenheitszeit nach innen und außen (Kunden, Lieferanten etc.).
- Zusätzliche Einarbeitungs-, Fort- und Weiterbildungskosten.
- Leicht erhöhter Verwaltungsaufwand (Gehaltsabrechnungen, Beurteilungen etc.).

Halbtagesarbeit

Bei der Halbtagesarbeit handelt es sich wohl um das bekannteste Teilzeitmodell. Die individuelle Arbeitszeit wird auf die Hälfte reduziert. Die Lage der Arbeitszeit ist i.d.R. vormittags oder nachmittags an fünf Tagen in der Woche. Halbtagsarbeit ist damit eine recht starre Form der Arbeitszeitflexibilisierung.

Voraussetzungen

- Stellenzuschnitt mit etwa hälftigem Arbeitsaufkommen bzw. Stellenbesetzung mit zwei Halbtagskräften.
- Funktionierende Kommunikation und Übergaben.

Chancen

- Höheres Konzentrationsvermögen aufgrund der kürzeren Tagesarbeitszeit, hierdurch oft Steigerung der Produktivität und Mitarbeiterleistung.
- Für Eltern eröffnet sich aufgrund der oftmals eingeschränkten Kinderbetreuung erst die Möglichkeit zu arbeiten.

Kritische Aspekte

- Starres Modell, das bedarfgerechte Einsatzplanung erschwert.
- Besetzung des Arbeitsplatzes am Nachmittag oft kritisch, da keine Kinderbetreuung.

Vier-Tage-Woche

Die Vier-Tage-Woche auf Voll- oder Teilzeitbasis wird oft seitens der Mitarbeiterinnen und Mitarbeiter gewünscht (insbesondere bei langen Anfahrtswegen ins Unternehmen). Das Modell kann mit einem „rollierenden" freien Tag oder flexibel im Rahmen der Personaleinsatzplanung gestaltet werden. Bekannt wurde das Modell vor allem durch die Einführung bei VW, wo die Arbeitszeit kollektiv im Rahmen eines Haustarifvertrages auf vier Tage (mit 28,8 Stunden pro Woche) gekürzt wurde.

Voraussetzungen

- Personaleinsatz bleibt trotz zusätzlicher freier Tage beweglich.
- Erfolgreiche Teamabstimmung.
- Transparente Personaleinsatzplanung.

Chancen

- Beschäftigungssicherung durch kollektive Arbeitszeitreduzierung.
- Für viele Beschäftigte hoher Freizeitnutzen.
- Reduzierung der wöchentlichen Fahrtzeiten und -kosten.

Kritische Aspekte

- Oftmals nicht arbeitsanfallgerechter Einsatz, sondern Personalausdünnung an beliebten freien Tagen (z. B. Freitag).

Abendschichten und flexible Teilzeitschichten

Abendschichten und flexible Teilzeitschichten werden dann eingesetzt, wenn die Ausweitung um eine volle Schicht nicht sinnvoll ist. Sie dienen in erster Linie der Verlängerung der Betriebszeit, z. B. wenn die Betriebszeit von 8 auf 12 Stunden erhöht wird oder die Öffnungszeiten ausgeweitet werden. Flexible Teilzeitschichten werden beispielsweise zur Ergänzung in Zeiten mit hohem Arbeitsanfall oder zur Überbrückung von Pausenzeiten eingesetzt.

Voraussetzungen

- Verlängerung der Betriebszeit,
- Schichtbetrieb.

Chancen

- Ausweitung und intensivere Nutzung der Betriebszeit und der Produktionsanlagen,
- Arbeitsmöglichkeit, wenn die Beschäftigten aufgrund ihrer persönlichen Situation nicht während der „normalen Arbeitszeit" arbeiten können.

Kritische Aspekte

- Erhöhter Organisationsaufwand.
- Bei Einsatz zusätzlicher Teilzeitschichten müssen ausreichend Arbeitsplätze vorhanden sein.

Altersteilzeit

Das seit 1. 8. 1997 gültige Altersteilzeitgesetz richtet sich an Arbeitnehmer/innen ab Vollendung des 55. Lebensjahres. Bei Vereinbarung einer Altersteilzeitregelung wird die Arbeitszeit über den Gesamtzeitraum der Regelung halbiert, wobei die Versicherungspflichtgrenze der Arbeitslosenversicherung nicht unterschritten werden darf. Die Vereinbarung ist so abzufassen, dass die Altersteilzeit zumindest bis zum frühestmöglichen Zeitpunkt reicht, zu dem der Arbeitnehmer eine Altersrente beanspruchen kann. Der Arbeitgeber stockt das Arbeitsentgelt steuer- und sozialabgabenfrei um mindestens 20% auf, so dass der Arbeitnehmer mindestens 70% des vorherigen Nettoentgelts erhält. Darüber hinaus leistet das Unternehmen Beiträge zur gesetzlichen Rentenversicherung entsprechend 90% der vorherigen Bezüge. Diese Aufstockungsbeträge erstattet das Arbeitsamt (für höchstens sechs Jahre), sofern eine als arbeitslos gemeldete Person eingestellt oder ein/e Auszubildende/r übernommen wird.

Voraussetzungen

- Mitarbeiter/in hat das 55. Lebensjahr vollendet und war innerhalb der letzten 5 Jahre mind. 1080 Kalendertage versicherungspflichtig beschäftigt.

Chancen

- Reduzierung der Arbeitsbelastung und Verjüngung der Belegschaft bei gleichzeitiger Nutzung der Berufserfahrung der älteren Mitarbeiter/innen.
- Übernahme von qualifizierten Auszubildenden möglich.
- Fließende Übergabe der Stelle an Nachfolger/in.
- Möglichkeit des gleitenden Übergangs in den Ruhestand mit finanzieller Bezuschussung.

Kritische Aspekte

- Verwaltungsaufwand (z. B. Nachweis der neuen Stelle über 5 Jahre).
- Oft Kostenfaktor durch betriebliche Bezuschussung.
- Vorgezogene Kosten für Einarbeitung einer neuen Arbeitskraft.

Individuelle Arbeitszeit

Die vertragliche Arbeitszeit wird reduziert, während weiterhin Vollzeit gearbeitet wird. Die „überschüssigen" Stunden werden zu zusätzlichen freien Tagen oder Wochen, die beispielsweise für die Ferienzeiten geplant werden können.

Voraussetzungen

- Rechtzeitige und transparente Personaleinsatzplanung.
- Funktionierende Teamabsprachen.

Chancen

- Bessere Vereinbarkeit von Work-Life-Wünschen (z. B. Überbrückung der Schulferien oder Wahrnehmung von Weiterbildungen) bei gleichbleibendem Entgelt.

Kritische Aspekte

- Organisation/Einplanung einer Vertretung für die zusätzliche Freizeit.

Job-sharing

Job-sharing ist Partner-Teilzeit. Charakteristisch für Job-sharing ist, dass zwei oder mehrere Arbeitnehmer/innen als Gemeinschaft einen oder mehrere Arbeitsplätze unter sich teilen. Die Partner/innen können Dauer und Lage ihrer individuellen Arbeitszeiten selbst festlegen. Solange sie sich untereinander einigen, sind innerhalb des für Vollzeitbeschäftigte geltenden Arbeitszeitrahmens alle Möglichkeiten individueller Arbeitszeitverteilung gegeben.

Vorteil für die Mitarbeiterinnen und Mitarbeiter ist die Flexibilität hinsichtlich Lage und Verteilung der individuellen Arbeitszeiten, aber auch eine inhaltliche Teilung nach Fähigkeiten und Neigungen ist denkbar. Eine wesentliche Voraussetzung ist, dass die „Chemie" zwischen den beiden Job-sharing-Partnern stimmt. Anfangs können zusätzliche Übergabezeiten anfallen, die sich durch eine gute Organisation reduzieren lassen. Stellvertreterregelungen können vertraglich vereinbart werden.

Voraussetzungen

- Planungs- und Organisationsvermögen der Job-sharing-Partner.
- Stimmige „Chemie".
- Klare Absprachen bei geteilter Verantwortung (z. B. „Federführung"), insbesondere bei Führungskräften.

Chancen

- Zusätzliches Know-how.
- Synergieeffekte.
- Ermöglichung flexibler Einzelabsprachen.
- Bei erhöhtem Arbeitsanfall Möglichkeit der „doppelten Kapazität".
- Bessere Vertretungsmöglichkeiten im Urlaubs- und Krankheitsfall.
- Fach- und Spezialwissen bleibt bei Ausscheiden einer Kraft erhalten.

Kritische Aspekte

- Erhöhte Informations- und Kommunikationsanforderungen.
- Neubesetzung bei Kündigung eines Job-sharing-Partners oft schwierig.

Zeitautonome Arbeitsgruppe

Das Modell der zeitautonomen Arbeitsgruppe ist gewissermaßen eine Erweiterung des Job-sharing-Prinzips. In der zeitautonomen Arbeitsgruppe regeln die Mitglieder der Arbeitsgruppe im Team Dauer und Lage ihrer Arbeitszeit in eigener Kompetenz. Unter Berücksichtigung bestimmter betrieblicher Vorgaben (z. B. minimale Präsenz- oder Ansprechzeiten, Lieferfristen, Durchlaufzeiten etc.) organisieren die Beteiligten die Verteilung der Arbeit untereinander und den zeitlichen Ablauf der Tätigkeiten selbst. Der Kompetenzumfang kann dabei erheblich variieren. Das Spektrum reicht von der einfachen Regelung individueller Anwesenheiten (Gruppenabsprache zur Erfüllung vorgegebener Präsenzanforderungen) bis hin zur Bestimmung der täglichen Arbeitszeiten, der wöchentlichen Einsatzplanung, der Urlaubsregelung und der Arbeitszeitverteilung im Jahresverlauf.

Voraussetzungen

- Hohe Eigenverantwortung der Mitarbeiterinnen und Mitarbeiter,
- Funktionierende Teams.

Chancen

- Partnerschaftliche Vertrauensorganisation.
- Erhöhte Gestaltungschancen.
- Flexible Anpassung an die unterschiedlichen Lebensphasen der Beschäftigten.

Kritische Aspekte

- Anfangs erhöhte Koordination für den Vorgesetzten.
- Nach und nach Delegation.
- Ggf. sozialer Druck.

Modulare Arbeitszeit

Die Betriebszeit (Tag, Woche, Monat oder Jahr) wird in Zeitblöcke (Module) aufgeteilt. Die Beschäftigten teilen die Module unter Einhaltung der betrieblichen Besetzungsvorgaben beliebig untereinander auf. Die modulare Arbeitszeit ist auf Vollzeit- wie auf Teilzeitbasis möglich. Die modulare Arbeitszeit ist besonders geeignet, die Besetzung bedarfsgerecht zu differenzieren, wenn ein Bereich nicht zu jeder Tages- und Wochenzeit gleichmäßig besetzt sein soll.

Voraussetzungen

- Personaleinsatzplanung aufbauend auf Arbeitsanfallanalysen und Mindestbesetzungen.

Chancen

- Bedarfsgerechter Personaleinsatz und Wahlmöglichkeit für die Arbeitnehmer/innen,
- Ausgleich von Stoßzeiten.
- Erleichterte Einplanung von Teilzeitkräften.
- Berücksichtigung der individuellen Wünsche.

Kritische Aspekte

- Ggf. Regelung zu Mindestarbeitszeiten.
- Besetzung unattraktiver Zeitmodule.

Rollierende Wochenarbeit

Durch einen rollierenden freien Tag können Betriebszeit und individuelle Arbeitszeit entkoppelt werden. Arbeitsplätze können beispielsweise trotz einer 4-Tage-Woche an fünf Tagen besetzt werden. Die rollierende Wochenarbeit dient in erster Linie einer gerechten Verteilung der Arbeitszeit unter Einbeziehung des Samstags. Beispiel: Die erste Freizeitgruppe hat am Montag frei, die zweite am Dienstag, die dritte am Mittwoch, die vierte am Donnerstag, die fünfte am Freitag und dann wieder am Montag, so dass jede Gruppe alle vier Wochen ein langes Wochenende hat.

Voraussetzungen

- Personaleinsatzplanung.

Chancen

- Verlängerung der Betriebszeiten.
- Vorausschaubare freie Tage.
- Gerechtere Verteilung der freien Tage über die Woche.

Kritische Aspekte

- Das Modell ist relativ starr und entspricht oftmals nicht den unterschiedlichen Interessen.

Jahresarbeitszeit

Das Modell der Jahresarbeitszeit (auf Voll- oder Teilzeitbasis) zielt auf die Anpassung der Mitarbeiterkapazität an den Arbeitsanfall im Jahresverlauf. Planungsgrundlage sind betriebliche Analysen des Arbeitsanfalls. Ein Teil der Arbeitszeit wird durch den Arbeitsanfall vorgegeben. Spielraum besteht bei Tätigkeiten, die nicht unmittelbar erledigt werden müssen sowie aufgrund von Tauschmöglichkeiten untereinander.

Jahresarbeitszeit kann als Rahmenmodell vereinbart und nach Bedarf in den Abteilungen ausgestaltet werden oder nur für einzelne Abteilungen mit schwankendem Arbeitsanfall bzw. projektbezogener Arbeit gelten.

Voraussetzungen

- (Tarif-)recht lässt Jahresarbeitszeit zu.

Chancen

- Anpassung an Arbeitsspitzen und -täler.
- Rückgang von Überstunden.
- Gleichmäßigere Auslastung der Mitarbeiterinnen und Mitarbeiter.
- Vermeidung von Burn-out.

Kritische Aspekte

- Notwendigkeit der aktiven Planung und Steuerung, damit Planbarkeit für die Mitarbeiterinnen und Mitarbeiter gegeben ist und das Zeitbudget eingehalten werden kann.

Langzeitkonten/Lebensarbeitzeitkonten

Das Langzeitkonto dient der Anpassung der Arbeitszeit an Schwankungen im Arbeitsanfall, die über die Jahresarbeitszeit hinaus gehen, und der Erhöhung der Flexibilität über das gesamte Arbeitsleben. Es werden Plusstunden angespart, damit in Lebensphasen, in denen z.B. mehr Zeit für die Familie oder für Weiterbildung gewünscht wird, die Arbeitszeit unter Beibehaltung eines gleichmäßigen Gehalts reduziert werden kann. Langzeitkonten ermöglichen auch einen früheren gleitenden Übergang in die Rente.

Voraussetzungen

- Tarifvertrag muss Langzeitkonten zulassen.
- Vereinbarung von Ankündigungsfristen für Entnahmen.

Chancen

- Erhöhung der Flexibilität für Betrieb und Beschäftigte.
- Bindung der Mitarbeiterinnen und Mitarbeiter an das Unternehmen.

Kritische Aspekte

- Versuchung zum „Stunden-Hamstern", daher Steuerung der Arbeitszeit erforderlich.
- Regelungsbedarf hinsichtlich Zugriffsmöglichkeiten.
- Etwaige Verzinsung.
- Insolvenzsicherung (§ 7a „Flexi-Gesetz").

Sabbatical

Bei einem Sabbatical erwirkt der Mitarbeiter/die Mitarbeiterin durch Gehaltsverzicht oder durch den Aufbau von Plusstunden einen Freizeitanspruch, den er als Freizeitblock von z.B. drei Monaten oder einem Jahr nehmen kann. Während des gesamten Zeitraums bleibt sein Einkommen konstant.

Voraussetzungen

- Vereinbarung von Ankündigungsfristen.
- Richtlinien für Freizeitentnahmemöglichkeiten.
- Anrechnung von Krankheit während eines Sabbaticals.

Chancen

- Erhöhung der Mitarbeiter-Motivation.
- Steigerung des Kreativitätspotenzials.
- Verhindern von Burn-out.

Kritische Aspekte

- Organisation/Einplanung einer Vertretung zusätzlich zu Urlaubsansprüchen.
- Bildung von Rückstellungen bei Einrichtung längerfristiger Zeitkonten.

Vertrauensarbeitszeit

Vertrauensarbeitszeit beinhaltet zunächst den Wegfall der (elektronischen) Zeiterfassung mit dem Ziel, eine Vertrauenskultur und unternehmerisch denkende Mitarbeiterinnen und Mitarbeiter zu entwickeln. Im Allgemeinen wird davon ausgegangen, dass der Mitarbeiter/die Mitarbeiterin seine/ihre vertraglich vereinbarte Arbeitszeit selbst managt. Abweichungen in einem gewissen Rahmen (z.B. eine

1/2 Stunde pro Tag) gleicht er in Absprache mit dem Team eigenständig aus. Die Vertrauensarbeitszeit soll dem „Hamstern" von Plusstunden und dem „Minuten-Denken" der Mitarbeiter entgegenwirken und Kosten für die Zeiterfassung sparen. Bei der Vereinbarung einer Vertrauensarbeitszeit ist die Aufzeichnungspflicht nach § 16 Abs. 2 des Arbeitszeitgesetzes zu berücksichtigen.

Voraussetzungen

- Vertrauenskultur und angemessener Zuschnitt von Arbeitsaufgaben.

Chancen

- Förderung der Ergebnisorientierung und der Eigenverantwortung.

Kritische Aspekte

- Ausreichende Personalkapazitäten, damit Vertrauensarbeitszeit nicht zulasten der Mitarbeiterinnen und Mitarbeiter geht.
- Wenig geeignet bei lang dauernden Arbeitsspitzen und -tälern, bei denen ein kurzfristiger Ausgleich nicht möglich ist.
- Oft erfolgt weiterhin manuelle Zeiterfassung durch Mitarbeiterinnen und Mitarbeiter.
- Vertrauensarbeitszeit ersetzt nicht die Planung und Steuerung der Arbeitszeit.

Telearbeit

Mitarbeiterinnen und Mitarbeiter stehen in einem festen Anstellungsverhältnis, erledigen jedoch zumindest einen Teil ihrer Arbeit vom heimischen Arbeitsplatz aus. Dabei nutzen sie moderne Kommunikationsmittel wie Computer, Fax und Telefon. Inhalte, Ziele und Terminvorgaben erfolgen in Absprache mit dem Betrieb oder im Team.

Beliebt ist die alternierende Telearbeit, bei der der Mitarbeiter/die Mitarbeiterin zum Teil zu Hause und zum Teil im Unternehmen arbeitet. Das Unternehmen hält einen Arbeitsplatz für ihn vor, den er mit Kollegen teilt.

Voraussetzungen

- Selbstdisziplin des Mitarbeiters.
- Gute Kommunikationsfähigkeit.

- Ergebnisorientiertes Führen.
- Einrichtung eines geeigneten Arbeitsplatzes zu Hause.

Chancen

- Freie Gestaltung der Arbeitszeit.
- Konzentrierteres und effektiveres Arbeiten, da weniger Störungen.
- Reduzierung von Wegezeiten für Mitarbeiterinnen und Mitarbeiter und von Bürofläche für das Unternehmen.

Kritische Aspekte

- Kommunikation und Führung.
- Einbindung ins Unternehmen.

Chancen und Vorteile eines interessengerechten Arbeitszeitmanagements

Bei einer tragfähigen Balance zwischen Unternehmensinteressen und Mitarbeiterbelangen gewinnen beide Seiten. „Seit bei der Einsatzplanung meine persönlichen und familiären Bedürfnisse mehr Berücksichtigung finden," schildert eine 35-jährige Krankenschwester, „ist mein Tagesablauf wesentlich entspannter. Ich kann ohne Probleme meine Tochter zur Kinderbetreuung bringen und abholen. Nachdem jetzt das Krankenhaus mir eine hohe Flexibilität entgegenbringt, bin ich auch gerne bereit, wenn es mal ‚brennt', schnell einzuspringen." Diese positive Einstellung zur Arbeit und zum Unternehmen teilen viele Erwerbstätige, die von einer familienfreundlichen Arbeitsumgebung profitieren. Mitarbeiterinnen und Mitarbeiter leben erfüllter und zufriedener, da sie sich beiden Lebensbereichen widmen können, ohne schlechten Gewissens einen zu vernachlässigen. Ein interessengerechtes Arbeitszeitmanagement bietet vielfältige Vorteile für die Beschäftigten:

- Größere Zeitsouveränität.
- Möglichkeiten zur Mitbestimmung bei der Gestaltung der Arbeitszeit.
- Mehr Entscheidungsspielräume.
- Verstärkte Wahlmöglichkeiten.
- Rücksichtnahme auf individuelle Bedürfnisse.
- Zusätzliche freie Tage.
- Möglichkeit zum Langzeiturlaub.
- Bessere Vereinbarkeit von Familie, Beruf und Karriere.
- Erleichterung des Wiedereinstiegs in das Berufsleben.

- Überbrückung des Erziehungsurlaubs.
- Freiräume für Qualifizierung, Weiterbildung.
- Flexibler Übergang in den Ruhestand.

Die Unternehmen kommen zunehmend zu dem Schluss, dass eine Personalpolitik, die die „Work-Life-Balance" berücksichtigt, heute keinen „überflüssigen Luxus", sondern eine betriebswirtschaftliche Notwendigkeit darstellt.

Denn wer als Arbeitnehmer/in Privatleben und Beruf besser verbinden kann, ist zufriedener und arbeitet deshalb zuverlässiger. Weniger Krankentage, höhere Attraktivität für Fachkräfte und eine geringere Fluktuation der Beschäftigten sind die konkreten Vorteile für die Unternehmen. Vor allem erzielen die Unternehmen Pluspunkte bei der Personalsuche. Nicht zuletzt angesichts der demographischen Entwicklung und des weltweiten Kampfs um Talente ist zu erwarten, dass betriebliche Strategien für eine „Work-Life-Balance" in Zukunft zunehmend an Bedeutung gewinnen werden.

Literatur

[1] Fauth-Herkner A (Hrsg) (2001) Flexibel ist nicht genug – Vom Arbeitszeitmodell zum effizienten Arbeits(zeit)management, Frechen; Datakontext, ISBN 3-89577-206-2

KAPITEL 6

Telearbeit – Chance zur Balance zwischen Arbeit, Familie und Freizeit?

A. BÜSSING*

Zusammenfassung. Das Zusammenspiel von Arbeit, Familie und Freizeit ist wesentlich für die „Work-Life-Balance". Telearbeit als dezentrale, orts- und zeitungebundene Arbeitsform eröffnet einerseits Chancen zur Gestaltung dieser Lebensbereiche und ist andererseits nicht frei von Risiken. Die Chancen und Risiken sind insbesondere von der lebensbiographischen Situation und von der Form der Telearbeit abhängig. Während vor allem Familien mit jüngeren Kindern von der besseren Verein- und Anpassbarkeit der Lebensbereiche profitieren, stellen Mehrfachbelastungen im häuslichen Bereich unter Telearbeit ein Risiko dar, und dies nicht zuletzt für weibliche Telearbeiter. Im Unterschied zur häuslichen bieten alternierende sowie „supplementary" Telearbeit mehr Möglichkeiten, Nachteile zu vermeiden, die etwa mit verringerter sozialer Einbindung in das Unternehmen verbunden sind. Es werden Ergebnisse aus der Literatur wie auch Ergebnisse aus dem Projekt „Telearbeit und Qualität des Arbeitslebens (AQUATEL)" berichtet und diskutiert.

Telearbeit und „Work-Life-Balance"

Telearbeit ist heute in vieler Munde. Es findet sich kaum eine Zeitungsmeldung zu Fragen des Arbeitsmarktes und kaum ein Beitrag zu neuen Arbeits- und Lebensformen in Rundfunk und Fernsehen, in denen nicht Telearbeit als Hoffnung auf eine bessere Zukunft dargestellt und Erwartungen auf neue, moderne Arbeitsplätze und auf verbesserte Lebensqualität geweckt werden. Doch dieser Optimismus herrscht noch gar nicht so lange vor. Bis in die 1990er Jahre hinein bestimmten Skepsis und Ablehnung die Haltung gegenüber der Telearbeit. Sie

---

* André Büssing ist am 03.10.2003 in München verstorben. Wir haben damit einen hervorragenden Vertreter sozialwissenschaftlicher Arbeitsforschung verloren und einen hochgeschätzten Kollegen, dessen früher Tod uns bestürzt.

galt damals vielen als Synonym für eine neue, raffinierte Form von Heimarbeit für Frauen. Es herrschte das (Zerr-) Bild der heimarbeitenden Mütter vor, die zwischen Töpfen und schreienden Kindern monoton Daten und Textbits in den Rechner eingeben. Und dieser Eindruck war im Grundsatz keineswegs falsch, wurden doch in den Geburtsjahren der Telearbeit vor allem einfache Tätigkeiten, beispielsweise Texteingabe in der Druckindustrie, zu Hause verrichtet.

Aber diese erste Phase der Telearbeit mit dem sie begleitenden, bisweilen äußerst kritischen Tenor, der über deutliche Ablehnung bis hin zu Verbotsforderungen reichte, ist vorüber. Telearbeit kann heute nicht mehr mit der Hypothek „Heimarbeit", sprich mit ungeschützten, niedrigqualifizierten Arbeitsverhältnissen und sozialer Isolation gleichgesetzt werden. Vielmehr verbirgt sich hinter dem Begriff Telearbeit ein breites Spektrum an Telearbeitsformen (häuslich, alternierend, kollektiv, mobil), denen verschiedene Aufgabenfelder (Management, Verkauf, Daten- und Textbearbeitung, Programmierung etc.) mit unterschiedlichsten Qualifikationsanforderungen zuzuordnen sind.

Im Zuge dieser Veränderungen haben sich die Erwartungen an die Telearbeit gewandelt. Sie gilt im Unterschied zu den ersten Jahren nunmehr als eine Arbeitsform, die die Vereinbarkeit der Lebenssphären verbessern hilft und die dazu beitragen kann, dass sich die Balance zwischen Arbeit, Familie und Freizeit – oder neudeutsch die „Work-Life-Balance" – erhöht.

Telearbeit: Definition und Verbreitung

Telearbeit wird als eine Arbeitsform verstanden, bei der unter Nutzung kommunikations- und informationstechnischer Einrichtungen, wie z.B. eines Personal Computers (PC), räumlich entfernt vom Auftraggeber gearbeitet wird; es liegt also eine räumliche Distanz zwischen Arbeits- und Verwendungsort vor, die mittels elektronischer Kommunikationstechnik überbrückt wird [2, 3, 17]. Es gibt nicht *die* Telearbeit, vielmehr unterscheidet man verschiedene Formen, die zumeist nach ihrer räumlichen, zeitlichen, vertraglichen und technischen Regelung differenziert werden. Die *räumliche Gestaltung* bestimmt den Ort der Telearbeit: zu Hause, in Gemeinschaftsbüros oder unterwegs. Wird überwiegend am häuslichen Arbeitsplatz gearbeitet, spricht man von *Teleheimarbeit*. Findet ein Wechsel zwischen dezentralem (z.B. häuslicher Arbeitsplatz) und zentralem Arbeitsplatz statt, wird von *alternierender Telearbeit* gesprochen. In *mobilen Telearbeitsverhältnissen* kann der Arbeitsort durch Nutzung mobiler Kommunikationstechnologien völlig oder weitgehend ortsungebunden sein (z.B.

in Außendienstberufen, im Management oder Handwerk). Unter *kollektiver* Telearbeit versteht man Telearbeitsplätze in Gemeinschaftsbüros, wie Satelliten- oder Nachbarschaftsbüros, Teleservicecenter, Telezentren usw. Der zeitliche Umfang bestimmt, ob permanent Telearbeit verrichtet wird (z.B. Teleheimarbeit) oder ob Telearbeit und Tätigkeiten in der Organisationszentrale – etwa unter alternierender Telearbeit – abwechseln. Vertraglich wird Telearbeit im Arbeitnehmerstatus, unter dem Heimarbeitsgesetz, mit Werk- oder freiem Dienstvertrag sowie in der Selbständigkeit verrichtet.

Nach Gareis und Kordey [11] werden neben Telearbeitern unter alternierender, mobiler, kollektiver Telearbeit und Teleheimarbeit, Telearbeiter, die in der Regel weniger als einen Tag bzw. höchstens einen Tag in der Woche von zu Hause aus arbeiten, als *„supplementary teleworkers"* bezeichnet.

Telearbeit ist weit verbreitet, es bestehen jedoch länderspezifische Eigenarten in ihrer Organisation aufgrund von kulturellen, gesellschaftlichen, geographischen und wirtschaftlichen Zusammenhängen. Die Angaben zur Verbreitung variieren beträchtlich; Schwierigkeiten, verdeckte Erscheinungsformen von Telearbeit zu erfassen und begriffliche Vielfalt erschweren eine verlässliche Schätzung. Die USA gelten als das Geburtsland der Telearbeit und führen mit geschätzten rund 25% Anteil an der Erwerbsbevölkerung die Spitze in der Verbreitung an, während in der EU im Mittel etwa 13% der Erwerbstätigen in Telearbeit tätig sind. Einen beachtlichen Anteil an der Zahl der Telearbeiter nehmen die „supplementary teleworkers" ein, deren Anteil in den USA rund 12% und in der EU 5% betragen soll. In Europa findet sich ein markantes Nord-Süd-Gefälle. Haben einige skandinavische Länder Telearbeitsquoten, die der Quote der USA nahe kommen, so nimmt die Verbreitung nach Südeuropa hin immer weiter ab, Schlusslichter bilden Spanien und Portugal. Eine Ausnahme stellen die Niederlande dar, die mit 26% an der Spitze liegen sollen. Lag Deutschland 1999 noch im europäischen Durchschnitt, so befindet es sich drei Jahre später mit rund 16% über dem EU-Mittel. Die größte Gruppe der Telearbeiter bilden in Deutschland die „home-based teleworkers", zu denen die alternierenden, die permanenten und die „supplementary teleworkers" gezählt werden [10][1]. Eine Differenzierung dieser Zahlen zeigt, dass – entgegen landläufigen Überzeugungen –

---

[1] Die Angaben beruhen auf Schätzungen der beiden aktuellsten Untersuchungen: „Electronic Commerce and Telework Trends" [9] mit Stand 1999 und „Statistical Indicators Benchmarking the Information Society" (SIBIS) mit Stand 2002 (siehe [10]).

Telearbeit europaweit eine männliche Domäne ist: 75% der EU-Telearbeiter sind männlich und nur 25% weiblich [9].

Auch wenn diese Zahlen nur Schätzungen wiedergeben, so belegen sie doch allemal, dass sich die Telearbeit im Aufwind befindet. Was sind die Gründe dafür? Ein *erster* Grund und eine wichtige Voraussetzung ist in dem Anstieg an Informationsarbeit zu sehen, also in der weiteren Abnahme von Hand- und der Zunahme von Kopfarbeit. Als *zweiter* Grund gelten die Globalisierung sowie ein zunehmend kundenorientierter Markt, die neue, flexible Organisationsformen notwendig machen, in die sich Telearbeit als orts- und zeitflexible Arbeitsform gut einzupassen scheint. Ein *dritter*, für die Thematik der „Work-Life-Balance" maßgeblicher Grund liegt in den neuen gesellschaftlichen Lebensformen wie der Auflösung von Kernfamilien, der Zunahme weiblicher Erwerbstätigkeit oder ganz allgemein der Individualisierung der Lebensläufe, etc. Telearbeit wird in diesem Zusammenhang als ein Mittel zur (Re-)Integration von Arbeits- und privatem Lebensbereich betrachtet, deren historisch gesehen eher junge Trennung sich für weite Teile der Bevölkerung vor allem im Rahmen der industriellen Revolution vollzogen hat und die für bestimmte Teile der Bevölkerung wie z. B. für Selbstständige so nie gegeben war.

Besteht ein Spannungsfeld zwischen Arbeit, Familie und Freizeit unter Telearbeit?

Die Aufhebung der Trennung von Wohnort und Arbeitsplatz wird als einer der wesentlichen Pluspunkte von Telearbeit gesehen, und mit Begriffen wie ganzheitlicher Lebensführung, Mobilität und eben „Work-Life-Balance" verbunden. Aber schon früh machten Studien auf die Probleme einer fehlenden räumlichen Trennung von Arbeitsort und Wohnbereich aufmerksam: Die Nähe des Arbeitsortes kann dazu führen, dass sich Telearbeiter auch in der privaten Zeit ständig zur Arbeit aufgefordert fühlen und Schwierigkeiten haben, Abstand von der beruflichen Tätigkeit zu gewinnen. Dies gilt insbesondere, wenn die Arbeitsplätze innerhalb der Wohnung nicht vom Wohnbereich getrennt sind. Die Auswirkungen einer raumzeitlichen Nähe von Beruf- und Privatleben auf das familiale Leben sind also widersprüchlich. Zum einen wird von positiven Effekten, wie etwa mehr Zeit für die Familie oder höhere Arbeitsmotivation berichtet, zum anderen gibt es negative Momente unter Telearbeit, wie etwa die Übertragung von beruflichem Stress in die Familie und in die Partnerschaft.

Die Untersuchung der außerbetrieblichen Arbeitsstätten bei IBM (Glaser & Glaser, 1995) hat ergeben, dass bei knapp einem Viertel der

Befragten ein Abschalten von der Arbeit in der häuslichen Umgebung erschwert war. Es kam zur Vernachlässigung von der Familie und Partnerschaft sowie auch von privaten Kontakten und Hobbys. Bei einem Drittel der Befragten war das Telearbeiten mit unerwünschten Störungen der Arbeit durch die Familie verbunden und immerhin 21% der Telearbeiter/-innen wurden öfter durch spontan anfallende Aufträge von Familienmitgliedern („Ach, kannst du mal schnell"-Aufträge) unterbrochen. Als unangenehm wurde zudem gesehen, in Streitereien von Kindern miteinbezogen zu werden, sowie auch die Notwendigkeit, die Kinder dazu erziehen zu müssen, bei der Arbeit nicht andauernd zu stören. In einer Untersuchung von Büssing, Kunst und Michel [7] zur Telearbeit von Frauen aus der Versicherungswirtschaft im Erziehungsurlaub auf Teilzeitbasis, nahmen etwa 40% eine verstärkte Einwirkung der Arbeit auf die Freizeit und/oder umgekehrt wahr:

„Früher, da bin ich halt in die Arbeit gegangen, von morgens bis nachmittags meine acht Stunden und dann ging man heim, und dann ist das erledigt. Aber wenn man daheim sitzt, dann denkt man irgendwie schon öfters dran, jetzt solltest du noch was tun" (Telearbeiterin, 24 Jahre, 2,5 Jahre alte Tochter).

Demgegenüber beschrieben rund 30%, dass die Einflüsse von beruflichen auf private Angelegenheiten abgenommen hätten, und das trotz der verstärkten Nähe von Beruf und Privatleben. Ein Grund dafür war, dass Konflikte am Arbeitsplatz oder mit Kunden nicht mehr in die Freizeit übertragen werden. Mehr als die Hälfte der Befragten bemühte sich, das Verhältnis von Arbeit, Familie und Freizeit aktiv zu verändern, indem sie beispielsweise über eine räumliche Trennung von Wohnbereich und Arbeitsbereich versuchten, das Abschalten von der Telearbeit während der übrigen Zeiten zu erleichtern.

„...mich würde es stören, wenn ich jetzt im Wohnzimmer z.B. den Bildschirm stehen hätte und müsste den den ganzen Tag anschauen. Und so ist's wirklich abgetrennt bei uns" (Anmerkung: Die Telearbeiterin – 31 Jahre alt, 2,5 Jahre alter Sohn – verfügt in der Wohnung über ein eigenes Arbeitszimmer).

Während die fehlende räumliche Trennung nach Auffassung der Telearbeiterinnen „neue Mechanismen" zur Abgrenzung der beiden Lebenssphären verlangt, werden die veränderten Lernbedingungen der Kinder als positiv beurteilt, da sie unmittelbar die Arbeitswelt der Eltern erleben, erfahren und verstehen lernen können.

Ergebnisse von Untersuchungen zur „Telearbeit und Qualität des Arbeitslebens (AQUATEL)" unterstreichen, dass die Vereinbarkeit der Lebenswelten unter alternierender Telearbeit – also dem geordneten

Tabelle 6.1. Arbeit-Familie- und Familie-Arbeit-Konflikte, Tätigkeitsspielräume und soziale Unterstützung im Vergleich von Tele- und Büroarbeitern (aus Büssing, 2002)

	56 Telearbeiter MW	32 Büroarbeiter MW	p-Wert*
Arbeit-Familie-Konflikt	2,09	2,39	**0,098**
Familie-Arbeit-Konflikt	1,75	1,94	0,11
Handlungsspielraum	3,94	3,58	**0,009**
Gestaltungsspielraum	3,81	3,17	≈ 0
Entscheidungsspielraum	3,37	3,20	0,30
Soziale Unterstützung: Vorgesetzter	3,52	3,55	0,90
Soziale Unterstützung: Kollegen	3,87	4,02	0,28
Soziale Unterstützung: Freunde	2,39	3,11	**0,005**
Soziale Unterstützung: Partner	3,43	3,74	0,24

Range der Skalen: [1,5]. *p-Wert für ANOVA

Wechsel von überwiegend häuslicher Telearbeit und 1–2 Tagen wöchentlicher Präsenz im Unternehmen – gelingt. So werden von Telearbeitern insgesamt weniger Konflikte zwischen Arbeit-Familie und Familie-Arbeit berichtet als von Büroarbeitern (Tabelle 6.1). Der Untersuchung AQUATEL lag eine Stichprobe von 56 Telearbeitern und eine Kontrollgruppe von 32 vergleichbaren Büroarbeitern aus drei Unternehmen zugrunde (ausführlich zu AQUATEL in [1] und [6]).

Auch die Einschätzungen der Telearbeiter zu ihrer Arbeits- und Lebenssituation fallen im Projekt AQUATEL durchweg günstig aus [4]. So sind in Tabelle 6.2 diejenigen 25 von insgesamt 70 Aussagen wiedergegeben, für die Antworten in den relevanten Extrembereichen der Skala mit Werten größer oder gleich 4.00 bzw. kleiner oder gleich 2.00 ermittelt wurden. Die positiven Aussagen, die hohe Zustimmung mit Werten über 4.00 erzielen, umfassen Aussagen zur Vereinbarkeit der Lebensbereiche, die sowohl die günstige Arbeitsleistung, die Zeiteffizienz als auch die Vorteile in der Abstimmung zwischen Arbeit und Familie aus Sicht der Telearbeiter betonen. Die Aussagen, die niedrige Zustimmung mit Werten kleiner oder gleich 2.00 erzielen, betreffen durchweg eine geringe Zustimmung zu negativen Sachverhalten und zeichnen somit im Hinblick auf die Arbeits- und Lebenssituation unter Telearbeit ebenso ein erfreuliches Bild. Danach sind aus Sicht der Telearbeiter weder erhöhte Mehrfachbelastungen, noch sind höhere Anstrengungen oder besondere Hindernisse bzw. Erschwerungen zu konstatieren.

Im Zuge des Wandels der raum-zeitlichen Organisationsformen von Arbeit, Familie und Freizeit unter Telearbeit sind bislang eine Reihe

Tabelle 6.2. Einschätzungen zur Arbeits- und Lebenssituation durch Telearbeiter (aus Büssing, 2001b)

Hat man keine langen Anfahrtszeiten mehr zur Arbeit	4,57
Verschwendet man weniger Zeit	4,36
Kann man Verkehrsspitzen besser umgehen	4,22
Kann man besser am Leben seiner Kinder teilnehmen	4,17
Gelingt die Abstimmung von beruflichen und familiären Anforderungen besser	4,08
Erlebt man die Arbeit als produktiver	4,07
Kann man seine Arbeit besser an Schul-/Kindergartenzeiten anpassen	4,03
Kann man seine Arbeitszeit selbst bestimmen	4,02
Leidet man unter schlechterer sozialer Absicherung	1,44
Leidet man unter weniger Einkommen	1,46
Strengt einen die Arbeit mehr an	1,57
Die gesundheitlichen Belastungen sind gestiegen	1,61
Sind Freizeitinteressen kaum mehr realisierbar	1,67
Hängt man oft enger aufeinander als es für die Beteiligten gut ist	1,71
Vernachlässigt man private Kontakte, weil einen die Arbeit nicht loslässt	1,74
Treten mehr Hindernisse auf, die bewirken, dass man weniger produktiv arbeitet	1,83
Kommt es zu Unklarheiten über die Wege, wie die Ziele zu erreichen sind	1,87
Kommt es zu Konflikten mit familiären Verpflichtungen	1,90
Wird man öfter durch „Ach kannst Du mal schnell" – Aufträge gestört	1,91
Vernachlässigt man die Familie/Partnerschaft, da einen die Arbeit nie loslässt	1,92
Ist man oftmals bei wichtigen Angelegenheiten nicht erreichbar	1,98
Erlebt man eine vermehrte Doppelbelastung durch Familie und Beruf	2,00
Wird man von Familienmitgliedern bei der Arbeit gestört	2,00
Weiß man manchmal nicht so genau, welche Ziele durch den/die Vorgesetzten vorgegeben sind	2,00
Tendiert man dazu, zum „Workaholic" zu werden	2,00

Range der Items: [1,5]. N=56

sozialpsychologischer Phänomene vernachlässigt worden. So wurde bisher kaum untersucht, inwieweit es durch Telearbeit zu einem veränderten Rollenverständnis von Mann und Frau kommt, obgleich dies eine wesentliche Erwartung gerade in den Anfängen der Telearbeit war [15]. Die Mehrzahl der Ergebnisse zeigt, dass sich das Rollenverständnis nicht geändert hat. So kommt etwa Treier [18] zu dem eher negativen Ergebnis, wonach vor allem Teleheimarbeiterinnen mit familialen Verpflichtungen einen „permanenten Spagat zwischen Teleheimarbeit und Familie" vollführen; er spricht in diesem Zusammenhang vom „Mythos der besseren Vereinbarkeit von Familie und Beruf", der aufrecht erhalten werden kann, weil die realen familienregulatorischen Prozesse vor allem auf Seiten der weiblichen Telearbeiter weitgehend unbeachtet bleiben. In dem Band von Winker [19] wird in verschiedenen Beiträgen auf die Geschlechterrollenfrage im Zusammenhang von Telearbeit eingegangen und bestätigt, was auch in anderen Studien zuvor gefunden wurde, dass sich „bei telearbeitenden Frauen in traditionellen Geschlechterarrangements ihre Zuständigkeit für die Haus- und Sorgearbeit verfestigt, gleichzeitig aber gerade über Telearbeit die eigene Berufstätigkeit aufrechterhalten lässt" (S. 11).

Eine europäische Studie aus dem Jahre 2002 zu „Work and Family in the eWork Era" [8] zeichnet ein ähnliches Bild. Obwohl sich für viele Aspekte der Telearbeit in dieser Studie eine „Win-win"-Situation für Arbeit und Familie ergibt, sind die traditionellen Geschlechterrollen im Hinblick auf die Familienarbeit anscheinend fest gefügt. Einen überwiegenden Teil der Familienarbeit leisten nur wenige Prozent der männlichen Telearbeiter, hingegen nahezu zwei Drittel der Telearbeiterinnen. Während fast alle Telearbeiter zufrieden mit dieser Aufteilung der Familienarbeit sind, gilt dies nur für ein Drittel der Telearbeiterinnen.

Ebenso kaum untersucht wurde die für die „Work-Life-Balance" relevante Frage, inwieweit es durch Telearbeit zu einer Neuorientierung familialer und beruflicher Werte, Haltungen und Einstellungen kommt. Denn die Aufhebung der räumlich-funktionalen Trennung von Arbeit und Nichtarbeit bedeutet ja nicht nur eine Aufgabe der faktischen, sondern auch eine Auflösung der symbolischen Grenzen von Arbeit und Nichtarbeit mit all ihren – nicht selten widersprüchlichen – Implikationen hinsichtlich Leistung, Anerkennung, Konkurrenz auf der einen Seite und Entspannung, soziale Nähe und Geborgenheit auf der anderen Seite. Inwieweit eine wohnungsinterne Trennung von Arbeitsort und Wohnbereich neue symbolische Grenzen zu ziehen vermag, ist ebenfalls bislang kaum bekannt und stellt einen interessanten und wichtigen Aspekt von Telearbeit dar. Folgt man dazu ersten Ergebnissen, so bleibt trotz der räumlichen Verschmelzung der beiden Lebensbereiche Arbeit und Nichtarbeit das Leben in den Köpfen der Telearbeiter/-innen weiter über deren Trennung bestimmt, in dem nämlich unter Arbeit („real work") planbare und messbare Tätigkeiten verstanden wird, dagegen Tätigkeiten im familiären Bereich wie Kinderbetreuung, aber auch sog. „informelle" Arbeiten wie „office chit chat", soziale Interaktion, Besprechungen für die Telearbeiter/-innen weiterhin bemerkenswerterweise nicht als Arbeit gelten, sondern unter „non real work" fallen [16].

Chancen und Risiken und deren Bewältigung unter Telearbeit

Zeichnen die wenigen soliden empirischen Ergebnisse zur Telearbeit ein zwar insgesamt positives, aber in verschiedener Hinsicht durchaus widersprüchliches Bild für die Telearbeit und ihre Auswirkungen auf das Verhältnis der Lebensbereiche, so wird in der öffentlichen Diskussion die Telearbeit heute nicht selten undifferenziert euphorisch als eine neue Möglichkeit zur Vereinbarung von Beruf und Familie dargestellt. Die Realität aber ist durchaus vielschichtiger, denn den Chancen der Telearbeit für eine Passung von Beruf, Familie und Freizeit stehen auch Risiken einer Mehrfachbelastung gegenüber, deren Kenntnis für eine erfolgreiche Bewältigung wichtig ist.

So wird von telearbeitenden Mitarbeiter/-innen bei IBM [13] unter anderem von der Übertragung von beruflichem Stress in das Privatleben, Störungen durch die Familie und damit verbundenen Rollenkonflikten, die Verwicklung in Streitereien der Kinder, mangelnden Möglichkeiten zur Erholung von der Familie/Partnerschaft im Betrieb berichtet. In den bereits erwähnten Studien von Büssing et al. [6], Cullen et al. [8], Treier [18] sowie Winker [19] bestätigten sich diese und andere Aspekte der Telearbeit.

Die mit der Nutzung von Telearbeit verbundenen Risiken verleihen den Ressourcen zu deren Bewältigung besondere Bedeutung. Über zwei Arten von Ressourcen wird im Zusammenhang mit der Telearbeit vor allem berichtet: Zum einen soziale Ressourcen, wie soziale Netzwerke und soziale Unterstützung; zum anderen tätigkeitsbezogene Ressourcen, wie Spielräume und Autonomie (vgl. [6]). Soziale Unterstützung und Spielräume am Arbeitsplatz sind nicht nur wegen ihrer Funktion für die Bewältigung von Belastungen von Bedeutung, sondern weil sie darüber hinaus strukturell für das Gelingen von Telearbeit eine Rolle spielen. So wird die Telearbeit häufig mit dem Verlust an sozialem Kontakt, ja nicht selten mit sozialer Isolation in Verbindung gebracht, was mit verschlechterten sozialen Netzwerken und verringerter sozialer Unterstützung einhergehen soll [5, 14].

Mit der Kontrolle verhält es sich anders als mit der sozialen Unterstützung. Nicht der Verlust von Kontrolle bei der Telearbeit wird behauptet, sonders ihr Zuwachs unter Telearbeit. Mehr noch, Kontrolle wird nachgerade zu einem essenziellen Merkmal von Telearbeit, denn mit der verringerten Außenkontrolle auf Grund der Ortsunabhängigkeit sind erweiterte Spielräume, etwa zur Selbstorganisation oder zur autonomeren Gestaltung von Arbeitszeit, erwartungsgemäß mit Telearbeit verbunden. Oder anders gesagt, verringerte Fremdkontrolle soll bei Telearbeit durch erhöhte Selbstkontrolle ersetzt werden.

Die Ergebnisse verschiedener Studien belegen, dass verringerte soziale Ressourcen unter Telearbeit eine negative Seite dieser Arbeitsform sein können. Die Ergebnisse aus AQUATEL [5] zeigen keinen Unterschied zwischen den Telearbeitern und den Büroarbeitern in der sozialen Unterstützung durch Vorgesetzte, Kollegen und den Partner/die Partnerin, hingegen geben die Telearbeiter an, über weniger soziale Unterstützung von Freunden zu verfügen (siehe Tabelle 6.1). Im Verlauf der Telearbeit über einen Zeitraum von 1,5 Jahren erlebten die Telearbeiter keine Veränderungen der sozialen Unterstützung durch die verschiedenen Personengruppen, d.h. die soziale Unterstützung der Telearbeiter durch Kollegen und Vorgesetzte nimmt auch mit längerer Abwesenheit vom Büroalltag in der Zentrale nicht ab, allerdings verändert sich auch die geringere Unterstützung durch Freunde nicht. Dieser Effekt kann in zweierlei Hinsicht verstanden werden: Zum einen kann es sich um die freundschaftlichen Beziehungen in der Kollegenschaft handeln, deren Aufrechterhaltung erschwert wird; zum anderen können, aufgrund der mangelnden Trennung von Arbeit und Freizeit, auch Freundschaften außerhalb der Arbeit unter (Zeit-) Druck geraten (z.B. [7]).

Für Organisationen, die Telearbeit als Arbeitsform einrichten wollen, stellt sich die Frage, wie die soziale Einbindung in das Unternehmen trotz räumlicher Entfernung gewährleistet werden kann. Am ehesten wird sich die soziale Integration über alternierende Telearbeit, z.B. mit einer Aufteilung von 2 Tagen im Betrieb und 3 Tagen zu Hause, fördern lassen. Denn das persönliche Gespräch (Face-to-face) ist auch durch moderne Kommunikationstechnologien, wie z.B. E-Mail, nicht zu ersetzen, wenn es um so komplexe und sensible Sachverhalte geht wie den Austausch von beruflichem Fach- und Erfahrungswissen unter Kollegen, um Teamgespräche, die Vermittlung von sozialen Erfahrungen, das Erleben von Unternehmenskultur, das Entwickeln von Vertrauensbeziehungen, die Weitergabe vertraulicher Informationen usw.

Für Effizienz und Zielerreichung bei der Telearbeit kommen den Spielräumen in der Arbeit sowie der Autonomie bei der Gestaltung der Arbeitszeit sowie der Abstimmung von privater und beruflich veranlasster Bindung eine zentrale Bedeutung zu. Teleheimarbeit lässt Arbeit, Familie und Freizeit dann besser vereinbaren, wenn die beruflichen und privaten Anforderungen sowie Zeitrhythmen selbstorganisiert vom Telearbeiter abgestimmt werden können, damit das Verhältnis von privater und beruflich veranlasster Bindung und somit der Nutzwert der Telearbeit optimiert werden kann. Die Ergebnisse aus AQUATEL [5] unterstreichen, dass Telearbeiter über mehr Spielräume in der Arbeit und mehr Arbeitszeitautonomie als die vergleichbaren Büroarbeiter verfügen (siehe Tabelle 6.1). Im zeitlichen Verlauf von 1,5

Jahren nehmen diese Spielräume in der Arbeit weiter zu und weiten sich auf die Entscheidungsspielräume aus, so dass die Telearbeiter dann nicht nur über vermehrte Handlungsspielräume, im Sinne von Wahlmöglichkeiten über Verfahren, Mittel und zeitliche Organisation der Arbeit, sowie über Gestaltungsspielräume, im Sinne der Gestaltung der Aufgaben nach eigenen Vorstellungen, verfügen, sondern mittels Entscheidungsspielräumen die Aufgaben und die zu erreichenden Ziele selbst mit beeinflussen können [6].

In einer früheren Studie von Garhammer [12] werden insbesondere die Ergebnisse aus AQUATEL zur Arbeitszeitautonomie vorweggenommen. Diese scheint von den Telearbeiter/-innen genutzt zu werden, um berufliche Belastungen mit Erholungszeiten auszugleichen, die an die biologischen und sozialen Rhythmen angepasst sind, oder um den zeitlichen Druck, der in der Vereinbarung von Arbeit und Familie immer wieder aufkommt, durch eine günstige Passung zwischen den zeitlichen Anforderungen der beiden Lebensbereiche zu vermindern. Zeitsouveränität scheint außerdem auch eine individuellere Lebensgestaltung, im Sinne einer stärkeren Durchmischung und gleichmäßigeren Verteilung von Arbeits- und Freizeitaktivitäten im Tagesverlauf zu ermöglichen. Trotz der hohen Zeitsouveränität sahen immerhin 84% der befragten Telearbeiter/-innen ihr Privatleben durch gelegentlichen Auftragstermindruck gestört. Weiterhin darf nicht übersehen werden, dass selbstbestimmte Arbeitszeiten erst dann eine individuelle Passung von Arbeit, Familie und Freizeit und somit eine „Work-Life-Balance" ermöglichen, wenn die täglich zu erbringende Gesamtarbeitszeit – also die Summe der Erwerbsarbeitszeit und der Zeit für weitere z. B. für familiale Anforderungen – überhaupt noch genügend Spielraum für ein flexibles und autonomes Zeitmanagement erlauben.

Hat Telearbeit – auch mit Blick auf die „Work-Life-Balance" – eine Zukunft?

Telearbeit eröffnet – das machen vorliegende Ergebnisse deutlich – eine Reihe von Optionen für familienfreundliche Arbeitsplätze und eine „Work-Life-Balance", es wurden aber auch Spannungsfelder zwischen Arbeit, Familie und Freizeit deutlich. Die Telearbeiter/-innen beschreiben vor allem die Möglichkeit zur selbstorganisierten Arbeitsweise und den selbstverantwortlichen Umgang mit der Arbeitszeit als sehr gewinnbringend und förderlich für Motivation, Arbeitszufriedenheit und Produktivität. Gleichzeitig haben jedoch die schwächere Einbindung in das Unternehmen, die geringere soziale Unterstützung und die verringerten sozialen Vergleichsmöglichkeiten auch erkennbare nachteilige Einflüsse. Vor allem Telearbeiterinnen mit kleineren Kindern betonen die Vorteile von Zeitautonomie oder besserer Synchronisation zwischen häuslichen, familialen und beruflichen Anforderungen. Gleichzeitig erleben sie Mehrfachbelastungen neuer Art, sei es in dem fortwährenden Zusammentreffen der häuslichen, familialen und beruflichen Anforderungen oder durch den Verlust von Rückzugsmöglichkeiten und sozialer Unterstützung. Telearbeit kann – als eine neue Form weiblicher Erwerbstätigkeit neben der Familien- und Hausarbeit – zudem die geschlechtsspezifische Rollenteilung und die Festschreibung auf den häuslichen Arbeitsplatz noch verstärken.

Offensichtlich ermöglicht Telearbeit vielfältige Formen der Flexibilisierung für Unternehmen und Arbeitnehmer. Das ist in einer Phase gesellschaftlicher und sozialer Entwicklung, die durch eine fortschreitende Individualisierung der Lebensverhältnisse gekennzeichnet ist, immer dann von Vorteil für die Gestaltung von Arbeit, Familie und Freizeit, wenn ein Bedarf und ein Bedürfnis nach Flexibilität und nach Spielräumen zu deren Nutzung vorhanden sind. Allerdings sind beide, Bedarf und Bedürfnis, sehr unterschiedlich auf Lebensphasen und soziale sowie persönliche Verhältnisse verteilt. Vielleicht mit Ausnahme der Familien mit jungen oder heranwachsenden Kindern – naheliegenderweise ist dies auch diejenige Gruppe, die immer wieder plakativ als Zielgruppe angesprochen wird – lassen sich eindeutig keine Gruppen angeben, die insbesondere häusliche (alternierende wie permanente) Telearbeit grundsätzlich nur als vorteilhaft bewerten. Da diese Gruppe junger Familien mit Kindern keine vernachlässigbare Minderheit ist, existiert hier eine beachtliche Zielgruppe, für die häusliche und besonders alternierende Telearbeit bei entsprechender Organisation eine interessante Option auf eine lebensphasenadäquate Arbeitsform darstellen kann. Daneben ist ohne Frage für viele Arbeitnehmergruppen die „supplementary telework" aus vielfältigen Gründen eine wertvolle Ergänzung zur Arbeit im Unternehmen. Und nicht zuletzt wird die mobile Telearbeit – insbesondere in den zahlreichen ohnehin mobil tätigen Gruppen von Erwerbstätigen – weitere Verbreitung finden.

Aber wird gerade der häuslichen (alternierenden oder permanenten) Telearbeit ein breiter Erfolg beschieden sein? Hier sind Zweifel angebracht. Da ist zum einen die Gefahr mangelnder Informationsversorgung und Einbindung in das Unternehmen. Des Weiteren besteht heute in Telearbeitsverhältnissen nicht selten mangelnde Transparenz in Fragen des Personalmanagements, in bezug auf Fort- und Weiterbildung, Personalführung und Karriereplanung usw., auch wenn sich hier in den letzten Jahren sehr vieles zum Positiven verändert hat und Telearbeit den Kinderschuhen entwachsen ist. Insofern ist es nicht erstaunlich, dass häusliche Telearbeit nicht selten ihrer Brückenfunktion halber und wegen der begrenzten zeitlichen Perspektive begrüßt wird, aber als langfristige Lösung nicht so attraktiv erscheint.

Auch wenn individualisierte alternierende Telearbeit in die Zeit zu passen scheint, so darf nicht übersehen werden, dass die Mehrzahl der Menschen, die so arbeiten sollen und wollen, darauf nicht vorbereitet sind. Ihre berufliche Entwicklung haben sie zumeist noch in den vorgezeichneten Pfaden der Normalbiographie und in den mehr oder weniger geschützten Räumen traditioneller Unternehmensstrukturen vollzogen. Zur konstruktiven Bewältigung des Spannungsverhältnisses von Arbeit, Familie und Freizeit in der Telearbeit und einer gelungenen „Work-Life-Balance" sind jedoch Kompetenzen wie Selbstorganisationsfähigkeiten, Zeitverantwortung und Eigenmotivierung vonnöten, die häufig erst erlernt werden müssen.

Der Wandel der Arbeitswelt schreitet rasant voran und mit ihm gewinnen neue Arbeitsformen wie die Telearbeit an Attraktivität. Doch weiß heute kaum jemand so recht, wie die zukünftige Arbeitswelt mit einem weiter wachsenden Anteil von Telearbeit aussehen wird und aussehen soll. Sicher scheint nur, dass „sich die Realität durchfrisst" und die Regeln, nach denen die zukünftige Arbeitswelt gestaltet sein wird, nicht von den Regeln der Vergangenheit abgeleitet werden können. Die vielfältigen Formen der Telearbeit können sich zu neuen und interessanten Optionen entwickeln, wenn sie mit einer – vor allem für das Spannungsfeld von Arbeit, Familie und Freizeit skizzierten – differenziellen Gestaltung und Organisation verbunden werden und wirklich etwas getan wird, um die Menschen auf diese neue Arbeitswelt in Familie, Schule und Beruf sowie mit Blick auf die Chancen und Risiken für die Arbeitsbiographie und soziale Sicherung vorzubereiten.

Literatur

[1] Büssing A (1998) Teleworking and quality of life. In: Jackson P, van der Wielen J (Eds) Teleworking: International perspectives. From telecommuting to the virtual organization. Routledge, London, pp 144–165
[2] Büssing A (1999) Telearbeit. In: Frey D, Graf Hoyos C (Hrsg) Arbeits- und Organisationspsychologie. Ein Lehrbuch. Psychologie Verlags-Union, Weinheim, S 225–236
[3] Büssing A (2001a) Telework. In: Karwowski W (Ed) International encyclopedia of ergonomics and human factors. Taylor & Francis, London, Vol 3, S 1723–1725
[4] Büssing A (2001b) Telearbeit im Spannungsfeld von Arbeit, Familie und Freizeit. In: Winker G (Hrsg) Telearbeit und Lebensqualität. Zur Vereinbarkeit von Beruf und Familie. Campus, Frankfurt/M, S 61–92
[5] Büssing A (2002) Wohlbefinden, Beanspruchung und Ressourcen unter Telearbeit. In: Bundesanstalt für Arbeitsschutz und Arbeitsmedizin

(Hrsg) Gesundheitsförderung an neuen Arbeitsplätzen – eine Herausforderung für die Akteurinnen des Arbeits- und Gesundheitsschutzes. Wirtschaftsverlag NW, Bremerhaven, S 111–136
[6] Büssing A, Drodofsky A, Hegendörfer K (2003) Telearbeit und Qualität des Arbeitslebens – Ein Leitfaden zur Analyse, Bewertung und Gestaltung. Hogrefe, Göttingen
[7] Büssing A, Kunst R, Michel S (1996) Qualifikationsanforderungen, berufliche Qualifizierung und Mehrfachbelastung unter Telearbeit. Eine quasi-experimentelle Untersuchung von Telearbeiterinnen im Erziehungsurlaub (Bericht Nr. 31 aus dem Lehrstuhl für Psychologie). Technische Universität, Lehrstuhl für Psychologie, München
[8] Cullen K, Kordey N, Schmidt L, Gaboardi E (Eds) (2003) Work and family in the ework era. IOS, Amsterdam, press.
[9] Electronic Commerce and Telework Trends [ECaTT] (2000) ECaTT final report: Benchmarking progress on new ways of working and new forms of business across Europe. Als PDF-Dokument verfügbar unter: http://www.ecatt.com/ecatt; Link „Final Report" 25.07.2003.
[10] Gareis K (2003) The Intensity of Telework in 2002 in the EU, Switzerland and the USA. Als PDF-Dokument verfügbar unter: http://www.empirica.com 25.07.2003. Empirica, Bonn
[11] Gareis K, Kordey N (2000) The spread of telework in 2005. Empirica, Bonn
[12] Garhammer M (1994) Balanceakt Zeit. Auswirkungen flexibler Arbeitszeiten auf Alltag, Freizeit und Familie. Edition Sigma, Berlin
[13] Glaser WR, Glaser M (1995) Telearbeit in der Praxis. Psychologische Erfahrungen mit außerbetrieblichen Arbeitsstätten bei der IBM Deutschland GmbH. Luchterhand, Berlin
[14] Hill EJ, Miller BC, Weiner SP, Colihan J (1998). Influences of the virtual office on aspects of work and work/life balance. Personnel Psychology, 51:667–683
[15] Katz Ch, Duell W (1990) Individuelle Telearbeit für Männer. Chance für neue Geschlechterrollen? In: Frei F, Udris I (Hrsg) Das Bild der Arbeit Huber, Bern, S 302–314
[16] Mirchandani K (1998) No longer a struggle? Teleworkers' reconstruction of the work-non-work boundary. In: Jackson P, van der Wielen J (Eds) From telecommuting to the virtual organization. Routledge, London, pp 118–135
[17] Reichwald R, Möslein K, Sachenbacher H, Englberger H, Oldenburg S (2000) Telekooperation. Springer, Berlin
[18] Treier M (2001) Zu Belastungs- und Beanspruchungsmomenten der Teleheimarbeit unter besonderer Berücksichtigung der Selbst- und Familienregulation. Kovac, Hamburg
[19] Winker G (Hrsg) (2001) Telearbeit und Lebensqualität. Zur Vereinbarkeit von Beruf und Familie. Campus, Frankfurt a.M.

KAPITEL 7

Betrieblich geförderte Kinderbetreuung

D. Janke

Zusammenfassung. *Kinderbetreuungsangebote können ein effektives Instrument zur Vereinbarkeit von Familie und Beruf sein, wenn sie für Eltern verfügbar, bedarfsgerecht und bezahlbar sind. Der Beitrag beschäftigt sich mit den unterschiedlichen Formen betrieblich geförderter Kinderbetreuung, als ein möglicher Beitrag von Unternehmen zur Verbesserung der „Work-Life-Balance". Unter betrieblich geförderter Kinderbetreuung werden alle sozialpolitischen Maßnahmen eines Betriebes gefasst, die eine außerfamiliale Betreuung, Bildung, Erziehung von Kindern eigener Betriebsangehöriger initiieren, unterstützen oder selbst organisieren.*

Das System der öffentlichen Kinderbetreuung

Die Pluralisierung und Individualisierung des Familienalltags hat einen veränderten Bedarf an öffentlicher Unterstützung für die Erziehungsleistung der Familie hervorgebracht. Viele Eltern wollen und müssen heutzutage Kindererziehung und Berufsleben in Einklang bringen und sind dabei auf außerfamiliäre Angebote angewiesen. Kindertageseinrichtungen bilden hier eine entscheidende Verbindung zwischen privatem und öffentlichem Leben: sie erfüllen pädagogische Aufgaben, unterstützen die frühkindliche Selbstbildung und erleichtern die Vereinbarkeit von Familie und Beruf. Über den Bedarf nach einem quantitativen Ausbau der Infrastruktur sowie nach qualitativen Veränderungen bei der Gestaltung von Tageseinrichtungen herrscht in der Fachwelt und in der Öffentlichkeit ein breiter Konsens.

Aber trotz der vielerorts stattfindenden Weiterentwicklungen in der öffentlichen Kinderbetreuung ist das Betreuungsangebot für Kinder zwischen 0 und 12 Jahren in der Bundesrepublik immer noch ungenügend. Im europäischen Vergleich liegt Deutschland in Bezug auf die verfügbare Infrastruktur für Kinder und Familien auf einem der letzten Plätze [10]. Von Politikern und Wirtschaftsvertretern wird dies mittlerweile als Standortmangel angemahnt. Die Versorgung mit Kindertageseinrichtungen fällt regional sehr unterschiedlich aus, besonders jedoch zwischen Ost- und Westdeutschland: Während in den neuen Bundesländern noch von einer nahezu bedarfsgerechten Versorgung gesprochen werden kann, fehlen in den alten Bundesländern insbesondere ausreichend Angebote für Kinder unter drei Jahren, Ganztagsplätze im Kindergartenbereich, Angebote für Schulkinder, flexible Zeitstrukturen für unterschiedlichen Bedarf in allen Altersgruppen, sowie eine Verlässlichkeit der Betreuung in der Versorgung während der Ferien. Der Versorgungsgrad mit Plätzen für Kinder unter drei Jahren in Kindertageseinrichtungen liegt in den alten Bundesländern bei 2,8%[1], obwohl die Quote der aktiv erwerbstätigen Mütter (d.h. ohne vorübergehende Beurlaubung, z.B. wegen Elternzeit) mit Kindern dieses Alters knapp 30% erreicht [3, S. 107]. Mit den geschätzten Plätzen in Tagespflege erhöht sich der Versorgungsgrad auf etwa 5%. Nur 18,8% der Kindergartenplätze in den alten Bundesländern sind Ganztagsplätze mit Betrieb über Mittag. Von den Kindern im Grundschulalter (6–10-Jährige) können in den alten Bundesländern kaum mehr als 5% eine Kindertageseinrichtung besuchen. Man geht davon aus, dass es bundesweit mindestens einen Bedarf von 20% für die unter Dreijährigen und von 30% für die über Sechsjährigen gibt. Insgesamt fehlen etwa 600000 Plätze.

Die Vereinbarkeit von Familie und Beruf ist Privatsache und funktioniert oft nur durch komplizierte Zeitpuzzle und Personenarrangements

Die Vereinbarkeit von Familie und Beruf ist unter diesen Umständen nur schwierig zu realisieren. Zudem sind in einer von Mobilität geprägten Gesellschaft, in der die informellen Netze von Familien „großmaschiger" werden, die Möglichkeiten einer innerfamiliären Kinderbetreuung vor Ort (z.B. durch Großeltern) nicht mehr selbstverständlich.

Sofern die Entscheidung nicht *für* Familie und gegen einen (Wieder-) Einstieg in die Erwerbstätigkeit gefallen ist, erfordert die Betreuung der Kinder während der Arbeitszeit für viele Eltern ein aufwendiges Zeitpuzzle, komplizierte Personenarrangements und ausreichend finanzielle Mittel. Der damit verbundene Stressfaktor kann sich auch auf den betrieblichen Ablauf auswirken:

---

[1] Alle statistischen Angaben zur Kinderbetreuung entstammen dem Zahlenspiegel (2002a) des Deutschen Jugendinstituts, der die letzten Daten der amtlichen Kinder- und Jugendhilfestatistik vom 31.12.1998 und Daten des Mikrozensus enthält [6].

"'Ungelöste Betreuungsprobleme erhöhen nicht nur die Fehlzeiten, sie bewirken auch eine insgesamt geringere Arbeitsleistung', schätzt ein Personalreferent der Deutschen Lufthansa AG die betrieblichen Folgen ein (Management & Seminar 2/97). Amerikanische Untersuchungen berichten von dem „Drei-Uhr-Syndrom": in der Zeit zwischen 15 bis 17 Uhr sinkt die Produktivität von Arbeitnehmerinnen mit Kindern unter 12 Jahren, die Zahl der Arbeitsfehler und Unfälle am Arbeitsplatz steigt. Dies ist die Zeit nach Schulschluss in den USA" (Quelle: www.liga-kind.de).

Durch den Mangel an Betreuungsplätzen können für den Arbeitgeber weitere Nachteile entstehen: Findet die Mitarbeiterin keine Möglichkeit, ihr Kind während der Arbeitszeit betreuen zu lassen, ist sie in der Regel gezwungen, das Unternehmen zu verlassen. Im Zuge der Globalisierung und Individualisierung der Arbeitswelt bedeutet dies einen erheblichen Verlust – ein Verlust an Qualifikationen und an Investitionen, die in Aus- und Weiterbildung der Fachkraft bis zu ihrem Ausscheiden auf unbestimmte Zeit getätigt wurden. Viele Betriebe und Institutionen bieten deshalb die Möglichkeit von erweiterten flexiblen Erziehungszeiten, von Weiterqualifizierung während der Erziehungszeit, von qualifizierten Teilzeitarbeitsplätzen, von Telearbeit oder anderen Arrangements. Einen spezifischen Beitrag von Unternehmen zur Verbesserung der „Work-Life-Balance" bildet die betrieblich geförderte Kinderbetreuung, indem sie erwerbstätigen Eltern hilft, ein Betreuungsangebot für die Zeit sicherzustellen, zu denen sie es aufgrund der betrieblichen und familiären Erfordernisse benötigen.

Mit der Bezeichnung „betrieblich geförderte Kinderbetreuung" wird meist nur das Modell des klassischen Betriebs- bzw. Werkskindergarten assoziiert, jedoch haben sich in den letzten Jahren differenziertere und vor allem kostengünstigere Formen entwickelt, bei denen in neuartigen Verbundmodellen Unternehmensinteressen sinnvoll mit kommunalen Interessen der Jugendhilfe kombiniert und Synergieeffekte genutzt werden.

Auch wenn die einzelnen Formen regional sehr unterschiedlich sind, so weisen sie doch eine Reihe von vergleichbaren Eigenschaften auf, die es ermöglichen, sie nach „Modellen" zu klassifizieren. Grundlage für den folgenden Überblick über die gängigsten Unterstützungsmodelle ist die sog. „Frankfurter Studie"[2], [5] und daran anschlie-

---

[2] In der „Frankfurter Studie" wurden erstmalig bundesweit existierende Kooperationsmodelle zwischen Jugendhilfe und Wirtschaft untersucht und dargestellt.

ßende Veröffentlichungen, in denen die Modelle ausführlicher dargestellt werden[3]. Hier sei besonders die Broschüre „Betrieblich unterstützte Kinderbetreuung – Konzepte und Praxisbeispiele" des Bundesministeriums für Familie, Senioren, Frauen und Jugend hervorgehoben: Sie enthält neben einem detaillierten Überblick über aktuelle Organisationsmodelle (veranschaulicht durch Beispiele guter Praxis), Erfahrungsberichte, hilfreiche Instrumente, Ansprechpartner sowie Literaturangaben zum Thema betrieblich geförderter Kinderbetreuung. Die kostenlose Broschüre ist beim Bundesfamilienministerium zu bestellen oder als Download (www.bmfsfj.de) erhältlich.

Modelle betrieblich geförderter Kinderbetreuung

Modell 1: Die einzelbetriebliche Kindertagesstätte

In der einzelbetrieblichen Einrichtung, die häufig auch als klassischer „Betriebskindergarten"[4] bezeichnet wird, werden ausschließlich Kinder von Betriebsangehörigen betreut. Ist das Unternehmen selbst Träger der Kindertagesstätte, liegt die Gestaltung der Rahmenbedingungen wie Gruppengröße und -zusammensetzung, Öffnungszeiten, Personalschlüssel, Aufnahmebedingungen in Eigenverantwortung und kann den Strukturen vor Ort optimal angepasst werden. In den meisten Fällen befindet sich die Einrichtung auf dem eigenen Gelände und fällt in die Zuständigkeit der Sozial- und Personalabteilung. Die Kosten trägt das Unternehmen – je nach landesgesetzlichen Regelungen gewähren Bundesland und/oder Kommune Zuschüsse.

Die Trägerschaft kann aber auch von einem anerkannten Träger der öffentlichen Jugendhilfe übernommen werden, der sich um die Organisation der Kindertagesstätte in Absprache mit dem Unternehmen kümmert.

Der Vorteil der einzelbetrieblichen Kindertagesstätte liegt sicherlich in der flexiblen und bedarfsgerechten Ausgestaltung des Kinderbetreuungsangebotes an arbeitszeitliche Bedürfnisse: so kann die Betreuungsmöglichkeit von Kindern unter drei Jahren MitarbeiterInnen die Chance gegeben, früher aus der Elternzeit zurückzukehren; die Öffnungszeiten können den Arbeitszeiten angeglichen werden. Die

---

[3] Vgl. Bildungswerk der Hessischen Wirtschaft e.V. u.a. 1995 [1], Ministerium für Frauen, Jugend, Familie und Gesundheit des Landes Nordrhein-Westfalen (Hrsg) 1998 [9], Hagemann u.a. 1999 [8], BMFSFJ (Hrsg) 2001 [2], BMFSFJ (Hrsg) 2002 [4], DJI 2002b [7].
[4] Mit dieser umgangssprachlichen Bezeichnung sind allerdings auch Einrichtungen für Kinder von 0–3 und 6–12 Jahren gemeint.

einzelbetriebliche Kindertagesstätte findet sich überwiegend in Großunternehmen, Krankenhäusern oder in großen Verwaltungen, aber auch kleinere Betriebe haben ähnliche Modellvarianten bereits umgesetzt.

Variante Modell 1: Überbetriebliche Kooperation mehrerer Unternehmen

Das Modell der überbetrieblichen Kooperation entspricht in etwa dem ersten Modell, mit dem Unterschied, dass hier mehrere räumlich benachbarte Unternehmen kooperieren und gemeinsam ein Angebot entwickeln. Diese Form bietet sich besonders für weniger finanzstarke Unternehmen an, da die Investitions- und Betriebskosten auf die einzelnen Unternehmen verteilt werden. Hierbei ist zu allerdings zu erwähnen, dass sich die Kooperation und Koordination hinsichtlich der Organisation, Finanzierung und der rechtlichen Regelung in der Praxis oft als schwierig erweist, da die Interessen aller Beteiligten berücksichtigt werden müssen. Die überbetriebliche Kooperation mehrerer Unternehmen zur betrieblich geförderten Kindertagesstätte findet sich beispielsweise in Gewerbegebieten, in denen es keine gewachsene soziale Infrastruktur gibt.

Modell 2: Errichtung einer betriebsnahen Einrichtung auf Stadtteilebene

Hier errichtet, least, pachtet oder kauft das Unternehmen eine Kindertageseinrichtung in Betriebsnähe und überträgt die Trägerschaft einem freien Träger der Jugendhilfe. Die neu geschaffenen Platzkapazitäten stehen den Kindern von MitarbeiterInnen und Kindern des Stadtteils zur Verfügung. Durch die Öffnung für Kinder aus dem unmittelbaren Umfeld der Einrichtung können öffentliche Zuschüsse in Anspruch genommen werden. Die wechselseitigen Leistungen zwischen Unternehmen und Kommune müssen vertraglich geregelt werden.
    Die Errichtung einer betriebsnahen Einrichtung auf Stadtteilebene kommt sowohl dem Unternehmen als auch der Kommune zugute. Das Unternehmen schafft durch einmalig geleistete Investitionskosten für MitarbeiterInnen ein verlässliches Betreuungsarrangement. Durch den kompetenten Träger wird das Unternehmen von betriebsfremden Aufgaben aus dem Bereich der Jugendhilfe entlastet, hat aber weiterhin Einfluss auf die Öffnungszeiten oder Alterszusammensetzung in der Gruppe. Durch die Option, nicht benötigte Plätze ggf. an Kinder des Stadtteils weiterzugeben, kann flexibel auf den aktuellen Betreuungsbedarf der MitarbeiterInnen reagiert werden. Die Kommune erfährt

durch die geleisteten Investitionskosten oder die bereitgestellten Räumlichkeiten des Unternehmens eine finanzielle Entlastung, die es ihr erleichtert, ein bedarfsgerechtes und familienunterstützendes Angebot vor Ort auszubauen.

„Die familienfreundliche Maßnahme wird von den Eltern unternehmensintern geschätzt und führt in der kommunalen Öffentlichkeit zu zahlreichen positiven Signalen." [4, S. 30]

Modell 3: Erwerb von Belegplätzen in bestehenden Einrichtungen

Das Unternehmen sichert sich Belegrechte für eine bestimmte Anzahl von Betreuungsplätzen in bestehenden Einrichtungen eines oder mehrerer Träger. Als betriebliche Gegenleistung werden unterschiedliche Förderungen ausgehandelt und vertraglich festgelegt, z.B. einmalige oder regelmäßige Zuschüsse, Geld- oder Sachspenden oder die Übernahme von Dienstleistungen (z.B. Kantinenessen, Abholdienste für Grundschulkinder).

Für dieses Modell müssen freie Plätze in den bestehenden Einrichtungen zur Verfügung stehen oder aber durch die Investitionen des Unternehmens neu geschaffen werden. Durch den Verkauf von Belegrechten eröffnen sich für die Träger neue Finanzierungsquellen, die es ihnen erleichtern, annähernd ein bedarfsgerechtes Angebot vor Ort bereitzustellen.

Eine Variante des Modells besteht darin, dass das Unternehmen die Erweiterung des Angebots in der bestehenden Einrichtung (verlängerte Öffnungszeiten, Ganztagsplätze mit Mittagessen, o.ä.) finanziert, wenn dadurch den MitarbeiterInnen die Vereinbarkeit von Familie und Beruf ermöglicht wird. Der Vorteil der Belegrechte ist die Flexibilität, die es erlaubt auf Bedarfsschwankungen bei den MitarbeiterInnen zu reagieren. Durch die individuell aushandelbaren Gegenleistungen ist dieses Modell besonders für kleinere Unternehmen geeignet.

Modell 4: Förderung von Elterninitiativen der MitarbeiterInnen

Die Eltern eines Unternehmens gründen einen eingetragenen Verein und werden Träger einer Elterninitiative. Solche selbstorganisierten Einrichtungsformen, zeichnen sich durch eine flexible Bedarfsgerechtigkeit aus, da die Eltern in ihrer Doppelfunktion als Träger und Nutzer, strukturelle Bedingungen wie Öffnungs- und Betreuungszeiten, Altersmischung, sowie das pädagogische Konzept selbst festlegen.

Das Unternehmen kann die Arbeit der Elterninitiative mit materiellen oder immateriellen Leistungen, wie beispielsweise Spenden, Renovierungsübernahmen, Ausstattung, Buchhaltung oder Rechts-/Praxisberatung unterstützen. Der finanzielle und organisatorische Aufwand ist für das Unternehmen eher gering, da dem vom Betrieb unabhängigen Elternverein in der Regel die jeweiligen öffentlichen Zuschüsse in voller Höhe zustehen und dieser auch die pädagogische und organisatorische Arbeit übernimmt. Von der Gründung eines Elternvereins bis hin zur Inbetriebnahme der fertigen Einrichtung ist es ein langer Weg, der von den Eltern viel zusätzliche Zeit, Nerven und Engagement erfordert. Es müssen viele Hürden genommen werden, wie die Suche und Gestaltung entsprechender Räumlichkeiten, die offizielle Anerkennung als freier Träger der Jugendhilfe und die Erteilung einer Betriebserlaubnis. Wenn das Modell „Förderung von Elterninitiativen" für ein Unternehmen in Betracht kommt, muss entweder auf bereits bestehende Einrichtungen der MitarbeiterInnen zurückgegriffen oder genügend Vorlauf eingeplant werden, so dass die Eltern noch vor dem akutem Bedarf tätig werden können.

Modell 5: Regionaler Kooperationsverbund

Dieses Modell bezeichnet den Ansatz, verschiedene Ressourcen vor Ort zu bündeln, um die Infrastruktur für Kinder- und Familien zu verbessern und die Vereinbarkeit von Familie und Beruf zu ermöglichen. Durch die Vernetzung von vorhandenen Betreuungsplätzen mit weiteren bestehenden Organisationsformen wie z. B. Babysitterdiensten oder Tagespflegevereinen sollen Betreuungslücken geschlossen und den Eltern individuelle und bedarfsgerechte Lösungen geboten werden. In den meisten Fällen übernehmen kommerzielle oder gemeinnützige Agenturen die Koordinations-, Vermittlungs- und Beratungsaufgaben in der Region: auf der Grundlage von aktuellen Informationen über sämtliche öffentlichen und nichtöffentlichen Betreuungsmöglichkeiten vor Ort können sie Eltern differenziert beraten und ihnen ein passgenaues Betreuungsarrangement zusammenstellen.

Die Unterstützung der Betriebe für die MitarbeiterInnen liegt in der Übernahme der Kosten der Vermittlungs- und Beratungsgebühren. Die Eltern zahlen nach erfolgreicher Vermittlung lediglich die anfallenden Betreuungskosten. Durch das Outsourcing der Vermittlung familienunterstützender Kinderbetreuungsangebote an ein spezialisiertes Dienstleistungsunternehmen wird der Betrieb von diesen Aufgaben vollständig entbunden, setzt aber innerhalb der Belegschaft ein deutliches Zeichen.

„Eltern sparen viel Zeit, wenn sie auf einen Betreuungsinformationspool zugreifen können. Für viele ist es zudem eine enorme Erleichterung, eine verständnisvolle und umfassende Beratung in Anspruch nehmen zu können. Und auch wenn die Vermittlung durch eine Agentur keine Garantie für ein dauerhaft zufriedenstellendes Betreuungsarrangement ist, gibt es vielen Eltern jedoch eine gewisse Sicherheit." [4, S. 59]

Modell 6: Betreuungsarrangements für Ausnahmesituationen

Dieses Modell liegt „quer" zu den anderen. Es setzt ein bestehendes und ausreichendes Betreuungsangebot voraus und kommt dann zum Tragen, wenn dieses reguläre Kinderbetreuungssystem der MitarbeiterInnen in Ausnahmefällen nicht mehr ausreicht. Solche Ausnahmesituationen können entstehen, wenn plötzlich die Tagesmutter erkrankt, die reguläre Kindertageseinrichtung oder die Schule geschlossen hat, eine unvorhergesehene Dienstreise ansteht, bei Wochenendarbeit, der Teilnahme an einer ganztägigen Fortbildung, o.ä. Hier wird eine Notfallbetreuung benötigt, um nicht kurzfristig Urlaub nehmen zu müssen oder entschuldigt zu fehlen. Die Betriebe können dafür sorgen, dass in einer betriebseigenen oder betriebsnahen Einrichtungen prophylaktisch eine bestimmte Anzahl von Ausnahmebetreuungsplätzen bereitstehen. Entweder stellt der Betrieb selbst Räume und Fachpersonal zur Verfügung oder er versucht, in der Region ein flexible Betreuungsangebote zu finden, wo er Notbetreuungskontingente „einkaufen" kann. „In allen diesen Fällen werden so MitarbeiterInnen-Kinder für einige Stunden, einen oder auch wenige Tage in einer kindgerechten Einrichtung von ausgebildeten Fachkräften betreut." [4, S. 55]

Solche Arrangements ermöglichen den beruflichen Einsatz der Belegschaft über mehrere Tage, z.B. bei Dienstreisen oder Fortbildungen und sichern somit den betrieblichen Ablauf. Für Eltern und Kinder bedeutet das plötzliche Wegbrechen von Betreuungsstrukturen ein hoher Stressfaktor, denn nicht immer steht eine privat organisierte Notfallbetreuung bereit. Mit dem Wissen um ein betrieblich gesichertes Ausnahmebetreuungssystem kann dieser Stress vermieden und eine befriedigende „Work-Life-Balance" ermöglicht werden.

Es sind noch unzählige weitere Varianten der betrieblich geförderten Kinderbetreuung denkbar, die jeweils vom Handlungswillen und -spielraum der Betriebe, den konkreten Bedürfnissen der MitarbeiterInnen und den Gegebenheiten vor Ort abhängen. Um herauszufinden, welches Modell angemessen ist, sollten sich Betrieb, Beschäftigte und Kommunen darüber austauschen, was realistisch ist. Ein Forum für den Dialog zwischen Wirtschaft, Jugendhilfe und anderen Interessenvertretungen bietet die Initiative „Allianz für Familie" des Bundesfamilienministeriums, die seit Sommer 2003 bundesweit läuft. Ziel der Initiative ist es, in möglichst vielen Städten und Gemeinden lokale Bündnisse zu gründen, um gemeinsam mit allen Akteuren die Bedingungen für Familien in der Kommune zu verbessern.

Das Interesse an betrieblich geförderter Kinderbetreuung ist bei erwerbstätigen Eltern vorhanden: Emnid-Umfragen zufolge würden mehr als die Hälfte der befragten Arbeitnehmer (57%) auf jeden Fall einen firmeneigenen Betreuungsservice in Anspruch nehmen und ein knappes Drittel (30%) wäre prinzipiell nicht abgeneigt. Die Bereitschaft zur Annahme derartiger Einrichtungen ist unabhängig vom beruflichen Status (Quelle: www.jobware.de).

Für welches Modell sich auch der einzelne Betrieb entscheiden mag: für Eltern und Betrieb entsteht durch die betrieblich geförderte Kinderbetreuung in der Regel eine „Win-Win-Situation": Den Eltern wird die Betreuung ihrer Kinder während der Arbeitszeit ermöglicht, sie erfahren einen „verbesserten Zeitwohlstand" [11, S. 291 f] und die Familienidentität von Vätern kann durch eine befriedigende Balance zwischen Familie und Arbeitswelt verbessert werden (11, S. 293 f). Die Betriebe erfahren durch die familien- und mitarbeiterorientierten Maßnahmen einen betriebswirtschaftlichen Nutzen: Investitionen in Aus-, Fort- und Weiterbildungen rentieren sich, die Personalfluktuation und die Fehlzeiten werden geringer, die Zufriedenheit und Motivation der MitarbeiterInnen steigen und damit auch die Arbeitsproduktivität [4, S. 11 ff].

Übernimmt das Unternehmen lokale Verantwortung, indem die Maßnahmen des Betriebes mit den kommunalen Interessen der Jugendhilfe verknüpft werden (Corporate Citizenship), hat dies positive Auswirkungen auf das Firmenimage: einerseits durch das sozialpolitische Engagement für seine MitarbeiterInnen, andererseits, in der Rolle des Global Player, auch für das Gemeinwesen, in dem es tätig ist. Dies bedeutet einen erheblichen immateriellen betriebswirtschaftlichen Nutzen.

Literatur

[1] Bildungswerk der Hessischen Wirtschaft u. a. (1995) Erfahrungen und Tendenzen betrieblich geförderter Kinderbetreuung. 3. Sozialpädagogisches Forum 1. Februar 1994. Dokumentation
[2] Bundesministerium für Familie, Senioren, Frauen und Jugend (Hrsg) (2001) Der familienfreundliche Betrieb 2000: Neue Chancen für Männer und Frauen. Bundeswettbewerb. Bonn 2001

[3] Bundesministerium für Familie, Senioren, Frauen und Jugend (Hrsg) (2003) Die Familie im Spiegel der amtlichen Statistik. Bonn
[4] Bundesministerium für Familie, Senioren, Frauen und Jugend (Hrsg) (2002) Betrieblich unterstützte Kinderbetreuung. Konzepte und Praxisbeispiele. Bonn
[5] Busch C, Dörfler M, Seehausen H (1993) Frankfurter Studie zu Modellen betriebsnaher Kinderbetreuung. Eschborn
[6] Deutsches Jugendinstitut (2002a) Zahlenspiegel. Teil A. München
[7] Deutsches Jugendinstitut (2002b) Familienunterstützende Kinderbetreuungsangebote. Projektheft 1. München
[8] Hagemann U, Kreß B, Seehausen H (1999) Betrieb und Kinderbetreuung. Kooperation zwischen Jugendhilfe und Wirtschaft. Opladen
[9] Ministerium für Frauen, Jugend, Familie und Gesundheit des Landes Nordrhein-Westfalen (1998) Betrieblich unterstützte Kinderbetreuung – Ein Handbuch für Unternehmen, Träger und Eltern. Düsseldorf
[10] Oberhuemer P, Ulich M (1997) Kinderbetreuung in Europa. Tageseinrichtungen und Pädagogisches Personal. Weinheim und Basel
[11] Seehausen H (2002) Familie und Kinderbetreuung. Dialog zwischen Jugendhilfe und Wirtschaft. In: Müchenberger U, Menzl M (Hrsg) Der Global Player und das Territorium; Schriftenreihe der Hamburger Universität für Wirtschaft und Politik Bd. 10. Opladen. S 273–294

KAPITEL 8

Berufstätigkeit und Verpflichtungen in der familiären Pflege – Anforderungen an die Gestaltung der Arbeitswelt

G. BÄCKER

Zusammenfassung. Die Problematik der Vereinbarkeit von Beruf und Familie bezieht sich nicht allein auf die Phase der Kindererziehung. Zunehmende Bedeutung erhält auch die Frage, wie Erwerbstätige mit den Anforderungen und Belastungen der häuslichen Pflege von vorwiegend älteren Familienangehörigen umgehen. Arbeitnehmer und Arbeitnehmerinnen, die ihre kranken, alten oder behinderten Angehörigen versorgen und pflegen müssen und wollen, stehen unter vielfältigen Belastungen. Nicht nur sind die äußeren Rahmensetzungen für familiäre Pflege immer noch defizitär. Hinzu kommt, dass die Arbeitswelt auf die privaten Anforderungen unzureichend Rücksicht nimmt. Erforderlich ist deshalb eine Arbeitszeitgestaltung, die diesen Anforderungen Rechnung trägt. Angesichts steigender Frauenerwerbstätigkeit auf der einen Seite und einem Anwachsen der Zahl der Pflegebedürftigen auf der anderen Seite ist eine Reaktion der betrieblichen Akteure und der Politik dringend geboten.

Problemstellung: Veränderte Frauenerwerbsmuster und private Pflege

Die Diskussion über die Finanzierbarkeit und Weiterentwicklung der Pflegeversicherung hat deutlich gemacht, dass in Deutschland die überwiegende Mehrzahl der 2 Mio. Menschen, die im Sinne des Pflegeversicherungsgesetzes (SGB XI) als pflegebedürftig gelten, familiär gepflegt wird: Das Statistische Bundesamt [13] geht nach den Ergebnissen des Mikrozensus von 1999 davon aus, dass nahezu drei Viertel (72%) aller Pflegebedürftigen, das sind 1,44 Mio. Personen, zu Hause versorgt werden. Davon wiederum erhalten 435 000 Pflegebedürftige ergänzende Hilfen durch ambulante Dienste; der Rest wird ausschließlich durch Angehörige gepflegt. Bekannt ist, dass es in erster Linie die Ehefrauen sowie die Töchter und Schwiegertöchter sind, die diese Leistungen erbringen.

Weniger bekannt ist indes, welchen Erwerbstatus die familiären Pflegepersonen haben. Die traditionelle Annahme, dass es sich hier im Wesentlichen um Frauen handelt, die nicht bzw. nicht mehr erwerbstätig sind, muss aber in Zweifel gestellt werden. So kommen Schneekloth und Potthoff (vgl. [12, S. 58 ff]) für 1998 zu dem Ergebnis, dass sich mehr als zwei Drittel der knapp 1,2 Mio. Menschen, die als private Hauptpflegepersonen für die Versorgung und Betreuung einer in einem Privathaushalt lebenden pflegebedürftigen Person verantwortlich sind, im erwerbsfähigen Alter befinden. Von diesen Personen in der Altersgruppe zwischen 15 und 65 Jahren sind 37% erwerbstätig.

Damit wird offenkundig, dass sich das Problem der Vereinbarkeit von Beruf und Familie nicht nur auf die Phase der Kindererziehung beschränkt, sondern auch auf die Aufgabe, Berufstätigkeit mit familiären Hilfs- und Pflegeverpflichtungen in Einklang zu bringen. Das Arrangement von Beruf und Familie wird für viele Frauen zu einer lebenslangen Aufgabe. Sind die Kinder aus dem Haus, ist es nicht unwahrscheinlich, dass ältere Angehörige hilfs- oder pflegebedürftig werden und auf Unterstützung angewiesen sind.

Die herkömmliche „Lösung" der Pflegeproblematik – Frauen unterbrechen ihre Erwerbstätigkeit oder geben sie ganz auf bzw. verzichten auf eine Wiederaufnahme der Erwerbstätigkeit oder weichen auf eine unterwertige (häufig im Geringfügigkeitssektor angesiedelte) Teilzeitarbeit aus – wird in Zukunft immer weniger selbstverständlich. Verbunden sind damit ja nicht nur finanzielle Einbußen, sondern auch nachhaltige Benachteiligungen im sozialen Sicherungsschutz. Dieser Einstellungswandel betrifft vor allem die jüngeren, nachwachsenden Frauengenerationen: Der Wunsch, eine Familie zu haben und mit der Familie zu leben und das eigene Dasein individuell und selbstverantwortlich gestalten zu können und gleichberechtigt mit den Männern am Erwerbsleben teilzunehmen, bezieht sich auch auf den Aspekt der generationenübergreifenden Solidarität mit älteren Angehörigen. Frauen sind weder wegen der Kindererziehung noch der Übernahme von Pflegeaufgaben bereit, fraglos auf Erwerbstätigkeit zu verzichten oder eine dauerhafte berufliche Ausgliederung und/oder unzumutbare berufliche, finanzielle und soziale Benachteiligungen hinzunehmen [10]. Jene Lebensumstände, mit denen sich ihre Mütter noch abgefunden haben bzw. abfinden mussten, werden von jungen Frauen nicht mehr akzeptiert.

Vereinbarkeit von Berufstätigkeit und Pflegeverpflichtungen

Verantwortliche Politik muss diese Veränderungen in den Lebensentwürfen und Erwerbsmustern von Frauen berücksichtigen, wenn es darum geht, den hohen Grad an häuslich-familiärer Versorgung pflegebedürftiger Menschen auch in Zukunft zu sichern. Sicherlich ist es richtig, dass die über 300 000 Arbeitnehmerinnen und Arbeitnehmer mit familiären Pflegeverpflichtungen (1998) derzeit nur eine Minorität unter den Beschäftigten insgesamt darstellen. Auch ist nicht zu übersehen, dass Zahl und Quote von erwerbstätigen Frauen, die ihre Kinder versorgen, deutlich höher liegen – 18% aller weiblichen Erwerbstätigen haben Kinder unter 15 Jahren [4, S. 213 ff]. Aber es wäre verfehlt, diese Daten als Anlass für Nichtstun oder Abwarten zu nehmen. Denn alle Trends weisen darauf hin, dass Zahl und Quote erwerbstätiger Pflegender weiter steigen werden. Dies ist eine Folge des demographischen Umbruchs einerseits [5], der zunehmenden Frauenerwerbsbeteiligung über alle Altersgruppen hinweg andererseits. Nach der Geburt von Kindern kehren immer mehr Frauen in das Erwerbsleben zurück, und die Unterbrechungsphase wird kürzer [4]. Dieser Trend hin zu steigenden Frauenerwerbsquoten in Bezug auf die Pflege wird auffällig, wenn beim Erwerbsstatus von Hauptpflegepersonen im Alter bis zu 65 Jahren zwischen den alten und neuen Bundesländern unterschieden wird. In den neuen Ländern ist (1998) nahezu die Hälfte dieser Personen (44%) erwerbstätig [12]. Fraglich ist deshalb, ob die verbreitete Bereitschaft, wegen der Übernahme von Pflegeaufgaben die Erwerbstätigkeit aufzugeben, einfach in die Zukunft fortgeschrieben werden kann. So geben (1998) 17% der Pflegepersonen in den alten und 11% der Pflegepersonen in den neuen Ländern an, wegen der Pflege ihre Erwerbstätigkeit aufgegeben zu haben [12, S. 60].

Ein Weiteres kommt hinzu: Wenn die angestrebte Verlängerung der Lebensarbeitszeit tatsächlich durchgesetzt wird, so bedeutet dies, dass für die Erwerbstätigen im höheren Lebensalter die Wahrscheinlichkeit wächst, mit der Pflegebedürftigkeit von Angehörigen konfrontiert zu werden. Schließlich ist zu berücksichtigen, dass es sich bei den skizzierten Daten um Querschnittsergebnisse handelt. Im Zeitverlauf der Erwerbsbiografie, also im Längsschnitt, lassen sich erheblich höhere Betroffenheiten feststellen, d. h. dass die auf eine bestimmte Lebensphase bezogene Eventualität einer Unterstützung älterer Angehöriger mehr Erwerbstätige trifft.

Der hohe und wachsende Stellenwert der Aufgabe, das familiäre Pflegepotenzial zu stabilisieren und Beruf und familiäre Pflege nachteilsfrei miteinander in Einklang bringen zu können, kontrastiert mit den gegenwärtig unzureichenden Bedingungen der Vereinbarkeit. Arbeitnehmer und Arbeitnehmerinnen, die ihre kranken, alten oder behinderten Angehörigen versorgen und pflegen müssen (und wollen!), stehen unter vielfältigen Belastungen. Nicht nur sind die äußeren Rahmensetzungen für familiäre Pflege immer noch defizitär (vor allem qualitativ ungenügende Angebote an ambulanten und teilstationären sozialen Diensten und Einrichtungen, ungeeignete Räumlichkeiten usw.). Hinzu kommt, dass die Arbeitswelt auf die privaten Anforderungen unzureichend Rücksicht nimmt. Die Regelungen von Arbeitsorganisation und Arbeitszeit orientieren sich herkömmlicherweise allein auf die Anforderungen des Betriebes und beziehen sich auf das Leitbild des männlichen „Normalarbeitnehmers". Als Arbeit gilt die Erwerbsarbeit; außerberufliche, lebensweltliche Anforderungen und Belastungen bleiben im „Normalarbeitsverhältnis" unberücksichtigt. Diese „strukturelle Rücksichtslosigkeit" [7] gegenüber der Familie, gegenüber Kindern wie Pflegebedürftigen, hat nicht nur die Betriebe, sondern die Gesellschaft insgesamt geprägt.

Die stärker werdende Integration von Frauen in das Erwerbsleben hat aber zur Folge, dass lebensweltliche Probleme und Anforderungen, die im traditionellen, geschlechtsspezifischen Arbeitsteilungsmodell aus dem Erwerbssystem herausgehalten wurden, nunmehr in dieses hinein geraten. Anpassungen in der Arbeitswelt sind demnach unumgänglich, wenn die häusliche Pflege gefördert werden soll, zugleich aber der Wunsch einer wachsenden Zahl von (auch älteren) Frauen nach dauerhafter und gleichberechtigter Erwerbsintegration zu berücksichtigen ist. Unterbleibt diese Anpassung, sind pflegende Erwerbstätige dauerhaften Überlastungen und Überforderungen ausgesetzt mit der Folge einer Beeinträchtigung der eigenen Gesundheit und einer Gefährdung des Familienzusammenhalts. In der Zuspitzung sehen sich die Frauen vor die Alternative gestellt, sich entweder aus der familiären Pflege zurückzuziehen, was womöglich eine vorzeitige Überweisung des Pflegebedürftigen in eine stationäre Versorgung notwendig macht, oder aber die Berufstätigkeit aufgeben. In beiden Fällen bedeutet dies, dass insgesamt Fähigkeit und Bereitschaft zur Übernahme häuslich-familiärer Pflege geschwächt werden.

Das Thema der besseren Vereinbarkeit von Berufs- und Familientätigkeit gewinnt nicht nur aus sozial- und gleichstellungspolitischen Gründen an Bedeutung. Auch die Volkswirtschaft insgesamt und die Betriebe im besonderen werden es sich in Zukunft kaum leisten können, die Vereinbarkeitsproblematik, d.h. die potenzielle Mehrfachbelastung pflegender Erwerbstätiger durch das Zusammentreffen von Beruf, allgemeiner Haushaltsführung und Anforderungen durch die

Unterstützung älterer Angehöriger außer Acht zu lassen (vgl. im Überblick [11]). Denn angesichts des demographischen Umbruchs und seiner Rückwirkungen auf den Arbeitsmarkt wächst das arbeitsmarkt- und personalpolitische Interesse, weibliche Mitarbeiterinnen, insbesondere jene mit einer hohen Qualifikation, auch dann nicht zu verlieren, wenn diese familiäre Pflegeaufgaben zu bewältigen haben [6]. Eine Aufgabe der Berufstätigkeit würde bedeuten, dass den Betrieben „Humankapitalinvestitionen" verloren gehen, was umso schwerer wiegt, je mühsamer und aufwendiger es ist, auf dem Arbeitsmarkt einen entsprechenden Ersatz zu finden. Auch eine längere berufliche Abwesenheit bzw. Freistellung führt aus Sicht der Betriebe zu erheblichen Anpassungsproblemen bei der Wiederbeschäftigung, was längere Erwerbsunterbrechungen zunehmend problematisch werden lässt.

Ein weiteres kommt hinzu: Wenn es richtig ist, dass Motivation, Engagement und Loyalität der Arbeitnehmer eine zunehmend wichtigere Bedeutung für das Betriebsergebnis zukommen und Innovationspotenzial und Leistungsbereitschaft auch von den sozialen Lebenszusammenhängen der Beschäftigten außerhalb des Berufs abhängen, dann kann eine „familien- und pflegefreundliche" Gestaltung der Arbeitswelt ganz maßgeblich dazu beitragen, dass Arbeitsproduktivität und -qualität steigen, Fehlzeiten und Fluktuation zurückgehen sowie die Betriebsbindung verstärkt wird. Die Betriebe müssen sich also in ihrem vorausschauenden Eigeninteresse mit der Wechselwirkung von Erwerbs- und Familienleben befassen und erkennen, dass die Pflegeverpflichtungen nicht isoliert von der Arbeitswelt zu sehen sind.

Arbeits- und Lebenswelt: Erwerbsarbeit und außerberufliche Anforderungen

Die Möglichkeit, Berufstätigkeit und familiäre Pflege miteinander in Einklang bringen zu können, wird durch eine Vielzahl außerhalb der Erwerbssphäre stehender Einflussfaktoren bedingt. Pauschale Aussagen über die zeitliche, physische und psychische Beanspruchung durch familiäre Hilfs- und Pflegetätigkeiten sind nicht möglich. Der Grad der Beanspruchung und Belastung hängt zunächst ab von Art, Intensität, Entwicklungsverlauf und Dauer der Hilfs- und Pflegebedürftigkeit des Angehörigen und dem sich daraus ergebenden Anforderungs- und Zeitprofil des Hilfs- und Pflegebedarfs. Dieser Hilfs- und Pflegebedarf kann durch pflegerische und Haushaltshilfen (ambulante Dienste und Einrichtungen) unterstützt werden, was die Familien entlastet. Schließlich spielen die persönlichen, familiären, finanziellen und gesundheitlichen Bedingungen der Hauptpflegepersonen sowie der Grad der Unterstützung bei der Pflege durch die anderen Familienangehörigen eine entscheidende Rolle für die Bewältigung des Spagats zwischen Berufstätigkeit, Führung des eigenen Haushalts und den Anforderungen durch die Pflege. Bewusst bleiben sollte der Tatbestand, dass zwischen den beiden Bereichen „Pflege" und „Beruf" eine Wechselwirkung besteht, d. h. dass die Berufstätigkeit selbst wiederum auf die objektive wie subjektive Beanspruchung durch die Pflege, d. h. auf Art, Intensität der Pflege, auf die Belastung bzw. das Belastungsempfinden sowie auf die familiären und finanziellen Rahmenbedingungen zurückwirkt.

Gleichwohl bleibt der Spagat zwischen den beiden Bereichen selbst bei günstigen Voraussetzungen ausgesprochen schwierig und voraussetzungsvoll. Unter den Bedingungen des traditionellen Normalarbeitsverhältnisses führt eine nicht nur leichte instrumentelle Hilfe im Haushalt des Angehörigen, sondern eine regelmäßige, tägliche Pflege im Umfang mehrerer Stunden sehr schnell zur Überforderung und Überlastung der Hauptpflegeperson.

Diese Überforderung ist vor allem eine Folge der Arbeitszeitgestaltung. Die tariflich fixierte Normalarbeitszeit macht es (trotz der Wochenarbeitszeitverkürzungen der letzten Jahre) nahezu unmöglich, die pflegerischen Zeitvorgaben mit der beruflichen Einbindung in Übereinstimmung zu bringen, denn die tägliche arbeitsgebundene Zeit führt auch heute noch zu einer außerhäuslichen Abwesenheit von im Schnitt um die 9,5 Stunden, wie dies Zeitbudgetstudien ausweisen [3]. Dabei sind Überstunden, Mehrarbeit und Arbeitszeitschwankungen (infolge variabler Arbeitszeiten mit längeren Ausgleichszeiträumen) noch nicht einmal berücksichtigt. Diese chronometrische Dimension der Arbeitszeit ist jedoch nur ein Kriterium für die Bewältigung des Alltags von Pflegepersonen; neben der Dauer der (täglichen, wöchentlichen) Arbeitszeit ist deren Lage und Verteilung (chronologische Dimension) entscheidend für den Umgang mit der Doppelbelastung.

Denn die Zeitrhythmen und Anforderungsstrukturen der Pflege sind durch zwei (auf den ersten Blick widersprüchliche) Elemente charakterisiert: Durch Konstanz und Berechenbarkeit zum einen sowie durch die Notwendigkeit zur Flexibilität zum anderen. Das heißt, dass Dauer und Lage der Arbeitszeit verlässlich sein müssen, um die Abstimmung mit den familiären und pflegerischen Erfordernissen und den Zeitstrukturen der pflegerischen Dienste erst möglich zu machen und um den pflegebedürftigen Angehörigen human und verantwortlich betreuen zu können. Andererseits gerät die fragile Synchronisation zwischen den unterschiedlichen Zeitgebern und Zeitordnungen sehr schnell an den Rand des Zusammenbruchs, wenn bei unvorhersehbaren Ereignissen (akuter Krankheitsfall, Besuch des Arztes, Ausfall sozialer Dienste oder anderer familiärer Pflegepersonen usw.) keine Chance bestünde, die Arbeitszeit diesen Veränderungen auch kurzfristig anzupassen – etwa durch späteren Arbeitsbeginn, früheres Arbeitsende, verlängerte (Mittags)Pausen, kurzfristige Abwesenheiten, Kurzurlaube, freie Tage, Schichtplanwechsel usw.).

Chancen und Risiken flexibler Arbeitszeiten

Eine familien- und pflegefreundliche Arbeitszeitgestaltung macht es also erforderlich, die betrieblichen Zeitstrukturen und -interessen mit den Zeitbedarfen der Pflegepersonen abzustimmen. Das betrifft die Option, die Arbeitszeit individuell und je nach Situation und Lebensphase unter das tarifliche Normalmaß zu verkürzen und die Option, die Arbeitszeit in Lage und Verteilung so gestalten und variieren zu können, dass damit den familiären und pflegerischen Anforderungen entsprochen werden kann.

Ganz allgemein lässt sich feststellen, dass sich in den letzten Jahren ein zwar langsamer, aber doch deutlicher Wandel der Betriebs-, Tarif- und Arbeitszeitpolitik vollzogen hat. Unter den Stichworten „Frauenförderung", „Vereinbarkeit von Beruf und Kindererziehung", „Familien und Betrieb" gewinnen familienfreundliche Regelungen bei der Ausgestaltung von Dauer, Lage und Verteilung von individuell wie kollektivvertraglich vereinbarten Arbeitszeiten an Gewicht. Dabei spielt jedoch der Aspekt „Pflegeverpflichtung" eine nur nebenrangige Rolle.

Allerdings wäre die Einschätzung verfehlt, dass spezifische Maßnahmen zur Familienorientierung die maßgeblichen Impulsgeber für die betriebliche Arbeitszeitpolitik der letzten Jahre seien. Die unter den Stichworten „Teilzeit", „Flexibilisierung" und „Variabilisierung" der Arbeitszeit (der tariflichen Vollzeitarbeit wie der Teilzeitarbeit) zu klassifizierenden neueren Arbeitszeitmodelle zeichnen sich gerade dadurch aus, dass sie – unter dem Eindruck verkürzter tariflicher Arbeitszeiten – versuchen, Dauer, Lage und Verteilung der Arbeitszeiten möglichst mit den ökonomischen Erfordernissen der Betriebe in Einklang zu bringen. Stichworte sind Ausdehnung von Betriebsnutzungs-, Maschinenlauf- und Öffnungszeiten, zeitnahe Anpassung von Produktion und Dienstleistung an schwankende Auftragseingänge, Produktionsziffern und Kundenfrequenzen, Vereinbarung von Jahresarbeitszeiten, Differenzierung oder ungleichmäßige Verteilung der Vollzeitarbeit, zeitautonome Arbeitsgruppen usw. Mittlerweile existiert eine kaum noch überschaubare Vielfalt von variablen Arbeitszeitmodellen, die insbesondere unter dem Druck der Wirtschaftskrise und der Verschärfung des internationalen Wettbewerbs eine zunehmende Verbreitung finden (vgl. im Überblick [8]).

Eine pauschale Beurteilung der Modelle der Arbeitszeitflexibilisierung ist nicht möglich. Dies gilt auch dann, wenn sie lediglich unter dem Aspekt der „Vereinbarkeit" zu prüfen sind. Denn den Chancen stehen Risiken gegenüber. Entscheidend bleibt, wem im betrieblichen Prozess die Zeitsouveränität zukommt, das heißt, ob und wie die betrieblich-ökonomischen Interessen mit den Zeitinteressen der Beschäftigten und den konkurrierenden Zeitimperativen außerberuflicher Zeitgeber in Einklang gebracht werden können. Wenn die Alleinbestimmung über die Zeitverwendung durch nur eine Seite, also entweder nur durch den Arbeitgeber oder nur durch die Beschäftigten, ordnungspolitisch nicht akzeptiert werden kann, werden Aushandlungs- und Kompromissprozesse zwischen Betrieb, Gewerkschaften und Beschäftigten notwendig.

Mit der Auflösung der starren, aber klar strukturierten Normalarbeitszeit und der Ausdünnung der Woche als gültigem Bezugsrahmen für die Arbeitszeit werden die Arbeitszeiten insgesamt uneinheitlicher, die Arbeitsrhythmen der Menschen entwickeln sich auseinander, Zeitgestaltung und -verwendung geraten zu einem schwierigen „Balanceakt", nicht nur für die einzelnen Arbeitnehmer und Arbeitnehmerinnen, sondern für die gesamte Gesellschaft.

Anforderungen an familienfreundliche Arbeitszeiten

Regelungsbedarfe. Zu berücksichtigen ist dabei, dass sich im Zuge der Pluralisierung von Lebensentwürfen und Lebensformen auch die Zeitwünsche und -bedingungen der Beschäftigten auseinanderentwickeln. Je nach Lebenslage und Lebensphase variieren die Wünsche hinsichtlich des Verhältnisses von Arbeitszeiten, Freizeiten und Familienzeiten. Es sollte deshalb nicht vergessen werden, dass Arbeitnehmerinnen und Arbeitnehmer mit familiären Pflegeverpflichtungen nur eine Minorität unter den Beschäftigten insgesamt darstellen. Die Gefahr von flexiblen Arbeitszeitsystemen mit in Volumen, Lage und Verteilung unterschiedlichen Strukturen liegt insofern gerade darin, dass diese Minoritäteninteressen nicht ausreichend zur Geltung kommen. Beschäftigte mit Pflegeverpflichtungen sind in aller Regel auf die regelmäßige, tägliche Reduzierung der Arbeitszeit sowie auf Planbarkeit und Verlässlichkeit der Arbeitszeitgestaltung angewiesen. Die in wechselnden und unregelmäßigen Formen gestalteten Arbeitszeitmodelle entsprechen diesen Anforderungen nicht. Auch die in Monats- oder

Jahresdimension als Ausgleich für die Mehrarbeit anfallenden größeren Freizeitblöcke helfen denen wenig, die den Spagat zwischen Beruf und Pflege täglich zu bewältigen haben.

Allerdings: Repräsentative Untersuchungen über Zeitbedarf und Zeitbudget von erwerbstätigen Pflegepersonen liegen nicht vor. Eine Prüfung der These vom Vorrang der täglichen Arbeitszeitverkürzung steht noch aus. Zu hinterfragen wäre vor allem, welchen Einfluss die außerberuflichen Einflussfaktoren und Rahmenbedingungen (Grad der Pflegebedürftigkeit, Verfügbarkeit über externe Hilfen, Beteiligung der Familie usw.) auf den Zeitbedarf haben. Dazu wären einzelbetriebliche Studien hinsichtlich der konkreten Auswirkung von Arbeitszeitsystemen auf die Lebensführung notwendig.

Die Arbeitszeitforschung wie auch betriebliche Befragungen von 1994 [1] haben gezeigt, dass die Berücksichtigung der spezifischen Interessen von erwerbstätigen Pflegepersonen vor allem davon abhängt, ob und inwieweit Personalleitungen, der Betriebsrat aber in erster Linie die unmittelbaren Vorgesetzten und KollegInnen der Arbeitsgruppe/Abteilung bereit sind, ihrerseits Rücksicht zu nehmen und Flexibilitäten gleich welcher Art möglich zu machen. Die besten Absichtserklärungen und formellen Regelungen nutzen wenig, wenn das Verständnis im Betrieb (und in der Gesellschaft) fehlt, die Vorgesetzten blockieren, lange und umständliche Antragswege einzuhalten sind, wenn die Auffassung herrscht, in qualifizierten Positionen könne auf (Dauer-)Überstunden nicht verzichtet werden und sei erst recht Teilzeitarbeit nicht möglich. Gleichermaßen schwierig wird die Situation für die Betroffenen, wenn die Arbeitskollegen nicht bereit sind, außerberufliche Belastungen durch die Pflege von Angehörigen anders und höherrangig zu bewerten als ein politisches, sportliches oder kulturelles Engagement.

Zeitarrangements wie Teilzeitarbeit am Arbeitsplatz, (erweiterte) Gleitzeitregelungen, Berücksichtigung der individuellen Situation bei der Festlegung von Schicht- und Einsatzplänen, der Verzicht auf Überstunden, Offenhalten von Fortbildungs- und Aufstiegsmöglichkeiten, befristete Freistellungsmöglichkeiten sind insofern abhängig vom Verhalten der KollegInnen und Vorgesetzten – von der Betriebskultur insgesamt.

Aber die individuelle und informelle Komponente bei der Arbeitsorganisation und Arbeitszeitgestaltung hat enge Grenzen: Die Freiheitsgrade in der Zeitdisposition hängen maßgeblich von den spezifischen Produktions- und Marktbedingungen des Betriebes, d.h. von der Branche, der Arbeitsorganisation, der Art der Tätigkeit usw. usf. ab. Nicht alle erwerbstätig Pflegenden (Frauen) arbeiten in Büro- und

Verwaltungsberufen, in denen eine individuell flexible Arbeitszeitgestaltung leichter möglich ist, viele sind auch in der taktgebundenen industriellen Produktion tätig.

Über die Aufforderung, dass es grundlegender Bewusstseins- und Verhaltensänderungen zur Aufwertung von Pflegeverpflichtungen bedarf, gibt es wenig Dissens [1]. Kontrovers wird die Frage behandelt, ob und inwieweit es gesetzlicher und/oder kollektivvertraglich vereinbarter (über Betriebsvereinbarung oder Tarifvertrag) Regelungen bedarf, die mit Rechtsansprüchen versehen sind und im Konfliktfall auch gegen die Interessen des Betriebes durchsetzbar sind. Während die Betriebe und Arbeitgeberverbände vorrangig für freiwillige, auf den Einzelfall und seine spezifischen Bedingungen abgestellte individualvertragliche Regelungen plädieren und vor einer kontraproduktiv wirkenden Regulierung von Arbeitszeitarrangements warnen, die die Vielfalt der betrieblichen Voraussetzungen über einen Kamm scheren, sprechen sich Betriebsräte und Gewerkschaften und in besonderem Maße die Politik für die Fixierung von allgemeingültigen Rahmenbedingungen für familienfreundliche Arbeitszeiten aus, um so den Schutz- und Gestaltungsaspekt von Arbeitszeiten zu verbessern.

Ausgangspunkt dieser Position ist die Aussage, dass es zwischen den Arbeitszeitinteressen von Betrieb und Beschäftigten (aber auch zwischen den Beschäftigtengruppen) kein per se harmonisches Verhältnis gibt, sondern vielmehr ein strukturelles Konfliktfeld, das durch Schnittmengen zwar gemildert, aber nicht grundsätzlich überbrückt wird. Zugleich wird als ein politisches Ziel postuliert, dass alle Beschäftigten, auch jene mit niedrigem Berufs- und Qualifikationsstatus oder einer geringeren Leistungsfähigkeit oder im fortgeschrittenen Alter, an deren (Weiter)Beschäftigung der Betrieb weniger interessiert ist und die insofern keine oder nur sehr geringe Verhandlungsmacht haben, ihre Interessen durchzusetzen, die Chance haben müssen, Beruf und Familie nachteilsfrei miteinander vereinbaren zu können. Das gelte auch und gerade für Zeiten der wirtschaftlichen Krise, in denen die „Versuchung" naheliegt, die gewonnenen Einsichten über die (auch im Betriebsinteresse ökonomisch-personalpolitisch notwendige) Berücksichtigung von Familienbelangen der kurzfristigen Rationalität von Rationalisierung, Kostensenkung und Personalabbau zu opfern.

Anforderungen von Kindererziehung und familiärer Pflege im Vergleich. Die (zeitlichen) Belastungen durch die Kindererziehung und Pflegeleistungen weisen manche Parallelitäten auf, sie unterscheiden sich jedoch auch in mehrfacher Hinsicht, was entsprechend unterschiedliche Anforderungen auf der Regelungsebene nach sich zieht:

- Der Eintritt der Pflegebedürftigkeit ist nicht prognostizierbar.
- Die Dauer der Pflegebedürftigkeit ist in der Regel nicht absehbar, sie kann nur kurzfristig sein, sich aber auch über viele Jahre hinweg erstrecken und möglicherweise auf mehrere Personen erweitern („Huckepack-Belastung"), wenn etwa die Mutter, die bislang den Vater hauptverantwortlich versorgt und verpflegt hat, mit zunehmender Dauer und Schwere der Pflegeverantwortung selbst hinfällig und hilfebedürftig wird.
- Ebenso unbestimmt ist der Entwicklungsverlauf der Hilfs- und Pflegebedürftigkeit. Eine „Verbesserung" dürfte in den allermeisten Fällen ausgeschlossen sein.
- Die psychische Belastung durch die Pflege ist ungleich höher als bei der Betreuung und Erziehung von Kindern. Die Geburt von Kindern ist ein freudiges und erfüllendes Ereignis; an dem Leben mit Kindern und an den Entwicklungsfortschritten der Kinder haben die ganze Familie und das soziale Umfeld gerne teil. Dies sieht bei der Versorgung älterer Angehöriger, die häufig genug auch psychisch erkrankt sind, gänzlich anders aus.

An diesen vergleichenden Hinweisen lässt sich erkennen, dass das Maß der Belastung der Hauptpflegeperson nicht allein durch „objektive" Daten erfasst werden kann. Gleichermaßen wichtig sind die körperliche und psychische Belastungsfähigkeit sowie das subjektive Belastungsempfinden. Der Umgang mit älteren Angehörigen kann sich schwierig und wenig befriedigend gestalten. Auf die Konfrontation mit Hilflosigkeit, Leid und nahendem Tod sind viele Menschen nicht vorbereitet.
Vor allem eine befriedigende berufliche Tätigkeit, d.h. Anerkennung im Beruf, Ablenkung durch andere Aufgaben und soziale Kommunikation mit KollegInnen, kann hier entlastend wirken und positiv auf Belastungsfähigkeit und -empfinden zurückwirken. Es wird sichtbar, dass zwischen den beiden Bereichen „Pflege" und „Beruf" eine enge Wechselwirkung besteht und Berufstätigkeit von Pflegenden nicht vorschnell und einseitig als Auslöser für eine Doppel- oder Mehrfachbelastung interpretiert werden kann. Mit der Berufstätigkeit ist nicht zuletzt auch eine Vergrößerung des Haushaltseinkommens und eine Verbesserung der finanziellen Rahmenbedingungen verbunden, was die Beschaffung externer Hilfen erleichtert. Und schließlich erzwingt die Berufstätigkeit von Frauen in einem gewissen Maße auch ein stärkeres Engagement der Familienmitglieder in der Familien- und Pflegearbeit.

Familien- und pflegefreundliche Arbeitszeitgestaltung durch Gesetz, Betriebsvereinbarungen und Tarifverträge

Vereinbarkeit von Beruf und Kindererziehung. Auch wenn Fortschritte nur langsam zu verzeichnen sind, sind die Tendenzen hin zu einer familienfreundlicheren Arbeitszeitgestaltung doch nicht zu übersehen. So sind in den letzten Jahren eine Reihe gesetzlicher wie kollektivvertraglicher Schutz- und Gestaltungsregelungen zur besseren Vereinbarkeit von Beruf und Familie durchgesetzt worden. Wie erwähnt, beziehen sich diese aber nahezu ausschließlich auf die Vereinbarkeit von Beruf und Kindererziehung. Zu nennen sind hier vor allem

- der gesetzliche Erziehungsurlaub/Elternzeit, geändert durch die Reform von 2001 und
- das Teilzeitgesetz mit Ansprüchen auf Teilzeitarbeit,
- die kollektivvertraglichen Regelungen über Teilzeitarbeit sowie die Möglichkeiten von (über die Fristen des Erziehungsurlaubes hinausreichende) befristeten Freistellungen mit Rückkehrmöglichkeiten/-rechten. Diese Teil- und Vollfreistellungsregelungen wegen Kindererziehung finden sich sowohl in einer Reihe von Flächen- und Firmentarifverträgen als auch in einer großen Zahl von Betriebsvereinbarungen.

Besondere Bedingungen gelten für die Beschäftigten des öffentlichen Dienstes und hier insbesondere für die BeamtInnen, bei denen die Freistellungs- und Teilzeitregelungen als vorbildlich gelten können.
Familienbelange bleiben im Übrigen unberücksichtigt in den tarifvertraglichen Regelungen zur Schicht-, Nacht-, Wochenend- und Sonntagsarbeit, zur Mehrarbeit und zur Urlaubsgestaltung. Auch das Arbeitszeitgesetz sieht hier im Wesentlichen keine familienspezifischen Schutzregelungen vor. Allerdings ist zu erwähnen, dass Nachtschichtbeschäftigte mit schwer pflegebedürftigen Angehörigen den Anspruch haben, sich auf einen Tagesarbeitsplatz umsetzen zu lassen.
 Die aus Sicht der Vereinbarkeit von Beruf und Familie so wichtige Regelung der Gleitzeitarbeit wird in aller Regel betriebsnah in Betriebsvereinbarungen ausgeführt.
 Spezifische Tarifregelungen zur Voll- oder Teilfreistellung wegen Kindererziehung wurden bislang im Handel, dem Banken- und Versicherungsgewerbe, der Metall-, Eisen- und Stahlindustrie, der Druckindustrie, der Papier- und Kunststoffverarbeitung und zuletzt der Reisebürobranche abgeschlossen [2]. Entsprechende Betriebsvereinbarungen finden sich auch in den Großbetrieben der Metall- und Chemieindustrie, des Einzelhandels, des Bank- und Versicherungsgewerbes

und der Energieversorgung. Wichtig erscheint der Hinweis, dass derartige Vereinbarungen in einem Großteil der typischen Frauenbranchen wie der Textil- und Bekleidungsindustrie, der Süßwarenindustrie, dem Hotel- und Gaststättengewerbe und dem Reinigungsgewerbe, die durch ein niedriges Qualifikations- und Entlohnungsniveau der weiblichen Beschäftigten charakterisiert sind, nicht existieren.

Vereinbarkeit von Beruf und Pflege. Freistellungs- und Teilzeitregelungen wegen der Übernahme von Pflegeverpflichtungen stehen in einem engen Zusammenhang mit den auf die Kindererziehung bezogenen Vereinbarungen (Tarifverträge und Betriebsvereinbarungen).

Regelungsinhalt der Vereinbarungen ist vorrangig der Anspruch auf Arbeitsunterbrechung bei der Pflege von Angehörigen. Als Anspruchsvoraussetzung werden üblicherweise eine mehrjährige Betriebszugehörigkeit (teils einschließlich, teils ausschließlich der Ausbildungszeiten) sowie ein ärztliches Attest genannt. Als Angehörige gelten Eltern, Kinder und teilweise auch in „eheähnlicher Gemeinschaft" lebende Partner. In einigen Vereinbarungen müssen die Ansprüche auf Freistellung fristgerecht angekündigt werden. Die Dauer der „Pflegepause" variiert stark je nach Vereinbarung. Die Fristen reichen von wenigen Monaten bis hin zu drei Jahren und in Einzelfällen fünf Jahren.

Einige Vereinbarungen sehen sowohl kurzfristige unbezahlte Beurlaubungen als auch längerfristige Freistellungen mit Wiedereinstellungszusagen vor – die längerfristigen Freistellungen schließen in der Regel an die Beurlaubungen an.

In Erinnerung zu bringen ist das Problem, dass unter den heutigen Arbeitsmarktbedingungen Frauen bereits ab der Altersspanne 50 Jahre und älter kaum noch eine Beschäftigungschance haben, wenn sie nach Jahren einer Pflegepause versuchen, auf dem freien Arbeitsmarkt wieder eine (angemessene) Berufstätigkeit zu finden.

Bei diesen Betriebsvereinbarungen, die die Pflege erwähnen, reproduziert sich das oben erwähnte Verteilungsmuster auf bestimmte Betriebsgrößenklassen und Branchen. Erfasst sind ausschließlich die ertrags- und umsatzstarken Groß- und „Renommier"betriebe in der Bundesrepublik, die aber lediglich einen kleinen Teil aller Arbeitsplätze repräsentieren. In Klein- und Mittelbetrieben, die gerade für die Beschäftigung von Frauen maßgebend sind, existieren entsprechende Vereinbarungen überhaupt nicht. Ausgespart sind auch die typischen Frauenbranchen, die durch ein im Schnitt niedriges Qualifikations- und Entlohnungsniveau sowie kleine Betriebsgrößenklassen gekennzeichnet sind, wie u.a. das Reinigungsgewerbe, das Hotel- und Gaststättengewerbe, die Textil-, Bekleidungs- und Lederwarenindustrie, sowie die Süßwarenindustrie.

Ausblick

Bei der familien- und pflegeorientierten Gestaltung der Arbeitswelt kommt es vor allem darauf an, dass nicht nur in den Betrieben, sondern in der Gesellschaft insgesamt die Bereitschaft wächst, außerberufliche Belastungen als auch in der Berufswelt berücksichtigenswert anzuerkennen und nach problemspezifischen Lösungsmöglichkeiten zu suchen. Ein solches Grundverständnis sollte auch für die betrieblichen Akteure handlungsleitend sein. Dies ist, nach Jahren einer intensiven öffentlichen Diskussion, bei der Kindererziehung zumindest ansatzweise gelungen; bei der Pflege steht eine entsprechende Entwicklung noch aus. Vor dem Hintergrund des demografischen Wandels wachsen aber auch hier die Anforderungen. Dabei kann nicht bis zum Jahr 2010 oder 2020 gewartet werden. Bedingungen in der Arbeitswelt, die auf die Probleme privater Pflege Rücksicht nehmen, lassen sich nicht auf „Knopfdruck" realisieren, sondern bedürfen einer längeren Vorbereitungs- und Durchsetzungszeit.

Literatur

[1] Bäcker G, Stolz-Willig B (1995) Zwischen Beruf und Pflege. Betriebliche Maßnahmen zur Unterstützung pflegender Arbeitnehmerinnen und Arbeitnehmer, Schriftenreihe des Bundesministeriums für Familie, Senioren, Frauen und Jugend 106/2, Stuttgart Berlin Köln
[2] Bäcker G, Stolz-Willig B (1994) Vorstellungen für eine familienorientierte Arbeitswelt der Zukunft – Der Beitrag von Tarifverträgen und Betriebsvereinbarungen, Schriftenreihe des Bundesministeriums für Familie und Senioren 30.2, Stuttgart Berlin Köln
[3] Bauer F, Groß H, Munz E, Sayin S (2002) Arbeits- und Betriebszeiten 2001, Düsseldorf
[4] Engstler H, Menning S (2003) Die Familie im Spiegel der amtlichen Statistik, erstellt im Auftrag des Bundesministeriums für Familie, Senioren, Frauen und Jugend, Berlin
[5] Enquete-Kommission Demographischer Wandel (2002) Herausforderungen unserer älter werdenden Gesellschaft an den einzelnen und die Politik, Bundestagsdrucksache 12/7876
[6] Hertie-Stiftung (Hrsg) (1999) Unternehmensziel: Familienbewusste Personalpolitik, Köln
[7] Kaufmann F-X (1990) Zukunft der Familie, Stabilität, Stabilitätsrisiken und Wandel der familialen Lebensformen sowie ihre gesellschaftlichen und politischen Bedingungen, Schriftenreihe des Bundeskanzleramtes, Band 10, München 1990
[8] Linne G (Hrsg) (2002) Flexibel arbeiten – flexibel leben? Die Auswirkungen flexibler Arbeitszeiten auf Erwerbschancen, Arbeits- und Lebensbedingungen, Düsseldorf

[9] Magvas E, Spitznagel E (2002) Teilzeitarbeit: Neues Gesetz bereits im ersten Jahr einvernehmlich umgesetzt, in: IAB-Kurzbericht 23/2002
[10] Nave-Herz R, (1994) Vereinbarkeit von Familie und Beruf – die schwindende Solidarität in der individualistisch geprägten nachindustriellen Kultur, in: Deutsche Nationalkommission für das Internationale Jahr der Familie, Familienreport 1994, Bonn
[11] Naegele G, Reichert M (Hrsg) (1998) Vereinbarkeit von Erwerbstätigkeit und Pflege – Nationale und internationale Perspektiven, Hannover.
[12] Schneekloth U, Müller U, (1999) Wirkungen der Pflegeversicherung, Forschungsprojekt im Auftrag des Bundesministeriums für Gesundheit, Band 127 der Schriftenreihe des Bundesministeriums für Gesundheit, Baden-Baden
[13] Statistisches Bundesamt, Pflegestatistik 2001; http://www.destatis.de/download/d/solei/pflstat01.pdf und http://www.destatis.de/download/veroe/berpflege.pdf

KAPITEL 9

„Diversity" als Motor für flankierende personalpolitische Maßnahmen zur Verbesserung der Vereinbarkeit von Familie und Beruf

G. A. ERLER

Zusammenfassung. Neben den bekannten Instrumenten der Arbeitszeitorganisation, der Telearbeit und der Unterstützung bei Kinderbetreuung und Pflege hat sich eine breite Palette weiterer Dienstleistungen zur Unterstützung der „Work-Life-Balance" entwickelt, die von Firmen überwiegend extern zugekauft werden, z.B. Fachberatung zu Rechtsfragen, Finanzen, Personal Coaching. Concierge-Dienste bieten Einkaufsservice, Reinigungs- und Bügeldienste. PC-basierte Wellnessprogramme ergänzen das Bild. Solche Dienstleistungen sind nur wirksam, wenn sich auch die Firmenkultur entsprechend verändert. Hierzu dienen neue Strategien des Work-Redesigns, wobei Arbeitsabläufe entschlackt werden. Entscheidend ist die Schulung von Vorgesetzten im Hinblick auf die Respektierung unterschiedlicher Mitarbeiterbedürfnisse.

Einleitung

Das Thema „Work-Life-Balance" hat sich in den letzten 10 Jahren hinsichtlich seiner Zielgruppen ständig erweitert. Grob gesagt, entwickelte es sich von einem Frauen- und Familienthema zu einem Konzept, das auf die Verbesserung der Leistungsfähigkeit und Leistungsbereitschaft aller Mitarbeiter abzielt, gerade auch der Alleinstehenden. Im Rahmen dieser Entwicklung änderte sich auch die Begrifflichkeit: anstelle von „Work-Life-Balance" wird heute in der Personalpolitik und Organisationsentwicklung häufig auch der Begriff „Diversity" verwendet.

Es gibt dafür drei Ursachen:

1. *Die wachsende Knappheit qualifizierter jüngerer (männlicher) Arbeitskräfte führt zu bunteren, weiblicheren, insgesamt kulturell gemischteren Belegschaften = Diversity*

Diese Knappheit hat sich zwar angesichts des Personalabbaus nach dem Boom der 90er Jahre in einigen Bereichen in ihr Gegenteil verkehrt; dennoch begleitet sie viele Betriebe weiterhin. Betroffen sind zum Beispiel auch das Handwerk und der Mittelstand in wachsendem Maß. Auch Regionen mit eher niedrigen Löhnen und starker Abwanderung leiden verstärkt unter dieser Tendenz. Bestimmte Branchen wie etwa der Gesundheitssektor haben ganz akute Schwierigkeiten, Stellen zu besetzen und konkurrieren mit anderen Branchen aber auch mit Skandinavien um den Medizinernachwuchs – wobei das Thema Privatleben und Beruf eine erhebliche Rolle spielt. Diese strukturelle Knappheit von Arbeitskräften wird sich bekanntlich in den nächsten Jahrzehnten sektoral und regional dramatisch verschärfen. Sie führt dazu, dass Firmen verstärkt darauf angewiesen sein werden, gerade ihre Fach- und Führungskräfte in anderen demographischen Segmenten als bisher zu suchen[1]. Im Visier stehen dabei Frauen und ältere Mitarbeiter. Aber auch die Migration spielt eine wichtige Rolle – dabei geht es einmal um Zuwanderung, wie sie mit der „green card" erleichtert wird, zum anderen aber auch um die bessere Nutzung des ganz erheblichen Potenzials an Qualifikation, das bei bereits zugewanderten Kräften, zum Beispiel bei kürzlich eingereisten Flüchtlingen und Asylanten vorhanden ist. Volvo und Ikea haben beispielsweise in Schweden ein Programm gemeinsam mit der Arbeitsverwaltung entwickelt, das Flüchtlingen mit akademischer Bildung ein mehrjähriges intensives Sprachtraining anbietet und einheitlich auf das Niveau des schwedischen Abiturs führt. Diese Kräfte werden dann zunächst in der Produktion und im Verkauf eingesetzt, wo stets Bedarf an guten Mitarbeitern besteht.

2. Die Notwendigkeit für hohe Innovations- und Anpassungsfähigkeit auf dem globalen Markt erfordert Belegschaften mit breit gestreuten Kompetenzen und Wahrnehmungen = „Diversity" des Herzens und des Denkens

Konzerne wie IBM, Ford, HP etc. gehen davon aus, dass das Überleben auf globalen Märkten nur möglich sein wird, wenn die Produktentwicklung selbst von der Innovationskraft kulturell gemischter = diversifizierter Teams betrieben und gesteuert wird. Die Annahme ist also, dass nur diejenigen Firmen eine gute Zukunftschance haben, die die höchst unterschiedlichen Konsumentenwünsche reflektieren, verstehen und rasch umsetzen können – kommen sie nun aus dem Na-

---

[1] Vgl. dazu Badura, Bernhard; Schellschmidt, Henner; Vetter, Christian: Fehlzeiten-Report 2002, Demographischer Wandel, Herausforderung für die betriebliche Personal- und Gesundheitspolitik, Springer, Berlin 2002.

hen Osten, aus Lateinamerika oder von Frauen in Europa als lang unterschätzte Konsumentengruppe. Manche Banken etwa legen heute spezielle Dienstleistungsprogramme für wohlhabende Kundinnen auf – Erbinnen verwalten einen Großteil des Vermögens in Deutschland, ohne je mit ihren sehr speziellen Wünschen und Werthaltungen gesondert gewürdigt worden zu sein.

Autofirmen beginnen zu verstehen, dass Frauen tatsächlich auch teure Luxuslimousinen kaufen – bisher wurde das als nebensächlich bewertet, obwohl die Verkaufszahlen diesen Trend seit langem zeigen. Dies bedeutet aber, dass es dabei zum Beispiel einer Anpassung der Sitzhöhen und Ähnlichem bedarf – was im Übrigen auch für den gesamten asiatischen Automarkt gilt. Auch die Werbestrategien sind natürlich völlig anders, wenn Frauen als Konsumentinnen direkt angesprochen werden.

Eine erfolgreiche Integration der verschiedensten Talente verlangt von den Firmen, dass sie diese Leute ansprechen, gewinnen, halten und entwickeln müssen. Keine Selbstverständlichkeit, denn das private und kulturelle Leben solcher Gruppen verlangt oft bestimmte Rücksichtnahmen im Arbeitsprozess.

Deshalb hat das Thema „Diversity Awareness Training" für Manager in den letzten Jahren einen hohen Stellenwert gewonnen. Nachdem in vielen Privatbetrieben zunächst Schulungen stattfanden, die Manager lehrten, die Potenziale von Frauen besser zu erkennen und keine Stereotypen über Frauen und Männer zu pflegen, ist beispielsweise heute der Wunsch nach Schulung zum Thema „Age-Diversity" in USA sehr verbreitet. Manager möchten lernen, welche Potenziale in Älteren stecken, wie sich diese Mitarbeiter effektiv einsetzen lassen und welche Anpassungen dazu notwendig sind. Dies ist ein direktes Resultat der Tatsache, dass die Belegschaften fast überall insgesamt rasch altern, auch unabhängig von der Frage der Geburtenrate.

Grundsätzlich bedeutet der Diversity-Ansatz, dass Menschen in ihrer Individualität wahrgenommen und gefördert werden – es geht nicht darum, Menschen ohne Rücksicht auf ihre Potenziale nach Quoten zu befördern. Moderne Firmen unterstützen ihre Mitarbeiter durch viele gezielte Angebote für Mitglieder bestimmter kultureller Prägung, aber sie vermeiden es sorgfältig, Menschen nach Alter, Ethnie oder Geschlecht zu bewerten oder zu befördern.

3. Die Förderung von intrinsischer Motivation und Leistungsbereitschaft statt externer Kontrollinstrumente

In der Wissensgesellschaft zählt auf praktisch allen Ebenen das innere Engagement der Mitarbeiter mindestens so viel wie ihre physische Anwesenheit. Immer mehr Tätigkeiten sind wissensgesteuert. Effizienz und Produktivität sind weitgehend von der zeitlichen Dimension entkoppelt. Unterstützung, die Mitarbeiter im Bereich der „Work-Life-Balance" erfahren, ist ein hoher Motivationsfaktor. Mitarbeiter, die sich auf dieser Dimension respektiert sehen, sind eher bereit, sich zu engagieren, sind weniger leicht auf dem Sprung nach einem neuen Job, bringen in Krisensituationen mehr Bereitschaft mit, sich anzupassen, Überstunden oder Minderstunden zu leisten. Im Zeitalter wachsender Jobunsicherheit ist ein innerer Kontrakt mit dem Arbeitgeber, der Fairness bietet und als Gegenleistung volles Engagement verlangt, leichter durch „Work-life"- Angebote als durch Angst und Zwang erreichbar. Die Knute drohender Entlassungen bewirkt zwar vielleicht vorübergehende Mehrleistung und sicher mehr Präsenz, nicht aber Innovation, ein gutes Teamklima und Loyalität, wie sie für erfolgreiche Firmen nachweislich wichtig sind. Die negative Rolle, die Dauerstress und Dauerüberlastung für Firmen spielt, wurde in den letzten Jahren zunehmend deutlich – Fehlentscheidungen, Arbeitsfehler und entmotivierte Kollegen sind die Folge. Kündigungen von Mitarbeitern gelten fast immer dem Chef, nicht der Firma – und oft einer falschen Arbeitsplanung, die die Dauerüberlastung voraussetzt und ignoriert.

Externe Dienste und kultureller Wandel als flankierende Maßnahmen

Die im Folgenden beschriebenen flankierenden Maßnahmen sind in dieser veränderten Situation innerhalb der Betriebe begründet; diese internen betrieblichen Änderungen finden in einer Umwelt statt, die für die Menschen härter und unberechenbarer wird. Familiäre Netze sind weitmaschiger und brüchiger als früher, staatliche Leistungen oft unzureichend. Aus diesem Grund entstehen neuartige betriebliche Angebote, die die Mitarbeiter bei der Meisterung des anspruchsvollen Privatlebens unterstützen.

Neben den bekannten und in diesem Band bereits dargestellten Instrumenten der Arbeitszeitorganisation und der Unterstützung bei Kinderbetreuung und Pflege hat sich eine breite Palette weiterer Dienstleistungen entwickelt, die von Firmen überwiegend extern zugekauft werden. Sie alle haben den Zweck, die neu zusammengesetzten Belegschaften zu stabilisieren, zu entwickeln, zu motivieren.

Unter dem Titel EAP (Employee Assistance Programs) haben zunächst in den USA, dann in England, Australien und Kanada die Sozialdienste eine große Veränderung erfahren. Sie stehen nun allen Mitarbeitern, gerade auch Fach- und Führungskräften, offen und sind nicht mehr primär an die gewerblichen Mitarbeiter mit niedrigen Einkommen adressiert. Es sind zunehmend telefonische Dienste, besetzt von Fachkräften, die oft rund um die Uhr und in mehreren Sprachen erreichbar sind. In der Regel wird hier keine Therapie geboten und es werden keine langfristigen Fälle bearbeitet, sondern fachlich fundierte Orientierungshilfen für Lösungsperspektiven geboten. Wo längerfristige Therapie oder Behandlung notwendig ist, werden die anfragenden Mitarbeiter weitergeleitet. Konzeptionell stehen die Ansätze des EAP dem Coaching nahe – das heißt, es wird mit Rat und Tat unterstützt, es werden Ziele vereinbart und rasche Lösungen gesucht.

In den USA ist die Themenpalette solcher Dienstleister, die immer von den Firmen auf der Basis von Pro-Kopf-Pauschalen von meist 10 bis 25 Euro je Kopf und Jahr bezahlt werden, sehr breit – in Deutschland und der Schweiz entwickelt sich das Feld in die gleiche Richtung, wenn auch etwas langsamer.

Folgende Angebote können dabei von Mitarbeitern in Anspruch genommen werden:

Rechtsberatung. In den USA stehen hier Anwälte mit allen Themen bereit, in Deutschland ist das Angebot eher auf Fragen des Familienrechts begrenzt. Diese Beratungsdienste führen keine Verhandlungen durch – sie bereiten Mitarbeiter aber vor, helfen ihnen, die Rechtslage zu verstehen, sich für oder gegen einen Prozess zu entscheiden. Dieses Feld gilt als großes Wachstumsfeld, das von Mitarbeitern sehr geschätzt wird.

Einkommens- und Budgetberatung. Immer mehr Mitarbeiter sind überschuldet – mit teuren Folgen auch für ihre Arbeitgeber. Gehaltspfändungen sind personell aufwändig, überschuldete Mitarbeiter fehlen häufig und leisten weniger. Sie sind auch teilweise als Sicherheitsrisiko zu betrachten – etwa im Flugbereich. Die Fraport AG führt beispielsweise mit dem Familienservice eine Budgetberatung in solchen Fällen durch, wo Mitarbeiter gefährdet sind, ihre Wohnung zu verlieren oder dergleichen. Meist zögern Firmen in Deutschland, die Kosten für ein Insolvenzverfahren zu tragen, das sehr lang und teuer ist. Aber die Budgetberatung greift in vielen Fällen und ist vor allem rasch zugänglich. Bei öffentlichen Schuldnerberatungsstellen bestehen demgegenüber lange Wartezeiten, während denen die Probleme oft unnötig eskalieren. Die Erfolgsquote solcher Beratungen ist hoch, es ist von verstärkter Nachfrage in Zukunft auszugehen.

Die Einkommensberatung wurde in den USA und England eng mit Beratung zu Finanzierungsfragen zum Beispiel von Häusern verknüpft. Für Mitarbeiter von Firmen hat eine falsche Finanzierung oft dramatische Folgen, die durch Lohn- und Gehaltssteigerungen gar nicht leicht aufzufangen sind. Es geht auch oft darum, Häuser zu verkaufen bzw. neue Häuser zu kaufen, wenn die Firma einen Umzug erwartet, Häuser zu kaufen etc.

Generell liegt hier ein sinnvolles Tätigkeitsfeld, das Mitarbeitern viele Tausend Euro einspart und Firmen zum Beispiel bei der Mobilität entscheidend unterstützen kann.

„Personal coaching". Üblicherweise wird Coaching nur für Top-Führungskräfte eingekauft und angeboten. In Österreich jedoch nutzen viele Firmen dieses Angebot auch für ihre „einfachen" Mitarbeiter. Viele Mitarbeiter sind sich an bestimmten Punkten unklar, welche Strategie sie beruflich einschlagen wollen, wie sie einen Konflikt mit Kollegen angehen, wie sie ihre Prioritäten setzen sollen. Solche Unklarheiten und Konflikte können sich lähmend und nachteilig auf die Leistung auswirken oder auch zu unüberlegten Kündigungen führen. Zielführende Abklärungen solcher Fragen sind meist in wenigen Sitzungen möglich und können dazu führen, dass Mitarbeiter wieder klarer sehen und neu durchstarten. Ein Beispiel: Eine Kollegin in einer Wiener Bank hatte eigentlich den Berufswunsch der Künstlerin. Sie träumte vom Ausstieg, arbeitete nur noch lustlos und ineffizient. In einigen Coaching-Gesprächen wird ihr klar, dass sie beides verbinden kann. Sie belegt Sommerkurse, gewinnt Kompetenz und Selbstvertrauen in der Kunst, reduziert ihre Arbeit etwas und ist nun von dem Alles-oder-Nichts-Denken befreit. Der Kompromiss erweist sich als fruchtbar und tragfähig für sie selbst und ihren Arbeitgeber.

EAP-Beratungen sind selbstverständlich anonym und datengeschützt, es sei denn der Betreffende wird direkt von der Firma weitergeleitet.

Beratung in Beziehungskonflikten. Ehe- und Partnerschaftskonflikte sind heute in traditionellen Ehen ebenso vorprogrammiert wie in modernen Partnerschaften mit zwei berufstätigen Menschen. Diese Konflikte belasten Mitarbeiter stark und können die Leistung sehr beeinträchtigen. Entsprechende Beratung hilft erfolgreich dabei, die Probleme besser zu fokussieren und nach Lösungen zu suchen. Sie finden in den USA meist telefonisch, in Deutschland, Österreich und der Schweiz aber eher im persönlichen Gespräch statt.

Wellnessdienste/Gesundheitsmanagement. Immer stärker wird der Gesundheitsaspekt mit dem „Work-life"-Thema verschmolzen. Manche Firmen verstärken ganz praktisch die Kommunikation zwischen der klassischen Arbeitsmedizin und den neuen „Work-life"-Strategien, indem die betreffenden Abteilungen zusammengelegt bzw. enger miteinander verzahnt werden.

Angesichts wachsender Arbeitsintensität und gleichzeitig der Notwendigkeit, in Zukunft jahresmäßig länger zu arbeiten, gewinnt ein nachhaltiges Gesundheitsmanagement zunehmend an Bedeutung. Manche Betriebe führen die Möglichkeit zum Mittagsschlaf ein, dessen positive Auswirkungen in der Literatur umfangreich dokumentiert sind, andere bieten Stress- und Zeitmanagementkurse.

Der Familienservice entwickelt im Dialog mit einigen potentiellen Kundenfirmen gerade ein PC-basiertes, internetgeführtes Ernährungs- und Entspannungsprogramm, das auch kurze Fitnessübungen am Arbeitsplatz nach Art der Flugzeuggymnastik enthält und interaktiv betrieben wird. Die Tendenz solcher neuer Angebote ist es, die Angebote der Krankenkassen im Fitnessbereich durch passgenaue, in den Alltag integrierte, niedrigschwellige Angebote zu ergänzen. Der hohe Stellenwert von Fitness für die Firmen wird immer klarer. Ein überdurchschnittlich hoher Krankenstand gilt in der Regel als mit im Betrieb verursacht und damit beeinflussbar. Dabei spielt die Einbindung der Vorgesetzten als Partner und Helfer bei der Problemlösung eine große Rolle. Vorgesetzte sind generell beim Thema „Work-Life-Balance" das wichtigste Element. Sie haben eine Schlüsselrolle, ihre Weiterbildung und Ermächtigung zu positivem Handeln in all diesen Fragen kann in Betrieben entscheidende Wirkungen haben.

Bereits seit einiger Zeit gibt es Angebote im Gesundheitsbereich, die speziell auf Führungskräfte mit ihren besonderen Risiken abzielen; Ärztedienste, die die Daten der Klienten sammeln, die im Bedarfsfall auch im Ausland an Ärzte verweisen, Therapien vorschlagen, die in regelmäßigen Abständen Checkups durchführen und Empfehlungen zu Sport, Ernährung, Lebensführung geben. Führungskräfte um 50 Jahre sind eine Hochrisikogruppe, deren Erkrankungen mit hohen Kosten für ihre Arbeitgeber verbunden sind und deren temporärer Ersatz oft besonders schwierig und immer sehr teuer ist.

Concierge-Dienste. Ein weiterer Typus neuer externer Dienstleistungen wird meist ebenfalls für besserverdienende Mitarbeiter eingekauft: Sogenannte Concierge-Dienste. Der Begriff ist Französisch und erinnert hat die Hausmeisterin in Frankreich.

Gebräuchlich ist das Konzept unter diesem Namen jedoch vorwiegend in den USA, mit einigen Einsprengseln nach Europa.

Hier geht es letztlich darum, Tätigkeiten, die früher von Sekretärinnen oder Ehefrauen durchgeführt wurden, an externe Dienstleister auszulagern, nachdem die meisten mittleren und gehobenen Manager nicht mehr umstandslos auf solche Dienste zurückgreifen können. Den Kauf von Tickets etwa, das Buchen von Hotels, auch für private Zwecke, gehört dazu. Dazu kann auch das „House-sitting" kommen – das Betreuen der Wohnung während längerer Abwesenheit oder die Anwesenheit einer Vertrauensperson, wenn Handwerker kommen und der Mitarbeiter nicht daheim ist.

Einkaufs- und Bügeldienste erleichtern im Rahmen von Concierge-Angeboten gerade Singles in großen Firmen das Leben. Finanziell werden solche Angebote teils durch die Firmen finanziert, teils über die Mitarbeiter selbst. In diesen Märkten ist Bewegung.

Ein französisches Dienstleistungsunternehmen bietet seit einiger Zeit für große Firmen die Reinigung von Uniformen an. Oft pflegen Mitarbeiter ihre Uniformen nicht gut; es kostet sie Zeit und Energie. Die übliche Erstattung der Kosten auf Belegbasis ist verwaltungsmäßig sehr teuer. Die Übernahme dieser Leistung im großen Stil durch externe Anbieter ist also zeitsparend für den Mitarbeiter und kostensparend sowie imagefördernd für die Firma. Es ist zu erwarten, dass hier teilweise große internationale Anbieter die Handlungsfelder mit erschließen und verändern werden.

Internetbasierte Lifestyle-Dienste: Rabattsysteme. In den USA und Frankreich ist eine weitere Variante von Angeboten durch Betriebe im Entstehen, deren baldiges Überspringen nach Deutschland wahrscheinlich ist. Externe Internetanbieter schließen mit Produzenten von Waren und Dienstleistungen Rabattvereinbarungen ab – Mitarbeiter haben dadurch Zugriff auf verbilligte Produkte. Dies kann vom Auto über Spielzeug und Sportartikel bis zur Waschmaschine reichen und erhebliche finanzielle Vorteile für Mitarbeiter bedeuten, ohne dass die Firmen hohe Leistungen erbringen müssen. Solche Verkaufsportale werden teilweise mit interaktiven Internetbörsen für die Mitarbeiter verknüpft, zum Beispiel Mitfahrgelegenheiten für Pendler, Babysitter, Hundesitter. Auch Chatrooms zu bestimmten Themen werden häufig mit eingebunden. Diese Angebote werden über das Intranet der Firmen geschaltet und zielen darauf ab, die unterschiedlichen privaten Lebensstile, Hobbies und Interessen der Mitarbeiter praktisch zu unterstützen – gekoppelt mit einem erhöhten Identitätsgefühl für die Firma.

Gutscheine: Mittagessen, Kinderbetreuung. In diesem Kontext lässt sich auch das alte Instrument des Essensgutscheins neu einordnen. Es ist eine klassische steuerbegünstigte Sozialleistung, die die Firma zur Verfügung stellt. Beim Gutschein sind sich die Nutzer täglich bewusst, dass er von ihrer Firma ausgegeben wird – damit wird das Schicksal vieler teurer, aber letztlich unsichtbarer Sozialleistungen vermieden. Er liegt außerdem im Trend der Vielfalt, das heißt, dass Menschen nicht an einem Ort immer das Gleiche essen müssen, sondern viele Anbieter nutzen können. Schließlich wird durch den Gutschein die Verwaltung für die Firma vereinfacht. Damit zählt er zum Typ der individualisierten und gezielten Sozialleistung neuen Typs.

In den USA und England werden Gutscheine auch in großem Umfang für Kinderbetreuung eingesetzt. Es ist dokumentiert, dass schon bei relativ geringen monatlichen Investitionen von ca. 40 Euro die Mitarbeiter dieses Angebot sehr wertschätzen und den Betrieb mit höherer Zufriedenheit belohnen.

ingIn Deutschland besteht eine steuerliche Begünstigung für Kinderbetreuungszuschüsse bei Kindern unter 6 Jahren unter bestimmen Bedingungen. Allerdings muss diese Leistung stets zusätzlich erbracht werden, darf also keine Gehaltsumwandlung beinhalten. Der Familienservice diskutiert gegenwärtig mit mehreren Firmen die Option, Mitarbeitern eine Arbeitszeitreduktion von 1–2 Wochenstunden anzubieten, gekoppelt mit einem neuen Betreuungszuschuß, der in etwa dem eingesparten Wert entspricht. Es wird davon ausgegangen, dass dies kostenneutral ist, da die Zeit wahrscheinlich wieder eingearbeitet würde. Netto käme dabei für die begünstigten Mitarbeiter sogar eine Gehaltsteigerung heraus!! Angesichts des nach wie vor dramatischen Betreuungsmangels könnte dies ein wichtiger Baustein einer gezielten Familienpolitik werden, der mehr leistet als ein reiner Vermittlungsservice, aber weniger kostet als volle Kindergartenplätze.

Ein solches Angebot ist besonders dort attraktiv, wo Betriebe sich für die Bindung und Entwicklung ihrer Mitarbeiter mit mittleren und niedrigeren Einkommen engagieren müssen. Dies ist gerade auch im Mittelstand eine häufig gestellte Frage.

Relocation-Dienste. Bereits seit Langem werden sogenannte Expatriates, Spezialisten, die ins Ausland versetzt werden, von Dienstleistern unterstützt, die ihnen bei der Wohnungssuche helfen und die kulturelle Anpassung der Familie an das neue Umfeld erleichtern. Diese Pakete sind teuer – meist nicht weniger als 4000 bis 5000 Euro müssen hier investiert werden.

Nun verändert sich aber der Typ von Mobilität. Immer seltener werden Mitarbeiter auf viele Jahre ins Ausland versetzt, um dort Führungspositionen zu übernehmen. Es gibt Kurzaufenthalte von mehreren Monaten, verstärkt Dienstreisen. Es gibt aber über auch Umzüge ganzer Firmenteile, die beispielsweise aus Firmenverschmelzungen resultieren. Dies war im weitesten Sinn der Fall beim Umzug der Regierung von Bonn nach Berlin, es trifft aber zum Beispiel auch auf Verlagerungen zu wie die von Aral von Hamburg ins Ruhrgebiet. Nicht immer möchten und wollen Betriebe hohe Summen für Relocation-Beratung investieren. Beratungsdienste können aber niedrigschwellige Informationsdienste bereithalten, zum Wohnungsmarkt, zu den Regionen, in denen Familien entsprechend ihrem Einkommen leichter oder schwerer Wohnraum und Kinderbetreuung finden etc. Solche Pakete werden international immer häufiger mit den entsprechenden Dienstleistern verabredet, oft speziell für eine Projektphase.

Für solche Zwecke wurde am Frankfurter Flughafen als Kooperationsprojekt von Fraport und Familienservice 2002 das „gate to the region" eröffnet, das sich speziell an Newcomer in der Region richtet, die keine Topführungskräfte sind. Ihnen werden grundlegende Informationen über den Wohnungsmarkt, die Kinderbetreuungslandschaft und erste Hilfen für den Umgang mit den Ausländerbehörden bereitgestellt. Es ist geplant, dieses Projekt in Zusammenarbeit mit Arbeitgebern aus der Region als Internetservice fortzuführen.

Dieser Überblick über die neuen Inhalte und Strukturen von flankierenden Beratungsangeboten ist nicht erschöpfend. Er zeigt lediglich exemplarisch die wachsende Tendenz auf, die komplexen Lebenslagen von Mitarbeitern aller Couleurs, aller Altersgruppen und Familienstände punktuell und zielgenau zu begleiten, um Ausfälle, Demotivation, innere und äußere Kündigung zu verhindern oder umgekehrt, die Motivation und Leistungsbereitschaft auf einem möglichst hohen Stand zu erhalten.

Der Kulturwandel als Bühne für flankierende Maßnahmen

Oft reicht es nicht aus, externe Dienste anzubieten, um die Entwicklung von Mitarbeitern optimal zu unterstützen. Gerade beim Thema Concierge-Dienste wird oft kritisch angemerkt, dass hier Anreize geschaffen werden zu einer immer größeren Verfügbarkeit, die zu einem Raubbau an Gesundheit und Balance führen kann.

In der Tat zeigt sich, dass für eine nachhaltige Personalentwicklung es unverzichtbar sein wird, auch Führungskultur und Arbeitsprozesse zu verändern.

„Diversity" als Motor für flankierende personalpolitische Maßnahmen

Die Integration Älterer etwa wird voraussetzen, dass altersintegrierte Teams geschaffen werden, dass Arbeitsprozesse so verändert werden, dass nicht jüngere Leute in wenigen Jahren ihre körperliche Gesundheit verschleißen. Hierzu sind technische Anpassungen und Neuaufteilungen nötig, ebenso breitere Qualifizierungen. Das IAO des Fraunhofer Instituts hat hierzu wegweisende Arbeiten vorgelegt – und etwa im deutschen Handwerk und Mittelstand entsprechende Modellprojekte durchgeführt.

Diese Debatte knüpft an drei Stränge von Diskussionen an:
- die Programme zur Humanisierung der Arbeit aus den 70er Jahren in Europa,
- die „Affirmative-Action-Diskussion" der 70er Jahre in den USA und das Thema
- „Redesigning Work" als Kampf gegen Arbeitsüberlastung aus den USA der 90er Jahre.

Was die Programme zur Humanisierung der Arbeit angeht, so haben Firmen wie Volvo frühzeitig die Fließbandproduktion so verändert, dass Gruppenarbeit möglich wurde, dass Menschen viele unterschiedliche Tätigkeiten verrichten, dass beruflicher Aufstieg auch aus Fließbandtätigkeiten heraus möglich war. Dies wurde angereichert durch Veränderungen der Technik, die es auch Frauen und kleineren Männern ermöglicht, alle Arbeitsschritte durchzuführen. So wurden etwa die Fahrzeugunterseiten nach oben gekehrt, damit es nicht mehr nötig ist, über Kopf zu arbeiten. Werkzeuge wurden leichter und kleiner, damit sie besser handhabbar sind. Alle Böden, auf denen Arbeitskräfte dauerhaft stehen, wurden mit Holz ausgelegt, um die Gelenke zu schonen. Die Funktion des Werksmeisters wurde so umgewandelt, dass sie auch von Frauen besetzt werden kann, die keine Facharbeiterausbildung haben. Dadurch sind etwa heute 30% der Produktionsarbeiterinnen und fast ebenso viele Linienmanager in der Produktion bei Volvo Frauen. In jedem Fall zeigt sich hier, wie stark dieser Ansatz das Potenzial bietet, neue Gruppen von Arbeitskräften zu erschließen.

Hier zeigt sich die Parallele zu den Affirmative-Action-Programmen in den USA, die dort in den 70er Jahren mit dem Ziel eingeführt wurden, die Quoten von Frauen und Minderheiten in den Belegschaften zu erhöhen. Beispielsweise wurde die Ausrüstung der Feuerwehren so verändert, dass die Geräte auch für Frauen bedienbar sind – was sie wiederum langfristig auch besser nutzbar für ältere Menschen und Menschen mit geringerer Körpergröße macht. Es ist davon auszugehen, dass die Tätigkeiten im Militärbereich bei wachsendem Einsatz von Frauen ähnlichen Veränderungen unterliegen. Der generelle Trend zum Einsatz leichterer Materialien begünstigt dies.

Eine neue Richtung haben diese Trends bekommen durch die Diskussion über „people-friendly redesigning work". Diese Diskussion entstand Ende der 80er Jahre in den USA anhand von Forschungsprojekten, u.a. bei Rank Xerox und den Marriott-Hotels. Immer deutlicher wurde, dass nicht nur die Arbeitszeiten je Woche in den USA stetig anstiegen, sondern dass immer mehr Mitarbeiter durch schlechte Arbeitsorganisation, mangelnde Hilfsmittel, ungenügend geplante Prozesse an Dauerüberlastung leiden – dies schlägt sich äußert negativ nieder in ihren Familien und ihrer Gesundheit.

Früher stand als Problemlösung oft die Neueinstellung zur Verfügung. Wo dies aufgrund der wirtschaftlichen Situation nicht mehr möglich ist, sind neue Strategien der Entschlackung von Arbeitsprozessen, z.B. die Einführung „Stiller Zeiten", in denen Mitarbeiter ungestört arbeiten können, die Verschiebung von Arbeitszeiten in Zeitblöcke, wo die Anreise weniger beschwerlich ist, die bessere Unerstützung bei Hard- und Softwareproblemen als neues Hilfsmittel in den Mittelpunkt gerückt. In den USA ist etwa bei IBM unter dem Titel „people-oriented work redesign" der Einsatz hochmobiler Computer für die Arbeit unterwegs, gekoppelt mit neuen Arbeitsprozessen, ein hochrangiges Pilotprojekt. Einige Beratungsfirmen haben sich ganz auf dieses Feld konzentriert.

Die Schlüsseldimensionen:
Sinnvolle Tätigkeit, Entwicklungsmöglichkeiten und Autonomie

Die Forschung in den USA hat inzwischen aber auch herausgearbeitet, dass im Kern einer echten positiven Balance von Privatleben und Beruf tatsächlich die Wertschätzung am Arbeitsplatz selbst steht. Respekt durch den Vorgesetzten, Lob, ein gutes Team, eine sinnvolle Tätigkeit und Arbeitsinhalte, die als sinnvoll erlebt werden sind die Grundlagen. Ohne diese Elemente entsteht keine Zufriedenheit und erlahmt die Motivation. Dies macht externe Angebote der oben beschriebenen Art nicht überflüssig, doch bleiben sie relativ wirkungslos, wenn die kulturellen Grundvoraussetzungen nicht gegeben sind. Aus diesem Grund ist die Schulung und Einstimmung von Vorgesetzten und Managern zum Thema Respekt und Mitarbeiterentwicklung ein unumgängliches Werkzeug für erfolgreiche Diversity-Strategien. Mitarbeiter, die ein Unternehmen verlassen, verlassen in Wirklichkeit ihre Vorgesetzten – das ergeben viele Befragungen von Personen, die von sich aus ihrer Firma gekündigt haben.[2]

---

[2] Quelle: Mündl. Berichte von Firmen auf dem „Work-Life and Diversity Council, Conference Board", Mai 2003, Göteborg.

Einzelne Betriebe haben angefangen, die Bonuszahlungen der Vorgesetzten an die Beurteilung von Mitarbeitern zu binden, auch im Hinblick auf den Respekt vor persönlichen Belastungen und Wünschen.

Flankierende Maßnahmen und interne Bemühungen zur Verbesserung der Mitarbeitermotivation werden in Zukunft als Bestandteil integrierter „Human-capital"-Strategien immer wichtiger werden. Aufgabe der Forschung wird es sein, noch genauere Auskunft über Wirkungszusammenhänge zu erstellen. Die Politik kann gerade im Bereich Kinderbetreuung einigen Druck von der Wirtschaft nehmen. Doch insgesamt wird die Aufgabe, gezielte und spezielle Instrumente zur Steuerung und Förderung zunehmend individualisierterer Arbeitskräfte zu entwickeln, innerbetrieblich stark an strategischer Bedeutung gewinnen.

In den USA und England ist in diesem Kontext eine spezielle Beratungsbranche entstanden, genannt die „Work-life-industry", die viele Hundert Millionen Dollar jährlich umsetzt. Sie hat auch einen Berufsverband gegründet, die „AWLP, Association of Work-Life Professionals", die Qualitätsstandards und sogar universitäre Studiengänge für diese neuen Angebote mit entwickelt (z. B. die Wharton Business School und das Boston College). Der Einzug dieser Themen in die Managementausbildung an den Hochschulen wird auch in Europa nicht mehr lange auf sich warten lassen.

Literatur

[1] Rose K (2002) ‚Work/Life Effectiveness – Programs, Policies and Practices', Kubu Communications, Darien
[2] The Industrial Society/The Work-Life Research Centre (2002) The Work-Life Manual, London
[3] Friedman SD, Greenhaus JH (2002) Work and Family – Allies or Enemies? Oxford
[4] Simons GF (2002) EuroDiversity – A Business Guide to Managing Difference. Simons, Butterworth-Heinemann
[5] *www.workfamily.com* Neueste Studien, Entwicklungen und Trends zum Thema Work-Life in den USA
[6] *www.diversityInc.com* Tägliche Neuigkeiten zu Diversity und Affirmative Action in den USA

KAPITEL 10

Audit Beruf & Familie® – Familienbewusste Personalpolitik durch freiwillige Unternehmensinitiativen!

S. J. BECKER

Zusammenfassung. Das Audit Beruf & Familie® – entwickelt auf Initiative und im Auftrag der Gemeinnützigen Hertie-Stiftung – ist ein Managementinstrument zur Förderung einer familienbewussten Personalpolitik, bei dem nicht nur bereits umgesetzte Maßnahmen begutachtet, sondern auch das betriebsindividuelles Entwicklungspotenzial aufgezeigt und weiterführende Zielvorgaben festgelegt werden. Es spricht sowohl Unternehmen an, die sich bereits profiliert haben, als auch diejenigen, die erst beginnen und hierfür Hilfe in Anspruch nehmen möchten.

Von einer familienbewussten Personalpolitik profitieren Unternehmen und Mitarbeiter gleichermaßen. Eine Emnid-Umfrage, die die Beruf & Familie gGmbH – eine Initiative der Gemeinnützigen Hertie-Stiftung – im Mai 2002 durchführen ließ, belegt die positiven Auswirkungen: 80% der befragten Unternehmen gaben an, dass Zufriedenheit und Motivation der Mitarbeiterinnen und Mitarbeiter durch die Berücksichtigung ihrer familiären Belange merklich gestiegen sei. Rund 70% der Unternehmen beobachteten seit der Einführung familienfreundlicher Maßnahmen außerdem eine verbesserte Arbeitsqualität, fast 90% sehen seither deutliche Vorteile im Wettbewerb um qualifiziertes Fachpersonal.

Doch trotz dieser überzeugend erscheinenden Befunde ist die Bereitschaft der Wirtschaft, vereinbarkeitsfördernde Maßnahmen stärker als bisher anzubieten, gering. Lediglich 10% der Unternehmen sehen sich unter den gegebenen Bedingungen in der Lage, das Angebot weiter auszubauen. Dies ergab die bislang umfangreichste Studie zu den „Strategien einer familienbewussten Personalpolitik", die im Frühjahr 2003 im Auftrag der Gemeinnützigen Hertie-Stiftung durchgeführt wurde [1][1].

Fussnote 1 siehe Seite 162

Der Grund für die Zurückhaltung der Unternehmen ist klar erkennbar. Auf die Frage nach den größten Hemmnissen bei der Umsetzung einer familienbewussten Personalpolitik führen die meisten der befragten Unternehmen – immerhin 44% – „fehlende Geldmittel" an. Das Vorurteil, betriebliche Maßnahmen zur Vereinbarkeit von Beruf und Familie seien so kostenintensiv, dass sie ohne finanzielle Fördermaßnahmen nicht umzusetzen sind, hält sich beharrlich.

Die Zurückhaltung der Unternehmen lässt sich sicher auch mit der lange Zeit praktizierten Ablehnung der Wirtschaftverbände erklären. Bis Mitte der 90er Jahre gingen die Spitzenverbände der Wirtschaft davon aus, das es sich bei der Aufgabe, eine bessere Vereinbarkeit von Beruf und Familie zu erreichen, „in erster Linie um ein gesellschaftliches Problem handelt, welches primär durch Bewusstseinsänderungen bzw. einen grundlegenden gesellschaftlichen Wandel zu lösen ist". Selbst die Gewerkschaften sahen sich nur bedingt veranlasst, die Vereinbarkeit von Beruf und Familie explizit zum Gegenstand von Tarifverträgen zu machen. Auf betrieblicher Ebene wurde das Spannungsfeld zwischen Beruf und Familie bis Mitte der 80er Jahre nur in geringem Ausmaß wahrgenommen. Nur unsystematisch und stark von betrieblichen Bedürfnissen bestimmt gab es erste Angebote an Teilzeitarbeit, die auch den Aspekt einer besseren Vereinbarkeit von Beruf und Familie berücksichtigten (z. B. Beck, Ikea, MBB).

In den 80er Jahren machte sich ein deutlicher Anstieg des Problembewusstseins bemerkbar, auch im Zusammenhang mit betrieblicher Frauenförderung. Dazu gehörten Angebote flexibler Arbeitszeiten, zur Reintegration von Erziehungsurlauberinnen (Betriebsvereinbarungen über Rückkehrgarantie an einen gleichwertigen Arbeitsplatz) sowie vereinzelt zur betrieblichen Kinderbetreuung (beispielsweise Hypobank, Commerzbank oder Hoechst).

Anfang der 90er Jahre wurden integrierte Ansätze von „familienorientierter Personalpolitik" als Teil umfassender Innovationsstrategien entwickelt. Im Vordergrund stand die Verknüpfung mitarbeiter- und unternehmensorientierter Arbeitszeitflexibilisierung mit einer optimierten Arbeitsorganisation. Schließlich bildete sich ein neues Konzept der „lebensphasenorientierten" Personalpolitik heraus. Feststellbar waren außerdem eine Öffnung von Teilzeitarbeit auch für Männer und Führungskräfte, Programme zur unterstützenden Kinderbetreuung

---

[1] Im Rahmen der Studie wurden die 500 umsatzstärksten Unternehmen in Deutschland sowie weitere 1000 Klein- und mittelständische Betriebe in den Branchen Finanzdienstleistung, Gesundheit, IT, Biotechnologie, Industrie, Handel und Handwerk befragt.

(z. B. Lufthansa, VW), und erste Ansätze zur Hilfe bei der Pflege älterer Familienangehöriger (z. B. Schwäbisch Hall). Die wenigen tariflichen und betrieblichen Vereinbarungen, die den gesetzlichen Erziehungsurlaub erweiterten, wurden im Jahr 2001 jedoch überwiegend mit der Novellierung des Bundeserziehungsgeldgesetzes (BErzGG) und der Verabschiedung des Teilzeit- und Befristungsgesetzes (TzBfG) hinfällig.

Angesichts des in jüngster Zeit entdeckten zunehmenden Wertes einer familienbewussten Personalpolitik empfehlen inzwischen die Spitzenverbände der Wirtschaft ihren Mitgliedern, verstärkt betriebliche Maßnahmen zur Verbesserung der Chancengleichheit von Frauen und Männern (Gender-Mainstreaming) sowie zur „Work-Life-Balance" umzusetzen. Ein wesentlicher Grund liegt im gewandelten Verständnis von betrieblicher Familienpolitik. Sie wird nicht länger als wohltätige Sozialpolitik begriffen, deren Aufgabe es ist, Geschenke an die Belegschaft zu verteilen. Im modernen Sinne versteht sie sich als Interesseneinklang von Arbeitgebern und Arbeitnehmern zum Erreichen unternehmerischer Ziele. Denn eine familienbewusste Unternehmenskultur fördert Innovationsfähigkeit, Kreativität, Wissen und Erfahrung, Engagement und Leistung. Da all diese Faktoren personengebunden sind, werden die Beschäftigten somit zum wichtigsten Kapital beim Sichern des jeweiligen Betriebserfolgs. Das erkennen auch immer mehr Arbeitgeber. So verwundert es nicht, dass sich Personalchefs zunehmend mehr bemühen, ihr Management nach den Gesichtspunkten einer „Work-Life-Balance" auszurichten, also einen tragfähigen Einklang zwischen Unternehmenszielen, Kundenwünschen und den Belangen der Beschäftigten zu finden.

Um Unternehmen bei ihren entsprechenden Bemühungen zu unterstützen und ihnen konkrete Maßnahmen anzubieten, wurde auf Initiative und im Auftrag der Gemeinnützigen Hertie-Stiftung das Audit Beruf&Familie® entwickelt.

Bereits im Jahr 1995 startete die Gemeinnützige Hertie-Stiftung mit einem Forschungsprojekt zum Thema „Familienbewusste Personalpolitik als Teil der Unternehmenspolitik" ihr Engagement im Themengebiet „Beruf&Familie". Hierbei wurde der Frage nachgegangen, wie eine familienbewusste Unternehmenspolitik gestaltet werden muss, die die Interessen des Unternehmens, die Wünsche der Kunden und die Belange der Beschäftigten gleichermaßen berücksichtigt und in eine tragfähige Balance bringt. Es wurden Modelle für eine familienbewusste Personalpolitik aus der betrieblichen Praxis zusammengetragen und Erfolgskriterien aufgestellt [2][2]. Die Ergebnisse dieser

---

Fussnote 2 siehe Seite 164

Abb. 10.1. Ablauf des Audit Beruf & Familie®

Untersuchungen schufen die Voraussetzungen für die Entwicklung des Audits Beruf & Familie®.

Als Managementinstrument zur Verbesserung einer familienbewussten Personalpolitik begutachtet das Audit Beruf & Familie® nicht nur bereits umgesetzte Projekte, sondern zeigt auch betriebsindividuelle Entwicklungsmöglichkeiten auf. Deshalb spricht es sowohl Unternehmen an, die sich bereits profiliert haben, als auch diejenigen, die erst beginnen und hierfür Hilfe in Anspruch nehmen möchten (Abb. 10.1).

Das Audit Beruf & Familie® durchläuft folgende drei Stufen, die aufeinander aufbauen und sich reibungslos in den betrieblichen Alltag integrieren lassen: 1. Standort bestimmen, 2. Entwicklungspotenzial aufzeigen, 3. Ziele vereinbaren.

Ein externer, von der Beruf & Familie gGmbH geschulter unabhängiger Auditor begleitet den gesamten Prozess. Ein erstes Orientierungs-

---

[2] Gemeinnützige Hertie-Stiftung (Hrsg.): Mit Familie zum Unternehmenserfolg. Impulse für eine zukunftsfähige Personalpolitik, Köln 1998; Gemeinnützige Hertie-Stiftung (Hrsg.): Unternehmensziel: Familienbewusste Personalpolitik. Ergebnisse einer wissenschaftlichen Studie, Köln 1999.

gespräch zwischen ihm und den Entscheidungsträgern des Unternehmens dient dem einführenden Informationsaustausch und der Festlegung der Vorgehensweise. Hierbei werden die zu auditierenden Unternehmensbereiche benannt und die Besetzung einer repräsentativen Projektgruppe vorbereitet. Die Beteiligung von Vertretern der Unternehmens- und Personalleitung, von Betriebs- bzw. Personalratsmitgliedern, Frauenbeauftragten, Führungskräften und interessierten Mitarbeitern stellt sicher, dass die Belange aller relevanten Bereiche des Unternehmens berücksichtigt werden.

In einem eintägigen Workshop im Unternehmen ermittelt die Projektgruppe zusammen mit dem Auditor anhand des Kriterienkatalogs den Status quo der angebotenen familienbewussten Maßnahmen sowie deren Umsetzung im Unternehmen (s. Abb. 10.1). Des Weiteren sammelt und erarbeitet die Projektgruppe die möglichen Maßnahmen und Ziele zur Optimierung der familienbewussten Personalpolitik. Dies geschieht auf der Grundlage eines in acht Handlungsfelder unterteilten Kriterienkatalogs:

1. Arbeitszeit
Flexible Arbeitszeiten vergrößern den unternehmerischen Gestaltungsspielraum. Die Beschäftigten können Umfang und Lage der Arbeitszeit besser mit den familiären Anforderungen vereinbaren.

Maßnahmenbeispiele: Modulare Arbeitszeit, lebensphasenorientierte Arbeitszeit, Kinderbonuszeit, Sabbaticals.

2. Arbeitsabläufe und Arbeitsinhalte
Eine familienbewusste Arbeitsorganisation erhöht die Einsatzbereitschaft der Beschäftigten. Die Balance von Beruf und Familie wird durch flexible Gestaltung und Verteilung von Arbeitsaufträgen, durch multifunktionalen Personaleinsatz und Mitarbeiterbeteiligung erleichtert.

Maßnahmenbeispiele: Teamarbeit, Qualitätszirkel, Kommunikationsinseln, Überprüfung von Arbeitsabläufen.

3. Arbeitsort
Neue Informations- und Kommunikationstechnologien ermöglichen den Unternehmen Zeit- und Kosteneinsparungen. Den Beschäftigten eröffnen sie flexiblere Arbeitsformen und damit die Chance, Familienbedürfnisse mit den beruflichen Anforderungen in Einklang zu bringen.

Maßnahmenbeispiele: Alternierende Telearbeit, mobile Telearbeit, Umzugsservice, Jobticket.

4. Informations- und Kommunikationspolitik
Die kontinuierliche Information über Möglichkeiten und Nutzen familienunterstützender Angebote verstärkt die Wirksamkeit der Maßnahmen im Unternehmen und sorgt nach außen nachhaltig für eine Imageverbesserung.

Maßnahmenbeispiele: Berichte in der Betriebszeitung, Informationsbroschüre, Gleichstellungsbeauftragte/r, Tag der offenen Tür.

5. Führungskompetenz
Führungskräfte tragen wesentlich dazu bei, dass die Angebote zur Vereinbarkeit von Beruf und Familie im Arbeitsalltag umgesetzt werden können. Ihr familienbewusstes Verhalten ist Ausdruck einer modernen Unternehmenskultur.

Maßnahmenbeispiele: Beurteilungsgrundsätze, Coaching, Mentoren-Programm, Unternehmensleitsätze.

6. Personalentwicklung
Familiäre Veränderungen sind normale Bestandteile jedes Lebensweges. Die Berücksichtigung der familiären Situation bei Einstellung und weiterer Planung der Laufbahn hilft, qualifiziertes Personal zu gewinnen und zukunftssichernde Kompetenzen zu erhalten.

Maßnahmenbeispiele: Personalentwicklungsplan, Programm zum Wiedereinstieg, Patenkonzept, Weiterbildung mit Kinderbetreuung.

7. Entgeltbestandteile und geldwerte Leistungen
Neben kollektivvertraglich geregelten Systemen zur finanziellen Unterstützung von Beschäftigten mit Familie können diese auf vielfältige Weise finanziell und sozial vom Betrieb unterstützt werden. Individuelle Angebote tragen zu einer bedarfsgerechten Familienförderung bei.

Maßnahmenbeispiele: Darlehen, Haushaltsservice, Anrechnung von Erziehungszeiten, Personalkauf.

8. Service für Familien
Die Sicherstellung einer geeigneten Betreuung von Kindern bzw. pflegebedürftigen Angehörigen ist unabdingbare Voraussetzung für eine tragfähige Balance von Beruf und Familie. Familiär bedingte Fehlzeiten können dadurch deutlich gesenkt werden.

Maßnahmenbeispiele: Eltern-Kinder-Arbeitszimmer, Ferienbetreuung, Hausaufgabenbetreuung, Belegrechte im Altenheim.

Beim Ermitteln des jeweiligen Angebots geht es vor allem um die Qualität der Maßnahmen. Für jede einzelne Maßnahme werden die

Art der Institutionalisierung, die Zielgruppe, die tatsächliche Nutzung und Umsetzung sowie die Unterstützung durch Kollegen und Vorgesetzte erfasst. Damit erhält man nicht nur ein aussagekräftiges Bild von den institutionellen Rahmenbedingungen, sondern auch von der tatsächlich gelebten Unternehmenskultur.

Der Auditor wertet die Ergebnisse des Workshops aus und erarbeitet unter Berücksichtigung des betriebsspezifischen Potenzials zielorientierte Anregungen für eine bedarfsgerechte Unternehmensstrategie.

Die Ergebnisse der Status-quo-Analyse werden zusammen mit den zielorientierten Anregungen vorgestellt und diskutiert. Die zur Verfügung stehenden Forschungsergebnisse der Beruf&Familie gGmbH liefern dabei umfassende Informationen beispielsweise über den finanziellen, personellen und zeitlichen Aufwand einzelner Maßnahmen und geben so hilfreiche Richtwerte für zielführende Konzepte (nähere Informationen in der Online-Infothek unter www.beruf-und-familie.de).

Die repräsentative Projektgruppe bestimmt weiterführende Ziele und konkrete Maßnahmen zur Verbesserung der familienbewussten Personalpolitik, die aus Sicht der Projektgruppe für die Weiterentwicklung des Unternehmens in den nächsten drei Jahren relevant sind. Diese Ziele werden dann mit der Unternehmensleitung abgestimmt und von dieser schriftlich bestätigt.

Der Auditor dokumentiert die gesamte Durchführung des Audits Beruf&Familie® und schlägt das auditierte Unternehmen der Geschäftsführung der Beruf&Familie gGmbH zur Zertifizierung vor.

Die Entscheidung über die Erteilung der Zertifikate trifft ein unabhängiger Audit-Rat, in dem u.a. Vertreter des Bundesfamilienministeriums, des Deutschen Industrie- und Handelskammertages, Wissenschaftler und Journalisten sitzen.

Mit der Zielvereinbarung beginnt das Unternehmen einen kontinuierlichen Verbesserungsprozess. Dieser Prozess – und nicht das bereits bestehende Angebot familienfreundlicher Maßnahmen – ist das entscheidende Kriterium für ein Grundzertifikat; eine Reauditierung nach drei Jahren überprüft, inwieweit die Ziele erreicht wurden.

Einmal jährlich werden die entsprechenden Zertifikate zum Audit Beruf&Familie® im Rahmen einer öffentlichen Veranstaltung verliehen. Seit 1999 haben zahlreiche namhafte Unternehmen und Institutionen das Audit Beruf&Familie® erfolgreich durchgeführt. Dazu gehören große genauso wie mittelständische und kleine Unternehmen. Sie kommen aus der Industrie, dem Handel und dem Dienstleistungssektor, aus der Privatwirtschaft und der öffentlichen Verwaltung.

Aufgrund der in den letzten Jahren gemachten Erfahrungen lässt sich folgendes festhalten:

Das Audit Beruf&Familie® ist ein geeignetes Instrument für Unternehmen und Institutionen, die neue Angebote einer familienbewussten Personalpolitik schaffen wollen, denn es begutachtet nicht nur bereits umgesetzte Maßnahmen, sondern zeigt auch das betriebsindividuelle Entwicklungspotenzial und hilft bei der Realisierung zukünftiger Schritte.

Beim Audit Beruf&Familie® werden unternehmensspezifische Lösungen erarbeitet, denn es geht nicht um die Umsetzung von gesetzlich vorgeschriebenen, allgemeinverbindlichen Modellen, sondern um das Angebot bedarfsgerechter und praktikabler Maßnahmen.

Mit Hilfe des Audits Beruf&Familie® wird die familienbewusste Personalpolitik zum strategischen Instrument der Unternehmenspolitik, denn es werden nicht isolierte Einzelmaßnahmen geplant, sondern Angebote im Rahmen einer passgenauen Gesamtstrategie realisiert.

Das Audit Beruf&Familie® verbessert die familienbewusste Personalpolitik nachhaltig, denn es ist kein einmaliger „Selbsttest", sondern initiiert einen kontinuierlichen Prozess, bei dem man vom Austausch mit anderen Unternehmen profitiert.

Das Audit Beruf&Familie® ist attraktiv für kleine und mittelständische Unternehmen, denn es informiert über kostengünstige Maßnahmen, die ohne großen administrativen Aufwand umgesetzt werden können.

Das Audit ist als „european work&family audit" auf europäischer Ebene eingeführt, denn es wird bereits in Österreich (Trägerschaft und Finanzierung durch das Bundesministerium für soziale Sicherheit, Generationen und Konsumentenschutz), Ungarn (Trägerschaft und Finanzierung durch das Ministerium für Soziales und Familie) und Italien (Trägerschaft und Finanzierung durch die Autonome Provinz Bozen – Assessorrat für Personal, Gesundheits- und Sozialwesen) umgesetzt.

Zeittafel zum Audit Beruf&Familie®

1995: Das Audit Beruf&Familie® wird auf Initiative und im Auftrag der gemeinnützigen Hertie-Stiftung entwickelt
10/98: Beruf&Familie gGmbH wird für die Umsetzung des Audits gegründet
06/00: Zertifikatsverleihung zum Audit Beruf&Familie® zusammen mit dem Staatssekretär im Bundeswirtschaftsministerium (BMWi), Siegmar Mosdorf
05/01: BMWi und Gemeinnützige Hertie-Stiftung geben „Leitfaden für mittelständische Unternehmen: Wettbewerbsvorteil Famili-

enbewusste Personalpolitik„ (Dokumentation Nr. 488 des BMWi) heraus
07/01: Spitzenverbände der deutschen Wirtschaft empfehlen in der Vereinbarung mit der Bundesregierung das Audit Beruf&Familie® zur Umsetzung einer familienbewussten Personalpolitik
11/01: BMWi führt das Audit Beruf&Familie® im eigenen Hause durch
12/01: Vorstellung des „european work&family audit" – das Audit auf europäischer Ebene
06/02: Zertifikatsverleihung zum Audit Beruf&Familie® zusammen mit Bundeswirtschaftsminister Müller und Bundesfamilienministerin Bergmann
05/03: Bundesfamilienministerium (BMFSFJ) führt das Audit Beruf&Familie® im eigenen Hause durch
07/03: Zertifikatsverleihung zum Audit Beruf&Familie® zusammen mit Bundesfamilienministerin Schmidt

Literatur

[1] Gemeinnützige Hertie-Stiftung (Hrsg.) (2003) Strategien einer familienbewussten Unternehmenspolitik, Bonn, Januar
[2] Gemeinnützige Hertie-Stiftung (Hrsg.) (1998) Mit Familie zum Unternehmenserfolg. Impulse für eine zukunftsfähige Personalpolitik, Köln; Gemeinnützige Hertie-Stiftung (Hrsg.) (1999) Unternehmensziel: Familienbewusste Personalpolitik. Ergebnisse einer wissenschaftlichen Studie, Köln

Models of Good Practice

KAPITEL 11

Die Bundesversicherungsanstalt für Angestellte (BfA) als familienfreundlicher Arbeitgeber

H. HÜNEKE

Zusammenfassung. Die BfA hat sich dem Ziel verpflichtet, ihren Beschäftigten die Vereinbarkeit von Beruf und Familie zu ermöglichen und dabei tradierte Rollen zu verändern. Frauen werden beruflich neben ihren Familienaufgaben gefördert, umgekehrt werden Männer ermuntert, neben ihrem Beruf verstärkt auch Familienaufgaben zu übernehmen. Die BfA geht davon, dass eine wechselseitige Verantwortung in Beruf und Familie zu erhöhter Motivation, zu Ausgeglichenheit und Zufriedenheit führt. Die Idee der Vereinbarkeit von Beruf und Familie ist ein wichtiger Bestandteil der strategischen Personalpolitik geworden. Der Beitrag beschreibt, mit welchen Angeboten und Maßnahmen die BfA ihre Mitarbeiter dabei unterstützt, Beruf und Familie miteinander in Einklang zu bringen.

Einleitung

Die Bundesversicherungsanstalt für Angestellte (BfA) ist der größte Rentenversicherungsträger Europas und als Dienstleister der sozialen Sicherheit Partner von rund 25,1 Mill. Versicherten, rund 9,2 Millionen Rentnern/innen sowie 1,8 Mill. Arbeitgebern/innen. Die Hauptverwaltung hat ihren Sitz in Berlin mit weiteren Dienststellen in Brandenburg, Gera und Stralsund. Zudem unterhält die BfA 406 Auskunfts- und Beratungsstellen im gesamten Bundesgebiet sowie 27 eigene Rehabilitationskliniken. Insgesamt beschäftigt die BfA mehr als 26 000 Mitarbeiter/innen, davon allein in Berlin rund 19 000. Mit 72,5 Prozent ist der Frauenanteil bei der BfA sehr hoch. Im Sommer 2003 feiert die BfA ihr 50-jähriges Bestehen.

In Anbetracht der sinkenden Geburtenrate und den daraus erwachsenden negativen demographischen Folgen betrachtet es die BfA als größter Rentenversicherer auch als ihre Aufgabe, als Arbeitgeber die Vereinbarkeit von Beruf und Familie aktiv zu unterstützen und die Erwerbsbeteiligung von Frauen mit Kindern zu fördern. Im Sommer

2002 erhielt die BfA von der gemeinnützigen HERTIE-Stiftung das Zertifikat zum Audit Beruf und Familie und wurde damit erneut als familienfreundlicher Arbeitgeber ausgezeichnet.

Modernisierungsprozess in der BfA

Die geschäftspolitischen Ziele „Familienorientierte Personalpolitik/ Chancengleichheit" und „Betriebliche Gesundheitsförderung" sind Teil des Modernisierungsprozesses der BfA auf dem Weg von einer „Behörde alter Art" zu einem modernen Dienstleistungsunternehmen. Neue Aufgaben der gesetzlichen Rentenversicherung, die Notwendigkeit einer verstärkten Service- und Kundenorientierung, veränderte Anforderungen an die Beschäftigten, und die Senkung der Verwaltungsausgaben machen eine Neuorientierung erforderlich. Der vielschichtige Prozess der bewussten Gestaltung einer zukünftigen Neuordnung umfasst mittlerweile nahezu alle Arbeitsgebiete.

Um einen erfolgreichen Veränderungsprozess, der auf gemeinsamen Vorstellungen und Werten beruht, zu beginnen, wurden von der Geschäftsführung und den Abteilungsleitern der BfA die folgenden „Grundsätze des Handelns" formuliert:
- Gesellschaftliche Rolle wahrnehmen
- Zukunftsorientiert handeln
- Kundenorientiert handeln
- Effizient handeln
- Beschäftigung sichern
- Partnerschaftlich führen und zusammenarbeiten

Diese Grundsätze stellen nun die Basis einer modernen Personalpolitik in der BfA dar, die auch Maßstäbe für eine familienorientierte Gestaltung setzt.

Familienorientierte Personalpolitik

Unter dem Aspekt der Chancengleichheit für Frauen und Männer wird vorausschauend von der Abteilung Personal der BfA daran gearbeitet, eine familienbewusste Unternehmenskultur zu schaffen, die es Mitarbeitern/innen erleichtert, sich für die Familie zu entscheiden *und* gleichzeitig beiden Partnern die Möglichkeit einräumt, erwerbstätig zu bleiben. Bisher ist allerdings die Verbindung von Beruf und Familie in der Regel immer noch „Frauensache". Für eine Teilzeitbeschäftigung haben sich 19,4% Prozent der BfA-Mitarbeiterinnen

Die BfA als familienfreundlicher Arbeitgeber

entschieden, hingegen nur 2,6% Prozent der Mitarbeiter. Die Elternzeit wird lediglich von 0,7% der Mitarbeiter in Anspruch genommen und nur 1,2% der Beschäftigten in Führungspositionen arbeiten Teilzeit. Daher versucht die BfA, auch verstärkt Mitarbeiter mit Kindern anzusprechen, um sie auf die Möglichkeit von Teilzeitarbeit und der Inanspruchnahme von Elternzeit aufmerksam zu machen. Darüber hinaus möchte die BfA auch erreichen, dass sich Frauen besonders in der Familienphase weiter qualifizieren, damit sie fachlich auf dem Laufenden bleiben und bessere Aufstiegschancen haben.

Die BfA geht bei ihren Überlegungen davon aus, dass die meisten Beschäftigten in der Familie und im Beruf Verantwortung tragen möchten. Frauen mit Kindern wollen erwerbstätig bleiben und Männer möchten mehr Zeit mit ihren Kindern verbringen. Durch die steigende Anzahl allein erziehender Mütter und Väter entstehen individuelle Bedarfslagen, die von der Personalabteilung berücksichtigt werden müssen.

Die Entwicklung zur Familienorientierung in den letzten Jahren

Als die BfA vor einigen Jahren damit anfing, die Vereinbarkeit von Beruf und Familie zum Bestandteil ihrer Personalpolitik zu machen, war die Ausgangsfrage: „Wie können Frauen dabei unterstützt werden, Beruf und Familie unter einen Hut zu bringen?" In enger Zusammenarbeit zwischen der Personalabteilung und dem damaligen Referat der Frauenbeauftragten der BfA wurden die ersten Maßnahmen initiiert, wie z.B. Teilzeit auch in Führungspositionen, Beurlaubung über die gesetzliche Elternzeit hinaus, Fortbildungsmaßnahmen für Beurlaubte usw. Diese Maßnahmen bildeten im Jahre 1999 die Basis für die Auditierung durch die gemeinnützige HERTIE-Stiftung. Allerdings hat sich recht schnell die ursprüngliche Ausrichtung der Maßnahmen auf die Mitarbeiterinnen auf die Einbeziehung auch der Mitarbeiter erweitert. Inzwischen werden auch die Interessen der Väter verstärkt berücksichtigt.

Das Audit Beruf und Familie

Das Audit Beruf und Familie der gemeinnützigen HERTIE-Stiftung ist neben dem Bundesgleichstellungsgesetz und dem 2. Frauenförderplan der BfA ein weiteres wichtiges Instrument zur Umsetzung und nachhaltigen Etablierung familienbewusster Maßnahmen[1]. Das Audit ist

---

[1] Vgl. dazu den Beitrag von Stefan J. Becker in diesem Band.

ein hervorragendes Instrument, das den Unternehmen hilft, eine Standortbestimmung vorzunehmen und darauf aufbauend praktische und bedarfsgerechte Maßnahmen zu implementieren, abgestimmt auf die jeweiligen Gegebenheiten. Die Auditierung beinhaltet zum einen eine Auszeichnung, zum anderen aber auch eine Verpflichtung, weiterführende familienfreundliche Ziele festzulegen und diese auch ernst zu nehmen und umzusetzen.

Aufgrund folgender Maßnahmen erhielt die BfA im September 1999 das Grundzertifikat zum Audit Beruf und Familie:
- Gleitzeitvereinbarung für Beschäftigte mit familienorientierten Kernarbeitszeiten
- Beurlaubung über den gesetzlichen Erziehungsurlaub hinaus
- Ansetzung von Besprechungsterminen zu gesicherten Kinderbetreuungszeiten
- Fortbildungsmaßnahmen und Informationen für Beurlaubte
- Teilzeit in Führungspositionen
- Nutzung des Angebotes externer Dienstleistungsunternehmen (Familienservice) [2]
- Eltern-Kind-Arbeitszimmer

Grundsätzlich ist die Umsetzung geeigneter Maßnahmen sowohl an den Bedürfnissen der Beschäftigten orientiert als auch an den unternehmerischen Besonderheiten. Es werden nicht vorgefertigte Modelle übernommen, sondern es werden in einem kontinuierlichen Prozess, der sich durch kleine Schritte, vorläufige Ergebnisse und laufend daran angepasste Zielsetzungen auszeichnet, Strukturen verändert. Die Bündelung verschiedener Arbeitsergebnisse wird durch eine eigens dafür etablierte AUDIT-Arbeitsgruppe erreicht. Die Arbeitsgruppenmitglieder kommen aus unterschiedlichen Arbeitsfeldern und verschiedenen Hierarchieebenen. Die AUDIT-Arbeitsgruppe hat es als ihre Aufgabe angesehen, verschiedene Arbeits- und Projektgruppen dafür zu gewinnen, den Aspekt der Vereinbarkeit von Beruf und Familie in ihrer Arbeit mit zu berücksichtigen. Damit wurde ein weiteres Kriterium eingeführt, nach dem Arbeitsergebnisse verbessert und gewertet werden können. Die Arbeitsgruppe hat begonnen, verschiedene Themenfelder zu vernetzen, indem sie sich mit den unterschiedlichen Bereichen austauscht, eigene Ideen entwickelt, Fragen stellt, Empfehlungen gibt und so familienbewusstes Handeln zu einem eigenständigen Thema macht, das wiederum in andere Arbeitskontexte hineingetragen wird. Es geht hierbei weniger um die Etablierung

---

[2] Vgl. dazu den Beitrag von Gisela Anna Erler in diesem Band.

vereinzelter Lösungen, als vielmehr um eine familienbewusste Gesamtstrategie, die sowohl in die Personalpolitik als auch in die Unternehmenskultur Einzug erhält.

An der Ausgestaltung folgender Ziele wurde seit der Auditierung im Jahr 1999 vorrangig gearbeitet:
- Flexibilisierung der Arbeitszeit unter angemessener Berücksichtigung der Mitarbeiter/inneninteressen
- Erhöhung der Sozialkompetenz von Führungskräften, insbesondere zur Vereinbarkeit von Beruf und Familie
- Verbesserung der Information und Kommunikation zwischen Mitarbeitern/innen in der Familienphase und der BfA
- Erprobung und Einführung von Telearbeit
- Prüfung der Ergebnisse bestehender Projekt- und Arbeitsgruppen im Hinblick auf die Vereinbarkeit von Beruf und Familie

Seit 1999 wurde verstärkt im Rahmen des Audits damit begonnen, in vorher festgelegten Handlungsfeldern Maßnahmen zu entwickeln: Zusätzliche Investitionen waren hierbei nicht erforderlich. Familienbewusste Maßnahmen brauchen nicht unbedingt als solche initiiert zu werden. Bei den durchgeführten Aktivitäten stehen oftmals ganz andere Zielsetzungen, wie beispielsweise Kundenorientierung, Optimierung der Arbeitsabläufe, effektive Aufgabenbewältigung, im Vordergrund, die aber bei genauem Hinsehen und mit kleinen Veränderungen helfen, Beruf und Familie besser zu vereinbaren. Ist erst einmal eine Maßnahme wie z.B. eine serviceorientierte Arbeitszeitgestaltung als Konzept gut entwickelt und in einem Pilotprojekt erprobt worden, kommt sie allen Beteiligten zugute; dazu gehören die (externen) Kunden genauso wie die Geschäftsführung und die Beschäftigten. Die Flexibilisierung der Arbeitszeit und die Sensibilisierung der Führungskräfte für dieses Thema sind dabei zentrale Aufgaben.

Reauditierung

Ein familienfreundliches Unternehmen zu sein, ist keine Auszeichnung, die ein Unternehmen dauerhaft für sich beanspruchen kann, sondern beinhaltet, den Prozess entsprechend der neuen Zielsetzungen praxisnah voranzubringen. Im Juni 2002 wurde die BfA erneut als familienfreundlicher Arbeitgeber mit dem Zertifikat des Audits Beruf und Familie von der gemeinnützigen HERTIE-Stiftung ausgezeichnet.

Im Rahmen des Reauditierungsverfahrens hat sich die BfA für die nächsten drei Jahre folgende weiterführenden Ziele gesteckt:

- Einführung der serviceorientierten Arbeitszeit und Ausbau des serviceorientierten Kundendialogs (Servicetelefon)
- Umsetzung der Teamarbeit in weiteren Abteilungen der BfA
- Weiterentwicklung der Möglichkeiten, dezentral zu arbeiten
- Vereinbarungen über Telearbeit
- Verstärkte interne wie auch externe Informations- und Kommunikationspolitik über familienbewusste Maßnahmen
- Qualifizierung der Führungskräfte für ihre Aufgabe, die Vereinbarkeit von Beruf und Familie zu unterstützen
- Prüfung der umgesetzten Maßnahmen unter dem Aspekt des „gender mainstreaming"
- Prüfung einer Aufnahme außerberuflich erworbener Kompetenzen in die Beurteilungs- und Auswahlrichtlinien
- Umsetzung und Bekanntmachung eines Kinderbetreuungsangebots für Mitarbeiter/innen während der Fortbildungen

Der Bereich Familienorientierte Personalpolitik der BfA hat Erfolgskriterien für die Umsetzung der Maßnahmen formuliert, die messbar sind:
- Eine höhere familienbedingte Teilzeitquote, auch in Führungspositionen,
- mehr Väter in Elternzeit und Teilzeit,
- erkennbare berufliche Aufstiege von Mitarbeiterinnen und Mitarbeitern, trotz Elternzeit und Teilzeit,
- Anzahl der Qualifizierungsmaßnahmen, die von Beschäftigen in der Elternzeit angenommen werden,
- eine Erhöhung der Anzahl der Mitarbeiter/innen in Elternzeit, die währenddessen kontinuierlich in Kontakt mit der BfA bleiben,
- vergleichbare Beurteilungsnoten von Teilzeit- und Vollzeitkräften,
- eine Erhöhung der Anzahl der Teilzeitbeschäftigten in wichtigen Projekten.

Väter- und familienfreundliche Maßnahmen

Ein maßgeblicher Indikator für das Gelingen, die Arbeitswelt familienfreundlich umzugestalten, wird die Beantwortung der Frage sein, wie Männer die neue Elternzeitregelung und die Teilzeitarbeit annehmen.

Daher nahm die BfA an der bundesweiten Kampagne „Mehr Spielraum für Väter" des Bundesministeriums für Familie, Senioren, Frauen und Jugend teil, – einem „Staffellauf" durch zwölf deutsche Unternehmen, der im November 2001 auch in der BfA Halt machte. Bundesministerin Dr. Christine Bergmann war eigens zu einem Erfahrungsaustausch in die BfA gekommen, um Männern Mut zu machen, die neuen Elternzeitregelungen zu nutzen. Die Fortführung der Kampagne stellt das Projekt „Beratung zur Umsetzung väter- und familienfreundlicher Maßnahmen" dar, das im Auftrag des Ministeriums von der Prognos AG durchgeführt wird. Die BfA beteiligt sich daran, um auch in Sachen „Väterförderung" bald richtungsweisende Ansätze zu finden.

Innerbetriebliche Kommunikation der familienfreundlichen Personalpolitik

In Zusammenhang mit der Teilnahme am Beratungsprojekt zur Umsetzung väterfreundlicher Maßnahmen und aufgrund der bei der Zertifizierung erneuerten Festlegung, die interne Kommunikation für familienfreundliche Maßnahmen weiter auszubauen, hat sich die Personalabteilung dafür entschieden, in Sachen „Väterförderung" neue Wege zu gehen. In enger Zusammenarbeit mit der Abteilungsleitung Personal haben Studenten der Universität der Künste (UdK) Berlin eine interne Kommunikationskampagne zum Thema „familienbewusste Personalpolitik" entwickelt, mit dem Ziel, verstärkt das Interesse der Väter für Elternzeit und Teilzeitarbeit zu wecken.

Betriebliche Gesundheitsförderung

Das Projekt „Betriebliche Gesundheitsförderung" besteht seit dem Jahr 2000 und ist angebunden an den Betriebsärztlichen Dienst der BfA. Die „Betriebliche Gesundheitsförderung" zu implementieren, war das Ergebnis der Auswertung einer groß angelegten Mitarbeiterbefragung, die 1997 durchgeführt wurde. Inzwischen wurden vielfältige Maßnahmen entwickelt, um zum Abbau arbeitsbedingter gesundheitlicher Belastungen beizutragen und die gesundheitsförderlichen Ressourcen zu stärken. Wohlbefinden und Zufriedenheit am Arbeitsplatz sowie die Erhöhung der Gesundheitsquote sind dabei zentrale Zielsetzungen. Der Bereich der betrieblichen Gesundheitsförderung wurde in die Vorbereitungs- und Umsetzungsphase des Pilotprojektes zur Einführung von Telearbeit für Mitarbeiter/innen in der Elternzeit mit eingebunden. Erfahrungen aus anderen Unternehmen haben gezeigt, dass die aufgrund der neuen Arbeitsform aufgehobene Trennung der beiden Lebensbereiche Arbeit und Familie neuartige Belastungen mit sich bringt und auch gesundheitliche Auswirkungen hat[3]. Um dies zu erfassen, werden in die Befragungen, die im Rahmen des Pilotprojek-

---

[3] Näheres dazu im Beitrag von André Büssing in diesem Band.

tes durchgeführt werden, auch Gesundheitsaspekte aufgenommen; die Ergebnisse fließen noch während der Pilotphase in die Planung mit ein.

Telearbeit

Ein wesentliches Ziel, das im Rahmen der Reauditierung festgelegt wurde, ist, Möglichkeiten zur Umsetzung von Telearbeit zu schaffen. Neben grundlegenden familienfreundlichen Maßnahmen wie flexible Arbeitszeiten und Qualifizierung von Führungskräften für das Thema, ist Telearbeit ein wichtiges Handlungsfeld, mit dem die Vereinbarkeit von Beruf und Familie von Seiten der BfA unterstützt werden kann.

Um aussagekräftige Erkenntnisse zu erlangen, bevor die Entscheidung für die Einführung von Telearbeit für eine große Anzahl von Beschäftigten getroffen wird, wurde mit der Konzipierung eines Pilotprojektes begonnen. Das Pilotverfahren Telearbeit wurde auch initiiert, um neben der Erprobung neuester EDV-Technik und einer praktischen Aufgabenbewältigung im Bereich der Kontenklärung, grundlegende Erkenntnisse über Telearbeit als neue Arbeitsform zu sammeln.

Das Pilotprojekt, das im März 2003 gestartet wurde, ist zunächst auf ein Jahr begrenzt. Für einen Telearbeitsplatz konnten sich Beschäftigte in der Elternzeit bewerben, wobei eine wöchentliche Arbeitszeit von mindestens 19,5 Stunden vorausgesetzt wird. Die Telearbeitsplätze sind zunächst für Mitarbeiter/innen aus der Sachbearbeitung mit Aufgaben im Bereich der Kontenklärung vorgesehen. 120 Mitarbeiter/innen konnten für eine Teilnahme gewonnen werden, wozu auch vier Väter in der Elternzeit gehören. Der Arbeitsplatz zu Hause wird mit moderner EDV-Technik und Büromöbeln, die den Anforderungen an sicherheitstechnische und betriebsärztliche Standards entsprechen, ausgestattet. Zudem hatten die Telearbeiter/innen die Möglichkeit, aus einem neu konzipierten Fortbildungsangebot – in Form von Modulen – fachliche Fortbildungen entsprechend ihres Kenntnisstandes frei zu wählen.

Begleitet wird das Pilotprojekt durch eine Projektgruppe, die sich aus Vertretern der Abteilungen Organisation, Personal, Rente und Versicherung zusammensetzt. In die Projektgruppe sind auch der Betriebsärztliche Dienst, die Sicherheitsingenieure, Mitglieder der Personalvertretung und die Gleichstellungsbeauftragte eingebunden. Beraten wird die Projektgruppe zusätzlich von den Bereichen Betriebliche Gesundheitsförderung und Familienorientierte Personalpolitik.

Im Rahmen des Pilotprojekts sollen folgende Fragen geklärt werden: wie effektiv wird die Arbeit zu Hause organisiert, wie lassen sich die Mitarbeiter/innen weiterhin – trotz des heimischen Arbeitsplatzes

– in die Dezernatstruktur einbinden, wie sieht eine optimale Aktenverteilung und -bearbeitung aus, inwieweit kann Telearbeit die Vereinbarkeit von Beruf und Familie erleichtern, und vor allem die zentrale Frage, wie wirtschaftlich ist letztendlich die Einführung von Telearbeitsplätzen für die BfA?

Serviceorientierte Arbeitszeit

Aufbauend auf den Abschlussbericht der durchgeführten Pilotstudie zur serviceorientierten Arbeitszeit mit seinen positiven Ergebnissen, wird an einer Dienstvereinbarung gearbeitet. Das neue Arbeitszeitmodell wird aus vier Bausteinen bestehen: Arbeitszeitabsprachen, Arbeitszeitrahmen, telefonische Erreichbarkeit und „ampelgesteuertes" Arbeitszeitkonto. Die telefonische Erreichbarkeit für die externen Kunden (Versicherte und Rentner/innen) ist in Anbetracht der Kundenorientierung der BfA von zentraler Bedeutung bei der Umsetzung. Von den jeweiligen Arbeitsbereichen ist eine Servicezeit von 8.00 bis 17.00 Uhr (Montag bis Donnerstag) und freitags bis 15.00 Uhr sicherzustellen. Da kein Anruf ins Leere gehen sollte, ist zu den festgelegten Zeiten ein so genannter „Telefonpool" immer besetzt, auf den die Mitarbeiter/innen ihre Telefonapparate eigenverantwortlich umstellen. Von den Beschäftigten werden bei Einführung der serviceorientierten Arbeitszeit verbindliche und verantwortungsbewusste Arbeitszeitabsprachen innerhalb des jeweiligen Teams vorausgesetzt. Die Flexibilisierung der Arbeitszeit macht ein Arbeitszeitkonto für jeden Beschäftigten erforderlich, da den Mitarbeiter/innen ein relativ großer Spielraum bei der Arbeitszeitgestaltung zur Verfügung steht. Um festzustellen, ob die Mehrarbeit oder die Minus-Stunden noch im „grünen Bereich" sind, ist es für Führungskräfte wie Beschäftigte gleichermaßen wichtig, ein Instrument zu haben, das einen Überblick und eine Orientierung schafft. Daher hat sich die Projektgruppe für ein „ampelgesteuertes" Arbeitszeitkonto entschieden, eingeteilt in einen grünen, gelben und roten Bereich. Grün: (–30 bis +30 Stunden) zeigt an, dass alles in Ordnung ist. Gelb: (–31 bis +50 Stunden) beinhaltet, Achtung, ein erstes Gespräch ist notwendig. Rot: (ab –41 und ab +51 Stunden) signalisiert, dass zwischen Führungskraft und Mitarbeiter verbindliche Absprachen zu treffen sein werden, wie die Stunden in einem vorgegebenen Zeitraum wieder in den grünen Bereich kommen können. Das Pilotverfahren hat gezeigt, dass die Flexibilisierung der Arbeitszeit von den Beschäftigten ausgesprochen positiv bewertet wird und einer besseren Vereinbarkeit von Beruf und Familie zugute kommt.

Gleichzeitig wird versucht, den vielfältigen Wünschen nach mehr Zeit für die Familienaufgaben durch eine großzügige Handhabung von Teilzeitregelungen nachzukommen, so dass Mitarbeiter/innen optimal Beruf und Familie verbinden können.

Familienservice

Die BfA arbeitet mit einem kommerziellen Anbieter familienbezogener Dienstleistungen zusammen. Beschäftigte der BfA können das Beratungsangebot des Familienservice kostenlos nutzen. Es umfasst Beratungen zu allen Fragen der Kinderbetreuung, Unterstützung bei der Suche nach einer geeigneten Betreuungsperson für Kinder (z.B. Tagesmutter, Babysitter, au pair usw.) und nach Betreuungsmöglichkeiten und Senioreneinrichtungen für pflegebedürftige Angehörige. Für die anfallenden Betreuungskosten kommen die Beschäftigten selbst auf. Die Einführung flexibler Arbeitszeiten, die Möglichkeit der Teilnahme an Fortbildungsveranstaltungen in der Elternzeit, Telearbeitsplätze für Beschäftigte in der Elternzeit und die steigende Zahl Alleinerziehender lassen eine Zunahme individueller Bedarfslagen entstehen, die von den Trägern der freien und öffentlichen Kinder- und Jugendhilfe noch nicht annähernd durch flexible Angebote abgedeckt werden können. Besonders in Notfällen kann der Familienservice aufgrund seiner Serviceorientierung schnell den Beschäftigten helfen, eine gute und zuverlässige Betreuung für ihre Kinder zu finden. Da die Nachfrage nach einer privaten Tagesmutterbetreuung für Kinder unter drei Jahren zunimmt und entsprechende Krippenplätze fehlen, verfügt der Familienservice über gute Kontakte zu pädagogisch qualifiziertem Personal und kann somit den Mitarbeiter/innen von einem auf den nächsten Tag eine Kinderbetreuung vermitteln. Der Familienservice wählt die Tagesmütter nach fachlichen Kriterien sorgfältig aus. So wird gegenüber den BfA-Beschäftigten eine zuverlässige Betreuung sichergestellt.

Kinderbetreuung

Das Bundesgleichstellungsgesetz sowie der 2. Frauenförderplan der BfA sehen in Bedarfsfällen die Bereitstellung einer Kinderbetreuung von Seiten des Arbeitgebers bei fachlichen Fortbildungen für Beschäftigte vor. Zudem hat sich die BfA im Rahmen der Zertifizierung zum Audit Beruf und Familie selbst zur Bereitstellung eines Kinderbetreuungsangebotes für Mitarbeiter/innen während der Fortbildungs- und Qualifizierungsmaßnahmen verpflichtet. Um einen konkreten Anfang bei der Umsetzung eines einheitlichen Verfahrens zur Bereitstellung eines Kinderbetreuungsangebotes machen zu können, wurde ein „Leitfaden" konzipiert, in dem eine abgestimmte Vorgehensweise, feste Ansprechpartner, grundsätzliche Entscheidungskriterien und eine Abstimmung über die Zusammenarbeit der beteiligten Bereiche vorgeschlagen werden.

Qualifizierungsangebote in der Elternzeit sowie beim Wiedereinstieg

Grundsätzlich werden einerseits Möglichkeiten geschaffen, dass Mitarbeiter/innen nach einer Familienphase wieder schnell in den Beruf einsteigen können und es wird versucht, entsprechende fachliche Fortbildungsangebote bereitzustellen. Andererseits werden Informationsveranstaltungen und Seminare konzipiert, die für Mitarbeiter/innen in der Elternzeit eine Gelegenheit bieten, beruflich am Ball zu bleiben. Die für die Teilnahme an Qualifizierungsmaßnahmen während der Familienphase aufgewendeten Stunden zählen als Arbeitszeit und werden den Mitarbeiter/innen gut geschrieben. Die BfA hat sich seit einiger Zeit bewusst das Ziel gesteckt, die Information und Kommunikation zwischen Mitarbeitern/innen in der Familienphase und der BfA zu verbessern. Das Anliegen ist, dass Mitarbeiter/innen nach der Elternzeit ihre Arbeit gut vorbereitet und mit aktuellem Fachwissen fortsetzen können. Zeitnahe vier- bis sechswöchige Lehrgänge zum Fachrecht, die aus einem Theorie- und einem Praxisteil bestehen, sollen beim Wiedereinstieg helfen. Ein „Leitfaden", mit dem Mitarbeiter/innen ihr Interesse an bestimmten Informationsangeboten während der Familienphase bekunden können, wird verschickt. Mitarbeiter/innen behalten in der Elternzeit ihren Dienstausweis, um jederzeit ungehindert Besuche oder Erledigungen in Dienstgebäuden der BfA vornehmen zu können.

Familienkompetenzen

Die BfA hat erkannt, dass die Anerkennung und Wertschätzung von Familienkompetenzen für Mitarbeiter/innen und Personalverantwortliche eine wertvolle Ressource darstellt. Um dieses Potenzial an unentdeckten Kompetenzen für die Mitarbeiter/innen persönlich erfahrbar zu machen und Führungskräfte für die Bedeutung dieses noch zu wenig genutzten Potenzials zu sensibilisieren, hat die BfA an einer vom Deutschen Jugendinstitut e.V. durchgeführten Studie „Familienkompetenzen als Potenzial einer innovativen Personalpolitik", teilgenommen. 51 Beschäftigte haben hierbei mitgemacht. Mit Hilfe des Instrumentes der Kompetenzbilanz wurde 71% der Teilnehmer/innen bewusst, dass der Lernort Familie bedeutsam für die Entwicklung von Kompetenzen wie Teamfähigkeit, Organisationsfähigkeit, Flexibilität und Verantwortungsbewusstsein ist. Das Studienergebnis leistet einen Beitrag dazu, Familienkompetenzen vor dem Hintergrund betrieblicher Modernisierungsprozesse einen neuen Stellenwert in der Arbeitswelt zu geben, und mit einer neuen Sichtweise perspektivisch die Chancengleichheit von Frauen und Männern zu unterstützen.

Teilnahme an anderen Projekten

Das Institut für Gesundheitswissenschaften der Technischen Universität Berlin hat BfA-Beschäftigte für die Teilnahme an der Studie „Balance von Arbeit und Familie" gewinnen können. An dieser Studie beteiligen konnten sich berufstätige Eltern mit mindestens einem Kind im Vorschulalter (zwei bis fünf Jahre), wobei nur ein Partner in der BfA beschäftigt sein brauchte. Das Ziel der Studie besteht darin herauszufinden, welche Faktoren sich positiv auf die Vereinbarkeit von Beruf und Familie auswirken und wiederum dazu beitragen, das Wohlbefinden und die Leistungsfähigkeit zu steigern. Um mehr über das Zusammenspiel von Beruf und Familie zu erfahren, wird nach den Aktivitäten im Alltag, den begleitenden Gefühlen und körperlichen Belastungen gefragt.

Abschließend wird auf Wunsch der Beteiligten eine Rückmeldung über das individuelle Zeitmanagement und über Faktoren der Doppelbelastung gegeben. Seitens des Forschungsprojekts ist geplant, im Frühjahr 2004 die Auswertungen zur Zielgruppe der BfA-Beschäftigten vorzustellen.

Auswirkungen einer familienorientierten Personalpolitik

Eine Emnid-Umfrage, die bei der Zertifikatsverleihung der HERTIE-Stiftung vorgestellt wurde, belegt, dass das Audit Beruf und Familie messbare Auswirkungen auf die Effizienz von Unternehmen hat. Rund 80% der befragten Unternehmen gaben an, dass die Zufriedenheit und Motivation der Beschäftigten aufgrund der Berücksichtigung ihrer familiären Belange merklich gestiegen sei. 70% beobachteten eine verbesserte Arbeitsqualität. So geht auch die BfA davon aus, dass motivierte und zufriedene Mitarbeiter/innen den Ansprüchen der Kunden besser gerecht werden und erhofft sich von der internen Unternehmenspolitik auch positive Auswirkungen für die Versicherten und Rentner/innen. Darüber hinaus ist eine familienorientierte Personalpolitik auch gesellschaftspolitisch relevant. In Anbetracht der niedrigen Geburtenrate und der damit verbundenen negativen demographischen Folgen drohen den Sozialsystemen große Probleme. Daher betrachtet es die BfA, als größter Rentenversicherungsträger, zumindest in der Rolle des Arbeitgebers, als ihre Aufgabe, die Vereinbarkeit von Beruf und Familie für die Mitarbeiter/innen nachhaltig zu unterstützen.

KAPITEL 12

Gesundheitsmanagement und Maßnahmen zur Förderung der „Work-Life-Balance" bei der SAP AG

N. LOTZMANN

Zusammenfassung. SAP *ist der weltweit führende Anbieter von Unternehmenssoftware. Komplexe anspruchsvolle Aufgaben mit hohen Ansprüchen hinsichtlich Ergebnisqualität, Flexibilität, Mobilität und Eigenverantwortung kennzeichnen den Arbeitsalltag der 13 000 überwiegend akademischen Mitarbeiter bei der SAP in Deutschland. Psychomentale Belastungen dominieren.*

Betriebliche Gesundheitsförderung als Teil dieser Unternehmenskultur: Um diesen Herausforderungen zu begegnen setzt SAP auf eine Vielzahl personalwirtschaftlicher und gesundheitsrelevanter Maßnahmen: Arbeitszeitautonomie, Arbeitszeitkonten, Pausenzonen, Kinderbetreuung, Familienservice, Employee Assistance Program, Psychologische On-site-Beratung und Coaching, „Work-Life-Balance" Workshops, Fitness- und Recreation Angebote.

Einleitung

In unserer sich schnell und grundlegend verändernden Arbeitswelt stellen Qualifikation, Motivation und Leistungsfähigkeit der Mitarbeiter eines Unternehmens einen zunehmend entscheidenden Wettbewerbsfaktor dar.

Arbeitsmedizin und Arbeitspsychologie stehen dabei vor neuen Herausforderungen. Klassische Belastungen der Arbeitnehmer chemisch-physikalischer-klimatischer Art treten insgesamt zugunsten zunehmender psychomentaler Belastungen zurück. Neue Autonomien in Arbeitszeit- und Aufgabengestaltung eröffnen Freiheitsgrade für den Einzelnen, implizieren jedoch auch die Notwendigkeit zu neuen Kernkompetenzen. Dazu gehört die Fähigkeit sich in komplexen Systemen zu bewegen, sich selbst zu organisieren, Prioritäten zu setzen, sich zu vernetzen und auch die Fähigkeit seinen Rekreationsbedarf selbst zu steuern. Wenn dies misslingt können Erschöpfung, Burnout-Syndrom, sowie andere Symptome anhaltender Anspannung und damit der Verlust von Lebensqualität und Leistungsvermögen die Folge sein.

Ein führendes Unternehmen der *Informationstechnologie*, in dem jeder einzelne Mitarbeiter als „Human Ressource" einen hohen Stellenwert genießt, muss hier neue Wege gehen, diesen Herausforderungen zu begegnen und die Mitarbeiter darin zu unterstützen, ihre persönliche Lebensbalance zu finden und diese nachhaltig zu bewahren.

Um die im Folgenden skizzierten gesundheits- und balancefördernden Maßnahmen im Kontext verständlich zu machen, wird zunächst die bestehende Situation für die IT-Branche im Allgemeinen und für die SAP AG im Besonderen dargestellt.

Globale Rahmenbedingungen

Auf dem Höhepunkt des Informationszeitalters ist ein börsennotiertes Unternehmen der Informationstechnologie in besonderem Maße den Auswirkungen aktueller und globaler Trends unterworfen.

Die für die „Neue Arbeit" entscheidenden Trends seien hier angeführt:
- Globalisierung des internationalen Wettbewerbs, auch um die besten Mitarbeiter, beste Perspektiven und die besten Arbeitsbedingungen,
- Intensivierung des Dienstleistungsdenkens (24h-Service weltweit, „follow the sun"): Kundenorientierung nach innen (Mitarbeiter, Teams) und nach außen (Kunden, Analysten, Gesellschaft),
- Konkurrenzdruck in Produkten und Produktivität durch kontinuierliches internationales Benchmarking,
- Rasante Beschleunigung der Kommunikationsgeschwindigkeit,
- Virtualisierung und Vernetzung der Produktentwicklung und der Medien,
- Individualisierung und Flexibilisierung der Produkte, Lösungen und Dienstleistungen nach innen und außen,
- Verkürzung der Halbwertszeit von Wissen, erforderliche Wissensvernetzung: Notwendigkeit des Wissensmanagements (Organisation), lebenslanges Lernen und Weiterbildung (Mitarbeiter),
- Beschleunigung der Produktionszyklen, schneller Wandel von Organisationsstrukturen, Arbeitsinhalten, Teams und Aufgaben,
- Flexibilisierung der Arbeitszeiten und
- Mobilisierung des Arbeitsortes nach Erfordernis.

Unternehmens- und Mitarbeiterprofil

Die SAP AG, mit Hauptsitz in Walldorf, ist der weltweit führende Anbieter von Unternehmenssoftware. Das Angebot der SAP umfasst die Geschäftsanwendungen der „mySAP Business Suite", Technologielösungen für die unternehmensübergreifende Integration von Geschäftsprozessen sowie Standardsoftware für den Mittelstand. SAP wurde 1972 gegründet und ist heute der weltweit drittgrößte unabhängige Softwareanbieter mit Niederlassungen in über 50 Ländern. Im Geschäftsjahr 2002 erzielte das Unternehmen einen Umsatz von 7,4 Mrd. Euro. Derzeit beschäftigt SAP über 28 600 Mitarbeiter weltweit.

Von den 12 500 Mitarbeitern in Deutschland sind *86% Akademiker* (davon ein Viertel promoviert), die aus überwiegend technischen Fachrichtungen meist direkt von der Hochschule mit exzellenten Zeugnissen eingestellt werden. Sie sind überwiegend als Softwareentwickler, im Vertrieb oder in der Kundenschulung tätig. Die interne Anwendung der SAP Softwarelösungen ermöglicht eine vollständige interne kommunikative Vernetzung und eine weitgehende Selbstverwaltung.

8 500 Mitarbeiter haben ihre Basis am Standort Walldorf/Rot (15 km südlich von Heidelberg), 4 000 verteilen sich auf 15 weitere Standorte im Bundesgebiet.

SAP beschäftigt 29% Frauen. Knapp 20% der Mitarbeiter am Standort Walldorf/Rot kommen aus 83 Nationen. *Das Durchschnittsalter liegt bei 34 Jahren.* Der Krankenstand liegt anhaltend unter 2%.

Unternehmenskultur

Arbeitsbedingungen und Unternehmenskultur der SAP spiegeln die o.g. globalen Trends wieder. Der Arbeitsalltag der Mitarbeiter ist durch Bildschirmarbeit, Besprechungen, Kundengespräche, (Fern-)Reisen, Telefon- und Videokonferenzen in einem multikulturellen Umfeld, in dem häufig Englisch die Umgangssprache ist, geprägt. Komplexe, anspruchsvolle Aufgaben mit hoher Arbeitslast und hohem Zeit- und Ergebnisdruck stellen hohe Anforderungen an die Fachkompetenz, Selbst- und Sozialkompetenz, Flexibilität und Mobilität jedes Einzelnen.

SAP hat auf die *Herausforderungen dieser „New Work"* mit ganzheitlichen und vernetzten, zum Teil innovativen Angeboten, Projekten und Maßnahmen im Bereich „Human Resources Management", Arbeitsmedizin und Arbeitspsychologie reagiert. Die Eigenverantwortung, Flexibilität und Selbstständigkeit der Mitarbeiter wird innerhalb einer sehr unterstützenden Unternehmenskultur auf vielfältige Weise gefördert.

So besteht unter Mitarbeitern und Management ein ausgeprägtes Bewusstsein dafür, dass der Unternehmenserfolg ganz direkt von jedem einzelnen abhängt und dass hierfür eine motivierte und motivierende, engagierte, aufgabenorientierte und bürokratielose Zusammenarbeit entscheidend ist.

Diese Zusammenarbeit ist gekennzeichnet durch flache Hierarchien, weitgehendes Fehlen von Titel- und Statusdenken, frühe *Verantwortungs*übernahme/-übergabe mit großer *Entscheidungsfreiheit*, hohes *Vertrauen* des Managements in die Fähigkeit zu Selbstorganisation und gelebter Arbeitszeitsouveränität, Belohnung besonderer *Leistung*, einen hohen Informationsfluss mit großer Prozesstransparenz, Förderung von Kreativität und Innovationsfreude, ermutigender Fehlertoleranz, von persönlicher Weiterentwicklung und lebenslangem Lernen. Die *Arbeitsatmosphäre* entspricht überwiegend einem Campus mit hohen gegenseitigen Leistungserwartungen auf der Suche nach kreativen Lösungen aber auch hoher gegenseitiger sozialer Unterstützung, weniger einem „klassischen" Büroarbeitsplatz mit geregelten Arbeitszeiten und klaren Handlungsanweisungen.

Die zur Verfügung stehenden *Arbeitsmittel* und das Arbeitsumfeld übertreffen meist die gesetzlichen Anforderungen. Hilfsmittel und Sonderwünsche werden bei Bedarf großzügig bewilligt, die technische Ausrüstung ist exzellent.

Weitere unterstützenden Faktoren

Neben den genannten Kennzeichen einer unterstützenden Unternehmenskultur werden eine ganze Reihe von Maßnahmen angeboten, die die Lebensbalance der Mitarbeiter unterstützen.

In erster Linie ist die *Arbeitszeitautonomie* zu erwähnen, die es jedem Mitarbeiter ermöglicht, Arbeitsbeginn und Rhythmus weitgehend selbst zu bestimmen.

Darüber hinaus gibt es die Möglichkeit auf sog. *Arbeitszeitkonten* Geld aus Vergütungsbestandteilen in Zeit zu wandeln und anzusparen, um z. B. eine längere bezahlte Auszeit zu nehmen. Anträge auf unbezahlten Urlaub werden in der Regel großzügig gehandhabt.

In jedem Stockwerk der vielen Gebäude stehen *Pausenzonen* mit kostenlosem Getränkeangebot zur Verfügung, die zu formellen und informellen Treffen zu jeder Zeit genutzt werden können.

Am Hauptstandort Walldorf/Rot gibt es die Möglichkeit der *Kinderbetreuung*.

SAP ist Mitglied im *Familienservice*, der Kinderbetreuung, Eldercare, Haushaltshilfen u.a. in Notsituationen auch sehr kurzfristig vermittelt.[1]

Über das unten geschilderte Angebot einer psychologischen Inhouse-Unterstützung hinaus, hat das Unternehmen einen Vertrag mit einem externen *„Employee Assistance Program"* geschlossen. Dieses EAP stellt Mitarbeitern und deren Angehörigen 7×24 Std./Woche einen telefonischen Ansprechpartner für auftretende Probleme aller Art zur Verfügung.

Betriebliche Gesundheitsförderung als Teil dieser Unternehmenskultur

Das SAP Gesundheitswesen. Aus den einleitend gemachten Ausführungen wurde deutlich: Klassische arbeitsmedizinische Fragestellungen nach der Einwirkung chemischer oder physikalischer Gefährdungen oder der Verhaltens- und Verhältnisprävention stellen sich in dieser Form für SAP nicht mehr. Auch im Gesundheitswesen stehen *Fragen der mentalen Einstellung, der Lebensbalance, der Stressbewältigung* und der *Selbstkompetenzen* im Vordergrund, neben Fragen der allgemeinen Vorsorgemedizin, der Sport-, Fitness und Ernährungsmedizin, der Tropen- und Reisemedizin, sekundär erst ergonomische Fragestellungen und (Wege-) Unfallverhütung, gelegentlich auch umweltmedizinische Themen zu Innenraumbelastungen.

Das SAP-Gesundheitswesen hat hierfür ganzheitliche, klientenzentrierte intern und extern vernetzte, niedrigschwellige Angebote entwickelt, die ständig weiterentwickelt werden. Kern des Netzes ist eine reelle und eine virtuelle *Mitarbeiterambulanz* mit medizinischer, sozialer und psychologischer Betreuung. Dabei wird auf Attraktivität, Überzeugung und Freiwilligkeit gesetzt. Es gibt keine Einstellungsuntersuchungen.

Das Angebot wird über eine ansprechende und ausführliche, zum Teil interaktive Homepage im Intranet, über Plakate und Aushänge, über Infoveranstaltungen und über redaktionelle Beiträge in Print- und online Newsmedien beworben. Es reicht von der Versorgung akuter somatischer oder psychosomatischer Beschwerden, über die allgemeine oder spezielle Bildschirm-Vorsorgeuntersuchung, die sportmedizinische Beratung, die Impfungen und reisemedizinische Beratung, das anonyme externe EAP bis hin zu persönlicher *Beratung und Coaching*. Das Ziel ist, die Suche des Mitarbeiters nach seinen individuellen Zielen und Lösungen zu unterstützen und anschließend auf

---

[1] Näheres dazu finden Sie im Beitrag von Gisela Anna Erler in diesem Band.

Wunsch zu begleiten. Das Gelernte soll als natürlicher Bestandteil im täglichen Denken, Bewerten und Handeln integriert werden und damit die Erreichung der persönlichen Ziele sichern. Es werden bewusstseins- und balancefördernde Maßnahmen vermittelt, die individuell auf die eigenen persönlichen Bedürfnisse und Lebensrhythmen abgestimmt werden. Die Arbeit an der Verbesserung der eigenen „Work-Life-Balance" beginnt mit der Bilanz der aktuellen persönlichen Situation und hat zielgerichtete Veränderungen zur Folge, die auf Wunsch professionell begleitet werden.

Ein weiteres Angebot im Bereich Unterstützung der Mitarbeiter im Umgang mit psychomentalen Belastungen stellt der „*In Balance Workshop*" dar. In diesem Ein-Tages-Workshop für Einzelbucher und für Abteilungen werden dem Mitarbeiter Impulse vermittelt, den persönlichen Lebensstil („way of life, way of work") aktuell zu überdenken und die persönliche Zufriedenheit zu bilanzieren. Der Workshop beschäftigt sich dabei intensiv mit den Ressource-Bausteinen mentale Einstellung, Bewegung, Entspannung, Ernährung und Stressbewältigung. Er findet je nach Gruppenzusammensetzung auf Deutsch oder Englisch statt.

Die Inhalte sind in die *Führungskräfteausbildung* integriert worden.

Ergänzt werden die Services durch ein umfangreiches Inhouse Angebot im Bereich *Fitness und Rekreation* (z. B. Step Aerobic, Spinning, Nordic Walking, Aquafitness, Thai Chi, Yoga, Autogenes Training, Meditation, Massage, Physiotherapie, Rückenschule, u.a.). Diese Angebote bestehen kontinuierlich und finden täglich zwischen 8 und 20 Uhr statt. Der Kraft- und Fitnessraum ist für selbstständig Trainierende 24 Stunden geöffnet. Unabhängig davon werden Eigeninitiativen im *Betriebssport* gefördert. So ist von Tennis, Fußball, Basketball, über Tanzen, Tischtennis, Laufen, Radfahren oder Schwimmen fast jede denkbare weitere Breitensportart vertreten.

An vielen der Services im Gesundheitswesen wird der einzelne Mitarbeiter *finanziell anteilig beteiligt*. Das Ausmaß der Unterstützung durch die SAP richtet sich dabei nach dem jeweils gewünschten Förderungszweck und kann kurzfristig angepasst werden. So wird gewährleistet, dass die Mittel breit, aber gleichzeitig gezielt steuernd eingesetzt werden können und gleichzeitig der „Wert" erhalten bleibt.

Ziel und Ergebnis

Alle diese Maßnahmen sollen es dem Mitarbeiter ermöglichen seine Leistungsfähigkeit, Motivation, Kreativität, Arbeits- und Lebenszufriedenheit langfristig zu erhalten, damit er auch in Zukunft die anspruchsvollen inhaltlichen und interaktiven Anforderungen sowie die Veränderungsgeschwindigkeit in seinem Arbeitsumfeld bewältigen kann.

Die Nutzungsrate der dargestellten Maßnahmen ist hoch. Eine anhaltend große Zufriedenheit der Mitarbeiter wird durch regelmäßig durchgeführte *Mitarbeiterbefragungen* verdeutlicht.

KAPITEL 13

Stressreduktion bei familiärer und beruflicher Doppelbelastung – Das Projekt StrAFF bei VW[1]

A. B. Kalveram · R. Trimpop · B. Kracke

Zusammenfassung. Das Thema Vereinbarkeit von Arbeit und Familie stellt für viele Mitarbeiter aufgrund von Rollenkonflikten und organisationalen Hindernissen im Arbeitsalltag oft die Ursache für Stresserleben dar. Der Beitrag beschreibt das Pilotprojekt StrAFF (Stressreduzierung in Arbeit, Freizeit und Familie) bei Volkswagen in Kassel. Ziel des Projektes war es durch den kombinierten Einsatz von verhältnis- und verhaltenspräventiven Maßnahmen sowohl die individuelle Stresskompetenz der Mitarbeiter zu erhöhen, als auch die organisationalen Rahmenbedingungen zur Unterstützung der Vereinbarkeit von Arbeit und Familie zu verbessern. Es werden das Konzept sowie zentrale Ergebnisse der wissenschaftlichen Begleituntersuchung präsentiert.

Einleitung

Von April bis Dezember 2002 wurde bei der Volkswagen AG im Werk Kassel im Rahmen der Initiative „Neue Qualität der Arbeit" das Pilotprojekt „Stresskompetenzentwicklung als Instrument zur Gesundheitsförderung bei Organisationsangehörigen eines Automobilherstellers mit familiärer und beruflicher Doppelbelastung (StrAFF)" durchgeführt. Ziel des Projektes war es, bei Mitarbeitern mit familiärer und beruflicher Doppelbelastung die Stresskompetenz nachhaltig zu verbessern. Hierzu wurde ein neuartiges, multimethodales, integratives Interventionskonzept zur Verbesserung der „Work-Life-Balance" und der individuellen Stresskompetenz entwickelt und umgesetzt.

Im Folgenden wird zunächst kurz der Hintergrund des Projekts skizziert, daran anschließend werden die Zielgruppe der Maßnahmen und die Maßnahmen selbst vorgestellt. Abschließend werden einige zentrale Projektergebnisse berichtet und diskutiert.

---

[1] Das Projekt StrAFF wurde im Rahmen der „Initiative Neue Qualität der Arbeit durch das Bundesministerium für Wirtschaft und Arbeit" (BMWA ehemals BMA) gefördert.

Hintergrund, Konzept und Ziele des Projektes

Ausgangspunkt für dieses Projekt waren zahlreiche Forschungsbefunde aus dem Bereich der „Work-Life-Balance" und der Stressforschung, die zeigen, dass für Erwerbstätige in dem Konflikt zwischen Familien- und Berufsrolle mit den sich zum Teil widersprechenden Anforderungen von Fürsorgepflicht und Karriereentwicklung erhöhte Stressempfindungen auftreten (zum Überblick s. [1]). In der Literatur wird immer wieder auf die Bedeutung der Qualität des Arbeitsumfeldes, die sich bspw. unter anderem in unterstützenden, für Familienfragen offenen Vorgesetzten und Kollegen sowie familienfreundlichen organisationalen Bedingungen äußert, verwiesen. Weiterhin wird betont, dass auch ein als unterstützend wahrgenommener Ehe- oder Lebenspartner Vereinbarkeitsstress vermindern kann und dass persönliche Kompetenzen und Erfahrungen den Umgang mit Belastungen und Vereinbarkeitsstress verringern können. Als Folgen von Vereinbarkeitsstress werden häufig körperliche und seelische Erschöpfung sowie psychosomatische Beschwerden genannt (zum Überblick s. [3] und [6]).

Das hier vorgestellte Projekt verfolgte das Ziel, durch Kompetenzentwicklung die negativen Folgen von Vereinbarkeitsstress zu reduzieren und darüber hinaus präventiv stressmindernd zu wirken. Da die Konsequenzen von Stress in verschiedenen Lebensbereichen zu beobachten (Arbeit, Freizeit und Familie) und auf unterschiedliche Ursachen zurückzuführen sind (z.B. nicht ausreichende individuelle Bewältigungskompetenzen, organisatorische Mängel, etc.), erscheint ein multimethodales und integratives Vorgehen angezeigt, um nachhaltige Veränderungen zu erzielen. Aus diesem Grund wurde ein auf dem Stressmodell von Lazarus [4] bzw. [5] sowie den Überlegungen von Karasek und Theorell [2] aufbauender Ansatz gewählt, der sowohl verhältnis- als auch verhaltenspräventive Elemente miteinander kombiniert. In beiden Ansätzen wird davon ausgegangen, dass Stress zwar aus objektiven Belastungen entsteht, dass er aber nur wirksam wird, wenn Belastungen auch als negative Beanspruchung individuell interpretiert und empfunden werden. Negativer Stress ist vor allem dadurch gekennzeichnet, dass die Betroffenen zu geringe Handlungsmöglichkeiten und Handlungsfähigkeiten wahrnehmen. Während die Handlungsmöglichkeiten von Mitarbeitern sicherlich häufig organisatorisch durch entsprechende Arbeitsgestaltung personenunabhängig zu beeinflussen sind, sind die Handlungsfähigkeiten meist individueller Natur.

Das Projekt StrAFF ist ein Maßnahmenpaket verschiedenster Ansätze und Methoden zur Stressreduktion, d.h. es handelt sich um ein Konzept, das versucht, unterschiedliche Vorgehensweisen des Stressabbaus auf betrieblicher Seite zu integrieren. Das Projekt ist außerdem multimedial, d.h. es werden verschiedenste Medien im Rahmen des Projektes genutzt, um die Mitarbeiter bei der Entwicklung von Stressbewältigungskompetenzen zu unterstützen. Die Bandbreite der eingesetzten Verfahren reicht dabei von klassischen Printmedien zur Informationsvermittlung (Broschüren, Poster, etc.), über interaktive und eher anonyme Medien (Internetportal, Telecoaching), bis hin zum Einsatz emotional wirkender Medien zur Sensibilisierung der Mitarbeiter (z.B. Theater) sowie erlebnisorientierten und verhaltensnahen Trainings (Anti-Stress-Trainings-Center). Das Projekt StrAFF ist somit in doppelter Hinsicht integrativ, da es einerseits verschiedene Methoden und Medien in einem Gesamtkonzept integriert und andererseits darauf abzielt, Maßnahmen und Ansätze zur Stressreduktion innerhalb der Organisation dauerhaft zu etablieren. Die einzelnen StrAFF-Elemente sollen dabei innerhalb der Organisation verschiedene Ressourcen bündeln, um Synergieeffekte zwischen betrieblichen und externen Akteuren zu schaffen.

Insgesamt sollen die Wirkungen des Interventionsprojektes auf drei Ebenen ansetzen: dem Individuum, der Familie und dem Betrieb. Dabei geht es beim Individuum zum einen um die kognitive und emotionale Ebene der Wahrnehmung und Bewertung von Stressoren und Ressourcen und zum anderen um die verhaltensbezogene Ebene der Kompetenzen. Hier kann man von verhaltensorientierter Intervention sprechen. Bei der Familie geht es ebenfalls um Wahrnehmungen und Kompetenzen. In Bezug auf den Betrieb gilt es, verhältnisorientiert einzugreifen und Bedingungen wie z.B. Arbeitszeitgestaltung oder Vorgesetztenverhalten so zu verändern, dass Konflikte zwischen Arbeit und Familie reduziert oder gar gelöst werden.

Zielgruppen

Für die Teilnahme am Projekt wurden nach einem Stress-Check (s. Unterabschnitt „StrAFF-Stress-Check", S. 198) zwei Stichproben aus der industriellen Getriebefertigung ausgewählt (Schicht U und W). Die beiden Zielgruppen arbeiteten im Dreischichtbetrieb. Eine Schicht wies über dem Durchschnitt liegende Stresswerte auf, während die andere Schicht für diesen Arbeitsbereich unterdurchschnittliche Stresswerte zeigte. Die ausgewählten Zielgruppen sind hinsichtlich ihrer demographischen Struktur vergleichbar und typisch für den Bereich der industriellen Getriebefertigung. 89% der Mitarbeiter sind männlich und nur 11% Frauen. Hinsichtlich des Alters ist die Gruppe im Vergleich zu anderen Fertigungsbereichen im Werk sehr jung. Das Durchschnittsalter in der Zielgruppen beträgt 31,1 Jahre. Viele der dort beschäftigten Mitarbeiter befinden sich gerade in der Phase einer Familiengründung oder haben diese gerade hinter sich. Bei den Mitarbeitern handelt es sich vorwiegend um solche der operativen Ebene, denn nur 13,4% der Befragten haben Vorgesetztenverantwortung. Die Analyse des Stresschecks ergab weiter, dass ein Großteil der Mitarbeiter (>40%) in Partnerschaften mit Kind lebt und auch aus diesem Grund für eine Teilnahme am Pilotprojekt geeignet schien. Aus den beiden ausgewählten Schichten wurden deshalb insgesamt 67 Mitarbeiter mit Erziehungsverantwortung für Kinder eingeladen, sich an dem gesamten umfangreichen Maßnahmenpaket von StrAFF zu beteiligen. Neben den Mitarbeitern aus der Getriebefertigung nahmen weitere Mitarbeiter aus anderen Unternehmensbereichen (Wirtschaftsbetriebe) an einzelnen ausgewählten Modulen des Projektes teil. An den Befragungen zur Vereinbarkeit von Arbeit, Freizeit und Familie beteiligten sich insgesamt über 400 Mitarbeiter des Werkes.

Das Maßnahmenpaket StrAFF zur Verbesserung der Stresskompetenz

Das Maßnahmenpaket StrAFF setzt sich insgesamt aus sieben Teilmodulen zusammen, die im Folgenden vorgestellt werden. Dabei wird der Schwerpunkt der Darstellung vor allem auf speziell für das Projekt neuentwickelte Methoden gelegt. Es werden der konzeptionelle Aufbau, die Didaktik sowie exemplarisch einige Inhalte der Teilmodule skizziert.

StrAFF-Stress-Check. Das Modul Stresscheck besteht aus einer Fragebogen-Befragung zu Beginn und zum Ende des Projektes.
  Mit dem Modul werden die folgenden Ziele angestrebt:
- Analyse der individuellen und kollektiven Stresswerte der Mitarbeiter als Basisinformation für das Projekt
- Auswahl geeigneter Gruppen zur Projektteilnahme
- Rückmeldung der Daten des Stresschecks an die Mitarbeiter
- Basismessung zur Wirkungsüberprüfung des Projektes
- Sensibilisierung der Mitarbeiter für das Thema „Work-Life-Balance"

Beim Stresscheck wurden die über 400 Mitarbeiter, die an dem Projekt teilnahmen, mit einem Screeninginstrument befragt. Da auf kein standardisiertes Messinstrument zurückgegriffen werden konnte, das sowohl das Thema *„Work-Life-Balance"* als auch das Thema *Stressbewältigung* behandelt, wurde hierzu ein spezielles Verfahren entwickelt. Das eingesetzte Messinstrument verfügt über 11 Skalen deren Reliabilitäten sich zwischen 0,45 bis 0,82 bewegen.

Nach Abschluss der Auswertung des Stresschecks wurde den Mitarbeitern mit einem speziellen Rückmeldebogen ein individuelles Feedback über ihre aktuelle persönliche Stresssituation mit spezifischen, individuellen Interventionsmöglichkeiten gegeben. Hierzu wurden Ihnen die individuellen Ergebnisse schriftlich zurückgemeldet (um die Anonymität der Befragung zu gewährleisten). Der Rückmeldebogen informiert über die persönlichen Stresswerte in den Bereichen *berufliche Belastungen, familiäre Belastungen, stressbedingte Beschwerden/Symptome, persönliche Stresskompetenz* und gibt Tipps zur *Stressverringerung*. Die Ergebnisse werden zur besseren Verständlichkeit sowohl graphisch als auch verbal dargestellt. Außerdem wurde in der individuellen Rückmeldung auf die weiteren Angebote des StrAFF-Projektes zur Stressreduktion verwiesen.

Anti-Stress-Trainings-Center (ASTC). Ein zentrales Element zur verhaltenspräventiven Reduktion der negativen Auswirkungen bestehender Konflikte zwischen Arbeit und Familie und zur Erhöhung der Stresskompetenz bei den einzelnen Mitarbeitern stellt das so genannte Anti-Stress-Trainings-Center (ASTC) dar. Grundannahme dieses Moduls ist die Idee, dass erlebnisorientierte und alltagsnahe Lernverfahren die Wahrscheinlichkeit erhöhen, das Erlernte in der Praxis auch einzusetzen.

Das ASTC ist ein mobiler Demonstrations- und Trainingsstand mit verschiedenen Erlebniselementen und einem speziellen Schulungsbereich zum Erlernen der Entspannungstechnik „Progressive Muskel-Relaxation" nach Jacobsen (PMR). Das ASTC wurde speziell für das StrAFF-Projekt konzipiert und zwei Wochen direkt in unmittelbarer Nähe der Arbeitsplätze der StrAFF-Teilnehmer im Produktionsbereich des Werkes aufgebaut. Besondere Bedeutung kam dabei dem Aufbau des ASTC im Produktionsbereich zu. Dieser Standort wurde bewusst gewählt. Üblicherweise werden Entspannungstechniken in Seminaratmosphäre vermittelt. Im Rahmen dieses Projektes sollte jedoch eine Entspannungstechnik vermittelt werden, die universell im Arbeits- und Familienalltag eingesetzt werden kann. Um die Transferproblematik zu minimieren, wurde eine möglichst arbeitsnahe und realitätsgetreue Lernumgebung geschaffen.

Die Teilnehmer nahmen zunächst an einem Einstiegsgespräch mit den beiden ASTC-Moderatorinnen teil. Das Einstiegsgespräch thematisierte den Umgang des Mitarbeiters mit Stress in Arbeit, Freizeit und Familie, ebenso wie die damit verbundenen Konflikte. Danach durchliefen die Teilnehmer im ASTC einen Stressparcours mit 9 Stationen. Hierbei wurden den Teilnehmern multimedial und multimodal die Konsequenzen von Stress (körperliche und psychische Reaktion) erlebbar gemacht. Die 9 Stationen enthalten hierzu Aufgaben, die die Teilnehmer in Stresssituationen bringen. Die Aufgaben des Parcours sind so gewählt, dass sie die Bereiche Arbeit (z. B. Überkopfarbeit unter Zeitdruck: *Lampe montieren*), Familie (letzte Vorbereitungen für große Party, Salzstreuer füllen: *Umschüttaufgabe bei schlechten Sichtverhältnissen unter Zeitdruck*), Freizeit und Arbeitswege (z. B. Arbeitsweg unter Zeitdruck bei starkem Verkehr: *Fahraufgabe auf einem Fahrradergometer*) repräsentieren. Die Leistungsparameter der ASTC-Teilnehmer wurden parallel von einer Beobachterin dokumentiert. Neben den Leistungsdaten wurden medizinische und psychologische Parameter erfasst. Nach dem ersten Durchlauf durch den Stressparcours erhielten die Teilnehmer die Möglichkeit, eine Einführung in die Entspannungstechnik PMR zu bekommen, um dadurch ihre persönliche Stressbewältigungskompetenz zu verbessern. Dafür begaben sich die Teilnehmer mit einer der Moderatorinnen in einen abgetrennten Teil des Raumes. Der hierfür abgeteilte Raum war speziell zur Entspannung leicht abgedunkelt, mit Teppichboden ausgelegt und enthielt zur Verbesserung der Atmosphäre Pflanzen und entspannende Bilder. Mit Hilfe eines mobilen Biofeedbackgerätes machten die Teilnehmer zunächst die Erfahrung, dass sie in der Lage sind, ihre Körperfunktionen selbst zu steuern. Darauf folgte ein kurzes Gespräch über die Übungsausführung. Anschließend wurden kurz die Spezifika der PMR vorgestellt und in einer Einführungsübung den Teilnehmern demonstriert. Um den weiteren Lernprozess zu intensivieren, wurden die Teilnehmer dann gebeten, das erlebte Entspannungsempfinden mit dem Anspannungsgrad während des ersten Durchlaufes des Stressparcours zu vergleichen. Die Teilnehmer wurden schließlich ermutigt, das Erlernte praktisch anzuwenden, indem sie den Stressparcours ein zweites Mal durchliefen. Dabei sollte die erlernte Methode erstmalig ein- und umgesetzt werden. Nach dem zweiten Durchlauf durch den Parcours erfolgte ein Abschlussgespräch, in dem der Mitarbeiter zu seinen ersten Erfahrungen mit PMR befragt wurde. Ferner wurde ihm eine PMR-Selbstlern-CD übergeben, mit deren Hilfe der Teilnehmer die Möglichkeit hat, PMR zu trainieren. Bei Bedarf bestand darüber hinaus die Möglichkeit im Rahmen des Telecoachings (s. u.) weitere Unterstützung beim Erlernen von PMR zu bekommen. Ergänzend wurden in Gesprächen mit den Moderatorinnen des ASTC kognitive Verhaltensstrategien zur Stressreduktion vermittelt. Abschließend wurde dem ASTC-Besucher eine Broschüre überreicht, in der das Thema

Stress genauer erläutert wird und einige Tipps zum Umgang mit Stress vorgestellt werden. Außerdem erhielt der Teilnehmer weitere Informationen über zusätzliche stressreduzierende Angebote der Abteilung Gesundheitsschutz (Ausdauerprogramm, Stressmanagementkurs, Entspannungskurs).

Arbeit-Familie-Workshop. Ein weiteres Teilmodul des Projektes stellen die Arbeit-Familien-Workshops (AFW) dar. Auch dieses Interventionsmodul wurde speziell für das Projekt StrAFF konzipiert. Die AFW sind gestaffelte, aufeinander aufbauende Wochenendveranstaltungen in Form einer Messe bzw. eines Familientages. Die Veranstaltungen werden durchgeführt in Kooperation mit weiteren betriebsinternen und externen Kooperationspartnern (z.B. Krankenkasse, Arbeitsschutz, Frauenbeauftragte, Betriebsrat, Werksfeuerwehr, Berufsgenossenschaften, etc.). Mitarbeiter und Führungskräfte erhalten im Rahmen der AFW an verschiedenen Stationen und Ständen gemeinsam mit ihren Familienmitgliedern die Gelegenheit sich über Ziele, Prioritäten, Stressoren und Stressbewältigungsmöglichkeiten sowie ihr Konflikt- und Kommunikationsverhalten auszutauschen. Außerdem werden Bewältigungsmöglichkeiten zur Stressreduktion z.T. spielerisch vermittelt und können exemplarisch angewandt werden. Grundgedanke hierbei ist, dass die Vereinbarkeitskonflikte von Arbeit und Familie nur dann reduziert werden können, wenn beide Systeme (Arbeit & Familie) Veränderungen ermöglichen und anstreben. Hierzu sollten die AFW erste Impulse setzen.

Die zahlreichen Stationen im Rahmen der AFW zielen primär darauf ab, die individuelle Stressbewältigungskompetenz der Mitarbeiter und ihrer Familien zu verbessern und Probleme hinsichtlich der Vereinbarkeit von Arbeit, Freizeit und Familie zu thematisieren. Die Mitarbeiter erhalten in den AFW die Möglichkeit, das Thema Stress ganzheitlich und im familiären Rahmen zu bearbeiten (systemischer Ansatz). Im Vorfeld der AFW waren intensive Vorbereitungs- und Austauschprozesse zwischen den beteiligten Abteilungen und Arbeitsbereichen erforderlich. Dabei wurde immer wieder intensiv über die Themen *Stress* und *Vereinbarkeit von Arbeit, Freizeit und Familie* gesprochen und es wurden diverse Lösungsansätze entwickelt (synergetisch-integrativer Ansatz).

Der erste AFW ist wie ein *Markt der Möglichkeiten* konzipiert, d.h. es werden den Teilnehmern zahlreiche Angebote in Form von Aktions- und Informationsständen offeriert, die sie bei Bedarf und Interesse nutzen können, wobei die Teilnahme jedoch immer freiwillig ist. Die einzelnen Angebote sind durch eine spielerische Rahmenhandlung (z. B. eine Familienstressrallye) verbunden, durch die die Teilnehmer animiert werden sollen, die Einzelangebote aufzusuchen und zu nutzen. Ähnlich wie im Anti-Stress-Trainings-Center, bietet sich auch beim AFW die Möglichkeit, Erlerntes direkt anzuwenden und auszuprobieren. Die Stationen der AFW sind deshalb ebenfalls sehr verhaltens- und erlebnisorientiert aufgebaut. Bei den Workshops wurde bewusst Wert auf räumliche Nähe zum Arbeitsplatz gelegt, denn das Thema *Vereinbarkeit von Arbeit, Freizeit und Familie* sollte möglichst nah am Alltag der Mitarbeiter thematisiert werden. Die Veranstaltungen wurden sowohl im Innen- als auch im Außenbereich des Werkes durchgeführt.

Als eines der Highlights des ersten AFW wurde das Theaterstück „Zeit-Geist-Verknappung" aufgeführt. Das Einpersonenstück thematisiert unter anderem die menschliche Belastung durch Zeitvorgaben und Zeiteinteilung in der Arbeitswelt. Unabhängig von der betrieblichen Tätigkeit und Stellung wird der Zuschauer zur Reflexion angeregt und veranlasst, für seinen Wirkungsbereich (privat und beruflich) seine Haltung und sein Handeln zu überprüfen.

Im Rahmen des AFW hatten die Mitarbeiter außerdem die Möglichkeit das Erlernen der Entspannungstechnik PMR weiter zu vertiefen, denn es stand dieselbe Sportwissenschaftlerin, die auch als Moderatorin im ASTC den Mitarbeitern bereits die Entspannungstechnik vermittelt hatte, erneut zur Verfügung. Auch die Ehepartner und Kinder hatten im AFW die Möglichkeit erste Erfahrungen mit PMR zu machen.

Ein weiteres Element des AFW stellt die Arbeitsplatzbesichtigung dar. Hier besteht die Möglichkeit gemeinsam mit der Familie den Arbeitsplatz des Mitarbeiters aufzusuchen. Ziel dieses Angebotes ist es, das innerfamiliäre Verständnis für die Arbeitssituation im Werk zu verbessern. Bei Arbeitsplätzen in der industriellen Fertigung ist es meist aus Sicherheitsgründen nicht möglich, dass der Arbeitsplatz des Ehepartners bzw. des Vaters oder der Mutter von den Familienmitgliedern aufgesucht werden kann. Dies ist unter der Perspektive der *Vereinbarkeit von Arbeit, Freizeit und Familie* natürlich problematisch, da die Mitarbeiter sich oft stark mit ihrer Arbeit und ihrem Arbeitsplatz identifizieren. Verständnis seitens der Ehepartner oder Kinder ist jedoch nur bedingt möglich, wenn diese den Arbeitsplatz und die Tätigkeit nicht einmal genau kennen. Die rege Nachfrage nach diesem Angebot im StrAFF-Projekt zeigt deutlich, dass hier seitens der Mitarbeiter sehr großes Interesse besteht.

Eine Kurzübersicht über weitere Angebote eines AFW findet sich in Tabelle 13.1.

Tabelle 13.1. Inhalt des ersten Arbeit-Familien-Workshops

Angebot	Ziele und Zielgruppe
Theaterstück Zeitgeist	Trigger zum Thema Stress; Aktivierung von Diskussionen zum Thema
Coaching zum Thema Gesprächsführung & Zielerreichung: z. B. Gespräche mit Vorgesetzten üben	Individuen: Kommunikationskompetenzen erweitern
Zeitmanagement-Workshop, z. B. Organisation der Arbeits- und Familienzeit	Individuum und Familie: Zeitmanagementkompetenzen werden vermittelt und eingeübt
Erlernen von Entspannungstechniken: (PMR/Igelball-Massage)	Individuen und Familien: Entspannungs- und Erholungs-kompetenzen erweitern; Selbsterfahrung
Familien planen ein Wochenende	Familien: Selbsterfahrung
Familienkonferenz – Familien reden miteinander	Familien: Kommunikationskompetenzen erweitern
Umgang mit Stresssituationen *Übung: Urlaubsauto packen*	Familien: Stressbewältigungskompetenzen erweitern, familiäre Selbsterfahrung; Kooperation und Kommunikation über familiäres Stressverhalten
Tauschbörse, Babysitterbörse Informationen, z. B. Infozenter	Familien: Bilden familiärer Netzwerke; Informationsvermittlung zu den Themen Stress und Vereinbarkeit von Arbeit und Familie; Informationen zu VW-spezifischen Angeboten und Regelungen
Hüpfburg	Kinderbetreuung
Kinderlernhort	Kinderbetreuung mit Lernkomponenten am Computer, beim Basteln und Spielen (damit Eltern u.U. einzelne Stationen auch ohne Kinder aufsuchen können)
Entwicklung eines Familienwappens und Erstellung von Buttons mit Wappen	Familien: Selbsterfahrung von zentralen Familienthemen
Lachland; die Teilnehmer müssen versuchen, einen anderen zum Lachen zu bringen	Familien: Freude, Spaß; systemisch-biographische Selbsterfahrungen und humorvolle Reflexion des eigenen Verhaltens
Infostand Gesundheitsschutz inkl. Stresstest Straßenverkehr (Wiener-Determinations-Test)	Individuen: Informationsvermittlung; kritische Reflexion des eig. Verhaltens; Selbsterfahrung
Infostand Betriebskrankenkasse inkl. Fitness-Test	Individuen: Informationsvermittlung; Selbsterfahrung
Infostand Betriebsrat & Frauenbeauftragte	Individuen: Informationsvermittlung, innerbetriebliche Netzwerkbildung
Brandschutzübung	Individuen und Familien: Informationsvermittlung zum Thema Stress, Risiko und Brandschutz; Unterhaltung, Selbsterfahrung
Infostand Risikokompetenz	Individuen: Informationsvermittlung zum Thema Risikoverhalten

Tabelle 13.1 (Fortsetzung)

Angebot	Ziele und Zielgruppe
StrAFF-InterNet-Scout	Individuen und Familien: Vermittlung von Informationen zum Thema Stress; Vernetzung des StrAFF-Projektes
Arbeitsplatzbegehung	Individuen: Informationsvermittlung, Selbsterfahrung
Mittagessen/Schlemmerexpress, Kaffee und Kuchen	Verpflegung der Teilnehmer

Insgesamt wurden im Rahmen des StrAFF-Projektes zwei AFW durchgeführt. Ging es beim ersten Workshop primär darum, die Mitarbeiter für die Themen zu sensibilisieren, so wurde im zweiten Workshop mit den Familien intensiver an einzelnen Themen gearbeitet, d.h. die individuelle Beratung der Familien stand im Vordergrund. Hierzu wurden individuelle arbeits- und familienbezogene Gruppenangebote entwickelt (z.B. Gesprächsführung mit Vorgesetzten, Elternschule, positive Kommunikation/Zeitmanagement in der Familie, etc.). Weitere Workshops sollten dann in Zukunft Spezialthemen der einzelnen Betriebsbereiche aufgreifen und die Entwicklung des bis dahin Erreichten eingehender betrachten.

Gesundheitszirkel (horizontal und vertikal). Gesundheitszirkel gelten mittlerweile als eine etablierte, gruppenorientierte Methode der Organisationsentwicklung. Ein wesentlicher Grundgedanke der Arbeit in Gesundheitszirkeln ist die Idee, dass die Mitarbeiter vor Ort am besten die Probleme und Schwachstellen ihrer Tätigkeit erkennen und beseitigen können, getreu dem Motto: *Betroffene zu Beteiligten machen!* Die Mitwirkung am betrieblichen Entscheidungsprozess und der Erfahrungsaustausch über unterschiedliche Hierarchieebenen hinweg erweist sich dabei oft als wirkungsvoller als die Mitarbeiter durch von Anderen erarbeitete Lösungen zu beglücken, denn eigene Einsichten werden im allgemeinen eher befolgt als fremde. Gerade für die Themen „*Work-Life-Balance*" und *Stressreduktion* erscheinen von daher Gesundheitszirkel zur Erarbeitung verhältnispräventiver Lösungen auf organisationaler Ebene als besonders geeignet.

Das hier eingesetzte Gesundheitszirkelkonzept sieht vor, dass sich 10 bis 15 Mitarbeiter der Zielgruppen regelmäßig in Arbeitsgruppen treffen, um zu versuchen, für gesundheitsbezogene Problembereiche Lösungen zu entwickeln. Zusätzlich wurde die Führungsebene der

Meister und Unterabteilungsleiter in einen Zirkel mit einbezogen. Die Zirkel wurden von einem organisationsexternen Gesundheitsexperten moderiert. Die Co-Moderation übernahm jeweils ein organisationsinterner Gesundheitsexperte (z. B. ein Mitglied des Betriebsrats oder ein Arbeitsmediziner). Die Gesundheitszirkel waren thematisch offen, d. h. es wurden keine inhaltlichen Vorgaben gemacht. Das bedeutet, dass alle gesundheitsrelevanten Themen, die von den Mitarbeitern angesprochen wurden, in der Gruppe auch behandelt werden konnten. Im Rahmen des Projektes wurde der Fokus jedoch bevorzugt auf Aspekte gelegt, die entweder das Thema *Stress* oder die *Vereinbarkeit von Arbeit, Freizeit und Familie* betreffen. Die thematischen Leitfragen der Gesundheitszirkel waren: Welche Faktoren in Familie, Freizeit und Arbeit erzeugen wechselweise oder für sich allein Stress? Welche Lösungsansätze sind denkbar?

Während bei vielen Gesundheitszirkeln oftmals nur Mitarbeitergruppen einer Hierarchieebene involviert sind, konnten im Rahmen des StrAFF-Projektes sowohl Gruppen auf der Mitarbeiterebene und der Meisterebene (als betriebliche Multiplikatoren), als auch Hierarchieebenen übergreifende Gruppen unter Einschluss der Geschäftsführungsebene etabliert werden. Dies hat den Vorteil, dass die entwickelten Lösungsansätze direkt an die Entscheider weitergegeben werden können und dort die Umsetzung beschlossen und initiiert werden kann. In dem übergreifenden Zirkel waren Vertreter aller Zirkel und Projektverantwortliche sowie Führungskräfte bis zur Ebene der Geschäftsführung gemeinsam aktiv.

Teilmodul Info-Center

Das Teilmodul Info-Center ist eine Kombination von verschiedenen Bestandteilen zur internetbasierten Unterstützung der betrieblichen Maßnahmen im Rahmen des StrAFF-Projektes (Newsletter, Lernplattform). Im Rahmen dieses Moduls werden Informationen, aktuelles Wissen über Stress, Veränderungen durch Maßnahmen, Diskussionsforen etc. in einem nur für VW-Mitarbeiter zugänglichen Internet-Portal zusammengebracht. Wesentliche Informationen werden darüber hinaus zusätzlich als Broschüren verarbeitet und verteilt. Während die AFW die physische Vernetzung verschiedener Interventionen zu den Themen *Stressreduktion* und *Vereinbarkeit von Arbeit, Freizeit und Familie* symbolisieren, stellt das Informations-Center die virtuelle Verbindung zwischen allen Maßnahmenteilnehmern und allen Projektelementen dar.

Teilmodul Telecoaching/Teleberatung

Ein weiteres Element des StrAFF-Projektes stellt das Modul (Tele-) Coaching dar. Es stellt eine verhaltenspräventive Ergänzung zu den oben genannten Interventionen dar. Es besteht im Rahmen dieses Angebotes für die Teilnehmer und ihre Familienmitglieder die Möglichkeit, sich per Telefon oder im Internet (per E-mail) coachen oder beraten zu lassen. Dies ist erheblich kostengünstiger als das persönliche Coaching, kann aber bei Bedarf auch in persönlicher Form erfolgen. Die jeweilige E-Mail-Adresse bzw. Telefonnummern wurden allen Teilnehmern am StrAFF-Projekt in einer Informationsveranstaltung direkt zu Projektbeginn persönlich bekannt gemacht. Ferner wurde auf das Angebot des Telecoaching im Rahmen aller anderen Teilmodule (insbesondere im Info-Center) intensiv verwiesen.

Teilmodul Evaluation

Das letzte Teilmodul des Straff-Konzeptes ist das Teilmodul *Evaluation*. Durch eine wissenschaftliche Begleituntersuchung sollten die Interventionswirkungen erfasst und im Rahmen eines Optimierungsprozesses kontinuierlich rückgemeldet werden. Hierzu wurden verschiedene Methoden eingesetzt, wie der bereits vorgestellte Stresscheck, eine Intensivbefragung mit Fragebogen, (halb-)strukturierte Interviews mit den Teilnehmern des ASTC und des ersten AFW, sowie Tagebuchaufzeichnungen der Mitarbeiter und ihrer Lebenspartner (vgl. a. Tabelle 13.2). Soweit möglich wurde versucht, die Daten mittels eines Präpostdesigns mit betrieblichen Vergleichsgruppen zu gewinnen. Dies war jedoch aufgrund organisatorischer Probleme und betrieblicher Reorganisationsprozesse nur für den Stresscheck möglich. Die Daten der Intensivbefragung (Fragebogen mit 120 Items) wurden deshalb im Präpostdesign ohne Vergleichsgruppe gewonnen. Als betriebliche Kontrollgruppe diente eine Gegenschicht (Schicht V), die hinsichtlicht der ausgeführten Arbeitstätigkeiten, Arbeitsorganisation und demographischer Daten mit den StrAFF-Zielgruppen (Schicht U und W) vergleichbar war. Ferner stand eine weitere betriebliche Vergleichsgruppe aus einem weiteren Produktionsbereich zur Verfügung (Presswerk).

Tabelle 13.2. Untersuchungsdesign

	Messzeitpunkt t_1	StrAFF-Programm[a] (8 Monate)	Messzeitpunkt t_2
StrAFF-Pilotgruppe (Schicht U & W) N = 67	1. Stresscheck (Kurzfragebogen) 2. Intensivbefragung (Fragebogen) der Mitarbeiter und ihrer Partner 3. 14-tägiges Stresstagebuch für Mitarbeiter und ihre Partner	Massnahmen: 1. Stresscheck 2. Antistress-trainingscenter begleitende Erhebung von halbstrukturierten Interviews, physiologischen Daten und Leistungsparametern 3. Arbeit-Familie-Workshops mit Expostbefragung der Teilnehmer 4. Gesundheitszirkel 5. Internetinformationszenter 6. Telecoaching	1. Stresscheck (Kurzfragebogen) 2. Intensivbefragung (Fragebogen) der Mitarbeiter 3. Qualitative Auswertung der in den GZ erarbeiteten Lösungen 4. Auswertung der Nutzerzahlen und des Nutzungsverhalten der Infozenternutzer
Betriebliche Vergleichs-Gruppen (Schicht V, Presswerk) N = 163	1. Stresscheck (Kurzfragebogen) 2. Intensivbefragung (Fragebogen) der Mitarbeiter und ihrer Partner	–	1. Stresscheck (Kurzfragebogen)

[a] Aus Gründen der Komplexitätsreduktion stellt das hier präsentierte Design lediglich einen Gesamtüberblick über den Untersuchungsaufbau der Studie dar. Aus betrieblichen und organisatorischen Gründen konnten nicht alle Teilnehmer alle Angebote nutzen.

Ausgewählte Ergebnisse

Insgesamt wurden alle StrAFF-Teilmodule, mit Ausnahme des Informations-Centers, im Rahmen der Expost-Befragung von den Mitarbeitern positiv eingeschätzt.

In der varianzanalytischen Auswertung des Vergleichsgruppendesigns des Stresschecks zeigen sich über alle Gruppen hinweg wenig systematische Veränderungen. Die Ergebnisse legen nahe, dass durch die Maßnahme Sensibilisierungseffekte hervorgerufen wurden, wobei Dauer und Intensität der StrAFF-Angebote die Sensibilisierungseffekte nicht kompensieren konnte. Im Präposttest für die einzelnen Arbeitsbereiche zeigte sich, dass die Sensibilisierung insbesondere in der am höchsten belasteten Zielgruppe auftrat. Hier werden die *positiven Arbeitsorganisationsfaktoren* im Vorher-Nachher-Vergleich als schwächer beurteilt, die *Arbeitsbelastung* als höher und die eigene Stresskom-

petenz als geringer eingeschätzt. In der laut Stresscheck gering beanspruchten Gruppe hingegen zeigten sich bei einseitiger Testung tendenziell die erwarteten Effekte in zwei Variablen (*familienfreundliche Organisation* und *positive Partnerschaft*). Hier scheinen Erwartungshaltungen, Beanspruchungsniveaus und Maßnahmenumsetzungen in komplexe Wechselwirkungen und differenzierte Wirkungseffekte zu münden. Die Querschnittsanalyse der Daten der Intensivbefragung zeigt deutliche Zusammenhänge zwischen beruflicher und familialer Beanspruchung einerseits und Stresserleben sowie Burnout andererseits.

Die Analyse der Tagebücher, die über zwei Wochen von Ehepaaren ausgefüllt wurden, macht eine Vielzahl von Übertragungseffekten zwischen Arbeit und Familie bei den befragten Ehepartnern deutlich. Eine Analyse der Kreuzkorrelationen zeigt, dass jene VW-Mitarbeiter, die größere Schwierigkeiten hatten, ihre Arbeitsaufgaben zu erfüllen, am gleichen Tag zuhause noch deutlich häufiger an die Arbeit dachten. Auch der folgende Tag zuhause war noch durch Schwierigkeiten bei der Arbeit am Tag zuvor belastet. Der Tagesteil, der zuhause verbracht wurde, wird deutlich positiver eingeschätzt, wenn die Aufgaben im Arbeitskontext störungsfrei erledigt werden konnten. Die Gelegenheit, sich zu entspannen und das Verhältnis zum Partner wurden durch Schwierigkeiten bei der Erledigung von Arbeitsaufgaben allerdings nicht beeinträchtigt. Hier scheinen die organisationalen Rahmenbedingungen (Dreischichtsystem) sowie die Form der Beanspruchung bedeutend zu sein, denn in einem Schichtarbeitssystem besteht auch in besonderen Belastungsphasen fast immer eine gute Planbarkeit von Entspannungs- und Ruhephasen, so dass es nicht zu zeitbasierten, sondern eher zu verhaltensbasierten Problemen bei der Vereinbarkeit von Arbeit und Familie kommt. Ferner ist anzunehmen, dass das vom Stress unbeeinträchtigte Verhältnis zum Ehepartner in dessen Ressourcenfunktion begründet liegt, d.h. die soziale Unterstützung durch den Partner stellt eine Ressource dar, die dabei hilft berufliche Stresseffekte zu bewältigen. Außerdem zeigte sich, dass Partnerkonflikte bei Männern auch erhöhte Konflikte mit Vorgesetzten und/oder Kollegen am folgenden Tag nach sich ziehen. Zudem waren Konflikte mit dem Partner auch mit häufigeren Gedanken an die Probleme zuhause während der Arbeit und einem erhöhten Druck auf dem Weg zur Arbeit verbunden.

Eine Analyse der Zugriffszahlen auf der Internetseite zum Projekt zeigt mehr als 2000 Zugriffe während des Projektzeitraums und weist auf eine sehr intensive Nutzung der angebotenen Inhalte hin. Das StrAFF-Infocenter wurde von den Teilnehmern im Vergleich zu den anderen Angeboten nicht so gut bewertet. Hierbei erwies es sich als Handicap, dass das StrAFF-Info-Center aufgrund der kurzen Projektlaufzeit nur als Internet-Lösung und nicht als firmeninterne Intranetversion realisiert werden konnte, da nicht alle Mitarbeiter der Zielgruppe in ihrem Arbeitsalltag über einen Zugang zu einem internetfähigen Rechner verfügen. Die Nutzung des Info-Centers erfolgte deshalb oft während der Freizeit der Mitarbeiter. Eine Implementierung des StrAFF-Info-Centers in das Standardangebot des Intranetangebotes des betrieblichen Gesundheitsschutzes ist geplant.

Kurzinterviews und Zufriedenheitsmessungen mit Besuchern der Arbeit-Familien-Workshops zeigen bei den teilnehmenden Familien ein hohes Maß an Zufriedenheit. Ähnliches gilt für das Telecoaching. Hier äußerten sich die Personen, die dieses Angebot in Anspruch nahmen, sehr positiv darüber, allerdings war die Zahl der Mitarbeiter, die das Angebot nutzten, sehr gering.

Die systematische Beobachtung der Verhaltensweisen im ASTC ergab im Präpostvergleich signifikant positive Veränderungen sowohl hinsichtlich der erfassten Leistungsparameter in den ASTC-Aufgaben und physiologischer Daten (Puls) als auch im Hinblick auf das subjektive Stressempfinden und die individuelle Beeinflussbarkeit des Stresserlebens. Hoch signifikant reduzierten sich die Fehler bei typischen Arbeits- und Haushaltsaufgaben (Salz einfüllen, Nägel einschlagen). Die erhöhte Stressbewältigungskompetenz der Mitarbeiter war dabei signifikant. Übungseffekte können aufgrund einer fehlenden Vergleichsgruppe zwar nicht gänzlich ausgeschlossen werden sind aber unwahrscheinlich, da es sich bei den auszuführenden Aufgaben um vertraute und bekannte Alltagstätigkeiten handelte. Ferner können Trainingseffekte bei den physiologischen Daten aufgrund der nur geringen Übungsmöglichkeiten im Rahmen des ASTC ausgeschlossen werden. Bei der Befragung der Teilnehmer nach Abschluss des Projektes zeigte sich ferner, dass ein gestiegener Anteil von Mitarbeitern auch nach Projektende weiterhin Entspannungstechniken zur Stressreduktion in ihrem (Arbeits-) Alltag nutzt.

Die inhaltliche und qualitative Auswertung der Gesundheitszirkel ergab, dass zahlreiche organisatorische Stressfaktoren identifiziert werden konnten, die mit der Arbeitszeitgestaltung, dem Führungsverhalten, der Qualifizierung und der Wiederaufnahme der Arbeit nach einer Erkrankung zu tun hatten. Hinsichtlich dieser Faktoren wurden Strategien zur Stressreduzierung formuliert und an die vertikalen Entscheidungszirkel weitergegeben. Aus den vertikalen Zirkeln ergab sich an verhältnispräventiven Maßnahmen vor allem eine Optimierung und Intensivierung der betrieblichen Kommunikationsprozesse. Teillösungen zur Verbesserung der „Work-Life-Balance" und zur Stressreduktion, z.B. zum Thema Arbeitszeitgestaltung, die bereits für einzelne Unternehmensbereiche bestehen, werden nun im Gesamtunternehmen bekannt gemacht und umgesetzt. So wurde im Pilotbereich die Schichtwahl besonders für Familienbeanspruchte erweitert, Führungskräfterotation wird angestrebt, Modelle zum Meisterzirkel als Dauerinstrument werden im „industrial engineering" entwickelt. Ein umfangreiches Gesundheitskonzept (mit Vorsorge- und Rückkehrgesprächen und verschiedenen Entspannungs- und Fitnessangeboten) wird derzeit flächendeckend in der Organisation etabliert.

Eine ausführlichere Dokumentation des Projektes und der Evaluation findet sich bei Trimpop, Förster, Kracke & Kalveram [7].

Fazit

Das Projekt StrAFF zeigt ganz deutlich, dass Interventionen zum Thema „Work-Life-Balance" nicht nur ein Thema für Führungskräfte und/oder Frauen darstellen, sondern dass auch männliche Mitarbeiter in der Produktion an „Work-Life-Balance"-Maßnahmen interessiert sind und als Zielgruppe die Angebote nutzen.

Trotz der nur sehr kurzen Projektlaufzeit (8 Monate) sind bereits einige der intendierten Wirkungen sowohl im individuellen und im familiären als auch im organisatorischen Bereich zu beobachten. Gerade die wesentlichen organisatorischen Veränderungen, die dem beschriebenen Sensibilisierungsprozess entgegenwirken können, benötigen aber in der konkreten Umsetzung und Ausgestaltung in Großunternehmen längerfristige Zeiträume. Das Thema „Work-Life-Balance" konnte daher im Rahmen der Projektlaufzeit nicht abschließend bearbeitet werden. Das Konzept StrAFF eignet sich aufgrund seiner flexiblen Annäherung an das Thema „Work-Life-Balance" sehr gut dazu, das Thema in der Organisation erstmalig in seiner ganzen Komplexität zu thematisieren und betriebliche Veränderungen anzustoßen. Das hier beschriebene Pilotprojekt konnte dabei erfolgreich erste Impulse bei der Behandlung des Themas „Work-Life-Balance" bei Volkswagen in Kassel setzen. Aufgrund der gemachten Erfahrungen und im Einklang mit der Literatur ist jedoch zu vermuten, dass noch wesentlich stärkere Effekte innerhalb der Organisation und bei den Mitarbeitern bewirkt können, wenn das Thema auch nach Abschluss der Pilotphase dauerhaft bearbeitet wird und langfristig ein fester Bestandteil der Organisationskultur wird. Weiterführende Interventionen und Projekte sollten deshalb gezielt Themen, die im Rahmen des StrAFF-Projektes aufgeworfen werden, noch weiter vertiefen.

Eine Übertragung der Erkenntnisse ist sowohl für andere Unternehmen als auch für überbetriebliche Multiplikatoren, wie Krankenkassen, Berufsgenossenschaften und Beratungsfirmen sehr gut möglich. Offen ist allerdings noch die Frage der Übertragbarkeit des Konzeptes auf den KMU-Bereich. Hierzu sind Konzeptmodifikationen und weitere Forschung notwendig.

Literatur

[1] Allen TD, Herst DE, Bruck CS, Sutton M (2000) Consequences associated with Work-to-Family-Conflict: A Rewiev, an Agend for Future Research. Journal of Occupational Health Psychology, Vol. 5, 2:278–308
[2] Karasek RA, Theorell T (1990) Healthy work: stress, productivity, and the reconstruction of the working life. Basic Books
[3] Kossek EE, Ozeki C (1998) Work-family conflict, policies, and the job-life satisfaction relationship: A review and directions for organizational behavior-human resources research. Journal-of-Applied-Psychology 83: 139–149
[4] Lazarus RS (1966) Psychological stress and the coping process. New York: McGraw-Hill
[5] Lazarus RS, Launier R (1981) Stressbezogene Transaktionen zwischen Person und Umwelt. In: Nitsch JR (Hrsg) Stress: Theorien, Untersuchungen, Maßnahmen. Huber, Bern, S 213–259
[6] Perry-Jenkins M, Repetti RL, Crouter AC (2000) Work and family in the 1990s. Journal-of-Marriage-and-the-Family 62:981–998
[7] Trimpop R, Förster G, Kracke B, Kalveram AB (2003) Neue Qualität der Arbeit: Stresskompetenzentwicklung als Instrument zur Gesundheitsförderung bei Organisationsangehörigen eines Automobilherstellers mit familialer und beruflicher Doppelbelastung – Das Projekt StrAFF. Unveröffentlichter Abschlussbericht für das Bundesministerium für Wirtschaft und Arbeit (BMWA) und die Bundesanstalt für Arbeitsschutz und Arbeitsmedizin (BAuA). Jena

Eine Kurzversion dieses Berichtes findet sich unter http://www.inqa.de/pdf/6Straff.pdf. Die Langfassung kann per E-mail unter bobby.kalveram@uni-jena.de angefordert werden.

KAPITEL 14

Familienorientierte Unternehmenspolitik in Klein- und Mittelbetrieben – Beispiele aus der Praxis[1]

Zusammenfassung. Die verbreitete Annahme, dass sich nur große und finanzkräftige Unternehmen familienfreundliche Maßnahmen leisten können, trifft nicht zu. Viele Maßnahmen, wie z. B. eine flexible Arbeitszeitgestaltung, können ohne oder mit nur geringem finanziellen Aufwand umgesetzt werden. Die im Rahmen des vorliegenden Beitrages vorgestellten praktischen Beispiele aus KMU-Betrieben zeigen, dass sich eine mitarbeiter- und familienorientierte Unternehmenspolitik auch in kleinen und mittelständischen Betrieben umsetzen lässt. Effekte und Nutzen für Unternehmen und Mitarbeiter werden aufgezeigt.

Einleitung

Mittelständische Betriebe, Kleinbetriebe und Selbstständige (KMU) bestimmen in Deutschland entscheidend die wirtschaftliche Struktur. Sie umfassen den Großteil aller Unternehmen und Beschäftigten und leisten einen wesentlichen Beitrag zu wirtschaftlicher und gesellschaftlicher Stabilität. Demnach sind gerade auch in diesen Betrieben gezielte Maßnahmen zur besseren Vereinbarkeit von Familie und Beruf von erheblicher Bedeutung. Die verbreitete Annahme, dass sich nur große und finanzkräftige Unternehmen familienfreundliche Maßnahmen leisten können, trifft nicht zu. Viele Maßnahmen, wie z. B. eine flexible Arbeitszeitgestaltung, können ohne oder mit nur geringem finanziellen Aufwand umgesetzt werden. Eine mitarbeiter- und familienorientierte Unternehmenspolitik rechnet sich auch für kleine und mittelständische Betriebe. Dies zeigen die im Rahmen dieses Beitrages vorgestellten praktischen Beispiele aus KMU-Betrieben.

Bei den Betrieben handelt es sich um Teilnehmer eines vom Bundesministerium für Familie, Senioren, Frauen und Jugend im Jahr

---

[1] Recherche und Bearbeitung: Sascha Dold

2000 durchgeführten Wettbewerbs zur Förderung der Familienfreundlichkeit in Unternehmen[2]. Der ausgeschriebene Wettbewerb mit den Schwerpunkten Väterforderung und Telearbeit richtete sich an Betriebe aller Größenordnungen und Branchen, an öffentliche und gemeinnützige Unternehmen sowie an alle freiberuflich Tätigen. In Absprache mit dem Bundesministerium wurden im Juni und Juli 2003 einzelne ausgewählte Unternehmen, die an dem Wettbewerb teilnahmen, erneut angeschrieben. Die Betriebe wurden gebeten, über ihre familienorientierten Aktivitäten aus heutiger Sicht zu berichten und Effekte und Nutzen für Unternehmen und Mitarbeiter zu bewerten[3].

Bei der Auswahl der Unternehmen wurde darauf geachtet, das Branchenspektrum so breit wie möglich auszurichten. Außerdem wurden aufgrund der Zielsetzung des Beitrages ausschließlich KMUs berücksichtigt. Neben den Preisträgern des Wettbewerbes wurden auch Betriebe, die bei der vom Bundesministerium vorgenommenen Auswahl der Bewerber in die engere Wahl gelangten, miteinbezogen.

Praxisbeispiele

	Seite
1. Comet Computer GmbH, München	214
2. INOSOFT AG, Marburg	217
3. Druckwerkstatt Kollektiv GmbH, Darmstadt	220
4. Ingenieurbüro MAZeT GmbH, Jena	223
5. Möhringer Maschinenbau, Wiesentheid	226
6. m plus m Verkaufsförderung KG, Großlangheim	229
7. Pawlitzky & Saeltzer Steuerberatungsgesellschaft mbH, Jena	232
8. Reha-Zentrum, Lübben	234
9. Rösch GmbH, Tübingen	236

1. Comet Computer GmbH, München

Die Comet Computer GmbH ist ein Dienstleistungsunternehmen für Technische Dokumentation und Softwareentwicklung, das heute zu den führenden Anbietern von Online-Dokumentation in Deutschland zählt. Mit dem Ziel, Familie, Beruf und individuelle Lebensplanung harmo-

---

[2] Vgl.: Bundesministerium für Familie, Senioren, Frauen und Jugend (2001): Dokumentation des Bundeswettbewerbs „Der familienfreundliche Betrieb 2000: Neue Chancen für Frauen und Männer".
[3] Die Darstellung erfolgt in Anlehnung an die Dokumentation des Wettbewerbs. Bedanken möchten wir uns an dieser Stelle noch einmal ausdrücklich bei den beteiligten Unternehmen und beim Bundesministerium für Familie, Senioren, Frauen und Jugend.

nisch miteinander vereinbaren zu können, setzt das Münchner Unternehmen seit seiner Gründung 1987 klare Maßstäbe und entwickelt immer wieder unkonventionelle Arbeitsmodelle, die insbesondere auch Frauen attraktive Alternativen zum herkömmlichen Arbeitsplatz bieten. Auch das 1999 gegründete Tochterunternehmen Comet Communication hat sich dieser Firmenphilosophie verschrieben. Die Comet-Firmengruppe beschäftigt heute 75 Personen. Der Frauenanteil liegt bei über 60%.

Personalführung und -entwicklung

Die Hierarchie im Unternehmen wird ausdrücklich flach gehalten, um Engagement und Förderung der Mitarbeiter zu gewährleisten. Projektinhalte und -abläufe werden im Projektteam gemeinsam geplant, wobei jede Mitarbeiterin und jeder Mitarbeiter selbst entscheiden kann, ob und wann sie oder er für eine Projektleitung zur Verfügung steht. Dabei wird grundsätzlich darauf geachtet, dass diese Position immer wieder wechselt und unabhängig von Arbeitsumfang und -ort eingenommen werden kann. Durch die Bildung von Projektteams können kurzfristige Ausfälle Einzelner leichter abgefangen werden.

Ein besonderes Augenmerk liegt bei der Personalauswahl und -entwicklung im Bereich der spezifischen Förderung von Frauen in der IT-Branche. Ungeachtet des praktizierten Arbeitsmodells ist dabei eine kontinuierliche Schulung in fachlicher wie persönlicher Hinsicht selbstverständlich und wird extern wie betriebsintern angeboten und finanziert. Außerdem werden die Beschäftigten motiviert, auf firmeninternen und externen Veranstaltungen Vorträge und Schulungen abzuhalten und so die eigene Qualifikation zu vermitteln und zu erweitern.

Arbeitszeit

In der Regel wird mit den einzelnen Mitarbeitern bei der Einstellung ein festes Stundenkontingent vereinbart. Die Verteilung der Arbeitszeit bestimmt jeder weitestgehend selbst, unter Berücksichtigung seiner privaten Belange und der Erfordernisse des Unternehmens; unkonventionelle Arbeitszeiten (abends oder am Wochenende) sind möglich. Die Arbeitszeiten erfassen die Beschäftigten selbst. Angefallene Überstunden können gesammelt und nach Absprache bis zu zwei Monate am Stück durch Freizeit ausgeglichen werden. Fast zwei Drittel der weiblichen und etwa ein Drittel der männlichen Beschäftigten arbeiten in unterschiedlichen Teilzeitmodellen und vereinbaren auf diese Weise Familie mit einer attraktiven, hochqualifizierten Tätigkeit.

Telearbeit

Den Mitarbeitern wird jede Form der Telearbeit (Vollzeit/Teilzeit, alternierend/permanent) auch im kurzfristigen Wechsel angeboten. Das hauseigene Intranet gewährleistet eine reibungslose Kommunikation. Auch Leitungsfunktionen können über diese Arbeitsform wahrgenommen werden. Eine langjährige Mitarbeiterin bearbeitet erfolgreich als Projektleiterin in permanenter Telearbeit Projekte und kommt nur zu wichtigen Besprechungen mit den Kunden und gelegentlich zur Feinabstimmung ins Büro. Insbesondere Familienväter nehmen das Angebot zur Telearbeit wahr und arbeiten mehr als in anderen Firmen üblich in Teilzeit.

Flankierende Maßnahmen

Im Laufe der Jahre wurde das Konzept zur Vereinbarkeit von Familie, Beruf und individueller Lebensplanung weiterentwickelt, um den sich wandelnden Bedürfnissen der Mitarbeiterinnen und Mitarbeiter entgegenzukommen. Da in den vergangenen Jahren einige der „Firmen-Kinder" eingeschult und Geschwisterkinder geboren wurden, wich – in Absprache und im Sinne der Eltern – die Kleinkinderbetreuung in Arbeitsplatznähe dem erweiterten Angebot flexibler Arbeitszeitgestaltung und Telearbeit. Den Schulkindern steht eine umfassende Betreuung zur Verfügung, ein Angebot, das im Bedarfsfall (auch in Ferienzeiten) von allen Kindern der Mitarbeiter genutzt werden kann.

Informations- und Kommunikationspolitik

Die optimal genutzten Kommunikationsmöglichkeiten (Internet/Intranet) sichern die problemlose Einbindung der Telearbeitenden und unterstützen die fachliche wie die soziale Kommunikation untereinander im Rahmen der Firmengemeinschaft. Um in diesem Bereich Reibungsverluste zu verhindern und neue technische Möglichkeiten kontinuierlich in den Entwicklungsprozess mit einzubeziehen, wurde eigens eine Position im Bereich Kommunikationsmanagement geschaffen, die derzeit von einer Frau besetzt ist. Die frauen- und familienfreundliche Unternehmensphilosophie wird von allen Mitarbeitern getragen und durch vielfältiges Engagement nach außen hin vertreten.

Familienorientierte Unternehmenspolitik in Klein- und Mittelbetrieben

Mit dem Ziel, andere Unternehmen zu ähnlichen Maßnahmen zu motivieren, unterstützt der Betrieb zahlreiche Initiativen in Politik, Wirtschaft, Wissenschaft und Gesellschaft, stellt die Umsetzung des eigenen, erfolgreichen Konzeptes immer wieder in der Öffentlichkeit vor, und wurde bereits mehrfach ausgezeichnet.

Effekte und Nutzen für Unternehmen und Mitarbeiter

War der Wunsch zur harmonischen Vereinbarkeit von Berufs- und Privatleben 1987 ein zentrales Motiv der Firmengründung, so stellen sich heute die flexiblen Arbeitsformen in Voll- und Teilzeit vor Ort oder „remote" als bewährtes Grundprinzip für den Unternehmenserfolg dar. Die Mitarbeiter sind sehr motiviert, da sie auch als Teilzeitkräfte und Telearbeitende entsprechend ihrer Qualifikation eingesetzt werden und meist an Projekten arbeiten, die sie selbst gewählt haben. Zugleich sind sie äußerst effektiv, da sie in der Regel zu selbst bestimmten Zeiten arbeiten. Etwaige Überstunden sind zeitlich begrenzt und können durch Freizeit ausgeglichen werden. Durch dieses Angebot ist es dem Unternehmen gelungen, die Mitarbeiterbindung zu fördern und Ausfallzeiten sehr gering zu halten.

2. INOSOFT AG, Marburg

Die INOSOFT AG ist ein innovatives EDV-Systemhaus mit den Schwerpunkten IT-Consulting und Softwareentwicklung. Mit qualifizierter IT-Beratung, individueller Softwareentwicklung, Desktopstandardisierung und professionellem Training unterstützt die INOSOFT AG Unternehmen, Banken und Behörden bei der Konzeption, Entwicklung und Integration von unternehmensweiten Client-Server-Lösungen. Aktuell beschäftigt die INOSOFT AG 52 Mitarbeiter, wobei der Anteil der weiblichen Angestellten bei 13,5% liegt. Gegründet wurde das Unternehmen 1993 in Biedenkopf.

Unternehmensphilosophie

Das junge Kleinunternehmen für Software und Beratung setzt auf langfristige Motivation, Kreativität und Identifikation der Mitarbeiter. Es gibt zahlreiche Angebote zur Vereinbarkeit von Privat- und Arbeitsleben sowie bemerkenswert viele Freizeitangebote auf dem Betriebsgelände, die von den Beschäftigten und ihren Angehörigen ausgiebig genutzt werden.

Personalführung und -entwicklung

Die Hierarchieebenen im Unternehmen werden, in Anlehnung an amerikanische Vorbilder, so flach wie möglich gehalten. Arbeitsinhalte und -abläufe werden innerhalb einzelner Projektteams eigenverantwortlich geplant. Um die spezifischen Kompetenzen Einzelner besser zu nutzen und zu entwickeln, wechselt die Position des Projektleiters regelmäßig. Die paritätisch besetzte Geschäftsleitung führt regelmäßig Gespräche mit einzelnen Angestellten um sicherzustellen, dass die individuelle Arbeitsgestaltung interessant und flexibel ist und Arbeits- wie Verweilmotivation erhalten bleiben. Fortbildungen innerhalb des Unternehmens sowie als externe Veranstaltungen sind selbstverständlich.

Arbeitszeit

Es gilt vor allem, projektbezogene Termine einzuhalten. Da bei *INOSOFT* die beschäftigten Programmierer (nur Männer) gerne abends oder nachts arbeiten, gibt es keine Arbeitszeitvorgaben. Mittels eines Computerprogramms werden die Arbeitszeiten von allen Angestellten selbst erfasst und können auch jederzeit für mehrere Stunden unterbrochen werden („Arbeit je nach Tagesform"). Diese Freiräume nutzen die Mitarbeiter in hohem Maße. Obwohl es die Möglichkeit gibt, die Arbeitszeit zu reduzieren oder Sonderurlaub zu nehmen, zeigen die meisten Beschäftigten in dieser Lebensphase (20. bis 35. Lebensjahr) hieran wenig Interesse.

Telearbeit

In der Regel verfügen die Mitarbeiter über eine private vom Unternehmen gestellte PC-Ausstattung, die ihnen – jederzeit vernetzt mit dem Betrieb – Telearbeit ermöglicht. Wegen der guten Atmosphäre im Betrieb bevorzugen es jedoch die meisten, täglich im Büro mit den Kollegen zu arbeiten. Stehen Außentermine an, können die Beschäftigten hierfür ein Laptop aus dem betrieblichen „Fundus" mitnehmen.

Väterförderung

Die Belegschaft besteht überwiegend aus Männern zwischen 20 und 35 Jahren. Die vier Väter im Unternehmen werden durch die Geschäftsleitung in erheblichem Maße unterstützt. Ein Vater praktizierte, je nach Betreuungsbedarf seines Kindes, in den vergangenen Jahren immerhin vier unterschiedliche Tele- und Teilzeitarbeitsmodelle. Die Geschäftsführung sieht weiteren Vaterschaften offen und gut vorbereitet entgegen. Die Baupläne für eine hauseigene Kinderbetreuungseinrichtung liegen schon bereit.

Flankierende Maßnahmen

Die bereits geplante Kinderbetreuungseinrichtung auf dem Firmengelände wurde bisher wegen fehlender „Betriebskinderzahl" noch nicht umgesetzt. Die Beiträge für reguläre Kindergartenplätze übernimmt der Betrieb deshalb ganz selbstverständlich. Das mitarbeiter- und familienfreundlich gestaltete Betriebsgelände umfasst einen Grillplatz, einen Kinderspielplatz, ein Beachvolleyballfeld, einen japanischen Entspannungsgarten mit der Möglichkeit eigene Beete anzulegen, ein Fitnesscenter mit geräumiger Dachterrasse, einen Entspannungsraum und eine Küche mit großem, gemeinsamen Essraum. Darüber hinaus kommt regelmäßig ein Masseur in den Betrieb, den die Beschäftigten auf Wunsch kostenlos in Anspruch nehmen können. Auf Kosten des Unternehmens werden darüber hinaus immer wieder Sportreisen unternommen (Marathonläufe, Fahrradrennen u.ä., an denen die Mitarbeiter als Team teilnehmen). Alle Mitarbeiter erhalten eine betriebliche Altersabsicherung, eine steuerfreie Geburtspauschale und können zinsgünstige Darlehen in Anspruch nehmen. Seit dem Jahr 2000 ist das Unternehmen eine Aktiengesellschaft, um die Mitarbeiter besser am Unternehmenserfolg beteiligen zu können.

Informations- und Kommunikationspolitik

Schon in Bewerbungsgesprächen werden die mitarbeiterfreundliche Unternehmensphilosophie und die entsprechenden Angebote angesprochen, um Bewerbern eine langfristige Perspektive im Unternehmen zu vermitteln. Dabei wird insbesondere darauf Wert gelegt, Frauen mit IT-Qualifikationen – in dieser immer noch stark männerdominierten Branche – zu gewinnen. Die vielfältigen Freizeitmöglichkeiten auf dem eigenen Terrain (Fitnessstudio, Beachvolleyballplatz, Grillplatz, etc.) werden von den Angestellten und ihren Angehörigen begeistert genutzt, woraus vielfältige auch private Kontakte resultieren. Betriebsfeiern und Veranstaltungen mit und für Kunden machen diese Philosophie transparent und transportieren sie nach außen. Nicht selten resultieren dann hieraus auch Initiativbewerbungen. Da es in der Mitarbeiterschaft kein Interesse an einem Betriebsrat gibt, wurde auf Initiative der Geschäftsführung eine „Vertrauensperson" benannt, die in ihrer Funktion bisher jedoch nur selten in Anspruch genommen wird.

Effekte und Nutzen für Unternehmen und Mitarbeiter

Da sowohl die Mitarbeitermotivation, der Krankenstand als auch die Fluktuation bereits vor dem Einleiten der Maßnahmen den Vorstellungen des Unternehmens entsprachen, bestand das Hauptziel darin, den familienfreundlichen Bestrebungen des Unternehmens mehr Struktur zu verleihen. Die Tatsache, dass die Maßnahmen von den Mitarbeitern selber erarbeitet und umgesetzt wurden, hat die Sensibilität der Beschäftigten hinsichtlich des Problems der Vereinbarkeit von Beruf und Familie erhöht. Die Geschäftsleitung wurde durch die Übernahme des Projektes seitens der Mitarbeiter stark entlastet.

3. Druckwerkstatt Kollektiv GmbH, Darmstadt

Das Unternehmen Druckwerkstatt Kollektiv GmbH wurde 1985 gegründet. Die Offsetdruckerei stellt in den Abteilungen Drucksachengestaltung (MAC und PC), Druckformherstellung, Druck sowie in der buchbinderischen Weiterverarbeitung die verschiedensten Akzidenzdrucksachen bis zum Format DIN A2 ein- oder mehrfarbig her. Die Betriebsschwerpunkte haben sich in den letzten Jahren beständig vom Druckbetrieb zum Gestaltungsdienstleister verlagert. Derzeit sind im „Druckwerkstattkollektiv" vier männliche, zwei weibliche sowie zwei Aushilfsmitarbeiterinnen dauerhaft beschäftigt.

Unternehmensphilosophie

Mit der Gründung dieses kleinen Druckereibetriebs war auch die Vorstellung verbunden, Arbeits- und Privatleben besser in Einklang zu bringen. Alle Festangestellten sind zu gleichen Teilen Gesellschafter des Unternehmens und entscheiden gleichberechtigt. Insbesondere die innovativen Maßnahmen zur Vereinbarkeit von Beruf und Familie sind grundsätzlich festgeschrieben, werden jedoch – orientiert an den aktuellen Gegebenheiten – auch weiterentwickelt oder ausgebaut. Auch die inhaltlichen und fachlichen Bestimmungen be- und entstehen auf der Grundlage von kontinuierlicher Kommunikation und Transparenz in allen Bereichen des Betriebes. Das soziale Engagement der Beteiligten umfasst ebenfalls beide Lebensbereiche und führt zu einem entsprechenden Image der Firma, das von den Kunden geschätzt und unterstützt wird.

Personalführung und -entwicklung

Die soziale und kommunikative Kompetenz der vier Teilhaber (keine Hierarchie) wird als unbedingte Voraussetzung für eine optimale Unternehmensführung angesehen. Neue Mitarbeiter müssen bereit sein, die allgemeinen Regeln von besonderer Familienförderung, hoher Eigenverantwortlichkeit, Teamfähigkeit, Transparenz und Teilhaberschaft zu akzeptieren und im Team weiter zu entwickeln. Das Unternehmen fördert bewusst seit 13 Jahren auch junge Männer und Frauen, die an einem Projekt zur Unterstützung von ehemals drogenabhängigen Jugendlichen teilnehmen. Regelmäßig kommen von dort Praktikanten in den Betrieb und werden gegebenenfalls auch als Lehrlinge übernommen. Ein solcher Auszubildender hat Ende 2000 seine Lehre – trotz anfänglicher Schwierigkeiten – mit großer Unterstützung der übrigen Mitarbeiter erfolgreich abgeschlossen und wurde mittlerweile als Offsetdrucker übernommen. Regelmäßige Weiterbildungen werden vom Unternehmen finanziert.

Arbeitszeit

Um eine Grundlage für eine bessere Balance zwischen Berufs- und Privatleben zu schaffen, wurde die Regelarbeitszeit in diesem Betrieb auf 30 Wochenstunden festgelegt. Alle ausgebildeten Beschäftigten erhalten dafür auch das gleiche Gehalt. Wirklich außergewöhnlich ist die Reduzierung der Regelarbeitszeit im Falle der Elternschaft bei vollem Lohnausgleich: Sie beträgt sechs Wochenstunden für Krippenkinder, vier Wochenstunden für Kindergartenkinder und zwei Stunden für Schulkinder (insgesamt höchstens sechs Wochenstunden). Es werden gemeinsam wöchentliche Arbeitspläne zur allgemeinen Orientierung gemacht. In der Regel sind die Mitarbeiter vormittags anwesend, viele sind an ein bis zwei „Familientagen" bzw. „-halbtagen" regelmäßig ganz zu Hause. Die Arbeitszeit ist flexibel und täglich, wöchentlich oder monatlich in Absprache mit den Kollegen und unter Berücksichtigung der Auftragslage veränderbar. Darüber hinaus sind Arbeitszeitreduzierungen bis hin zu Sabbaticals möglich.

Telearbeit

Telearbeitsplätze werden vom Unternehmen gefördert und finanziert, so dass die Mitarbeiter auch alternierend zu Hause arbeiten können. Eine Mitarbeiterin, allein erziehende Mutter von zwei Kindern, nutzt diese Möglichkeit regelmäßig, die anderen Beschäftigten eher in Ausnahmefällen.

Väterförderung

Drei der vier männlichen Beschäftigten sind Familienväter und zwei davon sind zudem Nutznießer der Reduzierung der Regelarbeitszeit (s.u. Arbeitszeit) für Eltern bei vollem Lohnausgleich. Aktive Vaterschaft (Erziehungsurlaub/Freistellung zur Geburt/Teilzeitarbeit) ist dabei selbstverständlich. Ein Vater hat sein Arbeitszeitkonto während der Säuglingsphase seines Sohnes mit 200 Minusstunden belastet und konnte diese bis zu dessen Einschulung wieder ausgleichen. Durch die klare Freistellungsregelung von Eltern für Erziehungsaufgaben können sich zwei Mitarbeiter die familiären Aufgaben mit ihren Partnerinnen so teilen, dass auch diese einer Teilzeittätigkeit nachgehen können.

Flankierende Maßnahmen

Die grundsätzliche Arbeitszeitreduzierung für Erziehende bei vollem Lohnausgleich stellt in diesem Betrieb eine entscheidende Grundlage der geldwerten Unterstützung von Eltern dar. Grundsätzlich können bei der Druckwerkstatt die „Familienstunden" nur als Zeit in Anspruch genommen und nicht ausbezahlt werden. Für die allein erziehende Mutter mit zwei Kindern zahlt das Unternehmen zusätzlich einen Großteil der Kinderbetreuungskosten. Darüber hinaus wendet der Betrieb monatlich 100 Euro pro Mitarbeiter für eine zusätzliche Altersabsicherung auf; zinslose Notdarlehen werden nach Bedarf gewährt. Außerdem haben alle Mitarbeiter eine 24-h-Unfallversicherung, die auch in privaten Fällen greift. Da die Vereinbarkeit vom Unternehmen optimal unterstützt wird, entstehen nur selten Betreuungslücken. Im Notfall können Kinder aber mit in den Betrieb gebracht werden. Sie dürfen dann, je nach Alter, auch mitwirken (beim Buchbinden oder Packen helfen, etc.), so dass sie den elterlichen Arbeitsplatz kennen lernen können.

Informations- und Kommunikationspolitik

Durch eine zweijährige, betriebliche Qualifizierungsphase mit Arbeitsplatzrotation, die jeder Mitarbeiter zu Beginn durchlaufen muss, können alle Arbeiten tatsächlich auch von allen ausgeführt werden. Die Teambesprechungen finden zu familienfreundlichen Zeiten, gegebenenfalls auch – z.B. bei der allein erziehenden Mitarbeiterin – zu Hause statt. Alle Mitarbeiter (einschließlich Lehrling) sind ständig über die finanzielle Situation des Betriebes informiert (Kalkulationen,

Investitionen, Gehälter, usw.). Die familienfreundliche Unternehmensphilosophie wird nach innen wie nach außen transparent gemacht. So wird den Kunden beispielsweise mitgeteilt, dass Mitarbeiter X heute seinen Familientag hat und deshalb nicht zu sprechen ist. Regelmäßige Feste des Unternehmens spiegeln ebenfalls diese Strategie wider. Viele Mitarbeiter sind sozial und/oder politisch in der Region aktiv und vertreten auch in diesem Rahmen den eigenen Ansatz. Ein großer Teil der Aufträge kommt aus dem Bereich sozialer Institutionen, welche die persönliche Atmosphäre ebenso wie den Grundgedanken des Unternehmens schätzen und unterstützen.

Effekte und Nutzen für Unternehmen und Mitarbeiter

Eine interne Auswertung der Krankenstandskennzahlen seit 1999 zeigt, dass in dem Kleinbetrieb die familienfreundliche Förderung der Mitarbeiter zu einer Verringerung der Krankenzeiten und damit zur Reduzierung der betrieblichen Kosten beigetragen hat. Darüber hinaus erleichtert ein niedrigerer Krankenstand die innerbetriebliche Arbeitsplanung. Die Mitarbeitermotivation hat sich aus Sicht des Unternehmens ebenfalls erhöht. Die Mitarbeiter akzeptieren und pflegen die Betriebsbedürfnisse, da auch ihre persönlichen Bedürfnisse Berücksichtigung finden. Ein familienfreundliches Unternehmen ist immer auch ein junges und modernes Unternehmen. Das familienfreundliche Konzept des Betriebes, offensiv gegenüber den Kunden dargestellt, weist die Druckwerkstatt als modernes Unternehmen aus. Durch die Preisträgerschaft und die Presseöffentlichkeit im Rahmen der Dokumentation des Bundesministeriums für Familie, Senioren, Frauen und Jugend konnte das Unternehmen vor allem solche Kunden hinzu gewinnen, welchen die Vereinbarkeit von Familie und Beruf ein Anliegen ist (Kommunen, Kirchen, Verbände usw.). Auch für ältere Kunden ist es nach Erfahrung des Unternehmens attraktiv bei einem familienfreundlichen Unternehmen einzukaufen. Somit ergaben sich aus der charakterisierten Unternehmensphilosophie auch unmittelbare Wettbewerbsvorteile.

4. Ingenieurbüro MAZeT GmbH, Jena

Die Firma MAZeT GmbH wurde 1992 gegründet und beschäftigt heute 70 Mitarbeiter. Als ein Dienstleister für die Entwicklung und Fertigung bietet das Unternehmen seinen Kunden einen umfassenden Service beim Design kundenspezifischer Schaltkreise, von eingebetteten PC-Baugruppen und angepasster Software. Der Aufbau einer Serienfer-

tigung ermöglicht es dem Ingenieurbüro seit dem Jahr 2000 den Wünschen seiner Kunden, die entwickelten Baugruppen und Schaltkreise auch in Serie zu liefern, nachzukommen. MAZeT konzentriert sich auf die Märkte Medizintechnik, Automatisierungstechnik und industrielle Messtechnik. Über besonderes Know-how verfügt das Unternehmen im Bereich optoelektronischer Sensoren und der dafür erforderlichen Signalverarbeitung. Spektral selektive Sensoren zur Farberkennung und Bewertung werden als eigene Produkte am Markt angeboten.

Unternehmensphilosophie

In dem recht jungen Ingenieurdienstleistungsunternehmen werden Instrumente der Flexibilisierung von Arbeitszeiten und Arbeitsort kombiniert mit finanziellen Anreizen. Dies entspricht offensichtlich den Interessen von Beschäftigten und Unternehmen optimal und konnte in den letzten Jahren zu einer kontinuierlichen Verbesserung von Auftragslage und Umsatz genutzt werden.

Personalführung und -entwicklung

Das Unternehmen pflegt eine flache hierarchische Struktur. Unter der Betreuung von Bereichsleitern arbeiten Projektteams in wechselnder Besetzung zusammen. Die Unternehmensführung setzt hier systematisch auf Eigenmotivation und Zielsetzung. Dies geschieht durch finanzielle Anreize wie Erfolgsbeteiligung oder Weiterqualifizierung. So werden die Beschäftigten z. B. motiviert, im Rahmen einer Kooperation mit der Fachhochschule Jena Vorlesungen zu halten. Dadurch erfolgt eine zusätzliche Qualifizierung der Mitarbeiter. Gleichzeitig werden Diplomanden und Praktikanten gewonnen, die wiederum potentielle Mitarbeiter sind.

Arbeitszeit

Es gilt eine generelle Kernarbeitszeit von 10 bis 14 Uhr; darüber hinaus existieren jedoch zahlreiche Flexibilisierungsmöglichkeiten. Der Arbeitszeitschwankungsrahmen von +/- 150 Stunden sollte am Ende eines Kalenderjahres ausgeglichen sein. Den sog. „Freizeitausgleich" kann jeder Mitarbeiter selbstverantwortlich außerhalb der Kernarbeitszeiten nehmen. Zusätzlich besteht jederzeit die Möglichkeit, individuelle Absprachen innerhalb des Projektteams zu treffen.

Familienorientierte Unternehmenspolitik in Klein- und Mittelbetrieben 225

Telearbeit

Insgesamt verfügen mehr als 25 Mitarbeiter über vom Unternehmen vollständig finanzierte Telearbeitsplätze (inklusive Übernahme der Kommunikationskosten). Diese wurden bereits 1997 vom Unternehmen eingeführt. Ziel ist es, den Mitarbeitern, die nicht am Standort des Betriebes wohnen, Fahrtkosten und Wegezeiten zu ersparen sowie kurzfristig auf familiäre Situationen sowie Termin- und Auftragsänderungen im Betrieb reagieren zu können. Darüber hinaus ermöglicht die Telearbeit den Beschäftigten, die zum Teil sehr lange dauernden Testdurchläufe/-berechnungen abends oder am Wochenende von zu Hause aus kontrollieren zu können. Genutzt wird diese Arbeitsform vor allen Dingen von Beschäftigten mit Familie. Die Geschäftsleitung steht kurz vor dem erklärten Ziel, allen Mitarbeitern mit einer ein- bis zweijährigen Betriebszugehörigkeit, für deren Arbeitsplätze dies möglich ist, einen zusätzlichen Telearbeitsplatz einzurichten.

Väterförderung

Die Familienväter im Unternehmen nutzen die Möglichkeiten der Telearbeit und der flexiblen Arbeitszeit in ungewöhnlich hohem Ausmaß, um vor allem kurzfristig aber auch langfristig familiäre Sondersituationen aufzufangen. So arbeitete ein Vater im Jahr 1999 neun Monate lang Vollzeit zu Hause per Telearbeit, so dass seine Ehefrau wieder in den Beruf einsteigen konnte.

Flankierende Angebote

Das Unternehmen gibt einen Zuschuss zu den Kindergartenkosten. Die umfassende Angebotslage in den neuen Bundesländern macht ein zusätzliches Engagement für Kinderbetreuungsplätze seitens des Betriebes entbehrlich. *MAZeT* zahlt ebenfalls einen Essensgeldzuschuss für die tägliche Mittagsmahlzeit seiner Mitarbeiter. Der Betrieb bezahlt, in Abhängigkeit vom Betriebsergebnis, maximal 30% eines durchschnittlichen Bruttogehaltes als erfolgsorientiertes 13. Monatsgehalt. Bei der Geburt eines Kindes werden der Mutter oder dem Vater 255 Euro gezahlt. Um Familie und Beruf auf einen Nenner zu bringen, unterstützt der Betrieb kulturelle und sportliche Veranstaltungen, zu denen auch die Angehörigen eingeladen werden. Ein besonderes Highlight für alle Beschäftigten ist der einmal jährlich stattfindende Segeltörn auf der Ostsee.

Informations- und Kommunikationspolitik

Neben den monatlich und wöchentlich stattfindenden eher sach- und fachbezogenen Besprechungen und Versammlungen, gibt es monatliche Gespräche zwischen Bereichsleitung und Mitarbeitern, in denen auch persönliche Fragen angesprochen werden. Außerdem steht die Geschäftsführung den Beschäftigten jederzeit für Gespräche zur Verfügung. Das betriebliche Intranet und E-mail-System hat sich seit 1997 als Informationsplattform im Unternehmen bewährt. Alle betrieblichen Regelungen, fachlichen Informationen, Mitteilungen, Protokolle und Fachdiskussionen sowie Veranstaltungspläne sind auf diese Weise von den Büro- und Telearbeitsplätzen aus abrufbar.

Effekte und Nutzen für Unternehmen und Mitarbeiter

Die leistungsorientierte und mitarbeiterfreundliche Personalpolitik bei *MAZeT* findet Ihren Ausdruck in einem niedrigen Krankenstand und einer geringen Mitarbeiterfluktuation. Beide Kennziffern liegen deutlich unterhalb des Branchendurchschnitts. Die hohe Mitarbeitermotivation und die in Projektreferenzen nachgewiesenen exzellenten Fachkenntnisse haben ein gutes Unternehmensimage und die Fähigkeit, sich erfolgreich dem Wettbewerb zu stellen, zur Folge. Ein seit der Gründung des Unternehmens stetig anhaltendes Wachstum in Umsatz und Ertrag – auch in einem wirtschaftlich angespannten Umfeld – bestätigt aus Sicht der Unternehmensleitung die Richtigkeit des eingeschlagenen Kurses.

5. Möhringer Maschinenbau, Wiesentheid

Die Firma Möhringer wurde 1885 gegründet und wird bereits seit vier Generationen familiengeführt. Die Unternehmensschwerpunkte liegen in der Entwicklung, Herstellung und dem weltweiten Vertrieb von Holzbearbeitungsanlagen. Als Systemanbieter von der Planung bis zur Inbetriebnahme und Schulung beschäftigt das Unternehmen derzeit 120 Mitarbeiter an drei Standorten. Der Frauenanteil liegt aktuell bei 25%.

Unternehmensphilosophie

Das Maschinenbauunternehmen setzt dank des nachhaltigen Engagements der beiden Geschäftsführer auf unterschiedlichen Ebenen des Betriebes zielgerichtete Maßnahmen um, die den Beschäftigten vielfältige – und für die Branche unübliche – Freiräume gewähren. Hier reagiert die Unternehmensleitung nicht nur auf die Bedürfnisse der Mitarbeiter, sondern motiviert von sich aus durch Einführung neuer Möglichkeiten das Personal, persönliche Spielräume wahrzunehmen und auszunutzen.

Personalführung und -entwicklung

Mit den Beschäftigten im Erziehungsurlaub wird enger Kontakt gehalten. So werden Qualifizierung und Kontakt zum Beispiel über Urlaubsvertretungen oder aushilfsweise Tätigkeiten gewährleistet, falls nicht von der Möglichkeit der Teilzeitarbeit Gebrauch gemacht wird. Zusätzlich werden die Mitarbeiter regelmäßig persönlich oder per Post über die Entwicklungen des Unternehmens informiert und bei Veranstaltungen miteinbezogen.

Arbeitszeit

Generell wird im Unternehmen bereits seit 1994 ein Lebensarbeitszeitmodell angeboten, bei dem Urlaub oder Mehrarbeitsstunden beliebig lange gepuffert oder aufgebaut werden können ohne dass diese verfallen. Damit sollen die Mitarbeiter motiviert werden, ihre Arbeitszeit an den familiären Bedürfnissen auszurichten und in bestimmten Phasen diesen Puffer zu nutzen. Darüber hinaus werden Jahres- und Wochenarbeitszeiten individuell verhandelt und in Abstimmung der persönlichen wie der betrieblichen Erfordernisse gegebenenfalls verändert. Um Auslastungsschwankungen auszugleichen, kann über einen Stundenpuffer von bis zu 100 Stunden verfügt werden. Außerdem können Mehrarbeitsstunden in Form von Freizeit abgeglichen oder dem Lebensarbeitszeitkonto gutgeschrieben werden.

Telearbeit

Grundsätzlich wird die Möglichkeit zur Telearbeit dort angeboten, wo der Arbeitsplatz dies ermöglicht. Die erforderliche Ausstattung wird vom Unternehmen zur Verfügung gestellt, die Betriebskosten werden ebenfalls übernommen. Je nach Erfordernis arbeiten die Mitarbeiter auch „online" von zu Hause aus. Die Beschäftigten entscheiden souverän in Abstimmung der Projekterfordernisse, wann und wie häufig sie im Betrieb erscheinen und dort arbeiten.

Väterförderung

Die Geschäftsführung kennt die Vorbehalte, die gegenüber engagierten Vätern in der Gesellschaft – wie auch im Betrieb – bestehen, und geht deshalb mit der Thematik bewusst aufgeschlossen um. So wird beispielsweise auf Väter, deren Frauen im Schichtdienst tätig sind, bei der Arbeitseinteilung besondere Rücksicht genommen, damit die Kinderbetreuung gewährleistet bleibt (keine Montagetätigkeit). Auch kurz- oder langfristige Arbeitszeitreduzierungen aus privaten Gründen sind nicht nur möglich, sondern werden deutlich unterstützt, wenn betriebliche Erfordernisse dies zulassen.

Flankierende Maßnahmen

1999 hat das Unternehmen mit großem Einsatz und auf eigene Kosten eine Werkswohnung im Rahmen des regionalen Programms „Ein Netz für Kinder" zu einer umfassenden Montessori-Betreuungseinrichtung mit 25 Plätzen ausgebaut. Hier werden Kinder von zwei bis zwölf Jahren in kleineren Gruppen von Fachkräften betreut. Die Finanzierung teilen sich staatliche und kommunale Träger mit dem Unternehmen, so dass auch Nichtbetriebsangehörige aus der Region die Einrichtung nutzen können. Das Unternehmen verfügt über eine Werkswohnung, die von den Beschäftigten genutzt werden kann. Bei allen betrieblichen Aktivitäten und Feiern sind die Beschäftigten in der Familienpause, Pensionäre und Langzeitkranke ebenso miteinbezogen wie alle Familienangehörigen der Mitarbeiter.

Informations- und Kommunikationspolitik

Da im Bereich Maschinenbau Frauen nach wie vor unterrepräsentiert sind, bemüht sich die Unternehmensleitung, verstärkt Frauen einzustellen und auf diese Weise bestehenden Vorurteilen mit positivem Beispiel entgegenzuwirken.

Effekte und Nutzen für Unternehmen und Mitarbeiter

Die eingeleiteten familienfreundlichen Maßnahmen führten aus Sicht der Unternehmensleitung zu einer deutlichen Erhöhung der Mitarbeitermotivation. So sind die Mitarbeiter bereit, flexibel auf betriebliche Belange, z.B. Überstunden, einzugehen, da sie im Gegenzug auch Flexibilität für ihre persönlichen und familiären Ziele geboten bekommen. Qualifizierte Mitarbeiter können so langfristig an das Unternehmen gebunden werden. Durch das Schaffen von zusätzlichen persönlichen Freiräumen wurde darüber hinaus die Bereitschaft erhöht, verstärkt auf betriebliche Interessen einzugehen. Die erhöhte Mitarbeitermotivation führte zudem zu einer Verbesserung der Kundenzufriedenheit und sie hat somit auch langfristig positive Auswirkungen auf die Kundenbindung.

6. m plus m Verkaufsförderung KG, Großlangheim

Die Firma m plus m bietet vielfältige Dienstleistungen in den Bereichen Verkaufsförderung und Werbung an. Auf nationalen und internationalen Märkten werden ausgefallene Produkte für unternehmensspezifische Werbezwecke beschafft. Die Konfektionierung, die Lagerung und der Versand von Werbeartikeln gehören seit über 15 Jahren ebenso zum Leistungsspektrum des Unternehmens, wie ein „Full-Service-Angebot" im Bereich Werbeartikel. Die Belegschaft setzt sich zusammen aus 17 weiblichen und vier männlichen Mitarbeitern. Die meisten Angestellten wohnen im unmittelbaren Umfeld des Betriebs, der sich in Großlangheim, einer kleinen Ortschaft im fränkischen Weinland, befindet.

Unternehmensphilosophie

Das kleine 1988 gegründete Unternehmen setzt mit hohem persönlichen Engagement und Erfolg einen innovativen Ansatz um, der getragen ist von Transparenz, Gleichberechtigung und Mitbestimmung. Der Erfolg zeigt, dass es auch in dieser Branche möglich ist, einen qualifizierten, entwicklungsfähigen Arbeitsplatz mit Familie und persönlichen Freiheiten zu vereinbaren.

Personalführung und -entwicklung

Bei der Personalauswahl wird insbesondere auf persönliche Eignung wert gelegt; viele Beschäftigte weisen zunächst fachfremde Qualifikationen auf. Der Einstieg als Produktionshelfer führte bereits für vier vorübergehend Beschäftigte zu qualifizierten Festanstellungen. Hier hat sich auch das Prinzip der Job-Rotation bewährt. Im Rahmen dieses Ansatzes legt das Unternehmen besonderen Wert auf eine hochwertige Fort- und Weiterbildung der Mitarbeiter. Mit betrieblicher Unterstützung haben bereits sechs Angestellte ihre Ausbilder-Eignungsprüfung abgelegt, darüber hinaus werden interne Informations- und Schulungsveranstaltungen durchgeführt und externe Lehrgänge und Seminare unterstützt. Besonderes Engagement zeigt die Firma bei der Begleitung junger Auszubildender. Seit 1997 haben sechs Angestellte ihre Ausbildung im kaufmännischen Bereich mit Erfolg beendet, drei davon arbeiten weiterhin für die Firma.

Arbeitszeit

Um den Ansprüchen der Mitarbeiter gerecht zu werden, die ihre jeweiligen persönlichen Lebenssituationen im privaten Bereich mit ihren beruflichen Zielvorstellungen vereinbaren möchten, wurden Jahresarbeitszeitkonten eingeführt. Unter Berücksichtigung betrieblicher Erfordernisse führen und verwalten die Beschäftigten ihr Arbeitszeitkonto in eigener Verantwortung. Diese Flexibilisierung der Arbeitszeiten ermöglicht den Beschäftigten, sehr kurzfristig auf veränderte Situationen im Privatleben zu reagieren (z. B. bei Erkrankung oder für Arztbesuche der Kinder, für unvorhergesehene persönliche Termine). Für das Unternehmen hat die flexible Arbeitszeitregelung den Vorteil, Beschäftigungsschwankungen im Jahresverlauf sehr gut ausgleichen zu können. Die Arbeitszeitregelungen ermöglichen es den Mitarbeitern, in Absprache mit den betroffenen Kollegen, die Arbeitszeit zeitweise oder dauerhaft auch auf weniger Wochentage zu verteilen.

Telearbeit

Telearbeitsplätze werden vom Unternehmen unterstützt und finanziert, so dass die Mitarbeiter auch alternierend zu Hause arbeiten können. Eine Mitarbeiterin, allein erziehende Mutter von zwei Kindern, nutzt diese Möglichkeit regelmäßig. Allerdings zeigten die Erfahrungen auch, dass die Integration in die Firma und die Anwesenheit vor Ort für eine reibungslose Zusammenarbeit ebenfalls von großer Bedeutung sind.

Flankierende Maßnahmen

Seit September 1999 bietet der Betrieb allen Mitarbeitern – auch geringfügig Beschäftigten – eine kostenlose betriebliche Kinderbetreuung an. Dieses Modell soll nicht das öffentliche Angebot ersetzen, sondern ergänzt vielmehr Versorgungslücken im öffentlichen Betreuungssystem für bestimmte Altersgruppen und in Ferienzeiten. Entsprechend der persönlichen Bedürfnisse können die Beschäftigten die Kinderbetreuung täglich – während der Ferienzeit – oder nur sporadisch in Anspruch nehmen. Die Kindertagesstätte steht Kindern aller

Altersstufen offen. Sämtliche Kosten, d.h. Raum- und Betriebskosten, Personalkosten usw. werden vom Unternehmen getragen.

Informations- und Kommunikationspolitik

Die tägliche gemeinsame Mittagspause und mindestens eine wöchentliche Besprechung gewährleisten einen reibungslosen Informationsfluss und eine kommunikative Atmosphäre. Ausdruck der Unternehmenskultur mit dem Anspruch auf Transparenz und Gleichberechtigung ist u.a. die Beteiligung aller Beschäftigten (auch Auszubildenden) an inhaltlich wichtigen Entscheidungen und auch der Personalauswahl. Großes Innovations- und Motivationspotenzial gewinnt das Unternehmen dadurch, dass pro Auszubildenden und Monat ein Projekt im Arbeits- oder Freizeitbereich des Betriebes durchgeführt wird.

Effekte und Nutzen für Unternehmen und Mitarbeiter

Die betriebliche Kinderbetreuung in Verbindung mit flexiblen Arbeitszeiten bietet ideale Voraussetzungen für einen schnellen Wiedereinstieg nach der Babypause und stressfreies Arbeiten für alle. Für die Firma ist die Kinderbetreuung betriebswirtschaftlich deshalb interessant, weil den eingearbeiteten und für das Unternehmen qualifizierten Mitarbeiter so die Möglichkeit geboten wird, berufliche und familiäre Planung auf sinnvolle Weise miteinander zu verbinden. Die Mitarbeiter können durch dieses Angebot weiterarbeiten, zumal die öffentliche Betreuung häufig keine Zeit für einen Halbtagsjob mehr ließe. Wichtig dabei ist, dass die Eltern ihre Kinder auch bei Betreuungsengpässen gut aufgehoben wissen. Nach einer Babypause können die Mitarbeiter sehr viel früher an ihren Arbeitsplatz zurückkehren, als das bei anderen Konstellationen möglich wäre. Eine langfristige Bindung an das Unternehmen ermöglicht es u.a. Personalakquise sowie Qualifizierungskosten einzusparen und damit dauerhaft Arbeitsleistung höchster Qualität von motivierten und gut eingespielten Teams zu sichern.

Auch im Kundenkontakt hat sich das Angebot der Kinderbetreuung als vorteilhaft für das Unternehmen erwiesen. Insbesondere Kunden, die selbst Kinder haben, sind von dieser Initiative positiv angetan, so dass die betriebliche Kinderbetreuung zu einem Erkennungsmerkmal im Pool der Mitbewerber geworden ist und das Firmenimage insgesamt positiv beeinflusst hat.

7. Pawlitzky & Saeltzer Steuerberatungsgesellschaft mbH, Jena

Die 1996 gegründete Steuerberatungsgesellschaft Pawlitzky & Saeltzer betreut u.a. Unternehmen aus den Bereichen PC-Fertigung, Software, Metallverarbeitung, Biotechnologie, Medizintechnik, Optik, Sensortechnik, Erwachsenenbildung, Gartenbau, Hochbau und Großhandel. Unter den 21 Mitarbeitern sind 17 Frauen; die Geschäftsleitung besteht aus drei Männern und einer Frau.

Unternehmensphilosophie

Teil der Unternehmensphilosophie ist es, die umzusetzenden Maßnahmen (z. B. im Hinblick auf die Familienfreundlichkeit des Unternehmens) kreativ zu gestalten, um Beschäftigte wie Unternehmensleitung gleichermaßen zufrieden zu stellen und den wirtschaftlichen Erfolg zu gewährleisten.

Personalführung und -entwicklung

Alle Mitarbeiter sind für die Betreuung ihrer Mandanten weitgehend selbst verantwortlich und arbeiten souverän. Das Team der Geschäftsleitung versteht sich deshalb überwiegend als „Servicezentrum" und Ansprechpartner für Spezialfragen. Die Firma legt großen Wert auf eine qualitativ hochwertige Fortbildung ihrer Mitarbeiter. Insbesondere Beschäftigte, die sich zum Steuerfachwirt/zur Steuerfachwirtin oder zum Steuerberater/zur Steuerberaterin qualifizieren wollen, werden durch teilweise bezahlte Freistellungen und Zuschüsse zu den Fortbildungskosten gefördert. In den letzten drei Jahren wurden drei Mitarbeiter auf diese Weise unterstützt. Diese verstärken mittlerweile – nach bestandener Steuerberaterprüfung – das Team der Geschäftsleitung und wurden zusätzlich am Unternehmen beteiligt.

Arbeitszeit

Die Arbeitszeiten sind flexibel und können weitgehend ohne Absprache individuell festgelegt werden. Es ist lediglich eine Information und die telefonische Erreichbarkeit des Mitarbeiters (auch per Handy) erforderlich. Angefallene Überstunden können grundsätzlich angespart und anschließend abgegolten werden. Bei der Urlaubsplanung werden Eltern bevorzugt berücksichtigt.

Telearbeit

In den letzten drei Jahren hat sich die Zahl der Mitarbeiter, die über einen Telearbeitsplatz verfügen verfünffacht (2000: zwei Telearbeitsplätze; 2003: zehn Telearbeitsplätze, davon acht für Frauen und zwei für Männer), wobei sich die Gesamtmitarbeiterzahl in diesem Zeitraum nicht erhöht hat. Je nach Bedarf kann zu Hause oder im Büro gearbeitet werden. Wenn kein eigener PC zur Verfügung steht, wird die notwendige Technik vom Unternehmen gestellt. Da die Mitarbeiter nicht ausschließlich auf ihren Telearbeitsplatz angewiesen sind, ist auch der Kontakt zu den Kollegen gewährleistet. Abstimmungs- und Informationsprobleme können so vermieden werden. Die Geschäftsführung ist offen für weitere Wünsche nach Telearbeitsplätzen. Je nach Vereinbarung werden monatliche Telefonkostenzuschüsse gezahlt.

Flankierende Angebote

Da die Kinderbetreuungssituation vor Ort sehr gut ist, unterstützt die Geschäftsführung Eltern durch einen individuell vereinbarten Zuschuss zu den entstehenden Kosten. Bei der Geburt eines Kindes erhalten die Angestellten einen Betrag von 358 Euro. In den letzten drei Jahren hat „die Gesellschaft" fünf Kinder bekommen; das jüngste ist wenige Wochen alt. Es ist selbstverständlich für die Mütter, dass sie auf Wunsch schon während des Erziehungsurlaubes stundenweise, aber in jedem Fall nach dessen Ende, ihren Arbeitsplatz wieder besetzen können. Den Mitarbeitern, die das öffentliche Nahverkehrssystem nutzen, werden die Kosten der Monatskarte erstattet. Zusätzlich werden die Beschäftigten am Umsatz beteiligt.

Effekte und Nutzen für Unternehmen und Mitarbeiter

Die Mitarbeiterzufriedenheit und die Akzeptanz gegenüber den Maßnahmen der Geschäftsleitung sind hoch. Durch das offene Klima finden Kritikpunkte schnell Gehör bei der Geschäftsleitung, so dass diese gezielt in den Betriebsablauf eingreifen kann. Die Mitarbeiter organisieren innerhalb ihres Verantwortungsbereiches die gegenseitige Übernahme dringender Arbeiten größtenteils selbständig. Auf diese Weise wird die Geschäftsleitung von zusätzlichen administrativen Maßnahmen entlastet. Die Mitarbeiterfluktuation ist gering; seit acht Jahren hat keiner der fachlichen Mitarbeiter das Team verlassen.

8. Reha-Zentrum, Lübben

Das Reha-Zentrum Lübben ist eine junge und moderne Gesundheitseinrichtung. Es wurde am 1. April 1996 eröffnet und bietet Raum für 220 Patienten. Behandelt wird in den Fachrichtungen Orthopädie und Onkologie, mit fortschrittlichen Erkenntnissen ohne dabei auf Bewährtes zu verzichten. Die Therapien erfolgen unter dem Einsatz modernster Geräte, basierend auf der Unternehmensphilosophie, dass „Gesundheit den ganzen Menschen umfasst". Im Reha-Zentrum Lübben arbeiten derzeit 140 Mitarbeiter; der Frauenanteil beträgt 80%.

Unternehmensphilosophie

Die 1995 gegründete Rehabilitationsklinik hat sich dank der sehr engagiert arbeitenden Gründerin, trotz wirtschaftlich schwieriger Bedingungen der Branche allgemein, gut in der Region etabliert und stabilisiert. Dabei haben sich sowohl das moderne und mitarbeiterfreundliche Konzept als auch die bewusste Einbindung des Betriebes in die Region gegenüber der Konkurrenz bewährt.

Personalführung und -entwicklung

Regelmäßige fachliche Qualifizierungen sind ebenso selbstverständlich wie kontinuierlich durchgeführte Mitarbeitergespräche und Mentoring-Angebote. Für die Beschäftigten besteht außerdem die Möglichkeit an Kursen zur Gesundheitsvorsorge und -erhaltung (Rückengymnastik, Aquajogging, psychotherapeutische Angebote u.a.) teilzunehmen.

Telearbeit

Die erforderlichen Tätigkeiten dieses Unternehmens eignen sich nur im Bereich der Schreibtätigkeiten für die Telearbeit, welche dann zum Teil von Mitarbeitern im Erziehungsurlaub auf dem zur Verfügung gestellten PC von zu Hause aus erledigt werden. In der Praxis hat sich nach einer gewissen Zeit jedoch herausgestellt, dass der Wunsch nach regelmäßigem Kontakt zu den Kollegen überwiegt.

Väterförderung

Die allgemeinen familienfreundlichen Maßnahmen gelten explizit auch für männliche Beschäftigte, werden aber (bisher) nur vereinzelt in Anspruch genommen.

Flankierende Maßnahmen

Zusätzlich stehen den Beschäftigten sowie deren Ehepartnern diverse Freizeit- und Gesundheitseinrichtungen zur Verfügung. Neben einem Schwimmbad, einem Saunabereich, einer Turnhalle, einer Bogenschießanlage besteht die Option den Raum für medizinische Trainingstherapien mitzubenutzen. Eine seit 1998 bestehende enge Zusammenarbeit mit der Europäischen Akademie für Frauen aus Politik, Wirtschaft und Wissenschaft wurde seither erfolgreich weitergeführt. Hieraus resultiert ein hohes Engagement im Bereich der Förderung von Führungsnachwuchs sowie diverser öffentlichkeitswirksamer Aktivitäten und Auftritte.

Informations- und Kommunikationspolitik

Eine hauseigene Betriebszeitung, welche auch über das Intranet abrufbar ist, informiert über alle wichtigen Entwicklungen und Ereignisse. Die Unternehmensleitung legt großen Wert auf die Einbindung des *Reha-Zentrums* in die Region, um die Identifikation von Mitarbeitern, Anwohnern und Patienten mit der Klinik zu ermöglichen und zu erhöhen. So führt die Belegschaft beispielsweise regelmäßig Kahnfahrten mit anschließenden Grillabenden oder einen sog. Mitarbeiterfasching durch. Zahlreiche Angebote für die Kinder von Angestellten und Patienten (Basteln, Spielnachmittage, Internetschulungen, u.a.) – z.T. in Kooperation mit örtlichen Schulen – spiegeln die offene, engagierte Atmosphäre des Hauses wider. Darüber hinaus werden regelmäßige Schulungsveranstaltungen für regionale Selbsthilfegruppen durchgeführt. Manche Gruppen führen unter Anleitung eines Mitarbeiters des *Reha-Zentrums* therapeutische Gruppenanwendungen durch. Zudem wird ein wöchentliches Tanztraining für Mitarbeiterkinder angeboten.

Effekte und Nutzen für Unternehmen und Mitarbeiter

Die seit 1999 zu beobachtende Reduktion der jährlichen Krankenstandszahlen wird von Unternehmensseite als eine mögliche Folge der eingeleiteten familienfreundlichen Maßnahmen gewertet. So lag die Gesamtzahl der krankheitsbedingten Fehltage im Jahr 2002 um insgesamt 420 Tage unter dem Vergleichswert des Vorjahres (2001: 3200 Tage; 2002: 2780 Tage). Neben der Reduzierung des Krankenstandes war in diesem Zeitraum zudem ein Rückgang der Mitarbeiterfluktuation zu verzeichnen. Während im Jahr 2001 noch 26 Mitarbeiter das

Reha-Zentrum verließen, lag diese Zahl – bei allerdings zunehmender Verschlechterung der wirtschaftlichen Rahmenbedingungen – 2002 nur noch bei zwölf.

9. Gerhard Rösch GmbH, Tübingen

Das Unternehmen Rösch ist ein vollstufiges Textil- und Bekleidungsunternehmen. Produziert werden technische Textilien für die Automobilindustrie und Medizintechnik unter der Marke „rökona" sowie Bade-, Strand-, Freizeitbekleidung und Nachtwäsche für die Marken „Rösch", „Louis Féraud", „Daniel Hechter", „Bernd Berger" und „Excellent". Für die Rösch Gruppe, ein Unternehmen mit derzeit 700 Beschäftigten (davon 410 Beschäftigte in Tübingen), ist das Personal die entscheidende Ressource für den Erfolg. Der Frauenanteil und der Anteil der weiblichen Führungskräfte liegt bei 50%.

Unternehmensphilosophie

Die Mitarbeiter- und Familienorientierung hat seit Gründung des Unternehmens Tradition und wurde auch in wirtschaftlich schwierigen Zeiten beibehalten. Der Betrieb wurde bereits mehrfach ausgezeichnet und betreibt engagiert einen kontinuierlichen Entwicklungsprozess.

Personalführung und -entwicklung

Bei Neueinstellungen werden Mitarbeiter mit und ohne Familie gleich behandelt, es entscheidet die Qualifikation. Qualifizierungen fördert und finanziert das Unternehmen, auch während der Familienzeit. Alle Beschäftigten haben die Möglichkeit sich auch intern weiterzubilden. Dies geschieht beispielsweise in Form eines internen Praktikums. Die Beschäftigten entscheiden, welche Abteilungen sie besuchen möchten. Für diese Zeit werden sie von ihrer Arbeit freigestellt. Die Auswahl und Entwicklung der Führungskräfte bezieht explizit Familien- und Sozialkompetenzen mit ein. Familienfreundliches Führungsverhalten wird erwartet, entwickelt und auch beurteilt.

Telearbeit

Einzelnen Mitarbeiter ist es möglich, Teile ihrer Arbeit zu Hause zu leisten. Die Einrichtung von weiteren Telearbeitsplätzen in diesem Bereich ist geplant. Auch in anderen Bereichen soll Telearbeit verstärkt eingeführt werden.

Arbeitszeit

Eine großzügige Gleitzeitvereinbarung (Kernzeit: 8.30 bis 11.30 Uhr; 14.00 bis 15.30 Uhr), die in Einzelfällen auch aufgehoben werden kann, eröffnet den Beschäftigten individuelle Gestaltungsmöglichkeiten. Daneben gibt es auch Jahres-, Lebens- sowie Vertrauensarbeitszeitmodelle. Überstunden verfallen am Jahresende nicht, sondern können beliebig übertragen werden. Sie können gesammelt und auf Wunsch blockweise – in Kombination mit Urlaub – abgegolten werden. Die „angesparte" Freizeit kann individuell für einen längeren Urlaub oder ähnliches verwendet werden (z. B. „Kurzsabbatical"). Schichtbeschäftigte haben auch die Möglichkeit, sich ihre Mehrstunden ausbezahlen zu lassen.

Bereits seit 1996 hat das Unternehmen in den Arbeitsverträgen für alle Beschäftigten einen garantierten Rechtsanspruch auf Teilzeitarbeit eingeführt. Die Bandbreite der Wochenarbeitszeiten liegt bei den Beschäftigten zwischen 7 und 37 Stunden pro Woche. Unter den mehr als 130 Arbeitszeitmodellen gibt es 70 Teilzeitmodelle. Auch Jobsharing ist möglich. Im Gegensatz zur vielerorts herrschenden Meinung sind Teilzeitmodelle nach Erfahrung der Unternehmensleitung kostenneutral und führen nicht zu einer Erhöhung der Lohnnebenkosten.

Flankierende Angebote

Im Jahr 1972 wurden ein Betriebskinderkarten und ein Freizeitgelände eröffnet. Das Freizeitgelände beinhaltet einen Tennis-, Fußball- und Grillplatz sowie eine Betriebsgaststätte, die von den Beschäftigten nach Feierabend und am Wochenende auch für private Feste genutzt werden kann. Im Betriebskindergarten werden täglich von 8.00 bis 17.30 Uhr ca. 18 Kinder im Alter von zwei bis sechs Jahren von zwei Erzieherinnen betreut. Der Kindergarten ist für die im Unternehmen Beschäftigten kostenlos. Vier Plätze wurden an Kinder von Mitarbeitern eines Nachbarunternehmens vergeben. Das Mittagessen nehmen die Kinder im Betriebsrestaurant ein.

Informations- und Kommunikationspolitik

Das familienfreundliche Gesamtkonzept und seine kontinuierliche Weiterentwicklung werden nach innen wie außen offensiv vertreten; der Betrieb beteiligt sich an Wettbewerben und Auditierungsverfahren. Erziehungsurlauber werden regelmäßig über die Entwicklungen des Betriebes informiert und betreut; für sie bestehen Teilzeit-Angebote und Möglichkeiten der aushilfsweisen Mitarbeit. Sie werden zu allen Betriebsfeiern mit eingeladen und können auch während der Familienpause die Einrichtungen des Hauses nutzen.

Effekte und Nutzen für Unternehmen und Mitarbeiter

Die flexiblen Arbeitszeiten und die familienfreundlichen Maßnahmen der Firma *Rösch* haben aus Sicht der Unternehmensleitung positive Auswirkungen auf die Arbeitsmotivation der Mitarbeiter und die Identifikation mit dem Unternehmen mit sich gebracht. Dies hat zu einer deutlichen Leistungs- und Produktivitätssteigerung geführt, die es der Firma ermöglicht hat, neue Arbeitsplätze zu schaffen. Der Krankenstand und die Mitarbeiterfluktuation liegen weit unter dem Durchschnitt.

Ansprechpartner/innen
Comet Computer GmbH, München
Adresse: Rückertstraße 5
80336 München
Tel.: 089/54456045, Fax: 089/54456046
Ansprechpartnerin: Marianne Pfister
E-mail: pfister@comet.de

INOSOFT AG, Marburg
Adresse: Im Rudert 15
35037 Marburg
Tel.:06421/9915-0, Fax: 06421/9915-199
Ansprechpartnerin: Karin Batz
E-mail: info@INOSOFT.de

Druckwerkstatt Kollektiv GmbH, Darmstadt
Adresse: Feuerbachstraße 9
64291 Darmstadt
Tel.: 06151/373986, Fax: 06151/373786
Ansprechpartner: W. Wagner
E-mail: druckwerkstattkollektiv@t-online.de

Ingenieurbüro MAZeT GmbH, Jena
Adresse: Göschwitzer Straße 32
07745 Jena
Tel.: 03641/2809-0, Fax: 03641/2809-12
Ansprechpartner: Dr. Fred Grunert
E-mail: grunert@MAZeT.de

Möhringer Maschinenbau, Wiesentheid
Adresse: Simon-Möhringer-Straße 4
97353 Wiesentheid
Tel.: 09383/95029, Fax: 09383/95050
Ansprechpartner: Stefan Möhringer
E-mail: stm@moehringer.com

m plus m Verkaufsförderung KG, Großlangheim
Adresse: Albertshofener Straße 7
97320 Großlangheim
Tel.: 09325/97120, Fax: 09325/721
Ansprechpartnerin: Martina von Truchsess
E-mail: tvt@mplusm.de

Pawlitzky & Saeltzer Steuerberatungsgesellschaft mbH, Jena
Adresse: Botzstraße 1
07743 Jena
Tel.: 03641/557799, Fax: 03641/557788
Ansprechpartnerin: Anne Stöckel
E-mail: stoeckel@pawlitzky-saeltzer.de

Reha-Zentrum, Lübben
Adresse: Postbautenstraße 50
15907 Lübben/Spreewald
Tel.: 03546/2380, Fax: 03546/238700
Ansprechpartnerinnen: Beate Seewald, Kathrin Fuchs
E-mail: info@rehazentrum.com

Gerhard Rösch GmbH, Tübingen
Adresse: Schaffhausenstraße 101
72072 Tübingen
Tel.: 07071/153250, Fax: 07071/153259
Ansprechpartner: Thomas Huber
E-mail: gerhard-roesch@t-online.de

B. Daten und Analysen

KAPITEL 15

Einstellungen und Verhalten bei Krankheit im Arbeitsalltag – Ergebnisse einer repräsentativen Umfrage bei Arbeitnehmern

K. ZOK

Zusammenfassung. Der Trend zu niedrigen Krankenständen in der deutschen Wirtschaft hält an, die Krankmeldungen in den Betrieben haben erneut abgenommen. Im Jahr 2002 ging der Krankenstand bei den Mitgliedern der gesetzlichen Krankenversicherung auf 4,0% zurück, den niedrigsten Wert seit der Wiedervereinigung. Über die Ursachen sinkender Fehlzeiten wird immer wieder spekuliert. Im Rahmen einer Repräsentativbefragung bei Arbeitnehmern wurde untersucht, wie die Betroffenen die niedrigen Krankenstände in den Unternehmen bewerten. Im Fokus der Umfrage stehen die Einstellungen der Beschäftigten zu Krankmeldungen und ihre Verhaltensweisen im Krankheitsfall. Da Arbeitslosigkeit und Stellenabbau zu Verunsicherung und Ängsten bei abhängig Beschäftigten führen, ging es auch darum, die Stimmung bei den Arbeitnehmern, ihre Sorgen und Befürchtungen zu erfassen. Im Rahmen der Umfrage geben die Befragten auch Auskunft über die Wahrnehmung betrieblicher Maßnahmen zur Senkung des Krankenstandes. Der Beitrag gibt einen Überblick über die zentralen Erhebungsergebnisse.

Einleitung

Krankheitsbedingte Fehlzeiten abhängig Beschäftigter stellen einen beachtlichen Kostenfaktor für Unternehmen, Krankenkassen und die gesamte Volkswirtschaft dar. Seit einigen Jahren wird allerdings ein kontinuierlicher Rückgang der Krankenstandsquote in der deutschen Wirtschaft beobachtet, der zu einer deutlichen finanziellen Entlastung der Unternehmen geführt hat. Im Jahr 2002 ging der Krankenstand bei den Mitgliedern der gesetzlichen Krankenversicherung auf 4,0% zurück, den niedrigsten Wert seit der Wiedervereinigung[1]. Über die

---
[1] S. Stichtagsmessung des BMGS (2003), in: http://www.bmgs.bund.de/downloads/krankenstand.pdf.

Ursachen der niedrigen Krankenstände wird immer wieder spekuliert. Die längerfristigen Strukturverschiebungen in der Beschäftigung nach Geschlecht, Wirtschaftszweigen und/oder Stellung im Beruf und der Wandel zur Dienstleistungs- bzw. Informationsgesellschaft liefern nur bedingt Erklärungsansätze. Nach Berechnungen des Instituts für Arbeitsmarkt- und Berufsforschung der Bundesanstalt für Arbeit ist lediglich etwa ein Viertel des Gesamtrückgangs auf strukturelle Faktoren zurückzuführen[2]. Drei Viertel werden einem veränderten Verhalten von Arbeitgebern und Arbeitnehmern zugeschrieben.

Im Rahmen der vorliegenden Erhebung wurde untersucht, welche Rolle verhaltensbedingte Faktoren der Beschäftigten bei der aktuellen Krankenstandsentwicklung spielen. Angesichts der anhaltend hohen Arbeitslosigkeit stellt sich insbesondere die Frage, welche Auswirkungen die angespannte Lage auf dem Arbeitsmarkt auf die Einstellungen und das Verhalten abhängig Beschäftigter im Krankheitsfall hat. Auf der anderen Seite ist zu fragen, inwieweit die sinkenden Krankenstände auf gezielte Maßnahmen und Interventionen der Unternehmen zurückzuführen sind.

Im Zeitraum April/Mai 2003 wurden im Rahmen des GKV-Monitors 1986 Arbeitnehmer im Alter von 16 bis 65 Jahren repräsentativ befragt[3]. Im Vordergrund der Befragung standen die Gründe für die rückläufigen Krankmeldungen aus Sicht der Beschäftigten und deren Ängste und Befürchtungen im Arbeitsalltag. Ferner wurde nach der Einstellung der Arbeitnehmer zu Krankmeldungen und nach individuellen Verhaltensweisen im Krankheitsfall gefragt. Darüber hinaus wurde bei den Beschäftigten die Wahrnehmung betrieblicher Aktivitäten zur Senkung der Krankenstände erhoben. Im Folgenden werden die zentralen Ergebnisse der Umfrage vorgestellt. Dabei werden mögliche moderierende Faktoren (Alter, Geschlecht, berufliche Stellung, Wirtschaftsbranche etc.) – soweit von Bedeutung – berücksichtigt.

Gründe für die niedrigen Krankenstände aus Sicht der Arbeitnehmer

Zu Beginn der Erhebung wurden die Arbeitnehmer gefragt, worauf sie die sinkenden Krankenstände in der deutschen Wirtschaft zurück-

---

[2] Kohler H (2002), S. 9.
[3] Der GKV-Monitor ist eine regelmäßig durchgeführte Mehrthemenerhebung des WIdO. Die telefonischen Interviews wurden vom Sozialwissenschaftlichen Umfragezentrum (Univ. Duisburg, Prof. F. Faulbaum) durchgeführt. Die Stichprobenauswahl erfolgte als reine, ungeklumpte Zufallsauswahl, die nach einem bei ZUMA entwickelten Verfahren von Gabler S, Häder, S (1997) durchgeführt wurde.

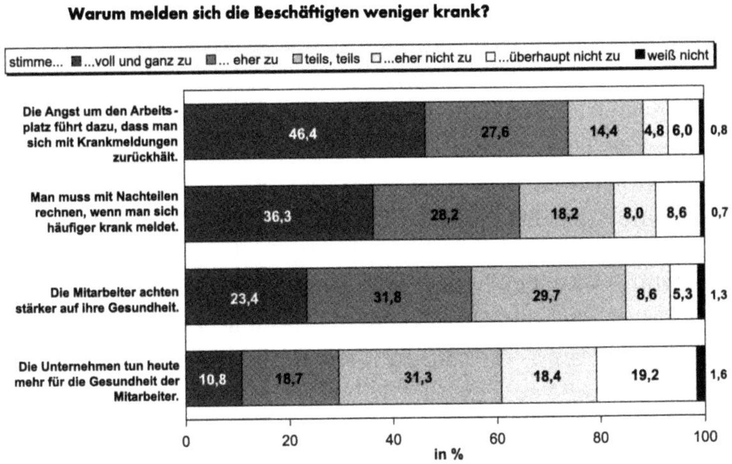

Einstellungen und Verhalten bei Krankheit im Arbeitsalltag

Warum melden sich die Beschäftigten weniger krank?

Aussage	...voll und ganz zu	...eher zu	teils, teils	...eher nicht zu	...überhaupt nicht zu	weiß nicht
Die Angst um den Arbeitsplatz führt dazu, dass man sich mit Krankmeldungen zurückhält.	46,4	27,6	14,4	4,8	6,0	0,8
Man muss mit Nachteilen rechnen, wenn man sich häufiger krank meldet.	36,3	28,2	18,2	8,0	8,6	0,7
Die Mitarbeiter achten stärker auf ihre Gesundheit.	23,4	31,8	29,7	8,6	5,3	1,3
Die Unternehmen tun heute mehr für die Gesundheit der Mitarbeiter.	10,8	18,7	31,3	18,4	19,2	1,6

Abb. 15.1. Gründe für niedrige Krankenstände aus Sicht der Arbeitnehmer

führen. Die hier formulierte Fragestellung lautete: „In den letzten Jahren hieß es immer wieder, dass die Krankmeldungen in den Unternehmen und Betrieben insgesamt zurückgehen, dass sich die Beschäftigten weniger krank melden. Worauf führen Sie das zurück?" (vgl. Abb. 15.1).

Die rückläufigen Krankenstände werden von den Befragten vor allem auf die aktuelle Arbeitsmarktsituation zurückgeführt. Die Mehrheit der befragten Arbeitnehmer (74,0%) ist der Auffassung, dass „die Angst um den Arbeitsplatz dazu führt, sich mit Krankmeldungen zurückzuhalten"[4].

Die Auswertung nach beruflichem Status ergibt bei Arbeitern mehr Zustimmung als bei den Angestellten. Die stärkste Ausprägung weist die Gruppe der Facharbeiter (78,9%) auf, die niedrigsten Werte sind bei leitenden Angestellten zu verzeichnen (Zustimmung: 67,7%).

Die Branchenanalyse zeigt die höchste Zustimmung im Baugewerbe (78,4%) – dagegen sind in den Branchen Transport und Verkehr sowie Bergbau und Energie die Werte deutlich niedriger (66,3% und 67,7%).

Die Betrachtung nach Gesundheitszustand[5] ergibt etwas höhere Werte bei chronisch Kranken (76,1%) oder Personen, die behindert sind (78,3%).

---

[4] Dieser Befund wird aus ärztlicher Sicht bestätigt, s. hierzu: „Angst um den Job – viele wollen keinen gelben Zettel", in: Ärzte Zeitung vom 11. 06. 2003.
[5] Der Gesundheitszustand wurde durch Selbsteinschätzung der Befragten auf einer Skala von eins (Gesundheitszustand sehr gut) bis fünf (Gesundheitszustand sehr schlecht) ermittelt. Ergebnisse internationaler Studien zeigen, dass Selbsteinschätzung als valider Faktor für den objektiven Gesundheitszustand gelten kann. S. z. B. Blaxter M, Prevost AT (1993).

Die Mehrheit der Erwerbstätigen (64,5%) befürchtet zudem „berufliche Nachteile, wenn man sich häufiger krank meldet".

Die Auswertung nach Altersgruppen zeigt einen deutlichen Effekt. Die Angst vor beruflichen Nachteilen ist bei jüngeren Arbeitnehmern (unter 30 Jahren: 68,6%) deutlich höher als bei Älteren (60–65-Jährige: 57,1%). Dementsprechend ergibt auch die Auswertung nach beruflichem Status eine überdurchschnittlich hohe Zustimmung bei Auszubildenden (76,6%). Aber auch Facharbeiter äußern sich im Gegensatz zu Angestellten besorgter (68,0 gegenüber 63,5%).

Die Analyse nach Branchen weist ebenfalls deutliche Unterschiede auf. Im Baugewerbe sind es nahezu vier Fünftel der Beschäftigten (79,2%), die berufliche Nachteile bei Krankmeldungen befürchten, im Handel mehr als zwei Drittel der befragten Arbeitnehmer (70,6%). Bei Beschäftigten der Bergbau- und Energiebranche dagegen sind die Befürchtungen wesentlich geringer ausgeprägt (52,9%).

Die Furcht vor beruflichen Nachteilen ist bei Beschäftigten mit gesundheitlichen Problemen überdurchschnittlich hoch: Bei Personen, die häufiger einen Arzt (mehr als 5× im letzten Jahr) konsultiert haben, sind es 68,5%, die Nachteile befürchten und bei Personen, die ihren Gesundheitszustand als „schlecht" einstufen, sind es 71,8%.

In diesem Zusammenhang gibt rd. jeder zehnte Beschäftigte (9,5% der Mitarbeiter, 12,2% der leitenden Angestellten) an, dass in seinem Unternehmen bereits kranke oder ältere Mitarbeiter entlassen wurden. Über dem Durchschnitt liegen die Angaben von Mitarbeitern aus der Transport- und Verkehrsbranche (13,8%) und dem Handel (11,8%). Die Auswertung nach Betriebsgröße zeigt den größten Anteil in Unternehmen mit 100–500 Mitarbeitern (14,5%).

Die Beschäftigten teilen aber auch die Auffassung, dass „die Mitarbeiter inzwischen selbst stärker auf ihre Gesundheit achten" (55,2%). Insbesondere ältere Arbeitnehmer bestätigen diese Aussage überdurchschnittlich häufig (61,8%). Interessant ist der Unterschied zwischen Ost und West: Während die Nennungen in den alten Bundesländern dem Durchschnitt entsprechen (53,7%), ist in den neuen Bundesländern ein deutlich größerer Anteil der Ansicht, dass die Arbeitnehmer inzwischen stärker auf die Gesundheit achten (West: 53,7%; Ost: 62,9%).

Ferner bestätigt ein erheblicher Anteil der Befragten die Aktivitäten der Unternehmen und Betriebe zur Senkung des Krankenstandes. Der Aussage „Die Unternehmen tun heute mehr für die Gesundheit ihrer Mitarbeiter" stimmen insgesamt 29,5% der Befragten zu, in Branchen wie dem verarbeitendem Gewerbe (40,1%) und Verkehr/Transport (41,3%) liegen die Anteile deutlich über dem Durchschnitt. Überdurchschnittlich hohe Werte ergeben sich auch bei Beschäftigten aus Großbetrieben (über 1000 Mitarbeiter: 42,6%). Der Frage, ob und wenn ja, welche Maßnahmen im eigenen Betrieb angeboten und wahrgenommen werden, wird weiter unten nachgegangen.

Ängste im Arbeitsalltag – Die Stimmung in den Betrieben

Sozial- und gesundheitswissenschaftliche Untersuchungen in Unternehmen haben gezeigt, „dass bis zu 90% der Beschäftigten mehr oder weniger unter betrieblich bedingten Ängsten leiden"[6]. Dabei haben sich wiederholt Zusammenhänge zwischen Arbeitsplatzunsicherheit und Wohlbefinden, Gesundheitsbeschwerden und Stress ergeben[7]. Das Erleben von Massenarbeitslosigkeit und Stellenabbau in der gesamten Volkswirtschaft führt zu Verunsicherung und Ängsten bei abhängig Beschäftigten. Im Rahmen der vorliegenden Untersuchung ging es deshalb auch darum, ein Stimmungsbild des derzeitigen Klimas in den Betrieben zu erhalten, und Ängste von Beschäftigten zu erheben. Die Fragestellung lautete: „Wovor haben Sie im Arbeitsalltag besonders Angst?" (vgl. Abb. 15.2).

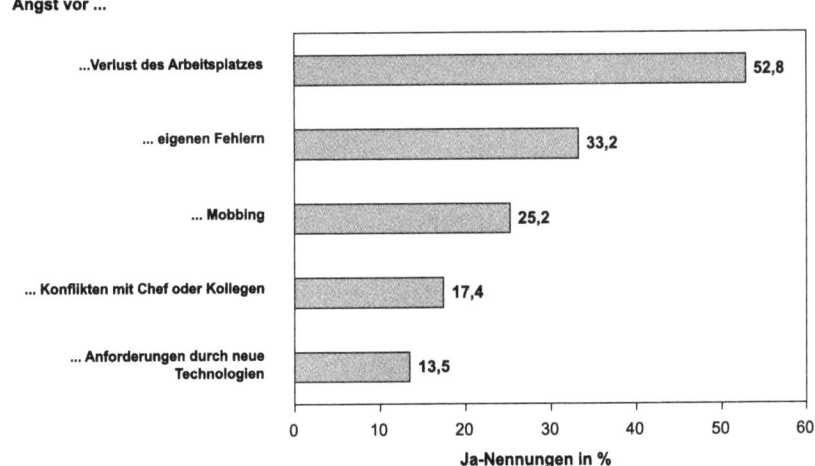

Abb. 15.2. Ängste im Arbeitsalltag

---

[6] Stegmann W (1999), S. 131.
[7] S. hierzu Weiss V, Udris I (2001).

Angst vor Verlust des Arbeitsplatzes. Mitarbeiterbefragungen in Unternehmen zeigen immer wieder, dass die Arbeitsplatzsicherheit für die Beschäftigten einen besonders hohen Stellenwert hat[8]. Dementsprechend groß ist die Angst, den Arbeitsplatz zu verlieren. Auch die Analyse der aktuellen Umfrageergebnisse macht deutlich, dass die Angst vor dem Arbeitsplatzverlust eine dominante Rolle bei den Arbeitnehmern einnimmt. Jeder Zweite (52,8%, bei Personen, die Vollzeit beschäftigt sind: 55,1%) hat Angst, seinen Job zu verlieren. Das wahrgenommene Gefährdungsrisiko sinkt dabei mit zunehmender (Schul-)Bildung auf 44,9% ab.

Die Verteilung nach Branchen zeigt die größte Unsicherheit bei Mitarbeitern der Baubranche (64,2%), gefolgt vom verarbeitenden Gewerbe (60,2%). Bei den Beschäftigten im öffentlichen Dienstleistungssektor (Verwaltung) steht das Risiko „Arbeitslosigkeit" dagegen nicht an erster Stelle (s.u.) – hier macht sich nur etwa jeder Dritte (36,6%) Sorgen um seinen Arbeitsplatz.

Die Befürchtungen von Auszubildenden und Arbeitern liegen um zehn Prozentpunkte über denen der Angestellten. Sowohl Facharbeiter als auch un- bzw. angelernte Arbeiter liegen mit rd. 60% deutlich über dem Durchschnittswert. Bei leitenden Angestellten befürchten dagegen lediglich zwei Fünftel der Befragten ihren Job zu verlieren (44,1%).

Die Auswertung nach Betriebsgröße (Anzahl der Beschäftigten) differenziert nicht wesentlich, lediglich in Klein- und Mittelbetrieben (bis 50 Beschäftigte) ist der entsprechende Prozentwert (55,6%) etwas höher als der Durchschnitt. Eine wichtige Rolle spielt dagegen das Beschäftigungsverhältnis – hier haben nahezu zwei Drittel (64,0%) derjenigen, die in einem befristeten Arbeitsverhältnis stehen, Angst vor einer ausbleibenden Vertragsverlängerung.

Auch bei Personen mit Krankheitsbeschwerden ist die Befürchtung, den Arbeitsplatz zu verlieren, überdurchschnittlich ausgeprägt (57,8% bei Arbeitnehmern, die in den letzten zwölf Monaten mehr als 10-mal beim Arzt waren und 62,7% bei denen, die im letzten Jahr länger als drei Wochen krank geschrieben waren)[9].

Die Geschlechtsdifferenzierung ergibt nur geringe Unterschiede zwischen erwerbstätigen Frauen (50,8%) und Männern (55,1%).

Bei Beschäftigten in den neuen Bundesländern ist die Angst vor Arbeitsplatzverlust überdurchschnittlich hoch: Zwei Drittel der ost-

---

[8] Redmann A, Rehbein I (2000), S. 75.
[9] S. hierzu: „Arbeitnehmer mit gesundheitlichen Einschränkungen haben (...) das höchste Risiko, entlassen zu werden", in: Kieselbach T (1999), S. 117

deutschen Arbeitnehmer (67,4%) fürchten um ihren Job, in den alten Bundesländern sind es dagegen 50,1%.

Angst vor eigenen Fehlern bei der Arbeit. Die Sorge, bei der Arbeit Fehler zu machen, beschäftigt jeden dritten Arbeitnehmer in Deutschland (33,2%, bei Teilzeitbeschäftigten 40,4%, bei Personen mit befristeten Arbeitsverträgen 43,9%). Die Branchenanalyse zeigt überdurchschnittliche Prozentsätze in den Dienstleistungsbereichen, hier liegt der Anteil bei rd. 38%. In der öffentlichen Verwaltung ist die Angst vor Fehlern größer, als die Angst, den Job zu verlieren.

Am stärksten ist die Sorge fehlerhaft zu arbeiten bei Auszubildenden ausgeprägt: Jeder zweite Azubi (51,6%) äußert Angst davor, während es bei Führungskräften nur jeder vierte ist (25,8%).

Die Altersverteilung bestätigt diesen Befund: Insbesondere bei jüngeren Arbeitnehmern spielen Ängste und Unsicherheit noch eine größere Rolle, in der Altersgruppe der 16- bis 30-Jährigen liegt der Anteil rund zehn Prozentpunkte über dem Durchschnittswert (42,8%), um dann mit zunehmendem Alter abzusinken. Die Auswertung nach neuen und alten Bundesländern zeigt einen etwas höheren Anteil im Osten (36,1%). Deutliche Unterschiede ergaben sich zwischen den Geschlechtern: Während männliche Arbeitnehmer mit 25,8% deutlich unter dem Durchschnitt liegen, scheint die Angst vor fehlerhafter Arbeit bei berufstätigen Frauen wesentlich größer zu sein – hier liegt der Anteil bei 39,9%.

Angst vor Mobbing und Konflikten am Arbeitsplatz. Mobbing und Konflikte am Arbeitsplatz sind im Hinblick auf Fehlzeiten von Bedeutung und werden vielfach diskutiert[10]. Im Rahmen der Befragung haben rd. ein Viertel der Arbeitnehmer angegeben, im Arbeitsalltag Angst vor Mobbing zu haben (25,2% – Arbeitnehmer mit befristeten Verträgen: 29,6%, bei Teilzeitbeschäftigten: 30,2%). Der prozentuale Anteil ist dabei in Dienstleistungsbranchen höher als im produzierenden Gewerbe: Bei Beschäftigten im Handel und in der öffentlichen Verwaltung sind es 29,4 bzw. 29,1%, wohingegen im Baugewerbe nur 16,7% der Beschäftigten Mobbing fürchten. Die Auswertung nach beruflichem Status zeigt die höchste Zustimmung in der Gruppe der einfachen und mittleren Angestellten (29,0%). Bei Führungskräften liegt der Wert rd. 10% niedriger (19,5%). In mittelgroßen Betrieben mit einer Belegschaft von 500–1000 Mitarbeitern liegt der Prozentsatz bei rd. 28%.

---

[10] Meschkutat B, Stackelbeck M, Langenhoff G (2002).

Die Auswertung der Gesundheitsparameter zeigt einen Zusammenhang zwischen der Angst vor Mobbing und dem Gesundheitszustand der Befragten. Bei Personen, die ihren Gesundheitszustand als „nicht gut" einordnen, nennen 29,2% Mobbing als Belastungsfaktor. Fast jeder dritte Beschäftigte mit amtlich anerkannter Behinderung gibt Mobbing als Belastung an (31,9%). Der Anteil steigt mit zunehmender Fehlzeit (im letzten Jahr) an: Bei Beschäftigten, die im letzten Jahr laut eigener Angabe länger als drei Wochen krank geschrieben waren, äußert mehr als jeder Dritte (36,0%) Angst vor Mobbing.

Hinsichtlich der Altersstruktur sind es insbesondere Beschäftigte zwischen 30–40 Jahren, die Mobbing befürchten, hier liegt der Anteil bei 27,4%. Bei Frauen ist der Prozentsatz deutlich höher als bei Männern, fast jede dritte berufstätige Frau (30,3%) nennt die Angst vor Mobbing als Belastungsfaktor (bei den männlichen Beschäftigten: 19,5%). Einen Unterschied gibt es auch zwischen Ost und West: Während der Anteil in den alten Bundesländern dem Durchschnitt entspricht (24,5%), ist die Angst vor Mobbing in den neuen Bundesländern stärker ausgeprägt (West: 24,5%; Ost: über (29,8%).

Konflikte gehören zum betrieblichen Alltag. Ängste vor Konflikten mit Vorgesetzten bzw. Kollegen werden von 17,4% der Beschäftigten geäußert, bei Arbeitnehmern, die Angst haben ihren Job zu verlieren, erhöht sich der Anteil auf 20,1%. Bei Erwerbstätigen mit unsicherer Perspektive, d.h. befristeten Arbeitsverträgen, steigt er auf 22,8%. Mit zunehmendem Alter sinkt der Prozentsatz ab. Während in der Gruppe der 16–30-jährigen Arbeitnehmer ein Viertel der Befragten (25,2%) Konfliktsituationen fürchten, sind es bei den über 50-Jährigen lediglich noch 12,2%. Am stärksten ausgeprägt ist die Angst vor Konfliktsituationen bei Auszubildenden (28,1%). Bei Führungskräften dagegen beträgt der Prozentsatz lediglich 14,0%. Die Auswertung nach der Gesundheitseinschätzung der Befragten ergibt keine Unterschiede.

Angst vor Anforderungen durch neue Technologien. Neue Technologien am Arbeitsplatz verändern Qualifikationsanforderungen und führen zur Umstrukturierung ganzer Berufe. Dieser Belastungsfaktor wird nur von jedem siebten Beschäftigten (13,5%) benannt, die Mehrheit der Arbeitnehmer (86,5%) nimmt offensichtlich neuen Technologien gegenüber eine eher positive Haltung ein. Technikangst wächst aber mit zunehmendem Alter der Arbeitnehmer, bei den über 50-Jährigen äußert sie jeder fünfte (20,5%). Bei leitenden Angestellten ist der Anteil sehr gering (9,7%), bei Arbeitnehmern mit einfacher (Schul-)Bildung hingegen wesentlich höher (17,1%). Bei ausländischen Arbeitnehmern benennt nahezu jeder Fünfte diesen Faktor (19,2%).

Bei Frauen im Beruf ist die Angst vor Anforderungen durch neue Technologien größer als bei Männern (Frauen: 16,6%, Männer: 10,1%; Frauen in Teilzeitarbeitsverhältnissen: 19,4%). Die Auswertung nach Wirtschaftsbranchen zeigt den höchsten Anteil in der Banken- und Versicherungsbranche, hier nennt jeder Fünfte (20,9%) neue Technologien am Arbeitsplatz als Belastungsfaktor.

Einstellung zu Krankheit im Beruf

Danach befragt, unter welchen Voraussetzungen sie sich krank melden würden, geben neun von zehn Befragten (90,9%) an, sie würden „auch dann zur Arbeit gehen, wenn es ihnen nicht so gut geht"[11]. Bei Beschäftigten in den neuen Bundesländern ist die Zustimmung zu dieser Aussage am höchsten (94,2%). Weitere Auswertungen nach Subgruppen und Demografievariablen ergaben keine wesentlichen Abweichungen vom Durchschnitt.

Für vier von fünf befragten Arbeitnehmern (84,3%) sind eine „leichte Erkältung oder Kopfschmerzen kein Grund sich krank zu melden". Am meisten wird diese Ansicht von alleinerziehenden und berufstätigen Frauen geteilt (93,5%).

Drei Viertel der Beschäftigten (78,3%) geben an, sich nur dann krank zu melden, wenn der Arzt sie krank schreibt[12]. Bei Arbeitnehmern in Ostdeutschland liegt die Zustimmung um 7% höher (85,6%). Ebenfalls große Unterschiede zeigt die Differenzierung nach beruflichem Status. Die höchste Zustimmung ergab sich in der Gruppe der Facharbeiter (86,5%), bei leitenden Angestellten liegt der Wert dagegen deutlich darunter (68,5%). Die Analyse nach Wirtschaftsbranchen zeigt kaum Abweichungen vom Durchschnitt – mit Ausnahme des Verkehr- und Transportsektors (Zustimmung: 86,3%) und der Versicherungs- bzw. Bankenbranche (Zustimmung: 71,6%) (Abb. 15.3).

Individuelles Verhalten im Krankheitsfall

Einen Beleg für den tatsächlichen Umgang von Arbeitnehmern mit Krankheit im Arbeitsalltag liefern die Aussagen der Beschäftigten über ihr individuelles Verhalten im Krankheitsfall (s. Abb. 15.4).

---

[11] Die Fragestellung lautete: „Wie sieht das bei Ihnen aus – wann würden Sie sich krank melden?"
[12] Die unterschiedlichen Regelungen in den Unternehmen, inwieweit eine Attestierung durch den Arzt Voraussetzung für eine Krankmeldung ist, wurden nicht erhoben. Vgl. hierzu: DAK (2000), S. 56.

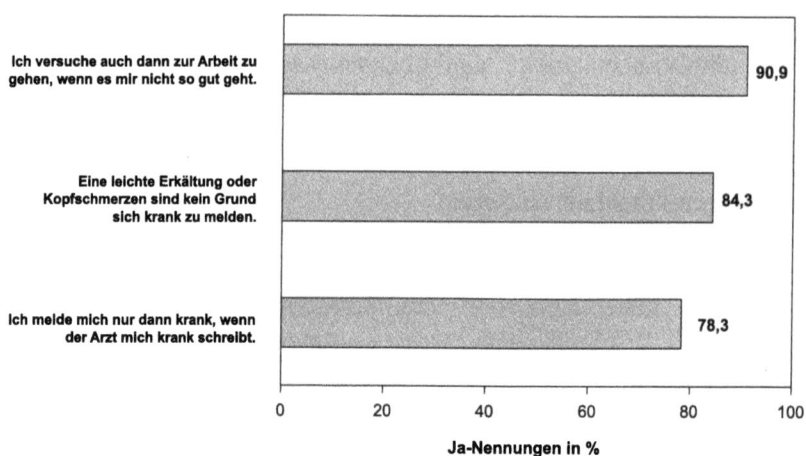

Abb. 15.3. Einstellung zu Krankheit im Beruf

Mehr als zwei Drittel der Befragten (70,8%) geben an, es sei „im letzten Jahr vorgekommen, dass sie zur Arbeit gegangen sind, obwohl sie sich richtig krank gefühlt haben"[13]. Dieser Befund („arbeiten gehen" oder aber: „sich richtig krank fühlen") scheint nicht nur im gesundheitlichen, sondern auch im ökonomischen Sinne problematisch: Eine Verschleppung von Krankheiten, ein Hinauszögern notwendiger ärztlicher Behandlung kann mittel- und langfristig zu einem problematischeren Krankheitsverlauf und damit zu höheren Fehlzeiten und Behandlungskosten führen.

Der Anteil der weiblichen Beschäftigten, die trotz Krankheit zur Arbeit gehen, liegt deutlich über dem der männlichen (73,9% vs. 67,5%). Die Auswertung nach Branchen ergibt dagegen kaum Abweichungen vom Durchschnitt. In Klein(st)betrieben (mit weniger als zehn Beschäftigten) ist die Bereitschaft trotz Krankheit arbeiten zu gehen, am höchsten (75,3%). Im Hinblick auf den beruflichen Status

---

[13] Schon frühere Untersuchungen zeigen, dass Beschäftigte „trotz gravierender oder zumindest partieller Leistungsbeeinträchtigungen und Beschwerden ihrer Arbeit nachgehen", in: Marstedt G (1998), S. 33 ferner: Braun B, Kühn H, Reiners H (1998), S. 76 f.
Dieser Trend wird auch aus ärztlicher Sicht bestätigt: „Besonders in Regionen mit hoher Arbeitslosigkeit spüren Ärzte, dass den Menschen die Angst im Nacken sitzt. Aus Furcht um ihren Job gehen sie weiter in den Betrieb, auch wenn sie eigentlich das Bett hüten müssten. Zum Arzt gehen sie? meist zu spät." aus: Gelbe Zettel werden verschmäht, in: Ärzte Zeitung vom 11. 06. 2003.

Einstellungen und Verhalten bei Krankheit im Arbeitsalltag

Ist es im letzten Jahr mal vorgekommen, dass Sie ...

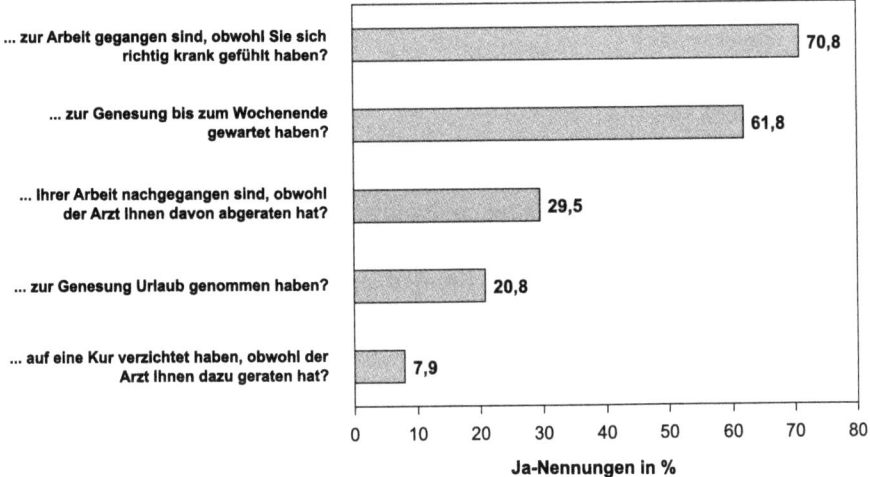

Abb. 15.4. Verhalten im Krankheitsfall

zeigt sich bei Angestellten eine höhere Bereitschaft trotz schlechter Gesundheit zu arbeiten als bei Arbeitern, bei Führungskräften mehr (75,6%) als bei einfachen Angestellten (69,8%) – bei Facharbeitern mehr (73,7%) als bei ungelernten Kräften (66,9%). Bezogen auf den Familienstatus ist bei Singles[14] der Anteil derjenigen, die trotz Erkrankung zur Arbeit gegangen sind, am geringsten (64,1%). Arbeitnehmer mit Familie weichen nicht vom Durchschnitt ab (70,9%), während im Gegensatz dazu bei alleinerziehenden Arbeitnehmerinnen überdurchschnittlich hohe Werte zu verzeichnen sind (75,3%).

Die Analyse nach Gesundheitszustand und angegebenen Fehlzeiten zeigt einen positiven Zusammenhang: Personen, die sich als gesundheitlich eingeschränkt einordnen, stimmen mit 73,5% zu, Beschäftigte mit vielen Arztkontakten liegen ebenfalls über dem Durchschnitt (74,9%). Bei Arbeitnehmern, die im letzten Jahr schon länger als zwei Wochen krank geschrieben waren, liegt die Zustimmung bei über 80%.

Von Interesse ist in diesem Zusammenhang der Befund, dass fast jeder dritte Arbeitnehmer (29,5%) angibt, im letzten Jahr gegen ärzt-

---

[14] Begriff in Anlehnung an Hradil S (1995) Singles sind Personen ab 18 Jahre, allein lebend (ledig, verwitwet, geschieden, aber auch formal verheiratet) ohne Kinder im eigenen Haushalt.

lichen Rat zur Arbeit gegangen zu sein[15]. Es war im Rahmen der Befragung allerdings nicht möglich nachzuvollziehen, wie der ärztliche Rat im einzelnen Fall und gesundheitlichen Kontext ausgesehen hat. Die Analyse zeigt aber deutlich, dass die Anteile „unterlassener" Krankmeldungen bei Personen mit häufigen Fehlzeiten im vorausgegangenen Jahr (43,4%) und vielen Arztkontakten (41,8%) überdurchschnittlich hoch sind. Bei Singles ist der Anteil am geringsten (21,4%), bei alleinerziehenden Frauen dagegen wesentlich höher (37,1%). Eine Auswertung nach Berufsstatus ergibt einen überdurchschnittlichen Anteil bei Führungskräften – mehr als ein Drittel der leitenden Angestellten (36,9%) geben an, gegen ärztlichen Rat weiter gearbeitet zu haben.

Kritisch im Sinne einer ausgewogenen „Work-Life-Balance" ist ein weiterer, wichtiger Indikator für den Umgang mit Krankheit im beruflichen Kontext – und zwar das Bestreben von Arbeitnehmern, das Auskurieren von Erkrankungen in die Freizeit zu verlagern. Die Befragungsergebnisse zeigen deutlich, dass die klassischen Freizeitbereiche abhängig Beschäftigter, wie das Wochenende oder auch der Jahresurlaub, offenbar nicht nur allgemein der Revitalisierung der Arbeitskraft dienen, sondern auch zur Genesung von Krankheiten genutzt werden.

Nach den vorliegenden Befragungsergebnissen hat die Mehrheit der Beschäftigten (61,8%) im letzten Jahr das Wochenende zur Genesung genutzt. Auch hier gibt es einen Zusammenhang mit dem Gesundheitsstatus der Befragten: Personen, die angeben, im letzten Jahr häufig beim Arzt bzw. arbeitsunfähig gewesen zu sein, nutzen auch überdurchschnittlich häufig das Wochenende zur Gesundung (66,7 bzw. 74,7%). Auffällig der Unterschied zwischen Frauen und Männern – der Anteil der Arbeitnehmerinnen liegt 10% über dem der Arbeitnehmer (66,7 zu 56,5%). Bei alleinerziehenden Frauen im Beruf beträgt der Prozentsatz 71,8%, bei Singles hingegen ist der Anteil wesentlich geringer (58,7%). Bei der Auswertung nach Berufsstatus fällt der große Unterschied zwischen Facharbeitern (65,8%) und angelernten Arbeitern (53,1%) auf.

Ein Fünftel der Befragten (20,8%) gibt ferner an, zur Genesung von Krankheiten sogar Urlaub zu nehmen. Die Auswertung nach Branchen zeigt überdurchschnittliche Zustimmung in der Energie- und Bergbaubranche (26,5%) und bei Mitarbeitern im Baugewerbe

---

[15] „Immer weniger Patienten trauen sich noch eine Arbeitsunfähigkeitsbescheinigung anzunehmen." Aus: „Angst um den Job – viele wollen keinen gelben Zettel", in: Ärzte Zeitung vom 11. 06. 2003.

(25,8%), dagegen ist die Bereitschaft im Banken- und Versicherungssektor stark unterdurchschnittlich (16,4%).

Den höchsten Anteil aber haben auch hier Arbeitnehmer, denen es gesundheitlich nicht so gut geht: bei Personen, die im letzten Jahr häufig beim Arzt bzw. arbeitsunfähig waren, liegt er bei rd. 30%. Wieder liegen Facharbeiter (25,7%) und angelernte Kräfte (16,3%) weit auseinander. Bei den Auszubildenden sind es rd. ein Viertel (26,6%), die ihren Urlaub auch zur Erholung von Krankheit nutzen.

Interessant für den Stellenwert von Krankheit und Gesundheit im Arbeitsleben ist ferner, dass immerhin 8% der befragten Arbeitnehmer berichten, auf eine mögliche Kur (gefragt wurde nach einer Kur im Sinne einer vom Arzt empfohlenen Reha-Maßnahme) verzichtet zu haben. Die Prozentsätze steigen mit zunehmendem Alter der Beschäftigten an (über 50 Jahre: 11,0%). Über dem Durchschnitt liegen die Angaben von Beschäftigten aus der Verkehr- und Transportbranche (12,5%).

Auch hier ist der Anteil bei Arbeitnehmern mit schlechter Gesundheit bzw. gesundheitlichen Problemen wesentlich höher: Bei Personen, die ihren Gesundheitszustand als „mittelmäßig" bzw. „schlecht" einschätzen, beträgt er 10,8%, bei chronisch Kranken 11,8% und bei Personen mit amtlich anerkannter Behinderung sogar 15,1%. Bei Arbeitnehmern, die angeben, im letzten Jahr länger als vier Wochen arbeitsunfähig gewesen zu sein, haben 14,5% auf eine vom Arzt empfohlene Reha-Maßnahme verzichtet. Die Auswertung nach dem familiären Status zeigt eine überdurchschnittliche Zustimmung bei der Gruppe alleinerziehender und berufstätiger Frauen (11,3%).

Bei der im Anschluss gestellten Frage nach den Gründen für die genannten Verhaltensweisen im Krankheitsfall wird eine hohe Arbeitsauslastung bzw. Leistungsdruck an erster Stelle genannt. Ein großer Teil der Befragten gibt an, trotz Krankheit Fehlzeiten im Betrieb zu vermeiden „da sonst zu viel Arbeit liegen bleibt" (41,1%)[16]. Krank melden sich viele nur dann, „wenn es gar nicht mehr anders geht" (35,0%). An dritter Stelle (17,4%) folgt die „Unsicherheit des Arbeitsplatzes". Dieses Ergebnis ist ein deutliches Indiz für eine steigende psychische Belastung von abhängig Beschäftigten: Wer Hochleistungen vollbringt und gleichzeitig um seinen Arbeitsplatz fürchtet, ist besonders starkem Stress ausgesetzt.

Bei Führungskräften dagegen tritt die „Angst vor Arbeitslosigkeit" mehr in den Hintergrund (10,7%). Insbesondere die Gruppe der leitenden Angestellten nennt statt dessen an dritter Stelle „Pflichtgefühl

---

[16] S. auch den Beitrag von Garhammer in diesem Band.

und Verantwortung" (21,7%) als Motivation bei eingeschränkter Gesundheit arbeiten zu gehen.

Die Wahrnehmung betrieblicher Strategien zur Senkung des Krankenstandes

Die Produktionsausfälle durch krankheitsbedingte Fehlzeiten stellen für die Unternehmen einen bedeutenden Kostenfaktor dar[17]. Daher sind die Unternehmen daran interessiert, Einfluss auf die Fehlzeiten zu nehmen und Personalausfälle wegen Krankheit zu verhindern bzw. einzuschränken. Das hat dazu geführt, dass inzwischen viele Betriebe konkrete Strategien zur Senkung des Krankenstandes ergriffen haben. Mehr als ein Viertel der Beschäftigten (28,5%, bei leitenden Angestellten 33,7%) gibt an, dass ihr Betrieb diesbezügliche Aktivitäten durchführt. Die Angaben unterscheiden sich je nach Wirtschaftsbranche: Im Verkehr- und Transportsektor geben 40,0% der Mitarbeiter an, dass ihr Betrieb dazu gehört, im Handel und Baugewerbe dagegen sind es nur 17,6 bzw. 8,3%. Die Aktivitäten nehmen mit der Betriebsgröße zu, in Unternehmen mit mehr als 1000 Mitarbeitern nennt jeder Zweite (55,2%) seinen Arbeitgeber. In ostdeutschen Betrieben scheinen Maßnahmen zur Senkung der Krankenstände weniger verbreitet, lediglich jeder fünfte Arbeitnehmer (20,4%) berichtet davon.

Die Aktivitäten der Unternehmen zur Senkung des Krankenstandes aus Sicht der Beschäftigten

Es gibt eine Reihe von Strategien, mit denen Unternehmen versuchen, die Fehlzeiten von Arbeitnehmern zu verringern und Einfluss auf Krankheitsverhalten und -häufigkeit der Beschäftigten zu nehmen. Das sind einerseits Maßnahmen zur Arbeitsplatzgestaltung und zur betrieblichen Gesundheitsförderung (BGF) und andererseits Interventionen wie Rückkehrgespräche oder auch Kontrollanrufe (s. Abb. 15.5).

Maßnahmen zur betrieblichen Gesundheitsförderung zählen zu den Strategien, die auf eine Veränderung der betrieblichen Verhältnisse zielen und die auf diesem Wege auch die inneren Einstellungen und die Zufriedenheit der Mitarbeiter im Sinne einer Reduktion krank-

---

[17] Nach Berechnungen der Bundesanstalt für Arbeitsschutz und Arbeitsmedizin verursachten die Krankheitszeiten im Jahr 2001 volkswirtschaftliche Produktionsausfälle in einer Höhe von ca. 44,7 Mrd. Euro oder 2,1% des Bruttonationaleinkommens, in: Dt. Bundestag, (2002), S. 42.

Einstellungen und Verhalten bei Krankheit im Arbeitsalltag

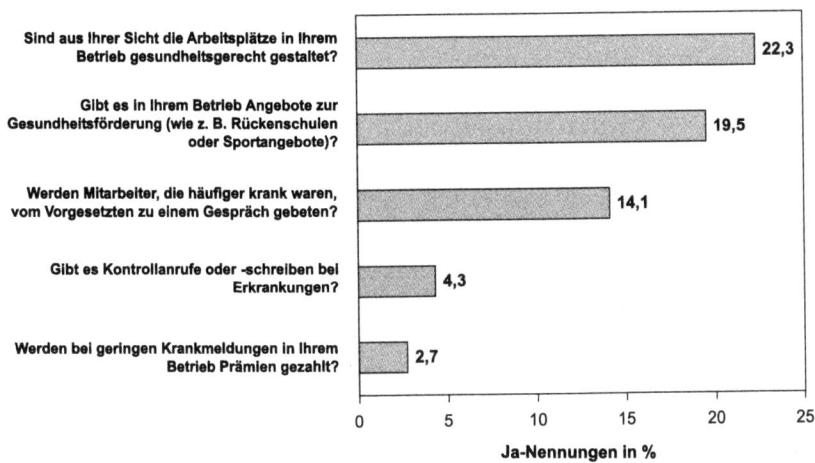

Abb. 15.5. Maßnahmen der Betriebe aus Sicht der Beschäftigten

heitsbedingter Fehlzeiten zu fördern erlauben[18]. Dazu gehören die seitens der Unternehmen getätigten strukturellen Aktivitäten und Investitionen in eine gesundheitsgerechte Gestaltung der Arbeitsplätze. Jeder fünfte befragte Arbeitnehmer (22,3%) ist in dieser Hinsicht mit seinem Arbeitsplatz zufrieden. Die Zahl der Nennungen steigt mit der Betriebsgröße, in großen Unternehmen (ab 1000 Beschäftigte) bezeichnet fast jeder zweite Befragte (45,5%) seinen Arbeitsplatz als gesundheitsgerecht gestaltet. Der Aufriss nach Branchen ergibt überdurchschnittliche Werte in der Energie- und Bergbaubranche (33,8%) und im Verkehrs- und Transportgewerbe (32,5%). Im Handel und in der Baubranche liegt die Bewertung dagegen unter dem Durchschnitt (15,1 und 7,5%). Unterschiede zeigt die Differenzierung nach beruflicher Stellung: während nur 16,2% der un- bzw. angelernten Arbeiter ihren Arbeitsplatz als gesundheitsgerecht einstufen, beträgt der Anteil bei den leitenden Angestellten 26,9%. Die Berücksichtigung der gesundheitsbezogenen Variablen (subjektive Gesundheitseinschätzung und Arbeitsunfähigkeitsangaben) ergibt keine Abweichung vom Durchschnitt.

Jeder fünfte befragte Arbeitnehmer (19,5%) kennt ferner Maßnahmen zur betrieblichen Gesundheitsförderung wie z.B. Rückenschulen oder Sportangebote aus seinem Betrieb, ein Drittel (34,3%) hat an solchen Maßnahmen bereits teilgenommen. Die Aktivitäten stehen of-

---

[18] S. Oppholzer A (1999), S. 360.

fenbar in einem engen Zusammenhang mit der Größe des jeweiligen Unternehmens – in Großunternehmen (über 1000 Beschäftigte) berichtet nahezu jeder Zweite (47,9%) von Angeboten zur Gesundheitsförderung. Überdurchschnittlich vertreten sind dabei Unternehmen aus den Branchen Bergbau- und Energie (30,9%) und Verkehr und Transport (28,8%). Mitarbeiter aus der Baubranche hingegen kennen solche Maßnahmen kaum.

Die Steuerung von Fehlzeiten durch Arbeitgeber geschieht aber auch durch eher disziplinierende und kontrollierende Aktivitäten. Hier werden sog. „Rückkehrgespräche"[19] zwischen Führungskräften und Mitarbeitern, die (häufiger) krank gemeldet waren, oder auch Kontrollanrufe oder -schreiben für krank gemeldete Arbeitnehmer genannt. Sinn und Wirkung dieser Maßnahmen werden kritisch diskutiert[20].

Beide Maßnahmen werden aber – aus Sicht der Beschäftigten – eher im geringen Umfang angewandt. Jeder siebte Befragte (14,1%) gibt an, dass in seinem Betrieb Mitarbeiter mit häufigen Krankmeldungen anschließend von Vorgesetzten zu einem Gespräch gebeten werden. Bei Arbeitnehmern, die häufig krank geschrieben waren (lt. Auskunft länger als vier Wochen arbeitsunfähig im letzten Jahr), steigt der Prozentsatz auf 18,4%. Die Auswertung nach beruflichem Status zeigt bei Mitarbeitern (Arbeitern und Angestellten zusammen) eine Quote von 13,3% und bei Führungskräften (leitenden Angestellten) eine Quote von 18,9%.

Die Anzahl der Nennungen steigt kontinuierlich mit zunehmender Beschäftigtenzahl, in Betrieben mit über 1000 Mitarbeitern ist der Prozentsatz doppelt so hoch wie der Durchschnitt (29,8%). Die Branchenanalyse ergibt überdurchschnittliche Werte im Sektor Transport/Verkehr (22,5%), dem verarbeitenden Gewerbe (20,8%) und in der Bergbau- und Energiebranche (20,6%). Im Baugewerbe ist diese Maßnahme dagegen so gut wie nicht bekannt (3,3%).

Kontrollanrufe oder -schreiben durch den Arbeitgeber haben einen noch stärker überwachenden Charakter – der arbeitsunfähige Mitarbeiter wird zu Hause kontaktiert mit dem Ziel zu erfahren, ob (und wie lange) er denn auch wirklich arbeitsunfähig ist. Diese Maßnahme wird wenig praktiziert, nur 4,3% der Befragten berichten davon. Auch hier variiert die Zustimmung mit der Betriebsgröße, in großen Betrie-

---

[19] S. beispielsweise Bitzer B: „Das Rückkehrgespräch ist (...) ein bedeutsames Instrument zur Verbesserung des Arbeitsklimas (...). Es ist keine disziplinarische Maßnahme, da es in erster Linie eine Serviceleistung des Vorgesetzten an seine Mitarbeiter-/innen darstellt.", in: Bitzer B (1995) S. 56.
[20] Überblicksartig: Pfaff H, Krause H, Kaiser C (2003), S. 20–25.

ben mit mehr als 500 Mitarbeitern beträgt der Anteil 8,0%. Die Auswertung nach Branchen zeigt die meisten Nennungen in den Bereichen Bergbau und Energie (7,4%) und dem verarbeitenden Gewerbe (6,8%).

Es gibt ferner – wenn auch in geringem Maße – Hinweise darauf, dass in Betrieben auch finanzielle Prämien[21] bei geringen Fehlzeiten gezahlt werden (2,7% der Befragten), allerdings machen hier geringe Fallzahlen weitere Auswertungen nicht möglich.

Zusammenfassung der Untersuchungsbefunde

Die Ergebnisse einer aktuellen Repräsentativumfrage bei fast 2000 abhängig Beschäftigten bestätigen, dass die anhaltend schlechte Konjunktur und Arbeitsmarktsituation einen Einfluss auf das Krankheitsverhalten von Arbeitnehmern hat. Das Erleben einer krisenhaften Wirtschaftslage einhergehend mit einer dauerhaft hohen Arbeitslosenquote führt zu Verunsicherung und Ängsten in der Erwerbsbevölkerung. Für viele Arbeitnehmer ist die bedeutendste Sicherheit – die Arbeitsplatzsicherheit – heute nicht mehr gewährleistet. Wenn auch im Rahmen dieser Studie nicht die gesamte Bandbreite subjektiver Reaktionen von Arbeitnehmern herausgearbeitet werden konnte, so lassen sich doch die folgenden Verhaltensweisen und Symptome identifizieren:

Die Befragungsergebnisse vermitteln deutlich, dass die Mehrheit der Arbeitnehmer bei Krankheit bzw. Arbeitsunfähigkeit mit beruflichen Nachteilen rechnet. Jeder Zweite fürchtet sogar um seinen Arbeitsplatz.

Die Ergebnisse liefern ferner deutliche Hinweise auf psychische Belastungen im Arbeitsleben. Leistungsdruck, Stress, Mobbing und Angst vor Überforderungen im Arbeitsalltag bei gleichzeitiger subjektiver Arbeitsplatzunsicherheit stellen eine enorme Belastung des Einzelnen dar, deren psychische und körperliche Folgen nicht unterschätzt werden dürfen.

Das Risiko „Arbeitslosigkeit" verändert die Einstellung zur Gesundheit und das Verhalten im Krankheitsfall. Es gibt deutliche Hinweise darauf, dass Krankmeldungen verschoben und Krankschreibungen unterlassen werden.

---

[21] So lautete z. B. die Antwort eines Arbeiters aus einem Chemieunternehmen mit mehr als 1000 Beschäftigten: „Wir bekommen einen Bonus von 2250 Euro, wenn wir ein Jahr nicht krank sind."

Die wahrgenommene Arbeitsplatzunsicherheit lässt krankheitsbedingtes Fehlen am Arbeitsplatz riskant erscheinen. Deutlich wird: Arbeitnehmer gehen auch „krank" zu Arbeit, teilweise sogar gegen den Rat des behandelnden Arztes. Zu den Genesungsstrategien der Arbeitnehmer gehört durchaus auch das Verlagern von Krankheit auf arbeitsfreie Zeiten wie das Wochenende oder den Urlaub.

Die subjektiv empfundene Arbeitsplatzunsicherheit und das daraus resultierende Krankheitsverhalten bei abhängig Beschäftigten haben gesundheitliche Folgewirkungen für die Arbeits- und Lebenssituation, wenn (berechtigte) Krankmeldungen unterbleiben und so als Spätfolge Arbeitsunfähigkeiten chronisch Kranker mit längerer Dauer und geringeren Heilungsaussichten zunehmen.

Die niedrigen Krankenstände dürften aber auch darauf zurückzuführen sein, dass inzwischen viele Betriebe Maßnahmen zu Senkung des Krankenstandes ergriffen haben. Die Diskussion um die Ursachen und Folgen von Fehlzeiten von Arbeitnehmern hat auch zu neuen Impulsen für die betriebliche Gesundheitsförderung und den Arbeitsschutz geführt. Niedrige Krankenstände verbessern die betrieblichen Rahmen- und Produktionsbedingungen im Hinblick auf Lohnnebenkosten und Personalverfügbarkeit. Das Interesse der Unternehmen, Gesundheitsvorsorge zu betreiben und damit Einfluss auf die Krankenstände zu nehmen, wird bei den Mitarbeitern wahrgenommen. Meist handelt es sich dabei um Maßnahmen zur betrieblichen Gesundheitsförderung, wie z.B. Rückenschulen oder Sportangebote. Kontrollmaßnahmen der Arbeitgeber (wie Rückkehrgespräche mit und Anrufe bei kranken Mitarbeitern) werden hingegen weniger wahrgenommen.

Literatur

[1] Bitzer B (1995) Fehlzeiten als Chance. Ein praktischer Leitfaden zum Abbau von Fehlzeiten. Renningen-Malmsheim
[2] Blaxter M, Prevost AT (1993) Patterns of Mortality. In: Cox B, Huppert F, Wichelow M Hrsg (1993) The Health and Lifestyle Survey. Seven years on, Aldershot, S 33 ff.
[3] Braun B, Kühn H, Reiners H (1998) Das Märchen von der Kostenexplosion. Populäre Irrtümer zur Gesundheitspolitik, Frankfurt a.M.
[4] Deutsche Angestellten Krankenkasse (2000) DAK-Gesundheitsreport 2000, Hamburg
[5] Deutscher Bundestag (2002) Bericht der Bundesregierung über den Stand von Sicherheit und Gesundheit bei der Arbeit und über das Unfall- und Berufskrankheitengeschehen in der Bundesrepublik Deutschland 2001. In: Deutscher Bundestag Drucksache 15/279, Berlin
[6] Gabler S, Häder S (1997) Überlegungen zu einem Stichprobendesign für Deutschland. In: ZUMA-Nachrichten, 41, S 7–18

[7] Hradil S (1995) Die Single-Gesellschaft, München
[8] Kohler H (2002) Krankenstand – Ein beachtlicher Kostenfaktor mit fallender Tendenz. Entwicklung, Struktur und Bestimmungsfaktoren krankheitsbedingter Fehlzeiten. In: IAB Werkstattbericht, 1/2002
[9] Kieselbach T (1999) Psychosoziale Folgen der Arbeitslosigkeit: Perspektiven eines zukünftigen Umgangs mit beruflichen Transitionen. In: Badura B, Schellschmidt H, Vetter C (1999) Fehlzeiten-Report 1999. Zahlen, Daten, Analysen aus allen Branchen der Wirtschaft. Berlin Heidelberg New York
[10] Marstedt G (1998) Ein kranker Stand? Fehlzeiten und Integration älterer Arbeitnehmer im Vergleich Öffentlicher Dienst – Privatwirtschaft, Berlin
[11] Meschkutat B, Stackelbeck M, Langenhoff G (2002) Der Mobbing-Report, Dortmund
[12] Oppolzer A (1999) Ausgewählte Bestimmungsfaktoren des Krankenstandes. In: Badura B, Schellschmidt H, Vetter C (1999) Fehlzeiten-Report 1999. Zahlen, Daten, Analysen aus allen Branchen der Wirtschaft. Berlin Heidelberg New York
[13] Pfaff H, Krause H, Kaiser C (2003) Das Gespräch nach der Krankheit. In: Personalwirtschaft, 8/2003, S 20–25
[14] Redmann A, Rehbein I (2000) Gesundheit am Arbeitsplatz. Eine Analyse von mehr als 100 Mitarbeiterbefragungen des WIdO 1995–1998, Bonn
[15] Stegmann W (1999) Die Macht der Angst. In: Badura B, Schellschmidt H, Vetter C (1999) Fehlzeiten-Report 1999. Zahlen, Daten, Analysen aus allen Branchen der Wirtschaft. Berlin Heidelberg New York
[16] Weiss V, Udris I (2001) Downsizing und Survivors. Stand der Forschung zum Leben und Überleben in schlanken und fusionierten Organisationen. In: Arbeit, Heft 2, Jg. 10, S 103–121

KAPITEL 16

Krankheitsbedingte Fehlzeiten in der deutschen Wirtschaft im Jahr 2002

C. Vetter · I. Küsgens · S. Dold

16.1 Branchenüberblick

Einführung	264
16.1 Branchenüberblick	263
16.1.1 Datenbasis und Methodik	265
16.1.2 Allgemeine Krankenstandsentwicklung	270
16.1.3 Verteilung der Arbeitsunfähigkeit	272
16.1.4 Kurz- und Langzeiterkrankungen	273
16.1.5 Krankenstandsentwicklung in den einzelnen Branchen	275
16.1.6 Fehlzeiten nach Bundesländern	281
16.1.7 Fehlzeiten nach Betriebsgröße	285
16.1.8 Fehlzeiten nach Stellung im Beruf	286
16.1.9 Fehlzeiten nach Berufsgruppen	287
16.1.10 Fehlzeiten nach Wochentagen	288
16.1.11 Arbeitsunfälle	290
16.1.12 Krankheitsarten im Überblick	293
16.1.13 Die häufigsten Einzeldiagnosen	298
16.1.14 Krankheitsarten nach Branchen	300
16.1.15 Langzeitfälle nach Krankheitsarten	305
16.1.16 Krankheitsarten nach Diagnoseuntergruppen	307

Zusammenfassung. Der Beitrag liefert umfassende und differenzierte Daten zu den krankheitsbedingten Fehlzeiten in der deutschen Wirtschaft. Datenbasis sind die Arbeitsunfähigkeitsmeldungen der 10,9 Mio. erwerbstätigen AOK-Mitglieder in Deutschland. Ein einführendes Kapitel gibt zunächst einen Überblick über die allgemeine Krankenstandsentwicklung und wichtige Determinanten des Arbeitsunfähigkeitsgeschehens. Im Einzelnen wird u.a. eingegangen auf die Verteilung der Arbeitsunfähigkeit, die Bedeutung von Kurz- und Langzeiterkrankungen und Arbeitsunfällen, regionale Unterschiede in den einzelnen Bundesländern sowie die Abhängigkeit des Krankenstandes von Faktoren wie der Betriebsgröße und der Beschäftigtenstruktur. In 11 separaten Kapiteln wird dann detailliert die Krankenstandsentwicklung in den unterschiedlichen Wirtschaftszweigen analysiert.

Einführung

Krankheitsbedingte Fehlzeiten sind sowohl für die Betriebe und Verwaltungen, als auch für die Krankenkassen und die Volkswirtschaft insgesamt mit erheblichen Kosten verbunden. Krankheitsbedingte Fehlzeiten stellen sowohl für die Betriebe und Verwaltungen, als auch für die Krankenkassen und die Volkswirtschaft einen erheblichen Kostenfaktor dar.

Die Bundesvereinigung der Deutschen Arbeitgeberverbände beziffert die Kosten der Arbeitgeber für die Entgeltfortzahlung im Jahr 2001 auf über 26 Mrd. Euro. Werden die hälftigen Arbeitgeberanteile an den Beiträgen zur gesetzlichen Renten-, Kranken-, Pflege- und Arbeitslosenversicherung, die auch während der Entgeltfortzahlung in voller Höhe entrichtet werden müssen, mit berücksichtigt, ergeben sich Kosten in Höhe von 32,655 Mrd.[1]

Nach Schätzungen der Bundesanstalt für Arbeitsschutz und Arbeitsmedizin betrugen die volkswirtschaftlichen Kosten des Verlustes an Arbeitsproduktivität (Ausfall an Bruttowertschöpfung) durch Arbeitsunfähigkeit im Jahr 2001 70,75 Mrd. Euro. Der Ausfall an Bruttowertschöpfung in v. H. vom Bruttonationaleinkommen wird auf 2,18% geschätzt[2].

Neben den finanziellen Aufwendungen für Lohnersatzleistungen sind Fehlzeiten für die Unternehmen und deren Mitarbeiter mit einer Vielzahl weiterer Probleme verbunden. Die Einhaltung von Lieferterminen und Qualitätsstandards kann gefährdet sein. Bei hohen Krankenständen müssen entweder entsprechende Personalreserven vorgehalten werden, was sich allerdings gerade kleinere Unternehmen häufig nicht leisten können, oder es müssen Überstunden und Zusatzschichten gefahren werden bzw. neue Mitarbeiter befristet eingestellt werden. Dies bedeutet nicht nur zusätzlichen Planungs- und Organisationsaufwand, sondern bringt auch weitere Kosten mit sich. Auch für die nicht selbst von Arbeitsunfähigkeit betroffenen Mitarbeiter bringt das krankheitsbedingte Fernbleiben der Kollegen vom Arbeitsplatz oft zusätzliche Belastungen und Erschwernisse mit sich, da sie häufig die Arbeit ihrer erkrankten Kollegen mit übernehmen müssen.

---

[1] Quelle: Bundesvereinigung der Deutschen Arbeitgeberverbände. Kurz-Nachrichten-Dienst, KND Nr. 15/02 – vom 03. Mai 2002. Zahlen für das Jahr 2002 waren bei Drucklegung noch nicht verfügbar.
[2] Quelle: Bericht der Bundesregierung über den Stand von Sicherheit und Gesundheit bei der Arbeit und über das Unfall- und Berufskrankheitsgeschehen in der Bundesrepublik Deutschland im Jahre 2001. Zahlen für das Jahr 2002 waren bei Drucklegung noch nicht verfügbar.

Die Arbeitsmotivation und das Betriebsklima können dadurch erheblich beeinträchtigt werden.

Wie aber ist der Krankenstand im eigenen Betrieb zu bewerten? Ist er im Vergleich zu den Mitbewerbern zu hoch? Welche Krankheitsarten führen zur Arbeitsunfähigkeit? Wo sollten Maßnahmen zur Reduzierung der Fehlzeiten vorrangig ansetzen? Der folgende Beitrag versucht Antworten auf diese Fragen zu geben. Er liefert umfassende und differenzierte Daten zu den krankheitsbedingten Fehlzeiten in der deutschen Wirtschaft, so dass ein zielorientiertes Benchmarking möglich wird. Es wird aufgezeigt, wo die Krankheitsschwerpunkte in den einzelnen Branchen und Berufsgruppen liegen und von welchen Faktoren die Höhe des Krankenstandes abhängt. Ein einführendes Kapitel gibt zunächst einen Überblick über die allgemeine Krankenstandsentwicklung in der Bundesrepublik Deutschland. Im Folgenden wird dann in separaten Kapiteln das Arbeitsunfähigkeitsgeschehen in den einzelnen Wirtschaftszweigen detailliert analysiert.

16.1.1 Datenbasis und Methodik

Die folgenden Ausführungen zu den krankheitsbedingten Fehlzeiten in der deutschen Wirtschaft basieren auf einer Analyse der Arbeitsunfähigkeitsmeldungen aller **erwerbstätigen AOK-Mitglieder der Bundesrepublik Deutschland**. Die AOK ist nach wie vor die Krankenkasse mit dem größten Marktanteil in Deutschland. Sie verfügt daher über die umfangreichste Datenbasis zum Arbeitsunfähigkeitsgeschehen. Bei den Auswertungen wurden auch freiwillig Versicherte berücksichtigt. Ausgewertet wurden die Daten des Jahres 2002. In diesem Jahr waren insgesamt 10,9 Mio. Arbeitnehmer bei der AOK versichert.

Datenbasis der Auswertungen sind sämtliche Arbeitsunfähigkeitsfälle, die der AOK im Jahr 2002 gemeldet wurden[3]. Allerdings werden **Kurzzeiterkrankungen** bis zu drei Tagen von den Krankenkassen nur erfasst, soweit eine ärztliche Krankschreibung vorliegt. Der Anteil der Kurzzeiterkrankungen liegt daher höher als dies in den Krankenkassendaten zum Ausdruck kommt. Hierdurch verringern sich die Fallzahlen und die rechnerische Falldauer erhöht sich entsprechend.

---

[3] Im Zusammenhang mit Schwangerschaften und Kuren auftretende Fehlzeiten wurden bei den Auswertungen nicht berücksichtigt.

Langzeitfälle mit einer Dauer von mehr als 42 Tagen wurden in die Auswertungen mit einbezogen, da sie von entscheidender Bedeutung für das Arbeitsunfähigkeitsgeschehen in den Betrieben sind.

Die **Arbeitsunfähigkeitszeiten** werden von den Krankenkassen so erfasst, wie sie auf den Krankmeldungen angegeben sind. Auch Wochenenden und Feiertage gehen dabei in die Berechnung mit ein, soweit sie in den Zeitraum der Krankschreibung fallen. Die Ergebnisse sind daher mit betriebsinternen Statistiken, bei denen nur die Arbeitstage berücksichtigt werden, nur begrenzt vergleichbar. Bei jahresübergreifenden Arbeitsunfähigkeitsfällen wurden nur Fehlzeiten in die Auswertungen miteinbezogen, die im Auswertungsjahr anfielen.

Tabelle 16.1.1 gibt einen Überblick über die wichtigsten Kennzahlen und Begriffe, die in diesem Beitrag zur Beschreibung des Arbeitsunfähigkeitsgeschehens verwendet werden. Die Berechnung der Kennzahlen erfolgt auf der Basis der Versicherungszeiten, d.h. es wird berücksichtigt, ob ein Mitglied ganzjährig oder nur einen Teil des Jahres bei der AOK versichert war bzw. als in einer bestimmten Branche oder Berufsgruppe beschäftigt geführt wurde.

Aufgrund der speziellen **Versichertenstruktur** der AOK sind die Daten nur bedingt repräsentativ für die Gesamtbevölkerung in der Bundesrepublik Deutschland bzw. die Beschäftigten in den einzelnen Wirtschaftszweigen. In Folge ihrer historischen Funktion als Basiskasse weist die AOK einen überdurchschnittlich hohen Anteil an Versicherten aus dem gewerblichen Bereich auf. Angestellte sind dagegen im Versichertenklientel der AOK unterrepräsentiert.

Die **Wirtschaftsgruppensystematik** entspricht der Klassifikation der Wirtschaftszweige der Bundesanstalt für Arbeit[4] (s. Anhang). Diese enthält insgesamt 5 Differenzierungsebenen, von denen allerdings bei den vorliegenden Analysen nur die ersten 3 berücksichtigt wurden. Unterschieden wird zwischen Wirtschaftsabschnitten, -abteilungen und -gruppen. Ein *Abschnitt* ist beispielsweise das „Verarbeitende Gewerbe". Dieser untergliedert sich in die *Wirtschaftsabteilungen* „Chemische Industrie", „Herstellung von Gummi- und Kunststoffwaren", „Textilgewerbe" usw. Die Wirtschaftsabteilung „Chemische Industrie" umfasst wiederum die *Wirtschaftsgruppen* „Herstellung von chemischen Grundstoffen", „Herstellung von Schädlingsbekämpfungs- und Pflanzenschutzmitteln" etc. Im vorliegenden Unterkapitel erfolgt die Betrachtung zunächst ausschließlich auf der Ebene der Wirt-

---

[4] Verzeichnis der Wirtschaftszweige für die Statistik der Bundesanstalt für Arbeit, Ausgabe 1993.

Tabelle 16.1.1. Kennzahlen und Begriffe zur Beschreibung des Arbeitsunfähigkeitsgeschehens

Kennzahl	Definition	Einheit, Ausprägung	Erläuterungen
AU-Fälle	Anzahl der Fälle von Arbeitsunfähigkeit	je AOK-Mitglied bzw. je 100 AOK-Mitglieder in % aller AU-Fälle	Jede Arbeitsunfähigkeitsmeldung, die nicht nur die Verlängerung einer vorangegangenen Meldung ist, wird als ein Fall gezählt. Ein AOK-Mitglied kann im Auswertungszeitraum mehrere AU-Fälle aufweisen.
AU-Tage	Anzahl der AU-Tage, die im Auswertungsjahr anfielen	je AOK-Mitglied bzw. je 100 AOK-Mitglieder in % aller AU-Tage	Da arbeitsfreie Zeiten wie Wochenenden und Feiertage, die in den Krankschreibungszeitraum fallen, mit in die Berechnung eingehen, können sich Abweichungen zu betriebsinternen Fehlzeitenstatistiken ergeben, die bezogen auf die Arbeitszeiten berechnet wurden. Bei jahresübergreifenden Fällen werden nur die AU-Tage gezählt, die im Auswertungsjahr anfielen.
AU-Tage je Fall	mittlere Dauer eines AU-Falls	Kalendertage	Indikator für die Schwere einer Erkrankung.
Krankenstand	Anteil der im Auswertungszeitraum angefallenen Arbeitsunfähigkeitstage am Kalenderjahr	in %	War ein Versicherter nicht ganzjährig bei der AOK versichert, wird dies bei der Berechnung des Krankenstandes entsprechend berücksichtigt.
Krankenstand, standardisiert	nach Alter und Geschlecht standardisierter Krankenstand	in %	Um Effekte der Alters- und Geschlechtsstruktur bereinigter Wert.
AU-Quote	Anteil der AOK-Mitglieder mit einem oder mehreren Arbeitsunfähigkeitsfällen im Auswertungsjahr	in %	Diese Kennzahl gibt Auskunft darüber, wie groß der von Arbeitsunfähigkeit betroffene Personenkreis ist.
Kurzzeiterkrankungen	Arbeitsunfähigkeitsfälle mit einer Dauer von 1–3 Tagen	in % aller Fälle/Tage	Erfasst werden nur Kurzzeitfälle, bei denen eine Arbeitsunfähigkeitsbescheinigung bei der AOK eingereicht wurde.
Langzeiterkrankungen	Arbeitsunfähigkeitsfälle mit einer Dauer von mehr als 6 Wochen	in % aller Fälle/Tage	Mit Ablauf der 6. Woche endet in der Regel die Lohnfortzahlung durch den Arbeitgeber, ab der 7. Woche wird durch die Krankenkasse Krankengeld gezahlt.

Tabelle 16.1.1 (Fortsetzung)

Kennzahl	Definition	Einheit, Ausprägung	Erläuterungen
Arbeitsunfälle	durch Arbeitsunfälle bedingte Arbeitsunfähigkeitsfälle	je 1000 AOK-Mitglieder in % aller AU-Fälle/-Tage	Arbeitsunfähigkeitsfälle, bei denen auf der Krankmeldung als Krankheitsursache „Arbeitsunfall" angegeben wurde, nicht enthalten sind Wegeunfälle.
AU-Fälle/ Tage nach Krankheitsarten	Arbeitsunfähigkeitsfälle/-tage mit einer bestimmten Diagnose	je 100 AOK-Mitglieder in % aller AU-Fälle bzw. -Tage	Ausgewertet werden alle auf den Arbeitsunfähigkeitsbescheinigungen angegebenen ärztlichen Diagnosen, verschlüsselt werden diese nach der Internationalen Klassifikation der Krankheitsarten (ICD-10).

schaftsabschnitte[5]. In den folgenden Kapiteln wird dann auch nach Wirtschaftsabteilungen und teilweise auch nach Wirtschaftsgruppen differenziert. Die Metallindustrie, die nach der Systematik der Wirtschaftszweige der Bundesanstalt für Arbeit zum verarbeitenden Gewerbe gehört, wird, da sie die größte Branche des Landes darstellt, in einem eigenen Kapitel behandelt. Auch dem Bereich „Erziehung und Unterricht" wird angesichts der zunehmenden Bedeutung des Bildungsbereichs für die Produktivität der Volkswirtschaft ein eigenes Kapitel gewidmet. Aus Tabelle 16.1.2 ist die Anzahl der AOK-Mitglieder in den einzelnen Wirtschaftsabschnitten sowie deren Anteil an den sozialversicherungspflichtig Beschäftigten insgesamt[6] ersichtlich.

---

[5] Die Abschnitte E (Energie- und Wasserversorgung) und C (Bergbau und Gewinnung von Steinen und Erden) wurden unter der Bezeichnung „Energie/ Wasser/Bergbau" zusammengefasst. Der Bereich Dienstleistungen umfasst die Abschnitte H (Gastgewerbe), K (Grundstücks- und Wohnungswesen, Vermietung beweglicher Sachen, Erbringung von Dienstleistungen überwiegend für Unternehmen), N (Gesundheits-, Veterinär- und Sozialwesen), O (Erbringung von sonstigen öffentlichen und persönlichen Dienstleistungen) und P (Private Haushalte). Der Bereich Land- und Forstwirtschaft umfasst die Wirtschaftsabschnitte A (Land- und Forstwirtschaft) und B (Fischerei und Fischzucht). Unter der Bezeichnung „öffentliche Verwaltung und Sozialversicherung" wurden die Abschnitte L (öffentl. Verwaltung und Sozialversicherung) und Q (exterritoriale Organisationen) zusammengefasst. Das verarbeitende Gewerbe umfasst in diesem Unterkapitel auch die Metallindustrie. Als Synonym für den Begriff „Wirtschaftsabschnitte" werden auch die Begriffe Branchen oder Wirtschaftszweige verwandt. Im Text sowie in den Tabellen und Grafiken werden die offiziellen Bezeichnungen der Bundesanstalt für Arbeit aus Platzgründen teilweise abgekürzt bzw. pars pro toto verwandt. Die vollständigen Bezeichnungen finden Sie im Anhang.
[6] Errechnet auf der Basis der Beschäftigtenstatistik der Bundesanstalt für Arbeit, 2002 [1].

Tabelle 16.1.2. AOK-Mitglieder nach Wirtschaftsabschnitten

Wirtschaftsabschnitte	Pflicht-mitglieder		Freiwillige Mitglieder
	Absolut	Anteil an der Branche (in %)	Absolut
Banken/Versicherungen	116 285	10,8	10 323
Baugewerbe	919 053	48,9	7 551
Dienstleistungen	3 531 832	42,8	47 539
Energie/Wasser/Bergbau	91 799	23,9	4 799
Handel	1 440 998	34,6	18 781
Land- und Forstwirtschaft	247 771	74,5	822
Öffentl. Verwaltung/Sozialversicherung	740 446	42,5	16 511
Verarbeitendes Gewerbe	2 858 268	39,9	79 778
Verkehr/Transport	686 559	45,1	5 921
Sonstige	219 700	20,9	3 268
Insgesamt	10 852 711	39,4	195 293

Angesichts nach wie vor unterschiedlicher Morbiditätsstrukturen werden neben den Gesamtergebnissen für die Bundesrepublik Deutschland die Ergebnisse für **Ost- und Westdeutschland** separat ausgewiesen.

Die **Verschlüsselung der Diagnosen** erfolgte bis zum Jahr 1999 nach der 9. Revision des ICD („International Classification of Diseases").[7] Im Jahr 2000 wurde die Umstellung auf die 10. Revision vollzogen. Mit Wirkung vom 1. Januar 2000 hat das Bundesministerium für Gesundheit eine für Zwecke der Abrechnung mit den Krankenkassen überarbeitete Fassung der 10. Revision des ICD („ICD-10-SGB V") in Kraft gesetzt.

Mit der Einführung des ICD-10 war eine Vielzahl von Änderungen und Neuerungen verbunden, auf die hier nicht im Einzelnen eingegangen werden kann. Der ICD-10 ist insgesamt feiner gegliedert und nimmt z.T. andere Zuweisungen der Diagnosen zu den Diagnosegruppen vor. Bis 1999 war die Verschlüsselung Sache der Krankenkassen. Seit 2000 erfolgt diese direkt durch die Krankenhäuser und Vertragsärzte.

Teilweise weisen die Arbeitsunfähigkeitsbescheinigungen mehrere Diagnosen auf. Um einen Informationsverlust zu vermeiden, werden bei den diagnosebezogenen Auswertungen im Unterschied zu anderen

---

[7] International übliches Klassifikationssystem der Weltgesundheitsorganisation.

Tabelle 16.1.3. Krankenstandskennzahlen 2002 im Vergleich zum Vorjahr

	Kranken-stand (in %)	Arbeitsunfähigkeiten je 100 AOK-Mitglieder				Tage je Fall	Veränd. z. Vorj. (in %)	AU-Quote (in %)
		Fälle	Veränd. z. Vorj. (in %)	Tage	Veränd. z. Vorj. (in %)			
West	5,19	154,2	−0,3	1894,1	−1,7	12,3	−1,4	54,5
Ost	5,22	155,0	0,3	1904,7	−2,9	12,3	−3,2	52,4
Bund	5,19	154,3	−0,3	1895,5	−1,9	12,3	−1,7	54,2

Statistiken[8], die nur eine (Haupt-)Diagnose berücksichtigen, auch **Mehrfachdiagnosen**[9] in die Auswertungen mit einbezogen.

16.1.2 Allgemeine Krankenstandsentwicklung

Der Krankenstand der AOK-Mitglieder betrug im Jahr 2002 5,19%. Die Versicherten waren im Durchschnitt 19,0 Kalendertage krankgeschrieben[10]. 54,2% der AOK-Mitglieder haben sich 2002 mindestens einmal krank gemeldet. 5,6% der Arbeitsunfähigkeitstage waren auf Arbeitsunfälle zurückzuführen (Tabelle 16.1.3).

Im Vergleich zum Vorjahr nahm die Zahl der Krankmeldungen in der deutschen Wirtschaft im Jahr 2002 um 0,3% ab. Auch die durchschnittliche Dauer der Arbeitsunfähigkeitsfälle ging etwas zurück. Bedingt durch diese beiden Faktoren reduzierte sich die Zahl der Arbeitsunfähigkeitstage um 1,9%.

Anders als in Westdeutschland nahm die Zahl der Arbeitsunfähigkeitsfälle in Ostdeutschland um 0,3% zu. Gleichzeitig ging aber die durchschnittliche Dauer der Fälle deutlich zurück (−3,2%), so dass auch in den neuen Bundesländern trotz der gestiegenen Zahl der Krankmeldungen weniger Arbeitsunfähigkeitstage (−2,9%) zu verzeichnen waren als im Vorjahr.

Auch die Zahl der von Arbeitsunfähigkeit betroffenen AOK-Mitglieder (AU-Quote: Anteil der AOK-Mitglieder mit mindestens einem AU-Fall) nahm im Jahr 2002 weiter ab (West: 0,3 Prozentpunkte; Ost: 1,2 Prozentpunkte) (vgl. Abb. 16.1.1).

---

[8] Beispielsweise die von den Krankenkassen im Bereich der gesetzlichen Krankenversicherung herausgegebene Krankheitsartenstatistik.
[9] Leidet ein Arbeitnehmer an unterschiedlichen Krankheitsbildern (Multimorbidität), kann eine Arbeitsunfähigkeitsbescheinigung mehrere Diagnosen aufweisen. Insbesondere bei älteren Beschäftigten kommt dies häufiger vor.
[10] Wochenenden und Feiertage eingeschlossen.

Krankheitsbedingte Fehlzeiten in der deutschen Wirtschaft im Jahr 2002

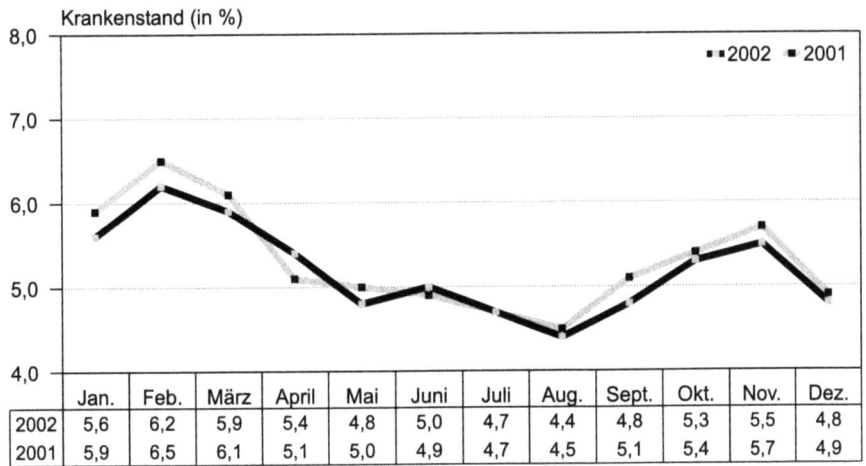

Abb. 16.1.1. Krankenstand 2002 im saisonalen Verlauf im Vergleich zum Vorjahr, AOK-Mitglieder

Im Jahresverlauf erreichte der Krankenstand, wie bereits in den Vorjahren, im Februar seinen höchsten Wert (6,2%). Der niedrigste Wert war, urlaubs- und wetterbedingt, im August zu verzeichnen (4,4%).

Abb. 16.1.2 zeigt die längerfristige Entwicklung des Krankenstandes in den Jahren 1974–2002 auf der Basis von Stichtagserhebungen der gesetzlichen Krankenkassen[11]. Der Krankenstand erreichte in Deutschland nach der Wiedervereinigung 1995 mit 5,1% seinen höchsten Wert. In den folgenden Jahren ging er stark zurück und fiel 1997 in Westdeutschland auf den niedrigsten Stand seit 1974. In den Jahren 1998 bis 2002 schwankte der Krankenstand nur noch geringfügig und stabilisierte sich auf niedrigem Niveau.

Bis zum Jahr 1995 war der Krankenstand in Ostdeutschland stets niedriger als in Westdeutschland. In den Jahren 1996–1999 waren dann jedoch in den neuen Ländern etwas höhere Werte als in den alten zu verzeichnen. Inzwischen liegen die Krankenstände in West- und Ostdeutschland auf annähernd gleichem Niveau. Diese Entwick-

---

[11] Dabei wird jeweils zum Monatsersten der prozentuale Anteil der arbeitsunfähigen Pflichtmitglieder ermittelt. Aus den 12 Stichtagswerten des Jahres und dem Stichtagswert vom 1.1. des Folgejahres wird als arithmetisches Mittel ein Jahresdurchschnittswert errechnet. Unberücksichtigt bleiben dabei die Rentner, Studenten, Jugendlichen und Behinderten, Künstler, Wehr-, Zivil- und Grenzschutzpflichtdienstleistende, landwirtschaftliche Unternehmer sowie Vorruhestandsgeldempfänger, da für diese Gruppen in der Regel keine Arbeitsunfähigkeitsbescheinigungen von einem behandelnden Arzt ausgestellt werden. Die AU-Bescheinigungen sind vom Arzt unmittelbar an die Krankenkasse zu senden, die sie zur Ermittlung des Krankenstandes auszählt.

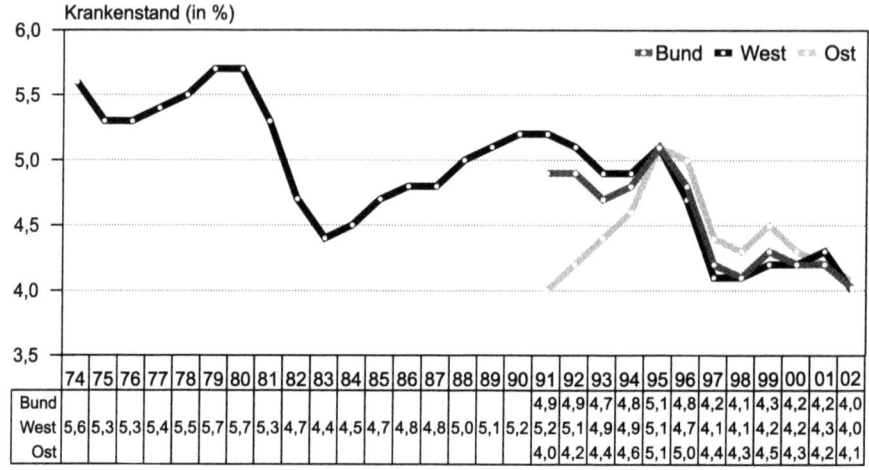

Abb. 16.1.2. Krankenstand 1974–2002, Gesetzliche Krankenversicherung; Arbeitsunfähig kranke Pflichtmitglieder in %. Quelle: Bundesministerium für Gesundheit

lung wird vom Institut für Arbeitsmarkt- und Berufsforschung auf Verschiebungen in der Altersstruktur der erwerbstätigen Bevölkerung zurückgeführt [3]. Diese war nach der Wende zunächst in den neuen Ländern günstiger, weil viele Arbeitnehmer vom Altersübergangsgeld Gebrauch machten. Inzwischen sind diese Effekte jedoch ausgelaufen, sodass es zu einer Angleichung der Krankenstände kam.

16.1.3 Verteilung der Arbeitsunfähigkeit

Im Jahr 2002 waren 54,2% der AOK-Mitglieder mindestens einmal von Arbeitsunfähigkeit betroffen (Arbeitsunfähigkeitsquote). 25,4% meldeten sich nur einmal, 13,7% zweimal und 14,9% dreimal oder häufiger krank (Abb. 16.1.3).

Abb. 16.1.4 zeigt die Verteilung der kumulierten Arbeitsunfähigkeitstage auf die AOK-Mitglieder in Form einer Lorenz-Kurve. Daraus ist ersichtlich, dass der überwiegende Teil der Tage sich auf einen relativ kleinen Teil der AOK-Mitglieder konzentriert. Die Folgenden Zahlen machen dies deutlich:

- Ein Viertel der Arbeitsunfähigkeitstage entfällt auf nur 2% der Mitglieder.
- Die Hälfte der Tage wird von lediglich 6% der Mitglieder verursacht.
- 80% der Arbeitsunfähigkeitstage gehen auf nur 19% der AOK-Mitglieder zurück.

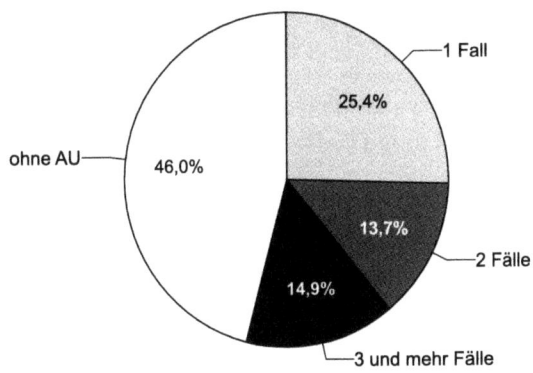

Abb. 16.1.3. Arbeitsunfähigkeitsquote: AOK-Mitglieder mit Arbeitsunfähigkeit (in %) 2002

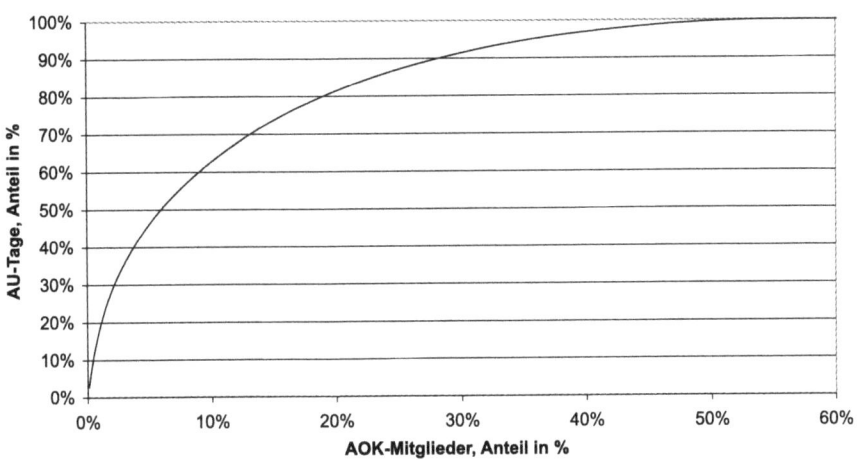

Abb. 16.1.4. Lorenz-Kurve: AU-Tage – Verteilung der Arbeitsunfähigkeitstage, 2002

16.1.4 Kurz- und Langzeiterkrankungen

Die Höhe des Krankenstandes wird entscheidend durch länger dauernde Erkrankungen bestimmt. Die Zahl dieser Erkrankungsfälle ist zwar relativ gering, diese sind aber für eine große Zahl von Ausfalltagen verantwortlich (Abb. 16.1.5). 2002 waren fast die Hälfte aller Arbeitsunfähigkeitstage (49,8%) auf lediglich 8,1% der Arbeitsunfähigkeitsfälle zurückzuführen. Dabei handelt es sich um Fälle mit einer Dauer von mehr als 4 Wochen. Besonders zu Buche schlagen Langzeitfälle, die sich über mehr als 6 Wochen erstrecken. Obwohl ihr An-

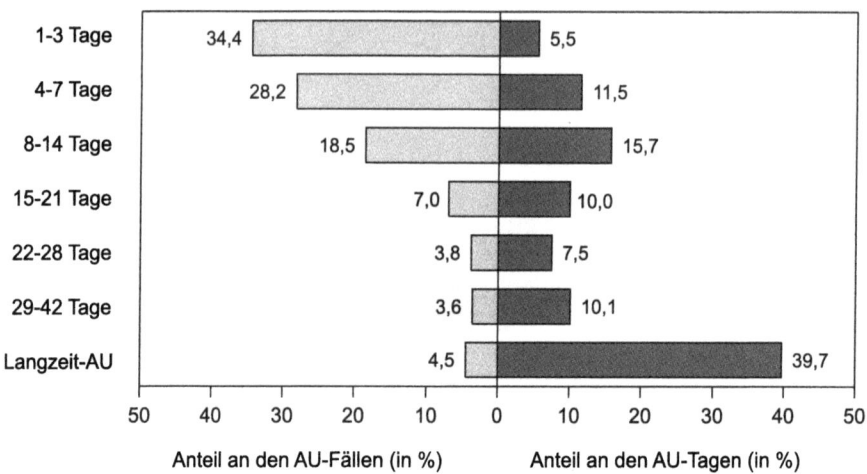

Abb. 16.1.5. Arbeitsunfähigkeitstage und -fälle nach der Dauer, 2002

teil an den Arbeitsunfähigkeitsfällen im Jahr 2002 nur 4,5% betrug, verursachten sie 39,7% des gesamten AU-Volumens.

Kurzzeiterkrankungen wirken sich zwar häufig sehr störend auf den Betriebsablauf aus, spielen aber, anders als häufig angenommen, für den Krankenstand nur eine untergeordnete Rolle. Auf Arbeitsunfähigkeitsfälle mit einer Dauer von 1–3 Tagen gingen 2002 lediglich 5,5% der Fehltage zurück, obwohl ihr Anteil an den Arbeitsunfähigkeitsfällen 34,4% betrug. Da viele Arbeitgeber in den ersten 3 Tagen einer Erkrankung keine ärztliche Arbeitsunfähigkeitsbescheinigung verlangen, liegt der Anteil der Kurzzeiterkrankungen allerdings in der Praxis höher, als dies in den Daten der Krankenkassen zum Ausdruck kommt. Nach einer Befragung des Instituts der deutschen Wirtschaft [6] hat jedes zweite Unternehmen die Attestpflicht ab dem ersten Krankheitstag eingeführt. Der Anteil der Kurzzeitfälle von 1–3 Tagen an den krankheitsbedingten Fehltagen in der privaten Wirtschaft beträgt danach insgesamt durchschnittlich 11,3%. Auch wenn man berücksichtigt, dass die Krankenkassen die Kurzzeitarbeitsunfähigkeit nicht vollständig erfassen, ist also der Anteil der Erkrankungen von 1 bis 3 Tagen am Arbeitsunfähigkeitsvolumen insgesamt nur gering. Von Maßnahmen, die in erster Linie auf eine Reduzierung der Kurzzeitfälle abzielen, ist daher kein durchgreifender Effekt auf den Krankenstand zu erwarten. Maßnahmen, die auf eine Senkung des Krankenstandes abzielen, sollten vorrangig bei den Langzeitfällen ansetzen. Welche Krankheitsarten für die Langzeitfälle verantwortlich sind, wird in Kap. 16.1.15 dargestellt.

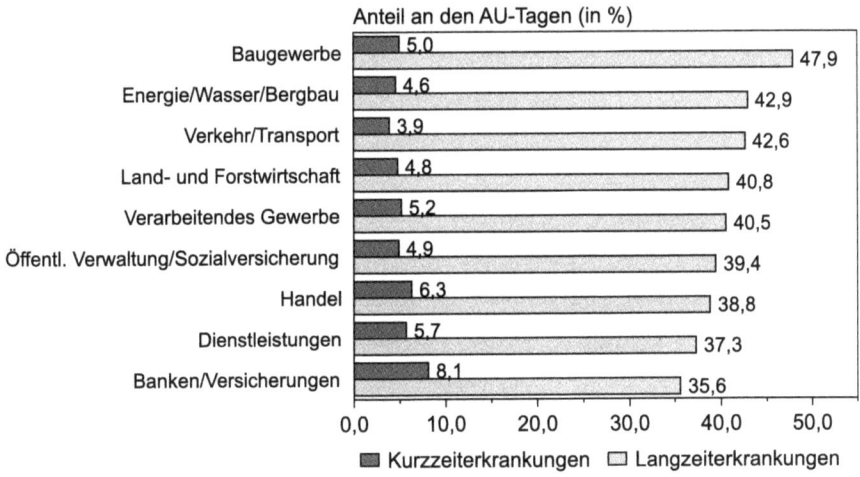

Abb. 16.1.6. Anteil der Kurz- und Langzeiterkrankungen an den Arbeitsunfähigkeitstagen nach Branchen, 2002

Im Vergleich zum Vorjahr hat 2002 der Anteil der der AOK gemeldeten Kurzzeiterkrankungen ebenso wie bereits im letzten Jahr zugenommen. Der Anteil der Krankschreibungen mit einer Dauer von 1–3 Tagen an den Fällen stieg um 1,2 Prozentpunkte, der Anteil an den Tagen nahm um 0,3 Prozentpunkte zu. Der Anteil der Langzeitfälle[12] an den Arbeitsunfähigkeitstagen stieg auch im Jahr 2002 weiter an (0,4 Prozentpunkte).

Am höchsten war der Anteil der Langzeiterkrankungen 2002 ebenso wie bereits im Jahr 2001 mit 47,9% im Baugewerbe und am niedrigsten bei Banken und Versicherungen (35,6%). Der Anteil der Kurzzeiterkrankungen schwankte in den einzelnen Wirtschaftszweigen zwischen 8,1% bei Banken und Versicherungen und 3,9% im Bereich Verkehr und Transport (Abb. 16.1.6).

16.1.5 Krankenstandsentwicklung in den einzelnen Branchen

Den höchsten Krankenstand wiesen im Jahr 2002 wie auch bereits in den Vorjahren mit 5,9% die öffentlichen Verwaltungen auf, den niedrigsten mit 3,5% die Banken und Versicherungen (Abb. 16.1.7). Bei dem hohen Krankenstand in der öffentlichen Verwaltung muss allerdings berücksichtigt werden, dass ein großer Teil der in diesem Sektor beschäftigten AOK-Mitglieder keine Bürotätigkeiten ausübt, sondern in gewerblichen Bereichen mit teilweise sehr hohen Arbeits-

---

[12] Mit einer Dauer von mehr als 6 Wochen.

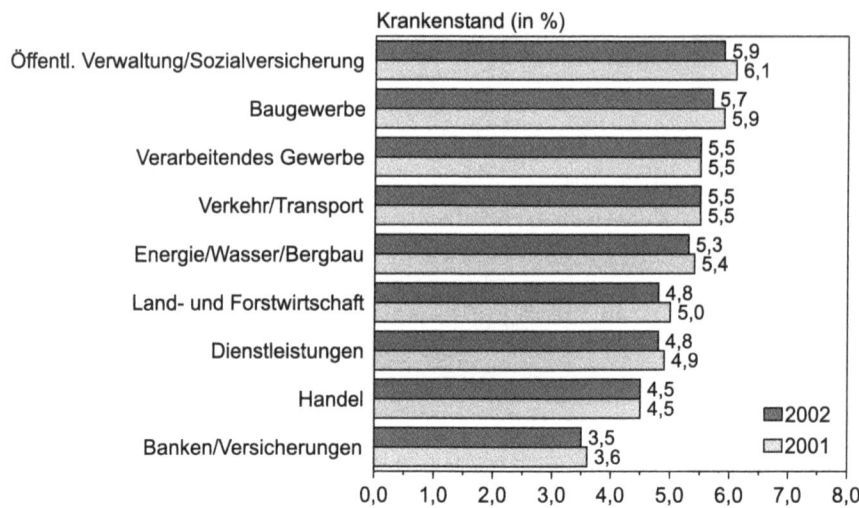

Abb. 16.1.7. Krankenstand nach Branchen, 2002 im Vergleich zum Vorjahr

belastungen tätig ist, wie z.B. im Straßenbau, in der Straßenreinigung und Entsorgung, in Gärtnereien etc. Insofern sind die Daten, die der AOK für diesen Bereich vorliegen, nicht repräsentativ für die gesamte öffentliche Verwaltung. Hinzu kommt, dass die bei den öffentlichen Verwaltungen beschäftigten AOK-Mitglieder eine im Vergleich zur freien Wirtschaft ungünstige Altersstruktur aufweisen, die z.T. für die erhöhten Krankenstände mitverantwortlich ist. Schließlich spielt auch die Tatsache, dass die öffentlichen Verwaltungen ihrer Verpflichtung zur Beschäftigung Schwerbehinderter stärker nachkommen als andere Branchen, eine erhebliche Rolle. Der Anteil erwerbstätiger Schwerbehinderter liegt im öffentlichen Dienst um etwa 50% höher als in anderen Sektoren (6,6% der Beschäftigten in der öffentlichen Verwaltung gegenüber 4,2% in anderen Beschäftigungssektoren). Nach einer Studie der Hans-Böckler-Stiftung ist die gegenüber anderen Beschäftigungsbereichen höhere Zahl von Arbeitsunfähigkeitsfällen im öffentlichen Dienst knapp zur Hälfte allein auf den erhöhten Anteil an schwerbehinderten Arbeitnehmern zurückzuführen [4][13].

Im Vergleich zum Vorjahr nahm im Jahr 2002 die Zahl der Krankmeldungen in den meisten Branchen erneut ab. Die stärkste Abnahme

---

[13] Vgl. dazu den Beitrag von Gerd Marstedt et al. in: Badura B, Litsch M, Vetter C (Hrsg) (2001) Fehlzeiten-Report 2001, Springer, Berlin (u.a.). Weitere Ausführungen zu den Bestimmungsfaktoren des Krankenstandes in der öffentlichen Verwaltung finden sich im Beitrag von Alfred Oppolzer in: Badura B, Litsch M, Vetter C (Hrsg) (2000) Fehlzeiten-Report 1999, Springer, Berlin (u.a.).

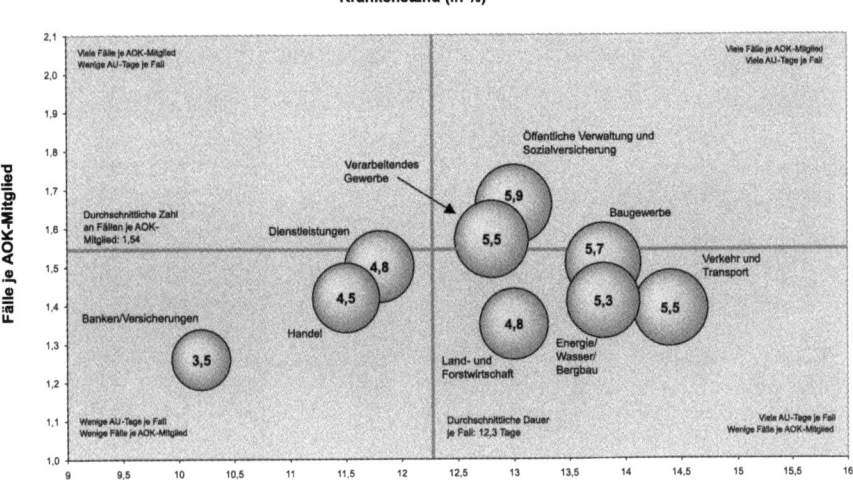

Abb. 16.1.8. Krankenstand nach Branchen: Bestimmungsfaktoren, 2002

(1,9%) war in der Land- und Forstwirtschaft zu verzeichnen. Auch der Krankenstand ging in den meisten Wirtschaftsbereichen weiter zurück (0,1–0,2 Prozentpunkte, s. Abb. 16.1.7) oder blieb stabil.

Die Höhe des Krankenstandes resultiert aus der Zahl der Krankmeldungen und deren Dauer. Bei den öffentlichen Verwaltungen lag sowohl die Zahl der Krankmeldungen als auch die mittlere Dauer der Krankheitsfälle über dem Durchschnitt (Abb. 16.1.8). Im Baugewerbe dagegen war der hohe Krankenstand ausschließlich auf die überdurchschnittlich lange Dauer (13,8 Tage) der Arbeitsunfähigkeitsfälle zurückzuführen. Auf den hohen Anteil der Langzeitfälle in dieser Branche wurde bereits in Kap. 16.1.4 hingewiesen. Die Zahl der Krankmeldungen war dagegen im Baugewerbe etwas geringer als im Branchendurchschnitt (vgl. Tabelle 16.3.1).

Ebenso wie in den Vorjahren war der Krankenstand auch im Jahr 2002 in den meisten Wirtschaftszweigen in Ostdeutschland niedriger als in Westdeutschland, teilweise erheblich niedriger. Im Bereich Energie, Wasser, Bergbau lag er 1,0 Prozentpunkte unter dem westdeutschen Niveau. In einigen Wirtschaftszweigen waren jedoch in den neuen Bundesländern höhere Werte festzustellen und zwar in der Land- und Forstwirtschaft (0,7 Prozentpunkte), bei den Banken und Versicherungen (0,6 Prozentpunkte) und im Dienstleistungsbereich (0,4 Prozentpunkte).

Tabelle 16.1.4. Krankenstandsentwicklung 1993–2002 (in %)

Wirtschaftsabschnitte		1993	1994	1995	1996	1997	1998	1999	2000	2001	2002
Banken/ Versicherungen	West	4,2	4,4	3,9	3,5	3,4	3,5	3,6	3,6	3,5	3,5
	Ost	2,9	3,0	4,0	3,6	3,6	3,6	4,0	4,1	4,1	4,1
	Bund	3,9	4,0	3,9	3,5	3,4	3,5	3,7	3,6	3,6	3,5
Baugewerbe	West	6,7	7,0	6,5	6,1	5,8	6,0	6,0	6,1	6,0	5,8
	Ost	4,8	5,5	5,5	5,3	5,1	5,2	5,5	5,4	5,5	5,2
	Bund	6,2	6,5	6,2	5,9	5,6	5,8	5,9	5,9	5,9	5,7
Dienstleistungen	West	5,6	5,7	5,2	4,8	4,6	4,7	4,9	4,9	4,9	4,8
	Ost	5,4	6,1	6,0	5,6	5,3	5,2	5,6	5,5	5,4	5,2
	Bund	5,5	5,8	5,3	4,9	4,7	4,8	5,0	5,0	4,9	4,8
Energie/ Wasser/ Bergbau	West	6,4	6,4	6,2	5,7	5,5	5,7	5,9	5,8	5,7	5,5
	Ost	4,8	5,2	5,0	4,1	4,2	4,0	4,4	4,4	4,4	4,5
	Bund	5,8	6,0	5,8	5,3	5,2	5,3	5,6	5,5	5,4	5,3
Handel	West	5,6	5,6	5,2	4,6	4,5	4,6	4,6	4,6	4,6	4,5
	Ost	4,2	4,6	4,4	4,0	3,8	3,9	4,2	4,2	4,2	4,1
	Bund	5,4	5,5	5,1	4,5	4,4	4,5	4,5	4,6	4,5	4,5
Land- und Forstwirtschaft	West	5,6	5,7	5,4	4,6	4,6	4,8	4,6	4,6	4,6	4,5
	Ost	4,7	5,5	5,7	5,5	5,0	4,9	6,0	5,5	5,4	5,2
	Bund	5,0	5,6	5,6	5,1	4,8	4,8	5,3	5,0	5,0	4,8
Öffentl. Verwaltung/ Sozialversicherung	West	7,1	7,3	6,9	6,4	6,2	6,3	6,6	6,4	6,1	6,0
	Ost	5,1	5,9	6,3	6,0	5,8	5,7	6,2	5,9	5,9	5,7
	Bund	6,6	6,9	6,8	6,3	6,1	6,2	6,5	6,3	6,1	5,9
Verarbeitendes Gewerbe	West	6,2	6,3	6,0	5,4	5,2	5,3	5,6	5,6	5,6	5,5
	Ost	5,0	5,4	5,3	4,8	4,5	4,6	5,2	5,1	5,2	5,1
	Bund	6,1	6,2	5,9	5,3	5,1	5,2	5,6	5,6	5,5	5,5
Verkehr/ Transport	West	6,6	6,8	4,7	5,7	5,3	5,4	5,6	5,6	5,6	5,6
	Ost	4,4	4,8	4,7	4,6	4,4	4,5	4,8	4,8	4,9	4,9
	Bund	6,2	6,4	5,9	5,5	5,2	5,3	5,5	5,5	5,5	5,5

Tabelle 16.1.4 zeigt die Krankenstandsentwicklung in den einzelnen Branchen in den Jahren 1993–2002, differenziert nach West- und Ostdeutschland. Im Vergleich zum Vorjahr blieb der Krankenstand im Jahr 2002 in West- und Ostdeutschland in den meisten Branchen stabil oder ging sogar zurück.

Einfluss der Alters- und Geschlechtsstruktur

Die Höhe des Krankenstandes hängt entscheidend vom Alter der Beschäftigten ab. Die krankheitsbedingten Fehlzeiten nehmen mit steigendem Alter deutlich zu. Die Höhe des Krankenstandes variiert auch in Abhängigkeit vom Geschlecht (Abb. 16.1.9).

Zwar geht die Zahl der Krankmeldungen mit zunehmendem Alter zurück, die durchschnittliche Dauer der Arbeitsunfähigkeitsfälle steigt jedoch kontinuierlich an (Abb. 16.1.10). Ältere Mitarbeiter sind also

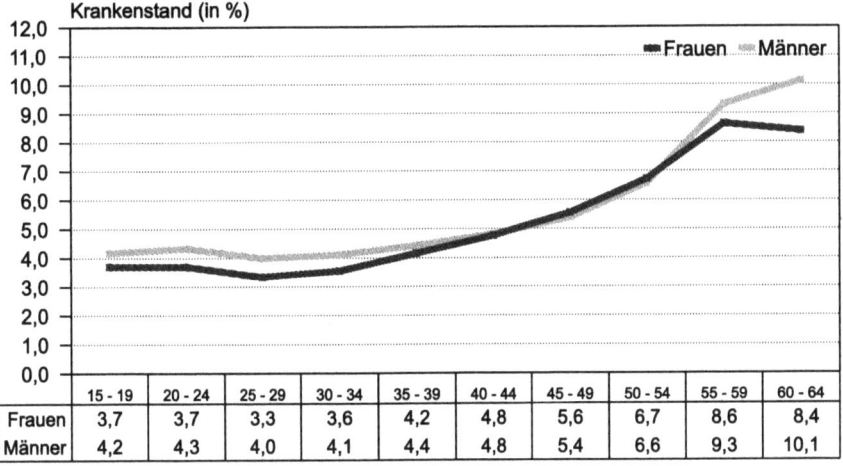

Abb. 16.1.9. Krankenstand nach Alter und Geschlecht, AOK-Mitglieder, 2002

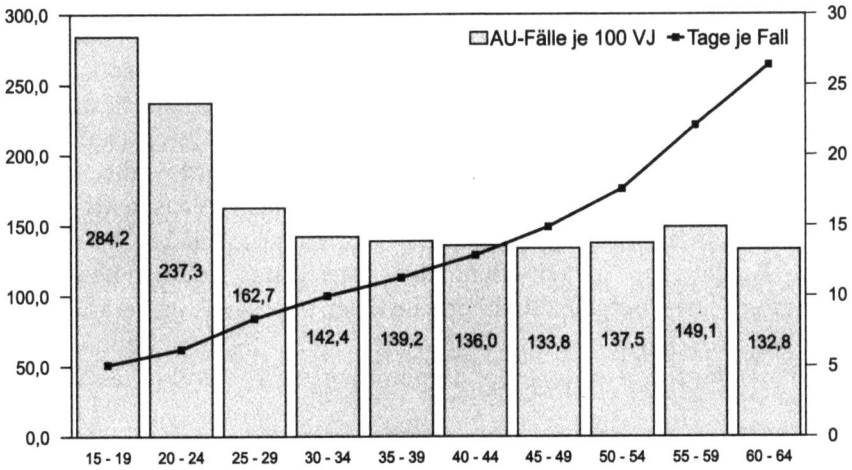

Abb. 16.1.10. Arbeitsunfähigkeitsfälle nach Altersgruppen: Fallhäufigkeit und Falldauer, AOK-Mitglieder, 2002

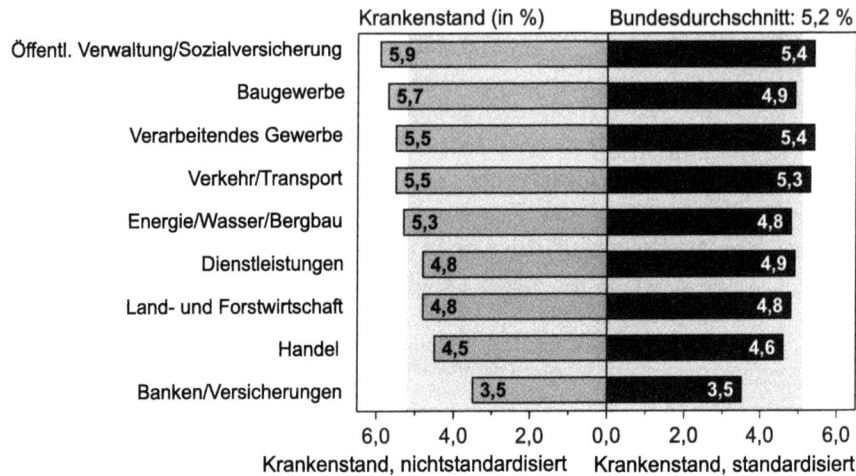

Abb. 16.1.11. Krankenstand nach Branchen, alters- und geschlechtsstandardisiert, 2002

seltener krank als ihre jüngeren Kollegen, fallen aber, wenn sie erkranken, in der Regel wesentlich länger aus. Der starke Anstieg der Falldauer hat zur Folge, dass der Krankenstand trotz der Abnahme der Krankmeldungen mit zunehmendem Alter deutlich ansteigt. Hinzu kommt, dass ältere Arbeitnehmer im Unterschied zu ihren jüngeren Kollegen häufiger von mehreren Erkrankungen gleichzeitig betroffen sind (Multimorbidität). Auch dies kann längere Ausfallzeiten mit sich bringen.

Da die Krankenstände in Abhängigkeit von Alter und Geschlecht sehr stark variieren, ist es sinnvoll, beim Vergleich der Krankenstände unterschiedlicher Branchen oder Regionen die Alters- und Geschlechtsstruktur zu berücksichtigen. Mit Hilfe von Standardisierungsverfahren lässt sich berechnen, wie der Krankenstand in den unterschiedlichen Bereichen ausfiele, wenn man eine durchschnittliche Alters- und Geschlechtsstruktur zugrunde legen würde. Abb. 16.1.11 zeigt die standardisierten Werte für die einzelnen Wirtschaftszweige im Vergleich zu den nicht standardisierten Krankenständen[14].

Im Baugewerbe, in der öffentlichen Verwaltung, in den Bereichen Energie, Wasser, Bergbau, und Verkehr, Transport sowie im verarbeitenden Gewerbe fallen die standardisierten Werte niedriger aus als die nicht standardisierten. Insbesondere im Baugewerbe und in der öffent-

---

[14] Berechnet nach der Methode der direkten Standardisierung. Zugrunde gelegt wurde die Alters- und Geschlechtsstruktur der erwerbstätigen Mitglieder der gesetzlichen Krankenversicherung insgesamt im Jahr 2000 (Mitglieder mit Krankengeldanspruch). Quelle: VDR-Statistik.

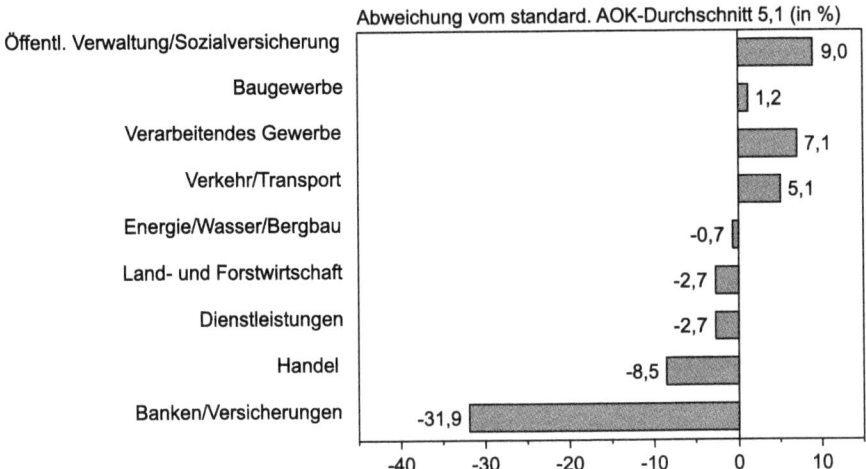

Abb. 16.1.12. Krankenstand nach Branchen, 2002, Abweichungen der alters- und geschlechtsstandardisierten Krankenstände vom Bundesdurchschnitt

lichen Verwaltung ist der hohe Krankenstand zu einem erheblichen Teil (0,8 bzw. 0,5 Prozentpunkte) auf die Altersstruktur in diesen Bereichen zurückzuführen. Im Handel und im Dienstleistungsbereich dagegen ist es genau umgekehrt. Dort wären bei einer durchschnittlichen Altersstruktur etwas höhere Krankenstände zu erwarten (0,1 Prozentpunkte).

Abb. 16.1.12 zeigt die Abweichungen der standardisierten Krankenstände vom Bundesdurchschnitt. Die höchsten Werte weist die öffentliche Verwaltung auf. Dort liegen die standardisierten Werte 9,0% über dem Durchschnitt. Die günstigsten Werte sind bei den Banken und Versicherungen zu verzeichnen. In diesem Bereich ist der standardisierte Krankenstand 31,9% niedriger als im Bundesdurchschnitt. Dies ist in erster Linie auf den hohen Angestelltenanteil in dieser Branche zurückzuführen (vgl. Kap. 16.1.9).

16.1.6 Fehlzeiten nach Bundesländern

Der Krankenstand befand sich im Jahr 2002 in Ost- und Westdeutschland auf annähernd gleichem Niveau (Ost: 5,22%; West: 5,19%). Zwischen den einzelnen Bundesländern gab es jedoch erhebliche Unterschiede im Krankenstand (Abb. 16.1.13). Die höchsten Krankenstände waren 2002 in den Stadtstaaten Berlin (6,5%), Hamburg (6,4%) und Bremen (6,2%) sowie im Saarland (6,4%) zu verzeichnen. Die niedrigsten Krankenstände wiesen die Bundesländer Niedersachsen (4,6%), Bayern (4,6%) und Baden-Württemberg (4,9%) auf.

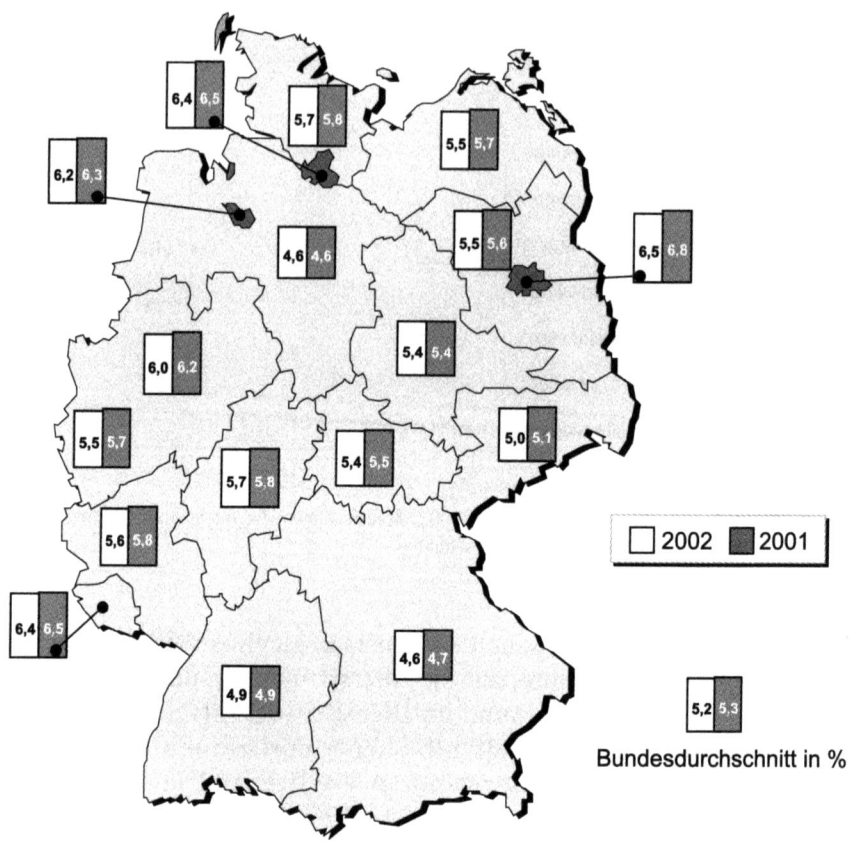

Abb. 16.1.13. Krankenstand nach Landes-AOK's, 2002 im Vergleich zum Vorjahr

Die hohen Krankenstände in den Stadtstaaten kommen auf unterschiedliche Weise zustande. Verantwortlich für den hohen Krankenstand in Berlin und im Saarland ist in erster Linie die lange Dauer der Arbeitsunfähigkeitsfälle. Diese lag 2002 in Berlin bei 14,4 und im Saarland bei 15,2 Tagen; im Bundesdurchschnitt waren es lediglich 12,3 Tage (Abb. 16.1.14). In Bremen und Hamburg dagegen ist der hohe Krankenstand vor allem auf eine überdurchschnittlich hohe Zahl an Krankmeldungen zurückzuführen. Dort waren 2002 180,0 bzw. 179,1 Arbeitsunfähigkeitsfälle je 100 AOK-Mitglieder zu verzeichnen, im Bundesdurchschnitt waren es lediglich 154,3 Fälle.

Inwieweit sind die regionalen Unterschiede im Krankenstand auf unterschiedliche Alters- und Geschlechtsstrukturen zurückzuführen? Abb. 16.1.15 zeigt die nach Alter und Geschlecht standardisierten Werte für die einzelnen Bundesländer im Vergleich zu den nicht stan-

Krankheitsbedingte Fehlzeiten in der deutschen Wirtschaft im Jahr 2002

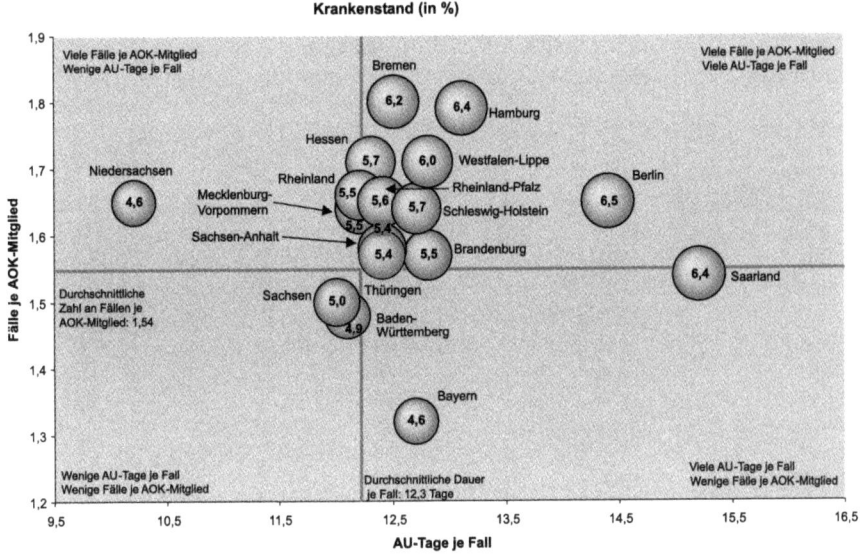

Abb. 16.1.14. Krankenstand nach Landes-AOK's: Bestimmungsfaktoren, 2002

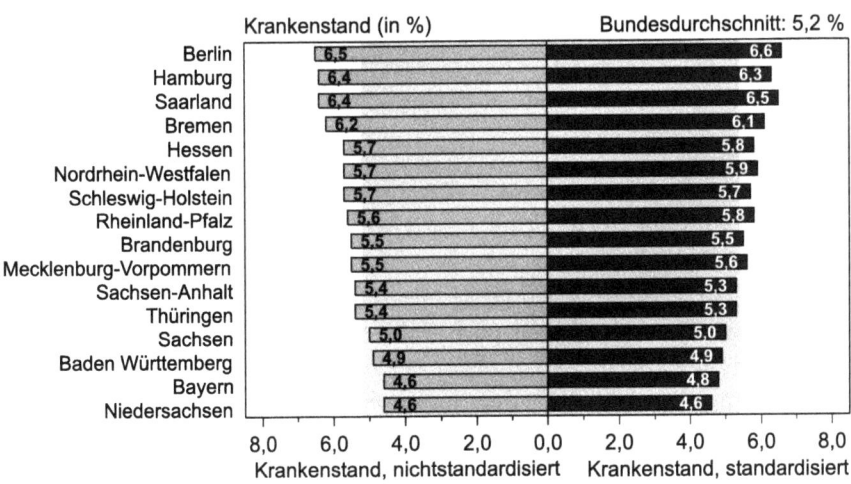

Abb. 16.1.15. Krankenstand nach Bundesländern, alters- und geschlechtsstandardisiert, 2002

Tabelle 16.1.5. Krankenstandskennzahlen 2002 im Vergleich zum Vorjahr

Landes-AOKs	Arbeitsunfähigkeiten je 100 AOK-Mitglieder				Tage je Fall	Veränd. z. Vorj. (in %)
	Fälle	Veränd. z. Vorj. (in %)	Tage	Veränd. z. Vorj. (in %)		
Baden-Württemberg	147,9	0,4	1794,3	0,3	12,1	0,0
Bayern	131,8	-1,3	1679,4	-2,8	12,7	-1,6
Berlin	165,3	1,1	2382,3	-4,1	14,4	-5,3
Brandenburg	156,7	1,6	2009,6	-1,1	12,8	-3,0
Bremen	180,0	-0,1	2249,7	-1,9	12,5	-1,6
Hamburg	179,1	-0,4	2342,2	-0,7	13,1	0,0
Hessen	170,9	-0,2	2095,8	-1,5	12,3	-0,8
Mecklenburg-Vorpommern	163,6	-0,5	1990,3	-4,1	12,2	-3,2
Niedersachsen	165,3	2,3	1690,6	0,5	10,2	-1,9
Rheinland	165,6	-2,2	2015,9	-3,1	12,2	-0,8
Rheinland-Pfalz	164,9	-0,7	2043,9	-2,7	12,4	-1,6
Saarland	154,2	0,3	2340,0	-1,0	15,2	-1,3
Sachsen	150,4	0,0	1809,7	-3,7	12,0	-4,0
Sachsen-Anhalt	157,6	1,3	1954,8	-1,7	12,4	-3,1
Schleswig-Holstein	163,7	-0,2	2079,6	-2,4	12,7	-2,3
Thüringen	157,3	0,3	1954,0	-2,0	12,4	-2,4
Westfalen-Lippe	170,8	-1,0	2177,8	-3,2	12,8	-1,5
Bund	154,3	-0,3	1895,5	-1,9	12,3	-1,7

dardisierten Krankenständen[15]. Durch die Berücksichtigung der Alters- und Geschlechtsstruktur relativieren sich die beschriebenen regionalen Unterschiede im Krankenstand nur geringfügig. Die oben beschriebene Verteilungsstruktur bleibt im Wesentlichen erhalten. Bei den Stadtstaaten Hamburg und Bremen fallen die standardisierten Werte lediglich um 0,1 Prozentpunkte niedriger aus als die Rohwerte. In Berlin ergibt sich nach der Standardisierung ein um 0,1 Prozentpunkte höherer Wert. Niedersachsen, Bayern und Baden-Württemberg erzielen auch nach der Standardisierung die günstigsten Werte.

Im Vergleich zum Vorjahr hat die Zahl der Krankmeldungen 2002 in den meisten Bundesländern erneut abgenommen (s. Tabelle 16.1.5). Am stärksten nahm sie im Rheinland (-2,2%), Bayern (-1,3%) und

---

[15] Berechnet nach der Methode der direkten Standardisierung. Zugrunde gelegt wurde die Alters- und Geschlechtsstruktur der erwerbstätigen Mitglieder der gesetzlichen Krankenversicherung insgesamt im Jahr 2000 (Mitglieder mit Krankengeldanspruch). Quelle: VDR-Statistik.

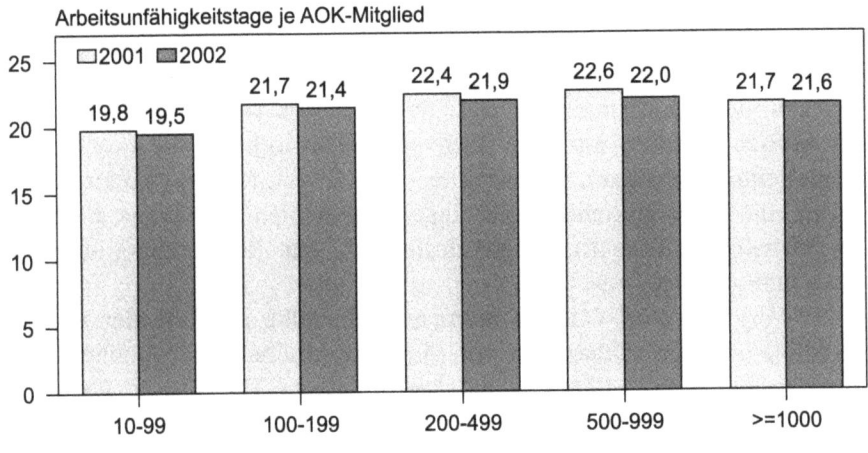

Abb. 16.1.16. Arbeitsunfähigkeitstage nach Betriebsgröße, 2002 im Vergleich zum Vorjahr

Westfalen-Lippe (–1,0%) ab. Auch die Zahl der Arbeitsunfähigkeitstage war in den meisten Ländern rückläufig. Der stärkste Rückgang war in Mecklenburg-Vorpommern (–4,1%), Berlin (–4,1%) und Sachsen (–3,7%) zu verzeichnen.

16.1.7 Fehlzeiten nach Betriebsgröße

Mit zunehmender Betriebsgröße steigt die Anzahl der krankheitsbedingten Fehltage. Während die Mitarbeiter von Betrieben mit 10–99 AOK-Mitgliedern im Jahr 2002 durchschnittlich 19,5 Tage fehlten, fielen in Betrieben mit 1000 und mehr AOK-Mitgliedern pro Mitarbeiter 21,6 Fehltage an (vgl. Abb. 16.1.16)[16]. Eine Untersuchung des Instituts der Deutschen Wirtschaft kam zu einem ähnlichen Ergebnis [6]. Mit Hilfe einer Regressionsanalyse konnte darüber hinaus nachgewiesen werden, dass der positive Zusammenhang zwischen Fehlzeiten und Betriebsgröße nicht auf andere Einflussfaktoren wie zum Beispiel die Beschäftigtenstruktur oder Schichtarbeit zurückzuführen ist, sondern unabhängig davon ist.

Im Vergleich zum Vorjahr nahm die Zahl der Arbeitsunfähigkeitstage im Jahr 2002 bei allen Betriebsgrößen weiter ab (im Bereich von 0,5–2,7%).

---

[16] Als Maß für die Betriebsgröße wird hier die Anzahl der AOK-Mitglieder in den Betrieben zugrunde gelegt, die allerdings in der Regel nur einen Teil der gesamten Belegschaft ausmachen.

16.1.8 Fehlzeiten nach Stellung im Beruf

Die krankheitsbedingten Fehlzeiten variieren erheblich in Abhängigkeit von der beruflichen Stellung (Abb. 16.1.17). Die höchsten Fehlzeiten weisen Arbeiter auf (23,0 Tage je AOK-Mitglied), die niedrigsten Angestellte (13,3 Tage). Facharbeiter (19,9 Tage), Meister, Poliere (15,4 Tage) und Auszubildende (15,0 Tage) liegen hinsichtlich der Fehltage im Mittelfeld. Diese Rangfolge findet sich fast durchgängig in allen Branchen wieder.

Im Vergleich zum Vorjahr nahm im Jahr 2002 die Zahl der Arbeitsunfähigkeitstage, abgesehen von den Auszubildenden bei allen Statusgruppen ab, am stärksten bei den Arbeitern (2,1%) und Meistern bzw. Polieren (3,8%).

Worauf sind die erheblichen Unterschiede in der Höhe des Krankenstandes in Abhängigkeit von der beruflichen Stellung zurückzuführen? Zunächst muss berücksichtigt werden, dass Angestellte häufiger als Arbeiter bei Kurzerkrankungen von ein bis drei Tagen keine Arbeitsunfähigkeitsbescheinigung vorlegen müssen. Dies hat zur Folge, dass bei Angestellten die Kurzzeiterkrankungen in geringerem Maße von den Krankenkassen erfasst werden als bei Arbeitern. Dann ist zu bedenken, dass gleiche Krankheitsbilder je nach Art der beruflichen Anforderungen durchaus in einem Fall zur Arbeitsunfähigkeit führen können, im anderen Fall aber nicht. Bei schweren körperlichen Tätigkeiten, die im Bereich der industriellen Produktion immer noch eine große Rolle spielen, haben Erkrankungen viel eher Arbeitsunfä-

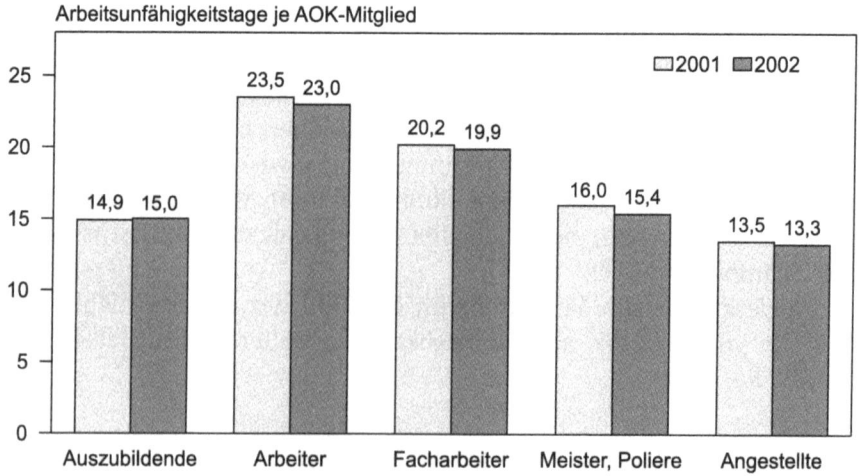

Abb. 16.1.17. Arbeitsunfähigkeitstage nach Stellung im Beruf, 2002 im Vergleich zum Vorjahr

higkeit zur Folge als etwa bei Bürotätigkeiten. Hinzu kommt, dass sich die Tätigkeiten von gering qualifizierten Arbeitnehmern im Vergleich zu höher qualifizierten Beschäftigten in der Regel durch ein größeres Maß an physiologisch-ergonomischen Belastungen, eine höhere Unfallgefährdung und damit durch erhöhte Gesundheitsrisiken auszeichnen. Eine nicht unerhebliche Rolle dürfte schließlich auch die Tatsache spielen, dass in höheren Positionen das Ausmaß an Verantwortung, aber gleichzeitig auch der Handlungsspielraum und die Gestaltungsmöglichkeiten zunehmen. Dies führt zu größerer Motivation und stärkerer Identifikation mit der beruflichen Tätigkeit. Aufgrund dieser Tatsache ist in der Regel der Anteil motivationsbedingter Fehlzeiten bei höherem beruflichen Status geringer.

Nicht zuletzt muss berücksichtigt werden, dass sich das niedrigere Einkommensniveau bei Arbeitern ungünstig auf die außerberuflichen Lebensverhältnisse wie z.B. die Wohnsituation, die Ernährung und die Erholungsmöglichkeiten auswirkt. Untersuchungen haben auch gezeigt, dass bei einkommensschwachen Gruppen verhaltensbedingte gesundheitliche Risikofaktoren wie Rauchen, Bewegungsarmut und Übergewicht stärker ausgeprägt sind als bei Gruppen mit höheren Einkommen [5].

16.1.9 Fehlzeiten nach Berufsgruppen

Auch bei den einzelnen Berufsgruppen gibt es große Unterschiede hinsichtlich der krankheitsbedingten Fehlzeiten (Abb. 16.1.18). Die Art der ausgeübten Tätigkeit hat erheblichen Einfluss auf das Ausmaß der Fehlzeiten. Die meisten Arbeitsunfähigkeitstage weisen Berufsgruppen aus dem gewerblichen Bereich auf, wie beispielsweise Nieter[17], Straßenreiniger und Gerüstbauer. Dabei handelt es sich häufig um Berufe mit hohen körperlichen Arbeitsbelastungen und überdurchschnittlich vielen Arbeitsunfällen (vgl. Kap. 16.1.11). Einige der Berufsgruppen mit hohen Krankenständen sind auch in besonders hohem Maße psychischen Arbeitsbelastungen ausgesetzt, wie beispielsweise Soldaten, Grenzschutz- und Polizeibedienstete. Die niedrigsten Krankenstände sind bei Selbstständigen und Akademikern wie z.B. Naturwissenschaftlern, Richtern, Hochschullehrern und Apothekern zu verzeichnen. Während Naturwissenschaftler im Jahr 2002 im Durchschnitt nur 4,3 Tage krank geschrieben waren, waren es bei den Nietern 32,7 Tage, also mehr als das 7-Fache.

---

[17] Eine Berufsgruppe aus dem Bereich der metallverarbeitenden Industrie.

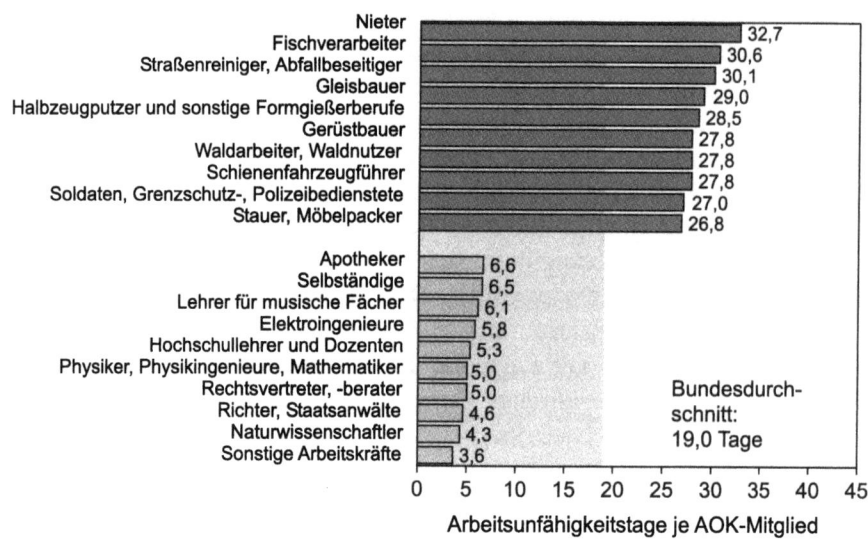

Abb. 16.1.18. 10 Berufsgruppen mit hohen und niedrigen Fehlzeiten, 2002

Auch der Anteil der Beschäftigten, die von Arbeitsunfähigkeit betroffen sind, differiert in den einzelnen Berufsgruppen erheblich. Bei den darstellenden Künstlern meldeten sich im Jahr 2002 nur 19,6% der AOK-Mitglieder ein- oder mehrmals krank. Bei Straßenwarten waren es dagegen 74,1%, also beinahe 4-mal soviel.

16.1.10 Fehlzeiten nach Wochentagen

Die meisten Krankschreibungen sind am Wochenanfang zu verzeichnen (Abb. 16.1.19). Zum Wochenende hin nimmt die Zahl der Arbeitsunfähigkeitsmeldungen kontinuierlich ab. 2002 entfiel gut ein Drittel (33,5%) der wöchentlichen Krankmeldungen auf den Montag.

Bei der Bewertung der gehäuften Krankmeldungen am Montag muss allerdings berücksichtigt werden, dass der Arzt am Wochenende in der Regel nur in Notfällen aufgesucht wird, da die meisten Praxen geschlossen sind. Deshalb erfolgt die Krankschreibung für Erkrankungen, die am Wochenende bereits begannen, in den meisten Fällen erst am Wochenanfang. Insofern sind in den Krankmeldungen vom Montag auch die Krankheitsfälle vom Wochenende mitenthalten. Die Verteilung der Krankmeldungen auf die Wochentage ist also in erster Linie durch die ärztlichen Sprechstunden bedingt [2]. Dies wird häufig in der Diskussion um den „blauen Montag" nicht bedacht.

Geht man davon aus, dass die Wahrscheinlichkeit zu erkranken an allen Wochentagen gleich hoch ist und verteilt die Arbeitsunfähigkeits-

Krankheitsbedingte Fehlzeiten in der deutschen Wirtschaft im Jahr 2002

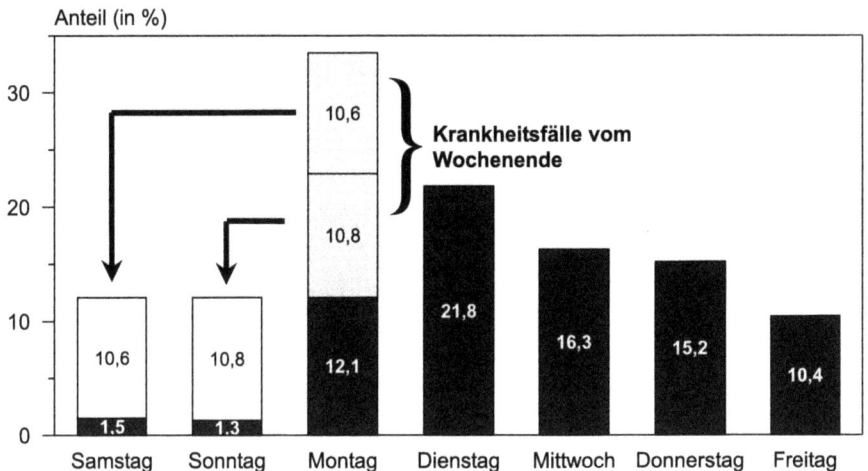

Abb. 16.1.19. Arbeitsunfähigkeitsfälle nach AU-Beginn, 2002

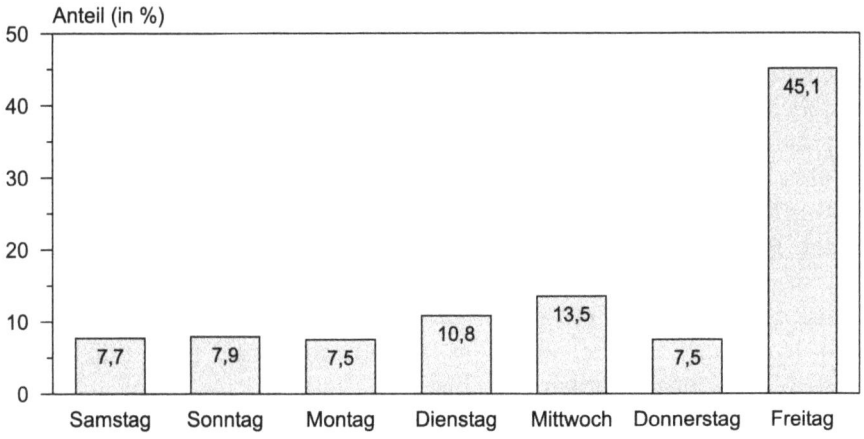

Abb. 16.1.20. Arbeitsunfähigkeitsfälle nach AU-Ende, 2002

meldungen vom Samstag, Sonntag und Montag gleichmäßig auf diese drei Tage, beginnen am Montag – „wochenendbereinigt" – nur noch 12,1% der Krankheitsfälle. Danach ist der Montag nach dem Freitag (10,4%) der Wochentag mit der geringsten Zahl an Krankmeldungen.

Das Ende der Arbeitswoche wird von der Mehrheit der Ärzte als Ende der Krankschreibung bevorzugt (Abb. 16.1.20). 2002 endeten 45,1% der Arbeitsunfähigkeitsfälle am Freitag. Nach dem Freitag ist der Mittwoch der Wochentag, an dem die meisten Krankmeldungen (13,5%) abgeschlossen sind.

Da meist bis Mittwoch oder Freitag krankgeschrieben wird, nimmt der Krankenstand zum Wochenende hin kontinuierlich zu und erreicht seinen Höchststand am Donnerstag und Freitag. Daraus abzuleiten, dass am Freitag besonders gerne „krank gefeiert" wird, um das Wochenende auf Kosten des Arbeitgebers zu verlängern, erscheint wenig plausibel, insbesondere wenn man bedenkt, dass der Freitag der Werktag mit den wenigsten Krankmeldungen ist.

16.1.11 Arbeitsunfälle

Im Jahr 2002 waren 4,8% der Arbeitsunfähigkeitsfälle auf Arbeitsunfälle zurückzuführen. Diese waren für 5,6% der Arbeitsunfähigkeitstage verantwortlich. Bezogen auf 1000 AOK-Mitglieder waren 73 Arbeitsunfälle mit einem Arbeitsunfähigkeitsvolumen von 1069 Tagen zu verzeichnen. Die durchschnittliche Falldauer eines Arbeitsunfalls betrug 14,6 Tage. Im Vergleich zum Vorjahr waren die Zahl der Arbeitsunfälle und die darauf zurückgehenden Fehlzeiten rückläufig (2001: 75 Fälle und 1104 Tage je 1000 AOK-Mitglieder). Die durchschnittliche Dauer der unfallbedingten Arbeitsunfähigkeitsfälle blieb konstant (2001: 14,6 Tage).

In kleineren Betrieben kommt es wesentlich häufiger zu Arbeitsunfällen als in größeren Betrieben (Abb. 16.1.21)[18]. Die Unfallquote lag 2002 in Betrieben mit 10–49 AOK-Mitgliedern um 66% höher als in Betrieben mit 1000 und mehr AOK-Mitgliedern. Auch die durchschnittliche Dauer einer unfallbedingten Arbeitsunfähigkeit ist in kleineren Betrieben höher als in größeren Betrieben, was darauf hindeutet, dass dort häufiger schwere Unfälle passieren. Während ein Arbeitsunfall in einem Betrieb mit 10–49 AOK-Mitgliedern durchschnittlich 15,1 Tage dauerte, waren es in Betrieben mit 1000 und mehr AOK-Mitgliedern lediglich 13,9 Tage.

In den einzelnen Wirtschaftszweigen variiert die Zahl der Arbeitsunfälle erheblich, die meisten sind im Baugewerbe zu verzeichnen (Abb. 16.1.22). Dort war der Anteil der Arbeitsunfälle an den Arbeitsunfähigkeitsfällen im Jahr 2002 mehr als 6-mal so hoch wie im Bereich Banken und Versicherungen. 9,1% der AU-Fälle und 10,8% der AU-Tage gingen auf Arbeitsunfälle zurück. Ohne die arbeitsbedingten Unfälle wäre der Krankenstand im Baugewerbe (5,7%) um 0,6 Prozentpunkte niedriger. Neben dem Baugewerbe waren auch in der Land- und Forstwirtschaft (8,2% der Fälle), im Bereich Verkehr und

---

[18] Als Maß für die Betriebsgröße wird hier die Anzahl der AOK-Mitglieder in den Betrieben zugrunde gelegt, die allerdings in der Regel nur einen Teil der gesamten Belegschaft ausmachen (vgl. Kap. 16.1.7).

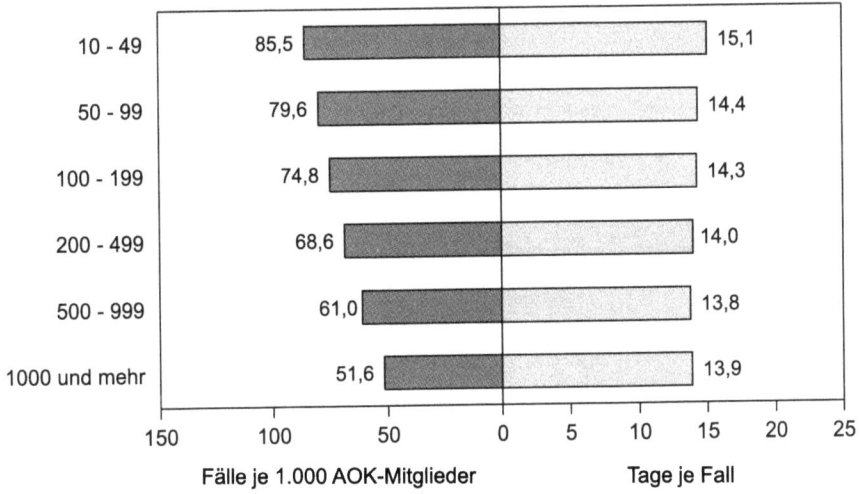

Abb. 16.1.21. Arbeitsunfälle nach Betriebsgröße, 2002

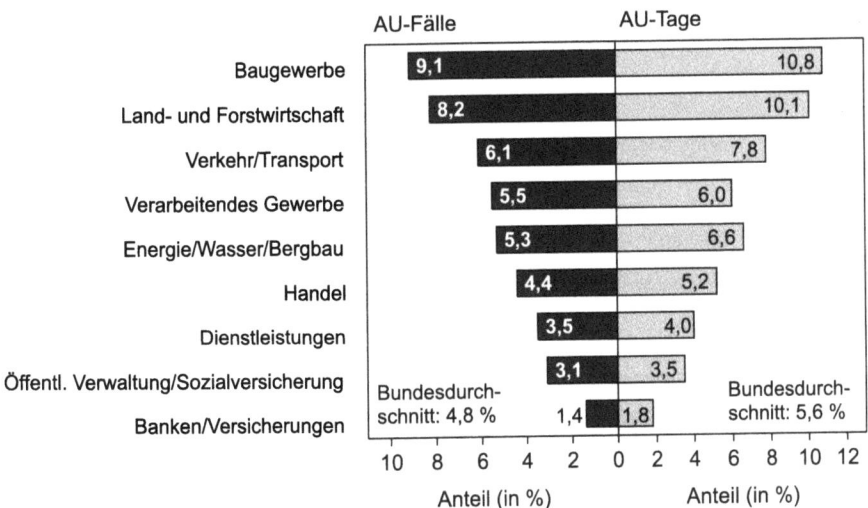

Abb. 16.1.22. Arbeitsunfälle nach Branchen, 2002

Transport (6,1% der Fälle), im verarbeitenden Gewerbe (5,5% der Fälle) sowie im Bereich Energie, Wasser und Bergbau (5,3% der Fälle) überdurchschnittlich viele Arbeitsunfälle zu verzeichnen. Am wenigsten traten auf bei den Banken und Versicherungen (1,4% der Fälle) sowie in der öffentlichen Verwaltung (3,1% der Fälle).

Bei den Arbeitsunfällen gibt es zwischen West- und Ostdeutschland deutliche Unterschiede (Abb. 16.1.23 und Abb. 16.1.24). In Ostdeutsch-

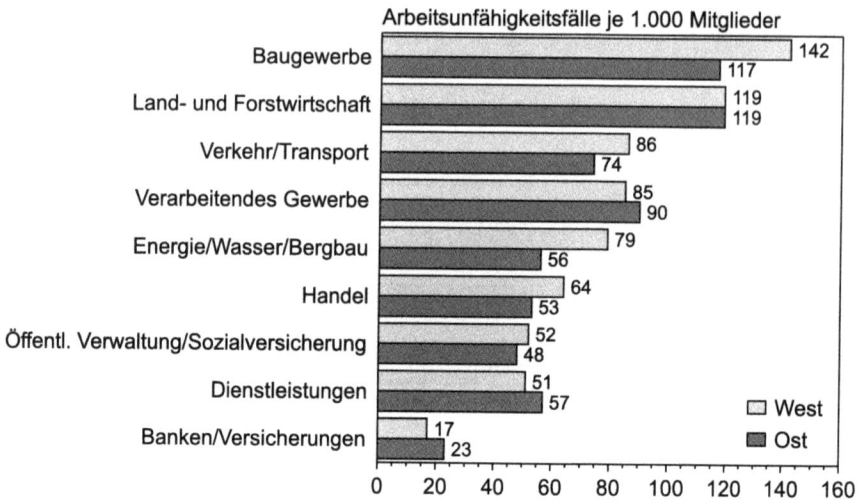

Abb. 16.1.23. Arbeitsunfälle nach Branchen in West- und Ostdeutschland, 2002

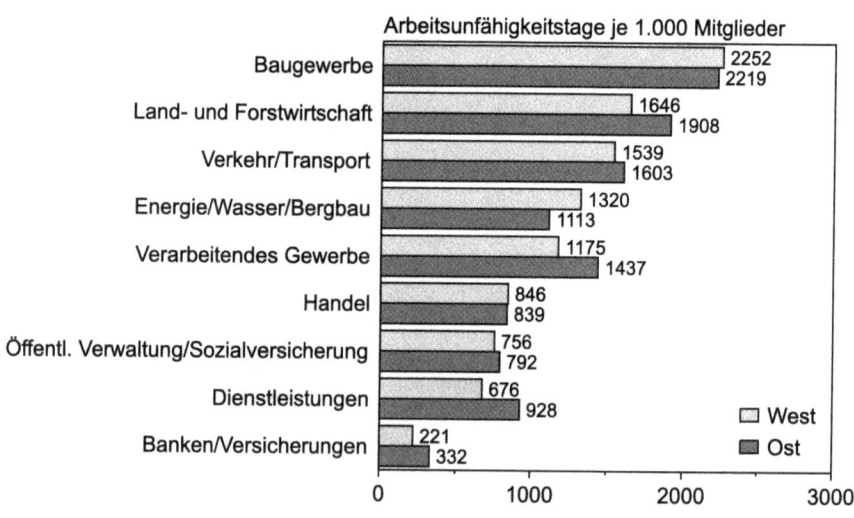

Abb. 16.1.24. Fehlzeiten durch Arbeitsunfälle nach Branchen in West- und Ostdeutschland, 2002

land ist nicht nur die Zahl der Arbeitsunfälle etwas höher als im Westen (Fälle je 1000 AOK-Mitglieder Ost: 75; West: 73), sondern diese führen auch zu längeren Ausfallzeiten als in Westdeutschland (durchschnittliche Falldauer Ost: 16,7 Tage; West: 14,2 Tage). Daher ist auch der Anteil der Arbeitsunfälle am Krankenstand in den östlichen Bundesländern höher als in den westlichen (Ost: 6,7%; West: 5,6%).

Tabelle 16.1.6. Arbeitsunfähigkeitstage durch Arbeitsunfälle nach Berufsgruppen, 2002

Tätigkeit	AU-Tage je 1000 AOK-Mitglieder
Betonbauer	4231
Waldarbeiter, Waldnutzer	4220
Sonstige Bauhilfsarbeiter, Bauhelfer	4182
Straßenreiniger, Abfallbeseitiger	4034
Kraftfahrzeugführer	3928
Baumaschinenführer	3917
Transportgeräteführer	3908
Stukkateure, Gipser, Verputzer	3851
Isolierer, Abdichter	3819
Dachdecker	3760
Sonstige Tiefbauer	3738
Sozialarbeiter, Sozialpfleger	3706
Maurer	3683
Glas-, Gebäudereiniger	3681
Erdbewegungsmaschinenführer	3631
Bauhilfsarbeiter	3621
Helfer in der Krankenpflege	3609
Straßenbauer	3598
Wächter, Aufseher	3554
Zimmerer	3525
Hilfsarbeiter ohne nähere Tätigkeitsangabe	3513
Lager-, Transportarbeiter	3479
Facharbeiter/innen	3446
Hauswirtschaftliche Betreuer	3441
Tierpfleger und verwandte Berufe	3425

Insbesondere in der Land- und Forstwirtschaft, im Dienstleistungsbereich und im verarbeitenden Gewerbe war die Zahl der auf Arbeitsunfälle zurückgehenden Arbeitsunfähigkeitstage in Ostdeutschland höher als in Westdeutschland (Abb. 16.1.24). Im Bereich Energie, Wasser, Bergbau, im Baugewerbe sowie im Handel fielen dagegen in Ostdeutschland weniger unfallbedingte Ausfallzeiten an.

Tabelle 16.1.6 zeigt die Berufsgruppen, die in besonderem Maße von arbeitsbedingten Unfällen betroffen sind. Spitzenreiter sind Betonbauer (4231 AU-Tage je 1000 AOK-Mitglieder), Waldarbeiter (4220 AU-Tage je 1000 AOK-Mitglieder) und Bauhilfsarbeiter/Bauhelfer (4182 AU-Tage je 1000 AOK-Mitglieder).

16.1.12 Krankheitsarten im Überblick

Das Krankheitsgeschehen wurde im Jahr 2002 wie bereits in den Vorjahren im Wesentlichen von sechs großen Krankheitsgruppen bestimmt: Muskel- und Skeletterkrankungen, Atemwegserkrankungen, Verletzun-

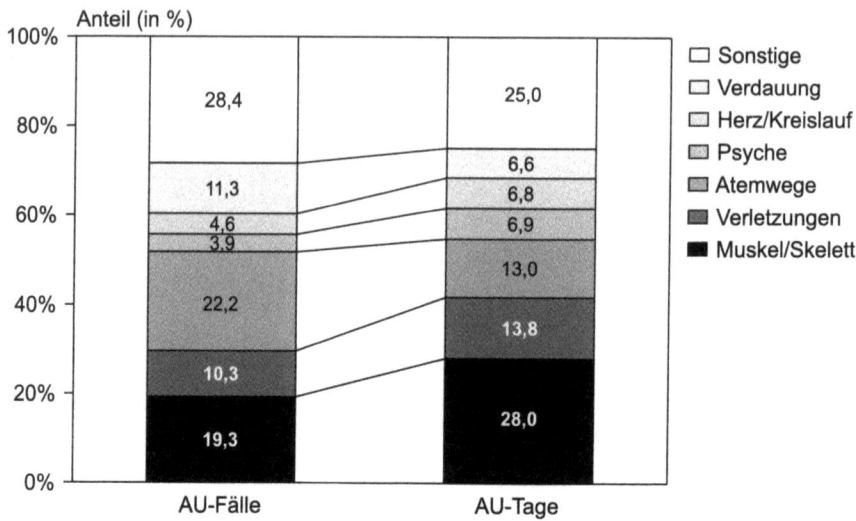

Abb. 16.1.25. Arbeitsunfähigkeit nach Krankheitsarten, 2002

gen, Herz-/Kreislauferkrankungen, Erkrankungen der Verdauungsorgane sowie psychischen und Verhaltensstörungen. (Abb. 16.1.25). 71,6% der Arbeitsunfähigkeitsfälle und 75,0% der Arbeitsunfähigkeitstage gingen auf das Konto dieser 6 Krankheitsarten. Der Rest verteilte sich auf sonstige Krankheitsgruppen.

Der häufigste Anlass für Krankschreibungen waren Atemwegserkrankungen. Im Jahr 2002 ging mehr als jeder fünfte Arbeitsunfähigkeitsfall (22,2%) auf diese Krankheitsart zurück. Aufgrund einer relativ geringen durchschnittlichen Erkrankungsdauer betrug der Anteil der Atemwegserkrankungen am Krankenstand allerdings nur 13,0%. Die meisten Arbeitsunfähigkeitstage wurden durch Muskel- und Skeletterkrankungen verursacht, die häufig mit langen Ausfallzeiten verbunden sind. Allein auf diese Krankheitsart waren 2002 bereits 28,0% der Arbeitsunfähigkeitstage zurückzuführen, obwohl sie nur für 19,3% der Arbeitsunfähigkeitsfälle verantwortlich war.

Abb. 16.1.26 zeigt die Anteile der Krankheitsarten an den krankheitsbedingten Fehlzeiten im Jahr 2002 im Vergleich zum Vorjahr. Ein deutlicher Rückgang ist bei den Krankheiten des Atmungssystems zu verzeichnen (0,5 Prozentpunkte). Auch der Anteil der Muskel- und Skeletterkrankungen (0,3 Prozentpunkte) und der Verletzungen (0,2 Prozentpunkte) ist rückläufig. Zugenommen hat der Anteil der Arbeitsunfähigkeitstage, die auf psychische und Verhaltensstörungen (0,3 Prozentpunkte) und Erkrankungen der Verdauungsorgane (0,1 Prozentpunkte) zurückgehen.

Krankheitsbedingte Fehlzeiten in der deutschen Wirtschaft im Jahr 2002

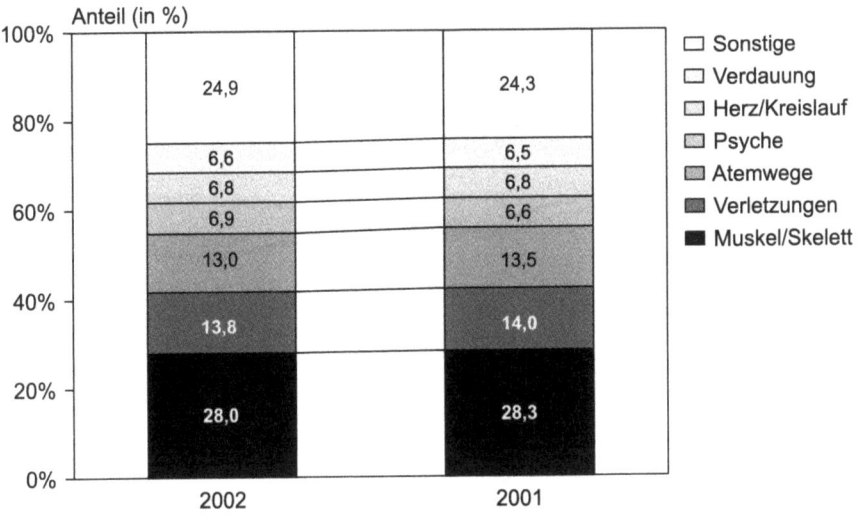

Abb. 16.1.26. Arbeitsunfähigkeitstage nach Krankheitsarten, 2002 im Vergleich zum Vorjahr

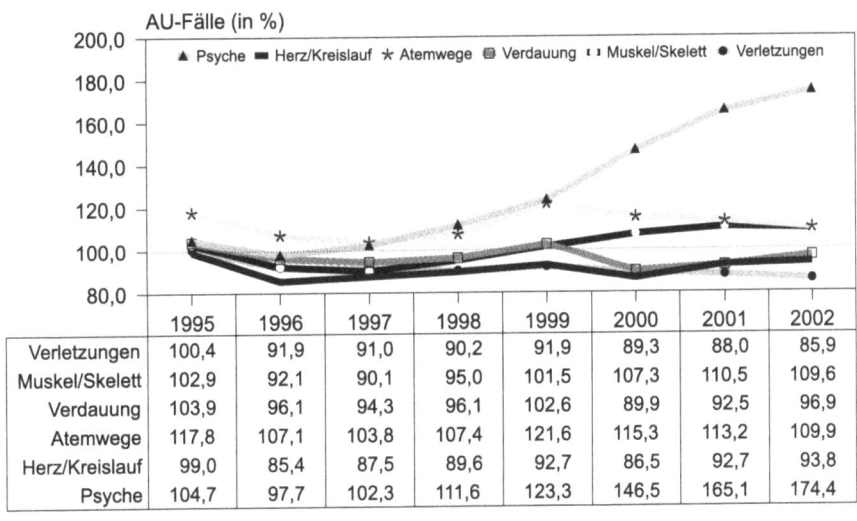

Abb. 16.1.27. Arbeitsunfähigkeitsfälle nach Krankheitsarten 1995–2002, Indexdarstellung (1994 = 100%)

Die Abb. 16.1.27 und Abb. 16.1.28 zeigen die Entwicklung der Krankheitsarten in den Jahren 1995-2002 in Form einer Indexdarstellung. Ausgangsbasis ist dabei der Wert des Jahres 1994. Dieser wurde auf 100 normiert. Wie in den Abbildungen deutlich erkennbar ist, haben vor allem die psychischen und Verhaltensstörungen stark zugenommen. Die Zahl der auf diese Krankheitsart zurückgehenden Ar-

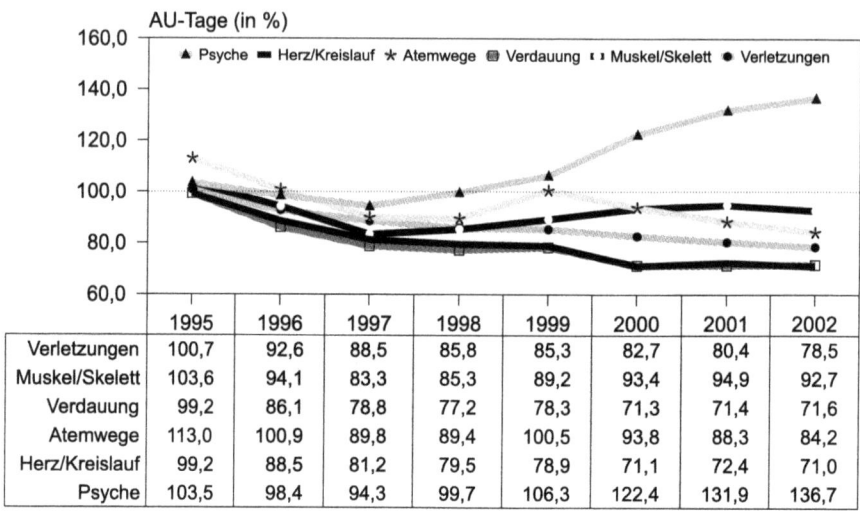

Abb. 16.1.28. Arbeitsunfähigkeitstage nach Krankheitsarten 1995–2002, Indexdarstellung (1994 = 100%)

beitsunfähigkeitsfälle ist in nur 8 Jahren um 74,4%, die der AU-Tage um 36,7% gestiegen[19]. In den Jahren 2000 und 2001 war ein besonders starker Anstieg der Krankmeldungen aufgrund psychischer Störungen zu verzeichnen. Dies dürfte nicht nur auf eine Zunahme der Erkrankungsraten, sondern auch auf veränderte Diagnosestellungen in den Arztpraxen (Wechsel des Diagnoseschlüssels von ICD-9 zu ICD-10 im Jahr 2000)[20] zurückzuführen sein.

Zugenommen haben auch Arbeitsunfähigkeitsfälle aufgrund von Krankheiten des Atmungssystems sowie des Muskel-Skelett-Systems und des Bindegewebes (Zunahme um 9,9 bzw. 9,6% im Jahr 2002 gegenüber 1994). Bei diesen Krankheitsarten ging allerdings die durchschnittliche Falldauer zurück, so dass die Zahl der AU-Tage rückläufig war. Bei Verletzungen, Krankheiten des Verdauungs- und des Herz-/Kreislaufsystems ist sowohl hinsichtlich der Arbeitsunfähigkeitsfälle als auch der -tage ein Rückgang zu verzeichnen.

Zwischen West- und Ostdeutschland sind nach wie vor deutliche Unterschiede in der Verteilung der Krankheitsarten festzustellen (Abb. 16.1.29). In den westlichen Ländern verursachten insbesondere Mus-

---

[19] Die Zunahme von durch psychische Störungen bedingten Arbeitsunfähigkeitsfällen ist nicht nur bei AOK-Mitgliedern, sondern auch bei den Versicherten anderer Krankenkassen zu beobachten. So berichtet beispielsweise die DAK von einem Anstieg der Fälle um 51% in den Jahren 1997 bis 2001 (DAK-Gesundheits-Report 2002).
[20] Vgl. dazu Kap. 16.1.1.

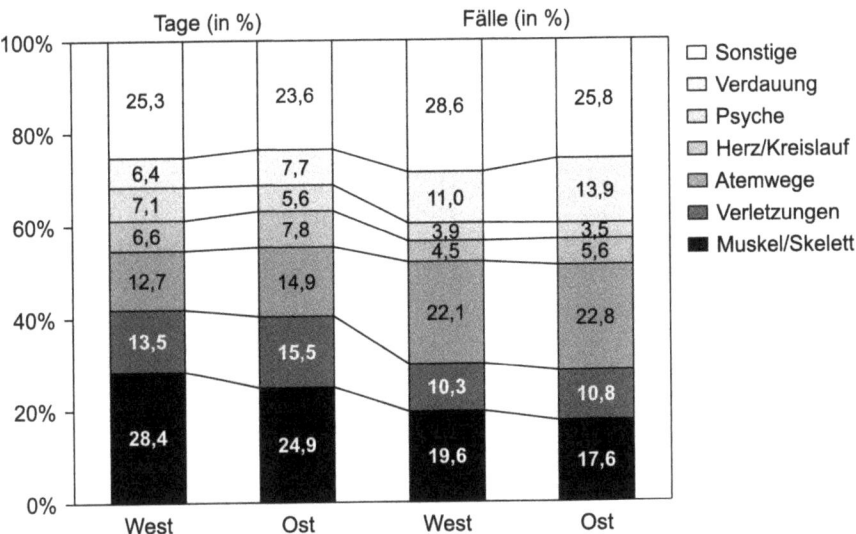

Abb. 16.1.29. Arbeitsunfähigkeit nach Krankheitsarten in West- und Ostdeutschland, 2002

kel-/Skeletterkrankungen (3,5 Prozentpunkte) und psychische Erkrankungen (1,5 Prozentpunkte) deutlich mehr Fehltage als in den neuen Bundesländern. In Ostdeutschland dagegen ging ein höherer Anteil an Ausfalltagen auf das Konto von Atemwegserkrankungen (2,2 Prozentpunkte), Verletzungen (2,0 Prozentpunkte), Erkrankungen des Kreislauf- (1,2 Prozentpunkte) und Verdauungssystems (1,3 Prozentpunkte).

Auch in Abhängigkeit vom Geschlecht ergeben sich deutliche Unterschiede in der Morbiditätsstruktur (Abb. 16.1.30). Muskuloskelettale Erkrankungen und Verletzungen führen bei Männern häufiger zur Arbeitsunfähigkeit als bei Frauen. Dies dürfte damit zusammen hängen, dass Männer nach wie vor in größerem Umfang körperlich beanspruchende und unfallträchtige Tätigkeiten ausüben als Frauen.

Psychische Erkrankungen und Atemwegserkrankungen kommen dagegen bei Frauen häufiger vor als bei Männern. Bei den psychischen Erkrankungen sind die Unterschiede besonders groß. Während sie bei den Männern in der Rangfolge nach AU-Tagen erst an sechster Stelle stehen, nehmen sie bei den Frauen bereits den dritten Rangplatz ein. Auch der Anteil an Krankmeldungen aufgrund von Herz- und Kreislauferkrankungen ist bei Frauen etwas höher. Männer sind jedoch in stärkerem Maße von schweren und langwierigen Erkrankungen wie Herzinfarkt betroffen, so dass der Anteil an den AU-Tagen bei den Männern höher ausfällt.

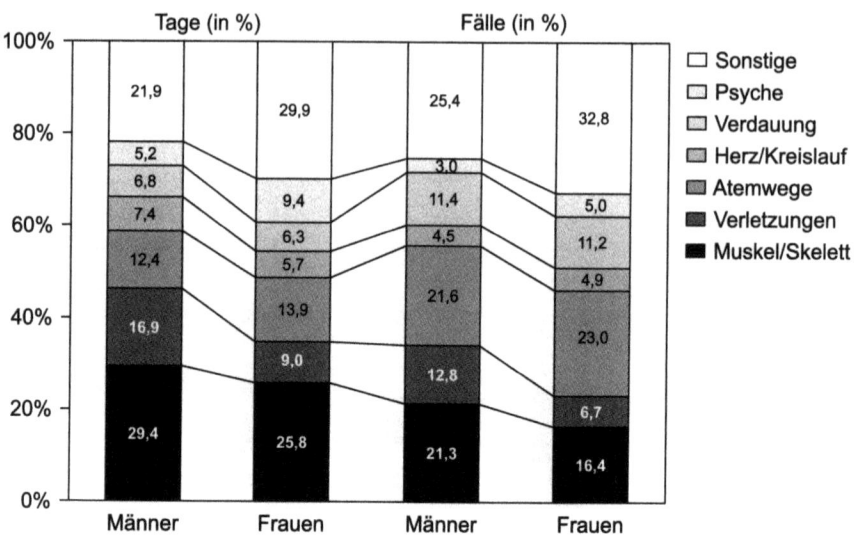

Abb. 16.1.30. Arbeitsunfähigkeit nach Krankheitsarten und Geschlecht, 2002

16.1.13 Die häufigsten Einzeldiagnosen

Nachdem im letzten Kapitel dargestellt wurde, welche Krankheitsarten das Arbeitsunfähigkeitsgeschehen dominieren, soll nun auf der Ebene der Einzeldiagnosen aufgezeigt werden, welche konkreten Krankheitsbilder innerhalb der einzelnen Krankheitsarten von Bedeutung sind. In Tabelle 16.1.7. sind die 40 Diagnosen aufgelistet, die im Jahr 2002 die meisten Fehlzeiten verursachten. Auf diese Diagnosen war fast die Hälfte (47,0%) aller AU-Tage zurückzuführen.

Der größte Anteil der krankheitsbedingten Fehlzeiten geht auf das Konto der Muskel- und Skeletterkrankungen. Dementsprechend finden sich auch auf der Ebene der Einzeldiagnosen auf den ersten Rangplätzen vor allem Erkrankungen aus dem Bereich des Muskel-/Skelettsystems. Rückenschmerzen ist die häufigste Diagnose, die zu Krankmeldungen führt. Darauf waren im Jahr 2002 8,1% der AU-Fälle und 9,1% der AU-Tage zurückzuführen. Nach Krankheitstagen stehen an zweiter Stelle Bandscheibenschäden, die oft mit langen Ausfallzeiten verbunden sind. Daneben spielen vor allem sonstige Krankheiten der Wirbelsäule und des Rückens sowie Gelenkerkrankungen eine Rolle.

Bei den Atemwegserkrankungen stehen akute Infektionen und Entzündungen der Atemwege im Vordergrund. Dazu gehören neben Erkältungen, Grippe- und Bronchitisfällen Entzündungen der Man-

Tabelle 16.1.7. Anteile der 40 häufigsten Einzeldiagnosen an den AU-Fällen und AU-Tagen, 2002

ICD-10	Bezeichnung	AU-Tage (in %)	AU-Fälle (in %)
M54	Rückenschmerzen	9,1	8,1
M51	Sonstige Bandscheibenschäden	2,7	1,0
J06	Akute Infektionen an mehreren oder nicht näher bezeichneten Lokalisationen der oberen Atemwege	2,7	5,5
J20	Akute Bronchitis	2,3	3,9
M53	Sonstige Krankheiten der Wirbelsäule und des Rückens, anderenorts nicht klassifiziert	2,0	1,6
F32	Depressive Episode	1,8	0,9
T14	Verletzung an einer nicht näher bezeichneten Körperregion	1,8	1,8
I10	Essentielle (primäre) Hypertonie	1,5	1,3
M75	Schulterläsionen	1,5	0,8
M23	Binnenschädigung des Kniegelenkes [internal derangement]	1,4	0,7
J40	Bronchitis, nicht als akut oder chronisch bezeichnet	1,3	2,3
M77	Sonstige Enthesopathien	1,2	0,9
K52	Sonstige nichtinfektiöse Gastroenteritis und Kolitis	1,2	3,0
A09	Diarrhö und Gastroenteritis, vermutlich infektiösen Ursprungs	1,1	2,9
K29	Gastritis und Duodenitis	1,1	2,0
F43	Reaktionen auf schwere Belastungen und Anpassungsstörungen	1,0	0,6
S93	Luxation, Verstauchung und Zerrung der Gelenke und Bänder in Höhe des oberen Sprunggelenkes und des Fußes	1,0	0,8
J01	Akute Sinusitis	0,9	1,6
J03	Akute Tonsillitis	0,8	1,6
M25	Sonstige Gelenkkrankheiten, anderenorts nicht klassifiziert	0,8	0,7
M47	Spondylose	0,8	0,5
F45	Somatoforme Störungen	0,7	0,6
J11	Grippe, Viren nicht nachgewiesen	0,7	1,4
M65	Synovitis und Tenosynovitis	0,7	0,6
R10	Bauch- und Beckenschmerzen	0,7	1,2
B34	Viruskrankheit nicht näher bezeichneter Lokalisation	0,7	1,4
E66	Adipositas	0,6	0,5
M99	Biomechanische Funktionsstörungen, anderenorts nicht klassifiziert	0,6	0,6
M79	Sonstige Krankheiten des Weichteilgewebes, anderenorts nicht klassifiziert	0,6	0,6
J32	Chronische Sinusitis	0,6	1,0
J02	Akute Pharyngitis	0,5	1,0
R51	Kopfschmerz	0,4	0,9
K08	Sonstige Krankheiten der Zähne und des Zahnhalteapparates	0,4	2,0
R42	Schwindel und Taumel	0,4	0,5
R50	Fieber unbekannter Ursache	0,4	0,7
J04	Akute Laryngitis und Tracheitis	0,4	0,7
B99	Sonstige und nicht näher bezeichnete Infektionskrankheiten	0,3	0,6
I95	Hypotonie	0,3	0,5
G43	Migräne	0,3	0,6
	Sonstige	53,0	42,3

deln, des Rachens und der Nasennebenhöhlen. Allerdings sind diese Erkrankungen meist nur von kurzer Dauer. Daher ist ihr Anteil an den AU-Tagen deutlich geringer als der Anteil an den Fällen.

Bei den psychischen und Verhaltensstörungen ist es umgekehrt. Sie zeichnen sich meist durch eine lange Falldauer aus. Die häufigsten Diagnosen sind hier depressive Episoden, Reaktionen auf schwere Belastungen und Anpassungsstörungen sowie somatoforme Störungen, bei denen die Patienten über körperliche Symptome klagen, ohne dass ein organischer Befund vorliegt.

Bei den Verletzungen führen neben unspezifischen Verletzungen an einer nicht näher bezeichneten Körperregion Luxationen, Verstauchungen und Zerrungen der Gelenke und Bänder in Höhe des oberen Sprunggelenkes und des Fußes am häufigsten zur Arbeitsunfähigkeit.

Bei den Krankheiten des Verdauungssystems werden am häufigsten Entzündungen von Magen und Darm diagnostiziert. Meist nur von kurzer Dauer sind Krankheiten der Zähne und des Zahnhalteapparates.

16.1.14 Krankheitsarten nach Branchen

Bei der Verteilung der Krankheitsarten bestehen erhebliche Unterschiede zwischen den Branchen, die im Folgenden für die wichtigsten Krankheitsgruppen aufgezeigt werden.

Muskel- und Skeletterkrankungen
Die Muskel- und Skeletterkrankungen verursachen in allen Branchen anteilmäßig die meisten Fehltage (Abb. 16.1.31). Ihr Anteil an den Arbeitsunfähigkeitstagen bewegte sich im Jahr 2002 in den einzelnen Branchen zwischen 21% bei Banken und Versicherungen und 33% im Baugewerbe. In Wirtschaftszweigen mit überdurchschnittlich hohen Krankenständen sind häufig die muskuloskelettalen Erkrankungen besonders ausgeprägt und tragen wesentlich zu den erhöhten Fehlzeiten bei.

Abb. 16.1.32 zeigt die Anzahl und durchschnittliche Dauer der Krankmeldungen aufgrund von Muskel- und Skeletterkrankungen in den einzelnen Branchen. Die meisten Arbeitsunfähigkeitsfälle waren im verarbeitenden Gewerbe zu verzeichnen, fast doppelt so viele wie bei den Banken und Versicherungen, wo die Zahl der Krankheitsfälle am niedrigsten ausfiel. Überdurchschnittlich hoch war die Anzahl der Fälle auch im Bereich Energie, Wasser, Bergbau, im Baugewerbe, in der öffentlichen Verwaltung, im Bereich Verkehr und Transport sowie in der Land- und Forstwirtschaft.

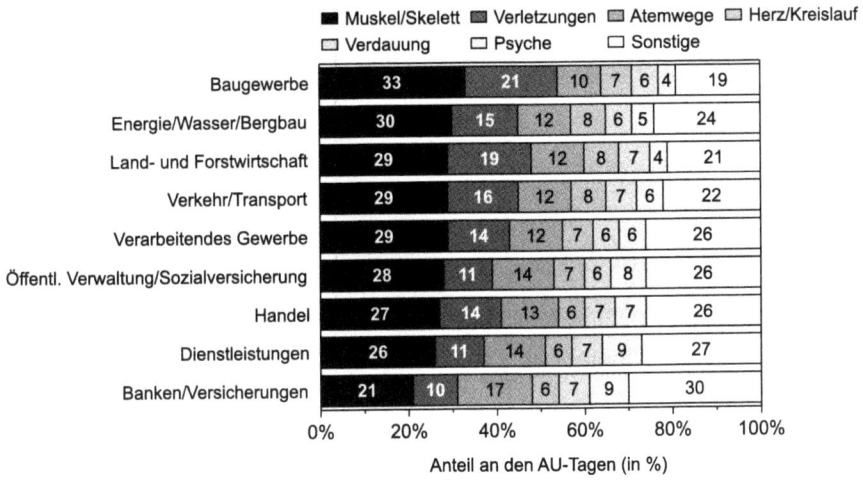

Abb. 16.1.31. Arbeitsunfähigkeitstage nach Branchen und Krankheitsarten, 2002

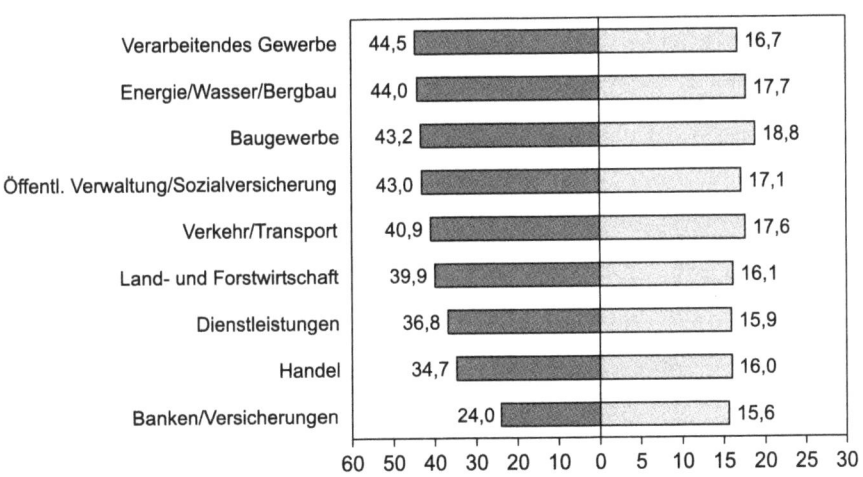

Abb. 16.1.32. Krankheiten des Muskel- und Skelettsystems und des Bindegewebes nach Branchen, 2002

Die muskuloskelettalen Erkrankungen sind häufig mit langen Ausfallzeiten verbunden. Die mittlere Dauer der Krankmeldungen schwankte im Jahr 2002 in den einzelnen Branchen zwischen 15,6 Tagen bei Banken und Versicherungen und 18,8 Tagen im Baugewerbe. Im Branchendurchschnitt lag sie bei 16,5 Tagen.

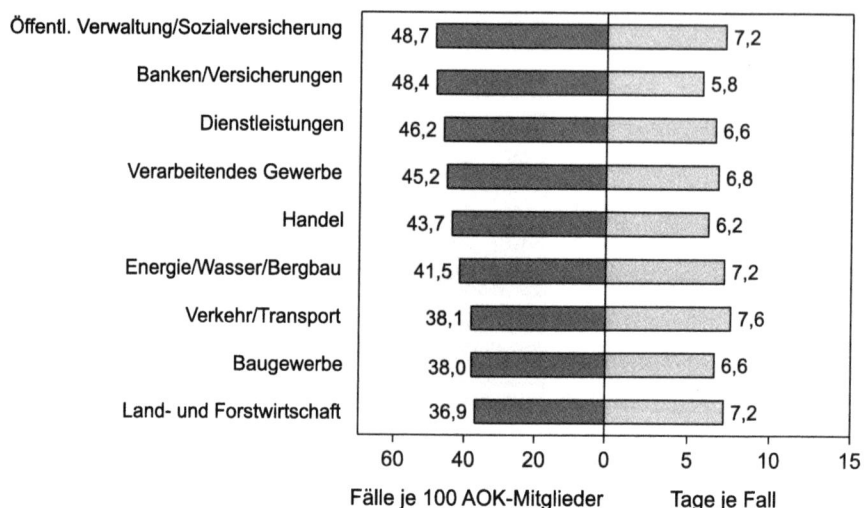

Abb. 16.1.33. Krankheiten des Atmungssystems nach Branchen, 2002

Atemwegserkrankungen

Die meisten Erkrankungsfälle aufgrund von Atemwegserkrankungen waren im Jahr 2002 in der öffentlichen Verwaltung zu verzeichnen (Abb. 16.1.31). Überdurchschnittlich viele Fälle fielen auch bei Banken und Versicherungen, im Dienstleistungsbereich, im verarbeitenden Gewerbe und im Handel an.

Aufgrund einer großen Anzahl an Bagatellfällen ist die durchschnittliche Erkrankungsdauer bei dieser Krankheitsart relativ gering. Im Branchendurchschnitt liegt sie bei 6,7 Tagen. In den einzelnen Branchen bewegte sie sich im Jahr 2002 zwischen 5,8 bei Banken und Versicherungen und 7,6 Tagen im Bereich Verkehr und Transport.

Der Anteil der Atemwegserkrankungen an den Arbeitsunfähigkeitstagen (vgl. Abb. 16.1.33) ist am höchsten bei den Banken und Versicherungen (17%), am niedrigsten im Baugewerbe (10%).

Verletzungen

Der Anteil der Verletzungen an den Arbeitsunfähigkeitstagen variiert sehr stark zwischen den einzelnen Branchen (s. Abb. 16.1.34). Am höchsten ist er in Branchen mit vielen Arbeitsunfällen. Im Jahr 2002 bewegte der Anteil sich zwischen 10% bei den Banken und Versicherungen und 21% im Baugewerbe. Das Baugewerbe ist Spitzenreiter bei den Verletzungen. Dort war die Zahl der Fälle fast 3-mal so hoch wie bei Banken und Versicherungen (Abb. 16.1.34). Die Dauer der verletzungsbedingten Krankmeldungen schwankte in den einzelnen Bran-

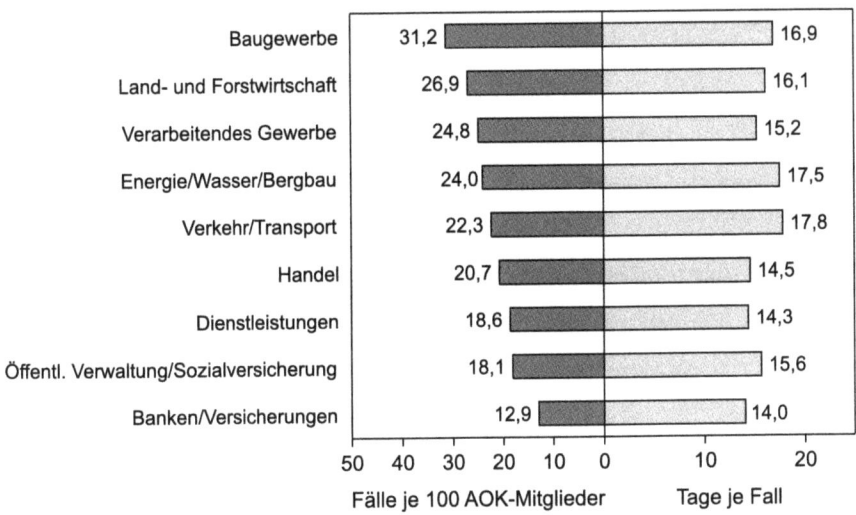

Abb. 16.1.34. Verletzungen, Vergiftungen und bestimmte andere Folgen äußerer Ursachen, nach Branchen, 2002

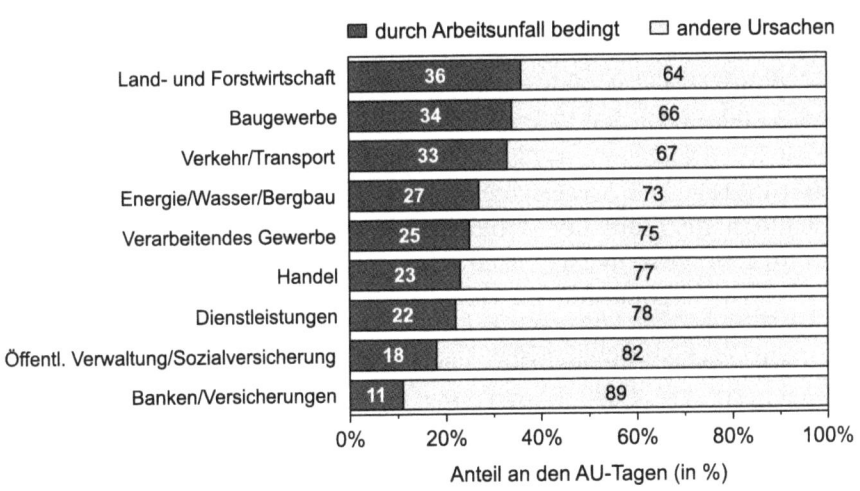

Abb. 16.1.35. Anteil der Arbeitsunfälle an den Verletzungen nach Branchen, 2002

chen zwischen 14,0 Tagen bei Banken und Versicherungen und 17,8 Tagen im Bereich Verkehr und Transport.

Ein erheblicher Teil der Verletzungen ist auf Arbeitsunfälle zurückzuführen. In der Land- und Forstwirtschaft, dem Baugewerbe sowie im Bereich Verkehr und Transport gehen bei den Verletzungen etwa ein Drittel der Fehltage auf Arbeitsunfälle zurück (Abb. 16.1.35). Am

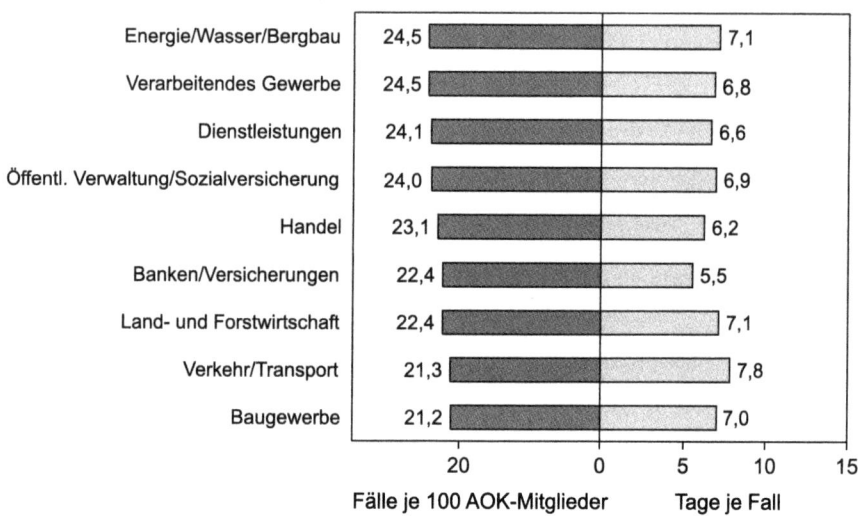

Abb. 16.1.36. Krankheiten des Verdauungssystems nach Branchen, 2002

niedrigsten ist der Anteil der Arbeitsunfälle bei den Banken und Versicherungen. Dort beträgt er lediglich 11%.

Erkrankungen der Verdauungsorgane

Auf Erkrankungen der Verdauungsorgane gingen im Jahr 2002 in den einzelnen Branchen 6–7% der Arbeitsunfähigkeitstage zurück (Abb. 16.1.31). Die Unterschiede zwischen den Wirtschaftszweigen hinsichtlich der Zahl der Arbeitsunfähigkeitsfälle sind relativ gering (Abb. 16.1.36). Die meisten Erkrankungsfälle waren im Bereich Energie, Wasser, Bergbau und im verarbeitenden Gewerbe zu verzeichnen. Am niedrigsten war die Zahl der Arbeitsunfähigkeitsfälle bei den Banken und Versicherungen. Die Dauer der Fälle betrug im Branchendurchschnitt 6,6 Tage. In den einzelnen Branchen bewegte sie sich zwischen 5,5–7,8 Tagen (Abb. 16.1.36).

Herz- und Kreislauferkrankungen

Der Anteil der Herz- und Kreislauferkrankungen an den Arbeitsunfähigkeitstagen lag im Jahr 2002 in den einzelnen Branchen zwischen 6–8%. Die meisten Erkrankungsfälle waren im Bereich Energie, Wasser und Bergbau zu verzeichnen. Am niedrigsten war die Anzahl der Fälle bei den Beschäftigten im Baugewerbe. Herz- und Kreislauferkrankungen bringen oft lange Ausfallzeiten mit sich. Die Dauer eines Erkrankungsfalls bewegte sich in den einzelnen Wirtschaftsbereichen zwischen 13,6 Tagen bei den Banken und Versicherungen und 21,8 Tagen im Baugewerbe (Abb. 16.1.37).

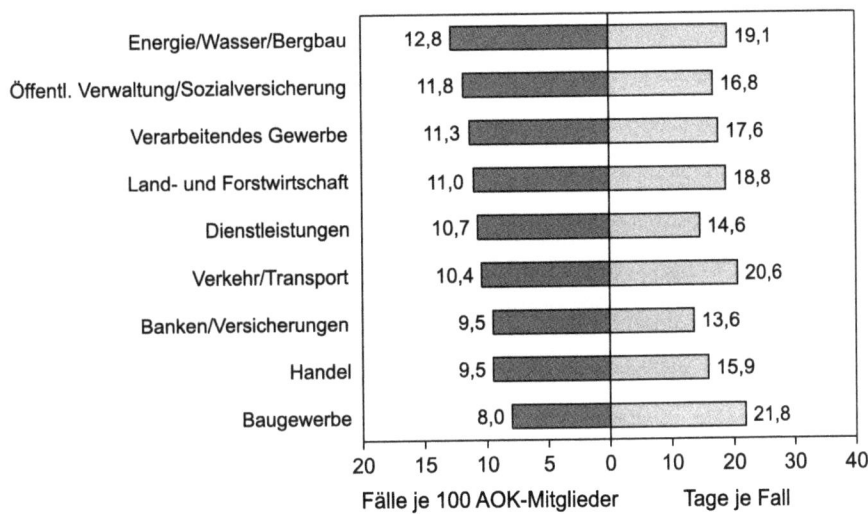

Abb. 16.1.37. Krankheiten des Kreislaufsystems nach Branchen, 2002

Psychische und Verhaltensstörungen

Der Anteil der psychischen und Verhaltensstörungen an den krankheitsbedingten Fehlzeiten schwankte in den einzelnen Branchen erheblich. Die meisten Erkrankungsfälle sind im tertiären Bereich zu verzeichnen. Während im Baugewerbe nur 4% der Arbeitsunfähigkeitstage auf psychische und Verhaltensstörungen zurückgingen, waren es bei Banken und Versicherungen und im Dienstleistungsbereich 9%. Die durchschnittliche Dauer der Arbeitsunfähigkeitsfälle bewegte sich in den einzelnen Branchen zwischen 18,4–22,5 Tagen (Abb. 16.1.38).

16.1.15 Langzeitfälle nach Krankheitsarten

Langzeitarbeitsunfähigkeit mit einer Dauer von mehr als 6 Wochen stellt sowohl für die Betroffenen als auch für die Unternehmen und Krankenkassen eine besondere Belastung dar. Daher kommt der Prävention der Erkrankungen, die zu derart langen Ausfallzeiten führen, eine spezielle Bedeutung zu.

Abb. 16.1.39 zeigt, welche Krankheitsarten für die Langzeitfälle verantwortlich sind. Ebenso wie im Arbeitsunfähigkeitsgeschehen insgesamt spielen auch hier die Muskel- und Skeletterkrankungen und Verletzungen eine entscheidende Rolle. Auf diese beiden Krankheitsarten gehen bereits 35% der Langzeitfälle zurück. An dritter und vierter Stelle stehen die Herz-/Kreislauferkrankungen und die psychischen

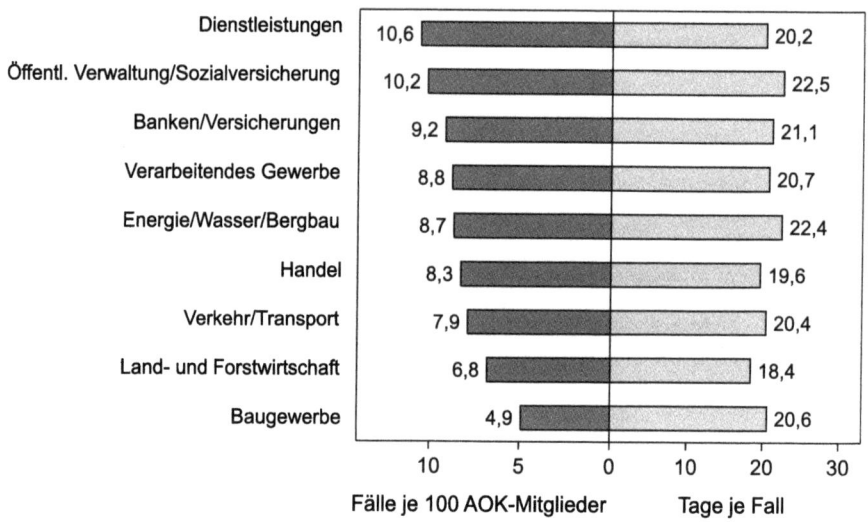

Abb. 16.1.38. Psychische und Verhaltensstörungen nach Branchen, 2002

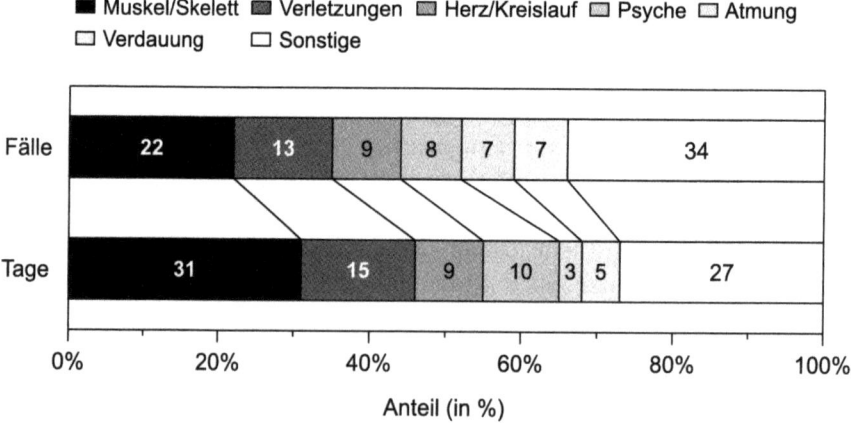

Abb. 16.1.39. Langzeitarbeitsunfähigkeit (>6 Wochen) nach Krankheitsarten, 2002

und Verhaltensstörungen mit Anteilen von 9 bzw. 8% an den Langzeitfällen. Für jeweils weitere 7% der Fälle sind Krankheiten des Atmungs- und des Verdauungssystems verantwortlich. Der Rest verteilt sich auf sonstige Krankheitsarten.

Auch in den einzelnen Wirtschaftsabteilungen geht die Mehrzahl der durch Langzeitfälle bedingten Arbeitsunfähigkeitstage auf die o.g. Krankheitsarten zurück (Abb. 18.1.40). Der Anteil der muskuloskelettalen Erkrankungen ist am höchsten im Baugewerbe (37%). Bei den

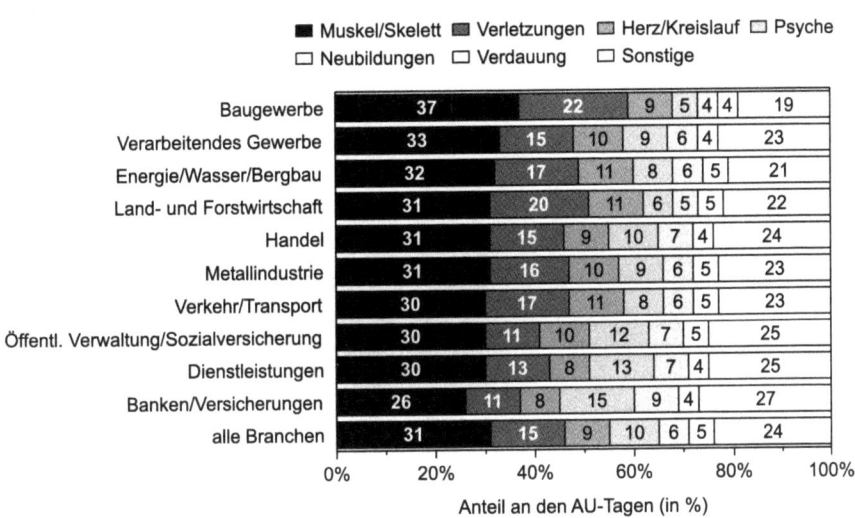

Abb. 16.1.40. Langzeitarbeitsunfähigkeit nach Branchen und Krankheitsarten, 2002

Verletzungen werden die höchsten Werte ebenfalls im Baugewerbe und in der Land- und Forstwirtschaft erreicht (22% bzw. 20%). Der Anteil der Herz-/Kreislauferkrankungen ist am ausgeprägtesten in den Bereichen Bereich Verkehr und Transport (11%), Land- und Forstwirtschaft (11%) und Energie, Wasser, Bergbau (11%). Die psychischen und Verhaltensstörungen verursachen bezogen auf die Langzeiterkrankungen die meisten Ausfalltage bei Banken und Versicherungen (15%), im Dienstleistungsbereich (13%) sowie in der öffentlichen Verwaltung (12%).

16.1.16 Krankheitsarten nach Diagnoseuntergruppen

Muskel- und Skeletterkrankungen

Bei den Muskel- und Skeletterkrankungen dominieren die Rückenerkrankungen (Abb. 16.1.41). Auf sie entfallen im Branchendurchschnitt mehr als die Hälfte der durch diese Krankheitsart verursachten Krankmeldungen (57% der Arbeitsunfähigkeitsfälle und 54% der AU-Tage). Daneben spielen vor allem Arthropathien und Krankheiten der Weichteilgewebe eine Rolle. Der Rest entfällt auf und sonstige Erkrankungen.

Bei den Muskel- und Skeletterkrankungen sind die Rückenerkrankungen in allen Wirtschaftsabteilungen vorherrschend. Ihr Anteil an den Arbeitsunfähigkeitstagen lag im Jahr 2002 in den einzelnen Branchen zwischen 50–57%. An zweiter Stelle standen in allen Wirt-

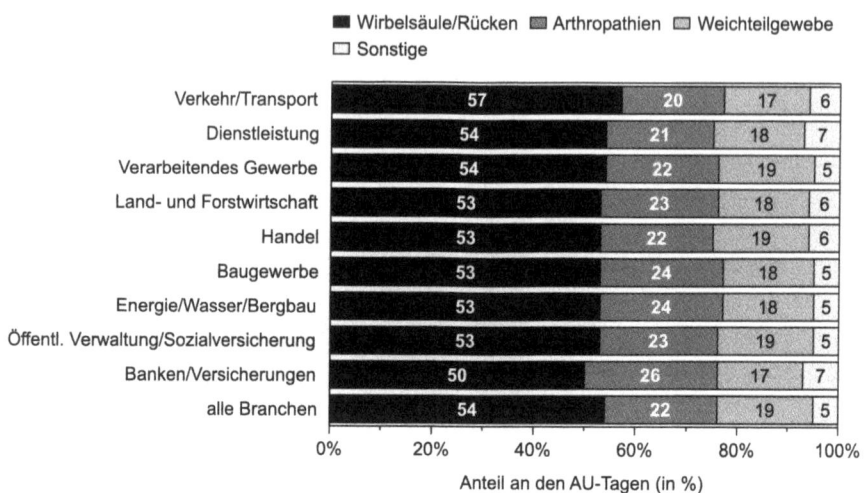

Abb. 16.1.41. Krankheiten des Muskel-/Skelettsystems und Bindegewebserkrankungen nach Branchen und Diagnoseuntergruppen, 2002

schaftszweigen die Arthropathien; deren Anteil an den Muskel- und Skeletterkrankungen bewegte sich zwischen 20–26%. Auf Krankheiten der Weichteilgewebe gingen in den einzelnen Branchen 17–19% der durch diese Krankheitsart bedingten Arbeitsunfähigkeitstage zurück.

Verletzungen, Vergiftungen und bestimmte andere Folgen äußerer Ursachen
Nach dem ICD-10 erfolgt die Klassifikation der Verletzungen nach der betroffenen Körperregion. Abb. 16.1.42 zeigt die Verteilung der Diagnoseuntergruppen in den einzelnen Branchen. Für die meisten Ausfalltage waren Verletzungen im Bereich von Knie und Unterschenkel verantwortlich.

Erkrankungen des Atmungssystems
Bei den Erkrankungen des Atmungssystems dominieren akute Infektionen der oberen und unteren Atemwege. Dazu gehören u.a. Erkältungen, Hals- und Rachenentzündungen sowie Entzündungen der Neben- und Kieferhöhlen. Darauf entfielen zusammen im Branchendurchschnitt mehr als die Hälfte (57%) der krankheitsbedingten Fehltage aufgrund von Atemwegserkrankungen. Chronische Krankheiten der unteren Atemwege, wie z.B. Bronchitis, waren für 20% der Ausfallzeiten aufgrund von Atemwegserkrankungen verantwortlich. Weitere 10% gingen auf sonstige Krankheiten der oberen Atemwege, wie

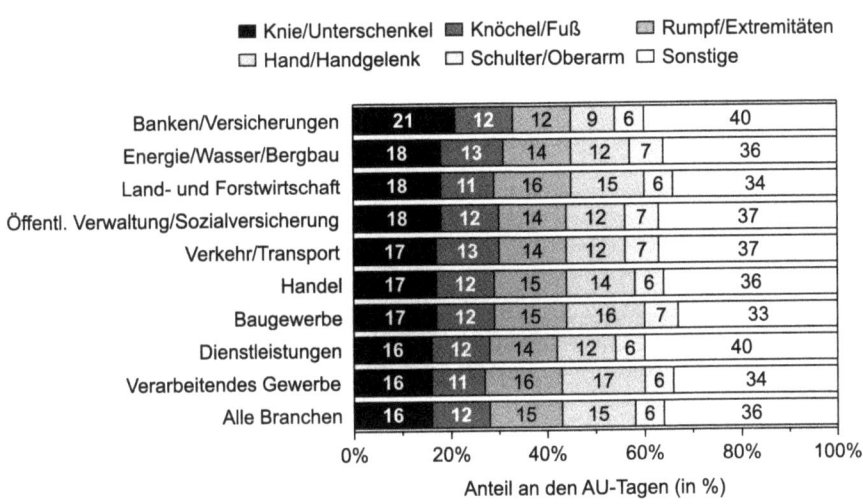

Abb. 16.1.42. Verletzungen, Vergiftungen und bestimmte andere Folgen äußerer Ursachen, nach Branchen und Diagnoseuntergruppen, 2002

z. B. Heuschnupfen, zurück. Der Rest verteilte sich auf sonstige Krankheiten.

Abb. 16.1.43 zeigt aufgegliedert nach den einzelnen Branchen die Anteile der verschiedenen Diagnoseuntergruppen an den Arbeitsunfähigkeitstagen, die auf Atemwegserkrankungen zurückgehen.

Erkrankungen der Verdauungsorgane

Bei den Erkrankungen des Verdauungssystems entfiel im Allgemeinen Branchendurchschnitt der größte Anteil auf Krankheiten der Speiseröhre, des Magens und des Zwölffingerdarms und zwar 30% der Fälle und 27% der Tage. An zweiter Stelle standen nichtinfektiöse Enteritis und Kolitisfälle mit einem Anteil von 20% an den Arbeitsunfähigkeitstagen. Auf dem dritten Rangplatz folgen Hernien (Nabel-, Leistenbrüche). Der Rest entfiel auf Krankheiten der Gallenblase, der Gallenwege, des Pankreas und des Darms sowie sonstige Erkrankungen.

Abb. 16.1.44 zeigt, welche Rolle die unterschiedlichen Diagnoseuntergruppen in den einzelnen Wirtschaftszweigen spielten. In den meisten Branchen geht der Löwenanteil der durch Erkrankungen der Verdauungsorgane bedingten Arbeitsunfähigkeitstage auf Krankheiten der Speiseröhre, des Magens und des Zwölffingerdarms sowie nichtinfektiöse Enteritis und Kolitisfälle zurück (zusammen 38–50%).

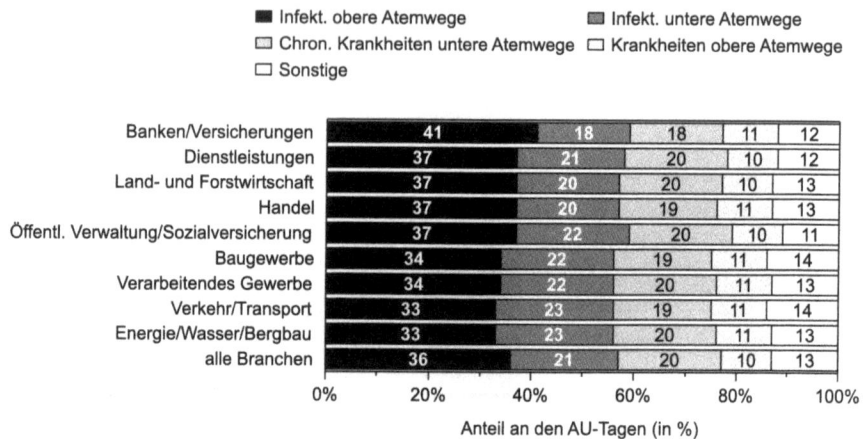

Abb. 16.1.43. Krankheiten des Atmungssystems nach Branchen und Diagnoseuntergruppen, 2002

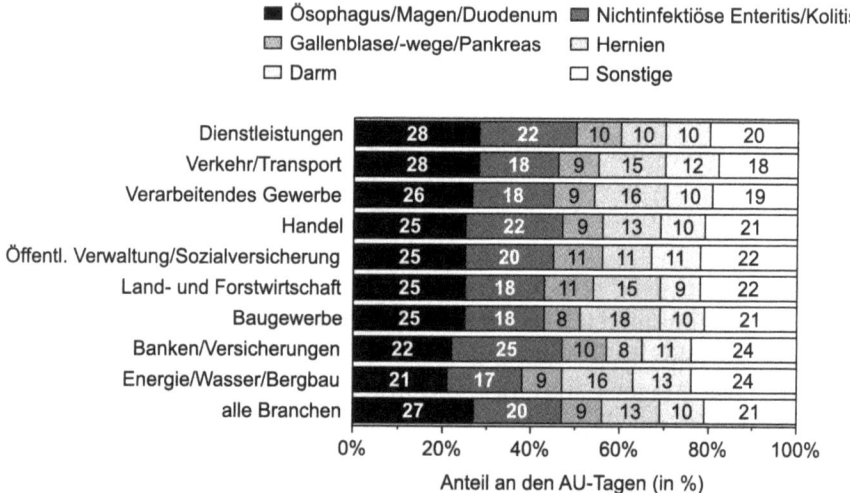

Abb. 16.1.44. Krankheiten des Verdauungssystems nach Branchen und Diagnoseuntergruppen, 2002

Krankheiten des Kreislaufsystems

Bei den Herz- und Kreislauferkrankungen entfielen im Branchendurchschnitt anteilmäßig die meisten Krankheitstage auf ischämische Herzkrankheiten, wie z. B. Herzinfarkt, und Hypertoniefälle. Auf diese beiden Diagnosegruppen gingen im Branchendurchschnitt zusammen knapp die Hälfte (48%) der durch Krankheiten des Kreislaufsystems verursachten Arbeitsunfähigkeitstage zurück. Den dritten und vierten Rangplatz nahmen sonstige Formen der Herzkrankheit (z. B. Herz-

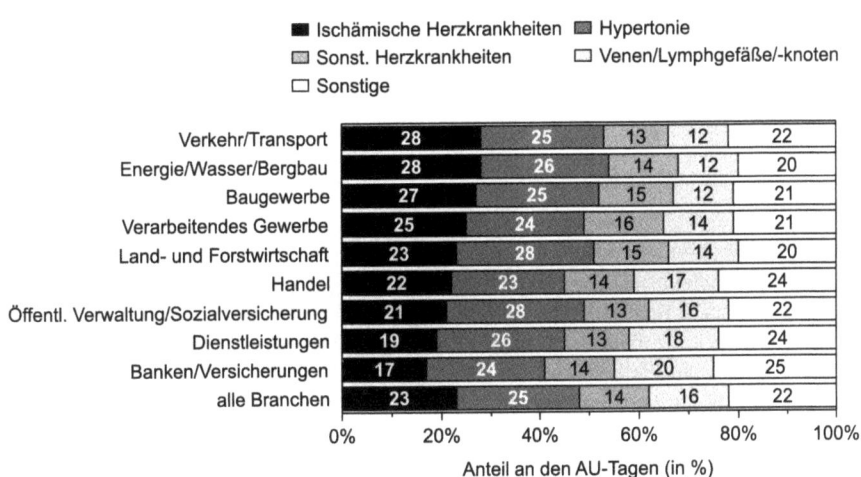

Abb. 16.1.45. Krankheiten des Kreislaufsystems nach Branchen und Diagnoseuntergruppen, 2002

klappenkrankheiten oder Herzmuskelentzündungen) sowie Krankheiten der Venen, der Lymphgefäße und der Lymphknoten ein. Der Rest entfiel auf sonstige Erkrankungen.

Der Anteil der ischämischen Herzkrankheiten an den auf Herz- und Kreislauferkrankungen zurückgehenden Arbeitsunfähigkeitstagen variiert in den einzelnen Branchen sehr stark (Abb. 16.1.45). Er bewegte sich 2002 zwischen 17% bei Banken und Versicherungen 28% in den Bereichen Energie, Wasser und Bergbau sowie Verkehr und Transport. Auch hinsichtlich des Anteils der durch Erkrankungen der Venen, Lymphgefäße und sonstige Krankheiten des Kreislaufsystems verursachten Fehltage gibt es in den einzelnen Branchen große Unterschiede (12–20%). Der Anteil der Hypertonie und Hochdruckkrankheiten schwankte zwischen 23–28%.

Psychische und Verhaltensstörungen

Bei den psychischen und Verhaltensstörungen dominieren neurotische, Belastungs- und somatoforme Störungen, zu denen u. a. Phobien und andere Angststörungen gehören, sowie affektive Störungen, bei denen insbesondere Depressionen eine wichtige Rolle spielen. Diese beiden Diagnosegruppen haben im Branchendurchschnitt einen Anteil von 37 bzw. 36% an den auf psychische Erkrankungen zurückgehenden Arbeitsunfähigkeitstagen. Auf psychische und Verhaltensstörungen durch psychotrope Substanzen, wie z.B. die Alkoholabhängigkeit, gingen 14% der Krankheitstage zurück. Schizophrenie, schizotype und wahnhafte Störungen waren für 5% der Fehltage verantwortlich. Der Rest entfiel auf sonstige Erkrankungen.

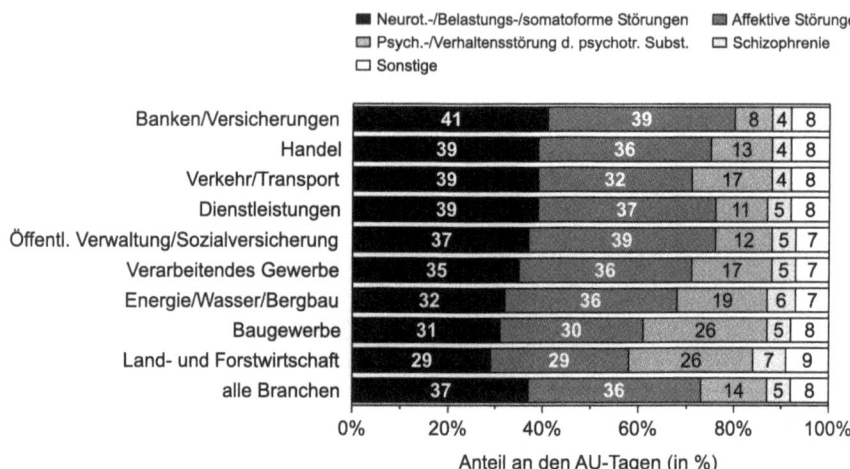

Abb. 16.1.46. Psychische Störungen und Verhaltensstörungen nach Branchen und Diagnoseuntergruppen, 2002

Abb. 16.1.46 zeigt die Anteile der Diagnoseuntergruppen an den Arbeitsunfähigkeitstagen in den einzelnen Branchen. Die Anteile der Diagnoseuntergruppen variierten in den einzelnen Wirtschaftszweigen sehr stark. Dies gilt in besonderem Maße für psychische und Verhaltensstörungen durch psychotrope Substanzen. Während im Baugewerbe und in der Land- und Forstwirtschaft 26% der durch psychische Erkrankungen verursachten Ausfalltage auf Suchterkrankungen zurückgingen, waren es bei Banken und Versicherungen lediglich 8%.

Literaturhinweise

[1] Bundesanstalt für Arbeit (2002) Arbeitsmarkt in Zahlen: Sozialversicherungspflichtig Beschäftigte nach Wirtschaftsklassen (WZ93/BA), März 2002, Nürnberg
[2] Ferber Ch von , Kohlhausen K (1970) Der „blaue Montag" im Krankenstand. In: Arbeitsmedizin, Sozialmedizin, Arbeitshygiene, Heft 2, S. 25-30
[3] Kohler H (2002) Krankenstand – Ein beachtlicher Kostenfaktor mit fallender Tendenz, IAB-Werkstattbericht, Diskussionsbeiträge des Instituts für Arbeitsmarkt- und Berufsforschung der Bundesanstalt für Arbeit, Ausgabe Nr. 1/30
[4] Marstedt G, Müller R (1998) Ein kranker Stand? Fehlzeiten und Integration älterer Arbeitnehmer im Vergleich Öffentlicher Dienst – Privatwirtschaft. Berlin: Ed. Sigma, Forschung aus der Hans-Böckler-Stiftung; 9
[5] Mielck A (2000) Soziale Ungleichheit und Gesundheit. Huber, Bern
[6] Schnabel C (1997) Betriebliche Fehlzeiten, Ausmaß, Bestimmungsgründe und Reduzierungsmöglichkeiten, Institut der deutschen Wirtschaft, Köln

16.2 Banken und Versicherungen

16.2.1 Kosten der Arbeitsunfähigkeit 313
16.2.2 Allgemeine Krankenstandsentwicklung 313
16.2.3 Krankenstandsentwicklung nach Wirtschaftsabteilungen 315

Tabellarische Übersichten und Abbildungen
16.2.4 Krankenstand nach Berufsgruppen 316
16.2.5 Kurz- und Langzeiterkrankungen 317
16.2.6 Krankenstand nach Bundesländern 318
16.2.7 Krankenstand nach Betriebsgröße 320
16.2.8 Krankenstand nach Stellung im Beruf 321
16.2.9 Arbeitsunfälle 322
16.2.10 Krankheitsarten 323

16.2.1 Kosten der Arbeitsunfähigkeit

Im Juni 2002 waren im Bereich Banken und Versicherungen insgesamt 1 076 246 Arbeitnehmer sozialversicherungspflichtig beschäftigt[1]. Davon waren 10,8% (116 285) bei der AOK versichert. Die im Kredit- und Versicherungsgewerbe beschäftigten AOK-Mitglieder waren im Jahr 2002 durchschnittlich 12,8 Tage krank geschrieben. Hochgerechnet auf die Branche insgesamt waren 13,8 Mio. krankheitsbedingte Ausfalltage (umgerechnet 37 742 Ausfalljahre) zu verzeichnen. Die Kosten der Arbeitsunfähigkeit beliefen sich – bei durchschnittlichen Lohnkosten von 47 036 Euro[2] – auf 1,8 Mrd. Euro. In einem Unternehmen mit 100 Mitarbeitern betrug die finanzielle Belastung aufgrund krankheitsbedingter Fehlzeiten durchschnittlich 165 321 Euro.

16.2.2 Allgemeine Krankenstandsentwicklung

Der Bereich Banken und Versicherungen hatte 2002 einen Krankenstand von 3,51% zu verzeichnen. Die Zahl der krankheitsbedingten Arbeitsunfähigkeitsfälle (AU-Fälle) lag in diesem Zeitraum bei 126,1 Fällen je 100 AOK-Mitglieder und ist damit gegenüber dem Vorjahr um 2,4% angestiegen. Gleichzeitig ging aber die durchschnittliche Dauer der Fälle von 10,6 auf 10,2 Tage zurück, so dass die Zahl der Arbeitsunfähigkeitstage trotz der Zunahme der Krankmeldungen um 1,6% sank. Der Krankenstand nahm damit um 0,1 Prozentpunkte ab.

---

[1] Bundesanstalt für Arbeit, Sozialversicherungspflichtig Beschäftigte nach Wirtschaftszweigen der WZ93/BA in der Bundesrepublik Deutschland, Stand Juni 2002.
[2] Statistisches Bundesamt, Volkswirtschaftliche Gesamtrechnungen, Fachserie 18, Reihe 1.3, Arbeitnehmerentgelt je Arbeitnehmer, Hauptbericht 2001, Wiesbaden 2002.

	Kranken-stand (in %)	Arbeitsunfähigkeiten je 100 AOK-Mitglieder				Tage je Fall	AU-Quote (in %)
		Fälle	Veränd. z. Vorj. (in %)	Tage	Veränd. z. Vorj. (in %)		
West	3,47	125,0	2,3	1267,7	−1,9	10,1	51,4
Ost	4,09	141,3	2,8	1491,8	0,3	10,6	55,1
Bund	3,51	126,1	2,4	1282,9	−1,6	10,2	51,7

Wie schon in den Jahren davor, lag der Krankenstand in Ostdeutschland auch 2002 über dem westdeutschen Vergleichswert (Ost: 4,09%; West: 3,47%). Während die Krankenstandskennzahlen in den östlichen Bundesländern im Vorjahr durchweg gegenüber 2000 gesunken waren, hat sich im Jahr 2002 sowohl die Zahl der AU-Fälle als auch die der AU-Tage wieder erhöht (AU-Fälle: 2,8%; AU-Tage: 0,3%). Auch in Westdeutschland stieg die Zahl der Krankmeldungen leicht an (2,3%). Im Gegensatz zu Ostdeutschland ging aber die durchschnittliche Dauer der Fälle deutlich zurück, sodass die Zahl der Arbeitsunfähigkeitstage trotz der gestiegenen Fallzahl um 1,9% abnahm (Tabelle 16.2.1).

Sowohl die Anzahl der Krankmeldungen (126,1 Fälle je 100 AOK-Mitglieder gegenüber durchschnittlich 154,3 Fällen) als auch deren Dauer (10,2 Tage je Fall gegenüber 12,3 Tagen) war im Bereich Banken und Versicherungen niedriger als in allen anderen Wirtschaftszweigen. Daraus ergibt sich für das Kredit- und Versicherungsgewerbe der niedrigste Krankenstand im Branchenvergleich. Die vergleichsweise geringen Fehlzeiten sind maßgeblich auf den hohen Anteil an Angestellten in dieser Branche zurückzuführen (vgl. Kap. 16.2.8).

Abb. 16.2.1 zeigt die Krankenstandsentwicklung bei Banken und Versicherungen in den Jahren 1993 bis 2002. Nachdem in den Jahren 1993 und 1994 in Ostdeutschland zunächst deutlich niedrigere Werte zu verzeichnen waren als in Westdeutschland, kam es in den Jahren zwischen 1995 und 1998 zu einer weitgehenden Angleichung des Krankenstandes. Im Jahr 1999 stiegen jedoch die ostdeutschen Werte stark an und liegen seitdem auf einem erheblich höheren Niveau als im Westen (2002: Ost: 4,1%; West: 3,5%).

Banken und Versicherungen

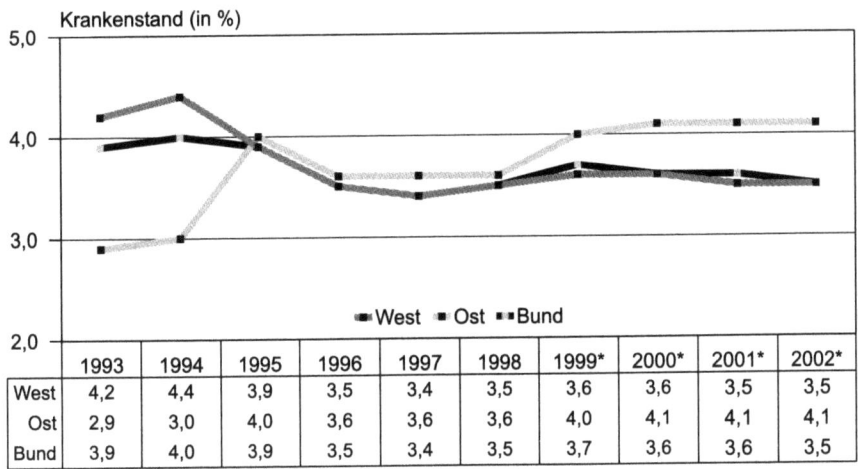

Abb. 16.2.1. Krankenstandsentwicklung bei Banken und Versicherungen, 1993–2002

16.2.3 Krankenstandsentwicklung nach Wirtschaftsabteilungen

Innerhalb des Kredit- und Versicherungsgewerbes existieren, wie bereits in den Vorjahren, deutliche Unterschiede hinsichtlich der krankheitsbedingten Fehlzeiten (Tabelle 16.2.2). Im Jahr 2002 fiel der Krankenstand im Versicherungsgewerbe um 0,8 Prozentpunkte höher aus als im Bankenbereich. Statistisch betrachtet resultiert der Krankenstand aus zwei Komponenten: der Anzahl der Krankmeldungen und deren Dauer. Beide Parameter lagen bei den Versicherungen auf einem höheren Niveau als im Kreditgewerbe. Wie die in Tabelle 16.2.2 ausgewiesenen nach Alter und Geschlecht standardisierten Werte zeigen, sind die festgestellten Unterschiede nicht auf eine unterschiedliche alters- bzw. geschlechtsspezifische Zusammensetzung der Belegschaften zurückzuführen[3].

Die Anzahl der AU-Tage im Bereich Banken und Versicherungen war im Jahr 2002 in allen Wirtschaftsabteilungen rückläufig, am stärksten im Versicherungsgewerbe (–6,6%). Der starke Rückgang im Bereich Versicherungen führte zu einer leichten Annäherung der Krankenstände innerhalb der Branche. Während die Differenz der Krankenstandswerte zwischen Banken und Versicherungen 2001 noch

---

[3] Berechnet nach der Methode der direkten Standardisierung. Zugrunde gelegt wurde die Alters- und Geschlechtsstruktur der erwerbstätigen Mitglieder der gesetzlichen Krankenversicherung insgesamt im Jahr 2000 (Mitglieder mit Krankengeldanspruch). Quelle: VDR-Statistik.

Tabelle 16.2.2. Krankenstandsentwicklung im Bereich Banken und Versicherungen nach Wirtschaftsabteilungen, 2002

Wirtschaftsabteilung	Krankenstand (in %)			Arbeitsunfähigkeiten je 100 AOK-Mitglieder				Tage je Fall	AU-Quote (in %)
	2002	2002 stand.*	2001	Fälle	Veränd. z. Vorj. (in %)	Tage	Veränd. z. Vorj. (in %)		
Kreditgewerbe	3,4	3,3	3,4	124,8	3,2	1251,3	−0,1	10,0	53,1
Versicherungsgewerbe	4,2	4,2	4,5	143,9	1,2	1535,6	−6,6	10,7	52,6
assoziierte Tätigkeiten	3,2	3,4	3,3	110,1	−1,1	1169,2	−2,8	10,6	40,5

1,1 Prozentpunkte betragen hatte, ging dieser Wert auf 0,8 Prozentpunkte im Jahr 2002 zurück (Tabelle 16.2.2).

Tabellarische Übersichten und Abbildungen

16.2.4 Krankenstand nach Berufsgruppen

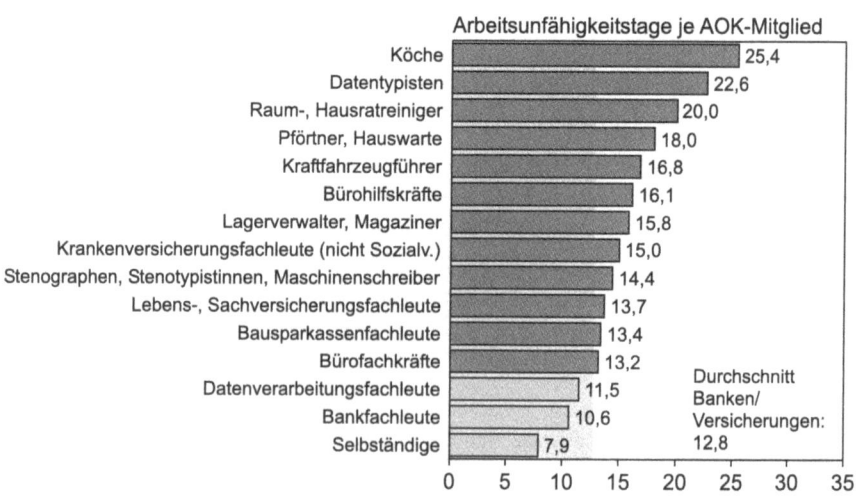

Abb. 16.2.2. Fehlzeiten bei Banken und Versicherungen nach Berufsgruppen, 2002

Banken und Versicherungen

Tabelle 16.2.3. Banken und Versicherungen, Krankenstandskennzahlen nach ausgewählten Berufsgruppen, 2002

Tätigkeit	Krankenstand (in %)	Arbeitsunfähigkeiten je 100 AOK-Mitglieder		Tage je Fall	AU-Quote (in %)	Anteil Arbeitsunfälle an den AU-Tagen (in %)
		Fälle	Tage			
Bankfachleute	2,9	125,1	1062,5	8,5	53,3	1,4
Bausparkassenfachleute	3,7	138,6	1342,8	9,7	51,6	3,0
Bürofachkräfte	3,6	132,8	1316,1	9,9	48,0	1,2
Bürohilfskräfte	4,4	132,6	1605,2	12,1	49,5	2,2
Datenverarbeitungsfachleute	3,1	123,5	1148,0	9,3	50,9	0,8
Köche	7,0	166,6	2538,9	15,2	65,3	2,1
Kraftfahrzeugführer	4,6	106,5	1684,0	15,8	52,1	5,5
Krankenversicherungsfachleute	4,1	154,3	1501,4	9,7	48,5	1,6
Lebens-, Sachversicherungsfachleute	3,8	145,7	1371,3	9,4	50,4	1,4
Pförtner, Hauswarte	4,9	105,4	1797,1	17,0	50,4	2,9
Raum-, Hausratreiniger	5,5	122,6	1997,4	16,3	53,3	1,6
Stenographen, Stenotypistinnen, Maschinenschreiber	4,0	131,3	1444,3	11,0	53,6	0,2

Berufsgruppen mit mehr als 1000 AOK-Versicherten

16.2.5 Kurz- und Langzeiterkrankungen

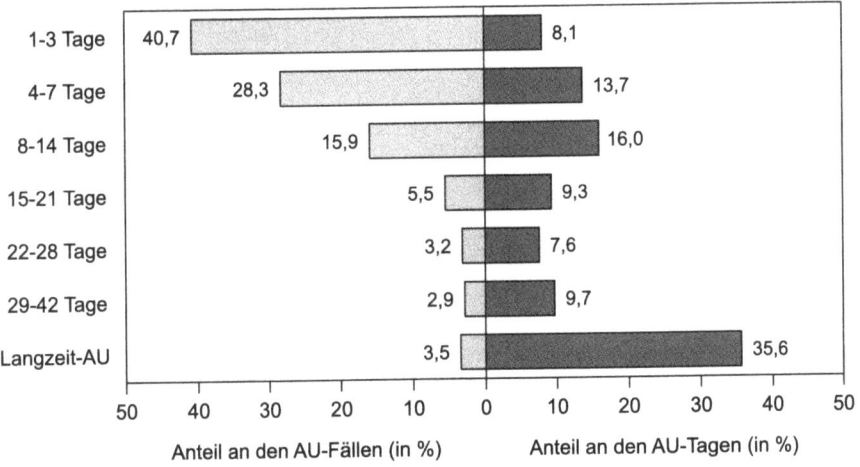

Abb. 16.2.3. Arbeitsunfähigkeitsfälle und -tage bei Banken und Versicherungen nach der Dauer, 2002

16.2.6 Krankenstand nach Bundesländern

Tabelle 16.2.4. Banken und Versicherungen, Arbeitsunfähigkeit nach Bundesländern, 2002 im Vergleich zum Vorjahr

	Arbeitsunfähigkeiten je 100 AOK-Mitglieder					
	AU-Fälle	Veränd. z. Vorj. (in %)	AU-Tage	Veränd. z. Vorj. (in %)	Tage je Fall	Veränd. z. Vorj. (in %)
Baden-Württemberg	119,1	2,8	1128,1	−0,4	9,5	−3,1
Bayern	109,7	1,8	1192,6	0,3	10,9	−0,9
Berlin	122,4	−7,6	1839,0	−13,2	15,0	−6,3
Brandenburg	139,5	0,3	1813,0	3,3	13,0	3,2
Bremen	143,7	−4,4	1900,7	−14,3	13,2	−10,2
Hamburg	159,7	3,1	1902,4	−8,3	11,9	−11,2
Hessen	149,1	1,4	1547,7	−0,3	10,4	−1,9
Mecklenburg-Vorpommern	156,6	1,7	1677,4	−4,2	10,7	−6,1
Niedersachsen	139,9	6,5	1216,8	−2,0	8,7	−8,4
Nordrhein-Westfalen	143,4	1,3	1476,0	−0,5	10,3	−1,9
Rheinland-Pfalz	128,5	1,9	1294,0	−4,0	10,1	−5,6
Saarland	137,4	16,5	1668,3	13,8	12,1	−2,4
Sachsen	137,4	3,2	1377,3	1,9	10,0	−1,0
Sachsen-Anhalt	144,2	6,7	1575,4	2,4	10,9	−4,4
Schleswig-Holstein	137,1	−0,4	1532,4	−1,5	11,2	−0,9
Thüringen	138,4	2,5	1530,7	3,5	11,1	0,9
Bund	126,1	2,4	1282,9	−1,6	10,2	−3,8

Banken und Versicherungen

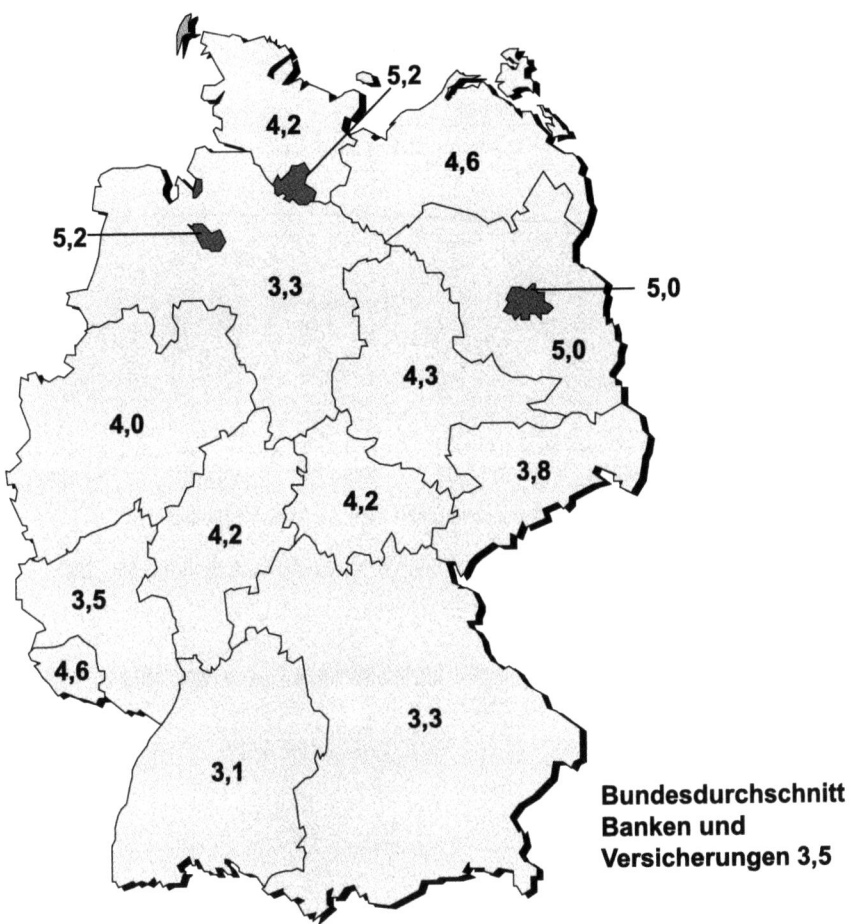

Abb. 16.2.4. Krankenstand (in %) bei Banken und Versicherungen nach Bundesländern, 2002

16.2.7 Krankenstand nach Betriebsgröße

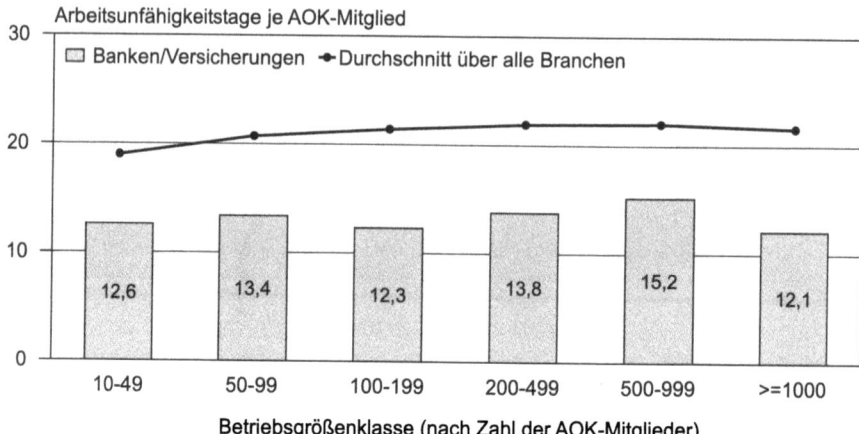

Abb. 16.2.5. Arbeitsunfähigkeitstage bei Banken und Versicherungen nach Betriebsgröße, 2002

Tabelle 16.2.5. Banken und Versicherungen, Arbeitsunfähigkeitstage je AOK Mitglied nach Betriebsgröße (Anzahl der AOK-Mitglieder), 2002

Wirtschaftsabteilung	10–49	50–99	100–199	200–499	500–999	≥1000
Kreditgewerbe	12,1	12,7	11,7	13,9	14,9	12,1
Versicherungsgewerbe	15,2	16,7	15,8	12,7	15,7	–
assoziierte Tätigkeiten	15,6	19,0	18,5	–	–	–
Durchschnitt über alle Branchen	19,0	20,7	21,4	21,9	22,0	21,6

16.2.8 Krankenstand nach Stellung im Beruf

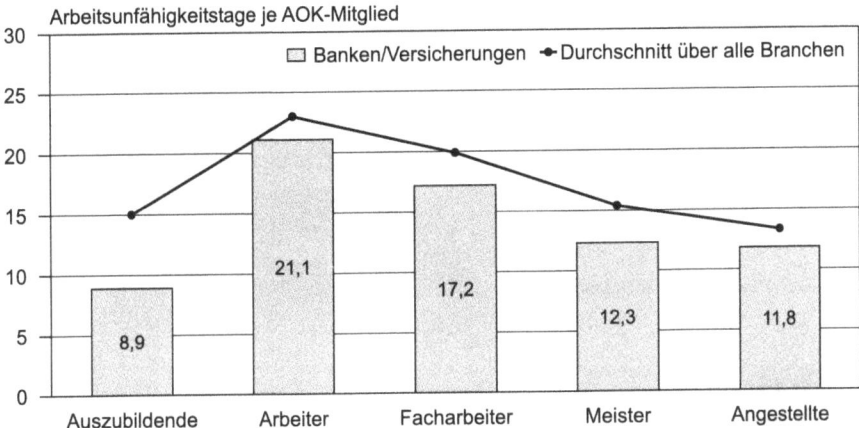

Abb. 16.2.6. Arbeitsunfähigkeitstage bei Banken und Versicherungen nach Stellung im Beruf, 2002

Tabelle 16.2.6. Banken und Versicherungen, Krankenstand (in %) nach Stellung im Beruf, 2002

Wirtschaftsabteilung	Auszu-bildende	Arbeiter	Fach-arbeiter	Meister, Poliere	Ange-stellte
Kreditgewerbe	2,3	5,6	4,6	2,5	3,1
Versicherungsgewerbe	2,8	6,9	5,1	9,3	4,0
assoziierte Tätigkeiten	3,0	5,3	4,8	3,3	3,2

16.2.9 Arbeitsunfälle

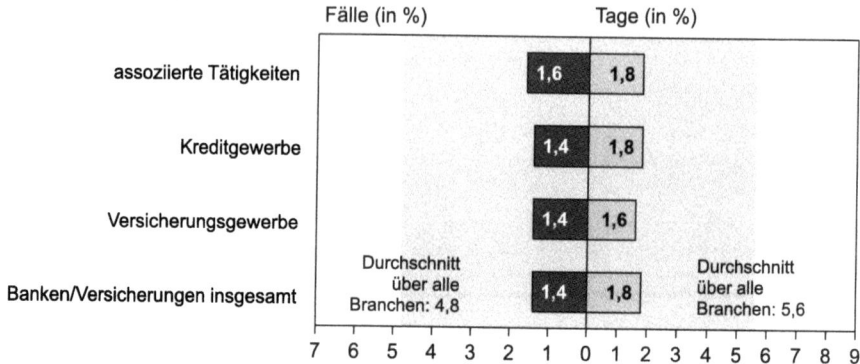

Abb. 16.2.7. Arbeitsunfälle bei Banken und Versicherungen nach Wirtschaftsabteilungen, Anteil an den AU-Fällen und -Tagen in %, 2002

Tabelle 16.2.7. Banken und Versicherungen, Arbeitsunfähigkeitstage durch Arbeitsunfälle nach Berufsgruppen, 2002

Tätigkeit	AU-Tage je 1000 AOK-Mitglieder	Anteil an den AU-Tagen insgesamt (in %)
Kraftfahrzeugführer	928,6	5,5
Köche	530,1	2,1
Pförtner, Hauswarte	516,2	2,9
Bürohilfskräfte	362,4	2,2
Raum-, Hausratreiniger	324,9	1,6
Lebens-, Sachversicherungsfachleute	198,3	1,4
Bürofachkräfte	171,8	1,2
Bankfachleute	159,1	1,4

16.2.10 Krankheitsarten

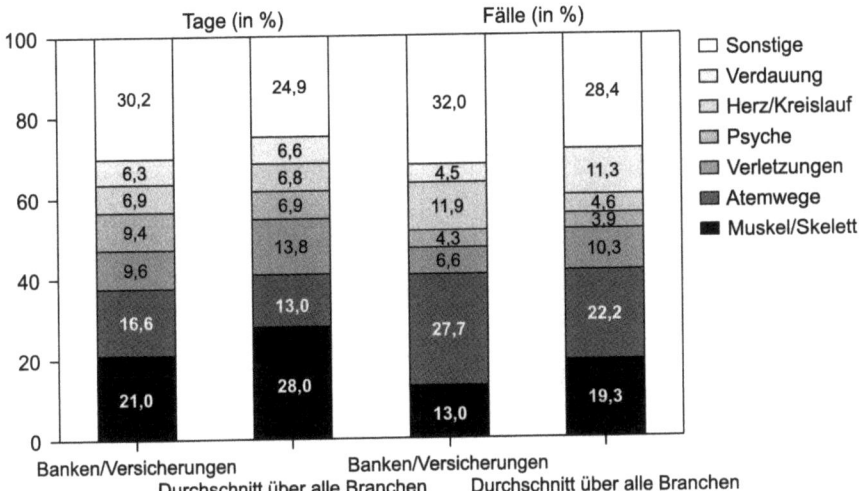

Abb. 16.2.8. Arbeitsunfähigkeiten bei Banken und Versicherungen nach Krankheitsarten, 2002

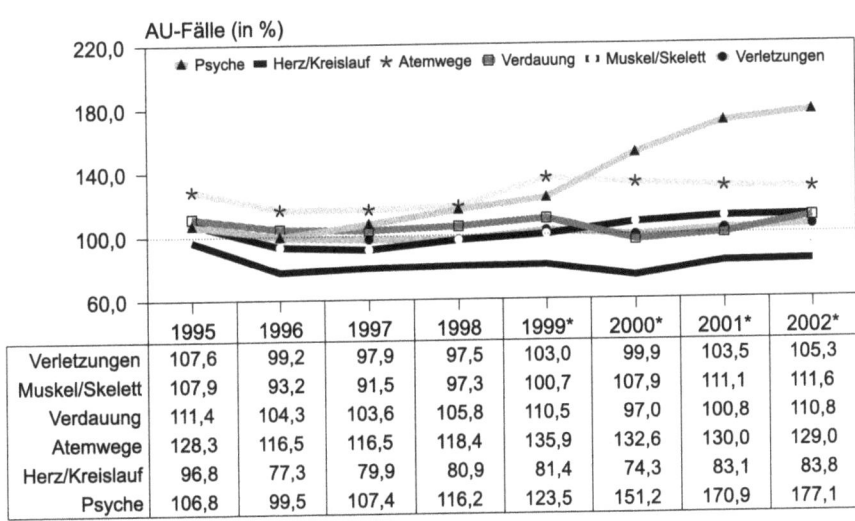

Abb. 16.2.9. Arbeitsunfähigkeitsfälle bei Banken und Versicherungen nach Krankheitsarten 1995–2002, Indexdarstellung (1994 = 100%)

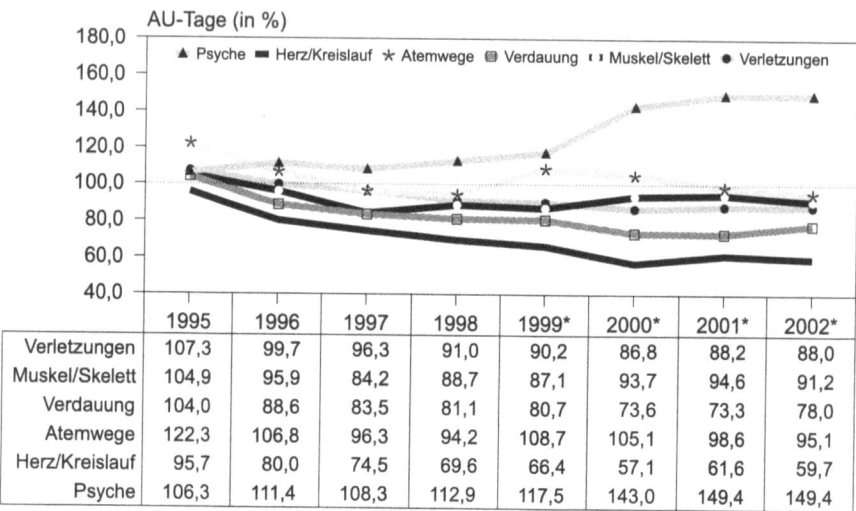

Abb. 16.2.10. Arbeitsunfähigkeitstage bei Banken und Versicherungen nach Krankheitsarten 1995–2002, Indexdarstellung (1994 = 100%)

Tabelle 16.2.8. Banken und Versicherungen, Arbeitsunfähigkeitstage nach Krankheitsarten (in %), 2002

Wirtschafts-abteilung	Muskel/Skelett	Atem-wege	Verlet-zungen	Herz/Kreislauf	Verdau-ung	Psyche	Sons-tige
Kreditgewerbe	21,4	16,6	9,6	6,1	6,9	9,2	30,2
Versicherungsgewerbe	19,9	17,1	9,2	7,0	6,6	10,2	30,0
assoziierte Tätigkeiten	19,5	15,3	10,8	7,1	6,6	9,9	30,8

Tabelle 16.2.9. Banken und Versicherungen, Arbeitsunfähigkeiten nach Krankheitsarten, Anteile der ICD-Untergruppen an den ICD-Hauptgruppen, 2001

ICD-Untergruppen	Anteil an den AU-Fällen (in %)	Anteil an den AU-Tagen (in %)
Muskel-/Skeletterkrankungen		
Krankheiten der Wirbelsäule und des Rückens	53,5	50,3
Krankheiten der Weichteilgewebe	19,4	17,3
Arthropathien	19,0	26,0
Sonstige	8,1	6,4
Verletzungen		
Verletzungen nicht näher bezeichneter Teile an Rumpf Extremitäten/etc.	16,0	11,5
Verletzungen der Knöchelregion und des Fußes	13,2	12,3
Verletzungen des Knies und des Unterschenkels	12,9	21,2
Verletzungen des Handgelenkes und der Hand	8,3	8,6
Verletzungen des Kopfes	7,8	5,2
Sonstige	41,8	41,2
Atemwegserkrankungen		
Akute Infektionen der oberen Atemwege	46,6	40,7
Sonstige akute Infektionen der unteren Atemwege	18,5	18,4
Chronische Krankheiten der unteren Atemwege	15,6	17,8
Sonstige Krankheiten der oberen Atemwege	9,9	11,4
Sonstige	9,4	11,7
Herz-/Kreislauferkrankungen		
Hypertonie [Hochdruckkrankheit]	26,8	23,7
Krankheiten der Venen/Lymphgefäße/Lymphknoten	21,6	19,5
Sonstige. u. nicht näher bez. Krankheiten des Kreislaufsystems	20,7	8,0
Sonstige Formen der Herzkrankheit	12,3	14,4
Sonstige	18,6	34,4
Verdauung		
Nichtinfektiöse Enteritis und Kolitis	30,2	24,9
Krankheiten der Mundhöhle/Speicheldrüsen/Kiefer	26,0	12,5
Krankheiten des Ösophagus/Magens/Duodenums	22,7	21,5
Sonstige Krankheiten des Darmes	7,5	11,4
Krankheiten der Gallenblase/-wege/Pankreas	4,0	10,1
Sonstige	9,6	19,6
Psychische und Verhaltensstörungen		
Neurotische, Belastungs- und somatoforme Störungen	49,0	40,8
Affektive Störungen	32,5	39,1
Psychische und Verhaltensstörungen durch psychotrope Substanzen	9,7	8,1
Verhaltensauffälligkeiten mit körperlichen Störungen und Faktoren	2,8	2,9
Sonstige	6,0	9,1

16.3 Baugewerbe

16.3.1 Kosten der Arbeitsunfähigkeit 326
16.3.2 Allgemeine Krankenstandsentwicklung 326
16.3.3 Krankenstandsentwicklung nach Wirtschaftsabteilungen 328

Tabellarische Übersichten und Abbildungen
16.3.4 Krankenstand nach Berufsgruppen 329
16.3.5 Kurz- und Langzeiterkrankungen 331
16.3.6 Krankenstand nach Bundesländern 332
16.3.7 Krankenstand nach Betriebsgröße 334
16.3.8 Krankenstand nach Stellung im Beruf 335
16.3.9 Arbeitsunfälle 336
16.3.10 Krankheitsarten 337

16.3.1 Kosten der Arbeitsunfähigkeit

Im Baugewerbe waren im Jahr 2002 1,88 Mio. Arbeitnehmer sozialversicherungspflichtig beschäftigt[1]. Etwas weniger als die Hälfte dieser abhängig Beschäftigten waren bei der AOK versichert (48,9%). Die im Baugewerbe beschäftigten AOK-Mitglieder waren im Jahr 2002 durchschnittlich 20,9 Tage krank geschrieben. Hochgerechnet auf die Branche insgesamt waren 39,3 Mio. krankheitsbedingte Ausfalltage (umgerechnet 107 682 Ausfalljahre) zu verzeichnen. Bei durchschnittlichen Lohnkosten von 28 914 Euro[2] für das Jahr 2002 ergeben sich daraus Kosten in Höhe von 3,1 Mrd. Euro aufgrund von Produktionsausfällen durch Arbeitsunfähigkeit. Ein Betrieb mit 100 Mitarbeitern hatte im Jahr 2002 eine finanzielle Belastung von durchschnittlich 165 493 Euro.

16.3.2 Allgemeine Krankenstandsentwicklung

Wie im Vorjahr, hat die Zahl der Krankmeldungen im Baugewerbe 2002 erneut abgenommen (–1,6%). Gleichzeitig lag auch die durchschnittliche Dauer der Krankheitsfälle mit 13,8 Tagen je Fall unter dem Vorjahreswert, so dass in der Summe der krankheitsbedingten Arbeitsunfähigkeitstage ein Rückgang von 2,9% zu verzeichnen war. Insgesamt meldeten sich 54,1% der bei der AOK versicherten Beschäf-

---

[1] Bundesanstalt für Arbeit, Sozialversicherungspflichtig Beschäftigte nach Wirtschaftszweigen der WZ93/BA in der Bundesrepublik Deutschland, Stand Juni 2002.
[2] Statistisches Bundesamt, Volkswirtschaftliche Gesamtrechnungen, Fachserie 18, Reihe 1.3, Arbeitnehmerentgelt je Arbeitnehmer, Hauptbericht 2002, Wiesbaden 2003.

tigten 2002 mindestens einmal krank (AU-Quote). Dies bedeutet einen Rückgang von 1,1 Prozentpunkten gegenüber dem Jahr 2001.

Der allgemeine Krankenstand im Baugewerbe fiel 2002 um 0,2 Prozentpunkte niedriger aus als im Jahr zuvor. Diese Verringerung betrifft sowohl West- als auch Ostdeutschland, wenngleich der Krankenstand im Westen nach wie vor höher ausfällt als in den östlichen Bundesländern (West: 5,8%; Ost: 5,2%). Ausgehend von einem erheblich niedrigeren Niveau, war 2002 sowohl bei den AU-Fällen als auch bei den AU-Tagen der Rückgang im Osten stärker als im Westen. Die AU-Quote in Ostdeutschland blieb 2002 um 6,9 Prozentpunkte hinter dem westdeutschen Vergleichswert zurück (Tabelle 16.3.1).

Abb. 16.3.1 zeigt die Krankenstandsentwicklung im Baugewerbe in den Jahren 1993–2002. Seit 1995 ging der Krankenstand in Deutsch-

Tabelle 16.3.1. Krankenstandsentwicklung im Baugewerbe, 2002

	Kranken-stand (in %)	Arbeitsunfähigkeiten je 100 AOK-Mitglieder				Tage je Fall	AU-Quote (in %)
		Fälle	Veränd. z. Vorj. (in %)	Tage	Veränd. z. Vorj. (in %)		
West	5,8	154,3	−1,3	2127,2	−2,6	13,8	55,4
Ost	5,2	136,0	−3,9	1901,6	−4,9	14,0	48,5
Bund	5,7	151,2	−1,6	2089,1	−2,9	13,8	54,1

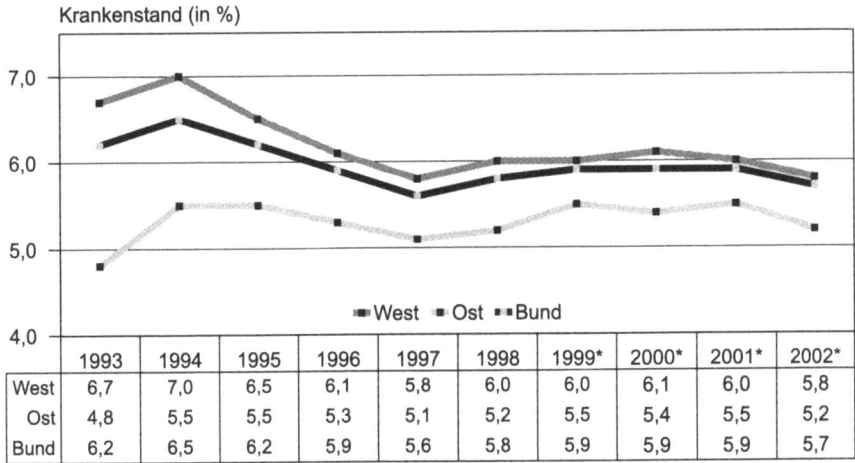

Abb. 16.3.1. Krankenstandsentwicklung im Baugewerbe, 1993–2002

land kontinuierlich zurück und erreichte 1997 seinen vorläufigen Tiefstand. In den Jahren 1998 und 1999 nahm er wieder etwas zu, blieb aber deutlich unter dem Niveau der Jahre 1993-1995. In den Jahren 2000 und 2001 blieb der Krankenstand stabil, während er im Jahr 2002 wieder um 0,2 Prozentpunkte zurückging und damit den niedrigsten Stand seit 1997 erreichte[3].

16.3.3 Krankenstandsentwicklung in den einzelnen Wirtschaftsgruppen des Baugewerbes

In den einzelnen Wirtschaftsgruppen des Baugewerbes gibt es deutliche Unterschiede im Krankenstand (Tabelle 16.3.2). Der höchste Krankenstand war im Jahr 2002 mit 6,2% im Hoch- und Tiefbau zu verzeichnen. Am niedrigsten lag der Krankenstand mit 5,0% im Bereich Bauinstallation. Zurückzuführen sind diese unterschiedlichen Kran-

Tabelle 16.3.2. Krankenstandsentwicklung im Baugewerbe nach Wirtschaftsgruppen, 2002

Wirtschaftsgruppe	Krankenstand (in %)			Arbeitsunfähigkeiten je 100 AOK-Mitglieder				Tage je Fall	AU-Quote (in %)
	2002	2002 stand.*	2001	Fälle	Veränd. z. Vorj. (in %)	Tage	Veränd. z. Vorj. (in %)		
Bauinstallation	5,0	4,6	5,1	156,1	0,3	1838,2	-1,5	11,8	56,1
Hoch- und Tiefbau	6,2	5,0	6,4	146,7	-2,7	2258,1	-3,1	15,4	53,6
Vermietung von Baumaschinen u. -geräten mit Bedienungspersonal	6,0	4,9	6,0	128,7	-0,5	2185,5	0,3	17,0	52,3
Vorbereitende Baustellenarbeiten	6,0	5,7	6,4	147,9	-6,1	2181,8	-6,4	14,8	47,8
Sonstiges Baugewerbe	5,4	5,0	5,5	157,8	-0,6	1955,4	-2,2	12,4	54,2

* Krankenstand alters- und geschlechtsstandardisiert

---

[3] Die Werte der Jahre ab 1999 basieren auf der Klassifikation der Wirtschaftszweige der Bundesanstalt für Arbeit aus dem Jahre 1993 (WZS 93/NACE), während den Werten der Jahre 1993-1998 noch der Wirtschaftszweigschlüssel aus dem Jahr 1973 zugrunde lag.

kenstände vor allem auf Abweichungen in der durchschnittlichen Dauer der Arbeitsunfähigkeitsfälle sowie im Fall der Wirtschaftsgruppe „Vermietung von Baumaschinen und -geräten mit Bedienungspersonal" auf eine erheblich geringere Zahl an AU-Fällen. Im Bereich Bauinstallation nahm 2002, im Vergleich zum Vorjahr, die Zahl der Arbeitsunfähigkeitstage geringfügig zu (0,3%). In den übrigen Bereichen war dagegen ein Rückgang zu verzeichnen.

Der stärkste Rückgang gegenüber dem Jahr 2001, sowohl bei den AU-Fällen als auch bei den AU-Tagen, war in der Wirtschaftsgruppe „vorbereitende Baustellenarbeiten" zu verzeichnen (-6,1 bzw. -6,4%). Der Anteil der Beschäftigten, die sich einmal oder mehrfach krank meldeten (AU-Quote), bewegte sich in den verschiedenen Wirtschaftsgruppen des Baugewerbes zwischen 47,8–56,1%. Die nach Alter und Geschlecht standardisierten Krankenstände fallen meist niedriger, teilweise deutlich niedriger als die nicht standardisierten Werte aus[4].

Tabellarische Übersichten und Abbildungen

16.3.4 Krankenstand nach Berufsgruppen

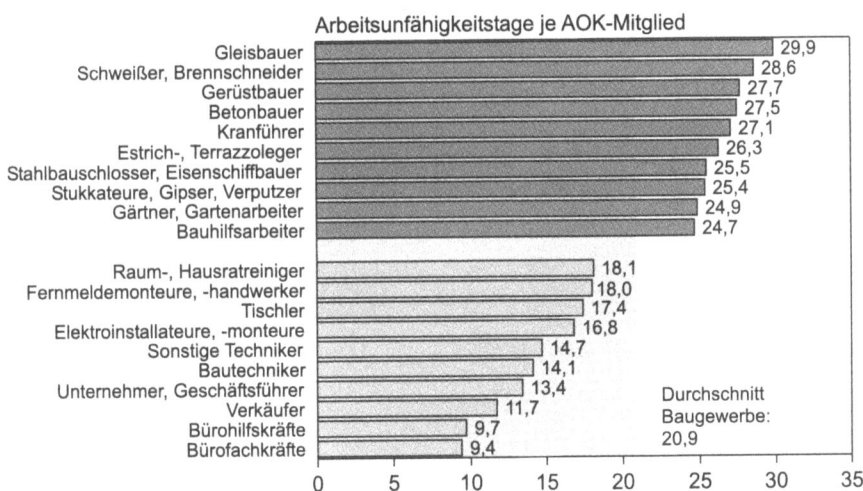

Abb. 16.3.2. 10 Berufsgruppen im Baugewerbe mit hohen und niedrigen Fehlzeiten, 2002

---

[4] Berechnet nach der Methode der direkten Standardisierung. Zugrunde gelegt wurde die Alters- und Geschlechtsstruktur der erwerbstätigen Mitglieder der gesetzlichen Krankenversicherung insgesamt im Jahr 2000 (Mitglieder mit Krankengeldanspruch). Quelle: VDR-Statistik.

Tabelle 16.3.3. Baugewerbe, Krankenstandskennzahlen nach ausgewählten Berufsgruppen, 2002

Tätigkeit	Krankenstand (in %)	Arbeitsunfähigkeiten je 100 AOK-Mitglieder		Tage je Fall	AU-Quote (in %)	Anteil Arbeitsunfälle an den AU-Tagen (in %)
		Fälle	Tage			
Architekten, Bauingenieure	2,8	68,5	1017,6	14,8	29,2	4,8
Bauhilfsarbeiter	6,8	153,5	2471,7	16,1	56,4	12,3
Baumaschinenführer	6,6	121,1	2392,0	19,7	53,5	10,1
Bauschlosser	6,7	155,5	2458,4	15,8	61,2	10,1
Bautechniker	3,9	86,5	1407,7	16,3	37,8	7,7
Betonbauer	7,5	163,1	2749,8	16,9	54,7	12,7
Bürofachkräfte	2,6	81,0	943,2	11,6	35,3	5,8
Dachdecker	6,3	185,8	2309,5	12,4	60,0	15,4
Elektroinstallateure, -monteure	4,6	161,1	1676,9	10,4	58,6	9,5
Gerüstbauer	7,6	193,6	2774,9	14,3	57,5	13,5
Kraftfahrzeugführer	6,1	112,9	2225,2	19,7	50,6	11,4
Kranführer	7,4	129,3	2712,5	21,0	54,9	14,2
Maler, Lackierer	5,5	173,9	2010,9	11,6	58,2	7,6
Maurer	6,3	145,8	2291,1	15,7	53,8	12,7
Rohrinstallateure	5,5	173,8	1998,5	11,5	63,0	9,7
Schweißer, Brennschneider	7,8	165,5	2863,0	17,3	60,5	10,8
Straßenbauer	6,3	157,1	2308,3	14,7	58,4	9,9
Technische Zeichner	2,5	127,9	906,9	7,1	48,9	3,9
Unternehmer, Geschäftsführer, -bereichleiter	3,7	63,6	1335,6	21,0	30,8	8,4
Zimmerer	6,0	157,2	2187,0	13,9	57,8	17,7

Berufsgruppen mit mehr als 2000 AOK-Versicherten

Baugewerbe

16.3.5 Kurz- und Langzeiterkrankungen

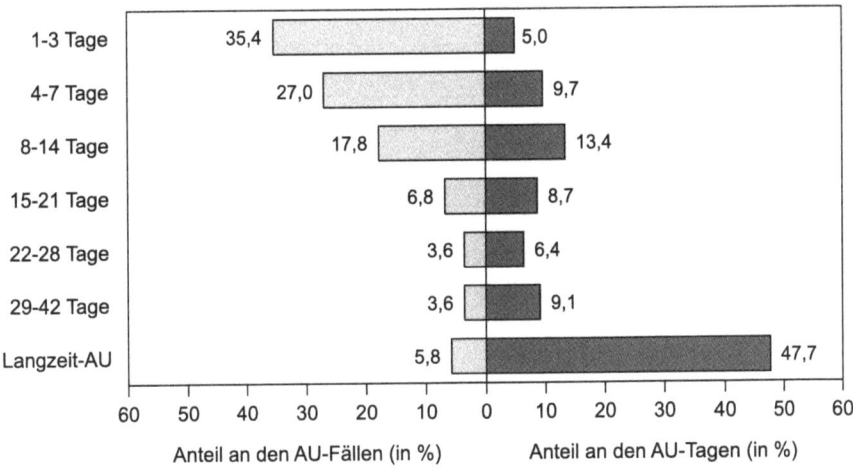

Abb. 16.3.3. Arbeitsunfähigkeitsfälle und -tage im Baugewerbe nach der Dauer, 2002

16.3.6 Krankenstand nach Bundesländern

Tabelle 16.3.4. Baugewerbe, Arbeitsunfähigkeit nach Bundesländern, 2002 im Vergleich zum Vorjahr

	Arbeitsunfähigkeiten je 100 AOK-Mitglieder					
	AU-Fälle	Veränd. z. Vorj. (in %)	AU-Tage	Veränd. z. Vorj. (in %)	Tage je Fall	Veränd. z. Vorj. (in %)
Baden-Württemberg	160,4	–1,7	2238,7	–0,7	14,0	1,4
Bayern	134,0	–2,5	1882,7	–3,3	14,1	–0,7
Berlin	139,1	–1,3	2535,7	–7,5	18,2	–6,7
Brandenburg	135,5	2,5	1982,4	0,6	14,6	–2,0
Bremen	169,8	–2,2	2522,5	–0,7	14,9	2,1
Hamburg	165,0	–1,8	2874,3	–2,0	17,4	–0,6
Hessen	166,3	–0,8	2397,0	–0,4	14,4	0,7
Mecklenburg-Vorpommern	135,5	–1,6	1994,8	–3,1	14,7	–2,0
Niedersachsen	153,4	1,7	1645,5	1,2	10,7	–0,9
Nordrhein-Westfalen	170,5	–1,8	2304,2	–5,4	13,5	–3,6
Rheinland-Pfalz	171,1	–2,8	2284,4	–2,8	13,4	0,0
Saarland	161,7	–1,2	2614,5	–5,9	16,2	–4,7
Sachsen	135,6	–5,1	1836,2	–7,2	13,5	–2,2
Sachsen-Anhalt	141,1	–4,5	1986,5	–3,1	14,1	1,4
Schleswig-Holstein	158,9	0,3	2219,3	–2,1	14,0	–2,1
Thüringen	133,5	–5,9	1863,7	–6,1	14,0	0,0
Bund	151,2	–1,6	2089,1	–2,9	13,8	–1,4

Baugewerbe

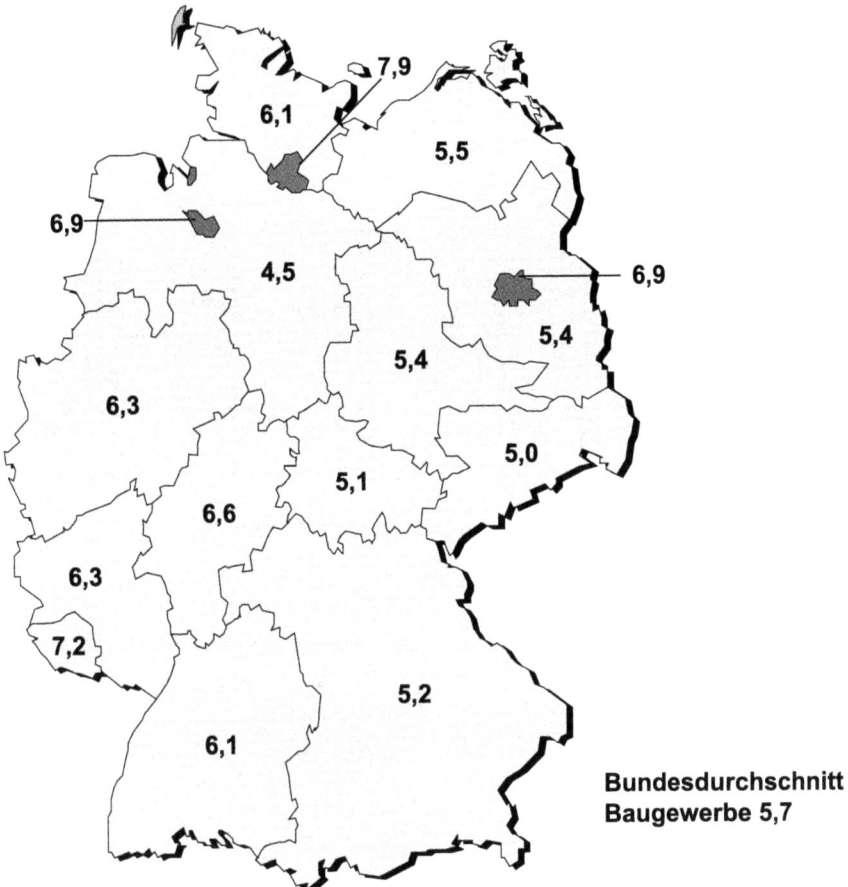

Abb. 16.3.4. Krankenstand (in %) im Baugewerbe nach Bundesländern, 2002

16.3.7 Krankenstand nach Betriebsgröße

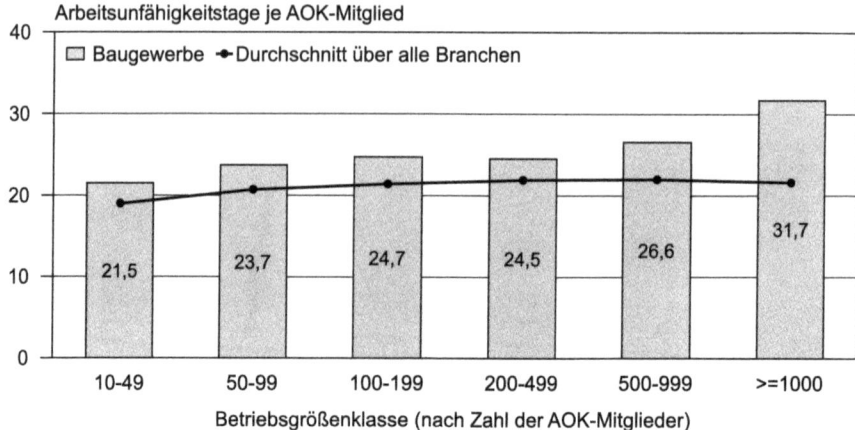

Abb. 16.3.5. Arbeitsunfähigkeitstage im Baugewerbe nach Betriebsgröße, 2002

Tabelle 16.3.5. Baugewerbe, Arbeitsunfähigkeitstage je AOK Mitglied nach Betriebsgröße (Anzahl der AOK-Mitglieder), 2002

Wirtschaftsgruppe	10–49	50–99	100–199	200–499	500–999	≥1000
Bauinstallation	18,8	21,4	23,0	18,9	25,9	17,4
Hoch- und Tiefbau	22,5	24,2	25,3	25,7	25,9	51,5
Vermietung von Baumaschinen u. -geräten mit Bedienungspersonal	24,2	20,4	30,4	–	–	–
Vorbereitende Baustellenarbeiten	21,2	23,3	21,3	30,4	33,2	–
Sonstiges Baugewerbe	21,6	23,2	21,7	22,1	–	–
Durchschnitt über alle Branchen	19,0	20,7	21,4	21,9	22,0	21,6

16.3.8 Krankenstand nach Stellung im Beruf

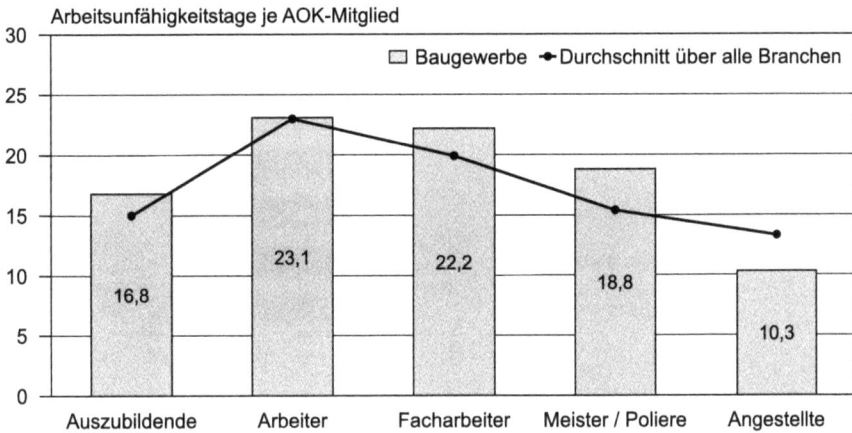

Abb. 16.3.6. Arbeitsunfähigkeitstage im Baugewerbe nach Stellung im Beruf, 2002

Tabelle 16.3.6. Baugewerbe, Krankenstand (in %) nach Stellung im Beruf, 2002

Wirtschaftsgruppe	Auszu-bildende	Arbeiter	Fach-arbeiter	Meister, Poliere	Ange-stellte
Bauinstallation	4,1	5,9	5,5	4,4	2,8
Hoch- und Tiefbau	5,2	6,6	6,5	5,5	3,0
Vermietung von Baumaschinen u. -geräten mit Bedienungspersonal	3,3	6,7	6,1	5,2	2,6
Vorbereitende Baustellenarbeiten	4,2	6,4	5,8	6,8	3,4
Sonstiges Baugewerbe	4,6	5,8	5,8	4,9	2,7

16.3.9 Arbeitsunfälle

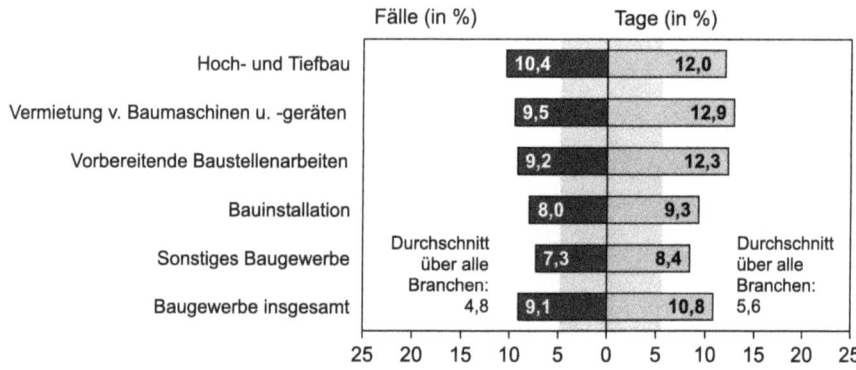

Abb. 16.3.7. Arbeitsunfälle im Baugewerbe nach Wirtschaftsgruppen, Anteil an den AU-Fällen und -Tagen in %, 2002

Tabelle 16.3.7. Baugewerbe, Arbeitsunfähigkeitstage durch Arbeitsunfälle nach Berufsgruppen, 2002

Tätigkeit	AU-Tage je 1000 AOK-Mitglieder	Anteil an den AU-Tagen insgesamt (in %)
Zimmerer	3891,4	17,7
Gerüstbauer	3757,0	13,5
Dachdecker	3551,5	15,4
Betonbauer	3490,8	12,7
Bauhilfsarbeiter	3043,7	12,3
Maurer	2919,6	12,7
Sonstige Bauhilfsarbeiter, Bauhelfer	2718,0	12,8
Isolierer, Abdichter	2576,2	10,5
Kraftfahrzeugführer	2521,2	11,4
Stukkateure, Gipser, Verputzer	2499,9	9,8
Sonstige Tiefbauer	2453,1	10,8
Baumaschinenführer	2434,5	10,1
Straßenbauer	2302,5	9,9
Tischler	2123,0	12,2
Rohrinstallateure	1937,3	9,7
Elektroinstallateure, -monteure	1604,6	9,5
Maler, Lackierer (Ausbau)	1533,1	7,6

16.3.10 Krankheitsarten

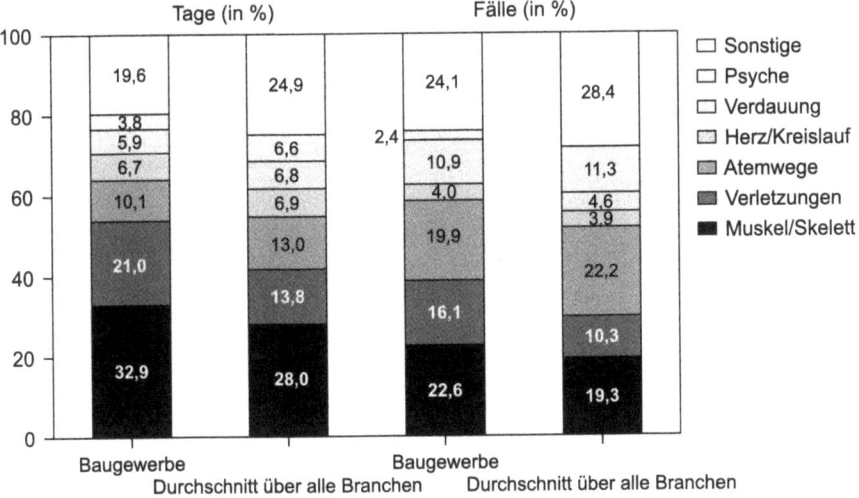

Abb. 16.3.8. Arbeitsunfähigkeiten im Baugewerbe nach Krankheitsarten, 2002

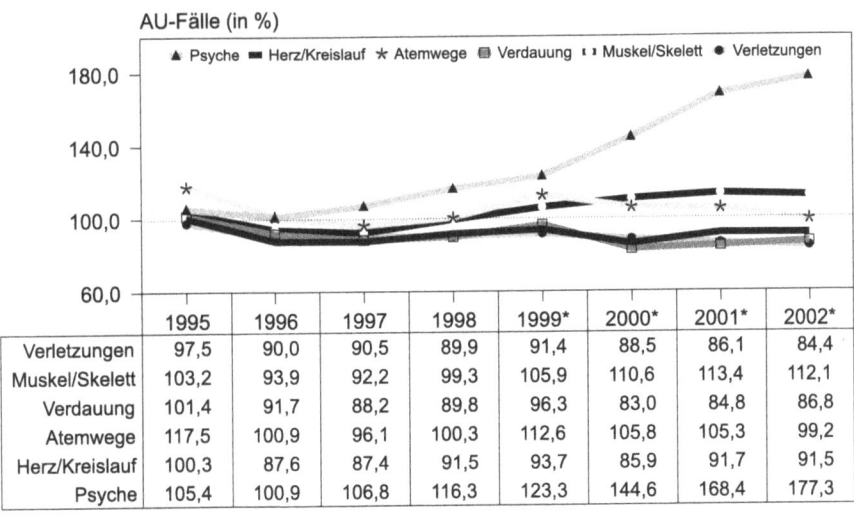

	1995	1996	1997	1998	1999*	2000*	2001*	2002*
Verletzungen	97,5	90,0	90,5	89,9	91,4	88,5	86,1	84,4
Muskel/Skelett	103,2	93,9	92,2	99,3	105,9	110,6	113,4	112,1
Verdauung	101,4	91,7	88,2	89,8	96,3	83,0	84,8	86,8
Atemwege	117,5	100,9	96,1	100,3	112,6	105,8	105,3	99,2
Herz/Kreislauf	100,3	87,6	87,4	91,5	93,7	85,9	91,7	91,5
Psyche	105,4	100,9	106,8	116,3	123,3	144,6	168,4	177,3

Abb. 16.3.9. Arbeitsunfähigkeitsfälle im Baugewerbe nach Krankheitsarten, 1995–2002; Indexdarstellung (1994 = 100%)

Krankheitsbedingte Fehlzeiten in der deutschen Wirtschaft im Jahr 2002

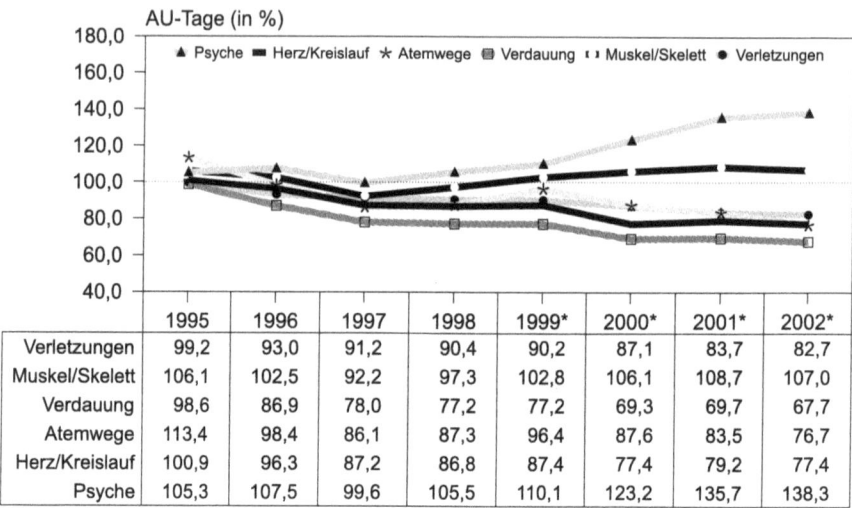

	1995	1996	1997	1998	1999*	2000*	2001*	2002*
Verletzungen	99,2	93,0	91,2	90,4	90,2	87,1	83,7	82,7
Muskel/Skelett	106,1	102,5	92,2	97,3	102,8	106,1	108,7	107,0
Verdauung	98,6	86,9	78,0	77,2	77,2	69,3	69,7	67,7
Atemwege	113,4	98,4	86,1	87,3	96,4	87,6	83,5	76,7
Herz/Kreislauf	100,9	96,3	87,2	86,8	87,4	77,4	79,2	77,4
Psyche	105,3	107,5	99,6	105,5	110,1	123,2	135,7	138,3

Abb. 16.3.10. Arbeitsunfähigkeitstage im Baugewerbe nach Krankheitsarten, 1995–2002; Indexdarstellung (1994 = 100%)

Tabelle 16.3.8. Baugewerbe, Arbeitsunfähigkeitstage nach Krankheitsarten (in %), 2002

Wirtschafts-gruppe	Muskel/Skelett	Atem-wege	Verlet-zungen	Herz/Kreislauf	Verdau-ung	Psyche	Sons-tige
Bauinstallation	30,2	12,0	20,6	6,1	6,2	4,2	20,8
Hoch- und Tiefbau	34,2	8,9	21,4	7,2	5,6	3,5	19,2
Vermietung von Baumaschinen u. -geräten mit Bedienungspersonal	30,4	10,0	21,5	7,4	6,9	4,0	19,8
Vorbereitende Baustellenarbeiten	31,0	11,4	20,3	7,5	6,5	3,8	19,6
Sonstiges Baugewerbe	32,6	11,3	19,9	5,7	6,1	4,1	20,4

Tabelle 16.3.9. Baugewerbe, Arbeitsunfähigkeiten nach Krankheitsarten, Anteile der ICD-Untergruppen an den ICD-Hauptgruppen, 2002

ICD-Untergruppen	Anteil an den AU-Fällen (in %)	Anteil an den AU-Tagen (in %)
Muskel-/Skeletterkrankungen		
Krankheiten der Wirbelsäule und des Rückens	54,7	52,8
Krankheiten der Weichteilgewebe	20,6	18,0
Arthropathien	18,5	24,1
Sonstige	6,2	5,1
Verletzungen		
Verletzungen nicht näher bezeichneter Teile an Rumpf/Extremitäten/etc.	21,1	15,2
Verletzungen des Handgelenkes und der Hand	15,4	15,5
Verletzungen der Knöchelregion und des Fußes	11,1	11,7
Verletzungen des Knies und des Unterschenkels	10,5	16,6
Verletzungen des Kopfes	7,8	5,9
Sonstige	34,1	35,1
Atemwegserkrankungen		
Akute Infektionen der oberen Atemwege	43,0	34,4
Sonstige akute Infektionen der unteren Atemwege	20,2	18,5
Chronische Krankheiten der unteren Atemwege	17,3	21,5
Sonstige Krankheiten der oberen Atemwege	8,8	10,9
Sonstige	10,7	14,7
Herz-/Kreislauferkrankungen		
Hypertonie [Hochdruckkrankheit]	31,8	24,8
Krankheiten der Venen/Lymphgefäße/Lymphknoten	17,5	12,1
Ischämische Herzkrankheiten	16,5	27,3
Sonstige Formen der Herzkrankheit	13,0	15,2
Sonstige	21,2	20,6
Verdauung		
Nichtinfektiöse Enteritis und Kolitis	30,4	17,7
Krankheiten des Ösophagus/Magens/Duodenums	25,8	24,6
Krankheiten der Mundhöhle/Speicheldrüsen/Kiefer	22,2	7,9
Sonstige Krankheiten des Darmes	5,9	10,1
Hernien	5,2	18,2
Sonstige	10,5	21,5
Psychische und Verhaltensstörungen		
Neurotische, Belastungs- und somatoforme Störungen	34,7	31,5
Psychische und Verhaltensstörungen durch psychotrope Substanzen	34,2	26,1
Affektive Störungen	22,2	30,4
Schizophrenie, schizotype und wahnhafte Störungen	2,6	4,9
Sonstige	6,3	7,1

16.4 Dienstleistungen

16.4.1 Kosten der Arbeitsunfähigkeit 340
16.4.2 Allgemeine Krankenstandsentwicklung 340
16.4.3 Krankenstandsentwicklung nach Wirtschaftsabteilungen 342

Tabellarische Übersichten und Abbildungen
16.4.4 Krankenstand nach Berufsgruppen 344
16.4.5 Kurz- und Langzeiterkrankungen 346
16.4.6 Krankenstand nach Bundesländern 347
16.4.7 Krankenstand nach Betriebsgröße 349
16.4.8 Krankenstand nach Stellung im Beruf 350
16.4.9 Arbeitsunfälle 351
16.4.10 Krankheitsarten 352

16.4.1 Kosten der Arbeitsunfähigkeit

Im Dienstleistungsbereich waren im Jahr 2002 rund 8,3 Mio. Erwerbstätige sozialversicherungspflichtig beschäftigt[1]. Der Anteil der AOK-Versicherten unter den abhängig Beschäftigten lag bei 42,8%. Die AOK-Mitglieder waren 2002 durchschnittlich 17,7 Kalendertage krankgeschrieben. Hochgerechnet auf die Branche ergibt dies eine Summe von 146,1 Mio. krankheitsbedingten Fehltagen oder 400 332 Erwerbsjahren. Bei durchschnittlichen Lohnkosten von 30 749 Euro[2] ergaben sich für das Jahr 2002 für den Dienstleistungsbereich Kosten in Höhe von 12,3 Mrd. Euro aufgrund von Produktionsausfällen durch Arbeitsunfähigkeit. Die finanzielle Belastung eines Betriebes mit 100 Mitarbeitern durch diese Kosten betrug im Mittel 148 962 Euro.

16.4.2 Allgemeine Krankenstandsentwicklung

Der Krankenstand im Bereich Dienstleistungen lag 2002 bei 4,8%. Dies entspricht im Vergleich zum Vorjahr einem leichten Rückgang von 0,1 Prozentpunkten. Die Zahl der krankheitsbedingten Fehltage (AU-Tage) war ebenso wie die der Arbeitsunfähigkeitsfälle (AU-Fälle) leicht rückläufig. Auch die durchschnittliche Dauer eines AU-Falles nahm im Jahr 2002 gegenüber 2001 etwas ab. Auffällig war ein durchweg stärkerer Rückgang der Krankenstandskennzahlen in Ostdeutschland. Die AU-Quote reduzierte sich im Osten gegenüber 2001 um 1,4

---

[1] Bundesanstalt für Arbeit, Sozialversicherungspflichtig Beschäftigte nach Wirtschaftszweigen der WZ93/BA in der Bundesrepublik Deutschland, Stand Juni 2002.
[2] Statistisches Bundesamt, Volkswirtschaftliche Gesamtrechnungen, Fachserie 18, Reihe 1.3, Arbeitnehmerentgelt je Arbeitnehmer, Hauptbericht 2002, Wiesbaden 2003.

Prozentpunkte, während sie im Westen konstant blieb (Ost: 50,0%; West: 48,9%) (Tabelle 16.4.1).

Abb. 16.4.1 zeigt die Krankenstandsentwicklung im Bereich Dienstleistungen für den Zeitraum 1993–2002. In den Jahren 1995–1997 ging der Krankenstand deutlich zurück. In den folgenden Jahren stieg er zwar wieder geringfügig an, bewegte sich aber im Vergleich zu den Jahren 1993–1995 nach wie vor auf einem relativ niedrigen Niveau. Seit 1994 waren in Ostdeutschland konstant höhere Krankenstandswerte zu verzeichnen als in Westdeutschland, mit dem größten Ost/West-Unterschied von 0,8 Prozentpunkten in den Jahren 1995 und 1996. In den letzten Jahren ist eine Annäherung der beiden Verlaufskurven zu registrieren. Im Jahr 2002 betrug die Differenz zwischen Ost und West nur noch 0,4 Prozentpunkte.

Tabelle 16.4.1. Krankenstandsentwicklung im Bereich Dienstleistungen, 2002

	Kranken-stand (in %)	Arbeitsunfähigkeiten je 100 AOK-Mitglieder				Tage je Fall	AU-Quote (in %)
		Fälle	Veränd. z. Vorj. (in %)	Tage	Veränd. z. Vorj. (in %)		
West	4,8	149,6	−0,3	1749,7	−1,5	11,7	48,9
Ost	5,2	152,6	−1,7	1892,0	−4,2	12,4	50,0
Bund	4,8	150,0	−0,5	1768,2	−1,9	11,8	49,1

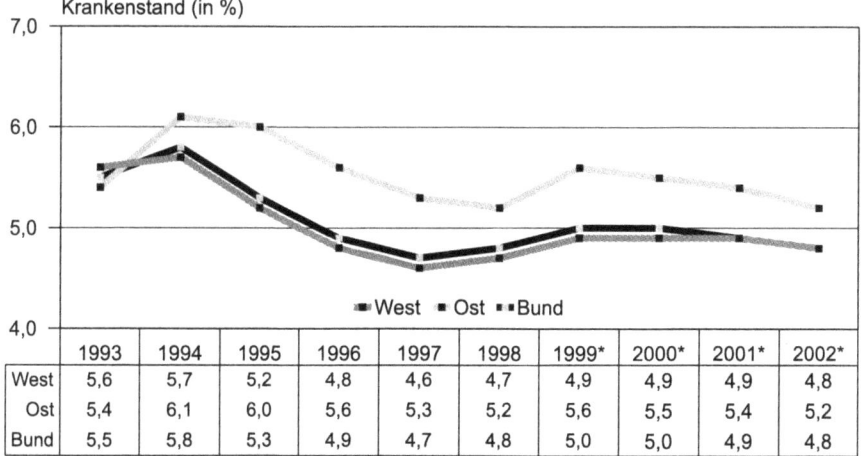

Abb. 16.4.1. Krankenstandsentwicklung im Dienstleistungsbereich, 1993–2002

16.4.3 Krankenstandsentwicklung in den einzelnen Wirtschaftsabteilungen des Dienstleistungsbereiches

In den einzelnen Wirtschaftsabteilungen des Dienstleistungsbereichs differierten die Krankenstände im Jahr 2002 so stark wie in keiner anderen Branche. Der Unterschied zwischen dem höchsten und dem niedrigsten Krankenstand lag bei 4,0 Prozentpunkten. Den mit Abstand höchsten Krankenstand hatte, wie in den Vorjahren, der Bereich Abwasser- und Abfallbeseitigung und sonstige Entsorgung (6,9%). In dieser Abteilung lag sowohl die Zahl der Krankmeldungen als auch deren Dauer erheblich über dem allgemeinen Branchendurchschnitt. Auch die Bereiche „Gesundheits-, Veterinär- und Sozialwesen" sowie „Interessenvertretungen, kirchliche und sonstige religiöse Vereinigungen" verzeichneten überdurchschnittlich hohe Krankenstände. Niedrige Krankenstände waren in den Wirtschaftsabteilungen Datenverarbeitung und Datenbanken, private Haushalte, Kultur, Sport und Unterhaltung sowie im Gastgewerbe zu registrieren (s. Tabelle 16.4.2).

Tabelle 16.4.2 weist neben den Rohwerten auch standardisierte Krankenstandswerte aus, bei denen verzerrende Einflüsse der Alters- und Geschlechtsstruktur in den einzelnen Branchen herausgerechnet wurden[3]. Der hohe Krankenstand im Bereich Abwasser- und Abfallbeseitigung und sonstige Entsorgung ist teilweise auf die spezielle Beschäftigtenstruktur in dieser Branche zurückzuführen. Der standardisierte Wert fällt um 0,6 Prozentpunkte niedriger aus als der Rohwert. In den Wirtschaftszweigen mit niedrigen Krankenständen, insbesondere in der Abteilung Datenverarbeitung und Datenbanken, ergeben sich dagegen teilweise etwas höhere Werte, die oben beschriebene Verteilungsstruktur bleibt aber im wesentlichen erhalten.

Auch der Anteil der Arbeitnehmer, die 2002 einmal oder mehrfach krankgeschrieben waren, fiel in den verschiedenen Wirtschaftszweigen des Dienstleistungssektors sehr unterschiedlich aus. Während die AU-Quote in der Wirtschaftsabteilung Abwasser- und Abfallbeseitigung und sonstige Entsorgung bei 62,0% lag, waren es im Bereich Kultur, Sport und Unterhaltung lediglich 35,3%. Im Vergleich zum Jahr 2001 nahm die Zahl der Arbeitsunfähigkeitstage in den meisten Wirtschaftszweigen des Dienstleistungsbereichs ab. Die stärksten Rückgänge waren, wie schon im Vorjahr, in den Bereichen Forschung und Ent-

---

[3] Berechnet nach der Methode der direkten Standardisierung. Zugrunde gelegt wurde die Alters- und Geschlechtsstruktur der erwerbstätigen Mitglieder der gesetzlichen Krankenversicherung insgesamt im Jahr 2000 (Mitglieder mit Krankengeldanspruch). Quelle: VDR-Statistik.

Tabelle 16.4.2. Krankenstandsentwicklung im Bereich Dienstleistungen nach Wirtschaftsabteilungen, 2002

Wirtschaftsabteilung	Krankenstand (in %)			Arbeitsunfähigkeiten je 100 AOK-Mitglieder				Tage je Fall	AU-Quote (in %)
	2002	2002 stand.*	2001	Fälle	Veränd. z. Vorj. (in %)	Tage	Veränd. z. Vorj. (in %)		
Datenverarbeitung und Datenbanken	2,9	3,3	2,8	122,1	1,9	1043,2	2,4	8,5	44,2
Erbringung von Dienstleistungen überwiegend für Unternehmen	5,0	5,1	5,2	163,2	-2,7	1832,2	-2,5	11,2	48,0
Gastgewerbe	3,8	4,0	3,9	115,3	-0,3	1385,0	-1,6	12,0	38,8
Erbringung von sonstigen Dienstleistungen	4,2	4,6	4,3	149,8	1,3	1532,8	-1,8	10,2	52,7
Grundstücks- und Wohnungswesen	4,8	4,3	4,8	122,8	3,6	1744,2	-0,0	14,2	48,8
Vermietung beweglicher Sachen ohne Bedienungspersonal	4,8	4,9	4,8	135,7	-0,1	1762,2	0,6	13,0	48,9
Gesundheits-, Veterinär- und Sozialwesen	5,4	5,3	5,5	159,0	1,3	1976,3	-1,9	12,4	57,3
Kultur, Sport und Unterhaltung	3,6	3,6	3,7	103,0	0,4	1313,4	-1,3	12,7	35,3
Abwasser- und Abfallbeseitigung und sonstige Entsorgung	6,9	6,3	6,9	177,4	0,4	2526,8	-0,1	14,2	62,0
Private Haushalte	3,1	3,2	3,2	83,7	-1,1	1138,4	-3,6	13,6	37,3
Forschung und Entwicklung	4,2	4,1	4,5	140,7	-2,3	1538,5	-7,0	10,9	50,0
Interessenvertretungen, kirchliche und sonstige religiöse Vereinigungen	5,3	5,3	5,5	185,4	-2,5	1917,6	-4,2	10,3	55,6

* Krankenstand alters- und geschlechtsstandardisiert

wicklung (-7,0%) sowie bei Interessenvertretungen, kirchlichen und sonstigen religiösen Vereinigungen (-4,2%) zu verzeichnen.

Tabellarische Übersichten und Abbildungen

16.4.4 Krankenstand nach Berufsgruppen

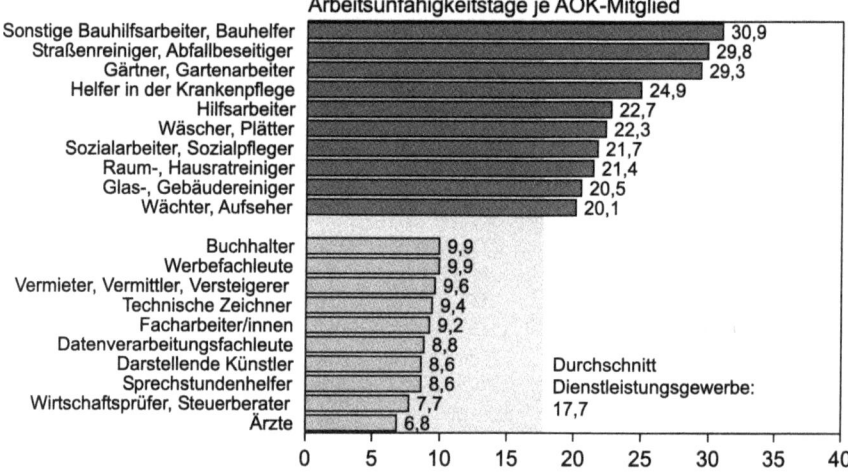

Abb. 16.4.2. 10 Berufsgruppen im Dienstleistungsbereich mit hohen und niedrigen Fehlzeiten, 2002

Dienstleistungen

Tabelle 16.4.3. Dienstleistungen, Krankenstandskennzahlen nach ausgewählten Berufsgruppen, 2002

Tätigkeit*	Krankenstand (in %)	Arbeitsunfähigkeiten je 100 AOK-Mitglieder		Tage je Fall	AU-Quote (in %)	Anteil Arbeitsunfälle an den AU-Tagen (in %)
		Fälle	Tage			
Artisten, Berufssportler, künstlerische Hilfsberufe	4,1	131,2	1503,4	11,5	34,7	29,1
Ärzte	1,9	60,5	676,0	11,2	26,8	2,9
Bürofachkräfte	3,4	135,8	1223,3	9,0	46,7	1,7
Darstellende Künstler	2,4	84,2	862,4	10,2	16,7	6,1
Datenverarbeitungsfachleute	2,4	115,2	879,8	7,6	41,2	1,5
Fremdenverkehrsfachleute	3,4	130,7	1231,7	9,4	41,5	3,5
Friseur(e/innen)	3,3	159,7	1194,6	7,5	54,9	1,3
Heimleiter, Sozialpädagogen	3,9	132,0	1436,9	10,9	54,6	2,6
Hoteliers, Gastwirt(e/innen), Hotel-, Gaststätten-geschäftsführer/innen	3,3	130,1	1217,6	9,4	44,8	4,3
Kindergärtnerinnen, Kinderpflegerinnen	3,7	166,0	1366,9	8,2	60,3	1,7
Köche	4,8	133,4	1747,9	13,1	44,8	4,5
Krankenschwestern, -pfleger, Hebammen	4,3	130,2	1586,7	12,2	55,5	2,1
Lager-, Transportarbeiter	6,1	210,8	2233,5	10,6	49,7	5,7
Raum-, Hausratreiniger	5,9	152,4	2143,2	14,1	51,9	3,1
Restaurantfachleute, Stewards/Stewardessen	3,4	109,4	1239,5	11,3	36,5	4,0
Sozialarbeiter, Sozialpfleger	5,9	167,6	2167,2	12,9	59,3	2,3
Sprechstundenhelfer	2,4	128,9	862,4	6,7	47,2	1,9
Unternehmer, Geschäftsführer, Geschäftsbereichleiter	2,9	71,0	1075,8	15,2	31,9	3,0
Werbefachleute	2,7	136,1	987,0	7,2	43,0	1,9
Wirtschaftsprüfer, Steuerberater	2,1	125,0	769,4	6,2	46,7	1,6

* Berufsgruppen mit mehr als 2000 AOK-Versicherten

16.4.5 Kurz- und Langzeiterkrankungen

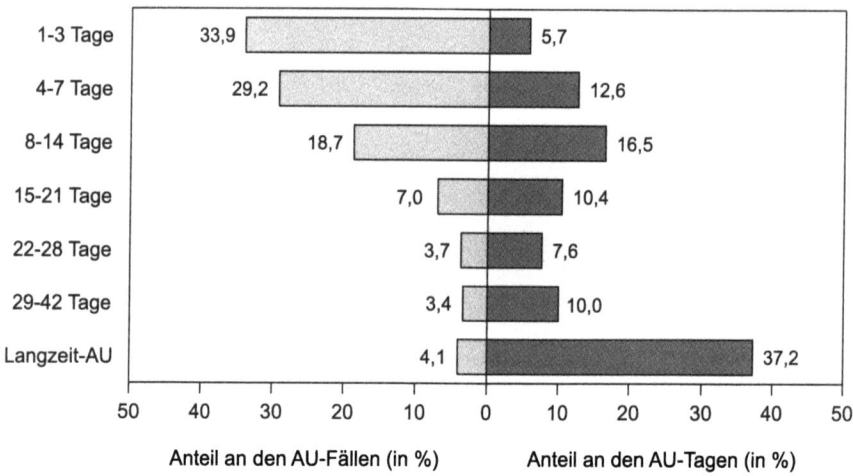

Abb. 16.4.3. Arbeitsunfähigkeitsfälle und -tage im Dienstleistungsbereich nach der Dauer, 2002

16.4.6 Krankenstand nach Bundesländern

Tabelle 16.4.4. Dienstleistungen, Arbeitsunfähigkeit nach Bundesländern, 2002 im Vergleich zum Vorjahr

	Arbeitsunfähigkeiten je 100 AOK-Mitglieder					
	AU-Fälle	Veränd. z. Vorj. (in %)	AU-Tage	Veränd. z. Vorj. (in %)	Tage je Fall	Veränd. z. Vorj. (in %)
Baden-Württemberg	139,3	2,1	1594,1	1,4	11,4	−0,9
Bayern	122,9	−1,1	1516,2	−1,7	12,3	−0,8
Berlin	156,1	0,1	2281,4	−3,9	14,6	−3,9
Brandenburg	152,6	−0,3	1999,9	−3,0	13,1	−3,0
Bremen	185,1	0,5	2177,4	−1,4	11,8	−1,7
Hamburg	181,6	−1,3	2159,5	−0,3	11,9	0,8
Hessen	164,4	−1,1	1914,4	−2,6	11,6	−1,7
Mecklenburg-Vorpommern	158,3	−3,4	1940,8	−6,6	12,3	−3,1
Niedersachsen	163,2	2,1	1631,0	0,1	10,0	−2,0
Nordrhein-Westfalen	164,7	−2,7	1904,1	−3,4	11,6	0,0
Rheinland-Pfalz	163,9	0,4	1865,6	−2,1	11,4	−2,6
Saarland	160,6	−0,4	2189,8	−2,7	13,6	−2,9
Sachsen	150,9	−3,3	1816,2	−4,9	12,0	−1,6
Sachsen-Anhalt	147,6	1,7	1896,8	−2,1	12,9	−3,7
Schleswig-Holstein	162,0	−0,1	2015,8	−0,2	12,4	−0,8
Thüringen	157,1	−0,3	1959,7	−2,6	12,5	−2,3
Bund	150,0	−0,5	1768,2	−1,9	11,8	−1,7

348 Krankheitsbedingte Fehlzeiten in der deutschen Wirtschaft im Jahr 2002

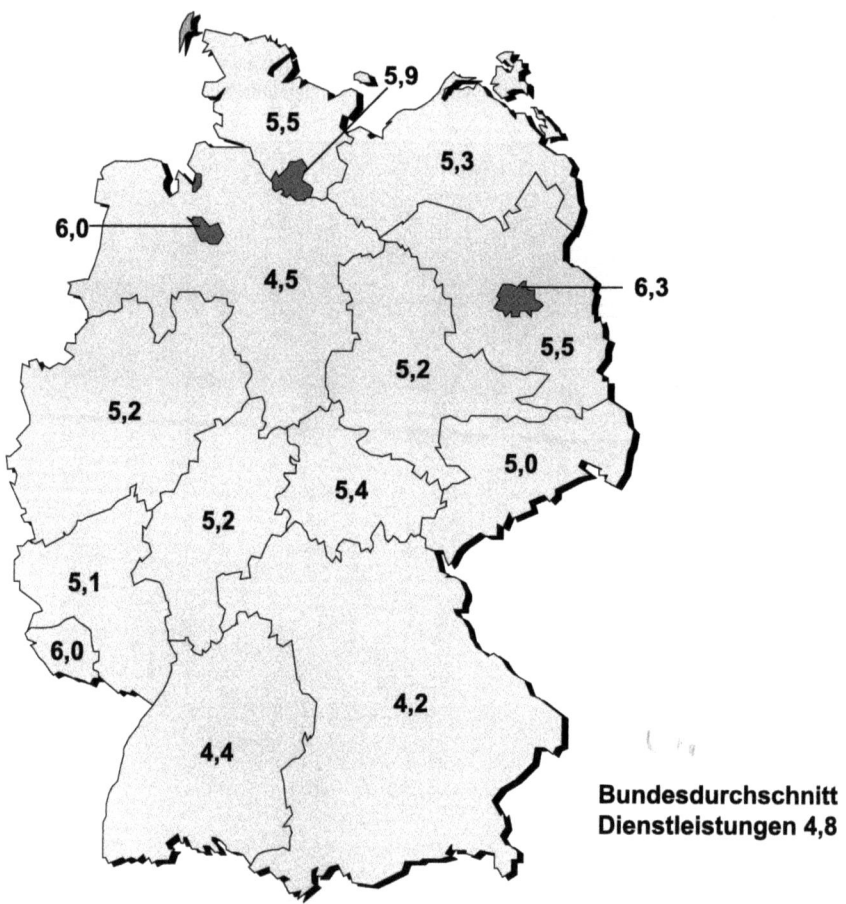

Abb. 16.4.4. Krankenstand (in %) im Dienstleistungsbereich nach Bundesländern, 2002

16.4.7 Krankenstand nach Betriebsgröße

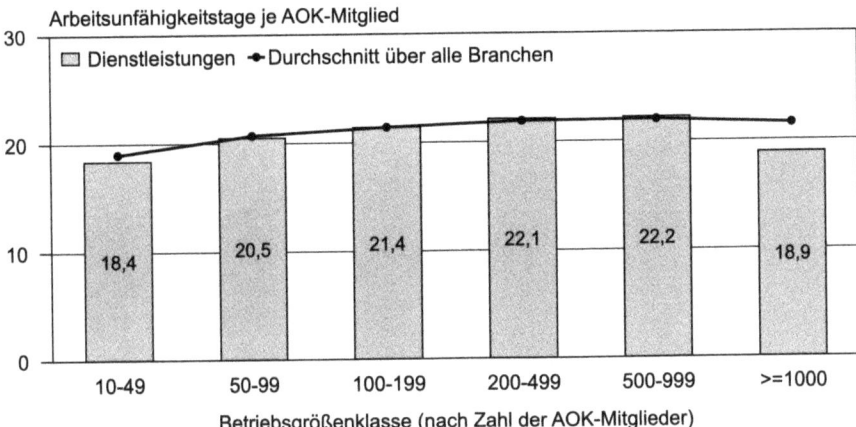

Abb. 16.4.5. Arbeitsunfähigkeitstage im Dienstleistungsbereich nach Betriebsgröße, 2002

Tabelle 16.4.5. Dienstleistungen, Arbeitsunfähigkeitstage je AOK-Mitglied nach Betriebsgröße (Anzahl der AOK-Mitglieder), 2002

Wirtschaftsabteilung	10–49	50–99	100–199	200–499	500–999	≥1000
Abwasser- und Abfallbeseitigung und sonstige Entsorgung	22,1	25,9	27,9	31,8	26,5	32,1
Datenverarbeitung und Datenbanken	12,0	14,6	14,3	11,4	9,2	–
Erbringung von Dienstleistungen überwiegend für Unternehmen	19,0	19,9	19,8	21,1	21,7	22,8
Erbringung von sonstigen Dienstleistungen	17,3	20,0	21,0	28,4	–	33,6
Forschung und Entwicklung	14,7	16,6	17,9	20,4	20,1	–
Gastgewerbe	14,4	17,4	20,0	18,9	23,8	24,6
Gesundheits-, Veterinär- und Sozialwesen	21,2	21,5	22,2	22,1	22,3	22,7
Grundstücks- und Wohnungswesen	19,3	20,8	24,7	32,0	24,2	–
Interessenvertretungen, kirchliche und sonstige religiöse Vereinigungen	18,7	22,5	24,3	23,0	25,3	17,1
Kultur, Sport und Unterhaltung	16,4	16,9	19,5	19,8	16,4	6,7
Private Haushalte	14,3	–	–	–	–	–
Vermietung beweglicher Sachen ohne Bedienungspersonal	19,8	22,4	18,9	18,2	–	–
Durchschnitt über alle Branchen	19,0	20,7	21,4	21,9	22,0	21,6

16.4.8 Krankenstand nach Stellung im Beruf

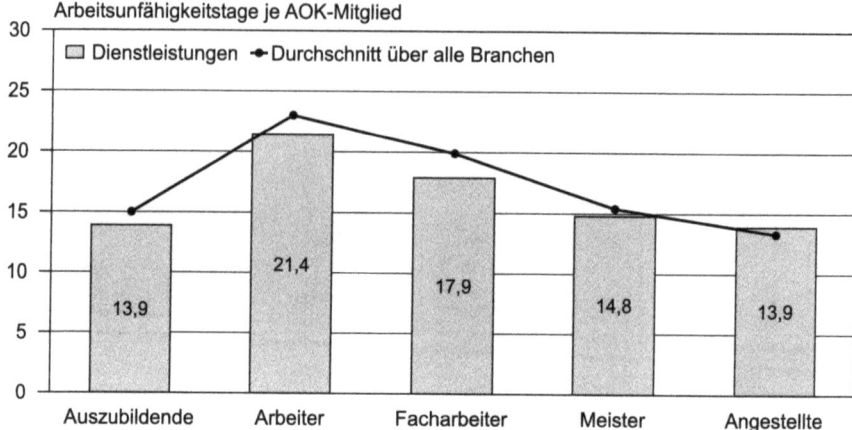

Abb. 16.4.6. Arbeitsunfähigkeitstage im Dienstleistungsbereich nach Stellung im Beruf, 2002

Tabelle 16.4.6. Dienstleistungsbereich, Krankenstand (in %) nach Stellung im Beruf, 2002

Wirtschaftsabteilung	Auszu-bildende	Arbeiter	Fach-arbeiter	Meister, Poliere	Ange-stellte
Abwasser- und Abfallbeseitigung und sonstige Entsorgung	3,6	7,7	6,4	4,1	3,7
Datenverarbeitung und Datenbanken	2,2	6,3	4,0	2,2	2,6
Erbringung von Dienstleistungen überwiegend für Unternehmen	3,2	5,8	5,9	4,4	3,2
Erbringung von sonstigen Dienstleistungen	3,7	5,3	3,5	3,6	3,6
Forschung und Entwicklung	2,4	7,3	5,4	5,1	2,8
Gastgewerbe	4,0	4,0	3,7	3,5	2,9
Gesundheits-, Veterinär- und Sozialwesen	3,7	8,2	5,8	4,7	4,6
Grundstücks- und Wohnungswesen	3,1	5,3	5,7	4,0	3,3
Interessenvertretungen, kirchliche und sonstige religiöse Vereinigungen	5,8	9,1	6,2	3,9	4,1
Kultur, Sport und Unterhaltung	3,1	5,2	5,2	3,8	2,2
Private Haushalte	3,1	3,1	3,3	1,9	2,4
Vermietung beweglicher Sachen ohne Bedienungspersonal	3,2	5,8	5,4	3,5	3,2

Dienstleistungen

16.4.9 Arbeitsunfälle

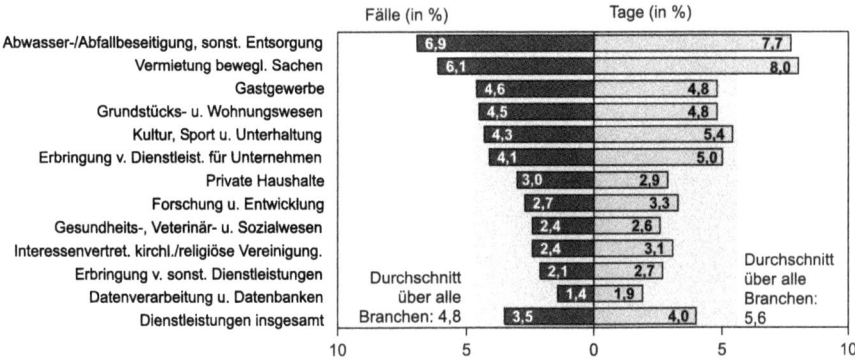

Abb. 16.4.7. Arbeitsunfälle im Dienstleistungsbereich nach Wirtschaftsabteilungen, Anteil an den AU-Fällen und -Tagen in %, 2002

Tabelle 16.4.7. Dienstleistungen, Arbeitsunfähigkeitstage durch Arbeitsunfälle nach Berufsgruppen, 2002

Tätigkeit	AU-Tage je 1000 AOK-Mitglieder	Anteil an den AU-Tagen insgesamt (in %)
Straßenreiniger, Abfallbeseitiger	2338,3	7,8
Industriemechaniker/innen	2115,4	9,4
Kraftfahrzeugführer	1790,6	8,0
Maschinen-, Behälterreiniger und verwandte Berufe	1407,5	6,6
Hilfsarbeiter ohne nähere Tätigkeitsangabe	1374,7	6,0
Gärtner, Gartenarbeiter	1367,3	4,6
Lager-, Transportarbeiter	1285,1	5,7
Glas-, Gebäudereiniger	1080,7	5,2
Pförtner, Hauswarte	966,0	5,2
Köche	807,4	4,5
Wächter, Aufseher	728,2	3,6
Raum-, Hausratreiniger	681,6	3,1
Hauswirtschaftliche Betreuer	673,8	2,9
Helfer in der Krankenpflege	569,5	2,3
Gästebetreuer	532,1	3,6
Verkäufer	525,0	3,2
Sozialarbeiter, Sozialpfleger	513,5	2,3
Restaurantfachleute, Stewards/Stewardessen	510,0	4,0
Krankenschwestern, -pfleger, Hebammen	352,1	2,1
Bürofachkräfte	212,9	1,7

16.4.10 Krankheitsarten

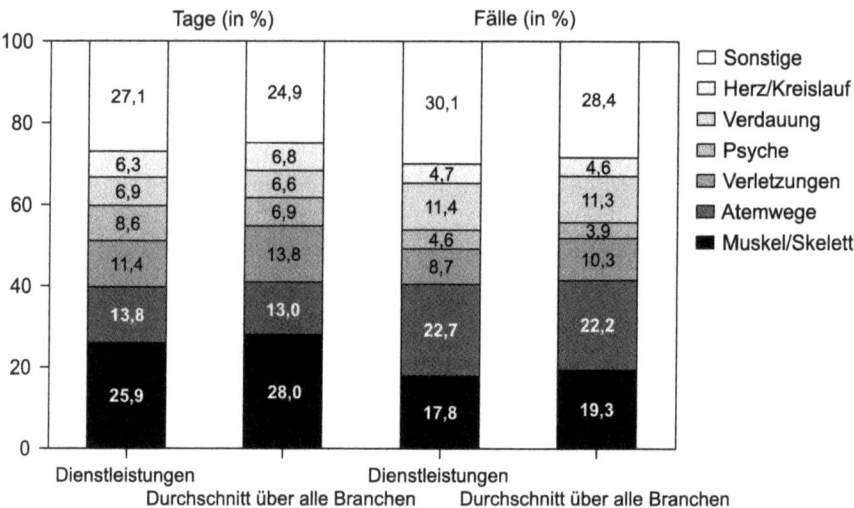

Abb. 16.4.8. Arbeitsunfähigkeiten im Dienstleistungsbereich nach Krankheitsarten, 2002

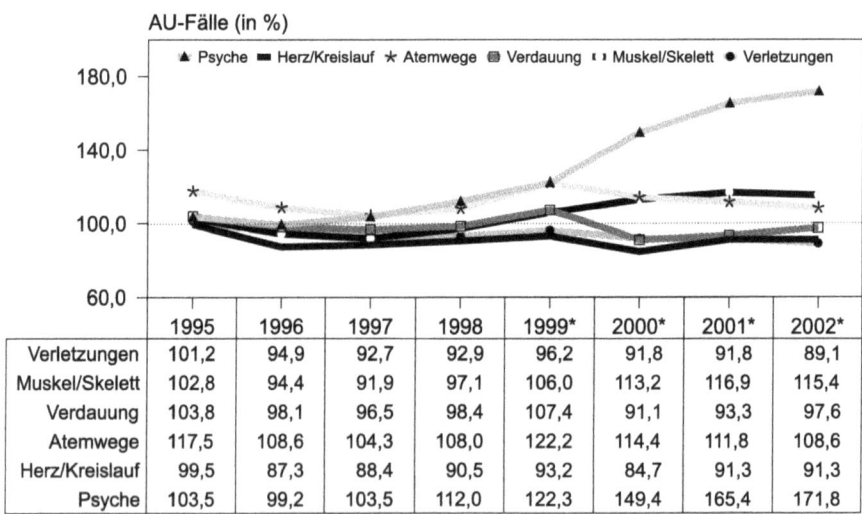

Abb. 16.4.9. Arbeitsunfähigkeitsfälle im Dienstleistungsbereich nach Krankheitsarten, 1995–2002; Indexdarstellung (1994 = 100%)

Dienstleistungen

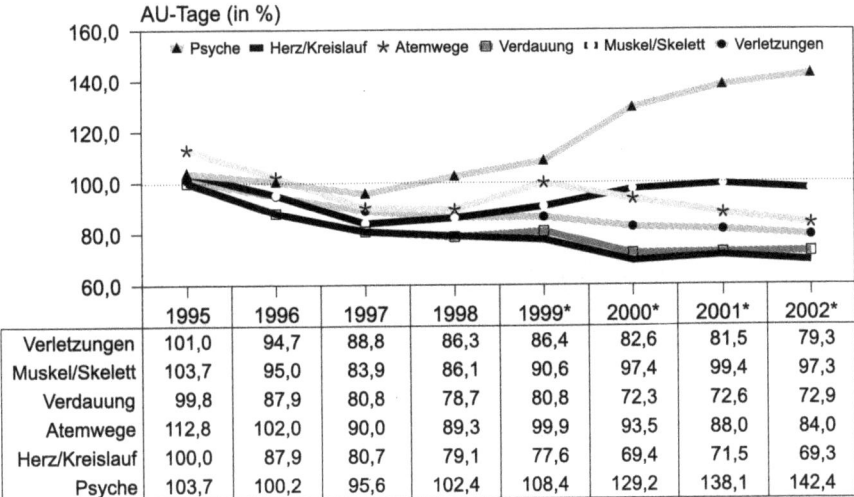

Abb. 16.4.10. Arbeitsunfähigkeitstage im Dienstleistungsbereich nach Krankheitsarten, 1995–2002; Indexdarstellung (1994 = 100%)

Tabelle 16.4.8. Dienstleistungen, Arbeitsunfähigkeitstage nach Krankheitsarten (in %), 2002

Wirtschaftsabteilung	Muskel/ Skelett	Atemwege	Verletzungen	Herz/ Kreislauf	Verdauung	Psyche	Sonstige
Abwasser- und Abfallbeseitigung und sonstige Entsorgung	30,9	11,9	15,3	8,2	6,8	4,8	22,1
Datenverarbeitung und Datenbanken	19,0	19,8	10,1	4,9	8,5	8,9	28,8
Erbringung von Dienstleistungen überwiegend für Unternehmen	26,7	14,0	12,4	6,3	7,1	7,4	26,1
Erbringung von sonstigen Dienstleistungen	24,6	15,0	10,8	6,1	7,2	7,5	28,8
Forschung und Entwicklung	24,5	15,8	10,7	6,7	7,2	8,5	26,6
Gastgewerbe	24,4	13,2	13,2	6,1	7,4	7,8	27,9
Gesundheits-, Veterinär- und Sozialwesen	26,1	13,5	9,4	5,9	6,4	10,5	28,2
Grundstücks- und Wohnungswesen	28,4	11,4	12,3	8,2	6,7	7,3	25,7
Interessenvertretungen sowie kirchliche und sonstige religiöse Vereinigungen	23,5	16,4	10,4	6,1	7,0	9,0	27,6
Kultur, Sport und Unterhaltung	23,5	13,4	14,2	7,5	6,7	8,8	25,9
Private Haushalte	25,9	11,0	10,9	6,9	6,0	8,2	31,1
Vermietung beweglicher Sachen ohne Bedienungspersonal	28,0	12,2	16,1	7,1	6,7	6,1	23,8

Tabelle 16.4.9. Dienstleistungsbereich, Arbeitsunfähigkeiten nach Krankheitsarten, Anteile der ICD-Untergruppen an den ICD-Hauptgruppen, 2002

ICD-Untergruppen	Anteil an den AU-Fällen (in %)	Anteil an den AU-Tagen (in %)
Muskel-/Skeletterkrankungen		
Krankheiten der Wirbelsäule und des Rückens	58,3	54,3
Krankheiten der Weichteilgewebe	19,7	18,4
Arthropathien	15,6	21,5
Sonstige	6,4	5,8
Verletzungen		
Verletzungen nicht näher bezeichneter Teile an Rumpf/Extremitäten/etc.	19,0	14,4
Verletzungen des Handgelenkes und der Hand	12,6	12,3
Verletzungen der Knöchelregion und des Fußes	11,7	11,9
Verletzungen des Knies und des Unterschenkels	10,2	16,4
Verletzungen des Kopfes	7,7	5,8
Sonstige	38,8	39,2
Atemwegserkrankungen		
Akute Infektionen der oberen Atemwege	43,6	37,0
Sonstige akute Infektionen der unteren Atemwege	19,9	19,6
Chronische Krankheiten der unteren Atemwege	17,6	21,2
Sonstige Krankheiten der oberen Atemwege	9,0	10,3
Sonstige	9,9	11,9
Herz-/Kreislauferkrankungen		
Hypertonie [Hochdruckkrankheit]	29,5	26,3
Sonstige. u. nicht näher bez. Krankheiten des Kreislaufsystems	21,0	8,5
Krankheiten der Venen/Lymphgefäße/Lymphknoten	19,0	18,2
Sonstige Formen der Herzkrankheit	11,5	13,0
Sonstige	19,0	34,0
Verdauung		
Nichtinfektiöse Enteritis und Kolitis	31,0	21,7
Krankheiten des Ösophagus/Magens/Duodenums	29,7	28,3
Krankheiten der Mundhöhle/Speicheldrüsen/Kiefer	17,8	8,0
Sonstige Krankheiten des Darmes	6,1	9,5
Krankheiten der Gallenblase/-wege/Pankreas	4,3	10,2
Sonstige	11,1	22,3
Psychische und Verhaltensstörungen		
Neurotische, Belastungs- und somatoforme Störungen	44,2	38,7
Affektive Störungen	30,0	37,2
Psychische und Verhaltensstörungen durch psychotrope Substanzen	15,9	11,1
Schizophrenie, schizotype und wahnhafte Störungen	3,1	5,0
Sonstige	6,8	8,0

16.5 Energiewirtschaft, Wasserversorgung und Bergbau

16.5.1	Kosten der Arbeitsunfähigkeit	356
16.5.2	Allgemeine Krankenstandsentwicklung	356
16.5.3	Krankenstandsentwicklung nach Wirtschaftsabteilungen	358

Tabellarische Übersichten und Abbildungen

16.5.4	Krankenstand nach Berufsgruppen	360
16.5.5	Kurz- und Langzeiterkrankungen	362
16.5.6	Krankenstand nach Bundesländern	363
16.5.7	Krankenstand nach Betriebsgröße	365
16.5.8	Krankenstand nach Stellung im Beruf	366
16.5.9	Arbeitsunfälle	367
16.5.10	Krankheitsarten	368

16.5.1 Kosten der Arbeitsunfähigkeit

Im Bereich Energiewirtschaft, Wasserversorgung und Bergbau[1], waren im Jahr 2002 384 454 Arbeitnehmer sozialversicherungspflichtig beschäftigt[2]. Fast jeder vierte Arbeitnehmer dieses Wirtschaftszweiges war bei der AOK versichert; insgesamt 91 799 Erwerbstätige. Die AOK-Mitglieder dieser Branche erkrankten im Jahresdurchschnitt 1,4-mal. Ein Erkrankungsfall dauerte im Mittel 13,8 Kalendertage. Somit fehlte ein Arbeitnehmer durchschnittlich 19,4 Tage an seinem Arbeitsplatz. Für den Bereich Energiewirtschaft, Wasserversorgung und Bergbau resultierten daraus hochgerechnet 7,5 Mio. Fehltage oder 20 434 Erwerbsjahre. Dies ergibt eine Kostenbelastung durch Arbeitsunfähigkeit in Höhe von 1,06 Mrd Euro, bei durchschnittlichen Lohnkosten von 51 990 Euro[3]. Umgerechnet auf einen Betrieb mit 100 Mitarbeitern betrug die finanzielle Belastung im Jahr 2002 durchschnittlich 276 473 Euro.

16.5.2 Allgemeine Krankenstandsentwicklung

Auch im Jahr 2002 bewegte sich der Krankenstand im Bereich des Wirtschaftszweiges Energiewirtschaft, Wasserversorgung und Bergbau mit 5,3% etwas über dem allgemeinen Branchendurchschnitt (5,2%). Im Vergleich zum Vorjahr ist die Differenz bezüglich des Krankenstandes in Ost- und Westdeutschland geringer geworden. Während 2001 das

---

[1] Inklusive der Wirtschaftsabteilung Bergbau und Gewinnung von Steinen und Erden.
[2] Bundesanstalt für Arbeit, Sozialversicherungspflichtig Beschäftigte nach Wirtschaftszweigen der WZ93/BA in der Bundesrepublik Deutschland, Stand Juni 2002.
[3] Statistisches Bundesamt, Volkswirtschaftliche Gesamtrechnungen, Fachserie 18, Reihe 1.3, Arbeitnehmerentgelt je Arbeitnehmer, Hauptbericht 2002, Wiesbaden 2003.

Energiewirtschaft, Wasserversorgung und Bergbau

Tabelle 16.5.1. Krankenstandsentwicklung im Bereich Energie, Wasser und Bergbau, 2002

	Kranken-stand (in %)	Arbeitsunfähigkeiten je 100 AOK-Mitglieder				Tage je Fall	AU-Quote (in %)
		Fälle	Veränd. z. Vorj. (in %)	Tage	Veränd. z. Vorj. (in %)		
West	5,5	144,9	−0,1	2009,3	−3,1	13,9	59,3
Ost	4,5	122,0	1,4	1634,3	0,9	13,4	52,5
Bund	5,3	140,7	0,2	1941,0	−2,4	13,8	58,0

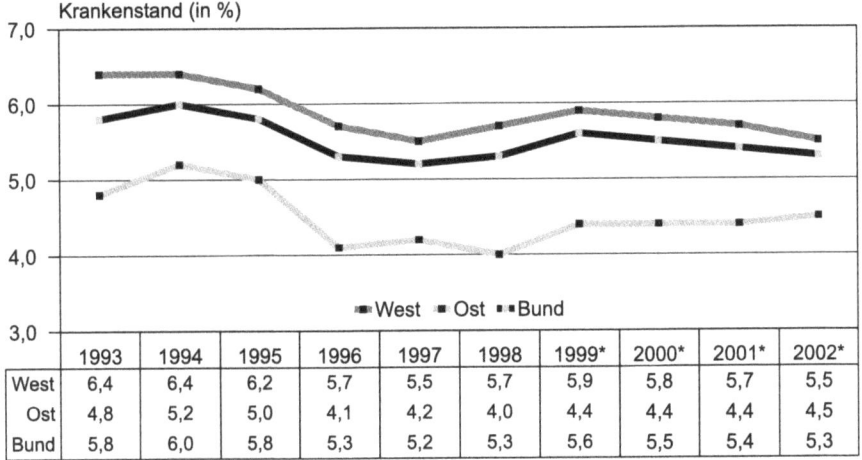

Abb. 16.5.1. Krankenstandsentwicklung im Bereich Energiewirtschaft, Wasserversorgung und Bergbau, 1993–2002

Krankenstandsniveau noch um 1,3 Prozentpunkte variierte, ist dieser Wert auf 1 Prozentpunkt im Jahr 2002 gesunken. Diese Annäherung ist in erster Linie auf rückläufige Krankenstände in Westdeutschland zurückzuführen. Hier war im letzten Jahr ein erkennbarer Rückgang der Zahl der Arbeitsunfähigkeitstage zu verzeichnen (−3,1%). Dennoch liegt in Ostdeutschland sowohl die Zahl der Arbeitsunfähigkeitsfälle und -tage als auch deren durchschnittliche Dauer nach wie vor erheblich unter den westdeutschen Vergleichswerten (Tabelle 16.5.1).

Abb. 16.5.1[4] zeigt die Krankenstandsentwicklung im Bereich Energiewirtschaft, Wasserversorgung und Bergbau in den Jahren 1993–2002.

---

[4] Die Werte der Jahre ab 1999 basieren auf der Klassifikation der Wirtschaftszweige der Bundesanstalt für Arbeit aus dem Jahre 1993 (WZS 93/NACE), während den Werten der Jahre 1993 bis 1998 noch der Wirtschaftszweigschlüssel aus dem Jahr 1973 zugrunde lag.

Nachdem der Krankenstand in den Jahren 1995-1997 deutlich zurückgegangen war, stieg er in den folgenden Jahren wieder an. Seit dem Jahr 2000 waren die Krankenstandswerte in Westdeutschland erneut rückläufig. In Ostdeutschland blieb der Krankenstand zunächst stabil. Im letzten Jahr nahm er allerdings wieder etwas zu. Die Werte in Ost und West haben sich inzwischen deutlich aneinander angenähert. Tendenziell dürfte langfristig mit einer weiteren Annäherung der beiden Verlaufskurven zu rechnen sein.

16.5.3 Krankenstandsentwicklung nach Wirtschaftsabteilungen

Bei der Betrachtung der Krankenstandsentwicklung nach Wirtschaftsabteilungen zeigen sich die höchsten Werte in den Abteilungen Erzbergbau (6,4%), Gewinnung von Steinen und Erden, sonstiger Bergbau (5,6%) und Wasserversorgung (5,5%) (Tabelle 16.5.2). In den Bereichen Erzbergbau und Wasserversorgung sind die überdurchschnittlichen Krankenstände vor allem durch die hohe Anzahl von Krankmeldungen zu erklären. Dagegen stellt in der Abteilung Gewinnung von Steinen und Erden, sonstiger Bergbau die hohe durchschnittliche Dauer je Krankheitsfall den wesentlichen Faktor dar (15,6 Tage; Branchendurchschnitt: 13,8 Tage). Auch der Anteil der von Arbeitsunfähigkeit betroffenen Beschäftigten (AU-Quote) variierte in den einzelnen Wirtschaftsabteilungen erheblich. Während sich im Erzbergbau 66,9% der Beschäftigten 2002 einmal bzw. mehrfach krankmeldeten, waren es im Bereich „Gewinnung von Erdöl und Erdgas, Erbringung damit verbundener Dienstleistungen" lediglich 47,5%[5].

Tabelle 16.5.2 weist neben den Rohwerten auch standardisierte Krankenstandswerte aus, bei denen verzerrende Einflüsse der Alters- und Geschlechtsstruktur in den einzelnen Branchen herausgerechnet wurden[6]. Die standardisierten Werte fallen mit Ausnahme der Abteilung „Gewinnung von Erdöl und Erdgas, Erbringung damit verbundener Dienstleistungen" in allen Wirtschaftsbereichen niedriger, teilweise deutlich niedriger aus. Entgegen dem allgemeinen Trend nahm 2002 im Vergleich zum Vorjahr die Zahl der Krankmeldungen in 4 der 6 Wirtschaftsabteilungen zu. Der stärkste Anstieg war mit 8,2%

---

[5] Die Werte der Jahre ab 1999 basieren auf der Klassifikation der Wirtschaftszweige der Bundesanstalt für Arbeit aus dem Jahre 1993 (WZS 93/NACE), während den Werten der Jahre 1993-1998 noch der Wirtschaftszweigschlüssel aus dem Jahr 1973 zugrunde lag.
[6] Berechnet nach der Methode der direkten Standardisierung. Zugrunde gelegt wurde die Alters- und Geschlechtsstruktur der erwerbstätigen Mitglieder der gesetzlichen Krankenversicherung insgesamt im Jahr 2000 (Mitglieder mit Krankengeldanspruch). Quelle: VDR-Statistik.

Energiewirtschaft, Wasserversorgung und Bergbau

Tabelle 16.5.2. Krankenstandsentwicklung im Bereich Energie, Wasser und Bergbau nach Wirtschaftsabteilungen, 2002

Wirtschaftsabteilung	Krankenstand (in %)			Arbeitsunfähigkeiten je 100 AOK-Mitglieder				Tage je Fall	AU-Quote (in %)
	2002	2002 stand.*	2001	Fälle	Veränd. z. Vorj. (in %)	Tage	Veränd. z. Vorj. (in %)		
Energieversorgung	5,2	4,8	5,4	145,4	−0,5	1884,6	−4,6	13,0	57,9
Erzbergbau	6,4	5,4	6,0	164,1	8,2	2342,2	6,7	14,3	66,9
Gewinnung von Erdöl und Erdgas, Erbringung damit verbundener Dienstleistungen	3,9	4,4	3,8	113,8	6,4	1411,4	2,7	12,4	47,5
Gewinnung von Steinen und Erden, sonstiger Bergbau	5,6	4,7	5,6	130,7	0,3	2040,4	−0,9	15,6	57,0
Kohlenbergbau, Torfgewinnung	4,7	4,5	4,2	130,3	−0,4	1727,0	13,0	13,3	52,8
Wasserversorgung	5,5	4,8	5,4	145,8	2,6	2015,5	2,5	13,8	62,3

* Krankenstand alters- und geschlechtsstandardisiert

im Bereich Erzbergbau zu verzeichnen. Ein ähnlicher Trend zeigt sich bei den Arbeitsunfähigkeitstagen. In der Abteilung Kohlenbergbau und Torfgewinnung lag die Zunahme im Vergleich zum Vorjahr bei 13%.

Tabellarische Übersichten und Abbildungen

16.5.4 Krankenstand nach Berufsgruppen

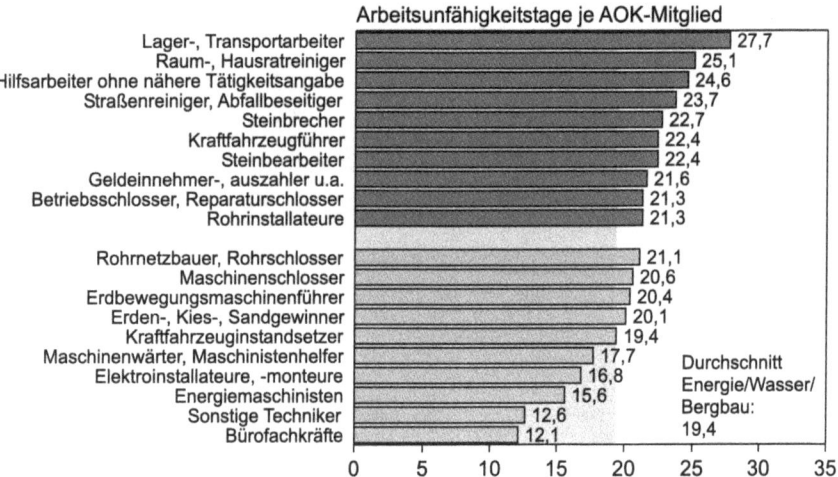

Abb. 16.5.2. 10 Berufsgruppen im Bereich Energiewirtschaft, Wasserversorgung und Bergbau mit hohen und niedrigen Fehlzeiten, 2002

Energiewirtschaft, Wasserversorgung und Bergbau

Tabelle 16.5.3. Energie, Wasser und Bergbau, Krankenstandskennzahlen nach ausgewählten Berufsgruppen, 2002

Tätigkeit	Kranken-stand (in %)	Arbeitsunfähigkeiten je 100 AOK-Mitglieder		Tage je Fall	AU-Quote (in %)	Anteil Arbeitsunfälle an den AU-Tagen (in %)
		Fälle	Tage			
Betriebs-, Reparaturschlosser	5,8	165,5	2128,7	12,9	64,6	8,1
Bürofachkräfte	3,3	131,7	1209,7	9,2	51,7	2,1
Elektroinstallateure, -monteure	4,6	140,0	1676,8	12,0	59,1	6,7
Energiemaschinisten	4,3	121,1	1563,1	12,9	50,1	4,9
Erdbewegungsmaschinenführer	5,6	124,2	2043,6	16,5	55,8	9,7
Erden-, Kies-, Sandgewinner	5,5	137,3	2011,6	14,6	56,7	12,3
Geldeinnehmer-, auszahler, Kartenverkäufer, -kontrolleure	5,9	128,0	2157,3	16,9	51,5	3,6
Kraftfahrzeugführer	6,1	135,7	2237,6	16,5	59,0	7,7
Kraftfahrzeuginstandsetzer	5,3	151,1	1941,2	12,8	64,0	6,7
Lager-, Transportarbeiter	7,6	161,8	2769,8	17,1	66,2	6,9
Maschinenschlosser	5,6	141,7	2057,4	14,5	57,2	9,4
Maschinenwärter, Maschinistenhelfer	4,8	124,5	1768,7	14,2	56,7	6,2
Raum-, Hausratreiniger	6,9	157,4	2511,8	16,0	62,1	2,5
Rohrinstallateure	5,8	155,3	2130,5	13,7	66,7	7,0
Rohrnetzbauer, Rohrschlosser	5,8	158,9	2112,1	13,3	65,9	5,6
Steinbearbeiter	6,1	157,4	2241,3	14,2	61,6	8,2
Steinbrecher	6,2	142,5	2270,4	15,9	59,9	12,3
Straßenreiniger, Abfallbeseitiger	6,5	174,1	2370,5	13,6	67,2	4,9

Berufsgruppen mit mehr als 1000 AOK-Versicherten

16.5.5 Kurz- und Langzeiterkrankungen

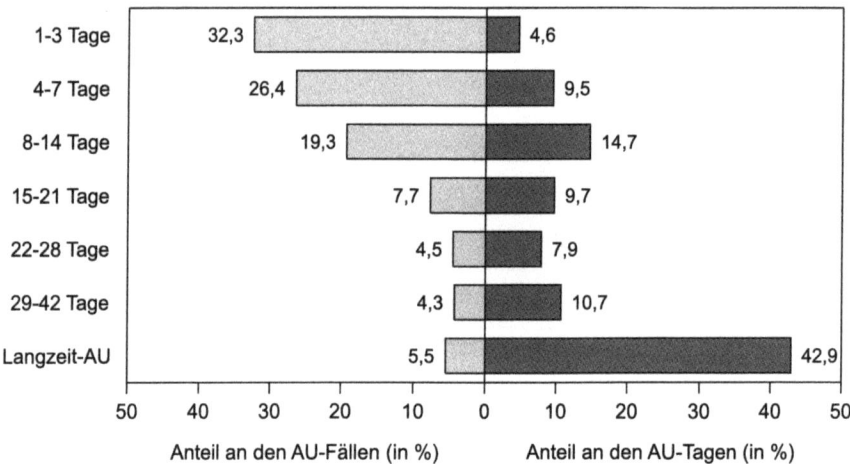

Abb. 16.5.3. Arbeitsunfähigkeitsfälle und -tage im Bereich Energiewirtschaft, Wasserversorgung und Bergbau nach der Dauer, 2002

16.5.6 Krankenstand nach Bundesländern

Tabelle 16.5.4. Energie, Wasser und Bergbau, Arbeitsunfähigkeit nach Bundesländern, 2002 im Vergleich zum Vorjahr

	Arbeitsunfähigkeiten je 100 AOK-Mitglieder					
	AU-Fälle	Veränd. z. Vorj. (in %)	AU-Tage	Veränd. z. Vorj. (in %)	Tage je Fall	Veränd. z. Vorj. (in %)
Baden-Württemberg	143,8	1,3	1932,3	−0,4	13,4	−2,2
Bayern	124,6	−1,7	1856,3	−2,1	14,9	−0,7
Berlin	109,8	−5,8	2008,6	−16,8	18,3	−11,6
Brandenburg	123,8	4,9	1736,9	−1,9	14,0	−6,7
Bremen	144,9	−1,1	1969,8	0,0	13,6	1,5
Hamburg	158,6	14,8	2061,2	14,6	13,0	0,0
Hessen	164,6	0,9	2400,4	−0,3	14,6	−1,4
Mecklenburg-Vorpommern	127,9	1,8	1723,4	0,7	13,5	−0,7
Niedersachsen	136,1	1,0	1620,3	2,9	11,9	1,7
Nordrhein-Westfalen	165,2	0,2	2226,4	−5,0	13,5	−4,9
Rheinland-Pfalz	154,3	−0,3	2155,4	−5,5	14,0	−5,4
Saarland	129,7	−2,3	2119,6	−16,2	16,3	−14,7
Sachsen	121,3	0,7	1587,9	0,8	13,1	0,0
Sachsen-Anhalt	114,6	−0,1	1472,3	−2,7	12,8	−3,0
Schleswig-Holstein	148,3	−0,4	1956,3	−8,4	13,2	−7,7
Thüringen	125,0	1,2	1771,2	8,2	14,2	6,8
Bund	140,7	0,2	1941,0	−2,4	13,8	−2,8

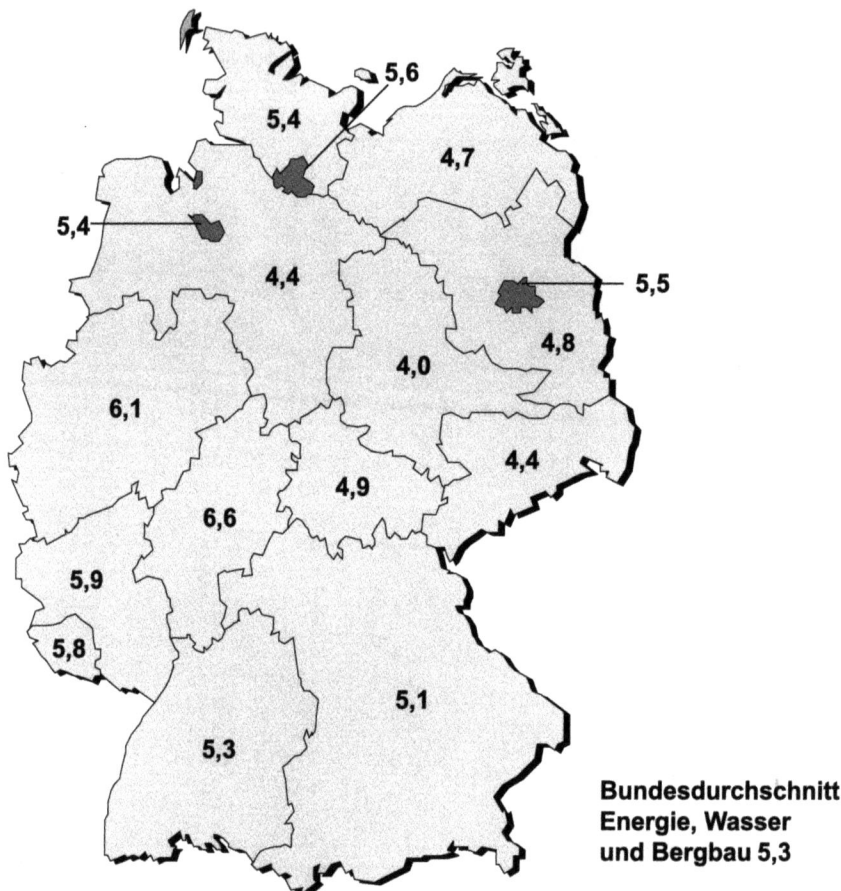

Abb. 16.5.4. Krankenstand (in %) im Bereich Energiewirtschaft, Wasserversorgung und Bergbau nach Bundesländern, 2002

16.5.7 Krankenstand nach Betriebsgröße

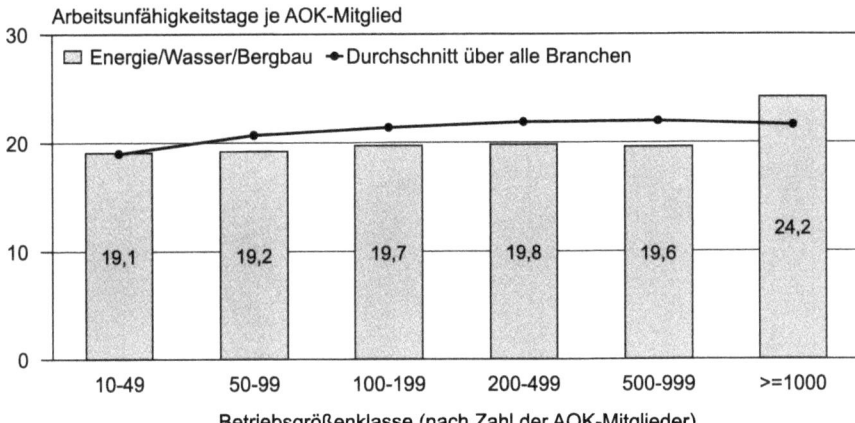

Abb. 16.5.5. Arbeitsunfähigkeitstage im Bereich Energiewirtschaft, Wasserversorgung und Bergbau nach Betriebsgröße, 2002

Tabelle 16.5.5. Energie, Wasser und Bergbau, Arbeitsunfähigkeitstage je AOK Mitglied nach Betriebsgröße (Anzahl der AOK-Mitglieder), 2002

Wirtschaftsabteilung	10–49	50–99	100–199	200–499	500–999	≥1000
Energieversorgung	17,5	18,5	18,6	19,7	19,6	24,2
Erzbergbau	25,5	–	23,2	–	–	–
Gewinnung von Erdöl und Erdgas, Erbringung damit verbundener Dienstleistungen	15,0	14,3	11,0	13,8	–	–
Gewinnung von Steinen und Erden, sonstiger Bergbau	20,1	21,1	22,6	23,5	–	–
Kohlenbergbau, Torfgewinnung	18,3	14,9	21,1	–	–	–
Wasserversorgung	20,9	19,5	21,3	19,0	–	–
Durchschnitt über alle Branchen	19,0	20,7	21,4	21,9	22,0	21,6

16.5.8 Krankenstand nach Stellung im Beruf

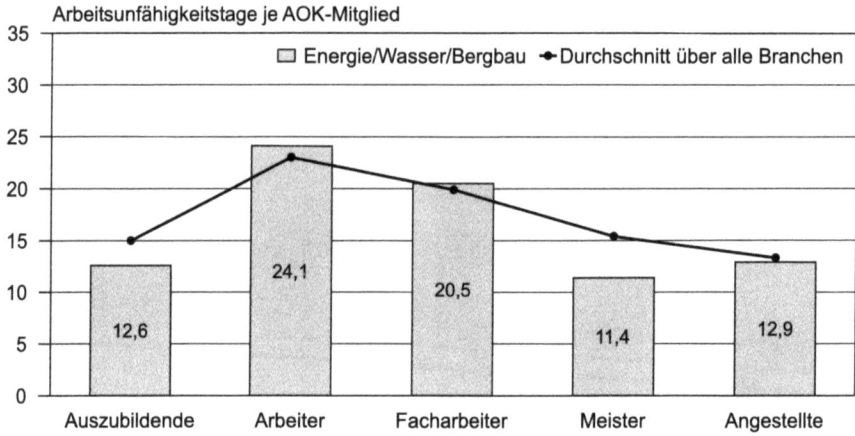

Abb. 16.5.6. Arbeitsunfähigkeitstage im Bereich Energiewirtschaft, Wasserversorgung und Bergbau nach Stellung im Beruf, 2002

Tabelle 16.5.6. Energie, Wasser und Bergbau, Krankenstand (in %) nach Stellung im Beruf, 2002

Wirtschaftsabteilung	Auszu-bildende	Arbeiter	Fach-arbeiter	Meister, Poliere	Ange-stellte
Energieversorgung	3,5	7,6	5,5	2,8	3,7
Erzbergbau	1,6	7,1	6,8	2,1	2,3
Gewinnung von Erdöl und Erdgas, Erbringung damit verbundener Dienstleistungen	3,4	5,3	4,0	3,4	2,3
Gewinnung von Steinen und Erden, sonstiger Bergbau	3,5	6,1	5,8	5,0	2,4
Kohlenbergbau, Torfgewinnung	7,7	4,8	4,9	1,3	1,9
Wasserversorgung	3,2	7,9	5,7	2,6	3,9

Energiewirtschaft, Wasserversorgung und Bergbau

16.5.9 Arbeitsunfälle

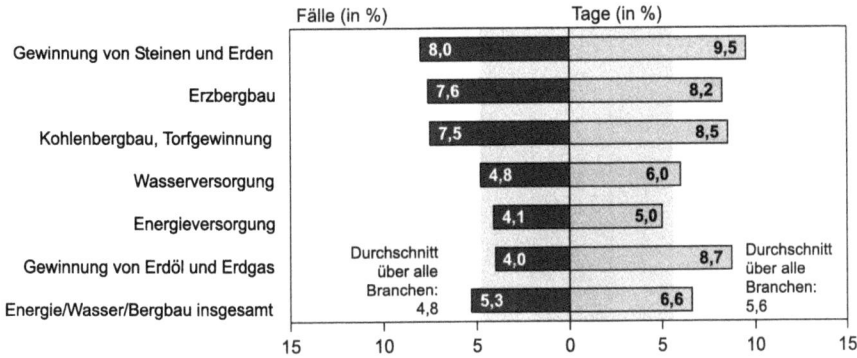

Abb. 16.5.7. Arbeitsunfälle im Bereich Energiewirtschaft, Wasserversorgung und Bergbau nach Wirtschaftsabteilungen, Anteil an den AU-Fällen und -Tagen in %, 2002

Tabelle 16.5.7. Energie, Wasser und Bergbau, Arbeitsunfähigkeitstage durch Arbeitsunfälle nach Berufsgruppen, 2002

Tätigkeit	AU-Tage je 1000 AOK-Mitglieder	Anteil an den AU-Tagen insgesamt (in %)
Steinbrecher	2807,8	12,3
Erden-, Kies-, Sandgewinner	2482,8	12,3
Erdbewegungsmaschinenführer	1988,4	9,7
Maschinenschlosser	1974,1	9,4
Lager-, Transportarbeiter	1911,1	6,9
Steinbearbeiter	1846,9	8,2
Betriebsschlosser, Reparaturschlosser	1720,9	8,1
Kraftfahrzeugführer	1700,3	7,7
Rohrinstallateure	1497,0	7,0
Kraftfahrzeuginstandsetzer	1295,1	6,7
Rohrnetzbauer, Rohrschlosser	1177,8	5,6
Straßenreiniger, Abfallbeseitiger	1176,2	4,9
Elektroinstallateure, -monteure	1135,3	6,7

16.5.10 Krankheitsarten

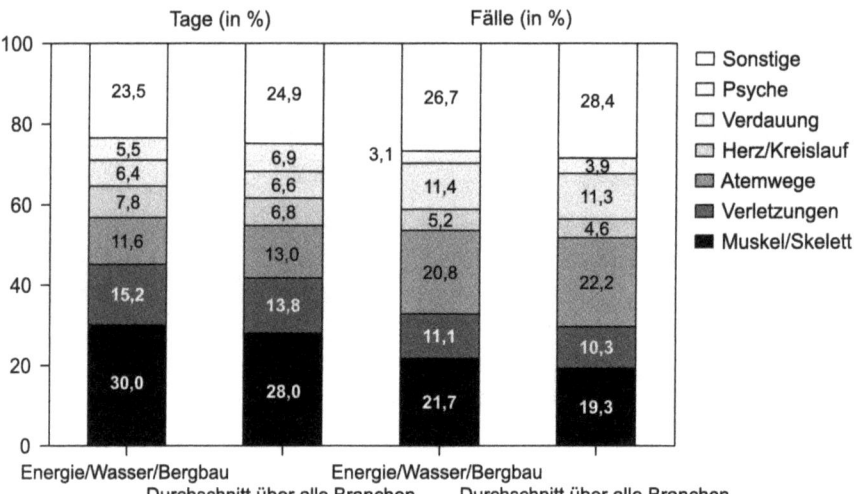

Abb. 16.5.8. Arbeitsunfähigkeiten im Bereich Energiewirtschaft, Wasserversorgung und Bergbau nach Krankheitsarten, 2002

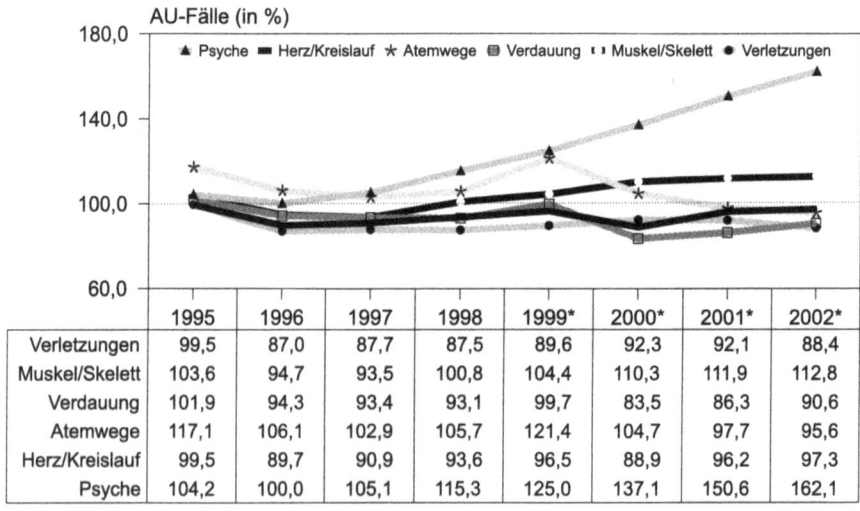

Abb. 16.5.9. Arbeitsunfähigkeitsfälle im Bereich Energiewirtschaft, Wasserversorgung und Bergbau nach Krankheitsarten 1995–2002, Indexdarstellung (1994 = 100%)

Energiewirtschaft, Wasserversorgung und Bergbau

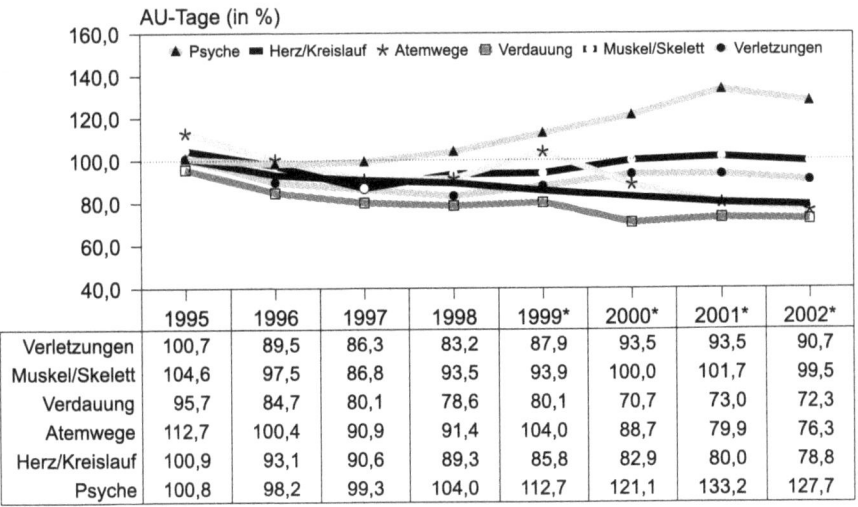

	1995	1996	1997	1998	1999*	2000*	2001*	2002*
Verletzungen	100,7	89,5	86,3	83,2	87,9	93,5	93,5	90,7
Muskel/Skelett	104,6	97,5	86,8	93,5	93,9	100,0	101,7	99,5
Verdauung	95,7	84,7	80,1	78,6	80,1	70,7	73,0	72,3
Atemwege	112,7	100,4	90,9	91,4	104,0	88,7	79,9	76,3
Herz/Kreislauf	100,9	93,1	90,6	89,3	85,8	82,9	80,0	78,8
Psyche	100,8	98,2	99,3	104,0	112,7	121,1	133,2	127,7

Abb. 16.5.10. Arbeitsunfähigkeitstage im Bereich Energiewirtschaft, Wasserversorgung und Bergbau nach Krankheitsarten 1995–2002, Indexdarstellung (1994 = 100%)

Tabelle 16.5.8. Energie, Wasser und Bergbau, Arbeitsunfähigkeitstage nach Krankheitsarten (in %), 2002

Wirtschafts- abteilung	Muskel/ Skelett	Atem- wege	Verlet- zungen	Herz/ Kreislauf	Verdau- ung	Psyche	Sons- tige
Energieversorgung	29,1	12,8	14,0	7,2	6,7	6,2	24,0
Erzbergbau	25,4	13,1	17,4	5,9	7,9	4,8	25,5
Gewinnung von Erdöl und Erdgas, Erbringung damit verbundener Dienstleistungen	35,8	12,1	16,6	4,1	5,8	3,9	21,7
Gewinnung von Steinen und Erden, sonstiger Bergbau	31,3	9,6	17,3	9,2	6,0	3,8	22,8
Kohlenbergbau, Torfgewinnung	30,6	11,0	20,2	9,5	3,9	2,3	22,5
Wasserversorgung	30,8	11,8	15,1	7,2	6,3	6,6	22,2

Tabelle 16.5.9. Energie/Wasser/Bergbau, Arbeitsunfähigkeiten nach Krankheitsarten, Anteile der ICD-Untergruppen an den ICD-Hauptgruppen, 2002

ICD-Untergruppen	Anteil an den AU-Fällen (in %)	Anteil an den AU-Tagen (in %)
Muskel-/Skeletterkrankungen		
Krankheiten der Wirbelsäule und des Rückens	54,7	52,7
Arthropathien	19,6	18,0
Krankheiten der Weichteilgewebe	19,4	23,8
Sonstige	6,3	5,5
Verletzungen		
Verletzungen nicht näher bezeichneter Teile des Rumpfes, der Extremitäten etc.	19,2	14,5
Verletzungen des Handgelenkes und der Hand	12,5	12,5
Verletzungen der Knöchelregion und des Fußes	12,0	18,1
Verletzungen des Knies und des Unterschenkels	11,8	12,6
Verletzungen des Kopfes	7,3	5,0
Sonstige	37,2	37,3
Atemwegserkrankungen		
Akute Infektionen der oberen Atemwege	40,9	32,6
Sonstige akute Infektionen der unteren Atemwege	20,9	19,7
Chronische Krankheiten der unteren Atemwege	18,4	22,9
Grippe und Pneumonie	9,3	10,9
Sonstige	10,5	13,9
Herz-/Kreislauferkrankungen		
Hypertonie [Hochdruckkrankheit]	34,9	26,1
Ischämische Herzkrankheiten	17,8	27,8
Krankheiten der Venen/Lymphgefäße/Lymphknoten	15,7	11,6
Sonstige Formen der Herzkrankheit	13,5	14,1
Sonstige	18,1	20,4
Verdauung		
Krankheiten der Mundhöhle/Speicheldrüsen/Kiefer	25,9	8,5
Krankheiten des Ösophagus/Magens/Duodenums	25,8	17,4
Nichtinfektiöse Enteritis und Kolitis	23,1	21,5
Sonstige Krankheiten des Darmes	8,0	12,9
Hernien	5,4	16,5
Sonstige	11,8	23,2
Psychische und Verhaltensstörungen		
Neurotische, Belastungs- und somatoforme Störungen	38,0	32,4
Affektive Störungen	26,3	35,5
Psychische und Verhaltensstörungen durch psychotrope Substanzen	25,5	19,3
Schizophrenie, schizotype und wahnhafte Störungen	3,1	5,9
Sonstige	7,1	6,9

16.6 Erziehung und Unterricht

16.6.1 Kosten der Arbeitsunfähigkeitt 371
16.6.2 Allgemeine Krankenstandsentwicklung 371
16.6.3 Krankenstandsentwicklung nach Wirtschaftsabteilungen 373

Tabellarische Übersichten und Abbildungen
16.6.4 Krankenstand nach Berufsgruppen 374
16.6.5 Kurz- und Langzeiterkrankungen 376
16.6.6 Krankenstand nach Bundesländern 377
16.6.7 Krankenstand nach Betriebsgröße 379
16.6.8 Krankenstand nach Stellung im Beruf 380
16.6.9 Arbeitsunfälle 381
16.6.10 Krankheitsarten 382

16.6.1 Kosten der Arbeitsunfähigkeit

Mitte des Jahres 2002 waren im Bereich Erziehung und Unterricht 1,1 Mio. Arbeitnehmer sozialversicherungspflichtig beschäftigt[1]. Der Anteil der AOK-Mitglieder unter den abhängig Beschäftigten lag bei 20,9 % (219 700 Erwerbstätige). Tabelle 16.6.1 zeigt die Verteilung der im Bereich Erziehung und Unterricht tätigen AOK-Versicherten nach Berufsgruppen. Da jedoch typische Berufsgruppen wie Lehrer, Dozenten, Kindergärtnerinnen etc. in diesem Kollektiv unterrepräsentiert sind, können die vorliegenden Ergebnisse nicht als repräsentativ für den gesamten Erziehungs- und Bildungsbereich betrachtet werden.

16.6.2 Allgemeine Krankenstandsentwicklung

Der Krankenstand bei den im Bereich Erziehung und Unterricht beschäftigten AOK-Mitgliedern erreichte im Jahr 2002 einen Stand von 6,6 %. Damit lag er, wie bereits in den Vorjahren, deutlich über dem allgemeinen Branchendurchschnitt. Gleiches gilt für die Arbeitsunfähigkeitsquote, welche mit 61,4 % den Durchschnitt aller Branchen um 7,2 Prozentpunkte übertraf. Zurückzuführen war der hohe Krankenstand auf die erneut sehr hohe Zahl von Krankmeldungen (AU-Fälle). Im Bereich Erziehung und Unterricht waren im Jahr 2002 mehr als doppelt so viele AU-Fälle zu verzeichnen wie in den übrigen Branchen. Allerdings lag die durchschnittliche Dauer der Arbeitsunfähigkeitsfälle mit 7,0 Tagen deutlich unter dem allgemeinen Branchenschnitt (Tabelle 16.6.2). Auffällig ist zudem ein erheblicher Rückgang

---
[1] Bundesanstalt für Arbeit, Sozialversicherungspflichtig Beschäftigte nach Wirtschaftszweigen der WZ93/BA in der Bundesrepublik Deutschland, Stand Juni 2002.

Tabelle 16.6.1. AOK-Mitglieder im Bereich Erziehung und Unterricht nach Berufsgruppen, 2002

Tätigkeit	Anzahl AOK-Mitglieder	Anteil in %
Bürofachkräfte	21132	9,5
Hilfsarbeiter ohne nähere Tätigkeitsangabe	17253	7,8
Kindergärtnerinnen, Kinderpflegerinnen	13958	6,3
Raum-, Hausratreiniger	12725	5,7
Lehrlinge mit noch nicht feststehendem Beruf	9691	4,4
Köche	7541	3,4
Gärtner, Gartenarbeiter	6799	3,1
Verkäufer	6476	2,9
Sonstige Lehrer	5044	2,3
Maler, Lackierer	4982	2,2
Tischler	4748	2,1
Sozialarbeiter, Sozialpfleger	4734	2,1
Hauswirtschaftliche Betreuer	4500	2,0
Heimleiter, Sozialpädagogen	4369	2,0
Pförtner, Hauswarte	3986	1,8
Hochschullehrer, Dozenten an höheren Fachschulen und Akademien	3750	1,7
Fachschul-, Berufsschul-, Werklehrer	3358	1,5
Maurer	3192	1,4
Sonstige Bauhilfsarbeiter, Bauhelfer	3017	1,4
Groß- und Einzelhandelskaufleute, Einkäufer	2891	1,3
Sonstige Mechaniker	2754	1,2
Real-, Volks-, Sonderschullehrer	2669	1,2
Facharbeiter/innen	2630	1,2
Praktikanten, Volontäre mit noch nicht feststehendem Beruf	2528	1,1
Industriemeister, Werkmeister	2418	1,1
Hauswirtschaftsverwalter	2336	1,1
Industriemechaniker/innen	2278	1,0
Lehrer für musische Fächer	2019	0,9
Sonstige	58206	26,3

Tabelle 16.6.2. Krankenstandsentwicklung im Bereich Erziehung und Unterricht, 2002

	Krankenstand (in %)	Arbeitsunfähigkeiten je 100 AOK-Mitglieder				Tage je Fall	AU-Quote (in %)
		Fälle	Veränd. z. Vorj. (in %)	Tage	Veränd. z. Vorj. (in %)		
West	5,6	267,2	−5,1	2060,2	−7,5	7,7	57,1
Ost	8,6	507,0	2,4	3154,8	−3,4	6,2	69,1
Bund	6,6	345,5	−2,1	2417,4	−6,1	7,0	61,4

des Krankenstandes im Vergleich zum Jahr 2001. Während der Rückgang bundesweit nur 0,1 Prozentpunkte betrug, war im Bildungs- und Erziehungsbereich eine Verringerung um 0,5 Prozentpunkte zu beobachten.

Auch im Jahr 2002 fiel der Krankenstand in Ostdeutschland deutlich höher aus als in den westlichen Bundesländern (Ost: 8,6%; West: 5,6%). Im Osten erreichte die Summe der Arbeitunfähigkeitsfälle ein fast doppel so hohes Niveau wie im Westen. Der Ost/West-Unterschied nahm diesbezüglich im Vergleich zum Vorjahr sogar noch etwas zu, da die AU-Fälle im Westen um 5,1% zurückgingen, während sie im Osten um 2,4% angestiegen sind. Die durchschnittliche Dauer der Fälle ging jedoch sowohl in West- als auch in Ostdeutschland zurück (Tabelle 16.6.2), sodass auch im Osten die Zahl der krankheitsbedingten Fehltage (AU-Tage) abnahm (Ost: –3,4%; West: –7,5%).

16.6.3 Krankenstandsentwicklung nach Wirtschaftsgruppen

In den einzelnen Wirtschaftsgruppen des Bildungs- und Erziehungssektors ergaben sich hinsichtlich der Krankenstandsentwicklung im Jahr 2002 teilweise große Differenzen (Tabelle 16.6.3). Am höchsten war der Krankenstand mit 7,8% im Bereich „Erwachsenenbildung und sonstiger Unterricht". Den niedrigsten Krankenstand wiesen die Hochschulen auf, die zudem aufgrund einer erheblichen Verringerung

Tabelle 16.6.3. Krankenstandsentwicklung im Bereich Erziehung und Unterricht nach Wirtschaftsgruppen, 2002

Wirtschaftsgruppen	Krankenstand (in %)			Arbeitsunfähigkeiten je 100 AOK-Mitglieder				Tage je Fall	AU-Quote (in %)
	2002	2002 stand.*	2001	Fälle	Veränd. z. Vorj. (in %)	Tage	Veränd. z. Vorj. (in %)		
Erwachsenenbildung und sonstiger Unterricht	7,8	7,1	8,1	445,5	0,1	2847,7	–3,9	6,4	63,6
Hochschulen	4,3	4,1	4,9	127,2	–7,8	1566,7	–12,5	12,3	44,6
Kindergärten, Vor- und Grundschulen	4,8	5,0	5,2	160,5	–0,6	1740,5	–7,4	10,8	58,9
Weiterführende Schulen	6,6	5,4	7,0	362,9	–4,0	2389,5	–7,0	6,6	63,3

* Krankenstand alters- und geschlechtsstandardisiert

der AU-Fälle (-7,8%) gegenüber 2001 eine Reduzierung des Krankenstandes um 0,6 Prozentpunkte verzeichneten. In Tabelle 16.6.3 sind neben den Rohwerten auch die nach Alter und Geschlecht standardisierten Krankenstände ausgewiesen[2]. Die im Hinblick auf Verzerrungen durch die spezifischen Alters- und Geschlechtsstrukturen bereinigten Werte fallen in fast allen Bereichen niedriger, teilweise deutlich niedriger aus als die nicht standardisierten Werte. Lediglich bei Kindergärten, Vor- und Grundschulen ergab sich ein geringfügig höherer Wert (0,2 Prozentpunkte).

16.6.4 Krankenstand nach Berufsgruppen

Stärker noch als in den einzelnen Wirtschaftsgruppen, variierten die Krankenstände in Abhängigkeit vom ausgeübten Beruf (Tabelle 16.6.4). Wie schon in den zurückliegenden Jahren fielen die meisten krankheitsbedingten Fehlzeiten im gewerblichen Bereich sowie bei den nicht Festangestellten an (Krankenstand 2002: Hauswirtschaftliche Betreuer 7,6%; Praktikanten und Volontäre 7,5%). Die für den Bildungsbereich typischen Berufsgruppen wiesen dagegen relativ niedrige Krankenstände auf. Die geringsten Fehlzeiten hatten Lehrer für musische Fächer, Gymnasiallehrer sowie Hochschullehrer und Dozenten an höheren Fachschulen und Akademien. Bei den Lehrern gab es deutliche Unterschiede hinsichtlich des Krankenstandes in Abhängigkeit vom Schultyp und Unterrichtsfach. Höhere krankheitsbedingte Ausfallzeiten als bei den Lehrern fielen bei den im Erziehungsbereich tätigen Berufsgruppen, wie Kindergärtnerinnen, Kinderpflegerinnen, Heimleitern, Sozialpädagogen, Sozialarbeitern und Sozialpflegern an. Allerdings lagen auch bei diesen Gruppen die Krankenstände noch unter dem allgemeinen Branchendurchschnitt. Die AU-Quote bewegte sich in den einzelnen Berufsgruppen zwischen 70,2% bei Hauswirtschaftsverwaltern und 24,8% bei Hochschullehrern und Dozenten.

---

[2] Berechnet nach der Methode der direkten Standardisierung. Zugrunde gelegt wurde die Alters- und Geschlechtsstruktur der erwerbstätigen Mitglieder der gesetzlichen Krankenversicherung insgesamt im Jahr 2000 (Mitglieder mit Krankengeldanspruch). Quelle: VDR-Statistik.

Tabelle 16.6.4. Erziehung und Unterricht, Krankenstandskennzahlen nach ausgewählten Berufsgruppen, 2002

Tätigkeit*	Krankenstand (in %)	Arbeitsunfähigkeiten je 100 AOK-Mitglieder		Tage je Fall	AU-Quote (in %)	Anteil Arbeitsunfälle an den AU-Tagen (in %)
		Fälle	Tage			
Bürofachkräfte	5,7	313,7	2071,1	6,6	57,8	1,4
Bürohilfskräfte	5,8	252,4	2121,2	8,4	51,6	3,4
Fachschul-, Berufsschul-, Werklehrer	3,0	93,5	1093,9	11,7	41,4	1,4
Gymnasiallehrer	1,6	65,3	586,8	9,0	30,1	4,2
Hauswirtschaftliche Betreuer	7,6	357,2	2780,4	7,8	68,2	2,2
Hauswirtschaftsverwalter	6,8	413,0	2482,6	6,0	70,2	2,3
Heimleiter, Sozialpädagogen	3,9	148,1	1427,5	9,6	54,4	1,7
Hochschullehrer, Dozenten an höheren Fachschulen und Akademien	1,7	63,9	609,4	9,5	24,8	0,8
Kindergärtnerinnen, Kinderpflegerinnen	3,6	167,4	1314,5	7,9	60,1	2,1
Lehrer für musische Fächer	1,4	55,3	527,8	9,6	32,8	0,6
Praktikanten, Volontäre	7,5	462,0	2723,8	5,9	57,2	2,0
Real-, Volks-, Sonderschullehrer	2,6	94,9	931,4	9,8	40,0	2,4
Sonstige Lehrer	3,0	89,3	1078,3	12,1	38,1	4,5
Sozialarbeiter, Sozialpfleger	4,9	218,2	1803,2	8,3	58,2	1,7

* Berufsgruppen mit mehr als 1000 AOK-Versicherten

Krankheitsbedingte Fehlzeiten in der deutschen Wirtschaft im Jahr 2002

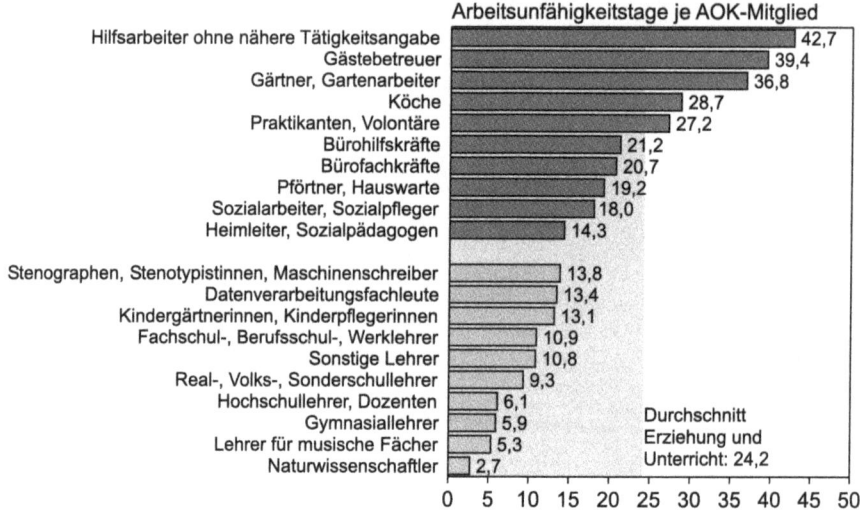

Abb. 16.6.1. 10 Berufsgruppen im Bereich Erziehung und Unterricht mit hohen und niedrigen Fehlzeiten, 2002

Tabellarische Übersichten und Abbildungen

16.6.5 Kurz- und Langzeiterkrankungen

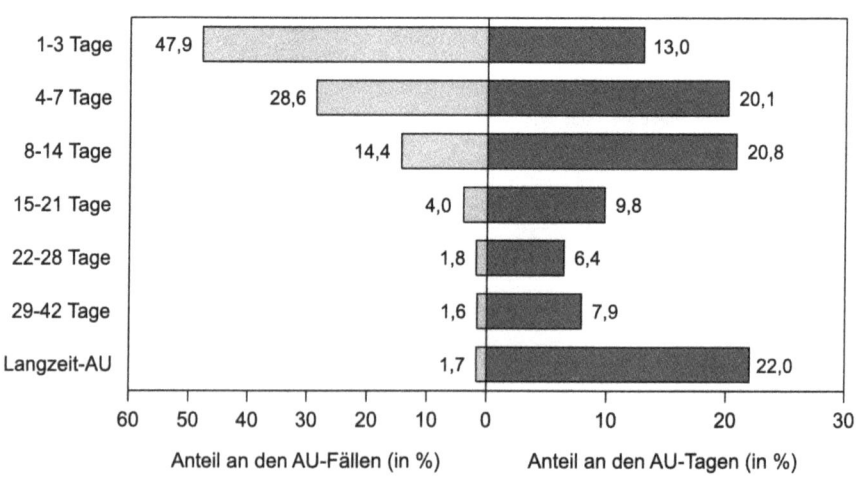

Abb. 16.6.2. Arbeitsunfähigkeitsfälle und -tage im Bereich Erziehung und Unterricht nach der Dauer, 2002

16.6.6 Krankenstand nach Bundesländern

Tabelle 16.6.5. Erziehung und Unterricht, Arbeitsunfähigkeit nach Bundesländern, 2002 im Vergleich zum Vorjahr

	Arbeitsunfähigkeiten je 100 AOK-Mitglieder					
	AU-Fälle	Veränd. z. Vorj. (in %)	AU-Tage	Veränd. z. Vorj. (in %)	Tage je Fall	Veränd. z. Vorj. (in %)
Baden-Württemberg	164,9	0,0	1502,9	1,3	9,1	1,1
Bayern	134,1	-9,1	1408,6	-10,6	10,5	-1,9
Berlin	576,7	3,3	3818,5	1,8	6,6	-1,5
Brandenburg	484,7	2,7	3132,1	-4,7	6,5	-7,1
Bremen	462,2	-1,5	3131,7	-0,3	6,8	1,5
Hamburg	389,1	-1,4	3207,4	0,1	8,2	1,2
Hessen	361,4	1,9	2326,9	-4,0	6,4	-5,9
Mecklenburg-Vorpommern	456,5	0,8	2900,9	-5,1	6,4	-4,5
Niedersachsen	315,9	2,5	2087,1	-2,8	6,6	-5,7
Nordrhein-Westfalen	336,7	-4,7	2397,9	-8,8	7,1	-4,1
Rheinland-Pfalz	269,2	2,8	2367,2	-7,5	8,8	-10,2
Saarland	461,7	-0,3	3548,4	-3,2	7,7	-2,5
Sachsen	535,4	0,5	3295,1	-3,7	6,2	-3,1
Sachsen-Anhalt	518,2	5,0	3079,9	-2,0	5,9	-7,8
Schleswig-Holstein	315,5	-1,9	2323,9	-8,9	7,4	-6,3
Thüringen	500,9	2,7	3166,7	-3,2	6,3	-6,0
Bund	345,5	-2,1	2417,4	-6,1	7,0	-4,1

378 **Krankheitsbedingte Fehlzeiten in der deutschen Wirtschaft im Jahr 2002**

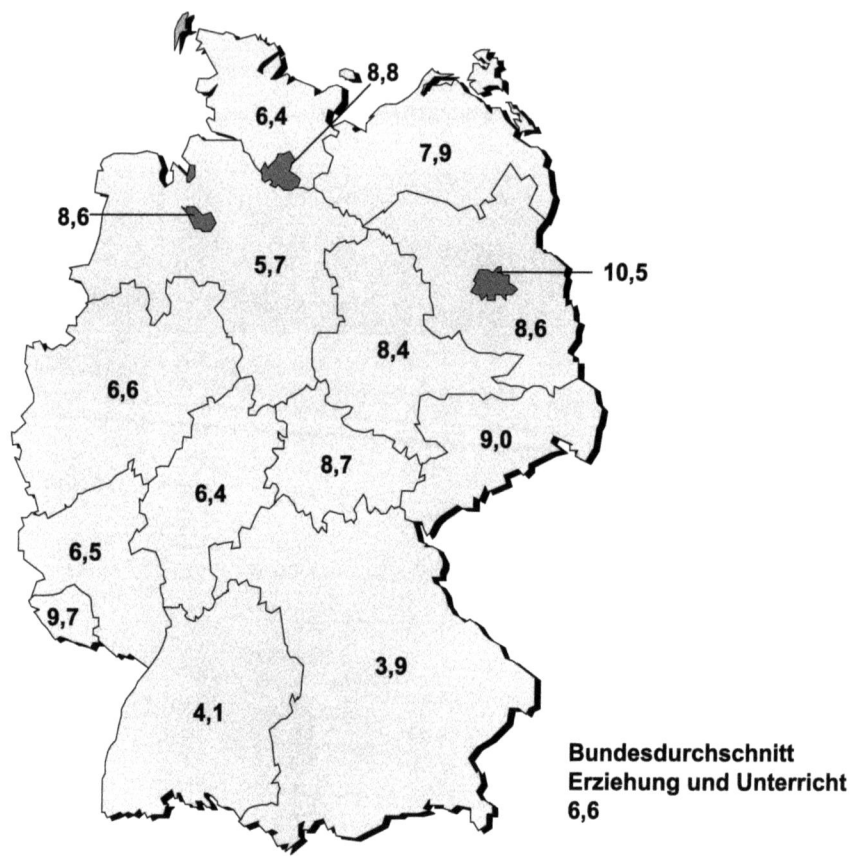

Abb. 16.6.3. Krankenstand (in %) im Bereich Erziehung und Unterricht nach Bundesländern, 2002

16.6.7 Krankenstand nach Betriebsgröße

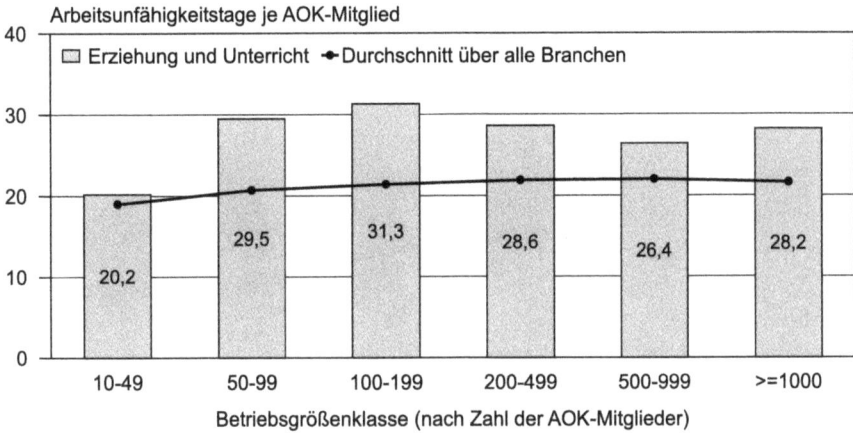

Abb. 16.6.4. Arbeitsunfähigkeitstage im Bereich Erziehung und Unterricht nach Betriebsgröße, 2002

Tabelle 16.6.6. Erziehung und Unterricht, Arbeitsunfähigkeitstage je AOK-Mitglied nach Betriebsgröße (Anzahl der AOK-Mitglieder), 2002

Wirtschaftsgruppe	10–49	50–99	100–199	200–499	500–999	≥1000
Erwachsenenbildung und sonstiger Unterricht	23,3	33,1	35,2	32,2	35,2	36,5
Hochschulen	14,4	18,6	13,5	16,8	18,8	13,4
Kindergärten, Vor- und Grundschulen	17,3	19,3	19,3	19,8	23,3	38,5
Weiterführende Schulen	18,4	25,9	32,2	30,8	26,4	28,1
Durchschnitt über alle Branchen	19,0	20,7	21,4	21,9	22,0	21,6

16.6.8 Krankenstand nach Stellung im Beruf

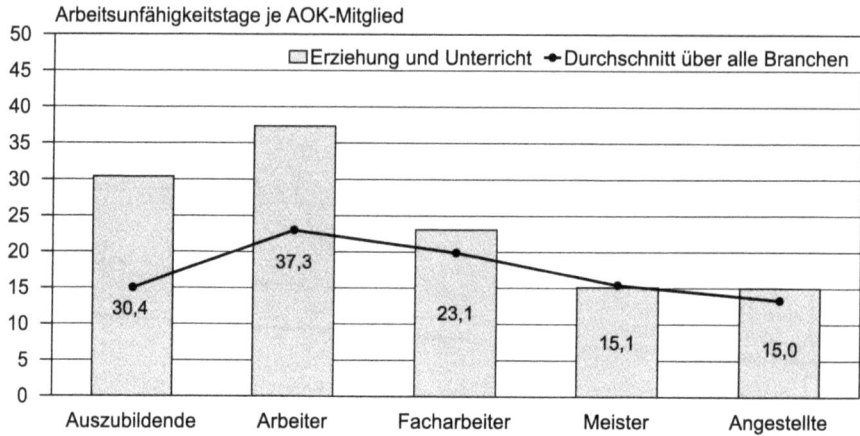

Abb. 16.6.5. Arbeitsunfähigkeitstage im Bereich Erziehung und Unterricht nach Stellung im Beruf, 2002

Tabelle 16.6.7. Erziehung und Unterricht, Krankenstand (in %) nach Stellung im Beruf, 2002

Wirtschaftsgruppe	Auszu-bildende	Arbeiter	Fach-arbeiter	Meister, Poliere	Ange-stellte
Erwachsenenbildung und sonstiger Unterricht	8,6	11,2	6,6	4,2	4,5
Hochschulen	4,3	8,4	6,5	4,4	3,5
Kindergärten, Vor- und Grundschulen	3,1	8,5	5,9	4,4	3,9
Weiterführende Schulen	8,4	8,8	5,7	3,9	3,8

16.6.9 Arbeitsunfälle

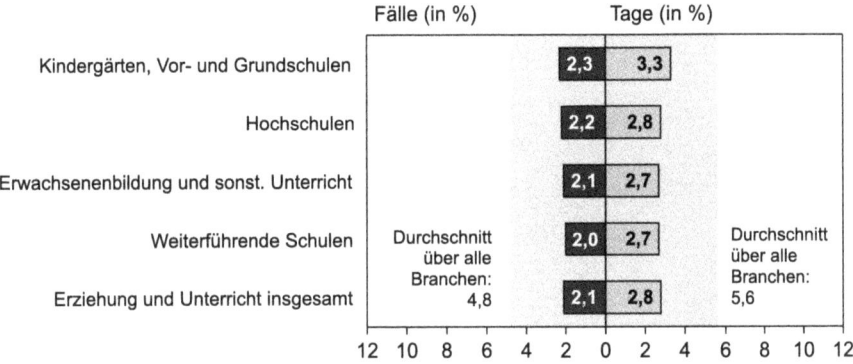

Abb. 16.6.6. Arbeitsunfälle im Bereich Erziehung und Unterricht nach Wirtschaftsgruppen, Anteil an den AU-Fällen und -Tagen in %, 2002

Tabelle 16.6.8. Erziehung und Unterricht, Arbeitsunfähigkeitstage durch Arbeitsunfälle nach Berufsgruppen, 2002

Tätigkeit	AU-Tage je 1000 AOK-Mitglieder	Anteil an den AU-Tagen insgesamt (in %)
Tischler	1443,9	4,3
Hilfsarbeiter ohne nähere Tätigkeitsangabe	1301,7	3,0
Gärtner, Gartenarbeiter	1241,5	3,3
Köche	1085,7	3,7
Lehrlinge mit noch nicht feststehendem Beruf	825,3	2,6
Pförtner, Hauswarte	689,3	3,6
Hauswirtschaftliche Betreuer	651,8	2,2
Raum-, Hausratreiniger	635,4	2,5
Sonstige Lehrer	495,3	4,5
Sozialarbeiter, Sozialpfleger	316,6	1,7
Kindergärtnerinnen, Kinderpflegerinnen	297,0	2,1
Bürofachkräfte	295,7	1,4
Heimleiter, Sozialpädagogen	248,6	1,7

16.6.10 Krankheitsarten

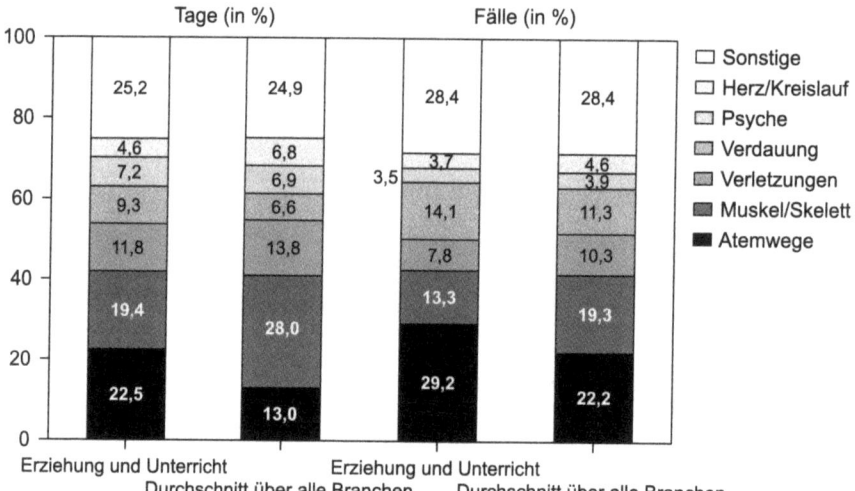

Abb. 16.6.7. Arbeitsunfähigkeiten im Bereich Erziehung und Unterricht nach Krankheitsarten, 2002

Tabelle 16.6.9. Erziehung und Unterricht, Arbeitsunfähigkeitstage nach Krankheitsarten (in %), 2002

Wirtschafts-gruppe	Muskel/Skelett	Atem-wege	Verlet-zungen	Herz/Kreislauf	Verdau-ung	Psyche	Sons-tige
Erwachsenenbildung und sonstiger Unterricht	18,6	24,1	12,3	4,4	10,1	6,6	23,9
Hochschulen	24,1	14,8	9,8	6,0	6,0	10,3	29,0
Kindergärten, Vor- und Grundschulen	23,4	16,4	9,1	5,5	6,3	9,6	29,7
Weiterführende Schulen	18,1	24,0	12,6	4,4	9,7	6,6	24,6

Tabelle 16.6.10. Erziehung und Unterricht, Arbeitsunfähigkeiten nach Krankheitsarten, Anteile der ICD-Untergruppen an den ICD-Hauptgruppen, 2002

ICD-Untergruppen	Anteil an den AU-Fällen (in %)	Anteil an den AU-Tagen (in %)
Muskel-/Skeletterkrankungen		
Krankheiten der Wirbelsäule und des Rückens	62,1	55,4
Krankheiten der Weichteilgewebe	18,5	18,4
Arthropathien	13,7	20,4
Sonstige	5,7	5,8
Verletzungen		
Verletzungen nicht näher bezeichneter Teile an Rumpf/Extremitäten/etc.	20,7	15,2
Verletzungen des Handgelenkes und der Hand	15,2	16,6
Verletzungen der Knöchelregion und des Fußes	13,2	13,3
Verletzungen des Knies und des Unterschenkels	9,8	15,2
Verletzungen des Kopfes	8,9	7,2
Sonstige	32,2	32,5
Atemwegserkrankungen		
Akute Infektionen der oberen Atemwege	55,1	50,2
Sonstige akute Infektionen der unteren Atemwege	17,2	18,9
Chronische Krankheiten der unteren Atemwege	11,7	13,7
Sonstige Krankheiten der oberen Atemwege	7,1	7,8
Sonstige	8,9	9,4
Herz-/Kreislauferkrankungen		
Sonstige u. nicht näher bez. Krankheiten des Kreislaufsystems	46,2	19,7
Hypertonie [Hochdruckkrankheit]	21,5	26,9
Krankheiten der Venen/Lymphgefäße/Lymphknoten	13,4	16,6
Sonstige Formen der Herzkrankheit	8,1	11,5
Sonstige	10,8	25,3
Verdauung		
Nichtinfektiöse Enteritis und Kolitis	39,7	34,2
Krankheiten des Ösophagus/Magens/Duodenums	38,2	35,4
Krankheiten der Mundhöhle/Speicheldrüsen/Kiefer	11,1	7,1
Sonstige Krankheiten des Darmes	3,5	5,3
Krankheiten der Appendix	2,1	3,7
Sonstige	5,4	14,3
Psychische und Verhaltensstörungen		
Neurotische, Belastungs- und somatoforme Störungen	45,4	36,6
Affektive Störungen	24,6	30,8
Psychische und Verhaltensstörungen durch psychotrope Substanzen	18,3	16,3
Persönlichkeits- und Verhaltensstörungen	3,6	5,3
Sonstige	8,1	11,0

16.7 Handel

16.7.1 Kosten der Arbeitsunfähigkeit 384
16.7.2 Allgemeine Krankenstandsentwicklung 384
16.7.3 Krankenstandsentwicklung nach Wirtschaftsabteilungen 386

Tabellarische Übersichten und Abbildungen
16.7.4 Krankenstand nach Berufsgruppen 387
16.7.5 Kurz- und Langzeiterkrankungen 389
16.7.6 Krankenstand nach Bundesländern 390
16.7.7 Krankenstand nach Betriebsgröße 392
16.7.8 Krankenstand nach Stellung im Beruf 393
16.7.9 Arbeitsunfälle 394
16.7.10 Krankheitsarten 395

16.7.1 Kosten der Arbeitsunfähigkeit

Von den rund 4,2 Mio. sozialversicherungspflichtig Beschäftigten[1] im Handel waren im Jahr 2002 34,6% (1,4 Mio. Erwerbstätige) bei der AOK versichert. Pro Beschäftigten fielen in diesem Jahr 16,4 krankheitsbedingte Fehltage an. Hochgerechnet auf die Branche ergeben sich daraus Fehlzeiten von insgesamt 68,4 Mio. Tagen oder 187 295 Erwerbsjahren. Bei durchschnittlichen Lohnkosten der Branche von 26 982 Euro[2] pro Jahr, fielen somit Kosten in Höhe von 5,1 Mrd. Euro infolge von Produktionsausfällen durch Arbeitsunfähigkeit an. Ein Handelsunternehmen mit 100 Mitarbeitern hatte im Jahr 2002 dadurch eine finanzielle Belastung, die durchschnittlich 120 923 Euro betrug.

16.7.2 Allgemeine Krankenstandsentwicklung

Etwas mehr als jeder zweite (52,6%) der im Handel beschäftigten Arbeitnehmer meldete sich im Jahr 2002 einmal oder mehrfach krank. Die Krankmeldungen erstreckten sich im Durchschnitt über 11,5 Kalendertage. Der Krankenstand im Handel lag auch 2002 mit 4,5% deutlich unter dem allgemeinen Branchendurchschnitt (5,2%). In Ostdeutschland waren erheblich weniger Krankmeldungen zu verzeichnen als im Westen. Der Anteil der von Arbeitsunfähigkeit Betroffenen war mit 47,0% deutlich niedriger als in den alten Bundesländern

---

[1] Bundesanstalt für Arbeit, Sozialversicherungspflichtig Beschäftigte nach Wirtschaftszweigen der WZ93/BA in der Bundesrepublik Deutschland, Stand Juni 2002.
[2] Statistisches Bundesamt, Volkswirtschaftliche Gesamtrechnungen, Fachserie 18, Reihe 1.3, Arbeitnehmerentgelt je Arbeitnehmer, Hauptbericht 2002, Wiesbaden 2003.

Tabelle 16.7.1. Krankenstandsentwicklung im Handel, 2002

	Kranken-stand (in %)	Arbeitsunfähigkeiten je 100 AOK-Mitglieder				Tage je Fall	AU-Quote (in %)
		Fälle	Veränd. z. Vorj. (in %)	Tage	Veränd. z. Vorj. (in %)		
West	4,5	145,5	0,1	1654,3	−1,4	11,4	53,3
Ost	4,1	114,4	1,1	1490,7	−2,2	13,0	47,0
Bund	4,5	142,0	0,1	1635,8	−1,5	11,5	52,6

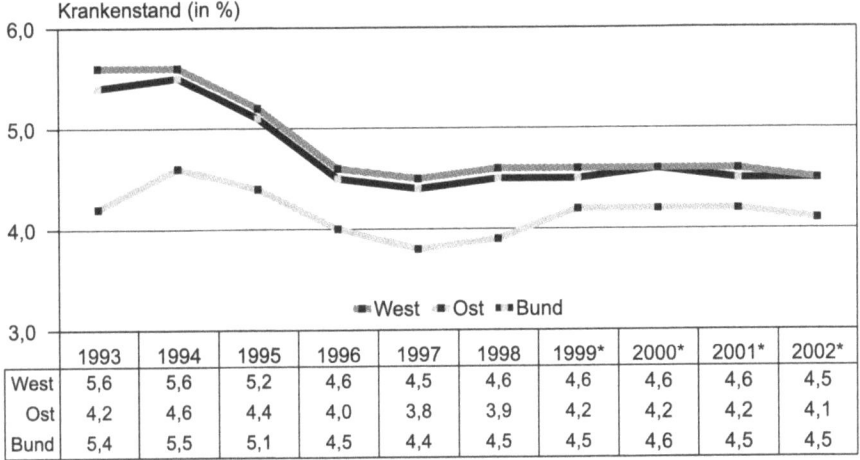

Abb. 16.7.1. Krankenstandsentwicklung im Handel, 1993–2002

(53,3%). Somit fiel im Osten der Krankenstand 0,4 Prozentpunkte niedriger aus als im Westen (Tabelle 16.7.1).

Im Jahr 2002 blieb die Zahl der Krankmeldungen (AU-Fälle) im Vergleich zum Vorjahr nahezu unverändert. Die durchschnittliche Falldauer ging allerdings weiter zurück, sodass auch die Zahl der krankheitsbedingten Fehltage abnahm.

Aus Abb. 16.7.1[3] wird die Krankenstandsentwicklung im Handel in den Jahren 1993–2002 ersichtlich. Dem allgemeinen Trend folgend ging der Krankenstand in den Jahren zwischen 1994–1997 deutlich zurück. Im Jahr 1997 fiel er auf einen Wert von 4,4%, während er 1994 noch

---

[3] Die Werte ab dem Jahr 1999 basieren auf der Klassifikation der Wirtschaftszweige der Bundesanstalt für Arbeit aus dem Jahre 1993 (WZS 93/NACE), während den Werten der Jahre 1993 bis 1998 noch der Wirtschaftszweigschlüssel aus dem Jahr 1973 zugrunde lag.

bei 5,5% gelegen hatte. In den folgenden Jahren stieg der Krankenstand nur geringfügig an und stabilisierte sich mit einem Wert von 4,5% in den letzten beiden Jahren auf einem niedrigen Niveau.

Nach der Wende waren in Westdeutschland zunächst noch deutlich höhere Krankenstände zu verzeichnen als in den ostdeutschen Ländern. Inzwischen jedoch haben sich die Werte in West und Ost einander angenähert. Hatte der Abstand 1993 noch 1,4 Prozentpunkte betragen, so waren es im Jahr 2002 nur noch 0,4 Prozentpunkte.

16.7.3 Krankenstandsentwicklung nach Wirtschaftsabteilungen

Tabelle 16.7.2 zeigt die Krankenstandskennzahlen für die einzelnen Wirtschaftsabteilungen des Handels. Im Großhandel war auch im Jahr 2002 der Krankenstand mit 5,0% deutlich höher als in den übrigen Abteilungen des Handels. Diese Unterschiede hängen allerdings z. T. mit der Beschäftigtenstruktur in den einzelnen Bereichen zusammen. Nach einer geschlechts- und altersspezifischen Standardisierung ergeben sich sowohl für den Einzel- als auch für den Kraftfahrzeughandel etwas höhere Werte[4]. Der Anteil der von Arbeitsunfähigkeit betroffenen Personen (AU-Quote) war im Einzelhandel am niedrigsten. Dort meldeten sich 2002 49,6% der Beschäftigten einmal bzw. mehrmals krank, im Groß- und Kraftfahrzeughandel waren es 55,0 bzw. 55,8%. Im Vergleich zum Jahr 2001 ging die Zahl der Krankmeldungen im

Tabelle 16.7.2. Krankenstandsentwicklung im Handel nach Wirtschaftsabteilungen, 2002

Wirtschafts-abteilung	Krankenstand (in %)			Arbeitsunfähigkeiten je 100 AOK-Mitglieder				Tage je Fall	AU-Quote (in %)
	2002	2002 stand.*	2001	Fälle	Veränd. z. Vorj. (in %)	Tage	Veränd. z. Vorj. (in %)		
Einzelhandel	4,2	4,5	4,3	133,1	0,4	1534,7	−1,2	11,5	49,6
Großhandel	5,0	4,9	5,0	145,9	−0,6	1811,0	−1,7	12,4	55,0
Kraftfahrzeughandel	4,2	4,3	4,3	157,3	1,1	1536,0	−1,0	9,8	55,8

* Krankenstand alters- und geschlechtsstandardisiert

---

[4] Berechnet nach der Methode der direkten Standardisierung. Zugrunde gelegt wurde die Alters- und Geschlechtsstruktur der erwerbstätigen Mitglieder der gesetzlichen Krankenversicherung insgesamt im Jahr 2000 (Mitglieder mit Krankengeldanspruch). Quelle: VDR-Statistik.

Handel

Großhandel geringfügig zurück (–0,6%), im Einzel- wie auch im Kraftfahrzeughandel war dagegen ein Anstieg der Krankmeldungen zu beobachten (0,4 bzw. 1,1%). Aufgrund der rückläufigen durchschnittlichen Dauer der Krankschreibungen waren jedoch auch in diesen Bereichen trotz der Zunahme der AU-Fälle weniger krankheitsbedingte Ausfalltage als im Vorjahr zu verzeichnen.

Tabellarische Übersichten und Abbildungen

16.7.4 Krankenstand nach Berufsgruppen

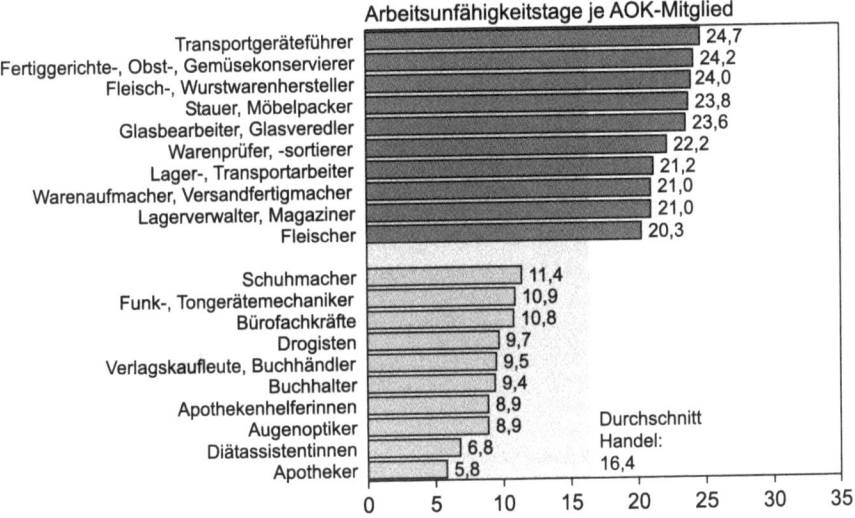

Abb. 16.7.2. 10 Berufsgruppen im Handel mit hohen und niedrigen Fehlzeiten, 2002

Tabelle 16.7.3. Handel, Krankenstandskennzahlen nach ausgewählten Berufsgruppen, 2002

Tätigkeit*	Kranken-stand (in %)	Arbeitsunfähigkeiten je 100 AOK-Mitglieder		Tage je Fall	AU-Quote (in %)	Anteil Arbeitsunfälle an den AU-Tagen (in %)
		Fälle	Tage			
Apotheker	1,6	60,7	580,9	9,6	27,9	1,1
Augenoptiker	2,4	136,7	888,6	6,5	50,9	1,6
Buchhalter	2,6	95,1	944,1	9,9	41,7	1,8
Bürofachkräfte	3,0	118,5	1078,0	9,1	46,3	2,1
Datenverarbeitungsfachleute	2,7	127,0	982,5	7,7	44,8	3,0
Fahrzeugreiniger, -pfleger	4,5	153,7	1646,7	10,7	50,4	3,7
Fleisch-, Wurstwarenhersteller	6,6	177,7	2400,4	13,5	59,2	7,2
Fleischer	5,6	132,6	2031,3	15,3	53,3	9,3
Floristen	3,2	111,0	1160,2	10,4	46,1	2,9
Groß- und Einzelhandelskaufleute, Einkäufer	3,2	158,0	1182,2	7,5	54,2	3,1
Handelsvertreter, Reisende	3,7	108,0	1339,1	12,4	45,7	2,8
Kassierer	4,8	144,2	1751,7	12,1	53,1	2,4
Kraftfahrzeugführer	5,8	130,9	2104,2	16,1	55,3	9,2
Lager-, Transportarbeiter	5,8	170,2	2119,8	12,5	58,3	5,7
Lagerverwalter, Magaziner	5,8	163,5	2102,3	12,9	60,8	5,2
Raum-, Hausratreiniger	4,8	132,1	1736,3	13,1	52,0	2,9
Tankwarte	4,0	111,9	1444,7	12,9	46,1	4,7
Unternehmer, Geschäftsführer	3,1	66,6	1129,7	17,0	32,7	4,2
Verkäufer	4,0	125,1	1467,1	11,7	47,5	3,1
Warenaufmacher, Versandfertigmacher	5,7	171,9	2096,5	12,2	56,6	4,1

* Berufsgruppen mit mehr als 2000 AOK-Versicherten

Handel

16.7.5 Kurz- und Langzeiterkrankungen

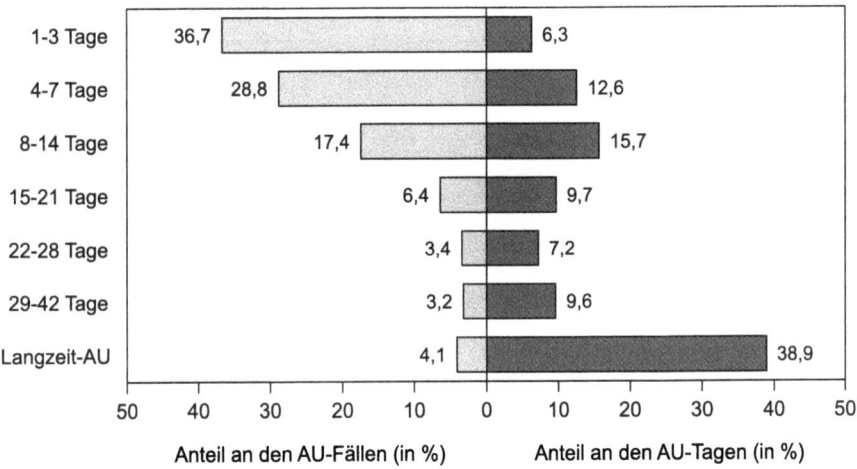

Abb. 16.7.3. Arbeitsunfähigkeitsfälle und -tage im Handel nach der Dauer, 2002

16.7.6 Krankenstand nach Bundesländer

Tabelle 16.7.4. Handel, Arbeitsunfähigkeit nach Bundesländern, 2002 im Vergleich zum Vorjahr

	Arbeitsunfähigkeiten je 100 AOK-Mitglieder					
	AU-Fälle	Veränd. z. Vorj. (in %)	AU-Tage	Veränd. z. Vorj. (in %)	Tage je Fall	Veränd. z. Vorj. (in %)
Baden-Württemberg	142,7	1,2	1591,7	1,2	11,2	0,0
Bayern	129,9	−0,7	1508,1	−2,3	11,6	−1,7
Berlin	118,7	0,8	1865,9	−4,1	15,7	−4,8
Brandenburg	114,1	1,5	1583,0	1,2	13,9	0,0
Bremen	154,9	−1,0	1803,2	−2,4	11,6	−1,7
Hamburg	172,3	1,2	2177,1	−0,7	12,6	−2,3
Hessen	160,2	−0,6	1793,7	−0,3	11,2	0,0
Mecklenburg-Vorpommern	115,0	−0,3	1479,1	−3,6	12,9	−3,0
Niedersachsen	148,1	2,3	1428,3	−0,2	9,6	−3,0
Nordrhein-Westfalen	155,6	−1,5	1800,1	−3,0	11,6	−1,7
Rheinland-Pfalz	158,9	1,0	1814,3	−2,2	11,4	−3,4
Saarland	143,2	0,7	2087,8	1,8	14,6	1,4
Sachsen	111,2	0,8	1426,1	−2,6	12,8	−3,8
Sachsen-Anhalt	118,5	3,0	1574,7	−2,4	13,3	−5,0
Schleswig-Holstein	155,6	1,0	1811,9	−2,3	11,6	−3,3
Thüringen	119,0	0,8	1525,0	−1,7	12,8	−2,3
Bund	142,0	0,1	1635,8	−1,5	11,5	−1,7

Handel

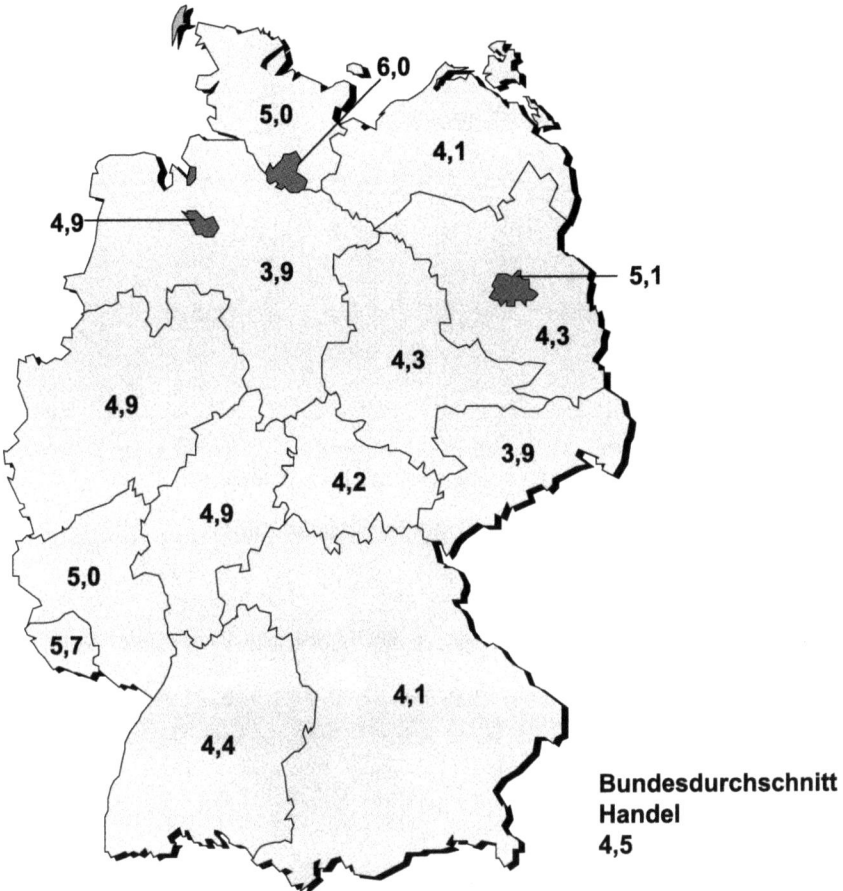

Abb. 16.7.4. Krankenstand (in %) im Handel nach Bundesländern, 2002

16.7.7 Krankenstand nach Betriebsgröße

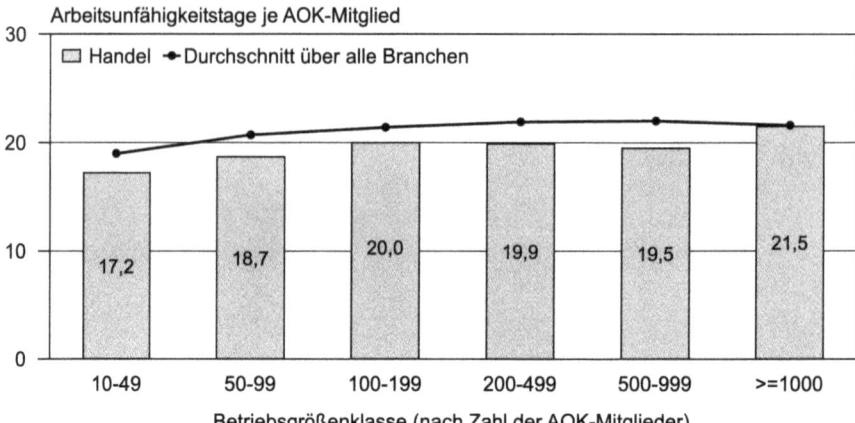

Abb. 16.7.5. Arbeitsunfähigkeitstage im Handel nach Betriebsgröße, 2002

Tabelle 16.7.5. Handel, Arbeitsunfähigkeitstage je AOK-Mitglied nach Betriebsgröße (Anzahl der AOK-Mitglieder), 2002

Wirtschaftsabteilung	10–49	50–99	100–199	200–499	500–999	≥1000
Einzelhandel	16,1	17,3	18,9	19,1	19,0	22,0
Großhandel	18,8	20,1	21,3	20,9	20,3	19,4
Kraftfahrzeughandel	16,1	17,9	19,2	20,3	–	–
Durchschnitt über alle Branchen	19,0	20,7	21,4	21,9	22,0	21,6

Handel

16.7.8 Krankenstand nach Stellung im Beruf

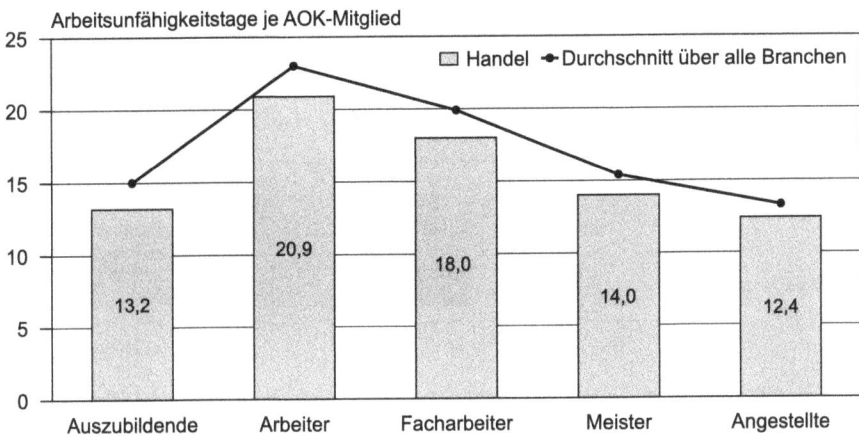

Abb. 16.7.6. Arbeitsunfähigkeitstage im Handel nach Stellung im Beruf, 2002

Tabelle 16.7.6. Handel, Krankenstand (in %) nach Stellung im Beruf, 2002

Wirtschaftsabteilung	Auszu-bildende	Arbeiter	Fach-arbeiter	Meister, Poliere	Ange-stellte
Einzelhandel	3,5	5,3	4,6	3,7	3,5
Großhandel	3,3	6,0	5,5	4,2	3,3
Kraftfahrzeughandel	4,0	5,0	4,6	3,8	2,9

16.7.9 Arbeitsunfälle

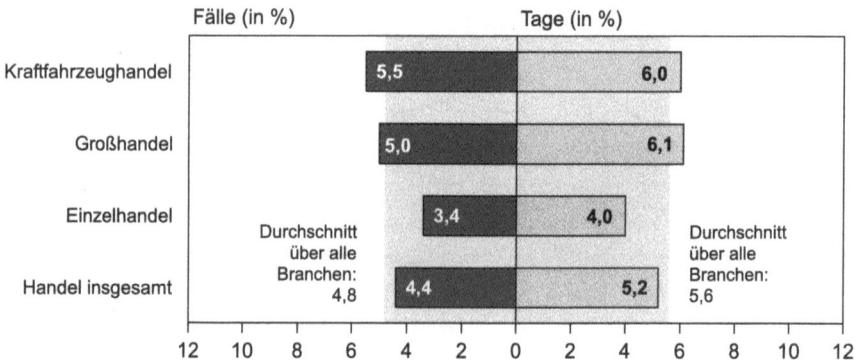

Abb. 16.7.7. Arbeitsunfälle im Handel nach Wirtschaftsabteilungen, Anteil an den AU-Fällen und -Tagen in %, 2002

Tabelle 16.7.7. Handel, Arbeitsunfähigkeitstage durch Arbeitsunfälle nach Berufsgruppen, 2002

Tätigkeit	AU-Tage je 1000 AOK-Mitglieder	Anteil an den AU-Tagen insgesamt (in %)
Kraftfahrzeugführer	1946,6	9,2
Fleischer	1887,9	9,3
Kraftfahrzeuginstandsetzer	1212,7	7,6
Lager-, Transportarbeiter	1210,2	5,7
Warenprüfer, -sortierer	1208,2	5,4
Lagerverwalter, Magaziner	1108,4	5,2
Elektroinstallateure, -monteure	1094,5	6,9
Hilfsarbeiter ohne nähere Tätigkeitsangabe	989,4	5,4
Warenaufmacher, Versandfertigmacher	871,7	4,1
Verkäufer	478,7	3,1
Kassierer	443,4	2,4
Groß- und Einzelhandelskaufleute, Einkäufer	371,1	3,1
Bürofachkräfte	233,6	2,1

Handel

16.7.10 Krankheitsarten

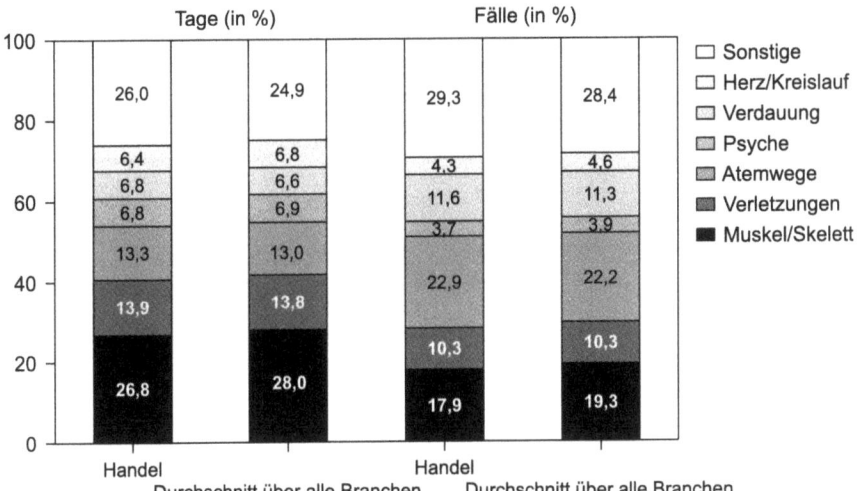

Abb. 16.7.8. Arbeitsunfähigkeiten im Handel nach Krankheitsarten, 2002

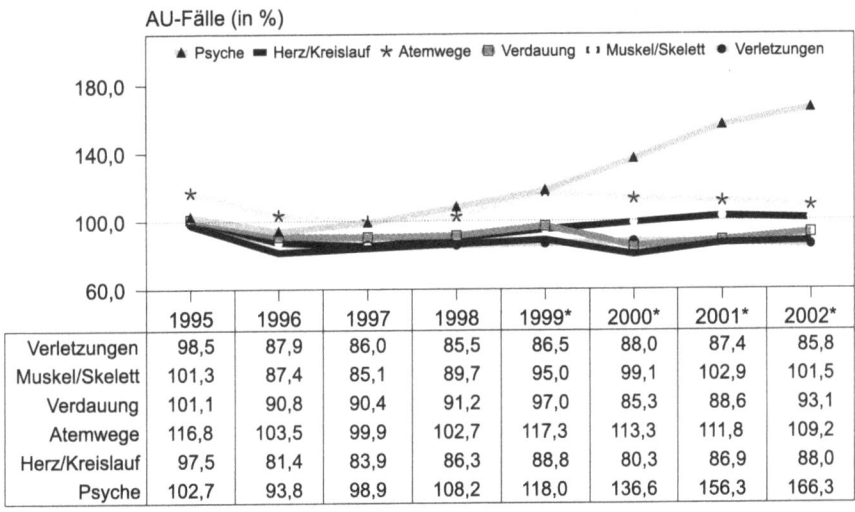

Abb. 16.7.9. Arbeitsunfähigkeitsfälle im Handel nach Krankheitsarten, 1995–2002; Indexdarstellung (1994 = 100%)

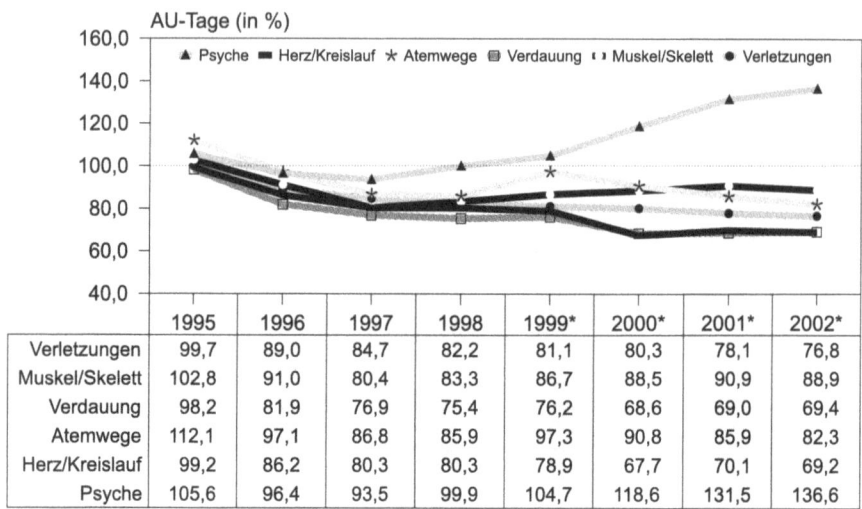

Abb. 16.7.10. Arbeitsunfähigkeitstage im Handel nach Krankheitsarten, 1995–2002; Indexdarstellung (1994 = 100%)

Tabelle 16.7.8. Handel, Arbeitsunfähigkeitstage nach Krankheitsarten (in %), 2002

Wirtschafts-abteilung	Muskel/Skelett	Atemwege	Verletzungen	Herz/Kreislauf	Verdauung	Psyche	Sonstige
Einzelhandel	25,4	13,5	12,1	6,1	6,9	8,0	28,0
Großhandel	28,7	12,5	14,3	7,0	6,5	6,2	24,8
Kraftfahrzeughandel	25,9	14,8	17,8	5,6	7,2	5,3	23,4

Tabelle 16.7.9. Handel, Arbeitsunfähigkeiten nach Krankheitsarten, Anteile der ICD-Untergruppen an den ICD-Hauptgruppen, 2001

ICD-Untergruppen	Anteil an den AU-Fällen (in %)	Anteil an den AU-Tagen (in %)
Muskel-/Skeletterkrankungen		
Krankheiten der Wirbelsäule und des Rückens	56,3	53,0
Krankheiten der Weichteilgewebe	20,6	18,7
Arthropathien	16,3	22,2
Sonstige	6,8	6,1
Verletzungen		
Verletzungen nicht näher bezeichneter Teile an Rumpf/ Extremitäten/etc.	20,1	15,2
Verletzungen des Handgelenkes und der Hand	14,0	14,3
Verletzungen der Knöchelregion und des Fußes	11,7	11,8
Verletzungen des Knies und des Unterschenkels	10,2	16,8
Verletzungen des Kopfes	7,7	5,6
Sonstige	36,3	36,3
Atemwegserkrankungen		
Akute Infektionen der oberen Atemwege	43,6	36,8
Sonstige akute Infektionen der unteren Atemwege	19,9	19,4
Chronische Krankheiten der unteren Atemwege	17,1	20,4
Sonstige Krankheiten der oberen Atemwege	9,3	11,0
Sonstige	10,1	12,4
Herz-/Kreislauferkrankungen		
Hypertonie [Hochdruckkrankheit]	27,1	23,0
Sonstige. u. nicht näher bez. Krankheiten des Kreislaufsystems	20,5	7,4
Krankheiten der Venen/Lymphgefäße/Lymphknoten	19,7	16,9
Ischämische Herzkrankheiten	12,3	21,5
Sonstige	20,4	31,2
Verdauung		
Nichtinfektiöse Enteritis und Kolitis	31,5	21,9
Krankheiten des Ösophagus/Magens/Duodenums	26,4	25,1
Krankheiten der Mundhöhle/Speicheldrüsen/Kiefer	21,3	9,1
Sonstige Krankheiten des Darmes	6,2	10,1
Hernien	4,0	12,7
Sonstige	10,6	21,1
Psychische und Verhaltensstörungen		
Neurotische, Belastungs- und somatoforme Störungen	44,7	39,1
Affektive Störungen	28,7	35,6
Psychische und Verhaltensstörungen durch psychotrope Substanzen	17,6	12,9
Verhaltensauffälligkeiten mit körperlichen Störungen und Faktoren	2,6	2,6
Sonstige	6,4	9,8

16.8 Land- und Forstwirtschaft

16.8.1 Kosten der Arbeitsunfähigkeit 398
16.8.2 Allgemeine Krankenstandsentwicklung 398
16.8.3 Krankenstandsentwicklung nach Wirtschaftsabteilungen 400

Tabellarische Übersichten und Abbildungen
16.8.4 Krankenstand nach Berufsgruppen 402
16.8.5 Kurz- und Langzeiterkrankungen 404
16.8.6 Krankenstand nach Bundesländern 405
16.8.7 Krankenstand nach Betriebsgröße 407
16.8.8 Krankenstand nach Stellung im Beruf 408
16.8.9 Arbeitsunfälle 409
16.8.10 Krankheitsarten 410

16.8.1 Kosten der Arbeitsunfähigkeit

Im Jahr 2002 verzeichnete der Bereich Land- und Forstwirtschaft 332 611 sozialversicherungspflichtig Beschäftigte[1]. Davon gehörten mehr als zwei Drittel (247 771 Erwerbstätige) der AOK an. Die mittlere Erkrankungsdauer der AOK-Versicherten betrug im Jahr 2002 17,6 Kalendertage. Dies ergibt hochgerechnet für den Wirtschaftszweig Land- und Forstwirtschaft 5,9 Mio. krankheitsbedingte Fehltage oder 16 038 Erwerbsjahre. Bei einem durchschnittlichen Arbeitnehmerentgelt von 20 791 Euro[2] erreichen die Kosten aufgrund von Produktionsausfällen in der Land- und Forstwirtschaft für das Jahr 2002 bezogen auf alle Beschäftigten 333,4 Mio. Euro. Die finanzielle Belastung eines Betriebes mit 100 Mitarbeitern betrug durchschnittlich 100 241 Euro.

16.8.2 Allgemeine Krankenstandsentwicklung

Der Krankenstand der Wirtschaftsbranche Land- und Forstwirtschaft lag im Jahr 2002 bei 4,8% (Tabelle 16.8.1). Die Anzahl der Krankmeldungen ging um 1,9% auf 135,0 Fälle je 100 AOK-Mitglieder zurück. Ein Erkrankungsfall dauerte durchschnittlich 13,0 Tage. Die AU-Quote, der Anteil der Beschäftigten mit mindestens einer Krankmeldung, erreichte im Jahr 2002 46,5% und ist damit die niedrigste aller Wirtschaftszweige.

---

[1] Bundesanstalt für Arbeit, Sozialversicherungspflichtig Beschäftigte nach Wirtschaftszweigen der WZ93/BA in der Bundesrepublik Deutschland, Stand Juni 2002.
[2] Statistisches Bundesamt, Volkswirtschaftliche Gesamtrechnungen, Fachserie 18, Reihe 1.3, Arbeitnehmerentgelt je Arbeitnehmer, Hauptbericht 2002, Wiesbaden 2003.

Land- und Forstwirtschaft

Tabelle 16.8.1. Krankenstandsentwicklung im Bereich Land- und Forstwirtschaft, 2002

	Kranken-stand (in %)	Arbeitsunfähigkeiten je 100 AOK-Mitglieder				Tage je Fall	AU-Quote (in %)
		Fälle	Veränd. z. Vorj. (in %)	Tage	Veränd. z. Vorj. (in %)		
West	4,5	142,4	−1,3	1630,4	−3,2	11,4	43,6
Ost	5,2	126,5	−2,8	1906,4	−2,8	15,1	47,9
Bund	4,8	135,0	−1,9	1759,8	−3,2	13,0	46,5

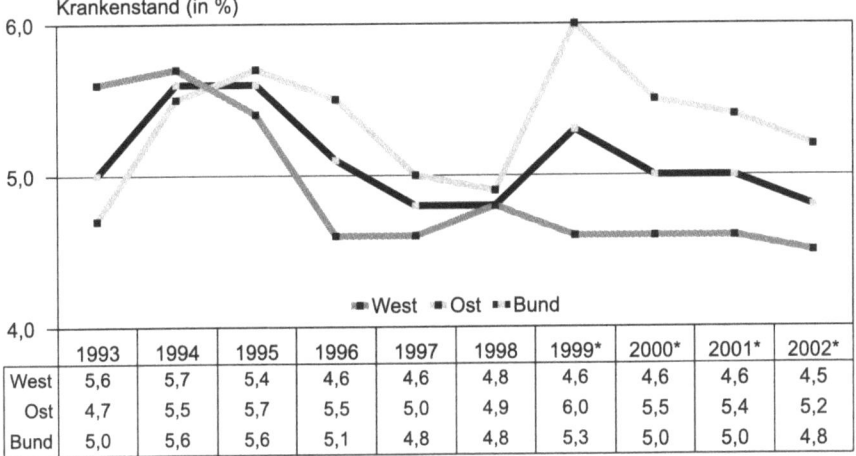

Abb. 16.8.1. Krankenstandsentwicklung im Bereich Land- und Forstwirtschaft, 1993–2002

In den neuen Ländern waren erheblich weniger Krankmeldungen als in den alten zu verzeichnen (Ost: 126,5; West: 142,4). Die durchschnittliche Dauer der AU-Fälle war jedoch erheblich höher als im Westdeutschland, so dass der Krankenstand im Osten trotz der geringeren Anzahl der Fälle deutlich höher ausfiel als im Westen (s. Tabelle 16.8.1).

Im Vergleich zum Vorjahr verzeichnet der Krankenstand in West- und Ostdeutschland im Jahr 2002 einen geringfügigen Rückgang. Die Anzahl der Krankheitsfälle ging in den neuen Bundesländern um 2,8% und in den alten Bundesländern um 1,3% zurück. In Westdeutschland war auch die durchschnittliche Dauer der AU-Fälle rückläufig (von 11,7 auf 11,4 Tage).

Die Abb. 16.8.1[3] zeigt die Krankenstandsentwicklung der letzten zehn Jahre für den Wirtschaftszweig Land- und Forstwirtschaft. Von 1995–1997 ging der Krankenstand kontinuierlich zurück und erreichte 1997 den niedrigsten Stand seit 1993. Im Jahr 1998 blieb er stabil. Durch den deutlichen Anstieg des Krankenstandes in den neuen Bundesländern stieg 1999 auch der gesamtdeutsche Krankenstand wieder an, ging aber im Jahr 2000 wieder auf das Niveau von 1993 zurück. 2001 blieb der Krankenstand stabil. Der seit 1997 zu beobachtende Trend einer Angleichung zwischen den Krankenständen in West- und Ostdeutschland setzte sich nach einer Trendumkehr im Jahr 1999 für die Jahre 2000–2002 wieder fort. Der Abstand zwischen West und Ost betrug 2002 0,7% (West: 4,5%; Ost: 5,2%).

16.8.3 Krankenstandsentwicklung nach Wirtschaftsabteilungen

Im Bereich Land- und Forstwirtschaft war 2002 in der Forstwirtschaft der höchste Krankenstand zu registrieren, der mit 6,6% deutlich über dem Mittel der gesamten Branche (4,8%) lag (s. Tabelle 16.8.2). Diese Wirtschaftsabteilung gehört mit 173,1 Krankheitsfällen und 2409,8 Krankheitstagen je 100 AOK-Mitglieder zu den Wirtschaftsabteilungen bzw. -gruppen mit einer sehr hohen Anzahl von Arbeitsunfähigkeitsfällen und -tagen. Am niedrigsten waren der Krankenstand (3,5%) und die AU-Quote (42,6%)[4] im Bereich Fischerei und Fischzucht.

Der hohe Krankenstand in der Forstwirtschaft (6,6%) ist z.T. auf die Beschäftigtenstruktur in dieser Branche zurückzuführen. Berücksichtigt man die Alters- und Geschlechtsstruktur mit Hilfe eines Standardisierungsverfahrens, ergibt sich ein um 0,7% niedrigerer Wert (s. Tabelle 16.8.2)[5]. In der Fischerei und Fischzucht sowie in der Landwirtschaft und der gewerblichen Jagd unterscheiden sich die nach Alter und Geschlecht standardisierten Werte nur unwesentlich oder gar nicht von den nicht standardisierten.

Die Zahl der Krankmeldungen nahm, wie Tabelle 16.8.2 zeigt, im Jahr 2002 im Vergleich zum Vorjahr in der Forstwirtschaft deutlich (5,3%) und in der Landwirtschaft und gewerblichen Jagd geringfügig

---

[3] Die Werte ab dem Jahr 1999 basieren auf der Klassifikation der Wirtschaftszweige der Bundesanstalt für Arbeit aus dem Jahre 1993 (WZS 93/NACE), während den Werten der Jahre 1993 bis 1998 noch der Wirtschaftszweigschlüssel aus dem Jahr 1973 zugrunde lag.
[4] Anteil der Arbeitnehmer, die sich mindestens einmal krank meldeten.
[5] Berechnet nach der Methode der direkten Standardisierung. Zugrunde gelegt wurde die Alters- und Geschlechtsstruktur der erwerbstätigen Mitglieder der gesetzlichen Krankenversicherung insgesamt im Jahr 2000 (Mitglieder mit Krankengeldanspruch). Quelle: VDR-Statistik.

Tabelle 16.8.2. Krankenstandsentwicklung im Bereich Land- und Forstwirtschaft nach Wirtschaftsabteilungen, 2002

Wirtschaftsabteilung	Krankenstand (in %)			Arbeitsunfähigkeiten je 100 AOK-Mitglieder				Tage je Fall	AU-Quote (in %)
	2002	2002 stand.*	2001	Fälle	Veränd. z. Vorj. (in %)	Tage	Veränd. z. Vorj. (in %)		
Fischerei und Fischzucht	3,5	3,7	3,9	97,3	6,2	1262,2	−10,3	13,0	42,6
Forstwirtschaft	6,6	5,9	7,2	173,1	−5,3	2409,8	−8,2	13,9	53,8
Landwirtschaft, gewerbliche Jagd	4,7	4,7	4,8	131,9	−1,6	1706,1	−2,6	12,9	44,8

* Krankenstand alters- und geschlechtsstandardisiert

(1,6%) ab. In der Fischerei und Fischzucht ging der Krankenstand trotz ansteigender Fallzahlen (6,2%) um 0,4 Prozentpunkte zurück, da die durchschnittliche Dauer der Arbeitsunfähigkeitsfälle deutlich abnahm (von 15,4 Tagen auf 13,0 Tage). Auch in den anderen Wirtschaftsgruppen war ein Rückgang der Krankheitstage zu verzeichnen, der mit 8,2% in der Forstwirtschaft besonders ausgeprägt war.

Tabellarische Übersichten und Abbildungen

16.8.4 Krankenstand nach Berufsgruppen

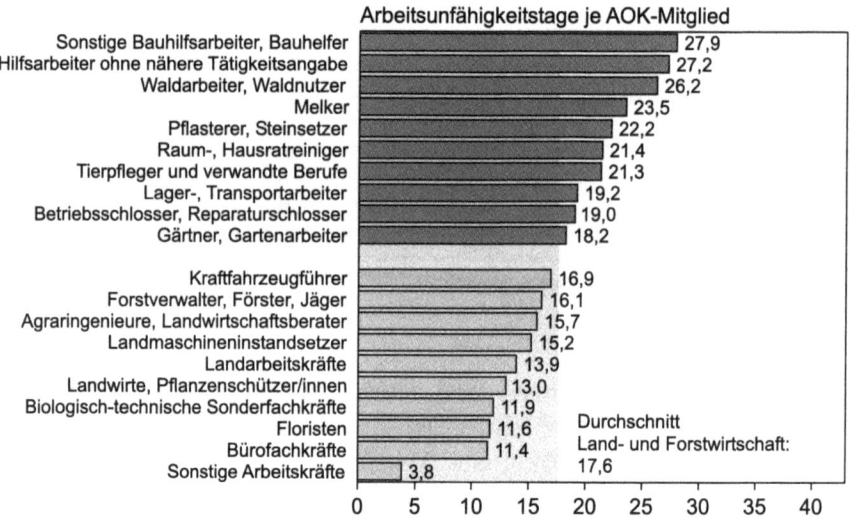

Abb. 16.8.2. 10 Berufsgruppen im Bereich Land- und Forstwirtschaft mit hohen und niedrigen Fehlzeiten, 2002

Land- und Forstwirtschaft

Tabelle 16.8.3. Land- und Forstwirtschaft, Krankenstandskennzahlen nach ausgewählten Berufsgruppen, 2002

Tätigkeit*	Krankenstand (in %)	Arbeitsunfähigkeiten je 100 AOK-Mitglieder		Tage je Fall	AU-Quote (in %)	Anteil Arbeitsunfälle an den AU-Tagen (in %)
		Fälle	Tage			
Bürofachkräfte	3,1	91,2	1137,9	12,5	38,5	4,7
Facharbeiter/innen	4,8	147,4	1737,5	11,8	41,9	8,9
Floristen	3,2	119,9	1159,4	9,7	48,0	3,2
Gartenarchitekten, Gartengestalter	4,7	153,4	1704,3	11,1	47,2	8,1
Gärtner, Gartenarbeiter	5,0	170,6	1815,5	10,6	48,4	11,6
Kraftfahrzeugführer	4,6	109,6	1688,8	15,4	47,5	12,2
Landarbeitskräfte	3,8	91,5	1386,1	15,2	33,9	12,2
Landmaschineninstandsetzer	4,2	107,0	1516,0	14,2	55,0	17,8
Landwirte, Pflanzenschützer/innen	3,6	121,8	1302,2	10,7	43,0	14,2
Melker	6,4	107,2	2352,3	21,9	55,1	11,8
Sonstige Arbeitskräfte	1,0	31,0	378,9	12,2	16,7	0,3
Sonstige Bauhilfsarbeiter, Bauhelfer	7,6	230,3	2787,7	12,1	49,9	7,0
Tierpfleger und verwandte Berufe	5,8	105,6	2127,3	20,1	50,7	12,2
Tierzüchter	4,9	114,0	1772,5	15,5	51,4	12,4
Waldarbeiter, Waldnutzer	7,2	178,7	2624,9	14,7	55,7	14,1

* Berufsgruppen mit mehr als 2000 AOK-Versicherten

16.8.5 Kurz- und Langzeiterkrankungen

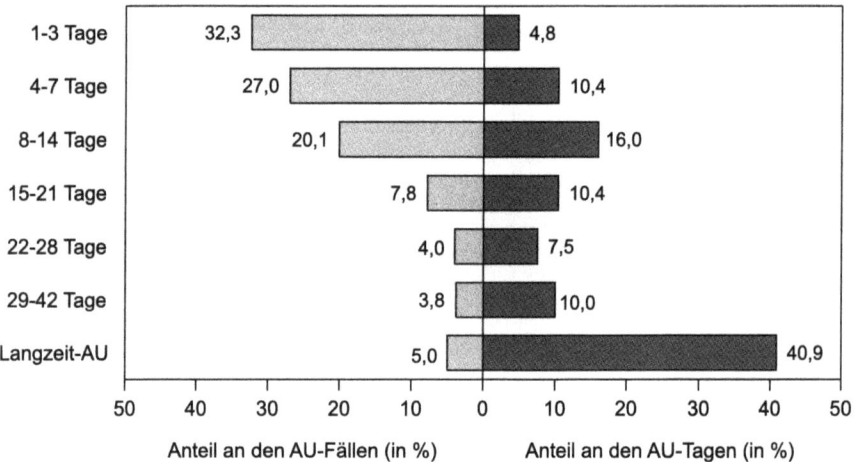

Abb. 16.8.3. Arbeitsunfähigkeitsfälle und -tage im Bereich Land- und Forstwirtschaft nach der Dauer, 2002

Land- und Forstwirtschaft

16.8.6 Krankenstand nach Bundesländern

Tabelle 16.8.4. Land- und Forstwirtschaft, Arbeitsunfähigkeit nach Bundesländern, 2002 im Vergleich zum Vorjahr

	Arbeitsunfähigkeiten je 100 AOK-Mitglieder					
	AU-Fälle	Veränd. z. Vorj. (in %)	AU-Tage	Veränd. z. Vorj. (in %)	Tage je Fall	Veränd. z. Vorj. (in %)
Baden-Württemberg	146,2	−2,9	1691,7	−4,7	11,6	−1,7
Bayern	117,1	−0,3	1423,5	−3,3	12,2	−2,4
Berlin	199,7	3,7	2940,9	−3,3	14,7	−7,0
Brandenburg	120,5	7,1	1866,0	1,8	15,5	−4,9
Bremen	175,1	2,5	1846,1	4,7	10,5	1,9
Hamburg	160,0	−3,3	1883,2	−2,9	11,8	0,9
Hessen	164,1	0,6	1958,0	−3,6	11,9	−4,8
Mecklenburg-Vorpommern	119,0	−5,0	1902,0	−4,0	16,0	1,3
Niedersachsen	136,3	1,9	1329,7	−0,8	9,8	−2,0
Nordrhein-Westfalen	154,8	−3,8	1681,7	−5,5	10,9	−1,8
Rheinland-Pfalz	158,0	−3,8	2017,2	6,6	12,8	11,3
Saarland	183,3	6,9	2402,7	−7,2	13,1	−13,2
Sachsen	130,5	−6,8	1891,0	−6,0	14,5	0,7
Sachsen-Anhalt	129,6	−4,0	1919,0	−2,6	14,8	1,4
Schleswig-Holstein	128,8	−0,9	1578,3	−4,7	12,3	−3,1
Thüringen	131,7	−1,9	1969,9	−1,0	15,0	1,4
Bund	135,0	−1,9	1759,8	−3,2	13,0	−1,5

406 Krankheitsbedingte Fehlzeiten in der deutschen Wirtschaft im Jahr 2002

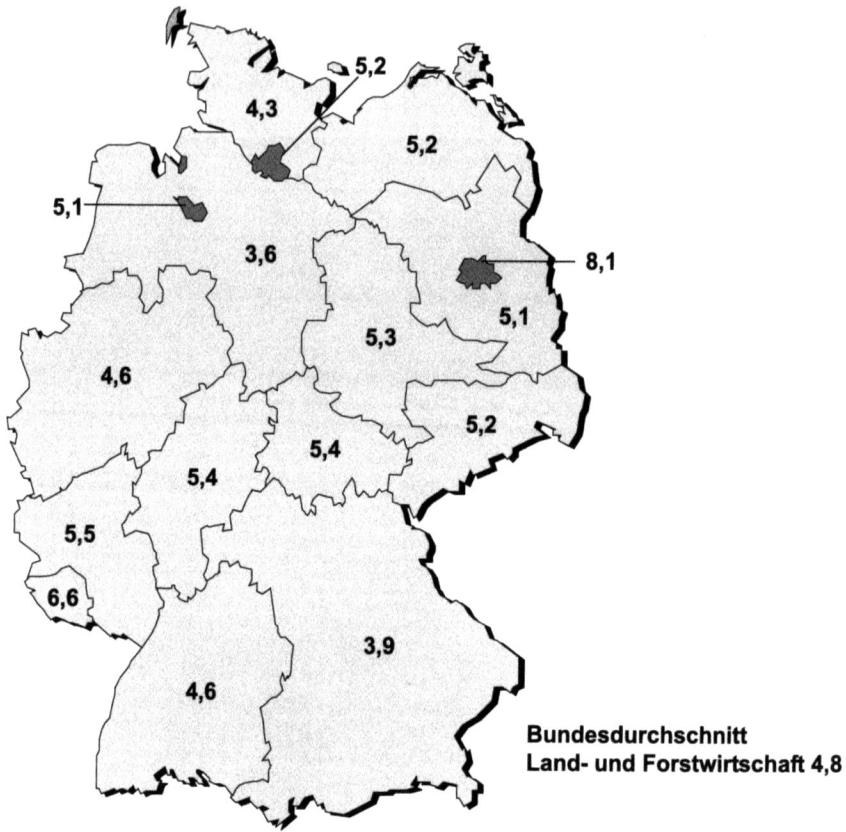

Abb. 16.8.4. Krankenstand (in %) im Bereich Land- und Forstwirtschaft nach Bundesländern, 2002

Land- und Forstwirtschaft

16.8.7 Krankenstand nach Betriebsgröße

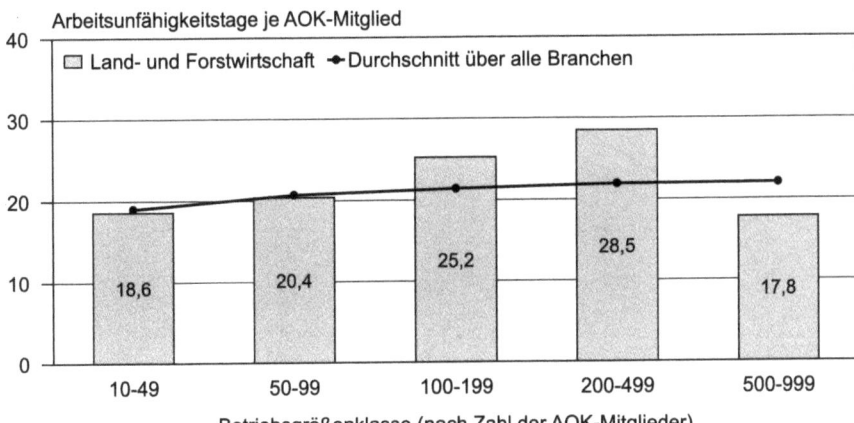

Abb. 16.8.5. Arbeitsunfähigkeitstage im Bereich Land- und Forstwirtschaft nach Betriebsgröße, 2002

Tabelle 16.8.5. Land- und Forstwirtschaft, Arbeitsunfähigkeitstage je AOK-Mitglied nach Betriebsgröße, 2002

Wirtschaftsabteilung	10–49	50–99	100–199	200–499	500–999	≥1000
Fischerei und Fischzucht	13,6	–	–	–	–	–
Forstwirtschaft	25,2	21,5	29,8	31,8	–	–
Landwirtschaft, gewerbliche Jagd	18,0	20,4	24,8	27,9	17,8	4,0
Durchschnitt über alle Branchen	19,0	20,7	21,4	21,9	22,0	21,6

16.8.8 Krankenstand nach Stellung im Beruf

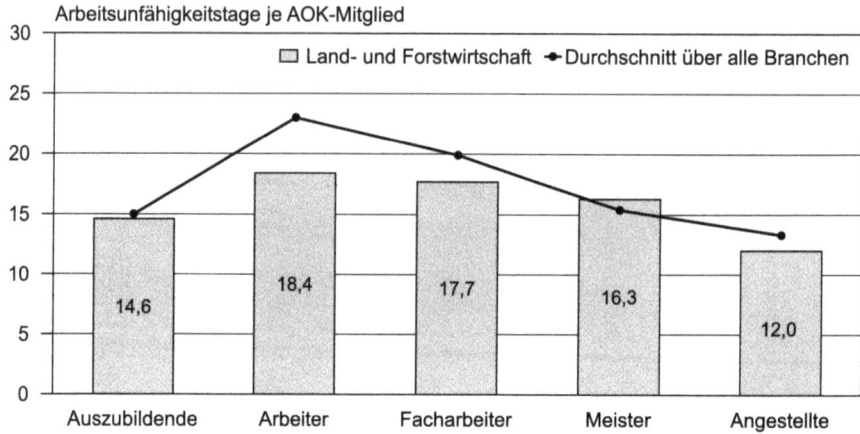

Abb. 16.8.6. Arbeitsunfähigkeitstage im Bereich Land- und Forstwirtschaft nach Stellung im Beruf, 2002

Tabelle 16.8.6. Land- und Forstwirtschaft, Krankenstand (in %) nach Stellung im Beruf, 2002

Wirtschaftsabteilung	Auszubildende	Arbeiter	Facharbeiter	Meister, Poliere	Angestellte
Fischerei und Fischzucht	4,0	4,6	3,2	2,7	2,0
Forstwirtschaft	5,7	6,8	7,1	5,5	3,2
Landwirtschaft, gewerbliche Jagd	3,9	4,9	4,7	4,4	3,3

Land- und Forstwirtschaft

16.8.9 Arbeitsunfälle

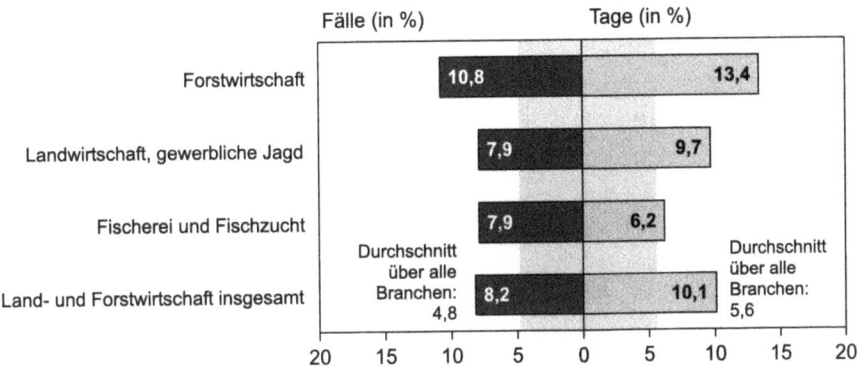

Abb. 16.8.7. Arbeitsunfälle im Bereich Land- und Forstwirtschaft nach Wirtschaftsabteilungen, Anteil an den AU-Fällen und -Tagen in %, 2002

Tabelle 16.8.7. Land- und Forstwirtschaft, Arbeitsunfähigkeitstage durch Arbeitsunfälle nach Berufsgruppen, 2002

Tätigkeit	AU-Tage je 1000 AOK-Mitglieder	Anteil an den AU-Tagen insgesamt (in %)
Waldarbeiter, Waldnutzer	3726,0	14,1
Melker	2831,0	11,8
Industriemechaniker/innen	2739,9	15,5
Landmaschineninstandsetzer	2704,2	17,8
Tierpfleger und verwandte Berufe	2635,6	12,2
Betriebsschlosser, Reparaturschlosser	2409,9	12,6
Tierzüchter	2223,4	12,4
Hilfsarbeiter ohne nähere Tätigkeitsangabe	1990,9	7,2
Sonstige Bauhilfsarbeiter, Bauhelfer	1968,2	7,0
Kraftfahrzeugführer	1955,8	11,6
Landwirte, Pflanzenschützer/innen	1867,1	14,2
Landarbeitskräfte	1710,7	12,2
Gärtner, Gartenarbeiter	1515,9	8,2
Floristen	398,9	3,2

16.8.10 Krankheitsarten

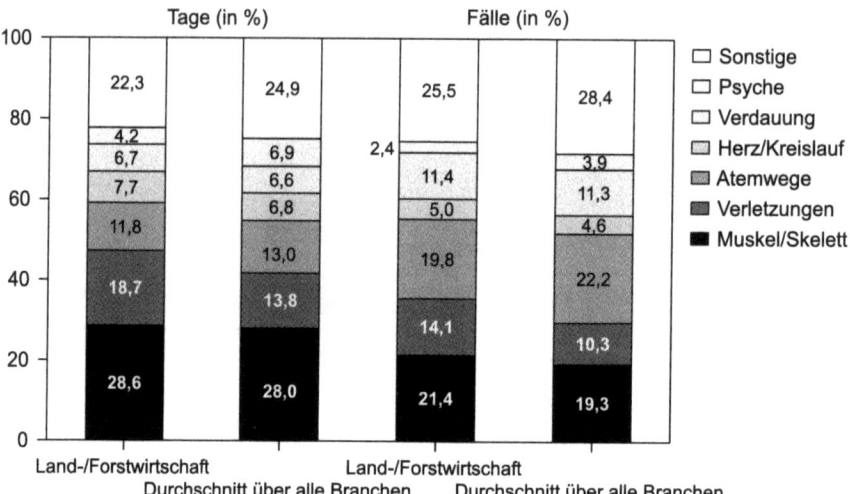

Abb. 16.8.8. Arbeitsunfähigkeiten im Bereich Land- und Forstwirtschaft nach Krankheitsarten, 2002

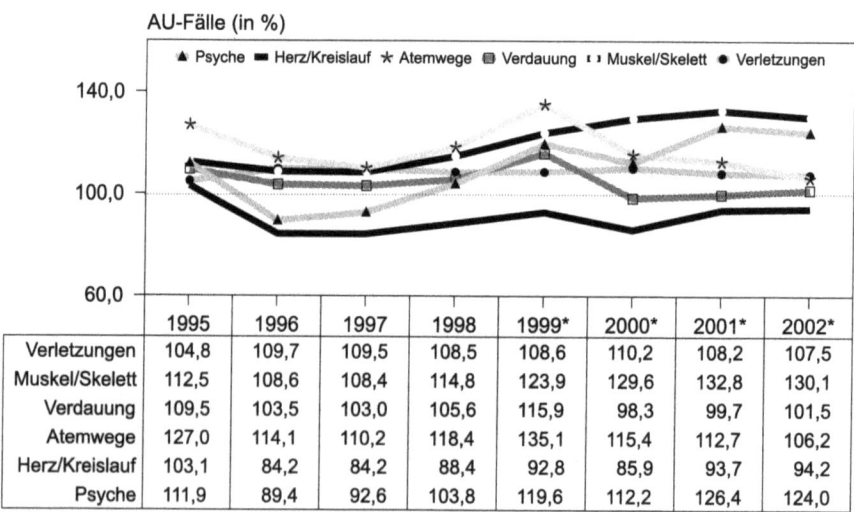

Abb. 16.8.9. Arbeitsunfähigkeitsfälle im Bereich Land- und Forstwirtschaft nach Krankheitsarten, 1995–2002; Indexdarstellung (1994 = 100%)

Land- und Forstwirtschaft

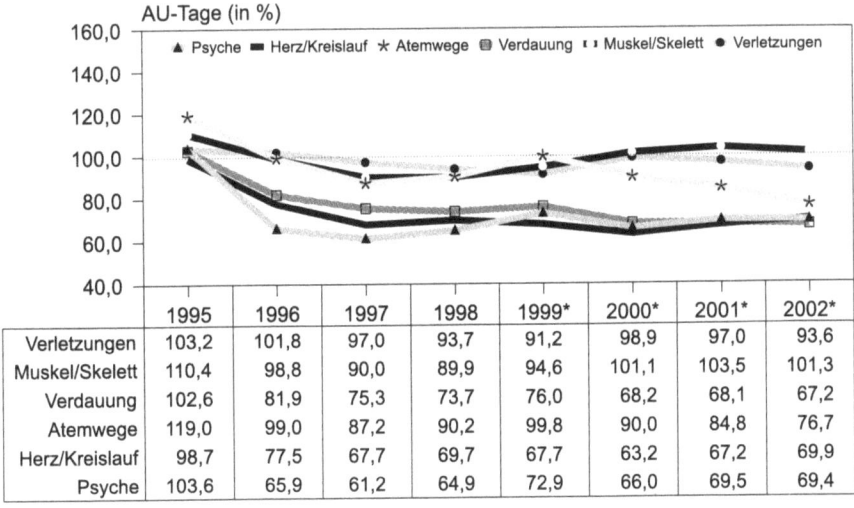

Abb. 16.8.10. Arbeitsunfähigkeitstage im Bereich Land- und Forstwirtschaft nach Krankheitsarten, 1995–2002; Indexdarstellung (1994 = 100%)

Tabelle 16.8.8. Land- und Forstwirtschaft, Arbeitsunfähigkeitstage nach Krankheitsarten (in %), 2002

Wirtschafts-abteilung	Muskel/Skelett	Atem-wege	Verlet-zungen	Herz/Kreislauf	Verdau-ung	Psyche	Sons-tige
Fischerei und Fischzucht	25,2	11,3	18,4	7,4	4,5	9,6	23,6
Forstwirtschaft	32,2	10,3	22,9	6,6	5,5	3,4	19,1
Landwirtschaft, gewerbliche Jagd	28,2	12,0	18,2	7,9	6,8	4,3	22,6

Tabelle 16.8.9. Land- und Forstwirtschaft, Arbeitsunfähigkeiten nach Krankheitsarten, Anteile der ICD-Untergruppen an den ICD-Hauptgruppen, 2002

ICD-Untergruppen	Anteil an den AU-Fällen (in %)	Anteil an den AU-Tagen (in %)
Muskel-/Skeletterkrankungen		
Krankheiten der Wirbelsäule und des Rückens	56,7	53,4
Krankheiten der Weichteilgewebe	19,7	17,7
Arthropathien	17,5	23,5
Sonstige	6,1	5,4
Verletzungen		
Verletzungen nicht näher bezeichneter Teile an Rumpf/Extremitäten/etc.	21,2	15,9
Verletzungen des Handgelenkes und der Hand	14,1	14,6
Verletzungen des Knies und des Unterschenkels	10,7	17,7
Verletzungen der Knöchelregion und des Fußes	10,6	11,2
Verletzungen des Kopfes	8,9	6,0
Sonstige	34,5	34,6
Atemwegserkrankungen		
Akute Infektionen der oberen Atemwege	44,9	36,8
Sonstige akute Infektionen der unteren Atemwege	19,9	19,6
Chronische Krankheiten der unteren Atemwege	16,1	20,3
Grippe und Pneumonie	8,8	9,9
Sonstige	10,3	13,4
Herz-/Kreislauferkrankungen		
Hypertonie [Hochdruckkrankheit]	35,6	27,8
Krankheiten der Venen/Lymphgefäße/Lymphknoten	16,3	14,1
Ischämische Herzkrankheiten	14,5	23,2
Sonstige Formen der Herzkrankheit	13,1	15,0
Sonstige	20,5	19,9
Verdauung		
Nichtinfektiöse Enteritis und Kolitis	28,2	18,1
Krankheiten des Ösophagus/Magens/Duodenums	26,4	24,6
Krankheiten der Mundhöhle/Speicheldrüsen/Kiefer	22,5	8,0
Sonstige Krankheiten des Darmes	5,8	9,0
Hernien	4,6	15,5
Sonstige	12,5	24,8
Psychische und Verhaltensstörungen		
Neurotische, Belastungs- und somatoforme Störungen	34,5	28,6
Psychische und Verhaltensstörungen durch psychotrope Substanzen	30,8	25,8
Affektive Störungen	23,3	29,3
Schizophrenie, schizotype und wahnhafte Störungen	3,6	6,6
Sonstige	7,8	9,7

16.9 Metallindustrie

16.9.1 Kosten der Arbeitsunfähigkeit 413
16.9.2 Allgemeine Krankenstandsentwicklung 413
16.9.3 Krankenstandsentwicklung nach Wirtschaftsabteilungen 415

Tabellarische Übersichten und Abbildungen
16.9.4 Krankenstand nach Berufsgruppen 417
16.9.5 Kurz- und Langzeiterkrankungen 419
16.9.6 Krankenstand nach Bundesländern 420
16.9.7 Krankenstand nach Betriebsgröße 422
16.9.8 Krankenstand nach Stellung im Beruf 423
16.9.9 Arbeitsunfälle 424
16.9.10 Krankheitsarten 425

16.9.1 Kosten der Arbeitsunfähigkeit

In der Metallindustrie waren im Jahr 2002 3,6 Mio. Arbeitnehmer beschäftigt[1]. Die AOK-Mitglieder dieser Branche waren 2002 durchschnittlich 20,0 Kalendertage krankgeschrieben. Hochgerechnet auf das gesamte Metallgewerbe ergibt sich daraus eine Summe von 70,9 Mio. krankheitsbedingten Fehltagen bzw. von 194 312 Ausfalljahren. Der durchschnittliche Bruttojahresverdienst eines in der Metallindustrie Beschäftigten lag im Jahr 2002 bei 38 635 Euro[2]. Die sich daraus ergebenden Kosten der Produktionsausfälle durch Arbeitsunfähigkeit lagen bei 7,5 Mrd. Euro. Ein Unternehmen mit 100 Mitarbeitern hatte im Durchschnitt eine finanzielle Belastung von 211 911 Euro.

16.9.2 Allgemeine Krankenstandsentwicklung

Im Vergleich zum Jahr 2001 blieb der Krankenstand in der Metallindustrie 2002 unverändert bei 5,5%. Bei einer Arbeitsunfähigkeitsquote (AU-Quote) von 62,1% lag die durchschnittliche Dauer eines Krankheitsfalls bei 12,5 Kalendertagen. In den westdeutschen Bundesländern erreichte sowohl die Zahl der AU-Fälle als auch die der AU-Tage ein höheres Niveau als in Ostdeutschland. Die AU-Fälle nahmen in den ostdeutschen Ländern im Vergleich zu 2001 leicht zu (2,1%). Dieser Anstieg führte dort allerdings nicht zu einer Erhöhung des Krankenstandes, da sich die durchschnittliche Falldauer um 0,5 Tage

---
[1] Quelle: http://www.gesamtmetall.de, M+E-Daten: Beschäftigung und Arbeitsmarkt, 2003.
[2] Quelle: http://www.gesamtmetall.de, M+E-Daten: Beschäftigung und Arbeitsmarkt, 2003.

Tabelle 16.9.1. Krankenstandsentwicklung in der Metallindustrie, 2002

	Kranken-stand (in %)	Arbeitsunfähigkeiten je 100 AOK-Mitglieder				Tage je Fall	AU-Quote (in %)
		Fälle	Veränd. z. Vorj. (in %)	Tage	Veränd. z. Vorj. (in %)		
West	5,5	162,2	-0,2	2020,1	-0,2	12,5	62,5
Ost	5,0	143,1	2,1	1822,7	-1,1	12,7	58,3
Bund	5,5	160,5	-0,1	2002,0	-0,3	12,5	62,1

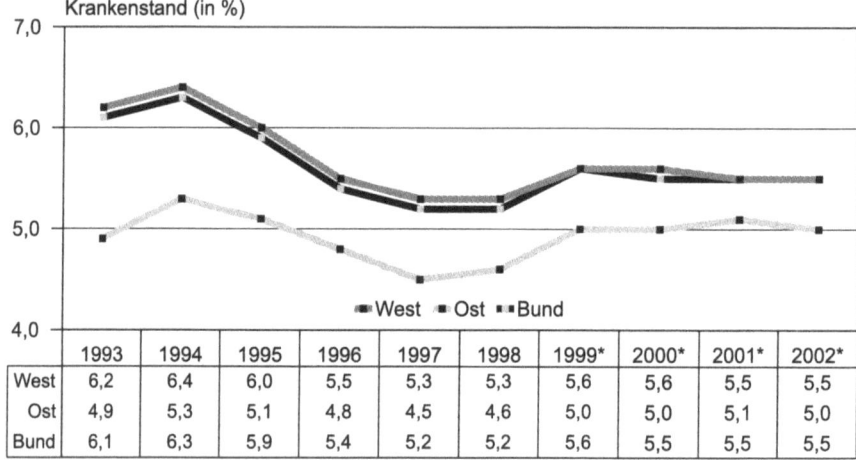

Abb. 16.9.1. Krankenstandsentwicklung in der Metallindustrie 1993–2002

reduzierte. Im Westen blieben die Werte gegenüber dem Vorjahr weitgehend konstant (Tabelle 16.9.1).

Abb. 16.9.1[3] zeigt die Entwicklung des Krankenstandes in der Metallindustrie in den Jahren 1993–2002. 1995 bis 1997 ging die Zahl der krankheitsbedingten Fehlzeiten kontinuierlich zurück. Im Jahr 1998 kam es zu keinem weiteren Rückgang, allerdings blieb der Krankenstand stabil. Eine Zunahme der krankheitsbedingten Ausfallzeiten war erstmalig wieder 1999 zu verzeichnen. Im Jahr 2000 ging der Krankenstand erneut etwas zurück und blieb in den beiden Folgejahren konstant.

---

[3] Die Werte der Jahre ab 1999 basieren auf der Klassifikation der Wirtschaftszweige der Bundesanstalt für Arbeit aus dem Jahre 1993 (WZS 93/NACE), während den Werten der Jahre 1993–1998 noch der Wirtschaftszweigschlüssel aus dem Jahr 1973 zugrunde lag.

Metallindustrie

Die Krankenstandswerte in West- und Ostdeutschland haben sich in den letzten Jahren zunehmend einander angenähert. Hatte der Abstand zwischen dem Krankenstand in Ost- und Westdeutschland 1993 noch 1,3 Prozentpunkte betragen, so differierten die Werte in den alten und neuen Bundesländern im Jahr 2001 nur noch um 0,4 Prozentpunkte. Im Jahr 2002 hat sich der Ost/West-Unterschied erstmals wieder etwas vergrößert.

16.9.3 Krankenstandsentwicklung nach Wirtschaftsabteilungen

In den einzelnen Wirtschaftsabteilungen der Metallindustrie fielen die Krankenstände 2002 erneut sehr unterschiedlich aus (Tabelle 16.9.2). Wie schon in den Vorjahren, war der höchste Krankenstand mit 6,3% in der Metallerzeugung und -bearbeitung zu verzeichnen. Trotz eines Rückgangs bei den AU-Fällen und bei den AU-Tagen um jeweils 0,9%, lag in diesem Bereich sowohl die Zahl der Krankmeldungen als auch deren Dauer deutlich über dem Durchschnitt der Branche. Zum Teil sind diese hohen Werte allerdings auf die spezifische Beschäftigtenstruktur in diesem Wirtschaftszweig zurückzuführen. Eine Berücksichtigung der Alters- und Geschlechtsstruktur unter Zuhilfenahme eines Standardisierungsverfahrens, ergibt einen um 0,3 Prozentpunkte reduzierten Krankenstandswert[4].

In den Wirtschaftsabteilungen Herstellung von Metallerzeugnissen, sonstiger Fahrzeugbau, Herstellung von Geräten der Elektrizitätserzeugung und -verteilung sowie in der Automobilindustrie lagen die Krankenstände ebenfalls über dem allgemeinen Branchendurchschnitt. Wie bereits im Jahr 2001 verzeichnete der Bereich „Herstellung von Büromaschinen, Datenverarbeitungsgeräten und -einrichtungen" mit 4,1% den niedrigsten Krankenstand. Der Anteil der Beschäftigten, die sich 2002 ein- oder mehrmals krankmeldeten, variierte in den einzelnen Wirtschaftsabteilungen der Metallindustrie zwischen 52,7–65,7% (Tabelle 16.9.2).

Im Vergleich zum Vorjahr war 2002 sowohl die Zahl der AU-Fälle als auch der AU-Tage in den meisten Bereichen der Metallindustrie rückläufig, allerdings meist nur geringfügig (s. Tabelle 16.9.2). Ein stärkerer Rückgang war im Bereich „Herstellung von Büromaschinen, Datenverarbeitungsgeräten und -einrichtungen" zu verzeichnen. Dort ging die Zahl der AU-Fälle um 5,8%, die der AU-Tage um 6,6% zurück.

---

[4] Berechnet nach der Methode der direkten Standardisierung. Zugrunde gelegt wurde die Alters- und Geschlechtsstruktur der erwerbstätigen Mitglieder der gesetzlichen Krankenversicherung insgesamt im Jahr 2000 (Mitglieder mit Krankengeldanspruch). Quelle: VDR-Statistik.

Tabelle 16.9.2. Krankenstandsentwicklung in der Metallindustrie nach Wirtschaftsabteilungen, 2002

Wirtschafts-abteilung	Krankenstand (in %)			Arbeitsunfähigkeiten je 100 AOK-Mitglieder				Tage je Fall	AU-Quote (in %)
	2002	2002 stand.*	2001	Fälle	Veränd. z. Vorj. (in %)	Tage	Veränd. z. Vorj. (in %)		
Herstellung von Büromaschinen, Datenverarbeitungsgeräten und -einrichtungen	3,8	4,1	4,1	135,1	−5,8	1391,1	−6,6	10,3	52,7
Herstellung von Geräten der Elektrizitätserzeugung, -verteilung	5,6	5,5	5,7	160,8	−0,2	2059,6	−0,3	12,8	62,2
Herstellung von Kraftwagen und Kraftwagenteilen	5,8	5,9	5,7	158,3	1,9	2130,1	2,0	13,5	62,5
Herstellung von Metallerzeugnissen	5,8	5,7	5,8	167,7	−0,3	2109,9	−0,7	12,6	62,7
Maschinenbau	5,1	5,0	5,1	154,1	−0,5	1850,7	−0,6	12,0	61,8
Medizin-, Mess-, Steuer- und Regelungstechnik, Optik	4,5	4,5	4,5	152,7	0,7	1651,4	0,0	10,8	58,6
Metallerzeugung und -bearbeitung	6,3	6,0	6,4	168,9	−0,9	2306,3	−0,9	13,7	65,7
Rundfunk-, Fernseh- und Nachrichtentechnik	5,0	5,0	5,0	159,3	−1,1	1819,7	−0,4	11,4	59,3
Sonstiger Fahrzeugbau	5,7	5,6	5,8	166,1	0,5	2084,7	−1,5	12,5	61,0

* Krankenstand alters- und geschlechtsstandardisiert

Metallindustrie

Tabellarische Übersichten und Abbildungen

16.9.4 Krankenstand nach Berufsgruppen

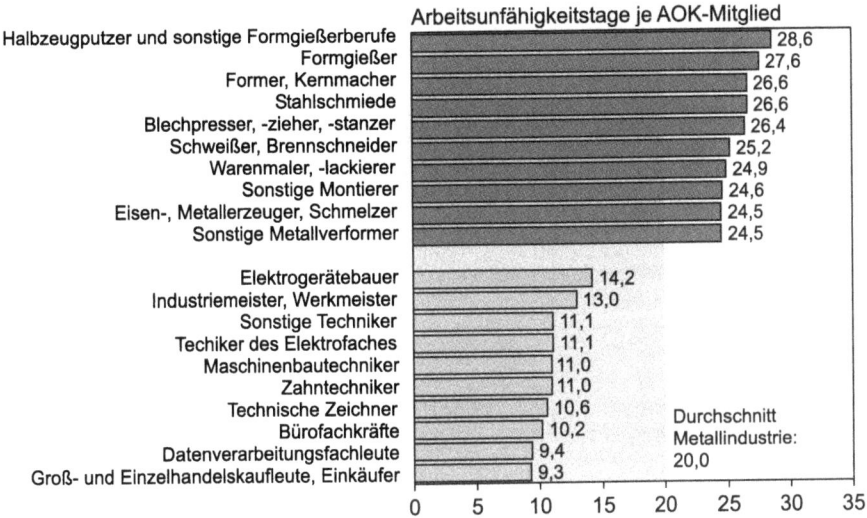

Abb. 16.9.2. 10 Berufsgruppen in der Metallindustrie mit hohen und niedrigen Fehlzeiten, 2002

Tabelle 16.9.3. Metallindustrie, Krankenstandskennzahlen nach ausgewählten Berufsgruppen, 2002

Tätigkeit*	Kranken-stand (in %)	Arbeitsunfähigkeiten je 100 AOK-Mitglieder		Tage je Fall	AU-Quote (in %)	Anteil Arbeitsunfälle an den AU-Tagen (in %)
		Fälle	Tage			
Bürofachkräfte	2,8	119,3	1020,7	8,6	48,8	1,7
Dreher	5,3	165,2	1943,1	11,8	65,1	6,1
Elektrogeräte-, Elektroteilemontierer	6,5	176,1	2356,9	13,4	65,1	2,2
Elektrogerätebauer	3,9	145,3	1423,9	9,8	58,1	3,7
Elektroingenieure	1,4	68,3	516,7	7,6	35,2	2,8
Elektroinstallateure, -monteure	4,6	141,9	1660,9	11,7	58,8	6,5
Feinmechaniker	4,0	172,3	1477,5	8,6	62,1	4,2
Glasbearbeiter, Glasveredler	5,5	173,7	1992,9	11,5	65,3	2,0
Halbzeugputzer und sonstige Formgießerberufe	7,8	202,1	2856,5	14,1	72,0	9,9
Hilfsarbeiter ohne nähere Tätigkeitsangabe	5,7	178,4	2064,4	11,6	61,4	5,4
Industriemechaniker/innen	5,2	176,8	1908,0	10,8	59,7	11,5
Ingenieure des Maschinen- und Fahrzeubaues	1,7	71,5	604,5	8,5	35,5	2,3
Lager-, Transportarbeiter	6,1	166,0	2221,5	13,4	64,1	5,0
Maschinenschlosser	4,9	158,1	1799,0	11,4	64,2	7,8
Metallarbeiter	6,3	178,1	2314,8	13,0	66,7	5,5
Metallschleifer	5,8	172,2	2121,3	12,3	66,2	6,0
Polsterer, Matratzenhersteller	6,7	177,1	2434,4	13,7	67,6	2,5
Rohrinstallateure	5,9	155,6	2142,8	13,8	61,8	9,7
Schweißer, Brennschneider	6,9	177,0	2516,0	14,2	67,4	8,9
Technische Zeichner	2,9	141,2	1059,6	7,5	55,5	2,3
Unternehmer, Geschäftsführer	2,6	71,2	932,5	13,1	34,4	4,2
Warenaufmacher, Versandfertigmacher	6,4	170,5	2336,9	13,7	66,4	4,0
Werkzeugmacher	4,4	161,1	1591,4	9,9	62,7	6,6
Zahntechniker	3,0	137,9	1098,4	8,0	53,1	2,0

* Berufsgruppen mit mehr als 2000 AOK-Versicherten

16.9.5 Kurz- und Langzeiterkrankungen

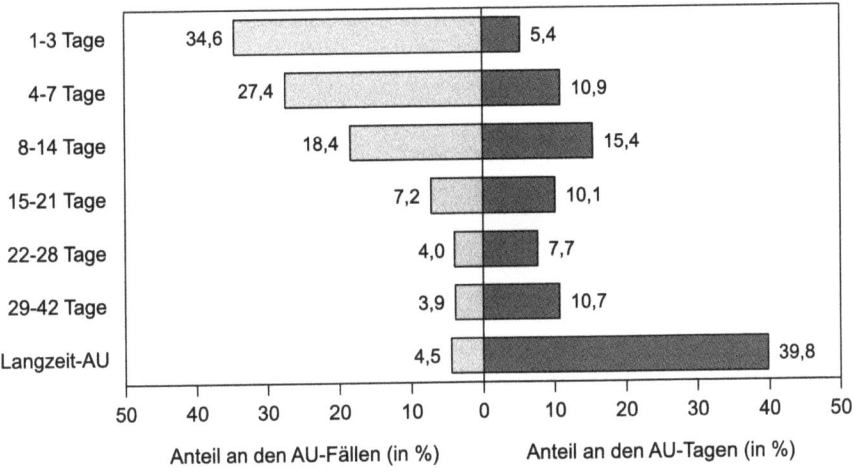

Abb. 16.9.3. Arbeitsunfähigkeitsfälle und -tage in der Metallindustrie nach der Dauer, 2002

16.9.6 Krankenstand nach Bundesländern

Tabelle 16.9.4. Metallindustrie, Arbeitsunfähigkeit nach Bundesländern, 2002 im Vergleich zum Vorjahr

	Arbeitsunfähigkeiten je 100 AOK-Mitglieder					
	AU-Fälle	Veränd. z. Vorj. (in %)	AU-Tage	Veränd. z. Vorj. (in %)	Tage je Fall	Veränd. z. Vorj. (in %)
Baden-Württemberg	157,3	−0,2	1931,4	1,6	12,3	1,7
Bayern	149,7	−1,1	1801,0	−1,6	12,0	−0,8
Berlin	137,8	−0,4	2313,8	−5,4	16,8	−5,1
Brandenburg	144,2	1,8	1925,0	−1,9	13,3	−4,3
Bremen	179,2	−1,1	2160,8	−2,6	12,1	−0,8
Hamburg	173,0	−0,1	2631,9	0,9	15,2	0,7
Hessen	177,8	1,3	2236,9	1,1	12,6	0,0
Mecklenburg-Vorpommern	155,8	3,3	1957,2	3,3	12,6	0,0
Niedersachsen	172,1	2,1	1760,8	1,7	10,2	−1,0
Nordrhein-Westfalen	173,6	−0,8	2273,0	−1,7	13,1	−0,8
Rheinland-Pfalz	169,7	−0,2	2144,9	−0,5	12,6	−0,8
Saarland	137,3	1,9	2253,0	2,0	16,4	0,0
Sachsen	134,9	1,9	1724,8	−1,5	12,8	−3,0
Sachsen-Anhalt	144,1	2,9	1899,9	1,8	13,2	−0,8
Schleswig-Holstein	177,1	−0,9	2211,9	−2,8	12,5	−1,6
Thüringen	155,6	2,8	1904,4	−2,1	12,2	−5,4
Bund	160,5	−0,1	2002,0	−0,3	12,5	0,0

Metallindustrie

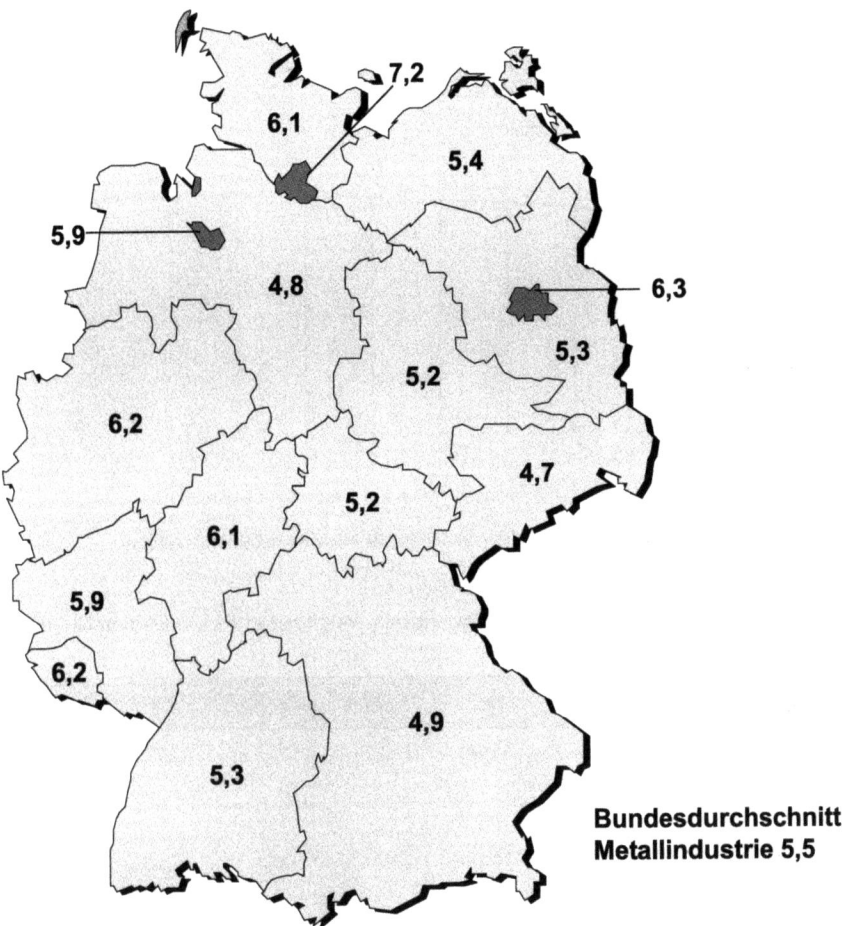

Abb. 16.9.4. Krankenstand (in %) in der Metallindustrie nach Bundesländern, 2002

16.9.7 Krankenstand nach Betriebsgröße

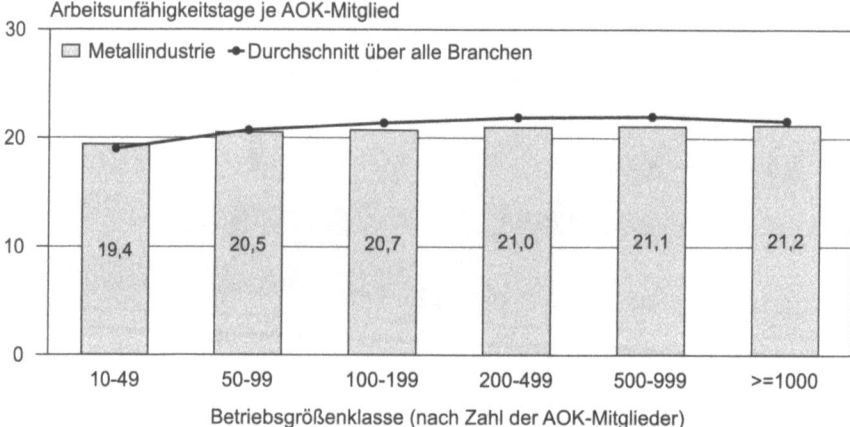

Abb. 16.9.5. Arbeitsunfähigkeitstage in der Metallindustrie nach Betriebsgröße, 2002

Tabelle 16.9.5. Metallindustrie, Arbeitsunfähigkeitstage je AOK-Mitglied nach Betriebsgröße (Anzahl der AOK-Mitglieder), 2002

Wirtschaftsabteilung	10–49	50–99	100–199	200–499	500–999	≥1000
Herstellung von Büromaschinen, Datenverarbeitungsgeräten und -einrichtungen	15,7	15,6	17,3	16,3	10,7	6,5
Herstellung von Geräten der Elektrizitätserzeugung, -verteilung	18,8	20,4	21,1	21,6	23,9	22,5
Herstellung von Kraftwagen und Kraftwagenteilen	18,7	19,7	21,0	21,1	21,8	22,1
Herstellung von Metallerzeugnissen	20,9	21,7	22,3	23,3	20,9	22,4
Maschinenbau	18,2	18,7	18,6	19,0	19,9	19,7
Medizin-, Mess, Steuer- und Regelungstechnik, Optik	16,1	18,2	18,9	18,9	16,7	–
Metallerzeugung und -bearbeitung	22,7	24,5	23,8	23,4	24,0	20,9
Rundfunk-, Fernseh- und Nachrichtentechnik	16,9	19,3	19,1	19,3	19,7	15,4
Sonstiger Fahrzeugbau	21,9	22,4	22,5	21,0	21,5	17,8
Durchschnitt über alle Branchen	19,0	20,7	21,4	21,9	22,0	21,6

Metallindustrie

16.9.8 Krankenstand nach Stellung im Beruf

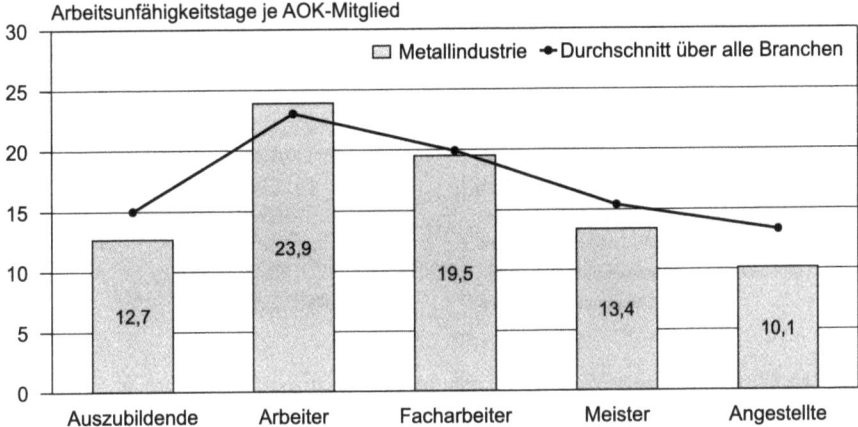

Abb. 16.9.6. Arbeitsunfähigkeitstage in der Metallindustrie nach Stellung im Beruf, 2002

Tabelle 16.9.6. Metallindustrie, Krankenstand (in %) nach Stellung im Beruf, 2002

Wirtschaftsabteilung	Auszu-bildende	Arbeiter	Fach-arbeiter	Meister, Poliere	Ange-stellte
Herstellung von Büromaschinen, Datenverarbeitungsgeräten und -einrichtungen	2,0	5,7	4,3	4,9	2,5
Herstellung von Geräten der Elektrizitätserzeugung, -verteilung	3,2	6,6	5,2	3,8	2,8
Herstellung von Kraftwagen und Kraftwagenteilen	3,3	6,7	5,6	3,1	2,7
Herstellung von Metaller-zeugnissen	4,1	6,6	5,7	4,5	2,9
Maschinenbau	3,4	6,3	5,1	3,3	2,7
Medizin-, Mess, Steuer- und Regelungstechnik, Optik	3,0	5,8	4,3	2,8	2,7
Metallerzeugung und -bearbeitung	3,9	7,1	5,8	4,4	2,7
Rundfunk-, Fernseh- und Nachrichtentechnik	2,6	6,1	4,6	2,9	3,1
Sonstiger Fahrzeugbau	3,4	6,4	6,1	2,8	3,2

16.9.9 Arbeitsunfälle

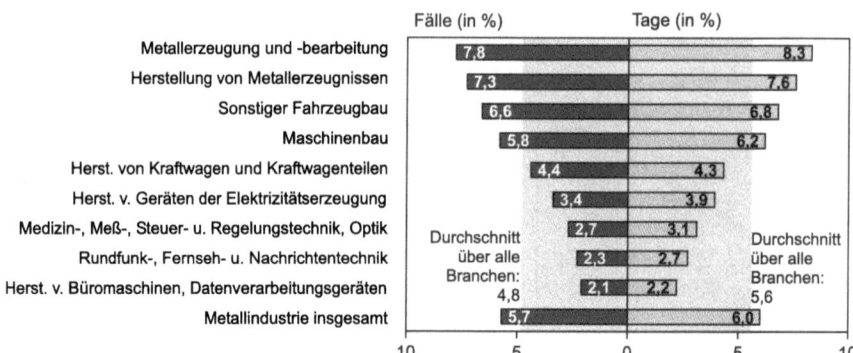

Abb. 16.9.7. Arbeitsunfälle in der Metallindustrie nach Wirtschaftsabteilungen, Anteil an den AU-Fällen und -Tagen in %, 2002

Tabelle 16.9.7. Metallindustrie, Arbeitsunfähigkeitstage durch Arbeitsunfälle nach Berufsgruppen, 2002

Tätigkeit	AU-Tage je 1000 AOK-Mitglieder	Anteil an den AU-Tagen insgesamt (in %)
Halbzeugputzer und sonstige Formgießerberufe	2842,3	9,9
Stahlbauschlosser, Eisenschiffbauer	2568,2	10,1
Bauschlosser	2333,1	10,8
Schweißer, Brennschneider	2254,3	8,9
Industriemechaniker/innen	2212,6	11,5
Blechpresser, -zieher, -stanzer	1913,4	9,2
Betriebsschlosser, Reparaturschlosser	1860,0	9,3
Maschinenschlosser	1409,9	7,8
Metallarbeiter	1279,5	5,5
Dreher	1193,9	6,1
Hilfsarbeiter ohne nähere Tätigkeitsangabe	1139,9	5,4
Lager-, Transportarbeiter	1114,8	5,0
Elektroinstallateure, -monteure	1092,2	6,5
Werkzeugmacher	1021,4	6,6
Sonstige Mechaniker	974,7	6,5
Sonstige Montierer	783,4	3,2

Metallindustrie

16.9.10 Krankheitsarten

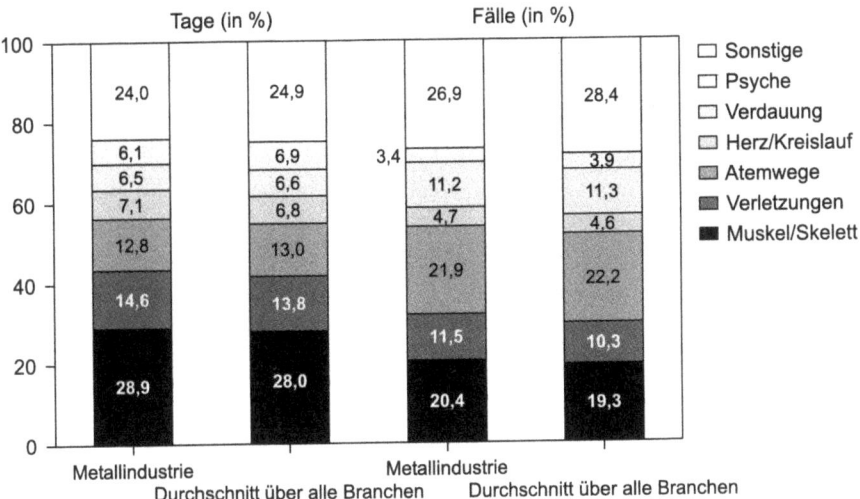

Abb. 16.9.8. Arbeitsunfähigkeiten in der Metallindustrie nach Krankheitsarten, 2002

Tabelle 16.9.8. Metallindustrie, Arbeitsunfähigkeitstage nach Krankheitsarten (in %), 2002

Wirtschafts-abteilung	Muskel/Skelett	Atem-wege	Verlet-zungen	Herz/Kreislauf	Verdau-ung	Psyche	Sons-tige
Herstellung von Büromaschinen, Datenverarbeitungsgeräten und -einrichtungen	24,7	16,7	10,6	6,2	6,8	7,7	27,3
Herstellung von Geräten der Elektrizitätserzeugung, -verteilung	28,8	13,1	11,6	7,1	6,4	7,5	25,5
Herstellung von Kraftwagen und Kraftwagenteilen	31,0	13,2	13,0	6,8	6,4	6,3	23,3
Herstellung von Metallerzeugnissen	29,5	12,2	16,1	7,1	6,5	5,6	23,0
Maschinenbau	28,2	12,7	15,5	7,4	6,6	5,6	24,0
Medizin-, Mess-, Steuer- und Regelungstechnik, Optik	24,9	14,3	11,4	6,5	6,9	8,0	28,0
Metallerzeugung und -bearbeitung	30,0	12,4	16,3	7,6	6,4	5,2	22,1
Rundfunk-, Fernseh- und Nachrichtentechnik	26,1	14,6	10,6	6,3	6,6	8,9	26,9
Sonstiger Fahrzeugbau	29,0	13,0	15,7	7,3	6,7	5,3	23,0

Tabelle 16.9.9. Metallindustrie, Arbeitsunfähigkeiten nach Krankheitsarten, Anteile der ICD-Untergruppen an den ICD-Hauptgruppen, 2002

ICD-Untergruppen	Anteil an den AU-Fällen (in %)	Anteil an den AU-Tagen (in %)
Muskel-/Skeletterkrankungen		
Krankheiten der Wirbelsäule und des Rückens	56,7	53,9
Krankheiten der Weichteilgewebe	20,3	19,0
Arthropathien	16,8	21,6
Sonstige	6,2	5,5
Verletzungen		
Verletzungen nicht näher bezeichneter Teile an Rumpf/Extremitäten/etc.	20,6	15,6
Verletzungen des Handgelenkes und der Hand	16,2	17,8
Verletzungen der Knöchelregion und des Fußes	10,1	10,5
Verletzungen des Knies und des Unterschenkels	9,4	15,8
Verletzungen des Kopfes	7,3	5,3
Sonstige	36,4	35,0
Atemwegserkrankungen		
Akute Infektionen der oberen Atemwege	41,7	34,4
Sonstige akute Infektionen der unteren Atemwege	20,5	19,5
Chronische Krankheiten der unteren Atemwege	18,2	22,3
Sonstige Krankheiten der oberen Atemwege	8,9	10,5
Sonstige	10,7	13,3
Herz-/Kreislauferkrankungen		
Hypertonie [Hochdruckkrankheit]	30,8	23,2
Krankheiten der Venen/Lymphgefäße/Lymphknoten	18,7	15,3
Ischämische Herzkrankheiten	15,3	26,0
Sonstige. u. nicht näher bez. Krankheiten des Kreislaufsystems	14,5	5,1
Sonstige	20,7	30,4
Verdauung		
Nichtinfektiöse Enteritis und Kolitis	27,5	18,4
Krankheiten des Ösophagus/Magens/Duodenums	27,1	26,0
Krankheiten der Mundhöhle/Speicheldrüsen/Kiefer	23,4	8,1
Sonstige Krankheiten des Darmes	6,5	10,3
Hernien	5,1	16,4
Sonstige	10,4	20,8
Psychische und Verhaltensstörungen		
Neurotische, Belastungs- und somatoforme Störungen	39,3	34,0
Affektive Störungen	29,2	35,4
Psychische und Verhaltensstörungen durch psychotrope Substanzen	22,3	18,0
Schizophrenie, schizotype und wahnhafte Störungen	3,1	5,7
Sonstige	6,1	6,9

16.10 Öffentliche Verwaltung und Sozialversicherung

16.10.1 Kosten der Arbeitsunfähigkeit 427
16.10.2 Allgemeine Krankenstandsentwicklung 427
16.10.3 Krankenstandsentwicklung nach Wirtschaftsabteilungen 429

Tabellarische Übersichten und Abbildungen
16.10.4 Krankenstand nach Berufsgruppen 430
16.10.5 Kurz- und Langzeiterkrankungen 432
16.10.6 Krankenstand nach Bundesländern 433
16.10.7 Krankenstand nach Betriebsgröße 435
16.10.8 Krankenstand nach Stellung im Beruf 436
16.10.9 Arbeitsunfälle 437
16.10.10 Krankheitsarten 438

16.10.1 Kosten der Arbeitsunfähigkeit

Der Bereich „Öffentliche" Verwaltung und Sozialversicherung umfasste im Jahr 2002 1,7 Mio. sozialversicherungspflichtig Beschäftigte[1]. Der Anteil der AOK-Versicherten lag bei 42,5%. Jedes AOK-Mitglied war 2002 im Durchschnitt 21,6 Kalendertage krankgeschrieben. Hochgerechnet auf die Gesamtbranche resultiert daraus eine Summe von 37,6 Mio. krankheitsbedingten Fehltagen oder 103 041 Erwerbsjahren. Bei durchschnittlichen Lohnkosten von 36 422 Euro[2] ergeben sich für das Jahr 2002 Kosten in Höhe von 3,75 Mrd. Euro aufgrund von Produktionsausfällen durch Arbeitsunfähigkeit. Die finanzielle Belastung einer Einrichtung aus dem Bereich „Öffentliche" Verwaltung und Sozialversicherung mit 100 Mitarbeitern betrug somit durchschnittlich 215 520 Euro.

16.10.2 Allgemeine Krankenstandsentwicklung

Wie schon im Jahr 2001 hat sich der Krankenstand in der „Öffentlichen" Verwaltung und im Bereich Sozialversicherung auch 2002 gegenüber dem Vorjahr um 0,2 Prozentpunkte reduziert. Dennoch lag er mit 5,9% noch immer deutlich über dem allgemeinen Branchendurchschnitt von 5,2%[3]. Die Zahl der Krankmeldungen ist gegenüber 2001 leicht angestiegen (0,7%), während sich die durchschnittliche Dauer

---

[1] Bundesanstalt für Arbeit, Sozialversicherungspflichtig Beschäftigte nach Wirtschaftszweigen der WZ93/BA in der Bundesrepublik Deutschland, Stand Juni 2002.
[2] Statistisches Bundesamt, Volkswirtschaftliche Gesamtrechnungen, Fachserie 18, Reihe 1.3, Arbeitnehmerentgelt je Arbeitnehmer, Hauptbericht 2002, Wiesbaden 2003.
[3] Zu den Gründen für den erhöhten Krankenstand vgl. Kap. 16.1.5.

einer Krankmeldung um einen halben Tag verringerte (2001: 13,5 Tage; 2002: 13,0 Tage). Der Anteil der Beschäftigten, die sich im Jahr 2002 mindestens einmal krankmeldeten (AU-Quote), betrug 60,7% und ist damit gegenüber 2001 um 0,3 Prozentpunkte zurückgegangen.

In Ostdeutschland ist der Krankenstand im Betrachtungszeitraum um 0,2 Prozentpunkte, in den westlichen Bundesländern um 0,1 Prozentpunkte gesunken (s. Tabelle 16.10.1). Die Summe der krankheitsbedingten AU-Fälle sowie die der AU-Tage erreichte im Osten ein etwas niedrigeres Niveau als im Westen. Auch die AU-Quote lag in Ostdeutschland unter dem Vergleichswert der westlichen Bundesländer. Der diesbezügliche Ost/West-Unterschied hat sich innerhalb eines Jahres verdoppelt (2001: 0,8 Prozentpunkte; 2002: 1,6 Prozentpunkte).

Tabelle 16.10.1. Krankenstandsentwicklung im Bereich „Öffentliche" Verwaltung und Sozialversicherung, 2002

	Krankenstand (in %)	Arbeitsunfähigkeiten je 100 AOK-Mitglieder				Tage je Fall	AU-Quote (in %)
		Fälle	Veränd. z. Vorj. (in %)	Tage	Veränd. z. Vorj. (in %)		
West	6,0	167,0	0,7	2175,3	-2,9	13,0	61,0
Ost	5,7	161,9	0,5	2092,3	-2,4	12,9	59,4
Bund	5,9	166,0	0,7	2159,8	-2,8	13,0	60,7

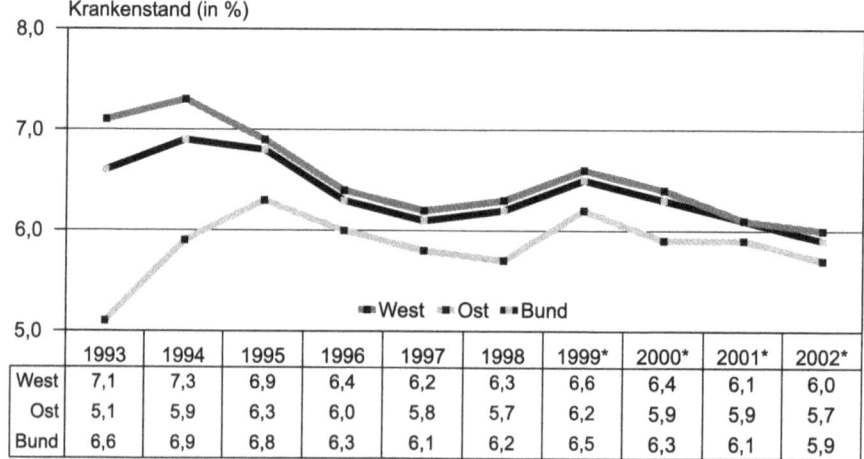

	1993	1994	1995	1996	1997	1998	1999*	2000*	2001*	2002*
West	7,1	7,3	6,9	6,4	6,2	6,3	6,6	6,4	6,1	6,0
Ost	5,1	5,9	6,3	6,0	5,8	5,7	6,2	5,9	5,9	5,7
Bund	6,6	6,9	6,8	6,3	6,1	6,2	6,5	6,3	6,1	5,9

Abb. 16.10.1. Krankenstandsentwicklung im Bereich „Öffentliche" Verwaltung und Sozialversicherung, 1993–2002

Abb. 16.10.1[4] zeigt die Krankenstandsentwicklung im Bereich „Öffentliche" Verwaltung und Sozialversicherung in den Jahren 1993 bis 2002. In diesem Zeitraum erreichte der Krankenstand mit 6,9% seinen höchsten Wert im Jahr 1994. In den Jahren 1995 und 1997 ging der Krankenstand deutlich zurück und fiel 1997 auf den niedrigsten Stand seit 1993. In den beiden Folgejahren nahm er dann allerdings wieder zu. Seit dem Jahr 2000 waren erneut rückläufige Werte zu verzeichnen. Im Jahr 2001 wurde wieder der niedrige Wert von 1997 erreicht. 1993 war der Krankenstand in Westdeutschland noch erheblich höher als in Ostdeutschland (2,0 Prozentpunkte). Seitdem näherten sich die Krankenstandszahlen in Ost und West einander zunehmend an, wobei die Differenz im Jahr 2002 gegenüber dem Vorjahr wieder leicht zugenommen hat (2001: 0,2 Prozentpunkte; 2002: 0,3 Prozentpunkte).

16.10.3 Krankenstandsentwicklung nach Wirtschaftsabteilungen

Tabelle 16.10.2 zeigt die Krankenstandskennzahlen differenziert nach den einzelnen Sektoren der „Öffentlichen" Verwaltung und der Sozialversicherung. Dabei werden große Unterschiede zwischen den verschiedenen Wirtschaftsgruppen deutlich. Der Krankenstand im Bereich Sozialversicherung war 2002 mit 4,5%, ebenso wie schon in den Vorjahren, erheblich niedriger als in den Bereichen „Öffentliche" Verwaltung und Exterritoriale Organisationen und Körperschaften. Er lag damit auch deutlich unter dem Durchschnitt der Gesamtbranche (5,9%). Auch der Anteil der von Arbeitsunfähigkeit Betroffenen war im Bereich Sozialversicherung (58,1%) geringer als in der „Öffentlichen" Verwaltung (60,2%) und bei den exterritorialen Organisationen und Körperschaften (65,1%). Dies dürfte vor allem darauf zurückzuführen sein, dass der Angestelltenanteil in diesem Bereich höher ist als in der „Öffentlichen" Verwaltung.

Im Vergleich zum Vorjahr war 2002 in der „Öffentlichen" Verwaltung und bei den exterritorialen Organisationen und Körperschaften ein deutlicher Rückgang der krankheitsbedingten Ausfalltage zu verzeichnen (s. Tabelle 16.10.2). Im Bereich der Sozialversicherung blieb die Zahl der AU-Tage nahezu unverändert. Die nach Alter und Geschlecht standardisierten Werte fallen in allen Bereichen der „Öffentlichen" Verwaltung und Sozialversicherung niedriger aus als die entsprechenden Rohwerte (Tabelle 16.10.2, vgl. dazu Kap. 16.1.5). Am

---

[4] Die Werte der Jahre ab 1999 basieren auf der Klassifikation der Wirtschaftszweige der Bundesanstalt für Arbeit aus dem Jahre 1993 (WZS 93/NACE), während den Werten der Jahre 1993–1998 noch der Wirtschaftszweigschlüssel aus dem Jahr 1973 zugrunde lag.

Tabelle 16.10.2. Krankenstandsentwicklung im Bereich „Öffentliche" Verwaltung und Sozialversicherung nach Wirtschaftsabteilungen, 2002

Wirtschafts-gruppe	Krankenstand (in %)			Arbeitsunfähigkeiten je 100 AOK-Mitglieder				Tage je Fall	AU-Quote (in %)
	2002	2002 stand.*	2001	Fälle	Veränd. z. Vorj. (in %)	Tage	Veränd. z. Vorj. (in %)		
Exterritoriale Organisationen und Körperschaften	7,3	6,3	7,6	188,4	-3,0	2651,7	-4,7	14,1	65,1
Öffentliche Verwaltung	6,0	5,5	6,2	166,5	0,5	2246,3	-3,3	13,6	60,2
Sozialversicherung und Arbeitsförderung	4,5	4,2	4,5	146,9	2,9	1649,2	0,1	11,2	58,1

* Krankenstand alters- und geschlechtsstandardisiert

stärksten weichen die Werte bei „Exterritorialen" Organisationen und Körperschaften voneinander ab (1,0 Prozentpunkte).

Tabellarische Übersichten und Abbildungen

16.10.4 Krankenstand nach Berufsgruppen

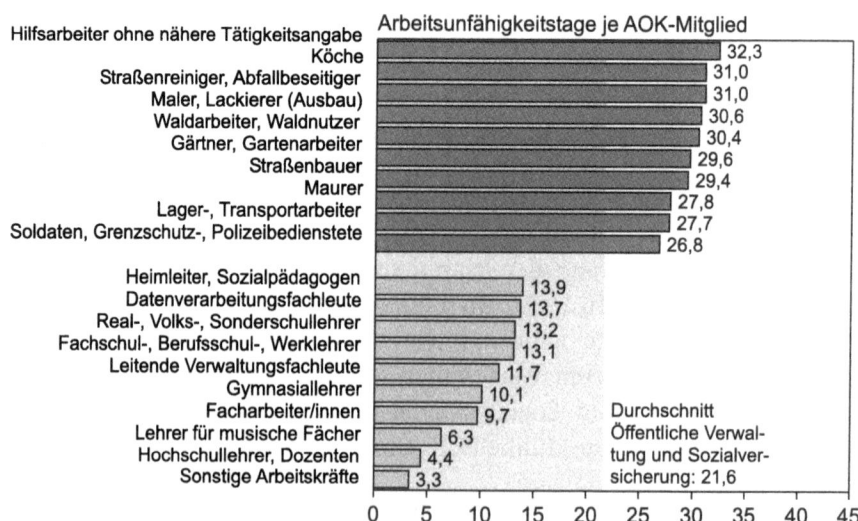

Abb. 16.10.2. 10 Berufsgruppen im Bereich „Öffentliche" Verwaltung und Sozialversicherung mit hohen und niedrigen Krankenständen, 2002

Tabelle 16.10.3. „Öffentliche" Verwaltung und Sozialversicherung, Krankenstandskennzahlen nach ausgewählten Berufsgruppen, 2002

Tätigkeit*	Krankenstand (in %)	Arbeitsunfähigkeiten je 100 AOK-Mitglieder		Tage je Fall	AU-Quote (in %)	Anteil Arbeitsunfälle an den AU-Tagen (in %)
		Fälle	Tage			
Bauhilfsarbeiter	7,1	189,0	2582,0	13,7	67,0	7,2
Berufsfeuerwehrleute	6,0	143,5	2182,4	15,2	59,1	6,1
Bibliothekare, Archivare, Museumsfachleute	4,4	143,6	1594,1	11,1	54,4	1,1
Bürofachkräfte	4,4	147,9	1600,6	10,8	59,2	1,3
Bürohilfskräfte	6,6	176,6	2405,4	13,6	62,2	1,9
Datentypisten	6,3	177,0	2300,0	13,0	66,3	2,3
Gärtner, Gartenarbeiter	8,1	250,3	2957,4	11,8	68,2	5,0
Helfer in der Krankenpflege	6,8	184,7	2470,4	13,4	64,9	2,1
Kindergärtnerinnen, Kinderpflegerinnen	3,9	170,3	1423,0	8,4	62,7	1,3
Köche	8,5	205,2	3103,0	15,1	71,1	3,0
Kraftfahrzeugführer	7,4	169,1	2706,0	16,0	68,1	5,0
Krankenschwestern, -pfleger, Hebammen	4,4	132,9	1592,7	12,0	57,0	2,3
Lager-, Transportarbeiter	7,6	190,2	2770,5	14,6	68,2	4,4
Raum-, Hausratreiniger	7,6	158,6	2768,1	17,5	63,1	1,9
Soldaten, Grenzschutz-, Polizeibedienstete	7,3	208,8	2680,0	12,8	72,4	2,3
Stenographen, Stenotypistinnen, Maschinenschreiber	5,1	153,1	1853,1	12,1	62,4	1,2
Straßenbauer	8,1	199,7	2944,9	14,7	72,1	6,3
Straßenreiniger, Abfallbeseitiger	8,5	208,3	3103,9	14,9	72,4	6,0
Telefonisten	7,4	179,9	2712,6	15,1	66,4	0,9
Waldarbeiter, Waldnutzer	8,3	223,6	3040,3	13,6	74,5	11,9

* Berufsgruppen mit mehr als 2000 AOK-Versicherten

16.10.5 Kurz- und Langzeiterkrankungen

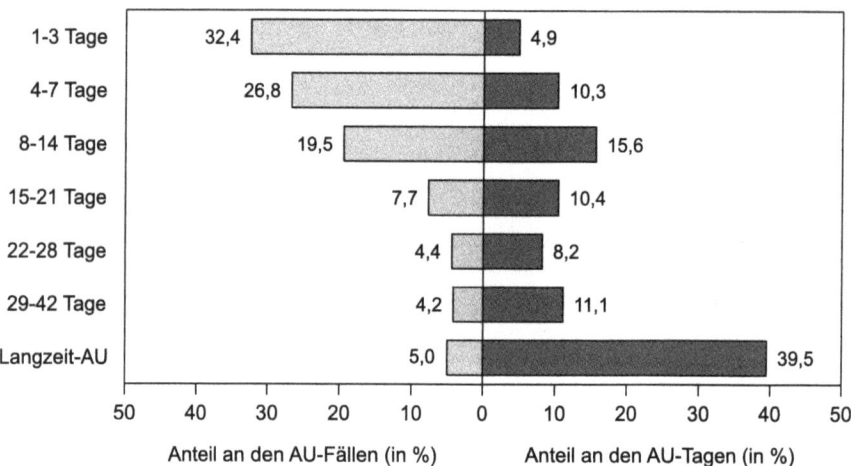

Abb. 16.10.3. Arbeitsunfähigkeitsfälle und -tage im Bereich „Öffentliche" Verwaltung und Sozialversicherung nach der Dauer, 2002

16.10.6 Krankenstand nach Bundesländern

Tabelle 16.10.4. „Öffentliche" Verwaltung und Sozialversicherung, Arbeitsunfähigkeit nach Bundesländern, 2002 im Vergleich zum Vorjahr

	Arbeitsunfähigkeiten je 100 AOK-Mitglieder					
	AU-Fälle	Veränd. z. Vorj. (in %)	AU-Tage	Veränd. z. Vorj. (in %)	Tage je Fall	Veränd. z. Vorj. (in %)
Baden-Württemberg	144,8	0,3	1854,7	−3,2	12,8	−3,8
Bayern	140,7	0,5	2011,9	−3,3	14,3	−4,0
Berlin	215,6	−2,1	2792,4	−1,0	13,0	1,6
Brandenburg	160,1	0,0	2253,7	−0,4	14,1	0,0
Bremen	185,2	0,7	2505,2	−3,5	13,5	−4,3
Hamburg	177,9	−5,7	2392,0	2,1	13,4	8,1
Hessen	192,7	1,3	2534,9	−1,9	13,2	−2,9
Mecklenburg-Vorpommern	190,8	2,5	2450,0	−3,2	12,8	−5,9
Niedersachsen	192,3	1,2	2052,4	−0,9	10,7	−1,8
Nordrhein-Westfalen	189,3	−0,4	2505,8	−2,9	13,2	−2,9
Rheinland-Pfalz	175,1	0,2	2334,8	−4,6	13,3	−5,0
Saarland	176,3	−2,1	2880,3	−4,0	16,3	−2,4
Sachsen	149,1	−0,3	1887,5	−3,4	12,7	−3,1
Sachsen-Anhalt	170,7	2,6	2159,6	0,4	12,6	−2,3
Schleswig-Holstein	182,0	−2,6	2436,0	−7,7	13,4	−5,0
Thüringen	168,2	0,6	2195,0	−2,3	13,1	−2,2
Bund	166,0	0,7	2159,8	−2,8	13,0	−3,7

434 Krankheitsbedingte Fehlzeiten in der deutschen Wirtschaft im Jahr 2002

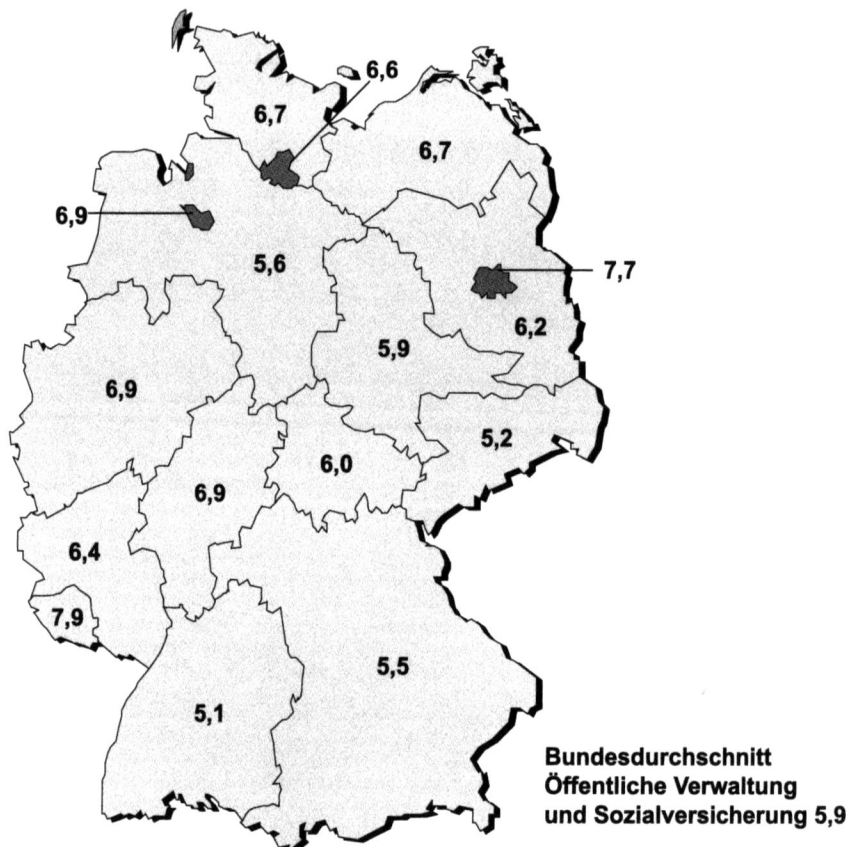

Abb. 16.10.4. Krankenstand (in %) im Bereich „Öffentliche" Verwaltung und Sozialversicherung nach Bundesländern, 2002

16.10.7 Krankenstand nach Betriebsgröße

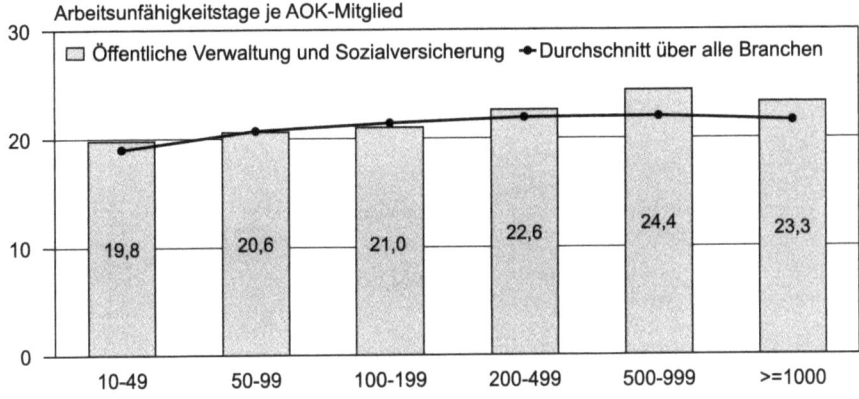

Abb. 16.10.5. Arbeitsunfähigkeitstage im Bereich „Öffentliche" Verwaltung und Sozialversicherung nach Betriebsgröße, 2002

Tabelle 16.10.5. „Öffentliche" Verwaltung und Sozialversicherung, Arbeitsunfähigkeitstage je AOK-Mitglied nach Betriebsgröße (Anzahl der AOK-Mitglieder), 2002

Wirtschaftsgruppe	10–49	50–99	100–199	200–499	500–999	≥ 1000
Exterritoriale Organisationen und Körperschaften	20,6	19,3	19,2	25,0	26,9	28,7
Öffentliche Verwaltung	19,7	20,8	21,4	23,1	24,6	24,7
Sozialversicherung und Arbeitsförderung	18,4	17,1	15,1	17,1	21,4	14,9
Durchschnitt über alle Branchen	19,0	20,7	21,4	21,9	22,0	21,6

16.10.8 Krankenstand nach Stellung im Beruf

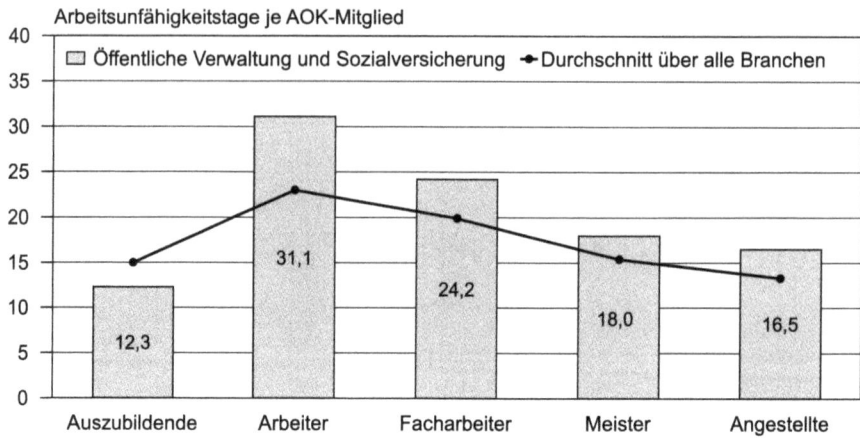

Abb. 16.10.6. Arbeitsunfähigkeitstage im Bereich „Öffentliche" Verwaltung und Sozialversicherung nach Stellung im Beruf, 2002

Tabelle 16.10.6. „Öffentliche" Verwaltung und Sozialversicherung, Krankenstand (in %) nach Stellung im Beruf, 2002

Wirtschaftsgruppe	Auszu-bildende	Arbeiter	Fach-arbeiter	Meister, Poliere	Ange-stellte
Exterritoriale Organisationen und Körperschaften	4,7	8,5	9,0	6,0	5,6
Öffentliche Verwaltung	3,5	8,4	6,6	4,9	4,6
Sozialversicherung und Arbeitsförderung	2,9	8,6	2,7	5,0	4,1

16.10.9 Arbeitsunfälle

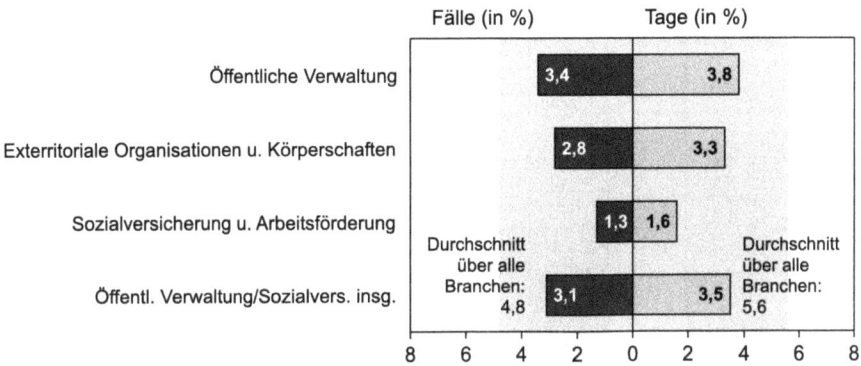

Abb. 16.10.7. Arbeitsunfälle im Bereich „Öffentliche" Verwaltung und Sozialversicherung nach Wirtschaftsabteilungen, Anteil an den AU-Fällen und -Tagen in %, 2002

Tabelle 16.10.7. „Öffentliche" Verwaltung und Sozialversicherung, Arbeitsunfähigkeitstage durch Arbeitsunfälle nach Berufsgruppen, 2002

Tätigkeit	AU-Tage je 1000 AOK-Mitglieder	Anteil an den AU-Tagen insgesamt (in %)
Waldarbeiter, Waldnutzer	3523,4	11,6
Straßenreiniger, Abfallbeseitiger	1862,6	6,0
Bauhilfsarbeiter	1856,7	7,2
Straßenbauer	1849,3	6,3
Straßenwarte	1792,2	7,2
Sonstige Bauhilfsarbeiter, Bauhelfer	1502,0	5,9
Gärtner, Gartenarbeiter	1459,5	5,0
Kraftfahrzeugführer	1359,2	5,0
Hilfsarbeiter ohne nähere Tätigkeitsangabe	1275,7	3,9
Lager-, Transportarbeiter	1212,4	4,4
Pförtner, Hauswarte	1033,6	5,0
Köche	930,4	3,0
Raum-, Hausratreiniger	534,3	3,0
Bürofachkräfte	209,1	1,3

16.10.10 Krankheitsarten

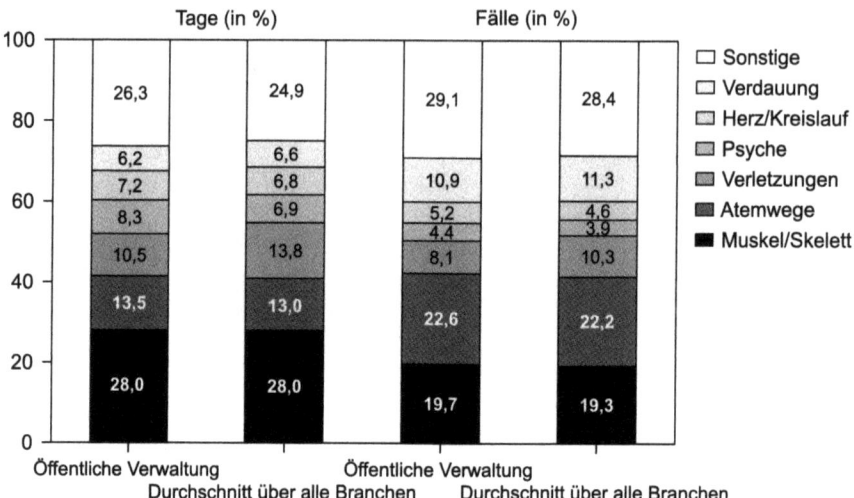

Abb. 16.10.8. Arbeitsunfähigkeiten im Bereich „Öffentliche" Verwaltung und Sozialversicherung nach Krankheitsarten, 2002

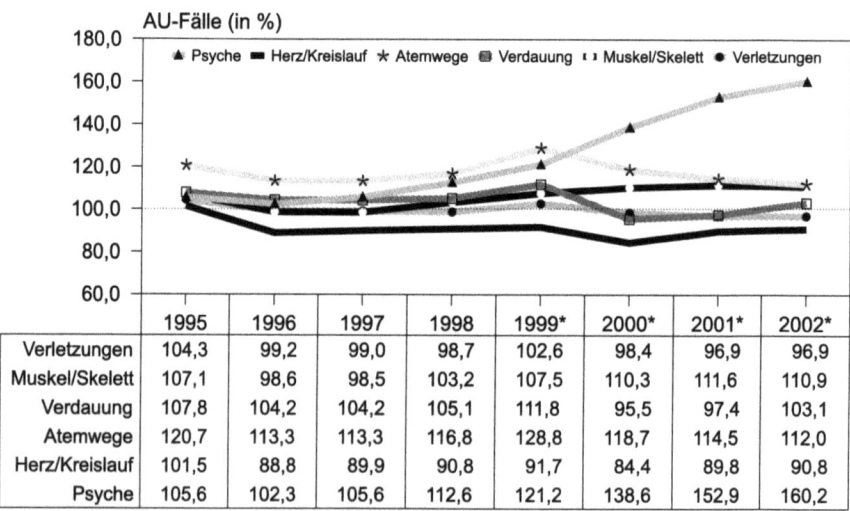

Abb. 16.10.9. Arbeitsunfähigkeitsfälle im Bereich „Öffentliche" Verwaltung und Sozialversicherung nach Krankheitsarten, 1995–2002; Indexdarstellung (1994 = 100%)

Öffentliche Verwaltung und Sozialversicherung

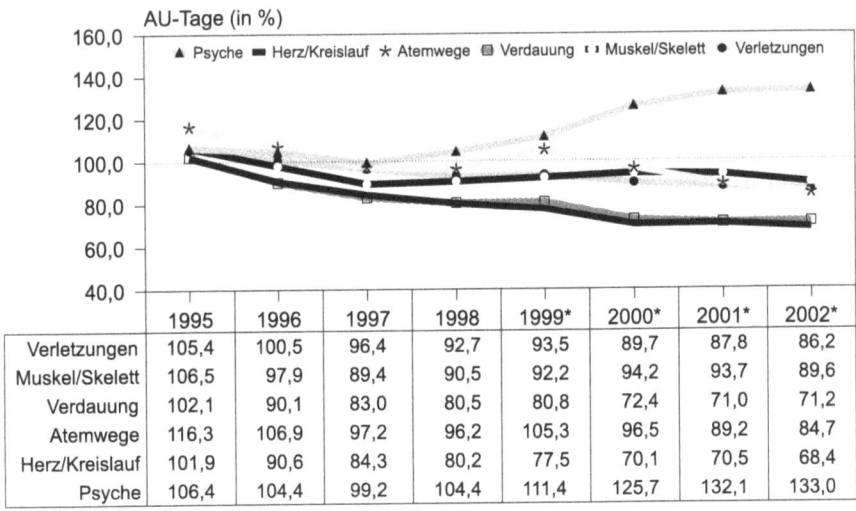

Abb. 16.10.10. Arbeitsunfähigkeitstage im Bereich „Öffentliche" Verwaltung und Sozialversicherung nach Krankheitsarten, 1995–2002; Indexdarstellung (1994 = 100%)

Tabelle 16.10.8. „Öffentliche" Verwaltung und Sozialversicherungen, Arbeitsunfähigkeitstage nach Krankheitsarten (in %), 2002

Wirtschaftsgruppe	Muskel/ Skelett	Atem- wege	Verlet- zungen	Herz/ Kreislauf	Verdau- ung	Psyche	Sons- tige
Exterritoriale Organisationen und Körperschaften	30,3	12,4	10,2	8,0	6,3	7,1	25,7
Öffentliche Verwaltung	28,4	13,4	10,8	7,2	6,2	8,1	25,9
Sozialversicherung und Arbeitsförderung	21,2	16,1	8,5	6,5	6,7	10,5	30,5

Tabelle 16.10.9. „Öffentliche" Verwaltung und Sozialversicherung, Arbeitsunfähigkeiten nach Krankheitsarten, Anteile der ICD-Untergruppen an den ICD-Hauptgruppen, 2001

ICD-Untergruppen	Anteil an den AU-Fällen (in %)	Anteil an den AU-Tagen (in %)
Muskel-/Skeletterkrankungen		
Krankheiten der Wirbelsäule und des Rückens	56,1	52,7
Krankheiten der Weichteilgewebe	19,8	18,8
Arthropathien	17,8	22,9
Sonstige	6,3	5,6
Verletzungen		
Verletzungen nicht näher bezeichneter Teile an Rumpf/Extremitäten/etc.	19,3	14,4
Verletzungen der Knöchelregion und des Fußes	11,9	12,0
Verletzungen des Knies und des Unterschenkels	11,3	17,6
Verletzungen des Handgelenkes und der Hand	11,3	11,5
Verletzungen des Kopfes	7,4	5,4
Sonstige	38,8	39,1
Atemwegserkrankungen		
Akute Infektionen der oberen Atemwege	43,4	36,6
Sonstige akute Infektionen der unteren Atemwege	20,1	19,9
Chronische Krankheiten der unteren Atemwege	17,7	21,5
Sonstige Krankheiten der oberen Atemwege	8,8	9,9
Sonstige	10,0	12,1
Herz-/Kreislauferkrankungen		
Hypertonie [Hochdruckkrankheit]	34,2	27,8
Krankheiten der Venen/Lymphgefäße/Lymphknoten	18,1	15,9
Sonstige. u. nicht näher bez. Krankheiten des Kreislaufsystems	13,7	5,6
Ischämische Herzkrankheiten	13,4	20,9
Sonstige	20,6	29,8
Verdauung		
Nichtinfektiöse Enteritis und Kolitis	28,2	20,5
Krankheiten des Ösophagus/Magens/Duodenums	25,7	24,8
Krankheiten der Mundhöhle/Speicheldrüsen/Kiefer	23,7	8,8
Sonstige Krankheiten des Darmes	7,1	11,0
Krankheiten der Gallenblase/-wege/Pankreas	4,4	10,6
Sonstige	10,9	24,3
Psychische und Verhaltensstörungen		
Neurotische, Belastungs- und somatoforme Störungen	43,2	36,7
Affektive Störungen	31,8	38,8
Psychische und Verhaltensstörungen durch psychotrope Substanzen	15,5	12,2
Schizophrenie, schizotype und wahnhafte Störungen	2,9	4,6
Sonstige	6,6	7,7

16.11 Verarbeitendes Gewerbe

16.11.1 Kosten der Arbeitsunfähigkeit 441
16.11.2 Allgemeine Krankenstandsentwicklung 441
16.11.3 Krankenstandsentwicklung nach Wirtschaftsabteilungen 443

Tabellarische Übersichten und Abbildungen
16.11.4 Krankenstand nach Berufsgruppen 445
16.11.5 Kurz- und Langzeiterkrankungen 447
16.11.6 Krankenstand nach Bundesländern 448
16.11.7 Krankenstand nach Betriebsgröße 450
16.11.8 Krankenstand nach Stellung im Beruf 452
16.11.9 Arbeitsunfälle 454
16.11.10 Krankheitsarten 455

16.11.1 Kosten der Arbeitsunfähigkeit

Im „Verarbeitenden" Gewerbe[1] arbeiteten im Jahr 2002 3,1 Mio. sozialversicherungspflichtig Beschäftigte[2], von denen rund 40% bei der AOK versichert waren. Die AOK-Mitglieder meldeten sich durchschnittlich 20,0 Kalendertage krank, bei einer Dauer von 13,1 Tagen pro Krankheitsfall. Hochgerechnet auf die gesamte Branche ergibt sich daraus eine Summe von 62,8 Mio. krankheitsbedingten Fehltagen (AU-Tage) bzw. 172 286 Ausfalljahren. Bei durchschnittlichen Lohnkosten von 41.285 Euro[3] im Jahr 2002 ergeben sich für diesen Zeitraum Kosten in Höhe von 7,11 Mrd. Euro infolge von Produktionsausfällen durch Arbeitsunfähigkeit. Ein Betrieb mit 100 Mitarbeitern hatte 2002 eine finanzielle Belastung von durchschnittlich 226 210 Euro.

16.11.2 Allgemeine Krankenstandsentwicklung

Der Krankenstand lag im Jahr 2002 im „Verarbeitenden" Gewerbe bei 5,5%. Der Anteil der Beschäftigten, die sich ein- oder mehrmals krankmeldeten (AU-Quote), betrug 59,2%. Im Vergleich zum Vorjahr gingen sowohl die Zahl der Krankmeldungen als auch deren durchschnittliche Dauer zurück (s. Tabelle 16.11.1). Dadurch bedingt sank die Zahl der krankheitsbedingten Ausfalltage um 2%.

---

[1] Ohne Metallindustrie. Diese wird in einem separaten Kapitel behandelt.
[2] Bundesanstalt für Arbeit, Sozialversicherungspflichtig Beschäftigte nach Wirtschaftszweigen der WZ93/BA in der Bundesrepublik Deutschland, Stand Juni 2002.
[3] Statistisches Bundesamt, Volkswirtschaftliche Gesamtrechnungen, Fachserie 18, Reihe 1.3, Arbeitnehmerentgelt je Arbeitnehmer, Hauptbericht 2001, Wiesbaden 2002. Aufgrund fehlender Datengrundlage erfolgte die Berechnung inkl. der Metallindustrie.

Tabelle 16.11.1. Krankenstandsentwicklung im „Verarbeitenden" Gewerbe, 2002

	Kranken-stand (in %)	Arbeitsunfähigkeiten je 100 AOK-Mitglieder				Tage je Fall	AU-Quote (in %)
		Fälle	Veränd. z. Vorj. (in %)	Tage	Veränd. z. Vorj. (in %)		
West	5,5	154,7	−0,6	2013,3	−1,9	13,0	59,7
Ost	5,2	136,9	0,7	1893,5	−2,1	13,8	55,9
Bund	5,5	152,7	−0,5	1999,9	−2,0	13,1	59,2

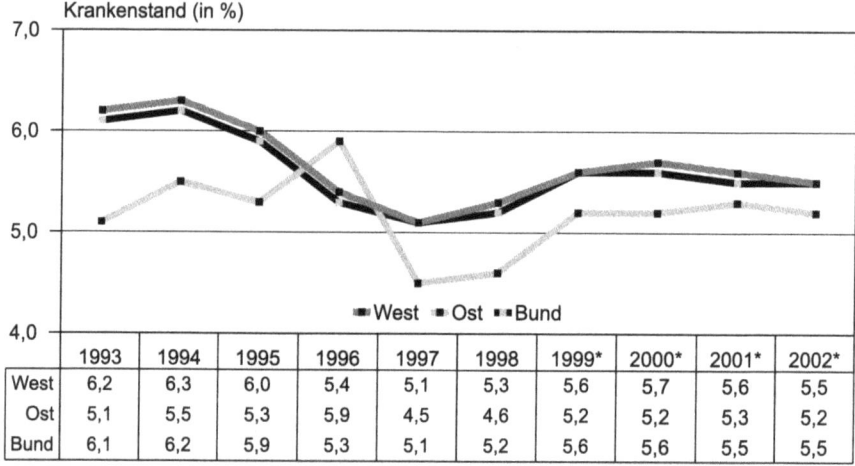

	1993	1994	1995	1996	1997	1998	1999*	2000*	2001*	2002*
West	6,2	6,3	6,0	5,4	5,1	5,3	5,6	5,7	5,6	5,5
Ost	5,1	5,5	5,3	5,9	4,5	4,6	5,2	5,2	5,3	5,2
Bund	6,1	6,2	5,9	5,3	5,1	5,2	5,6	5,6	5,5	5,5

Abb. 16.11.1. Krankenstandsentwicklung im „Verarbeitenden" Gewerbe, 1993–2002

In Ostdeutschland waren deutlich weniger Krankmeldungen zu verzeichnen als in Westdeutschland. Auch die AU-Quote war geringer als im Westen. Der Krankenstand fiel dementsprechend um 0,3 Prozentpunkte niedriger aus als in den alten Bundesländern.

In Abb. 16.11.1[4] wird die Krankenstandsentwicklung im Verarbeitenden Gewerbe im Zeitraum zwischen 1993–2002 dargestellt. In dieser Zeitspanne war der Krankenstand im Jahr 1994 mit 6,2% am höchsten. Seit 1995 ging der Krankenstand kontinuierlich zurück, bis er 1997 mit 5,1% seinen niedrigsten Wert erreichte. In den beiden Folgejahren nahm der Krankenstand im „Verarbeitenden" Gewerbe

---

[4] Die Werte ab dem Jahr 1999 basieren auf der Klassifikation der Wirtschaftszweige der Bundesanstalt für Arbeit aus dem Jahre 1993 (WZS 93/NACE), während den Werten der Jahre 1993–1998 noch der Wirtschaftszweigschlüssel aus dem Jahr 1973 zugrunde lag.

dann wieder zu. 1999 lag er bei 5,6%. In den Jahren 2000–2002 blieb der Krankenstand weitgehend stabil. Mit Ausnahme des Jahres 1994 waren in den Jahren 1993–2002 in Ostdeutschland stets niedrigere Krankenstandswerte zu verzeichnen als in Westdeutschland. Allerdings haben sich die Werte in Ost und West inzwischen einander angenähert. Eine vollständige Angleichung erfolgte zwar nicht, jedoch reduzierte sich die Differenz zwischen West und Ost, die 1993 noch 1,1 Prozentpunkte betragen hatte, im Jahr 2002 auf nur noch 0,3 Prozentpunkte.

16.11.3 Krankenstandsentwicklung in den einzelnen Wirtschaftsabteilungen des „Verarbeitenden" Gewerbes

Innerhalb des „Verarbeitenden" Gewerbes variierten die Krankenstände zum Teil erheblich (s. Tabelle 16.11.2). Mit mehr als sechs Prozent wiesen die Wirtschaftsabteilungen Recycling und Tabakverarbeitung im Jahr 2002 die höchsten Werte auf (6,6 bzw. 6,2%). Demgegenüber stehen die vergleichsweise niedrigen Krankenstände im Bereich „Verlagsgewerbe, Druckgewerbe, Vervielfältigung von bespielten Ton-, Bild und Datenträgern" sowie im Bekleidungsgewerbe (4,8 bzw. 4,9%). Auffällig ist, dass der hohe Krankenstand im Recyclingbereich nicht mit der Beschäftigtenstruktur zusammenhing. Der standardisierte Wert, der rechnerisch um die Effekte der Alters- und Geschlechtsstruktur bereinigt wurde[5], unterschied sich nicht vom tatsächlichen Krankenstand. In den anderen Wirtschaftsabteilungen hingegen zeigten sich z. T. deutliche Abweichungen zwischen den standardisierten und den realen Krankenstandskennzahlen.

Im Vergleich zum Vorjahr war 2002 sowohl die Zahl der AU-Fälle als auch der AU-Tage in den meisten Bereichen des „Verarbeitenden" Gewerbes rückläufig. Die krankheitsbedingten Ausfalltage gingen am stärksten in der Tabakverarbeitung und im Bereich „Kokerei, Mineralölverarbeitung, Herstellung und Verarbeitung von Spalt- und Brutstoffen" zurück. Dort war ein Rückgang von 6,4 bzw. 5,9% zu verzeichnen. Die höchste AU-Quote hatte das Papiergewerbe zu verzeichnen. Hier meldeten sich im Jahr 2002 64,4% der Beschäftigten einmal bzw. mehrfach krank.

---

[5] Berechnet nach der Methode der direkten Standardisierung. Zugrunde gelegt wurde die Alters- und Geschlechtsstruktur der erwerbstätigen Mitglieder der gesetzlichen Krankenversicherung insgesamt im Jahr 2000 (Mitglieder mit Krankengeldanspruch). Quelle: VDR-Statistik.

Tabelle 16.11.2. Krankenstandsentwicklung im „Verarbeitenden" Gewerbe nach Wirtschaftsabteilungen, 2002

Wirtschaftsabteilung	Krankenstand (in %)			Arbeitsunfähigkeiten je 100 AOK-Mitglieder				Tage je Fall	AU-Quote (in %)
	2002	2002 stand.*	2001	Fälle	Veränd. z. Vorj. (in %)	Tage	Veränd. z. Vorj. (in %)		
Bekleidungsgewerbe	4,9	4,5	4,9	135,0	0,1	1778,6	0,3	13,2	53,3
Chemische Industrie	5,5	5,3	5,6	164,5	0,5	2004,2	-1,4	12,2	62,4
Ernährungsgewerbe	5,3	5,4	5,5	147,7	-0,4	1934,0	-3,9	13,1	56,4
Glasgewerbe, Keramik, Verarbeitung von Steinen und Erden	5,9	5,5	6,0	150,6	-0,3	2150,3	-1,4	14,3	60,8
Herstellung von Gummi- und Kunststoffwaren	5,8	5,9	5,9	166,7	-0,9	2115,7	-1,7	12,7	62,8
Herstellung von Möbeln, Schmuck, Musikinstrumenten, Sportgeräten, Spielwaren und sonstigen Erzeugnissen	5,5	5,4	5,6	152,9	-2,0	1995,5	-2,6	13,1	60,2
Holzgewerbe (ohne Herstellung von Möbeln)	5,4	5,3	5,5	149,5	-2,4	1954,0	-2,6	13,1	59,1
Kokerei, Mineralölverarbeitung, Herstellung und Verarbeitung von Spalt- und Brutstoffen	5,0	4,7	5,3	146,5	0,7	1826,6	-5,9	12,5	56,7
Ledergewerbe	5,8	5,5	6,0	143,9	-3,9	2105,4	-4,0	14,6	59,5
Papiergewerbe	5,9	5,9	5,9	159,8	-0,7	2150,7	0,1	13,5	64,4
Recycling	6,6	6,6	6,7	191,2	0,3	2407,7	-1,5	12,6	59,0
Tabakverarbeitung	6,2	5,4	6,6	155,6	-1,9	2246,0	-6,4	14,4	62,2
Textilgewerbe	5,7	5,4	5,8	148,5	-0,1	2086,0	-0,7	14,0	60,3
Verlagsgewerbe, Druckgewerbe, Vervielfältigung von bespielten Ton-, Bild- und Datenträgern	4,8	4,5	4,8	136,8	1,3	1753,3	0,1	12,8	55,0

* Krankenstand alters- und geschlechtsstandardisiert

Verarbeitendes Gewerbe

Tabellarische Übersichten und Abbildungen

16.11.4 Krankenstand nach Berufsgruppen

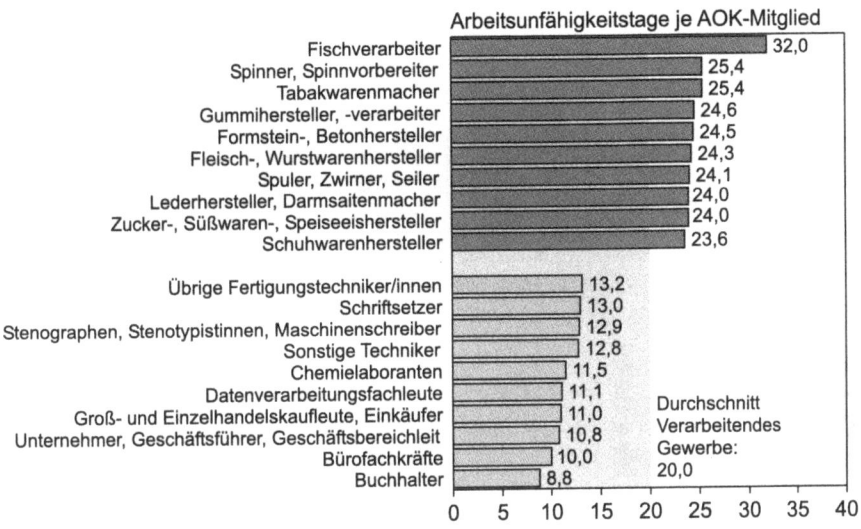

Abb. 16.11.2. 10 Berufsgruppen im „Verarbeitenden" Gewerbe mit hohen und niedrigen Krankenständen, 2002

Tabelle 16.11.3. „Verarbeitendes" Gewerbe, Krankenstandskennzahlen nach ausgewählten Berufsgruppen, 2002

Tätigkeit*	Krankenstand (in %)	Arbeitsunfähigkeiten je 100 AOK-Mitglieder		Tage je Fall	AU-Quote (in %)	Anteil Arbeitsunfälle an den AU-Tagen (in %)
		Fälle	Tage			
Backwarenhersteller	4,6	139,7	1668,4	11,9	52,6	6,0
Betriebsschlosser, Reparaturschlosser	5,5	147,5	2002,1	13,6	63,5	9,7
Buchhalter	2,4	88,0	881,4	10,0	40,9	0,9
Bürofachkräfte	2,7	114,9	996,0	8,7	47,6	2,0
Chemiebetriebswerker	6,2	176,5	2248,2	12,7	66,5	4,3
Datenverarbeitungsfachleute	3,0	126,2	1110,1	8,8	47,3	1,4
Elektroinstallateure, -monteure	4,1	127,5	1499,8	11,8	56,6	9,0
Fleisch-, Wurstwarenhersteller	6,6	191,7	2425,8	12,7	65,0	7,1
Glasbearbeiter, Glasveredler	6,4	174,5	2346,8	13,4	64,9	7,5
Gummihersteller, -verarbeiter	6,7	170,6	2461,4	14,4	62,6	4,2
Hilfsarbeiter ohne nähere Tätigkeitsangabe	6,1	173,2	2228,2	12,9	60,6	6,3
Kraftfahrzeugführer	6,0	123,8	2199,2	17,8	55,8	9,8
Kunststoffverarbeiter	6,2	178,3	2279,9	12,8	66,1	4,9
Lager-, Transportarbeiter	5,8	154,3	2126,1	13,8	57,0	6,2
Maschinenschlosser	5,1	158,7	1861,9	11,7	64,8	8,4
Näher	5,6	142,6	2043,2	14,3	58,6	2,7
Unternehmer, Geschäftsführer	3,0	73,2	1077,4	14,7	35,0	4,5
Warenaufmacher, Versandfertigmacher	6,5	175,3	2368,9	13,5	64,3	4,9
Warenprüfer, -sortierer	6,2	163,5	2248,0	13,7	63,3	5,0
Werkzeugmacher	4,1	158,6	1500,4	9,5	62,3	5,8

* Berufsgruppen mit mehr als 2000 AOK-Versicherten

Verarbeitendes Gewerbe

16.11.5 Kurz- und Langzeiterkrankungen

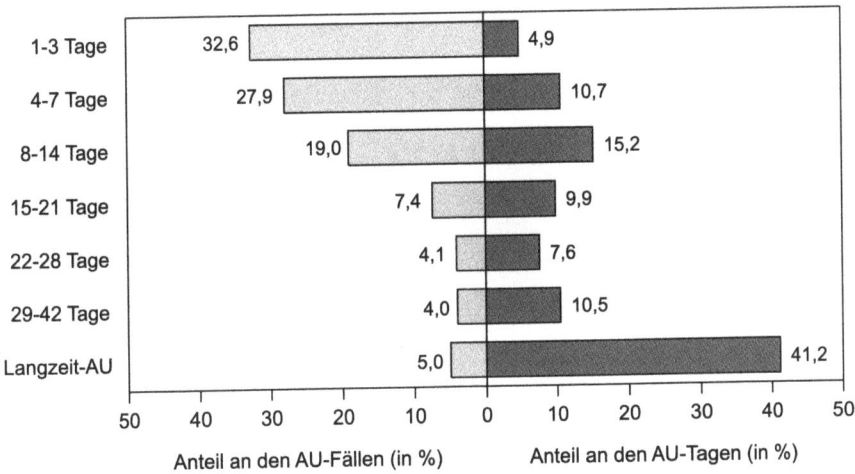

Abb. 16.11.3. Arbeitsunfähigkeitsfälle und -tage im „Verarbeitenden" Gewerbe nach der Dauer, 2002

16.11.6 Krankenstand nach Bundesländern

Tabelle 16.11.4. „Verarbeitendes" Gewerbe, Arbeitsunfähigkeit nach Bundesländern, 2002 im Vergleich zum Vorjahr

	Arbeitsunfähigkeiten je 100 AOK-Mitglieder					
	AU-Fälle	Veränd. z. Vorj. (in %)	AU-Tage	Veränd. z. Vorj. (in %)	Tage je Fall	Veränd. z. Vorj. (in %)
Baden-Württemberg	155,2	−1,1	1980,4	−1,0	12,8	0,8
Bayern	135,9	−1,6	1801,3	−3,0	13,3	−0,7
Berlin	146,3	−0,1	2530,2	−3,2	17,3	−3,4
Brandenburg	135,8	0,2	1964,1	−3,6	14,5	−3,3
Bremen	172,9	3,5	2395,5	0,0	13,9	−2,8
Hamburg	169,5	2,9	2477,6	−0,8	14,6	−3,9
Hessen	166,8	0,8	2209,6	−0,9	13,2	−2,2
Mecklenburg-Vorpommern	150,4	2,5	2092,0	−0,7	13,9	−3,5
Niedersachsen	168,4	3,0	1844,8	1,9	11,0	−0,9
Nordrhein-Westfalen	166,2	−1,2	2210,4	−3,3	13,3	−2,2
Rheinland-Pfalz	160,6	−2,4	2136,7	−3,0	13,3	−0,7
Saarland	139,6	0,8	2489,7	3,0	17,8	1,7
Sachsen	127,8	0,6	1757,2	−3,3	13,8	−3,5
Sachsen-Anhalt	145,1	2,5	1995,4	−1,7	13,8	−3,5
Schleswig-Holstein	167,0	0,5	2268,6	−2,5	13,6	−2,9
Thüringen	145,2	0,3	1987,4	0,7	13,7	0,7
Bund	152,7	−0,5	1999,9	−2,0	13,1	−1,5

Verarbeitendes Gewerbe

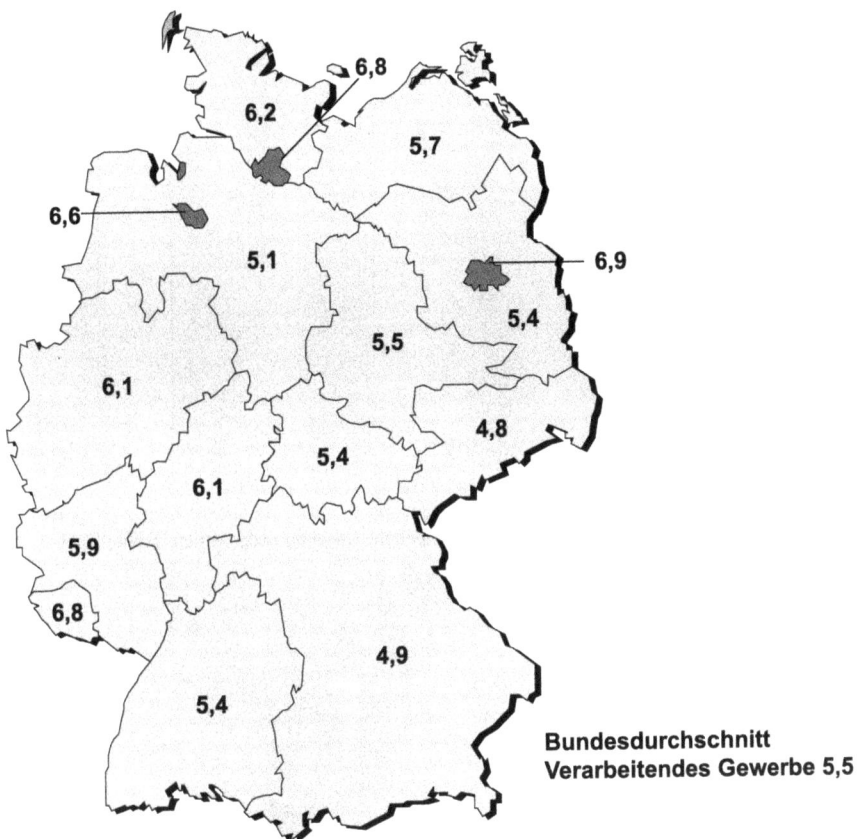

Abb. 16.11.4. Krankenstand (in %) im „Verarbeitenden" Gewerbe nach Bundesländern, 2002

16.11.7 Krankenstand nach Betriebsgröße

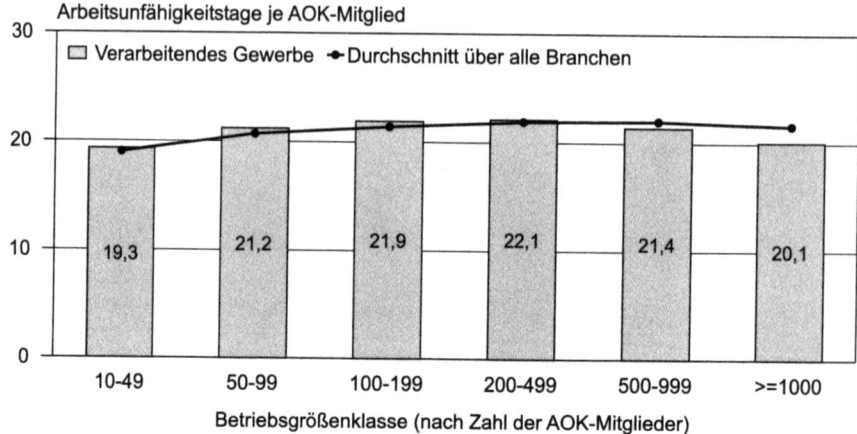

Abb. 16.11.5. Arbeitsunfähigkeitstage im „Verarbeitenden" Gewerbe nach Betriebsgröße, 2002

Verarbeitendes Gewerbe

Tabelle 16.11.5. „Verarbeitendes" Gewerbe, Arbeitsunfähigkeitstage je AOK-Mitglied nach Betriebsgröße

Wirtschaftsabteilung	10–49	50–99	100–199	200–499	500–999	≥1000
Bekleidungsgewerbe	16,6	18,9	20,6	19,5	20,0	–
Chemische Industrie	20,2	21,5	21,5	19,5	21,7	16,9
Ernährungsgewerbe	18,0	21,0	22,6	23,2	21,5	21,6
Glasgewerbe, Keramik, Verarbeitung von Steinen und Erden	21,9	21,3	21,7	23,2	22,1	–
Herstellung von Gummi- und Kunststoffwaren	20,1	22,1	22,4	21,6	21,4	20,9
Herstellung von Möbeln, Schmuck, Musikinstrumenten, Sportgeräten, Spielwaren und sonstigen Erzeugnissen	18,8	21,4	21,3	22,5	22,1	–
Holzgewerbe (ohne Herstellung von Möbeln)	19,6	20,7	21,9	21,3	21,8	–
Kokerei, Mineralölverarbeitung, Herstellung und Verarbeitung von Spalt- und Brutstoffen	17,9	18,3	24,8	16,3	–	–
Ledergewerbe	19,9	20,9	20,0	24,1	23,2	–
Papiergewerbe	21,8	21,9	22,7	21,3	19,4	–
Recycling	21,7	24,3	29,5	39,9	–	42,5
Tabakverarbeitung	20,3	31,1	24,1	23,3	16,8	–
Textilgewerbe	20,0	21,4	21,9	22,8	24,6	16,1
Verlagsgewerbe, Druckgewerbe, Vervielfältigung von bespielten Ton-, Bild- und Datenträgern	17,2	19,0	19,9	20,6	20,9	–
Durchschnitt über alle Branchen	19,0	20,7	21,4	21,9	22,0	21,6

16.11.8 Krankenstand nach Stellung im Beruf

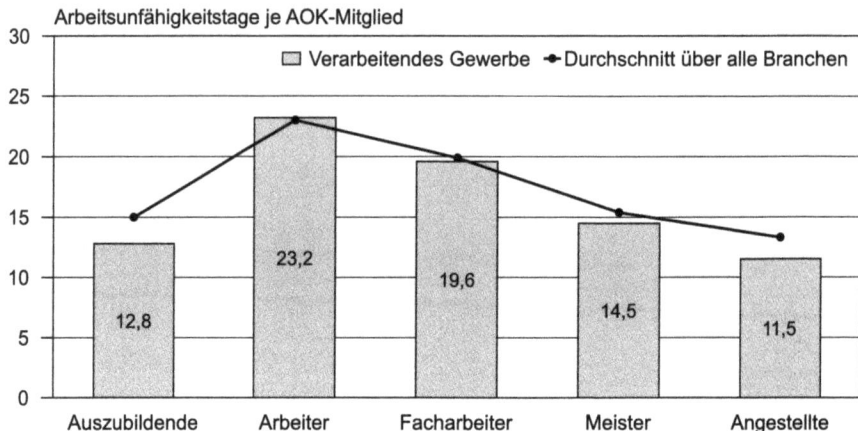

Abb. 16.11.6. Arbeitsunfähigkeitstage im „Verarbeitenden" Gewerbe nach Stellung im Beruf, 2002

Tabelle 16.11.6. „Verarbeitendes" Gewerbe, Krankenstand (in %) nach Stellung im Beruf, 2002

Wirtschaftsabteilung	Auszubildende	Arbeiter	Facharbeiter	Meister, Poliere	Angestellte
Bekleidungsgewerbe	3,4	5,4	4,8	4,3	3,0
Chemische Industrie	2,9	6,3	5,2	3,8	3,2
Ernährungsgewerbe	3,7	6,3	5,3	4,0	3,6
Glasgewerbe, Keramik, Verarbeitung von Steinen und Erden	3,9	6,4	6,0	4,5	2,8
Herstellung von Gummi- und Kunststoffwaren	3,2	6,4	5,4	3,6	2,9
Herstellung von Möbeln, Schmuck, Musikinstrumenten, Sportgeräten, Spielwaren und sonstigen Erzeugnissen	3,8	6,3	5,3	3,8	2,8
Holzgewerbe (ohne Herstellung von Möbeln)	3,8	6,1	5,3	4,0	2,9
Kokerei, Mineralölverarbeitung, Herstellung und Verarbeitung von Spalt- und Brutstoffen	2,4	6,1	5,3	5,1	2,7
Ledergewerbe	4,0	6,5	5,7	3,7	2,4
Papiergewerbe	3,3	6,6	5,4	4,4	2,9
Recycling	5,4	7,3	6,0	5,3	3,8
Tabakverarbeitung	3,3	6,9	5,3	2,5	3,9
Textilgewerbe	3,9	6,4	5,7	4,1	2,8
Verlagsgewerbe, Druckgewerbe, Vervielfältigung von bespielten Ton-, Bild- und Datenträgern	2,8	6,3	4,7	3,6	3,0

16.11.9 Arbeitsunfälle

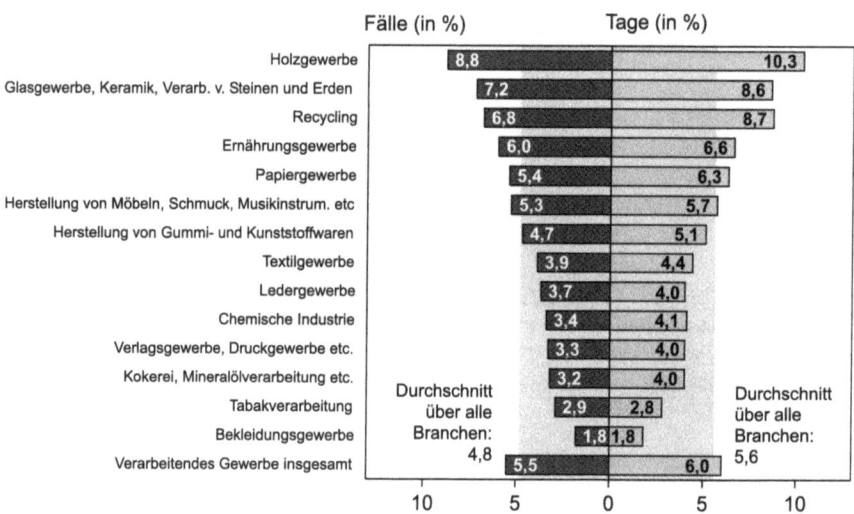

Abb. 16.11.7. Arbeitsunfälle im „Verarbeitenden" Gewerbe nach Wirtschaftsabteilungen, Anteil an den AU-Fällen und -Tagen in %, 2002

Tabelle 16.11.7. „Verarbeitendes" Gewerbe, Arbeitsunfähigkeitstage durch Arbeitsunfälle nach Berufsgruppen, 2002

Tätigkeit	AU-Tage je 1000 AOK-Mitglieder	Anteil an den AU-Tagen insgesamt (in %)
Formstein-, Betonhersteller	2749,2	11,2
Fleischer	2262,2	11,6
Holzaufbereiter	2200,5	10,1
Kraftfahrzeugführer	2148,5	9,8
Betriebsschlosser, Reparaturschlosser	1955,4	9,7
Tischler	1805,8	10,1
Fleisch-, Wurstwarenhersteller	1760,0	7,1
Sonstige Papierverarbeiter	1481,4	6,1
Hilfsarbeiter ohne nähere Tätigkeitsangabe	1416,9	6,3
Lager-, Transportarbeiter	1330,3	6,2
Warenaufmacher, Versandfertigmacher	1172,0	4,9
Kunststoffverarbeiter	1127,0	4,9
Druckerhelfer	1082,8	4,6
Backwarenhersteller	1012,4	6,0
Chemiebetriebswerker	979,2	4,3
Verkäufer	645,5	4,3

16.11.10 Krankheitsarten

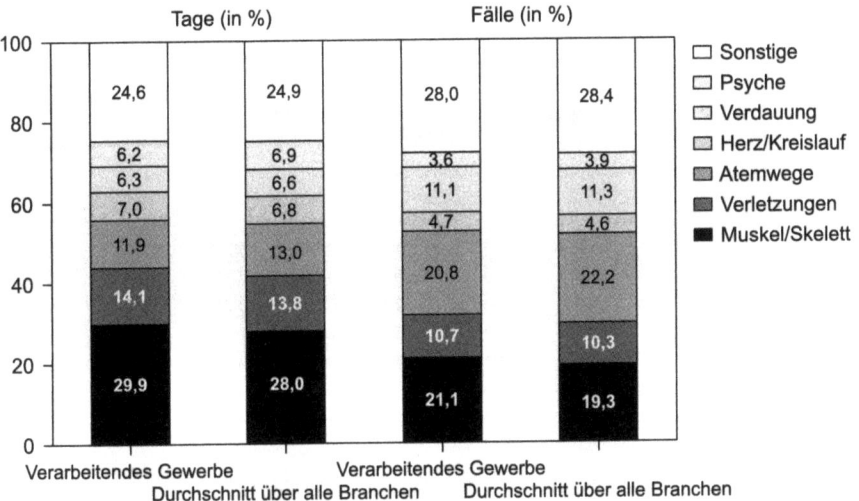

Abb. 16.11.8. Arbeitsunfähigkeiten im „Verarbeitenden" Gewerbe nach Krankheitsarten, 2002

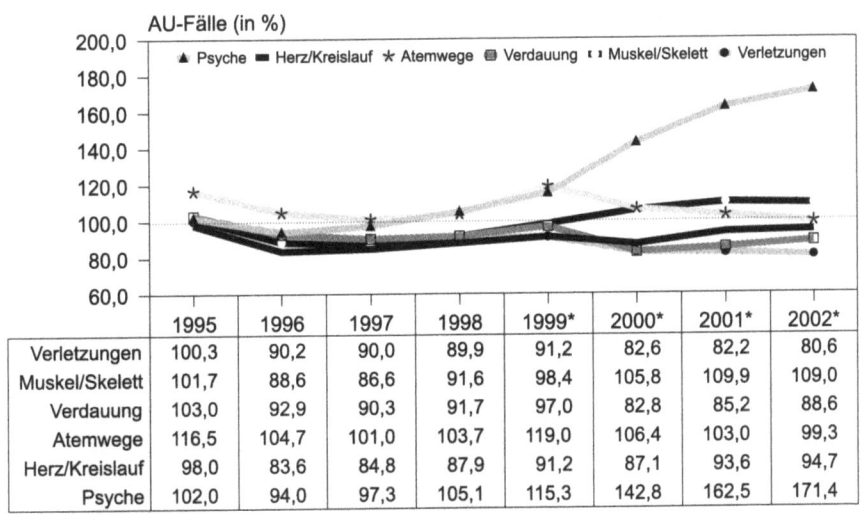

Abb. 16.11.9. Arbeitsunfähigkeitsfälle im „Verarbeitenden" Gewerbe nach Krankheitsarten, 1995–2002; Indexdarstellung (1994 = 100%)

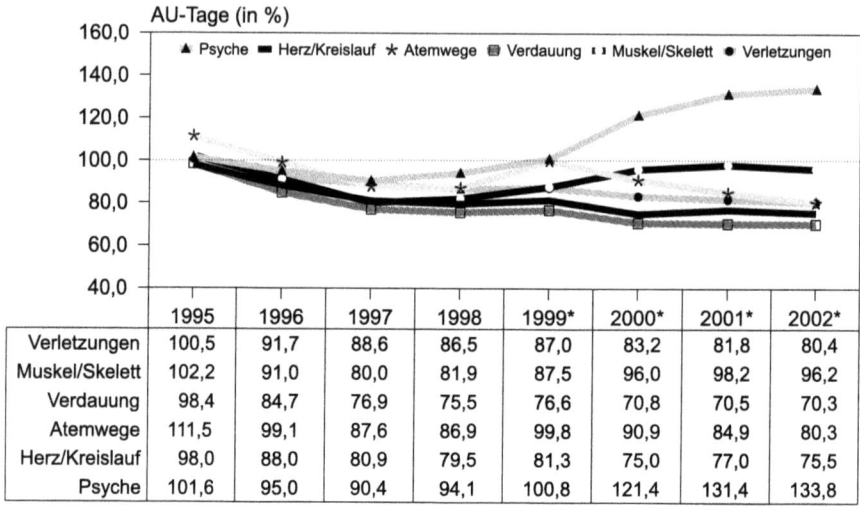

Abb. 16.11.10. Arbeitsunfähigkeitstage im „Verarbeitenden" Gewerbe nach Krankheitsarten, 1995–2002; Indexdarstellung (1994 = 100%)

Verarbeitendes Gewerbe

Tabelle 16.11.8. „Verarbeitendes" Gewerbe, Arbeitsunfähigkeitstage nach Krankheitsarten (in %), 2002

Wirtschafts-abteilung	Muskel/ Skelett	Atem-wege	Verlet-zungen	Herz/ Kreislauf	Verdau-ung	Psyche	Sons-tige
Bekleidungsgewerbe	28,2	11,5	9,0	6,2	5,9	8,8	30,4
Chemische Industrie	29,1	13,6	12,3	6,9	6,7	6,3	25,1
Ernährungsgewerbe	29,1	11,8	14,7	6,6	6,5	5,9	25,4
Glasgewerbe, Keramik, Verarbeitung von Steinen und Erden	32,0	10,8	16,7	7,4	5,9	4,9	22,3
Herstellung von Gummi- und Kunststoffwaren	30,3	12,6	13,3	6,9	6,3	6,1	24,5
Herstellung von Möbeln, Schmuck, Musikinstrumenten, Sportgeräten, Spielwaren und sonstigen Erzeugnissen	31,6	11,3	14,2	6,9	6,1	5,9	24,0
Holzgewerbe (ohne Herstellung von Möbeln)	31,0	10,7	19,5	6,6	5,9	4,9	21,4
Kokerei, Mineralöl-verarbeitung, Herstellung und Verarbeitung von Spalt- und Brutstoffen	28,6	12,8	13,5	7,8	6,9	6,0	24,4
Ledergewerbe	29,9	11,7	11,4	7,4	6,0	7,5	26,1
Papiergewerbe	30,3	11,7	14,6	7,0	6,2	6,3	23,9
Recycling	27,7	12,9	16,8	7,5	7,5	5,2	22,4
Tabakverarbeitung	31,0	11,7	9,3	7,1	6,8	8,8	25,3
Textilgewerbe	30,1	11,5	11,9	7,5	6,2	7,0	25,8
Verlagsgewerbe, Druckgewerbe, Vervielfältigung von bespielten Ton-, Bild- und Datenträgern	27,6	12,5	12,0	7,6	6,5	7,8	26,0

Tabelle 16.11.9. „Verarbeitendes" Gewerbe, Arbeitsunfähigkeiten nach Krankheitsarten,

ICD-Untergruppen	Anteil an den AU-Fällen (in %)	Anteil an den AU-Tagen (in %)
Muskel-/Skeletterkrankungen		
Krankheiten der Wirbelsäule und des Rückens	56,5	53,4
Krankheiten der Weichteilgewebe	20,7	19,2
Arthropathien	16,6	21,9
Sonstige	6,2	5,5
Verletzungen		
Verletzungen nicht näher bezeichneter Teile an Rumpf/Extremitäten/etc.	21,5	16,1
Verletzungen des Handgelenkes und der Hand	15,8	16,6
Verletzungen der Knöchelregion und des Fußes	10,6	10,6
Verletzungen des Knies und des Unterschenkels	9,9	15,6
Verletzungen des Kopfes	7,0	5,1
Sonstige	35,2	36,0
Atemwegserkrankungen		
Akute Infektionen der oberen Atemwege	41,2	33,9
Sonstige akute Infektionen der unteren Atemwege	20,8	19,7
Chronische Krankheiten der unteren Atemwege	18,3	22,5
Sonstige Krankheiten der oberen Atemwege	9,0	10,7
Sonstige	10,7	13,2
Herz-/Kreislauferkrankungen		
Hypertonie [Hochdruckkrankheit]	30,3	24,0
Krankheiten der Venen/Lymphgefäße/Lymphknoten	19,8	16,9
Sonstige. u. nicht näher bez. Krankheiten des Kreislaufsystems	15,7	5,6
Ischämische Herzkrankheiten	13,8	23,5
Sonstige	20,4	30,0
Verdauung		
Nichtinfektiöse Enteritis und Kolitis	27,8	18,3
Krankheiten des Ösophagus/Magens/Duodenums	27,4	26,5
Krankheiten der Mundhöhle/Speicheldrüsen/Kiefer	22,2	7,9
Sonstige Krankheiten des Darmes	6,5	10,1
Hernien	5,0	15,6
Sonstige	11,1	21,6
Psychische und Verhaltensstörungen		
Neurotische, Belastungs- und somatoforme Störungen	41,1	35,7
Affektive Störungen	29,6	36,3
Psychische und Verhaltensstörungen durch psychotrope Substanzen	20,1	16,1
Schizophrenie, schizotype und wahnhafte Störungen	2,9	4,8
Sonstige	6,3	7,1

16.12 Verkehr und Transportgewerbe

16.12.1 Kosten der Arbeitsunfähigkeit 459
16.12.2 Allgemeine Krankenstandsentwicklung 459
16.12.3 Krankenstandsentwicklung nach Wirtschaftsabteilungen 461

Tabellarische Übersichten und Abbildungen
16.12.4 Krankenstand nach Berufsgruppen 463
16.12.5 Kurz- und Langzeiterkrankungen 465
16.12.6 Krankenstand nach Bundesländern 466
16.12.7 Krankenstand nach Betriebsgröße 468
16.12.8 Krankenstand nach Stellung im Beruf 469
16.12.9 Arbeitsunfälle 470
16.12.10 Krankheitsarten 471

16.12.1 Kosten der Arbeitsunfähigkeit

Im Verkehrs- und Transportgewerbe waren im Jahr 2002 1,52 Mio. Arbeitnehmer sozialversicherungspflichtig beschäftigt[1]. In dieser Branche betrug der Anteil der AOK-Versicherten 45,1% (686 559 Erwerbstätige). Jedes AOK-Mitglied war im Jahresmittel 20,0 Kalendertage krankgemeldet. Auf die Branche hochgerechnet addierten sich die krankheitsbedingten Fehlzeiten insgesamt auf 30,5 Mio. Tage oder 83 501 Erwerbsjahre. Bei einem durchschnittlichen Arbeitnehmerentgelt im Verkehrs- und Transportgewerbe von 33 238 Euro[2] ergaben sich für das Jahr 2002 hochgerechnet auf alle Beschäftigten Ausfallkosten durch Arbeitsunfähigkeit in Höhe von 2,78 Mrd. Euro. Bei einem Betrieb mit 100 Beschäftigten entspricht dies einer Belastung von 181 725 Euro, die auf die Abwesenheit erkrankter Mitarbeiter zurückzuführen war.

16.12.2 Allgemeine Krankenstandsentwicklung

Im Verkehrs- und Transportgewerbe erreichte der Krankenstand im Jahr 2002 5,5% (Tabelle 16.12.1). Die mittlere Krankheitsdauer war im Vergleich zu allen übrigen Wirtschaftszweigen mit 14,4 Kalendertagen die längste. In Ostdeutschland lag der Krankenstand mit 4,9% deutlich niedriger als im Westen Deutschlands (5,6%). Der Anteil der Arbeitnehmer, die sich mindestens einmal krankmeldeten, war im Wes-

---

[1] Bundesanstalt für Arbeit, Sozialversicherungspflichtig Beschäftigte nach Wirtschaftszweigen der WZ93/BA in der Bundesrepublik Deutschland, Stand Juni 2002.
[2] Statistisches Bundesamt, Volkswirtschaftliche Gesamtrechnungen, Fachserie 18, Reihe 1.3, Arbeitnehmerentgelt je Arbeitnehmer, Hauptbericht 2001, Wiesbaden 2002.

ten deutlich höher als im Osten (AU-Quote West: 51,6%, Ost: 46,6%). Bundesweit betrug die Arbeitsunfähigkeitsquote für das Verkehrs- und Transportgewerbe 50,9% und sank damit minimal im Vergleich zum Vorjahr.

Die Zahl der Arbeitsunfähigkeitsfälle je 100 AOK-Mitglieder nahm 2002 im Verkehrs- und Transportgewerbe im Bundesdurchschnitt geringfügig um 0,4% ab. In Westdeutschland ging die Zahl der Krankheitsfälle ebenfalls zurück (−0,6%), in Ostdeutschland dagegen stieg sie an (1,7%). Bei den Arbeitsunfähigkeitstagen je 100 AOK-Mitglieder gingen die Werte für das Jahr 2002 auf Bundesebene um 0,7% zurück. Im Westen (−0,8%) war ein stärkerer Rückgang zu beobachten als im Osten (−0,4%).

Tabelle 16.12.1. Krankenstandsentwicklung im Bereich Verkehr und Transport, 2002

	Krankenstand (in %)	Arbeitsunfähigkeiten je 100 AOK-Mitglieder				Tage je Fall	AU-Quote (in %)
		Fälle	Veränd. z. Vorj. (in %)	Tage	Veränd. z. Vorj. (in %)		
West	5,6	143,3	−0,6	2030,0	−0,8	14,2	51,6
Ost	4,9	110,6	1,7	1781,6	−0,4	16,5	46,6
Bund	5,5	138,8	−0,4	1995,6	−0,7	14,4	50,9

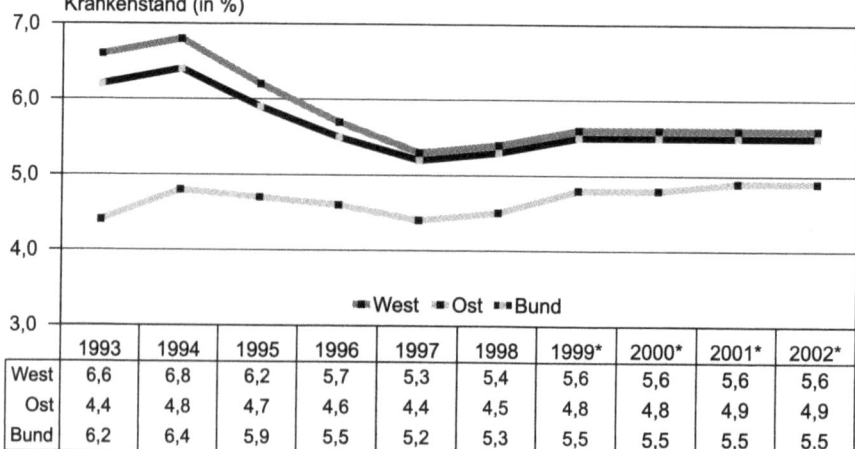

	1993	1994	1995	1996	1997	1998	1999*	2000*	2001*	2002*
West	6,6	6,8	6,2	5,7	5,3	5,4	5,6	5,6	5,6	5,6
Ost	4,4	4,8	4,7	4,6	4,4	4,5	4,8	4,8	4,9	4,9
Bund	6,2	6,4	5,9	5,5	5,2	5,3	5,5	5,5	5,5	5,5

Abb. 16.12.1. Krankenstandsentwicklung im Bereich Verkehr und Transport 1993–2002

Abb. 16.12.1[3] zeigt die Entwicklung des Krankenstands im Verkehrs- und Transportgewerbe in den Jahren 1993–2002. Von 1994–1997 ging er von 6,4 auf 5,2% zurück. Danach stieg er wieder geringfügig an und erreichte 1999 einen Wert von 5,5%. In den Folgejahren blieb der Krankenstand stabil und befindet sich damit nach wie vor auf einem niedrigeren Stand als in den Jahren 1993–1995. 1993 lag der Krankenstand in Westdeutschland noch 2,2 Prozentpunkte höher als in Ostdeutschland. In den folgenden Jahren verringerte sich der Abstand zwischen den Krankenstandswerten in Ost und West kontinuierlich. 2001 betrug er nur noch 0,7 Prozentpunkte und blieb für das Jahr 2002 stabil.

16.12.3 Krankenstandsentwicklung nach Wirtschaftsabteilungen

Die Höhe des Krankenstandes war in den einzelnen Wirtschaftsabteilungen des Verkehrs- und Transportgewerbes teilweise sehr unterschiedlich. Den niedrigsten Stand verzeichnete die Schifffahrt (4,9%), den höchsten die Abteilung Verkehrsvermittlung etc. mit 5,6%. Die nicht unerheblichen Unterschiede im Krankenstand zwischen den einzelnen Wirtschaftsabteilungen sind z. T. auf unterschiedliche Beschäftigtenstrukturen zurückzuführen. Standardisiert man die Krankenstände nach Alter und Geschlecht[4], reduzieren sich, abgesehen von der Schifffahrt, die Unterschiede deutlich (Tabelle 16.12.2). Die Schifffahrt weist mit 4,3% nach der Standardisierung den mit Abstand niedrigsten Krankenstandswert auf.

Im Vergleich zum Jahr 2002 stieg der Krankenstand in der Luftfahrt um 0,3 Prozentpunkte an. In der Verkehrs- und Nachrichtenübermittlung ging er minimal um 0,1 Prozentpunkte zurück. Im Landverkehr etc. und in der Schifffahrt war er gleichbleibend gegenüber dem Vorjahr.

Die größte Zunahme an Krankheitsfällen fand mit 1,3% in der Abteilung Landverkehr, Transport in Rohrfernleitungen statt. Die höchste Anzahl an Arbeitsunfähigkeitsfällen je 100 AOK-Mitglieder verzeichnete die Luftfahrt (175,4 Fälle). Die höchste Arbeitsunfähigkeitsquote des gesamten Wirtschaftszweiges weist mit 60,1% die Luftfahrt auf. Die geringste Anzahl von Krankheitsfällen (112,8) sowie die niedrigs-

---

[3] Die Werte ab dem Jahr 1999 basieren auf der Klassifikation der Wirtschaftszweige der Bundesanstalt für Arbeit aus dem Jahre 1993 (WZS 93/NACE), während den Werten der Jahre 1993–1998 noch der Wirtschaftszweigschlüssel aus dem Jahr 1973 zugrunde lag.
[4] Berechnet nach der Methode der direkten Standardisierung. Zugrunde gelegt wurde die Alters- und Geschlechtsstruktur der erwerbstätigen Mitglieder der gesetzlichen Krankenversicherung insgesamt im Jahr 2000 (Mitglieder mit Krankengeldanspruch). Quelle: VDR-Statistik.

Tabelle 16.12.2. Krankenstandsentwicklung im Bereich Verkehr und Transport nach Wirtschaftsabteilungen, 2002

Wirtschaftsabteilung	Krankenstand (in %)			Arbeitsunfähigkeiten je 100 AOK-Mitglieder				Tage je Fall	AU-Quote (in %)
	2002	2002 stand.*	2001	Fälle	Veränd. z. Vorj. (in %)	Tage	Veränd. z. Vorj. (in %)		
Hilfs- und Nebentätigkeiten für den Verkehr, Verkehrsvermittlung	5,6	5,3	5,7	146,0	−0,9	2043,2	−1,4	14,0	53,1
Landverkehr, Transport in Rohrfernleitungen	5,4	5,1	5,4	125,0	1,3	1983,0	0,3	15,9	48,9
Luftfahrt	5,0	5,3	4,7	175,4	1,2	1826,8	5,9	10,4	60,1
Nachrichtenübermittlung	5,1	5,3	5,2	159,0	−2,6	1852,4	−1,8	11,6	48,6
Schifffahrt	4,9	4,3	4,9	112,8	−3,5	1777,0	−0,6	15,8	41,4

* Krankenstand alters- und geschlechtsstandardisiert

te AU-Quote der Branche (41,4%) war in der Schifffahrt festzustellen. Die längste Falldauer – im Mittel 15,9 Tage je Krankheitsfall – war im Bereich Landverkehr zu finden.

Tabellarische Übersichten und Abbildungen

16.12.4 Krankenstand nach Berufsgruppen

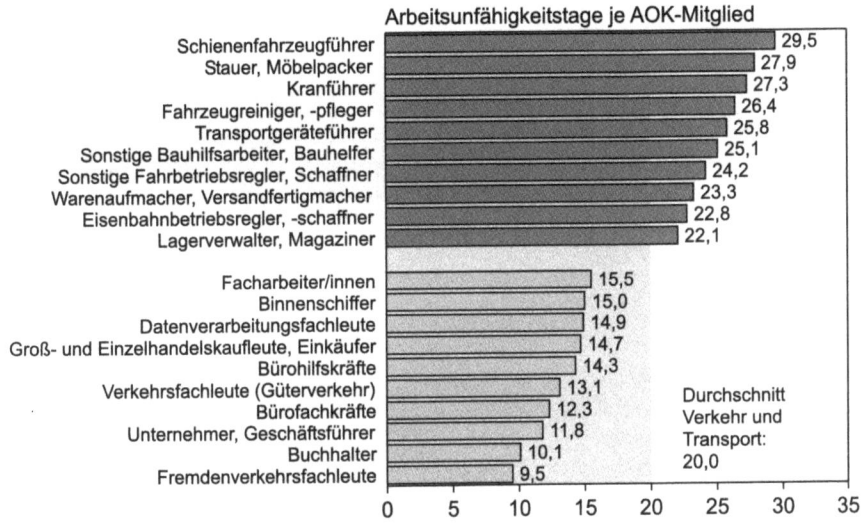

Abb. 16.12.2. 10 Berufsgruppen im Bereich Verkehr und Transport mit hohen und niedrigen Fehlzeiten, 2002

Tabelle 16.12.3. Verkehr und Transport, Krankenstandskennzahlen nach ausgewählten Berufsgruppen, 2002

Tätigkeit*	Kranken-stand (in %)	Arbeitsunfähigkeiten je 100 AOK-Mitglieder		Tage je Fall	AU-Quote (in %)	Anteil Arbeitsunfälle an den AU-Tagen (in %)
		Fälle	Tage			
Betriebsschlosser, Reparaturschlosser	5,7	173,2	2084,5	12,0	64,8	9,0
Binnenschiffer	4,1	73,0	1502,7	20,6	30,4	13,0
Bürofachkräfte	3,4	120,2	1231,8	10,3	45,7	2,3
Bürohilfskräfte	3,9	102,5	1432,9	14,0	39,3	2,7
Eisenbahnbetriebsregler, -schaffner	6,2	153,1	2276,6	14,9	59,5	4,6
Elektroinstallateure, -monteure	5,1	152,4	1872,2	12,3	61,5	5,8
Fahrzeugreiniger, -pfleger	7,2	169,4	2638,6	15,6	59,3	3,8
Fremdenverkehrsfachleute	2,6	123,4	952,3	7,7	44,8	1,4
Hilfsarbeiter ohne nähere Tätigkeitsangabe	5,8	160,8	2103,6	13,1	45,5	8,2
Kraftfahrzeugführer	5,6	118,9	2045,6	17,2	48,4	9,1
Kraftfahrzeuginstandsetzer	5,4	144,7	1954,5	13,5	61,0	9,8
Kranführer	7,5	156,3	2727,2	17,4	67,8	11,7
Lager-, Transportarbeiter	6,0	173,9	2203,6	12,7	55,9	7,5
Luftverkehrsberufe	5,0	162,8	1838,8	11,3	58,6	3,9
Schienenfahrzeugführer	8,1	185,0	2946,9	15,9	69,7	4,5
Stauer, Möbelpacker	7,7	190,5	2793,0	14,7	56,5	8,6
Transportgeräteführer	7,1	181,1	2576,4	14,2	64,4	7,5
Unternehmer, Geschäftsführer	3,2	66,4	1177,6	17,7	31,9	6,8
Verkehrsfachleute (Güterverkehr)	3,6	163,1	1305,9	8,0	53,9	3,9
Warenaufmacher, Versandfertigmacher	6,4	207,9	2333,4	11,2	58,1	4,6

* Berufsgruppen mit mehr als 1000 AOK-Versicherten

16.12.5 Kurz- und Langzeiterkrankungen

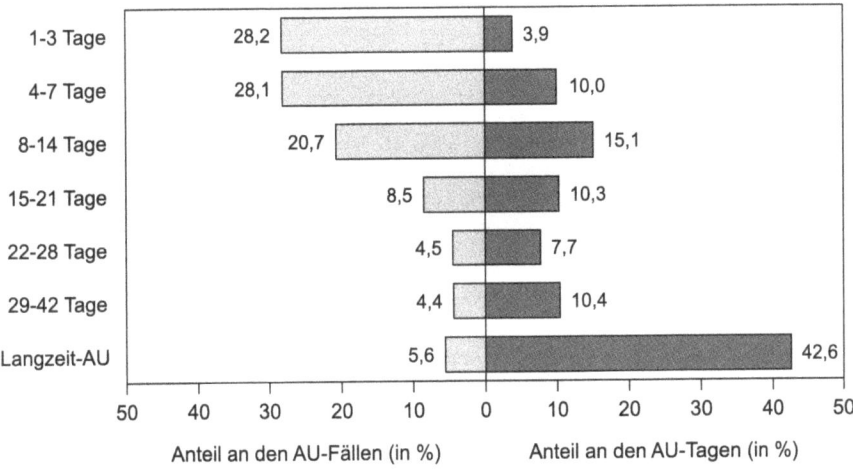

Abb. 16.12.3. Arbeitsunfähigkeitsfälle und -tage im Bereich Verkehr und Transport nach der Dauer, 2002

16.12.6 Krankenstand nach Bundesländern

Tabelle 16.12.4. Verkehr und Transport, Arbeitsunfähigkeit nach Bundesländern, 2002 im Vergleich zum Vorjahr

	Arbeitsunfähigkeiten je 100 AOK-Mitglieder					
	AU-Fälle	Veränd. z. Vorj. (in %)	AU-Tage	Veränd. z. Vorj. (in %)	Tage je Fall	Veränd. z. Vorj. (in %)
Baden-Württemberg	142,3	2,1	1948,0	2,8	13,7	0,7
Bayern	120,2	-2,3	1783,8	-1,7	14,8	0,7
Berlin	134,2	-4,0	2527,4	-7,7	18,8	-4,1
Brandenburg	111,2	3,3	1900,6	6,7	17,1	3,0
Bremen	169,6	-3,4	2519,0	-3,0	14,8	0,0
Hamburg	156,7	1,6	2453,6	0,0	15,7	-1,3
Hessen	173,2	-1,6	2194,9	-2,8	12,7	-0,8
Mecklenburg-Vorpommern	104,3	0,2	1643,1	-6,9	15,7	-7,6
Niedersachsen	142,4	2,8	1705,9	2,8	12,0	0,0
Nordrhein-Westfalen	150,5	-1,1	2209,2	-1,3	14,7	0,0
Rheinland-Pfalz	149,5	-0,7	2108,6	-2,8	14,1	-2,1
Saarland	128,7	0,7	2324,8	0,1	18,1	-0,5
Sachsen	110,2	2,1	1739,2	-1,1	15,8	-3,1
Sachsen-Anhalt	110,2	0,5	1808,3	-2,6	16,4	-3,0
Schleswig-Holstein	133,3	-0,2	2052,8	3,1	15,4	3,4
Thüringen	115,3	1,9	1841,6	1,9	16,0	0,0
Bund	138,8	-0,4	1995,6	-0,7	14,4	0,0

Verkehr und Transportgewerbe

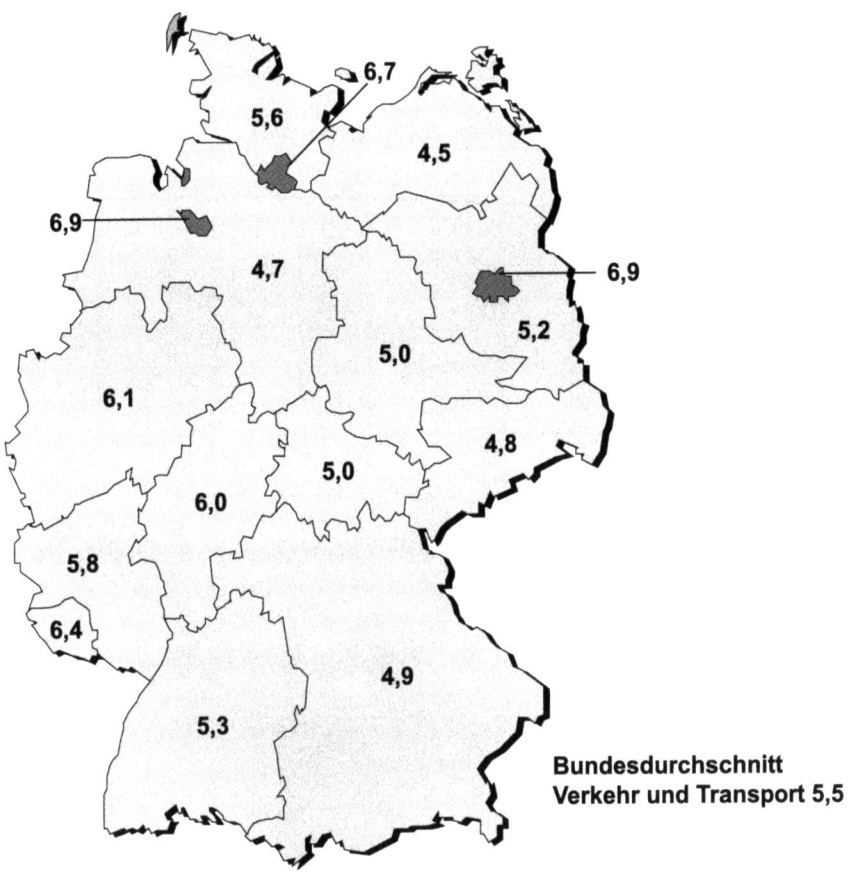

Abb. 16.12.4. Krankenstand (in %) im Bereich Verkehr und Transport nach Bundesländern, 2002

16.12.7 Krankenstand nach Betriebsgröße

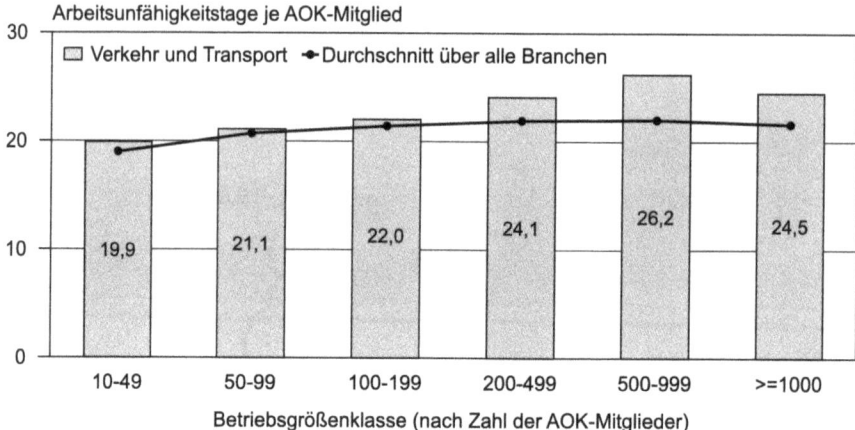

Abb. 16.12.5. Arbeitsunfähigkeitstage im Bereich Verkehr und Transport nach Betriebsgröße, 2002

Tabelle 16.12.5. Verkehr und Transport, Arbeitsunfähigkeitstage je AOK-Mitglied nach Betriebsgröße (Anzahl der AOK-Mitglieder), 2002

Wirtschafts-abteilunggruppe	10–49	50–99	100–199	200–499	500–999	≥1000
Hilfs- und Nebentätig-keiten für den Verkehr, Verkehrsvermittlung	20,6	21,4	22,2	23,9	25,6	23,0
Landverkehr, Transport in Rohrfernleitungen	19,4	21,9	23,2	27,4	29,4	31,3
Luftfahrt	17,0	17,1	18,1	15,5	28,8	–
Nachrichtenbermittlung	17,7	18,4	19,7	20,4	21,8	18,5
Schifffahrt	21,2	17,8	25,9	–	–	–
Durchschnitt über alle Branchen	19,0	20,7	21,4	21,9	22,0	21,6

16.12.8 Krankenstand nach Stellung im Beruf

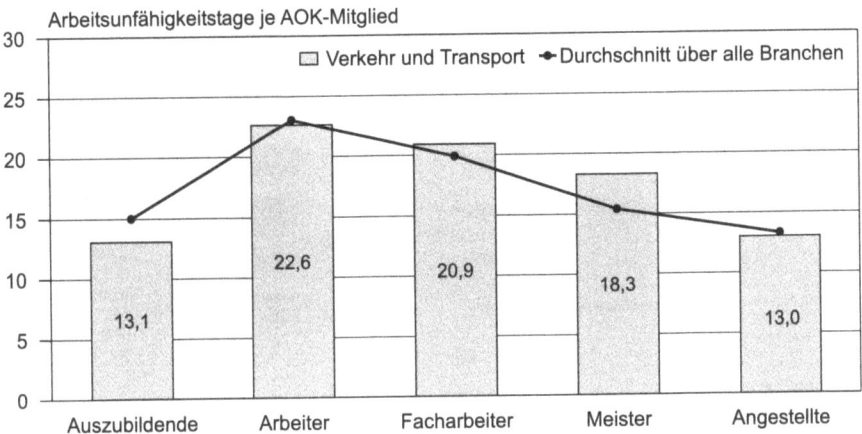

Abb. 16.12.6. Arbeitsunfähigkeitstage im Bereich Verkehr und Transport nach Stellung im Beruf, 2002

Tabelle 16.12.6. Verkehr und Transport, Krankenstand (in %) nach Stellung im Beruf, 2002

Wirtschaftsabteilung	Auszu-bildende	Arbeiter	Fach-arbeiter	Meister, Poliere	Ange-stellte
Hilfs- und Nebentätigkeiten für den Verkehr, Verkehrsvermittlung	3,6	6,4	6,0	4,8	3,3
Landverkehr, Transport in Rohrfernleitungen	3,9	5,9	5,6	5,2	3,8
Luftfahrt	3,4	8,6	5,3	3,6	4,3
Nachrichtenübermittlung	3,1	6,0	5,3	7,0	4,0
Schifffahrt	3,8	5,3	4,9	4,8	3,3

16.12.9 Arbeitsunfälle

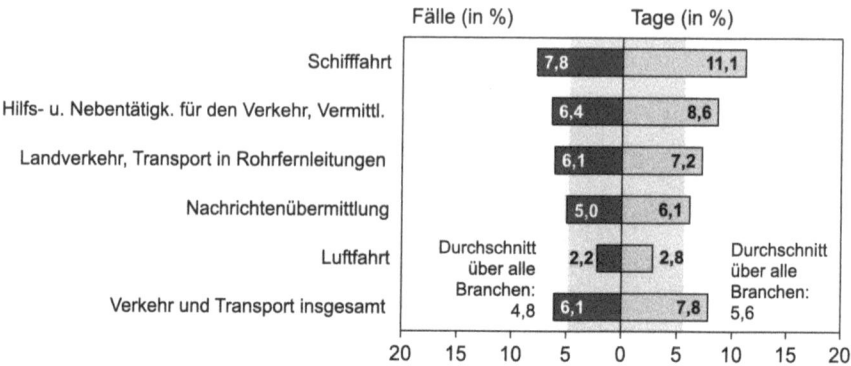

Abb. 16.12.7. Arbeitsunfälle im Bereich Verkehr und Transport nach Wirtschaftsabteilungen, Anteil an den AU-Fällen und -Tagen in %, 2002

Tabelle 16.12.7. Verkehr und Transport, Arbeitsunfähigkeitstage durch Arbeitsunfälle nach Berufsgruppen, 2002

Tätigkeit	AU-Tage je 1000 AOK-Mitglieder	Anteil an den AU-Tagen insgesamt (in %)
Stauer, Möbelpacker	2415,4	8,6
Binnenschiffer	1952,0	13,0
Transportgeräteführer	1932,4	7,5
Kraftfahrzeuginstandsetzer	1924,0	9,8
Betriebsschlosser, Reparaturschlosser	1879,8	9,0
Kraftfahrzeugführer	1875,0	9,1
Hilfsarbeiter ohne nähere Tätigkeitsangabe	1727,3	8,2
Lager-, Transportarbeiter	1656,9	7,5
Lagerverwalter, Magaziner	1601,1	7,2
Schienenfahrzeugführer	1325,3	4,5
Warenprüfer, -sortierer	1272,3	5,8
Postverteiler	1218,6	6,1
Facharbeiter/innen	1191,0	7,7
Elektroinstallateure, -monteure	1087,5	5,8
Warenaufmacher, Versandfertigmacher	1082,0	4,6
Kassierer	739,4	4,0
Verkäufer	522,7	2,8

16.12.10 Krankheitsarten

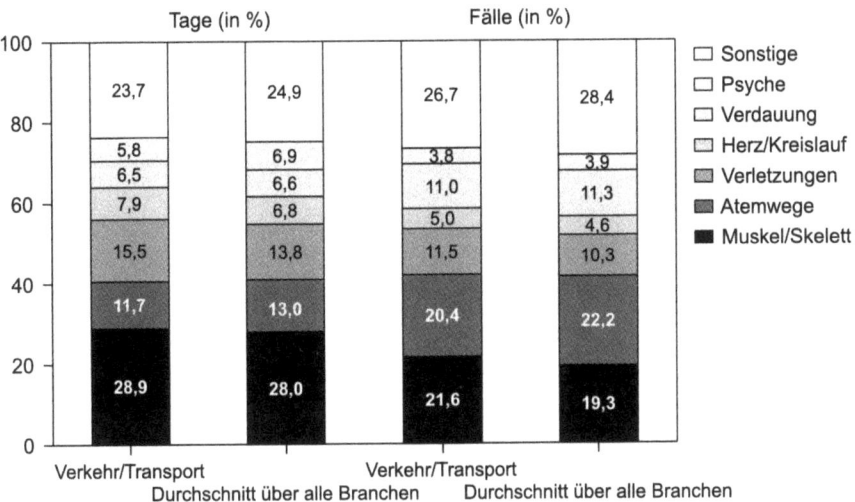

Abb. 16.12.8. Arbeitsunfähigkeiten im Bereich Verkehr und Transport nach Krankheitsarten, 2002

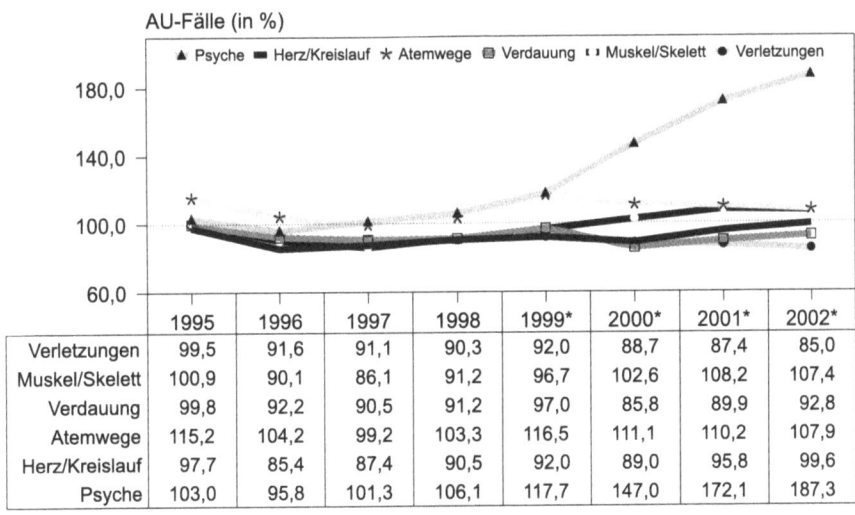

Abb. 16.12.9. Arbeitsunfähigkeitsfälle im Bereich Verkehr und Transport nach Krankheitsarten, 1995–2002; Indexdarstellung (1994 = 100%)

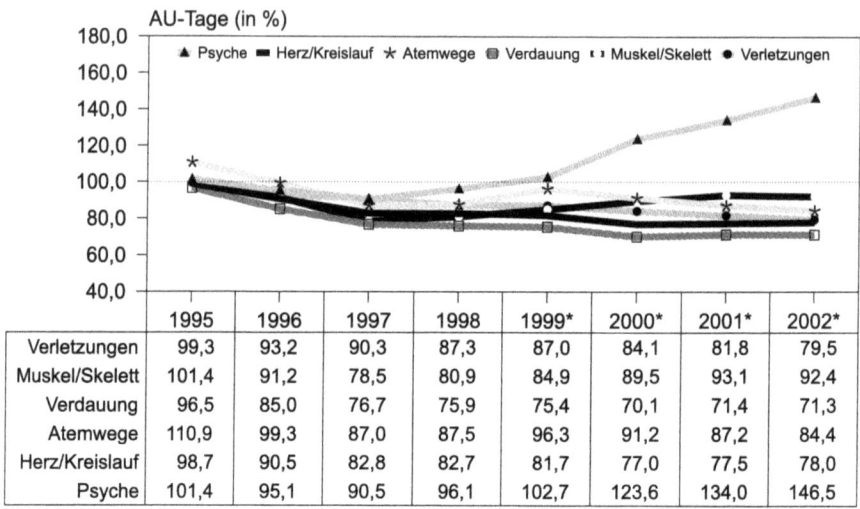

Abb. 16.12.10. Arbeitsunfähigkeitstage im Bereich Verkehr und Transport nach Krankheitsarten, 1995–2002; Indexdarstellung (1994 = 100%)

Tabelle 16.12.8. Verkehr und Transport, Arbeitsunfähigkeitstage nach Krankheitsarten (in %), 2002

Wirtschaftsabteilung	Muskel/Skelett	Atemwege	Verletzungen	Herz/Kreislauf	Verdauung	Psyche	Sonstige
Hilfs- und Nebentätigkeiten für den Verkehr, Verkehrsvermittlung	29,3	11,7	15,9	7,8	6,5	5,5	23,3
Landverkehr, Transport in Rohrfernleitungen	29,0	10,9	15,0	8,8	6,5	6,0	23,8
Luftfahrt	21,2	21,2	10,6	5,0	6,4	8,6	27,0
Nachrichtenübermittlung	27,7	14,1	15,8	4,7	6,6	6,7	24,4
Schifffahrt	26,7	10,9	18,3	7,6	5,7	5,8	25,0

Tabelle 16.12.9. Verkehr und Transport, Arbeitsunfähigkeiten nach Krankheitsarten, Anteile der ICD-Untergruppen an den ICD-Hauptgruppen, 2002

ICD-Untergruppen	Anteil an den AU-Fällen (in %)	Anteil an den AU-Tagen (in %)
Muskel-/Skeletterkrankungen		
Krankheiten der Wirbelsäule und des Rückens	59,5	57,4
Krankheiten der Weichteilgewebe	18,7	17,1
Arthropathien	15,8	20,0
Sonstige	6,0	5,5
Verletzungen		
Verletzungen nicht näher bezeichneter Teile an Rumpf/Extremitäten/etc.	18,9	14,1
Verletzungen der Knöchelregion und des Fußes	12,9	13,1
Verletzungen des Handgelenkes und der Hand	11,7	12,2
Verletzungen des Knies und des Unterschenkels	11,4	16,9
Verletzungen des Kopfes	7,8	5,7
Sonstige	37,3	38,0
Atemwegserkrankungen		
Akute Infektionen der oberen Atemwege	40,8	33,3
Sonstige akute Infektionen der unteren Atemwege	20,6	19,4
Chronische Krankheiten der unteren Atemwege	18,6	23,0
Grippe und Pneumonie	9,2	10,7
Sonstige	10,8	13,6
Herz-/Kreislauferkrankungen		
Hypertonie [Hochdruckkrankheit]	32,0	24,5
Ischämische Herzkrankheiten	17,8	28,3
Krankheiten der Venen/Lymphgefäße/Lymphknoten	15,8	11,8
Sonstige u. nicht näher bez. Krankheiten des Kreislaufsystems	12,3	4,4
Sonstige	22,1	31,0
Verdauung		
Krankheiten des Ösophagus/Magens/Duodenums	27,9	27,7
Nichtinfektiöse Enteritis und Kolitis	27,3	18,5
Krankheiten der Mundhöhle/Speicheldrüsen/Kiefer	21,1	7,4
Sonstige Krankheiten des Darmes	7,4	11,6
Hernien	5,2	14,7
Sonstige	11,1	20,1
Psychische und Verhaltensstörungen		
Neurotische, Belastungs- und somatoforme Störungen	41,5	38,9
Affektive Störungen	25,6	31,5
Psychische und Verhaltensstörungen durch psychotrope Substanzen	24,2	17,5
Schizophrenie, schizotype und wahnhafte Störungen	2,3	4,1
Sonstige	6,4	8,0

KAPITEL 17

Die gesetzliche Freistellung erwerbstätiger Eltern – Daten zur Inanspruchnahme von Kinderkrankenpflegegeld in Deutschland 2002

I. KÜSGENS

Zusammenfassung. Die Erkrankung eines Kindes stellt für berufstätige Eltern und insbesondere für Alleinerziehende häufig einen belastenden Versorgungsengpass dar. In Deutschland besteht, ähnlich wie auch in anderen europäischen Ländern, ein gesetzlicher Anspruch auf Freistellung zur Pflege und Betreuung von erkrankten Kindern. Über die praktische Bedeutung dieser Freistellungsregelung gibt es bisher wenig systematisches Wissen. Daten zur Inanspruchnahme des Kinderkrankenpflegegelds liegen bisher nur in begrenztem Maße vor. Insbesondere fehlen aktuelle und differenziertere Daten. In dem vorliegenden Beitrag werden die Ergebnisse einer Auswertung der Kinderkrankenpflegegeldfälle der AOK-Mitglieder vorgestellt.

Einführung

In der Praxis werden im Arbeitsalltag die Mitarbeiter seitens der Betriebe in absoluten Notfällen, z. B. bei einem Unfall des Kindes, kurzfristig und unbürokratisch von der Arbeit freigestellt. Dies gilt in der Regel auch, wenn die organisierte Betreuung des Kindes unvorhersehbar fehlschlägt, z. B. Schulstunden ausfallen. Die Freistellung erfolgt jedoch meist unbezahlt. Die fehlende Arbeitszeit muss nachgearbeitet werden. Flexible Arbeitszeiten tragen in zunehmendem Maße dazu bei, Kollisionen zwischen betrieblichen und familiären Erfordernissen zu vermeiden.

Ganz anders sieht es bei der plötzlichen Erkrankung eines Kindes aus. Diese stellt die meisten erwerbstätigen Eltern ad hoc vor einen belastenden Versorgungsengpass. Kann die Betreuung des kranken Kindes nicht durch Angehörige oder Betreuungspersonal sichergestellt werden, so bleibt oftmals nur die Inanspruchnahme der gesetzlichen Mittel. Mit dem Anspruch auf Freistellung von der Arbeit hat der Arbeitnehmer die Möglichkeit, das erkrankte Kind zu Hause zu versorgen. Der Mitarbeiter erleidet keine finanziellen Verluste durch das

Fehlen am Arbeitsplatz oder muss gar auf Urlaubszeiten verzichten. Im Rahmen der Vereinbarkeit von Familie und Beruf stellt die Beurlaubung ein Instrument dar, welches den Arbeitnehmern eine gewisse Sicherheit vermittelt und sie in der Betreuung der Kinder entlastet [1].

Daten zur Inanspruchnahme des Kinderkrankenpflegegelds liegen bisher nur in begrenztem Maße vor [2]. Insbesondere fehlen aktuelle und differenziertere Daten. In dem vorliegenden Beitrag werden die Ergebnisse einer Auswertung der Kinderkrankenpflegegeldfälle (KKG-Fälle) der AOK-Mitglieder[1] vorgestellt.

Datenbasis und Methodik

Für das Auswertungsjahr 2002 konnten erstmals die Freistellungen der erwerbstätigen AOK-Mitglieder im Falle der Erkrankung eines Kindes ausgewertet werden. Dieser spezielle Krankheitsfall wurde als zusätzlicher Arbeitsunfähigkeitsfall des Mitgliedes erfasst und ist als solcher statistisch auswertbar. Da es sich jedoch um keinen normalen Krankheitsfall des Versicherten handelt, erübrigt sich eine Analyse nach den sonst für AU-Analysen üblichen Kennzahlen. Die vorliegende Untersuchung beschränkt sich daher auf die Darstellung von Häufigkeitsverteilungen. Es wird in den folgenden Abbildungen zumeist der Anteil der Mitglieder mit KKG-Fällen an den AOK-Mitgliedern insgesamt sowie die Verteilung der gesamten AOK-Mitglieder jeweils in Bezug zum analysierten Merkmal gegenübergestellt. Dadurch werden Besonderheiten kenntlich. Zudem werden die jeweiligen Freistellungsdauern (Tage je Fall) betrachtet.

Bei den vorgestellten Ergebnissen ist zu berücksichtigen, dass die Daten aufgrund der speziellen Versichertenstruktur der AOK nur bedingt repräsentativ für die Gesamtbevölkerung in Deutschland bzw. die Beschäftigten in den einzelnen Wirtschaftszweigen sind. Allerdings beläuft sich der Anteil der AOK-Versicherten Beschäftigten in Deutschland mit 10,9 Mio. auf immerhin 39,4% der Gesamtbeschäftigten.

Gesetzlicher Hintergrund

Die Basis für die Freistellungsmöglichkeit eines Elternteils bei der Erkrankung eines Kindes bildet § 45 des SGB V (Krankengeld bei Erkrankung des Kindes). Soweit das Alter des Kindes unter 12 Jahren

---

[1] Pflichtmitglieder und freiwillige Mitglieder.

Die gesetzliche Freistellung erwerbstätiger Eltern

liegt, keine andere pflegende Person im Haushalt bereit steht und sowohl das Kind als auch das Elternteil gesetzlich krankenversichert sind, besteht seitens des Versicherten der Anspruch auf Zahlung von Kinderkrankenpflegegeld und Freistellung von der Arbeit durch den Arbeitgeber. Die Altersgrenze[2] des Kindes entfällt, wenn das Kind behindert oder auf anderweitige Hilfe angewiesen ist. Der gesetzliche Anspruch auf die Befreiung von 10 Arbeitstagen[3] kann für jedes Kind geltend gemacht werden – insgesamt bis zu 25 Arbeitstage je Elternteil und Kalenderjahr. Den Alleinerziehenden werden zusätzliche Zeitrechte gewährt. Da sie nach dem Gesetz den verheirateten Elternteilen gleichgestellt sind, erhalten sie den gesamten elterlichen Anspruch von 20 Tagen pro Kind und Kalenderjahr, insgesamt aber nicht mehr als 50 Arbeitstage.

Die Höhe des Kinderkrankenpflegegelds entspricht der Höhe des Krankengelds nach § 47 SGB V und beträgt 70% des beitragspflichtigen Arbeitsentgelts. Das berechnete Kinderkrankenpflegegeld beträgt jedoch höchstens 90% des Nettoarbeitseinkommens.

Eine Kranken- und Pflegebedarfsbescheinigung über die Pflegebedürftigkeit des Kindes stellt der behandelnde Arzt aus.

Inanspruchnahme

Zahl und Dauer der Kinderkrankenpflegegeldfälle

Kinderkrankenpflegegeld nahmen im Jahr 2002 1,3% aller AOK-Mitglieder in Anspruch. Insgesamt waren 235 473 KKG-Fälle zu verzeichnen. Auf jedes AOK-Mitglied entfielen damit im Schnitt 1,7 KKG-Fälle. Der Anteil der KKG-Fälle an allen Arbeitsunfähigkeitsfällen betrug 1,8%.

Die gesetzlich zustehenden Freistellungstage werden von den erwerbstätigen Eltern bei weitem nicht ausgeschöpft. Durchschnittlich fehlte jeder Mitarbeiter wegen der Betreuung seines erkrankten Kindes 3,1 Krankheitstage (Tage je Fall) am Arbeitsplatz. Somit war im Jahr 2002 jeder bei der AOK versicherte Arbeitnehmer aufgrund eines KKG-Falls im Mittel 5,3 Kalendertage krankgeschrieben. Eine Differenzierung der KKG-Fälle nach Falldauerklassen zeigt, dass die meisten Fälle

---

[2] Neufassung des § 45 SGB V vom 19. 06. 2001, Aufhebung der Altersgrenze für behinderte und auf Hilfe angewiesene Kinder.
Neufassung des § 45 SGB V vom 26. 07. 2002, Ergänzende Regelung für schwerstkranke Kinder.
[3] Neufassung des § 45 SGB V vom 20. 12. 1991, Verdoppelung der Freistellungszeit für jedes Kind.

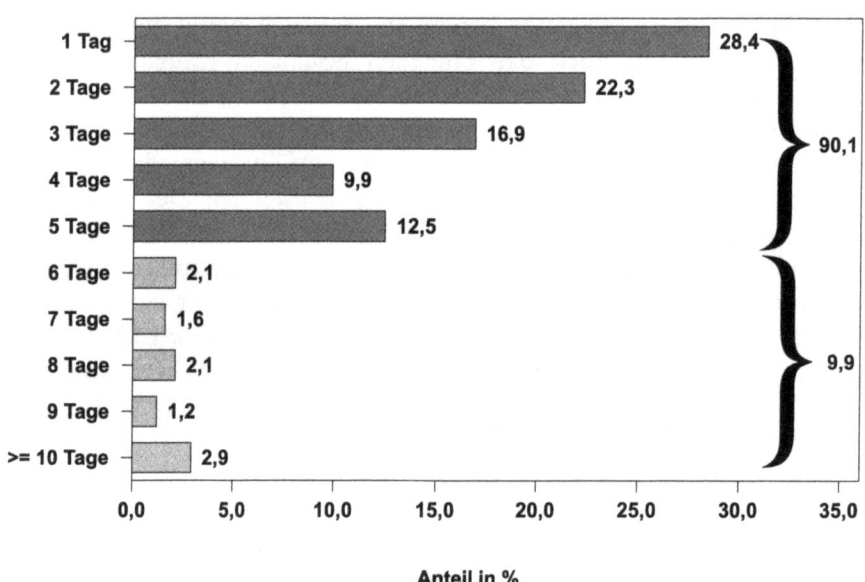

Abb. 17.1. Kinderkrankenpflegegeldfälle nach der Dauer (AOK-Mitglieder), 2002

nur ein (28,4%) oder zwei (22,3%) Tage andauerten (Abb. 17.1). Lediglich jeder zehnte Fall (9,9%) erstreckte sich über mehr als fünf Tage.

Kinderkrankenpflegegeldfälle nach Geschlecht und Alter

Im deutlich überwiegenden Teil der Fälle (83,3%) wurde die Betreuung der Kinder im KKG-Fall von Frauen übernommen. Der Anteil der pflegenden Männer nach Fällen betrug 16,7%. Abb. 17.2 zeigt die Verteilung der KKG-Fälle nach Alter und Geschlecht. Knapp zwei Drittel der Fälle entfielen auf die Altersgruppen zwischen 30 und 39 Jahren. Der größte Anteil an den KKG-Fällen bei den Frauen war in der Altersgruppe der 30- bis 34-Jährigen (33,9%) zu verzeichnen. Der höchste Wert für das männliche Geschlecht lag in der nächst höheren Altersstufe der 35- bis 39-Jährigen (33,8%), jeweils mit einer mittleren Dauer des KKG-Falls von 3,1 Tagen.

Kinderkrankenpflegegeldfälle nach betrieblicher Arbeitszeit

Eine Untersuchung der KKG-Fälle nach der betrieblichen Arbeitszeit der AOK-Mitglieder macht deutlich, dass vorwiegend Teilzeitkräfte den gesetzlichen Anspruch geltend machten (Abb. 17.3). Beim Vergleich der Teilzeitkräfte mit unterschiedlichen Arbeitsvolumina domi-

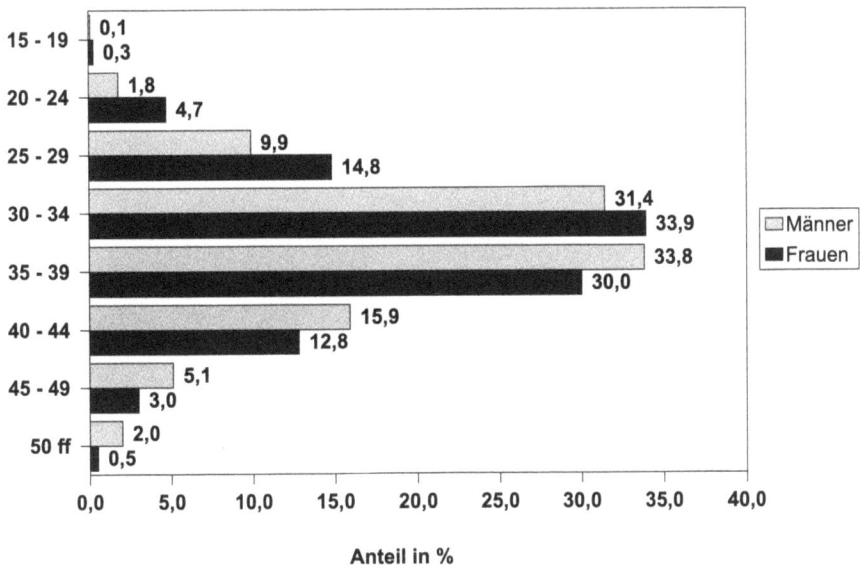

Abb. 17.2. Kinderkrankenpflegegeldfälle nach Alter und Geschlecht (AOK-Mitglieder), 2002

nieren wiederum die Teilzeitkräfte mit mehr als 18 Wochenstunden (2,9%) (Abb. 17.4). Die Krankheitsdauer lag für die Gruppe der Teilzeitkräfte mit 3,0 Tagen je Fall geringfügig unter dem Durchschnitt von 3,1 Tagen und für die Vollzeittätigen mit 3,2 Tagen je Fall knapp darüber. Bei der Gegenüberstellung von Versicherten mit KKG-Fällen und der Gesamtverteilung der AOK-Mitglieder für dieses Merkmal ist erkennbar, dass proportional gesehen, generell Teilzeitkräfte und jene mit einer Arbeitszeit von über 18 Stunden pro Woche eher Auszeiten wegen der Erkrankung ihres Kindes nahmen. Im bundesweiten Vergleich[4] ist der Anteil von erwerbstätigen Frauen im Bereich der Teilzeitbeschäftigung mit 39,5% (Angestellte 40,9%) hoch.

Kinderkrankenpflegegeldfälle nach Bildungsstand

Die Analyse nach dem Bildungsstand der AOK-Mitglieder (Abb. 17.5) macht deutlich, dass Personen mit höherer Ausbildung wie Fachhochschulabsolventen (1,87%), Abiturienten mit Berufsausbildung (1,86%) oder Mitglieder mit Hochschulabschluss (1,7%) eine Beurlaubung im Falle eines erkrankten Kindes eher in Anspruch nahmen. Die Struktur der freigestellten Versicherten für dieses Merkmal entspricht an

---

[4] Nach Statistisches Bundesamt, Statistisches Jahrbuch – Erwerbstätigkeit im April 2001, Wiesbaden 2002.

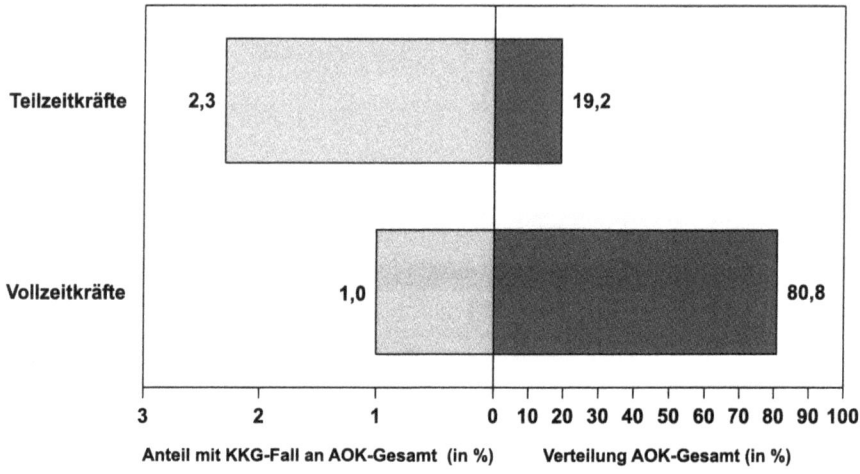

Abb. 17.3. Kinderkrankenpflegegeldfälle nach Arbeitzeit (AOK-Mitglieder), 2002

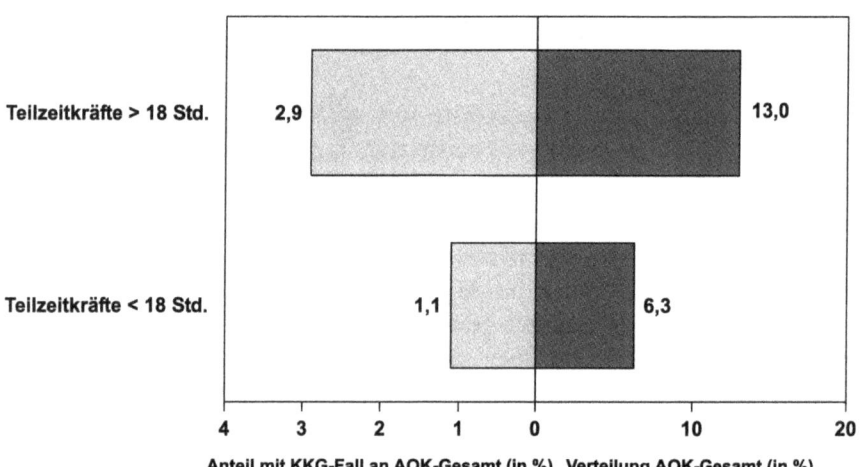

Abb. 17.4. Kinderkrankenpflegegeldfälle nach Teilzeitbeschäftigung (AOK-Mitglieder), 2002

dieser Stelle nicht der Struktur der AOK-Versicherten insgesamt. Zu beachten ist dabei, dass der Anteil der Mitglieder mit unbekannter Ausbildung insgesamt recht hoch war und somit das Gesamtbild verzerren könnte.

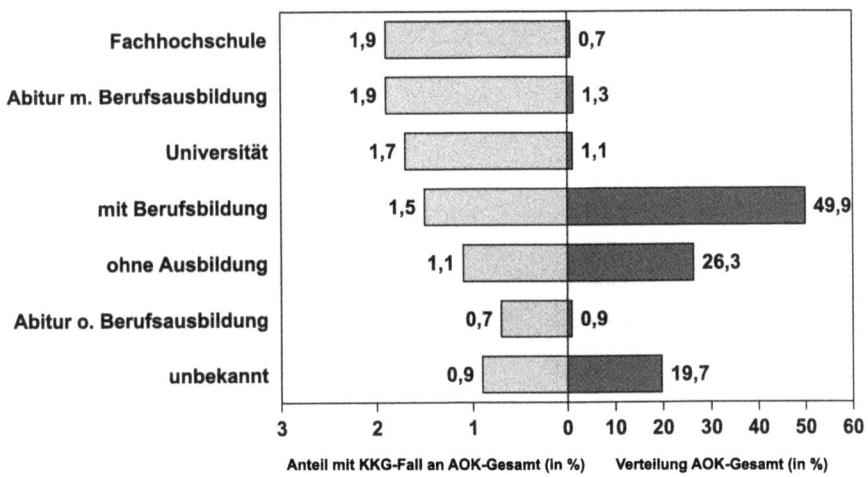

Abb. 17.5. Kinderkrankenpflegegeldfälle nach Bildungsstand (AOK-Mitglieder), 2002

Kinderkrankenpflegegeldfälle nach Branchen

In den Wirtschaftszweigen öffentliche Verwaltung/Sozialversicherung (2,42%) und Erziehung und Unterricht (2,38%) nahmen erwerbstätige Eltern mit Kindern eine Freistellung von der Arbeit am häufigsten in Anspruch (Abb. 17.6). Durchschnittlich fehlten die AOK-Mitglieder in der öffentlichen Verwaltung/Sozialversicherung 2,8 Tage je KKG-Fall und lagen hiermit unter dem bundesweiten Mittel. Im Bereich Erziehung und Unterricht blieben die Arbeitnehmer 3,5 Krankheitstage dem Arbeitsplatz fern und lagen somit deutlich über dem Durchschnitt. Zu den weiteren Branchen mit höheren Anteilen von Freistellungen in Verbindung mit der Erkrankung eines Kindes gehörten unter anderem die Banken und Versicherungen (1,9%) mit 2,7 Tagen je Krankheitsfall. Die genannten Wirtschaftszweige sind allerdings bis auf den Zweig der öffentlichen Verwaltung/Sozialversicherung Branchen, in denen der Anteil der AOK-Mitglieder an den Gesamtbeschäftigten relativ gering ist.

Kinderkrankenpflegegeldfälle nach Berufen

Charakteristische Berufe mit einer hohen Anzahl von KKG-Fällen sind die der Kindergärtner- und Kinderpflegerinnen (4,2%), Krankenschwestern, -pfleger und Hebammen (2,7%), Bürofachkräfte (2,4%), Hauswirtschaftliche Betreuer (2,1%) sowie Sozialarbeiter und Sozialpfleger (2,1%). Insgesamt gesehen handelt es sich dabei um typische

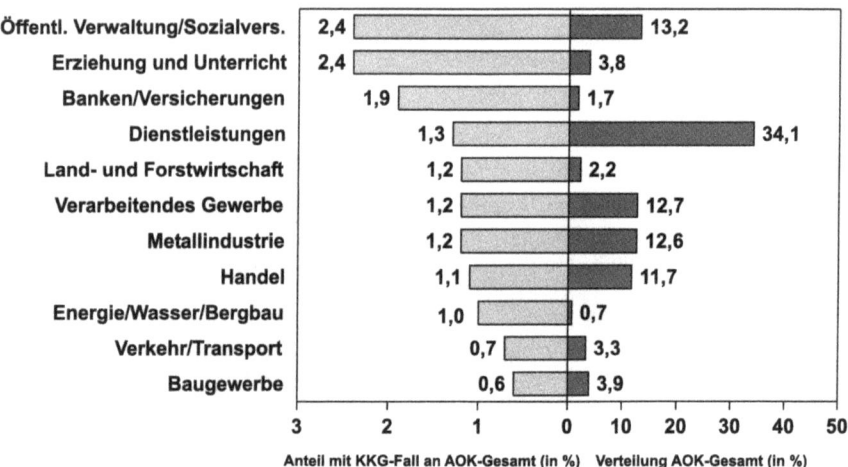

Abb. 17.6. Kinderkrankenpflegegeldfälle nach Branchen (AOK-Mitglieder), 2002

Frauenberufe, die überwiegend in Teilzeitbeschäftigung ausgeführt werden.

Kinderkrankenpflegegeldfälle nach Ländern

Zur Interpretation der regionalen Verteilung von KKG-Fällen wurde wiederum eine Gewichtung der Werte vorgenommen: Der Anteil der Mitglieder mit Kinderkrankengeldfällen eines Landes wurde in Bezug zur gesamten AOK-Mitgliederschaft dieser Region gesetzt. Abb. 17.7 zeigt, dass Versicherte aus Ostdeutschland die Möglichkeit der Freistellung fast doppelt so häufig in Anspruch nahmen wie die Westdeutschen. Dies könnte unter anderem an der sehr hohen Frauenerwerbsquote von verheirateten Müttern mit mindestens einem minderjährigem Kind von 73% im Osten gegenüber 58% im Westen liegen [3]. Die Werte für die KKG-Inanspruchnahme lagen mit über 3,0% weit über dem Bundesdurchschnitt. Des weiteren lagen die Anteile der Großstädte wie Berlin und Hamburg für den Auswertungszeitraum 2002 knapp über dem bundesweiten Mittel von 1,3%.

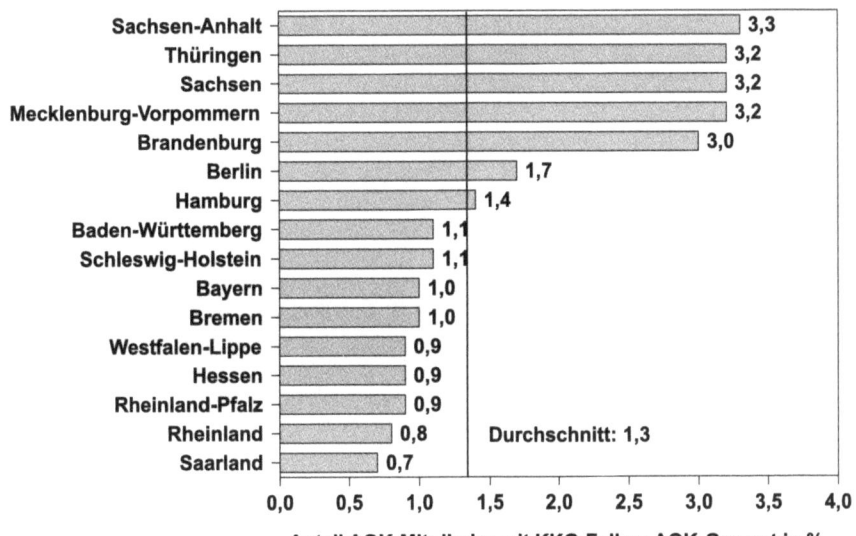

Abb. 17.7. Kinderkrankenpflegegeldfälle nach Ländern (AOK-Mitglieder), 2002 [5]

Literatur

[1] Bundesministerium für Familie, Senioren, Frauen und Jugend (2001) Familienfreundliche Maßnahmen im Betrieb. Berlin, S 49 ff
[2] Bundesministerium für Gesundheit (2000) Die gesetzliche Krankenversicherung in der Bundesrepublik Deutschland im Jahre 1999. Statistischer und finanzieller Bericht, Bonn, Tabelle 19
[3] Statistisches Bundesamt (2002) Leben und Arbeiten in Deutschland. Ergebnisse des Mikrozensus 2002, Wiesbaden, S 41

---

[5] Für die AOK Niedersachsen wurden im Jahr 2002 keine Kinderkrankenpflegegeldfälle ausgewiesen.

Anhang

Übersicht der Krankheitsartengruppen nach dem ICD-Schlüssel (10. Revision, 1999)

I. Bestimmte infektiöse und parasitäre Krankheiten (A00–B99)

A00–A09	Infektiöse Darmkrankheiten
A15–A19	Tuberkulose
A20–A28	Bestimmte bakterielle Zoonosen
A30–A49	Sonstige bakterielle Krankheiten
A50–A64	Infektionen, die vorwiegend durch Geschlechtsverkehr übertragen werden
A65–A69	Sonstige Spirochätenkrankheiten
A70–A74	Sonstige Krankheiten durch Chlamydien
A75–A79	Rickettsiosen
A80–A89	Virusinfektionen des Zentralnervensystems
A90–A99	Durch Arthropoden übertragene Viruskrankheiten und virale hämorrhagische Fieber
B00–B09	Virusinfektionen, die durch Haut- und Schleimhautläsionen gekennzeichnet sind
B15–B19	Virushepatitis
B20–B24	HIV-Krankheit [Humane Immundefizienz-Viruskrankheit]
B25–B34	Sonsitge Viruskrankheiten
B35–B49	Mykosen
B50–B64	Protozoenkrankheit
B65–B83	Helminthosen
B85–B89	Pedikulose [Läusebefall], Akarinose [Milbenbefall] und sonstiger Parasitenbefall der Haut
B90–B94	Folgezustände von infektiösen und parasitären Krankheiten
B95–B97	Bakterien, Viren und sonstige Infektionserreger als Ursache von Krankheiten, die in anderen Kapiteln klassifiziert sind
B99	Sonstige Infektionskrankheiten

II. Neubildungen (C00–D48)

C00–C75	Bösartige Neubildungen an genau bezeichneten Lokalisationen, als primär festgestellt oder vermutet, ausgenommen lymphatisches, blutbildendes und verwandtes Gewebe
C76–C80	Bösartige Neubildungen ungenau bezeichneter, sekundärer und nicht näher bezeichneter Lokalisationen
C81–C96	Bösartige Neubildungen des lymphatischen, blutbildenden und verwandten Gewebes, als primär festgestellt und vermutet
C97	Bösartige Neubildungen als Primärtumoren an mehreren Lokalisationen
D00–D09	In-situ-Neubildungen
D10–D36	Gutartige Neubildungen
D37–D48	Neubildungen unsicheren oder unbekannten Verhaltens [siehe Hinweis am Anfang der Krankheitsgruppe D37–D48]

III. Krankheiten des Blutes und der blutbildenden Organe sowie bestimmte Störungen mit Beteiligung des Immunsystems (D50–D89)

D50–D53	Alimentäre Anämien
D55–D59	Hämolytische Anämien
D60–D64	Aplastische und sonstige Anämien
D65–D69	Koagulopathien, Purpura und sonstige hämorrhagische Diathesen
D70–D77	Sonstige Krankheiten des Blutes und der blutbildenden Organe
D80–D89	Bestimmte Störungen mit Beteiligung des Immunsystems

IV. Endokrine, Ernährungs- und Stoffwechselkrankheiten (E00–E90)

E00–E07	Krankheiten der Schilddrüse
E10–E14	Diabetis mellitus
E15–E16	Sonstige Störungen der Blutglukose-Regulation und der inneren Sekretion des Pankreas
E20–E35	Krankheiten sonstiger endokriner Drüsen
E40–E46	Mangelernährung
E50–E64	Sonstige alimentäre Mangelzustände
E65–E68	Adipositas und sonstige Überernährung
E70–E90	Stoffwechselstörungen

Anhang

V. Psychische und Verhaltensstörungen (F00–F99)

F00–F09	Organische, einschließlich symptomatischer psychischer Störungen
F10–F19	Psychische und Verhaltensstörungen durch psychotrope Substanzen
F20–F29	Schizophrenie, schizotype und wahnhafte Störungen
F30–F39	Affektive Störungen
F40–F48	Neurotische, Belastungs- und somatoforme Störungen
F50–F59	Verhaltensauffälligkeiten mit körperlichen Störungen und Faktoren
F60–F69	Persönlichkeits- und Verhaltensstörungen
F70–F79	Intelligenzminderung
F80–F89	Entwicklungsstörungen
F90–F98	Verhaltens- und emotionale Störungen mit Beginn in der Kindheit und Jugend
F99	Nicht näher bezeichnete psychische Störungen

VI. Krankheiten des Nervensystems (G00–G99)

G00–G09	Entzündliche Krankheiten des Zentralnervensystems
G10–G13	Systematrophien, die vorwiegend das Zentralnervensystem betreffen
G20–G26	Extrapyramidale Krankheiten und Bewegungsstörungen
G30–G32	Sonstige degenerative Krankheiten des Nervensystems
G35–G37	Demyelinisierende Krankheiten des Zentralnervensystems
G40–G47	Episodische und paroxysmale Krankheiten des Nervensystems
G50–G59	Krankheiten von Nerven, Nervenwurzeln und Nervenplexus
G60–G64	Polyneuroapathien und sonstige Krankheiten des peripheren Nervensystems
G70–G73	Krankheiten im Bereich der neuromuskulären Synapse und des Muskels
G80–G83	Zerebrale Lähmung und sonstige Lähmungssyndrome
G90–G99	Sonstige Krankheiten des Nervensystems

VII. Krankheiten des Auges und der Augenanhangsgebilde (H00–H59)

H00–H06	Affektionen des Augenlides, des Tränenapparates und der Orbita
H10–H13	Affektionen der Konjunktiva
H15–H22	Affektionen der Sklera, der Hornhaut, der Iris und des Ziliarkörpers

H25–H28	Affektionen der Linse
H30–H36	Affektionen der Aderhaut und der Netzhaut
H40–H42	Glaukom
H43–H45	Affektionen des Glaskörpers und des Augapfels
H46–H48	Affektionen des N. opticus und der Sehbahn
H49–H52	Affektionen der Augenmuskeln, Störungen der Blickbewegungen sowie Akkommodationsstörungen und Refraktionsfehler
H53–H54	Sehstörungen und Blindheit
H55–H59	Sonstige Affektionen des Auges und Augenanhangsgebilde

VIII. Krankheiten des Ohres und des Warzenfortsatzes (H60–H95)

H60–H62	Krankheiten des äußeren Ohres
H65–H75	Krankheiten des Mittelohres und des Warzenfortsatzes
H80 H83	Krankheiten des Innenohres
H90–H95	Sonstige Krankheiten des Ohres

IX. Krankheiten des Kreislaufsystems (I00–I99)

I00–I02	Akutes rheumatisches Fieber
I05–I09	Chronische rheumatische Herzkrankheiten
I10–I15	Hypertonie [Hochdruckkrankheit]
I20–I25	Ischämische Herzkrankheiten
I26–I28	Pulmonale Herzkrankheit und Krankheiten des Lungenkreislaufs
I30–I52	Sonstige Formen der Herzkrankheit
I60–I69	Zerebrovaskuläre Krankheiten
I70–I79	Krankheiten der Arterien, Arteriolen, und Kapillaren
I80–I89	Krankheiten der Venen, der Lymphgefäße und de Lymphknoten, anderenorts nicht klassifiziert
I95–I99	Sonstige und nicht näher bezeichnete Krankheiten des Kreislaufsystems

X. Krankheiten des Atmungssystems (J00–J99)

J00–J06	Akute Infektionen der oberen Atemwege
J10–J18	Grippe und Pneumonie
J20–J22	Sonstige akute Infektionen der unteren Atemwege
J30–J39	Sonstige Krankheiten der oberen Atemwege
J40–J47	Chronische Krankheiten oder unteren Atemwege
J60–J70	Lungenkrankheiten durch exogene Substanzen
J80–J84	Sonstige Krankheiten der Atmungsorgane, die hauptsächlich das Interstitium betreffen

J85–J86	Purulente und nekrotisierende Krankheitszustände der unteren Atemwege
J90–J94	Sonstige Krankheiten der Pleura
J95–J99	Sonstige Krankheiten des Atmungssystems

XI. Krankheiten des Verdauungssystems (K00–K93)

K00–K14	Krankheiten der Mundhöhle, der Speicheldrüsen und der Kiefer
K20–K31	Krankheiten des Ösophagus, des Magens und des Duodenums
K35–K38	Krankheiten des Appendix
K40–K46	Hernien
K50–K52	Nichtinfektiöse Enteritis und Kolitis
K55–K63	Sonstige Krankheiten des Darms
K65–K67	Krankheiten des Peritoneums
K70–K77	Krankheiten der Leber
K80–K87	Krankheiten der Gallenblase, der Gallenwege und des Pankreas
K90–K93	Sonstige Krankheiten des Verdauungssystems

XII. Krankheiten der Haut und der Unterhaut (L00–L99)

L00–L08	Infektionen der Haut und der Unterhaut
L10–L14	Bullöse Dermatosen
L20–L30	Dermatitis und Ekzem
L40–L45	Papulosquamöse Hautkrankheiten
L50–L54	Urtikaria und Erythem
L55–L59	Krankheiten der Haut und der Unterhaut durch Strahleneinwirkung
L60–L75	Krankheiten der Hautanhangsgebilde
L80–L99	Sonstige Krankheiten der Haut und der Unterhaut

XIII. Krankheiten des Muskel-Skelett-Systems und des Bindegewebes (M00–M99)

M00–M25	Arthropathien
M30–M36	Systemkrankheiten des Bindegewebes
M40–M54	Krankheiten der Wirbelsäule und des Rückens
M60–M79	Krankheiten der Weichteilgewebe
M80–M94	Osteopathien und Chondropathien
M95–M99	Sonstige Krankheiten des Muskel-Skelett-Systems und des Bindegewebes

XIV. Krankheiten des Urogenitalsystems (N00–N99)

N00–N08	Glomeruläre Krankheiten
N10–N16	Tubulointerstitielle Nierenkrankheiten
N17–N19	Niereninsuffizienz
N20–N23	Urolithiasis
N25–N29	Sonstige Krankheiten der Niere und des Ureters
N30–N39	Sonstige Krankheiten des Harnsystems
N40–N51	Krankheiten der männlichen Genitalorgane
N60–N64	Krankheiten der Mamma [Brustdrüse]
N70–N77	Entzündliche Krankheiten der weiblichen Beckenorgane
N80–N98	Nichtentzündliche Krankheiten des weiblichen Genitaltraktes
N99	Sonstige Krankheiten des Urogenitalsystems

XV. Schwangerschaft, Geburt und Wochenbett (O00–O99)

O00–O08	Schwangerschaft mit abortivem Ausgang
O10–O16	Ödeme, Proteinurie und Hypertonie während der Schwangerschaft, der Geburt und des Wochenbettes
O20–O29	Sonstige Krankheiten der Mutter, die vorwiegend mit der Schwangerschaft verbunden sind
O30–O48	Betreuung der Mutter im Hinblick auf den Feten und die Amnionhöhle sowie mögliche Entbindungskomplikationen
O60–O75	Komplikation bei Wehentätigkeit und Entbindung
O80–O84	Entbindung
O85–O92	Komplikationen, die vorwiegend im Wochenbett auftreten
O95–O99	Sonstige Krankheitszustände während der Gestationsperiode, die anderenorts nicht klassifiziert sind

XVI. Bestimmte Zustände, die ihren Ursprung in der Perinatalperiode haben (P00–P96)

P00–P04	Schädigung des Feten und Neugeborenen durch mütterliche Faktoren und durch Komplikationen bei Schwangerschaft, Wehentätigkeit und Entbindung
P05–P08	Störungen im Zusammenhang mit der Schwangerschaftsdauer und dem fetalen Wachstum
P10–P15	Geburtstrauma
P20–P29	Krankheiten des Atmungs- und Herz-Kreislaufsystems, die für die Perinatalperiode spezifisch sind
P35–P39	Infektionen, die für die Perinatalperiode spezifisch sind
P50–P61	Hämorrhagische und hämatomologische Krankheiten beim Feten und Neugeborenen

P70–P74	Transitorische endokrine und Stoffwechselstörungen, die für Feten und das Neugeborene spezifisch sind
P75P78	Krankheiten des Verdauungssystems beim Feten und Neugeborenen
P80–P83	Krankheitszustände mit Beteiligung der Haut und der Temperaturregulation beim Feten und Neugeborenen
P90–P96	Sonstige Störungen, die ihren Ursprung in der Perinatalperiode haben

XVII. Angeborene Fehlbildungen, Deformitäten und Chromosomenanomalien (Q00–Q99)

Q00–Q07	Angeborene Fehlbildungen des Nervensystems
Q10–Q18	Angeborene Fehlbildungen des Auges, des Ohres, des Gesichts und des Halses
Q20–Q28	Angeborene Fehlbildungen des Kreislaufsystems
Q30Q34	Angeborene Fehlbildungen des Atmungssystems
Q35–Q37	Lippen-, Kiefer- und Gaumenspalte
Q38–Q45	Sonstige angeborene Fehlbildungen des Verdauungssystems
Q50–Q56	Angeborene Fehlbildungen der Genitalorgane
Q60–Q64	Angeboren Fehlbildungen des Harnsystems
Q65–Q79	Angeborene Fehlbildungen und Deformitäten des Muskel-Skelett-Systems
Q80–Q89	Sonstige angeborene Fehlbildungen
Q90–Q99	Chromosomenanomalien, anderenorts nicht klassifiziert

XVIII. Symptome und abnorme klinische und Laborbefunde, die anderenorts nicht klassifiziert sind (R00–R99)

R00–R09	Symptome, die das Kreislaufsystem und Atmungssystem betreffen
R10–R19	Symptome, die das Verdauungssystem und das Abdomen betreffen
R20–R23	Symptome, die die Haut und das Unterhautgewebe betreffen
R25–R29	Symptome, die das Nervensystem und Muskel-Skelett-System betreffen
R30–R39	Symptome, die das Harnsystem betreffen
R40–R46	Symptome, die das Erkennungs- und Wahrnehmungsvermögen, die Stimmung und das Verhalten betreffen
R47–R49	Symptome, die die Sprache und die Stimme betreffen
R50–R69	Allgemeinsymptome
R70–R79	Abnorme Blutuntersuchungsbefunde ohne Vorliegen einer Diagnose

R80–R82	Abnorme Urinuntersuchungsbefunde ohne Vorliegen einer Diagnose
R83–R89	Abnorme Befunde ohne Vorliegen einer Diagnose bei der Untersuchung anderer Körperflüssigkeiten, Substanzen und Gewebe
R90–R94	Abnorme Befunde ohne Vorliegen einer Diagnose bei bildgebender Diagnostik und Funktionsprüfungen
R95–R99	Ungenau bezeichnete und unbekannte Todesursachen

XIX. Verletzungen, Vergiftungen und bestimmte andere Folgen äußerer Ursachen (S00–T98)

S00–S09	Verletzungen des Kopfes
S10–S19	Verletzungen des Halses
S20–S29	Verletzungen des Thorax
S30–S39	Verletzungen des Abdomens, der Lumbosakralgegend, der Lendenwirbelsäule und des Beckens
S40–S49	Verletzungen der Schulter und des Oberarms
S50–S59	Verletzungen des Ellenbogens und des Unterarms
S60–S69	Verletzungen des Handgelenks und der Hand
S70–S79	Verletzungen der Hüfte und des Oberschenkels
S80–S89	Verletzungen des Knies und des Unterschenkels
S90–S99	Verletzungen der Knöchelregion und des Fußes
T00–T07	Verletzung mit Beteiligung mehrer Körperregionen
T08–T14	Verletzungen nicht näher bezeichneter Teile des Rumpfes, der Extremitäten oder anderer Körperregionen
T15–T19	Folgen des Eindringens eines Fremdkörpers durch eine natürliche Köperöffnung
T20–T32	Verbrennungen oder Verätzungen
T36–T50	Vergiftungen durch Arzneimittel, Drogen und biologisch aktiver Substanzen
T51–T65	Toxische Wirkungen von vorwiegend nicht medizinisch verwendeten Substanzen
T66–T78	Sonstige nicht näher bezeichnete Schäden durch äußere Ursachen
T79	Bestimmte Frühkomplikationen eines Traumas
T80–T88	Komplikationen bei chirurgischen Eingriffen und medizinischer Behandlung, anderenorts nicht klassifiziert
T90–T98	Folgen von Verletzung, Vergiftungen und sonstigen Auswirkungen äußerer Ursachen

Anhang

30 Herstellung von Büromaschinen, Datenverarbeitungsgeräten und -einrichtungen
31 Herstellung von Geräten der Elektrizitätserzeugung, -verteilung
32 Rundfunk-, Fernseh- und Nachrichtentechnik
33 Medizin-, Mess-, Steuer- und Regelungstechnik, Optik
34 Herstellung von Kraftwagen und Kraftwagenteilen
35 Sonstiger Fahrzeugbau
36 Herstellung von Möbeln, Schmuck, Musikinstrumenten, Sportgeräten, Spielwaren und sonstigen Erzeugnissen
37 Recycling

E Energie- und Wasserversorgung
40 Energieversorgung
41 Wasserversorgung

F Baugewerbe
45 Baugewerbe

G Handel; Instandhaltung und Reparatur von Kraftfahrzeugen und Gebrauchsgütern
50 Kraftfahrzeughandel; Instandhaltung und Reparatur von Kraftfahrzeugen; Tankstellen
51 Handelsvermittlung und Großhandel (ohne Handel mit Kfz)
52 Einzelhandel (ohne Handel mit Kraftfahrzeugen und ohne Tankstellen); Reparatur von Gebrauchsgütern

H Gastgewerbe
55 Gastgewerbe

I Verkehr und Nachrichtenübermittlung
60 Landverkehr; Transport in Rohrfernleitungen
61 Schiffahrt
62 Luftfahrt
63 Hilfs- und Nebentätigkeiten für den Verkehr; Verkehrsvermittlung
64 Nachrichtenübermittlung

J Kredit- und Versicherungsgewerbe
65 Kreditgewerbe
66 Versicherungsgewerbe
67 Mit dem Kredit- und Versicherungsgewerbe verbundene Tätigkeiten

K Grundstücks- und Wohnungswesen, Vermietung beweglicher Sachen, Erbringung von Dienstleistungen überwiegend für Unternehmen
70 Grundstücks- und Wohnungswesen
71 Vermietung beweglicher Sachen ohne Bedienungspersonal
72 Datenverarbeitung und Datenbanken
73 Forschung und Entwicklung
74 Erbringung von Dienstleistungen überwiegend für Unternehmen

L Öffentliche Verwaltung, Verteidigung, Sozialversicherung
75 Öffentliche Verwaltung, Verteidigung, Sozialversicherung

M Erziehung und Unterricht
80 Erziehung und Unterricht

N Gesundheits-, Veterinär- und Sozialwesen
85 Gesundheits-, Veterinär- und Sozialwesen

O Erbringung von sonstigen öffentlichen und persönlichen Dienstleistungen
90 Abwasser- und Abfallbeseitigung und sonstige Entsorgung
91 Interessenvertretungen sowie kirchliche und sonstige religiöse Vereinigungen (ohne Sozialwesen und Sport)
92 Kultur, Sport und Unterhaltung
93 Erbringung von sonstigen Dienstleistungen

P Private Haushalte
95 Private Haushalte

Q Exterritoriale Organisationen und Körperschaften
99 Exterritoriale Organisationen und Körperschaften

Die Autorinnen und Autoren

Prof. Dr. Gerhard Bäcker

Gerhard-Mercator-Universität Duisburg
Fakultät 1
Institut für praxisorientierte
Sozialwissenschaften
Lotharstr. 65
47057 Duisburg

Geboren 1947, lehrt Sozialpolitik an der Universität Duisburg-Essen. Hat in Köln Wirtschafts- und Sozialwissenschaften studiert, war von 1975–1996 als wissenschaftlicher Referent am Wirtschafts- und Sozialwissenschaftlichen Institut der Hans-Böckler-Stiftung tätig und von 1996–2002 Professor an der Hochschule Niederrhein in Mönchengladbach.

Prof. Dr. Bernhard Badura

Universität Bielefeld
Fakultät für Gesundheitswissenschaften
Postfach 10 01 31
33501 Bielefeld

Geboren 1943. Dr. rer. soc., Studium der Soziologie, Philosophie, Politikwissenschaften in Tübingen, Freiburg, Konstanz, Harvard/Mass.; Professor der Fakultät für Gesundheitswissenschaften der Universität Bielefeld; Leiter der Arbeitsgruppe Sozialepidemiologie und Gesundheitssystemgestaltung; Vorstandsvorsitzender der Deutschen Gesellschaft für Public Health. Arbeitsschwerpunkte: Sozialepidemiologie, Stressforschung, Gesundheitsförderung, Evaluationsforschung, Rehabilitation, Gesundheitspolitik.

Stefan Becker

Grüneburgweg 105
60323 Frankfurt a. M.

Jahrgang 1965, verheiratet, 2 Kinder. Nach dem Studium der Volkswirtschaftslehre sozialwissenschaftlicher Richtung von 1992–1996 wissenschaftlicher Mitarbeiter beim Europäischen Forschungsinstitut der Stiftung Christlich-Soziale Politik e.V., Königswinter; 1997–1998: Berater bei empirica – Gesellschaft für Kommunikations- und Technologieforschung mbH, Bonn; seit 1998: Projektleiter bei der gemeinnützigen Hertie-Stiftung, Frankfurt a.M. und Geschäftsführer der Beruf & Familie gemeinnützige GmbH.

Prof. Dr. Dr. André Büssing

Lehrstuhl für Psychologie
Technische Universität München
Lothstraße 17
80335 München

Studium an der RWTH Aachen mit Abschluss Dipl.-Mathematiker und Dipl.-Psychologe; Dr. phil.; Dr. rer. nat. habil. und Privat-Dozent. Leitender Angestellter in der Privatwirtschaft (1987–1988), Univ.-Professor für Arbeits- und Organisationspsychologie (1988–1993, Universität Konstanz), Univ.-Professor für Psychologie (seit 1993, Technische Universität München). Autor bzw. Koautor von 18 Büchern sowie von über 250 deutsch- und englischsprachigen Fachveröffentlichungen; Arbeits- und Forschungsschwerpunkte: Arbeits- und Organisationsanalyse; Arbeitszeitgestaltung; Arbeitszufriedenheit; Arbeit, Familie und Freizeit; Interaktionsarbeit; Krankenhaus und Pflege; Stress und Burnout; Telearbeit und Telekooperation; Wissen und Handeln in Organisationen.

Sascha Dold

Wissenschaftliches Institut der AOK (WIdO)
Kortrijker Str. 1
53177 Bonn

Diplom-Geograph. Geboren 1972 in VS-Schwenningen. Studium der Geographie an der Ruprecht-Karls-Universität Heidelberg und an der Rheinischen Friedrich-Wilhelms-Universität Bonn mit den Schwerpunkten Sozial- und Wirtschaftsgeographie. Von Mai–September 2003 Praktikant beim Wissenschaftlichen Institut der AOK im Projektbereich Betriebliche Gesundheitsförderung. Seit Oktober 2003 Wissenschaftlicher Mitarbeiter im WIdO im Forschungsbereich Ambulante Versorgung.

Dr. Werner Eichhorst

Bertelsmann-Stiftung
Carl-Bertelsmann-Str. 256
33311 Gütersloh

Geboren 1969, Verwaltungs- und Politikwissenschaftler, 1990–1995 Studium der Verwaltungswissenschaften in Konstanz, 1996–1998 Doktorand am Max-Planck-Institut für Gesellschaftsforschung in Köln, 1998–1999 dort Post-Doc-Stipendiat, seit 1999 Projektleiter im Themenfeld Wirtschaft und Soziales der Bertelsmann Stiftung, verantwortlich für das Projekt „Benchmarking Deutschland" (bis 2001 in Kooperation mit dem „Bündnis für Arbeit"). Arbeitsschwerpunkte: Arbeitsmarkt und Beschäftigung, internationale Vergleiche, Europäische Beschäftigungspolitik.

Gisela Anna Erler

Geschäftsführerin
pme Familienservice GmbH
Flottwellstraße 4–5
10785 Berlin

Geboren 1946, Familienforscherin, Autorin, Unternehmerin. Gründerin und Geschäftsführerin der pme Familienservice GmbH. Gründung der Firma 1992 im Auftrag von BMW. Heute bundesweit tätig. 15 Filialen, 80 Mitarbeiterinnen. Der Familienservice unterstützt ausschließlich Mitarbeiter/innen von großen Firmen bei der besseren Vereinbarkeit von Familie und Beruf, insbesondere bei der Kinderbetreuung. Programmdirektorin einer jährlich stattfindenden internationalen „Worklife und diversity"-Konferenz für Personalmanager großer Firmen. Früher Mitarbeiterin am Deutschen Jugendinstitut – dort Durchführung des Modellprojekts „Tagesmütter", Beteiligung am Modellprojekt „Mütterzentren"; international vergleichende Studien zum Thema Familie und Arbeitswelt. Autorin vieler Texte – am bekanntesten das umstrittene „Müttermanifest" von 1987.

Angela Fauth-Herkner

Fauth-Herkner & Partner
„Neue Wege für die Arbeitswelt"
Wolfratshauser Str. 203 a
81479 München

Seit über 20 Jahren auf dem Gebiet der Entwicklung und Umsetzung von flexiblen innovativen Arbeitszeitsystemen tätig. Das Expertenteam von Fauth-Herkner & Partner verfügt über langjährige Erfahrung im modernen Human Resource Management. Projekte: Audit Beruf & Familie (GHST): Entwicklung des Audits und Auditierung von über 70 Unternehmen. EU-Netzwerk: „Family & work". Förderprojekt: Familienbewusste Arbeitswelt – Betriebliche Beratung (www.Work-Life.de). Mobilzeit – qualifizierte Teilzeit für Fach- und Führungskräfte (BMFSFJ).

Prof. Dr. Manfred Garhammer

Georg-Simon-Ohm-Fachhochschule Nürnberg
Fachbereich Sozialwesen
Bahnhofstr. 87
90402 Nürnberg

Professor für „Soziologie für die Soziale Arbeit" an der Georg-Simon-Ohm-Fachhochschule Nürnberg. Schwerpunkte in der Lehre: Abweichendes Verhalten und soziale Probleme, Jugend, Familie, Stadt, Freizeit, Arbeit, interkultureller Vergleich. Forschungsthemen: Lebensqualität, Sozialindikatoren, europäischer Sozialstruktur- und Kulturvergleich, Zeitforschung, Arbeit und Beruf, Familie und Jugend, drei Projekte für die Europäische Stiftung zur Verbesserung der Lebens- und Arbeitsbedingungen in Dublin.

Heike Hüneke

Bundesversicherungsanstalt für Angestellte
Ruhrstr. 2
10704 Berlin

Jahrgang 1960. Ausbildung als Erzieherin. Studium der Sozialarbeit und Sozialpädagogik in Berlin und Baton Rouge, Louisiana, LA; San Francisco CA, USA. Seit 1989 als Sozialpädagogin in Berlin tätig. Ab 1994 Mitarbeiterin der Betrieblichen Sozialberatung in der BfA und seit 2001 verantwortlich für den Bereich Familienorientierte Personalpolitik in der Personalabteilung.

Anke Hunziger

Kienbaum Management Consultants GmbH
Human Resource Management
Grolmanstraße 36
10623 Berlin

Dipl.-Kff. (FH), ist Seniorberaterin im Geschäftsfeld „human resource management" der Kienbaum Management Consultants GmbH in Berlin. Ihre Beratungsschwerpunkte liegen im Bereich Personalmarketing und Mitarbeiterbindung sowie Karrierecoaching, Gesundheitsmanagement und Work-life-balance. Zu diesen Themen führte sie u.a. verschiedene internationale Untersuchungen durch. Nach ihrem Studium der „european business studies" in Deutschland und England war Anke Hunziger zunächst zehn Jahre im Projektmanagement verschiedener IT-, Marketing- und Personalprojekte tätig, bevor sie im April 2001 zu Kienbaum wechselte.

Dirk Janke

Valentin-Kindlein-Str. 3
86899 Landsberg am Lech

Jahrgang 1968, wissenschaftlicher Referent in der Abteilung Kinder und Kinderbetreuung des Deutschen Jugendinstituts. Das Deutsche Jugendinstitut ist ein außeruniversitäres sozialwissenschaftliches Forschungsinstitut in München. Es untersucht die Lebensverhältnisse von Kindern, Jugendlichen, Frauen, Männern, Familien und berät Politik und Praxis der Kinder-, Jugend- und Familienhilfe.

Andreas Bobby Kalveram

Friedrich-Schiller-Universität Jena
Lehrstuhl für Arbeits-,
Betriebs- & Organisationspsychologie
Humboldtstr. 27
07743 Jena

Geboren 1965, ledig, Diplom-Psychologe, Ruhr-Universität Bochum. Seit 2000 wissenschaftlicher Mitarbeiter am Lehrstuhl für Arbeits-, Betriebs- und Organisationspsychologie der Friedrich-Schiller Universität Jena.

Mathias Kesting

Kienbaum Management Consultants GmbH
Human Resource Management
Grolmanstraße 36
10623 Berlin

Berater im Geschäftsbereich „human resource management" der Kienbaum Management Consultants GmbH in Berlin. Nach Abitur und technischer Fachausbildung in der metallverarbeitenden Industrie studierte er Psychologie und Betriebswirtschaft an der Georg-August-Universität in Göttingen. Parallel zu seinen Studientätigkeiten moderierte er betriebliche Gesundheitszirkel in unterschiedlichen Unternehmen auf der Basis freier Mitarbeiterschaft. Seine Beratungsbereiche bei Kienbaum liegen in den Feldern Personaldiagnostik, Training von Fach- und Führungskräften in den Themen Zeitmanagement, Selbstmanagement, Gesundheitskompetenz, Work-life-balance, Teamentwicklung, Projektmanagement und Führung. Darüber hinaus arbeitet er als Coach für Führungskräfte und begleitete zahlreiche Change-Prozesse.

Dr. Bärbel Kracke

Friedrich-Schiller-Universität Jena
Lehrstuhl für Arbeits-, Betriebs- &
Organisationspsychologie
Humboldtstr.27
07743 Jena

Geboren 1962, verheiratet, 2 Kinder, Diplom-Psychologin, TU Berlin, Promotion Universität Gießen, Habilitation Universität Mannheim. Seit 2001 wissenschaftliche Mitarbeiterin am Lehrstuhl für Arbeits-, Betriebs- und Organisationspsychologie der Friedrich-Schiller Universität Jena. Gastprofessur: 2002/3 Universität Erfurt.

Ingrid Küsgens

Wissenschaftliches Institut der AOK (WIdO)
Kortrijker Str. 1
53177 Bonn

Diplom Geographin. Geboren 1963 in Aachen. Studium der Geographie an der RWTH Aachen und der Rheinischen Friedrich-Wilhelms-Universität Bonn. 1991 wissenschaftliche Mitarbeiterin in einem Abgeordnetenbüro des Deutschen Bundestages, Arbeitsschwerpunkte Natur-/Umweltschutz und Abfallwirtschaft. Danach Tätigkeiten im Abfallwirtschafts- und Verlagswesen im Bereich Angewandte Statistik und Programmierung. Seit Mai 2001 wissenschaftliche Mitarbeiterin am Wissenschaftlichen Institut der AOK, Projektbereich Betriebliche Gesundheitsförderung.

Dr. Natalie Lotzmann

SAP AG
Neurottstrasse 16
69190 Walldorf

Ärztin für Arbeitsmedizin, Umweltmedizin. Seit 1997 Leitende Betriebsärztin der SAP AG. Schwerpunkte: Prävention und Beratung (psychomentale Belastungen), Bildschirmarbeit, Reisemedizin.

Dr. Henner Schellschmidt

Wissenschaftliches Institut der AOK (WIdO)
Kortrijker Str. 1
53177 Bonn

Dr. rer. pol. Henner Schellschmidt (1962). Studium der Volkswirtschaftslehre, Soziologie und Politologie in Kiel und Köln; Mitarbeiter am Seminar für Sozialpolitik der Universität Köln; Wissenschaftlicher Mitarbeiter an der Wirtschaftswissenschaftlichen Fakultät der Universität Bielefeld, Lehrbereich Wirtschaftspolitik; Mitglied der Arbeitsgruppe Sozialepidemiologie und Gesundheitssystemgestaltung der Fakultät für Gesundheitswissenschaften der Universität Bielefeld; Wiss. Geschäftsführer des Nordrhein-Westfälischen Forschungsverbundes Public Health; seit 1999 Wissenschaftlicher Mitarbeiter im WIdO; seit Ende 2000 dort Forschungsbereichsleiter Krankenhaus/Betriebliche Gesundheitsförderung. Mitherausgeber des Krankenhaus-Reports.

Eric Thode

Bertelsmann-Stiftung
Carl-Bertelsmann-Str. 256
33311 Gütersloh

Geboren 1970, Dipl.-Volkswirt. 1990 bis 1995 Studium der Volkswirtschaftslehre in Kiel. 1996 bis 2000 Wissenschaftlicher Mitarbeiter am Lehrstuhl für Volkswirtschaftslehre, Wirtschaftsordnung und Sozialpolitik an der Universität Würzburg. Seit 2001 Projektleiter im Themenfeld Wirtschaft und Soziales der Bertelsmann Stiftung, Gütersloh. Arbeitsschwerpunkte: Arbeitsmarkt- und Beschäftigungspolitik, Sozialpolitik, Tarifbeziehungen; international vergleichende Analysen.

Prof. Dr. Rüdiger Trimpop

Friedrich-Schiller-Universität Jena
Lehrstuhl für Arbeits-,
Betriebs- & Organisationspsychologie
Humboldtstr. 27
07743 Jena

Geboren 1958, verheiratet, 2 Kinder. Diplom-Psychologe, Ruhr-Universität Bochum. Promotion Queen's University, Kanada. Habilitation Ruhr-Universität Bochum. Gastprofessuren Universitäten Marburg, Jena, Innsbruck. Seit 2000 Lehrstuhlinhaber Arbeits-, Betriebs- und Organisationspsychologie der Friedrich-Schiller Universität Jena.

Christian Vetter

Wissenschaftliches Institut der AOK (WIdO)
Kortrijker Str. 1
53177 Bonn

Diplom-Psychologe. Studium der Psychologie, Soziologie und Philosophie an der Universität Münster. 1988 bis 1991 freiberufliche Tätigkeit im Bereich der Erwachsenenbildung und Personalentwicklung, u.a. Referent am Management-Institut Dr. Kitzmann. 1991–1993 Durchführung von Modellprojekten im Bereich der betrieblichen Gesundheitsförderung für die AOK für den Kreis Warendorf. Seit 1993 wissenschaftlicher Mitarbeiter am Wissenschaftlichen Institut der AOK (WIdO). Seit 1996 verantwortlich für den Projektbereich „Betriebliche Gesundheitsförderung" im WIdO. Arbeitsschwerpunkte: Arbeit und Gesundheit, Gesundheitsmanagement in Unternehmen, betriebliche und branchenbezogene Gesundheitsberichterstattung, Fehlzeitenanalysen, Mitarbeiterbefragungen, Evaluation von Präventionsprogrammen.

Klaus Zok

Wissenschaftliches Institut der AOK (WIdO)
Kortrijker Str. 1
53177 Bonn

Diplom-Sozialwissenschaftler. Geboren 1962 in Moers. Seit 1992 wissenschaftlicher Mitarbeiter im Wissenschaftlichen Institut der AOK (WIdO). Arbeitsschwerpunkt Marktforschung. Neben der Erstellung von Transparenzstudien in einzelnen Teilmärkten des Gesundheitssystems (z.B. Zahnersatz, Hörgeräte) Arbeit an strategischen und unternehmensbezogenen Erhebungen und Analysen im GKV-Markt: Kundenumfragen, Kündigeranalysen, Arbeitgeberbefragungen, Preissensitivitätsstudien.

Sachverzeichnis

Abendschicht 96
Abfallbeseitigung 343
Abgabenbelastung 20
Abhängigkeit von Zigaretten
 oder Alkohol 13
Abwasserbeseitigung 343
Affirmative Action 157
– Programme 157
Age Diversity 149
Alleinerziehende 475
Allianz für Familie 129
Alter 279
Altersstruktur 280
Altersteilzeit 97
Angststörungen 311
Anti-Stress-Trainings-Center
 197, 199
AQUATEL 111
Arbeit
– Arbeitskraft-Unterneh-
 mer 53
– Fernpendler 50
– Humanisierung 157
– Qualität 15
– Telearbeit 49
– und Nichtarbeit 12
– zu Hause 53
Arbeiten, konzeptionelles
 78, 79
Arbeit-Familie-Workshop
 201
Arbeitgeberattraktivität 81
Arbeitsbelastung 76
Arbeitsförderung 430
Arbeitsformen, flexible 217
Arbeitsgestaltung, individuelle
 218
Arbeitsgruppe, zeitautono-
 me 99
Arbeitslosigkeit 248
Arbeitsmarkt, Integration 20
Arbeitsmodelle, unkonventio-
 nelle 215
Arbeitsmotivation 238
Arbeitsorganisation 77
Arbeitsplanung 150

Arbeitsplatzbesichtigung 202
Arbeitsplatzrotation 222
Arbeitsplatzverlust 248
Arbeitsproduktivität 264
Arbeitsprozesse 157
Arbeitsrolle, Identifikati-
 on 12
Arbeitsteilung von Mann und
 Frau 10
Arbeitsumfeld 83
Arbeitsunfähigkeitsquote 272
Arbeitsunfähigkeitszei-
 ten 266
Arbeitsunfall 303
Arbeitszeit 23, 36, 158, 165
– Abendarbeit 50
– Dauer 48, 51, 58
– flexible 49, 50, 53, 162,
 224, 230
– geringfügige Beschäfti-
 gung 49
– Gestaltung
– – flexible 136, 213
– – pflegefreundliche 137
– gewünschte 61, 62
– individuelle 98
– Konto 222
– lebensphasengerechte 91
– Modelle
– – flexible 91
– – innovative 92
– modulare 100
– Nachtarbeit 50
– Normalarbeitszeit 48
– Organisation 150
– Reduzierung 221, 228
– Samstagsarbeit 50, 52
– Schichtarbeit 50, 52
– Schwankungsrahmen 224
– Sonntagsarbeit 50, 52
– Souveränität 70
– Teilzeitarbeit 49, 62
– Umverteilung 62
– Verkürzung 62, 69
– Vorgaben 218
Arbeitszeitverkürzung 77

Arbeitszufriedenheit 83
Armutsquote 35
Arthropathie 307
Asylant 148
Atemwegserkrankungen
 294, 302
Audit
– Beruf & Familie 161
– European Work & Family
 168
Ausfallzeiten 217
Ausgaben, öffentliche 35
Australien 151
Autofirmen 149

Babypause 231
Balanced Scorecard 86
Bandscheibenschäden 298
Banken 149
Baugewerbe 328
Bauinstallation 328
Baumaschinen und -geräte
– Vermietung mit Bedie-
 nungspersonal 328
Baustellenarbeiten, vorberei-
 tende 328
Befinden, psychisches 7
Befindungsstörung 83
– Gelenkschmerzen 83
– Herzstolpern 83
– Rücken-/Gelenkschmerzen
 83
– Schlafstörungen 83
– Symptomerscheinungen
 83
Bekleidungsgewerbe 444
Belastung
– psychosomatisch 187
– schwere, Reaktionen 300
Belastungsabbau 85
Beratungsangebot,
 flankierendes 156
Bergbau 359
Bertelsmann-Stiftung 15
Beruf und Familie
– Vereinbarkeit 132, 173

-- berufstätige Eltern 184
-- Chancengleichheit für Frauen und Männer 174
-- Doppelbelastung 184
-- Elternzeit 179
-- individuelles Zeitmanagement 184
-- Väter 175
Berufsgenossenschaften 211
Berufsgruppen 287
Berufstätigkeit von Müttern 21
Beschäftigungsniveau von Frauen 20
Beschäftigungsquote der Frauen 22
Beschäftigungsverhältnis 48
- befristetes 45, 49, 52
- Beschäftigungsdauer 54
- Mehrfacherwerbstätigkeit 49, 53
- Normalarbeitsverhältnis 45, 46, 49
- Scheinselbständigkeit 45, 49, 52
- unbefristetes 45, 47
- Zeitarbeit 49, 53
Betreuungsbedarf 219
Betreuungsengpässe 231
Betreuungsgutschein 40, 42
Betreuungslücken 222
Betreuungsmangel 155
Betreuungsservice 84
Betriebsgröße 285
Betriebskindergarten 15, 237
- einzelbetriebliche Kindertagesstätte 124
Betriebsvereinbarungen 142
Bewegungsmanagement 86
Bewegungsmangel 82
Beziehungen, soziale 9
- Einfluss auf Befinden und Gesundheit 9
Beziehungskonflikte, Beratung 152
Bildungsabschluss, Differenzierung nach 25
Bonuszahlungen 159
Branchenanalyse 245
Bronchitis 308
- Anfälle 298
Budgetberatung 151
Bügeldienste 147, 154
Bundeserziehungsgeldgesetz (BErzGG) 163
Bundesländer 281
Bundesministerium für Familie, Senioren, Frauen und Jugend
- Kampagne „Mehr Spielraum für Väter" 178
- Staffellauf 178

Bundesversicherungsanstalt für Angestellte (BfA)
- Arbeitszeitflexibilisierung 177
- außerberuflich erworbene Kompetenzen 178
- Beratung zur Umsetzung väter- und familienfreundlicher Maßnahmen 179
- Chancengleichheit 174
- Dienstvereinbarung 181
- Eltern-Kind-Arbeitszimmer 176
- Elternzeit 175
- Familienservice 176
- Führungskräfte 177
- Führungsposition
-- Teilzeit 175, 176
- gender mainstreaming 178
- Gesundheitsförderung, betriebliche 174
- Kinderbetreuungsangebot 178
- Personalpolitik 173
-- familienbewusste 179
-- familienorientierte 174
- Qualifizierungsmaßnahmen 178
- Teamarbeit 178
- Telearbeit 177
- Väterförderung 179
Burnout-Syndrom 187

Chancengleichheit 163
Chatrooms 154
Coaching 86, 151, 191, 203
Concierge-Dienste 147, 153, 156
Corporate Citizenship 129

Datenbanken 343
Datenbasis 265
Datenverarbeitung 343
Dauerbelastung 150
Dauerstress 150
Demographischer Wandel 133
Depressionen 311
Deregulierung 48
Diagnosen 298
- Mehrfachdiagnosen 270
- Verschlüsselung 269
Dienste, telefonische 151
Dienstleistungen 343
-- überwiegend für Unternehmen 343
Dienstleister, externer 154
Dienstleistungsgesellschaft 7
Dienstleistungsunternehmen 214
Dienstreisen 156
Diversity

- Ansatz 149
- Awareness Training 149
Doppelbelastung 76, 195
Druckgewerbe 444

EAP (Employee Assistance Program) 151
Ehe- und Partnerschaftskonflikte 152
Ehegattensplitting 41
Einkaufsdienste 154
Einkaufsservice 147
Einkommensberatung 151
Einkommensbesteuerung 16
Einkommensteuer 33
Einverdiener-Haushalt 26, 27
Einzelhandel 386
Eltern, berufstätige 475
Elterninitiative 126
Elternurlaub 29
Elternzeit 124, 142
Emotionsmanagement 86
Employee Assistance Program 191
Energieversorgung 359
Engagement, soziales 220
England 151
Enteritis, nichtinfektiöse 309
Entgeltfortzahlung 264
Entsorgung 343
Entspannungstechnik 199
Entwicklung 343
Entzündung
- der Atemwege 298
- der Mandeln 298
- von Magen und Darm 300
Episode, depressive 300
Erfolgbeteiligung 224
Erkältungen 298
Erkrankung
- der Gallenblase 309
- der Verdauungsorgane 294, 304
- des Atemwegssystems 308
- des Darms 309
- des Pankreas 309
- des Verdauungssystems 309
- eines Kindes 475
Ernährungsgewerbe 444
Erschöpfung 187
Erwachsenenbildung 373
Erwerbsbeteiligung von Frauen 15
Erwerbsmuster, gewünschte 27
Erwerbsquote der Frauen 22, 37
Erwerbstätigkeit von Frauen 19, 40

Sachverzeichnis

Erwerbsverlauf (Erwerbskarriere, Erwerbsleben, Erwerbsbiographie) 47, 66, 71, 72
- diskontinuierlicher 53
- stetiger 45, 70
Erzbergbau 359
Erziehungsgeld 31, 38
Erziehungsurlaub 222, 227, 233
Essensgutscheine 155
Ethnie 149
Europäische Akademie für Frauen aus Politik, Wirtschaft und Wissenschaft 235
Evaluation 206
Expatriates 155

Fahrzeugbau 416
Familie (Familienleben) 45, 49, 52, 65, 72, 80
- Alleinerziehende 59
- Karriereentwicklung 80
- Kind und Karriere 81
- Kinderbetreuung 59
- Rückhalt 80
- und Beruf
-- Vereinbarkeit 20, 36, 38
Familienangehörige 228
Familienförderung 221
Familienfreundlichkeit 214, 232
Familienorientierung 236
Familienpause 228
Familienpolitik 36
Familienprobleme, arbeitsbedingte 12
Familienservice 191
Familientag 201, 223
Familienzeit 236
Fehlentscheidungen 150
Fehltage, krankheitsbedingte 235
Fehlzeiten 13, 135
Fernsehtechnik 416
Finanzen 147
Firmenverschmelzung 156
Fischerei 401
Fischzucht 401
Fitness 153
Flexibilität 228
Flüchtlinge 148
Fluktuation 85, 135
Fluktuationsraten 13
Forschung 343
Forstwirtschaft 401
Fragebogen 198
Frauen 80, 149, 157
- Selbstwertgefühl 80
Frauenerwerbsbeteiligung 133

Frauenförderung 5
Freistellung
- von der Arbeit 475
- zur Pflege erkrankter Kinder 475
Freistellungsregelung 222
Freizeit 63, 72, 81
- Gesellschaft 51
- körperliche Regeneration 84
- sportliche Aktivitäten 81
Freizeitangebote 217
Freizeitausgleich 224
Führungsaufgaben 78
- Delegationsverhalten 79
Führungskompetenz 166
Führungskraft 75, 153
- Führungskräfteseminare 77
- Mittelmanagement 83
- Persönlichkeitseigenschaften 77
- Positionierung 77
- Selbstbild 78
- Sensibilisierung und Schulung 15
- Vorbildfunktion 86
- weibliche Führungskräfte 81
Führungskultur 157
Führungsleitbild 86
Führungsposition 76

Gastgewerbe 343
Geburtenrate 16, 37, 38
Geburtspauschale 219
Gehaltssteigerung 155
Gelenkerkrankungen 298
Gender Mainstreaming 163
Geschlecht 149, 279
Geschlechtsstruktur 280
Gesundheitswesen 343
Gesundheit 49, 57, 63, 66, 70
- Bewegungsmangel 82
- Bluthochdruck 82
- Cholesterin 82
- Erschöpfung 63
- Gesundheits-Check-up 83
- Gesundheitskompetenz 75
- Gesundheitsvorsorgeuntersuchung 83
- Health Check 83
- Herzkranzgefäße 82
- Nervosität 63
- Pausen 82
- Reform 71
- Risikoprofil 83
- Sauerstoffzufuhr 82
- Vorsorgeuntersuchungen 83
Gesundheitsbereich 153
Gesundheitsmanagement 153

- betriebliches 85
Gesundheitssektor 148
Gesundheitszirkel 204
Gewinnung
- von Erden 359
-- Erbringung damit verbundener Dienstleistungen 359
- von Erdöl
-- Erbringung damit verbundener Dienstleistungen 359
- von Steinen 359
Glasgewerbe 444
Gleichberechtigung 229
Gleitzeitarbeit 93
- Vereinbarung 237
Global Player 129
Globalisierung 6, 7, 188
Grippenfälle 298
Großhandel 386
Grundschule 373
Grundstückswesen 343
Gruppenarbeit 157
Gutschein 155

Halbtagsarbeit 95
Handwerk 148, 154, 157
Hartz-Kommission 47
Haushalte, private 343
Haushaltsstruktur 24
Hernien 309
Herstellung
- Kraftwagenteile 416
- Metallerzeugnisse 416
- sonstige Erzeugnisse 444
- Spielwaren 444
- Sportgeräte 444
- von Büromaschinen 416
- von Datenverarbeitungseinrichtungen 416
- von Datenverarbeitungsgeräten 416
- von Geräten der Elektrizitätserzeugung 416
- von Geräten der Elektrizitätsverteilung 416
- von Gummiwaren 444
- von Kraftwagen 416
- von Kunststoffwaren 444
- von Möbeln 444
- von Musikinstrumenten 44
- von Schmuck 444
- von Spalt- und Brutstoffen 444
HERTIE-Stiftung, gemeinnützige 14, 173
- AUDIT-Arbeitsgruppe 176
- Emnid-Umfrage 184
- Grundzertifikat zum Audit Beruf und Familie 176

- Maßnahmen, familienbewusste 175
- Reauditierung 180
- Zertifikat zum Audit Beruf und Familie 174, 177
Herzerkrankungen 304, 310
Herzinfarkt 310
Herzkrankheiten, ischämische 310
Hilfs- und Nebentätigkeiten
- für den Verkehr 462
- für die Verkehrsvermittlung 462
Hoch- und Tiefbau 328
Hochschulen 373
Holzgewerbe 444
Home-Office 77
Human-capital-Strategien 159
Humankapital 20
- Investitionen 135
Hypertonie 311

IBM, außerbetriebliche Arbeitsstätten 110
ICD-10 269
Industrie, chemische 444
Infektion
- akute 298
- der oberen und unteren Atemwege 308
Infocenter 205
Initiative „Neue Qualität der Arbeit" 195
Innovationskraft 148
Insolvenzverfahren 151
Interessenvertretungen 343
International Labour Office 8
Internetbörsen 154

Jagd, gewerbliche 401
Jahresarbeitszeit 101
- Modell 237
- Stundenpuffer 227
Jahresarbeitszeitkonten 230
Job-Sharing 98

Kanada 151
Kennzahlen 266
Keramik 444
Kernarbeitszeit 224
Kienbaum 75
Kinder, erkrankte
- Freistellung zur Pflege 475
Kinderbetreuung 15, 16, 27, 36, 38, 39, 40, 81, 150, 154, 155, 162, 166
- betrieblich geförderte 123, 230
- Einrichtung 219

- Kindertageseinrichtungen 121
- Kosten 222
- Zuschuss 155
Kinderbetreuungssituation 233
Kindererziehung 132, 140
Kinderfreundlichkeit 20
Kindergarten 373
- Kosten 225
- Plätze 219
Kindergeld 35, 38
Kinderkrankenpflegegeld 476
- Arbeitszeit 479
- Berufe 482
- Bildungsstand 180
- Branchen 481
- Dauer 477
- Frauen 478
- Geschlecht und Alter 478
- gesetzlicher Hintergrund 477
- Männer 178
- regionale Verteilung 482
- Teilzeitkräfte 479
Kinderpflege 150
Kinderspielplatz 219
Kindertagesstätte 230
Kleinkinderbetreuung 216
KMU-Betriebe 213
Knappheit 147
- von Arbeitskräften 148
Kohlenbergbau 359
Kokerei 444
Kolitisanfälle 309
Kommunikationsmanagement 216
Konflikte 12
Konkurrenzdruck 188
Kontakt, innerer 150
Kontrollanruf 256
Kraftfahrzeughandel 386
Krankenstand 153, 220
- Berufsgruppen 287
- Kennzahlen 223
- Quote 243
- standardisierter 280
- Wochentage 288
- Zahlen 235
Krankenstandsentwicklung
- allgemeine 270
- Branchen 278
Krankenzeiten 223
Krankheiten der Weichteilgewebe 307
Krankheitsarten 294
- Entwicklung 295
Krankmeldungen 290
- wöchentliche 288
Kreditgewerbe 316
Kreislauferkrankung 304, 310

Kultur 343
Kunde
- Kundenbindung 8, 229
- Kundenkontakt 78
- Zufriedenheit 229
Kundenorientierung 188
Kündigung 150
Kur 255
Kurz-Sabbatical 237
Kurzzeiterkrankung 265, 274

Landverkehr 462
Landwirtschaft 401
Langzeitarbeitsunfähigkeit 305
Langzeiterkrankungen 275
Langzeitfall 266, 273, 305
Langzeitkonten 102
Lebensarbeitszeit 133
- Konto 102
- Modell 227, 237
Lebensqualität 45, 49, 54, 70
- Lebenszufriedenheit 55, 56, 64, 66, 68
Lebensstil 154
Lebensverlauf 66
Ledergewerbe 444
Leistungen, schulische 13
Leistungsfähigkeit 82
- kognitive 82
Leistungsindikatoren 77
Leistungssteigerung 238
Lifestyle-Dienste 154
Linienmanager 157
Lob 158
Lohnausgleich, voller 221
Loyalität 150
Luftfahrt 462
Luxationen 300

Mahlzeiten 58
Managementausbildung 159
Maschinenbau 416
Maßnahmen, familienfreundliche 15, 213
Medizintechnik 416
Meeting
- Meetingkultur 78
Menschen, ältere 158
Mentor 166
Mentoring-Angebot 234
Messgröße
- Fehlzeitenquote 85
- Fluktuationsrate 85
- Rückkehrquote 85
Messtechnik 416
Metallbearbeitung 416
Metallerzeugung 416
Methodik 265
Migration 148
Mineralölverarbeitung 444

Sachverzeichnis

Minijob 53
Miniversicherung, beitragsfreie 33
Mitarbeiter 79
- ältere 148
- qualifizieren 79
Mitarbeiterbefragung 86, 193, 248
Mitarbeiterbindung 217
Mitarbeiterentwicklung 158
Mitarbeiterfluktuation 226, 233, 238
Mitarbeiterkinder 235
Mitarbeitermotivation 159, 220, 223, 226, 228
Mitarbeiterzufriedenheit 233
Mitbestimmung 229
Mittagsschlaf 153
Mittelstand 148, 155, 157
Mobbing 249
Mobilität 152, 156
Motivation 156
- Motivationsfaktor 79, 150
Multimorbidität 280
Muskelerkrankung 294, 300
Mütter, allein erziehende 25

Nachrichtentechnik 416
Nachrichtenübermittlung 462
Netze, familiäre 150
Neue Arbeit, siehe New work
New work 189
- Trends 188
Normalarbeitszeit 134, 136
Notfallbetreuung 128

Optik 416
Optionsmodell 34
Organisationen und Körperschaften, exterritoriale 430
Ostdeutschland 277
Ottawa-Charta 7

Papiergewerbe 444
Partnerschaft
- Karriereentwicklung 80
- Kind und Karriere 81
- Psychohygiene 80
- Rückhalt 80
Personal Coaching 147, 152
Personalchef 82
Personalentwicklung 166
Personalknappheit 147
Personalmanagement 85
Personalpolitik
- familien- und mitarbeiterorientierte
-- Vorteile 14
- familienbewusste 5, 161

-- Befragung, repräsentative 14
Personalstrategie 85
Pflege 9, 72
- familiäre 134, 140
Pflegebedürftige 131
Pflegeperson 133
Pflegeverpflichtung 132
Phobie 311
Prävention 85
Produkte, verbilligte 154
Produktivitätssteigerung 238
Prognos AG
- Kosten-Nutzen-Analyse 15
Progressive Muskel-Relaxation (PMR) 199
Pro-Kopf-Pauschale 151

Quote 149, 157

Rabattsystem 154
Rahmenbedingung, organisationale 195
Rechtsberatung 151
Rechtsfragen, Fachberatung 147
Recycling 444
Redesigning-Work 157
- people-friendly 157
Reduzierung 77
Regelarbeitszeit 221
Regelungstechnik 416
Reinigungsdienste 147
Relocation 156
- Dienste 155
Rentenalter (s. auch Ruhestand) 79
Ressourcen 197
Ressourcenaufbau 85
Risikofaktorenmodell 9
Rollenkonflikte 195
Rückenerkrankung 207
Rückenschmerz 298
Rückenschule 257
Rückkehrgespräch 256
Ruhestand 80
Rundfunktechnik 416

Sabbatical 103, 221
SAP AG 187
- Gesundheitswesen 191
- Kinderbetreuung 190
- Unternehmens- und Mitarbeiterprofil 189
- Unternehmenskultur 189
Schifffahrt 462
Schlaf 56, 58, 64
Schuldnerberatungsstellen 152
Schule, weiterführende 373

Schulung von Vorgesetzten 147
Schweden 148
Schwerbehinderte 276
Selbstkompetenz, Selbstbestimmtheit 83
Settings 7
Single 154, 253
Skeletterkrankung 294, 300
Sondersituation, familiäre 225
Sonderurlaub 218
Sorgen 56, 67
Sozialhilfe 35
Sozialleistungen 155
Sozialversicherung 430
Sozialwesen 343
Sport 343
Standardisierung, direkte 280
Standardisierungsverfahren 280
Stellung im Beruf 286
Steuerbelastung 33
Steuergutschrift 29
Steuern 32
Steuerliche Veranlagung, gemeinsame und getrennte 33
Steuertechnik 416
Stiller Zeiten 158
Störung
- psychische 294, 305, 311
- somatoforme 300
Stress 45, 49, 82
- Arbeitsstress 64, 65
- Gestaltungshinweise 84
- in der Partnerschaft 13
- Kompetenz 195
- körperliche und psychische Belastung 82
- Leistungsdruck 69
- Stressforschung 82
- Stresshormone 82
Stress- und Zeitmanagementkurse 153
Stressbewältigungskompetenz 197
Stressoren
- arbeitsbedingte 12
Stundenkontingent 215
Supplementary teleworkers 109

Tabakverarbeitung 444
Tarifvertrag 142
Tätigkeit
- sinnvolle 158
Team 158
- altersintegriertes 157
Teamarbeit 165
Teilzeit- und Befristungsgesetz (TzBfG) 163

Teilzeitarbeit 21, 24, 36, 94, 162
Teilzeitgesetz 142
Teilzeitmodell 216, 237
- Vergleichsstudien 78
Teilzeitschicht, flexible 96
Telearbeit 104, 107, 165
- Definition 108
- Familienväter 216
- Verbreitung 108
Telearbeitsform
- alternierende 108
- häusliche 108
- kollektive 108
- mobile 108
Telearbeitsplatz 221, 225
Teleberatung 206
Telecoaching 206
Telefonkostenzuschüsse 233
Textilgewerbe 444
Theater 197, 202
Torfgewinnung 359
Transferleistungen 20, 32
Transparenz 229
Transport in Rohrfernleitungen 462

Umfeldbedingungen 76
Unterhaltung 343
Unternehmensimage 226
Unternehmenskultur 15, 84
- Kommunikationskultur 86
Unternehmensphilosophie, familienfreundliche 216
Unterricht 373
Unterschiede, regionale 282
Urlaub 79, 254
- Urlaubstage 79
- Urlaubszeiten 80
USA 49, 50, 151

Vaterschaftsurlaub 29
Verarbeitung
- von Brutstoffen 444
- von Erden 444
- von Spaltstoffen 444
- von Steinen 444

Vereinbarkeit von Familie und Beruf 121
Vereinbarkeitskonflikte 201
Vereinbarkeitsstress 196
Vereinigung 343
- kirchliche 343
Verhaltensstörung 294, 305, 311
Verlagsgewerbe 444
Verletzung 294, 302, 308
Vermietung beweglicher Sachen ohne Bedienungspersonal 343
Vermittlungsservice 155
Versichertenstruktur 266
Versicherungsgewerbe 316
Versorgungsengpass 475
Vertrauensarbeitszeit 103
Vertrauenskultur 80
Vervielfältigung
- von Bildträgern 444
- von Datenträgern 444
- von Tonträgern 444
Verwaltung, öffentliche 275, 430
Veterinärwesen 343
Vorgesetze 153, 158, 159
Vorschule 39, 373

Wandel, demografischer 6
Wasserversorgung 359
Weiterbildung 32
Wellness
- Dienste 153
- Programme 147
Weltgesundheitsorganisation 8
Werkswohnung 228
Werkzeuge 157
Westdeutschland 277
Wettbewerbsvorteil 223
Wirtschaftsabteilung 266
Wirtschaftsgruppe 266
Wirtschaftsgruppensystematik 266
Wissensgesellschaft 7, 150
Wochenanfang 288

Wochenarbeit, rollierende 101
Wochenarbeitszeiten, Stundenpuffer 227
Wochenendarbeitszeit 77
Wochenende 288
Wohnungsmarkt 156
Wohnungswesen 343
Work-Life-Balance 71, 147, 150, 163, 254
- Audit Beruf und Familie 13
- begriffliche Grundlagen 11
- betriebliche Maßnahmen 13
- Definition 11
- Forschungsperspektiven 6
- Forschungsstand 6
- Handlungsfelder 13
- theoretische Grundlagen 6
- Work-Life-Industry 159
Work-Redesigns 147

Zeit
- arbeitsgebundene 136
- Druck 45, 49, 56, 58, 60
- Institution 47, 56, 57
- Kompetenz 71
- Kultur 68
- Politik 45, 55, 70
- Wohlstand 55, 56, 68
Zeitarrangement 75, 139
- Konzentration 79
- länderspezifische Unterschiede 76
- Priorisierung 79
- Zeitbudgets 80
- Zeitkontingent 81
- Zeitplan 79
- Zeitressourcen 79
Zeitnot 51, 55, 56, 60
Zeitsouveränität 138
Zeitwohlstand 129
Zeitwünsche 138
Zertifizierung 167

MIX
Papier aus verantwortungsvollen Quellen
Paper from responsible sources
FSC® C105338

If you have any concerns about our products,
you can contact us on
ProductSafety@springernature.com

In case Publisher is established outside the EU,
the EU authorized representative is:
**Springer Nature Customer Service Center GmbH
Europaplatz 3, 69115 Heidelberg, Germany**

Printed by Libri Plureos GmbH
in Hamburg, Germany